COURS
DE
GÉOGRAPHIE

COMPRENANT

la Description physique et politique et la Géographie historique

DES DIVERSES CONTRÉES DU GLOBE

PAR E. CORTAMBERT

OUVRAGE AUTORISÉ

PAR LE CONSEIL DE L'INSTRUCTION PUBLIQUE

QUATRIÈME ÉDITION

PARIS
LIBRAIRIE DE L. HACHETTE ET Cie
RUE PIERRE-SARRAZIN, N° 14
—
1862

COURS
DE GÉOGRAPHIE

PARIS. — IMPRIMERIE DE CH. LAHURE ET Cie
Rues de Fleurus, 9, et de l'Ouest, 21

COURS
DE
GÉOGRAPHIE

COMPRENANT

la Description physique et politique et la Géographie historique

DES DIVERSES CONTRÉES DU GLOBE

PAR E. CORTAMBERT

OUVRAGE AUTORISÉ

PAR LE CONSEIL DE L'INSTRUCTION PUBLIQUE

QUATRIÈME ÉDITION

PARIS

LIBRAIRIE DE L. HACHETTE ET Cie

RUE PIERRE-SARRAZIN, N° 14

(Près de l'École de médecine)

1862

AVERTISSEMENT DE L'AUTEUR.

Cet ouvrage est la reproduction de nos LEÇONS DE GÉOGRAPHIE[1], du *Cours complet d'éducation*. Seulement, en y ajoutant de nombreuses notions sur la géographie ancienne et sur celle du moyen âge, nous avons cherché à le rendre encore plus propre que les *Leçons* du Cours d'éducation à l'instruction solide et complète des jeunes gens qui désirent connaître la Terre à toutes les époques de l'histoire.

Nous avons fait dresser, pour l'accompagner, un *Atlas* contenant, en 70 cartes, la *géographie ancienne*, la *géographie du moyen âge*, la *cosmographie* et la *géographie moderne*[2].

Ce *Cours* n'est pas destiné aux simples commençants, pour lesquels nous avons composé un *Petit Cours de géographie*, avec un *Petit Atlas* de douze cartes[3]; mais nous l'offrons à cet âge qui déjà se plaît à réfléchir, à compa-

---

1. 1 volume grand in-8°. Prix, broché, 6 fr.
2. In-4°. Prix, cartonné, 12 fr.
3. *Petit Cours de géographie moderne*, autorisé par le Conseil de l'Instruction publique, 1 vol. in-12. Prix, cartonné, 1 fr. 25 c.
Petit Atlas de géographie moderne. 1 vol. grand in-8°. Prix, cartonné, 1 fr. 75 c.

rer, à embrasser les généralités d'un coup d'œil, et à pénétrer dans les détails avec l'intérêt d'une active curiosité.

La géographie est la peinture générale de la nature, de l'humanité et de ses travaux. Puissions-nous, dans les humbles limites de cet abrégé, avoir présenté dignement une si noble science! Puisse la jeunesse studieuse, à laquelle nous avons consacré notre vie, y trouver des tableaux propres à élever son âme, à éclairer son esprit, à lui faire admirer les merveilles de la création, l'intelligence féconde de l'homme dans les ouvrages si variés dont il a orné sa demeure, et, par-dessus tout, la puissance et la bonté de celui qui gouverne ce magnifique univers!

COURS DE GÉOGRAPHIE.

BUT DE LA GÉOGRAPHIE

ET PLAN DE CET OUVRAGE.

La *Géographie* est la description de la *Terre* et des divers pays qu'elle embrasse.

Rien n'est certainement plus utile et plus intéressant pour nous que de bien connaître la Terre. Si nous allons habiter une propriété à la campagne, nous nous empressons de prendre connaissance de tout ce qu'elle renferme : nous en examinons les sources, les ruisseaux, les étangs, et nous voyons quel parti avantageux on peut en tirer; nous étudions les diverses natures de terrain; nous nous informons des grains, des fruits, des légumes, des bois que le sol peut fournir à nos besoins; nous recherchons quels bestiaux les pâturages nourrissent, par quels chemins et quels sentiers peuvent s'opérer les transports des produits. Eh bien! la Terre est la propriété de l'humanité : tout membre de celle-ci est donc intéressé à connaître ce domaine commun des hommes, et à savoir quelles productions il peut offrir à nos usages divers, quels sont les lieux qui les fournissent, par quelles voies on peut se les procurer, et quels rapports nous unissent avec les autres habitants du globe.

On goûte d'ailleurs un grand charme à voyager, au moins par la pensée, à travers tant de régions diverses; à en contempler les aspects variés et pittoresques; à étudier les mœurs de leurs nombreux habitants; à visiter les villes et leurs curieux édifices, etc.

C'est la description de toutes choses que nous allons entreprendre.

Nous présenterons d'abord les *notions générales*, dont fait partie la Cosmographie, c'est-à-dire la connaissance des rapports de la Terre avec le reste de l'Univers, celle de sa forme, de ses mouvements, des cercles et des points imaginés pour s'y reconnaître, des saisons, etc. Viendra ensuite la *Géographie générale de chacune des cinq parties du monde;* enfin nous exposerons la *Géographie particulière des diverses contrées qu'embrasse chacune de ces parties.*

PREMIÈRE PARTIE.

NOTIONS GÉNÉRALES.

I. COSMOGRAPHIE.

SYSTÈME SOLAIRE. — ÉTOILES. — FORME DE LA TERRE. — MOUVEMENTS DE LA TERRE. — POINTS CARDINAUX; MOYENS DE S'ORIENTER. — CERCLES ET ZONES DE LA TERRE. — SAISONS. — MOYENS DE DÉTERMINER SUR LA TERRE LA SITUATION DES LIEUX. — CARTES.

Système solaire.

La Terre nous paraît d'abord très-vaste : cependant elle n'est qu'un des plus petits globes répandus dans l'espace, et qu'un point insensible dans l'immensité de l'Univers.

Elle fait partie du *système solaire* ou *planétaire*, composé du *Soleil*, des *planètes* et des *comètes*.

Soixante-dix-neuf planètes connues tournent autour du Soleil, dont elles reçoivent la chaleur et la lumière; ce sont, en commençant par les plus rapprochées de cet astre : *Mercure, Vénus, la Terre, Mars;* — puis soixante et onze petites planètes télescopiques, c'est-à-dire qu'on ne peut voir qu'avec des instruments d'optique, et parmi lesquelles on remarque *Flore, Melpomène, Victoria, Euterpe, Vesta, Iris, Métis, Massalia, Hébé, Lutetia, Parthénope, Thétis, Amphitrite, Égérie, Astrée, Irène, Pomone, Thalie, Eunomia, Proserpine, Junon, Cérès, Pallas,* etc.; — enfin les quatre plus grosses : *Jupiter, Saturne, Uranus, Neptune.*

Les anciens connaissaient seulement Mercure, Vénus, Mars, Jupiter et Saturne, qu'ils croyaient tourner autour de la Terre, ainsi que le Soleil; Uranus fut découvert par W. Herschel, en 1781, et les autres planètes l'ont été successivement de 1801 à 1861 [1].

Mercure, qui est la planète la plus rapprochée du Soleil,

---

[1]. Par Piazzi, Olbers, Harding, Hencke, Le Verrier, Galle, Hind, Graham, de Gasparis, Chacornac, Goldschmidt, Luther, Marth, Fergusson, Laurent, Pogson, Searle.

s'en trouve encore à 59 millions de kilomètres; Neptune, la plus éloignée, en est à près de 5 billions de kilomètres.

La Terre est à 150 millions de kilomètres du Soleil.

Jupiter, la plus grosse des planètes, est 1400 fois aussi volumineux que la Terre; celles qui circulent entre Mars et Jupiter, c'est-à-dire Flore, Melpomène, Victoria, etc., sont les plus petites. Quant au Soleil, il est à peu près 1 400 000 fois plus gros que la Terre.

La Terre emploie une *année* à parcourir *toute son orbite*, c'est-à-dire à faire une révolution complète autour du Soleil; Mercure parcourt la sienne en trois mois seulement; Neptune exécute son immense tour en 165 ans.

Chaque planète, en même temps qu'elle tourne autour du Soleil, tourne aussi sur elle-même; ce dernier mouvement, qui s'appelle *rotation*, produit le *jour* et la *nuit* : c'est par l'effet de ce mouvement que nous sommes tantôt exposés vers le globe brillant qui nous éclaire, tantôt dirigés du côté opposé et plongés par conséquent dans l'obscurité. C'est aussi la cause pour laquelle il nous semble que, dans 24 heures, tous les astres font une révolution autour de la Terre.

Des astres plus petits, nommés *satellites*, circulent autour de quelques-unes des planètes. Jupiter en a quatre; Saturne en a huit, et l'on voit en outre tourner, autour de ce globe, un immense anneau. On compte aussi huit satellites autour d'Uranus : on n'en connaît qu'un autour de Neptune; enfin la Terre a pour satellite la *Lune*, éloignée de sa planète de 377 000 kilomètres.

La Lune tourne autour de la Terre dans l'espace d'environ un *mois*. Elle reçoit, comme nous, sa lumière du Soleil, et nous présente, suivant sa position, différentes apparences qu'on appelle *phases*.

Elle est même tout à fait invisible pour nous dans une certaine situation : c'est quand elle se trouve entre le Soleil et la Terre; on dit alors qu'elle est *nouvelle* ou en *conjonction*.

Quelques jours après, elle nous offre une petite partie de sa surface éclairée : c'est le *croissant* ou *premier octant*.

Parvenue au quart de sa course d'un mois, elle nous présente la moitié de sa portion lumineuse : c'est le *premier quartier*.

Peu de temps après, elle nous montre les trois quarts de sa lumière : c'est le *deuxième octant*.

Environ 14 jours après la nouvelle Lune, nous voyons le satellite dans une direction absolument opposée au Soleil, et toute la face éclairée est tournée vers nous. On nomme cette phase *pleine Lune* ou *opposition*.

Peu à peu nous voyons le côté lumineux redevenir les trois quarts d'un cercle : c'est le *troisième octant :* puis elle présente de nouveau un demi-cercle, qui forme le *dernier quartier*. Le *déclin* suit bientôt, avec la même apparence que le croissant, et la Lune vient enfin se replacer vis-à-vis du Soleil.

Quelquefois, dans la nouvelle Lune, ce satellite est situé si directement entre le Soleil et la Terre, qu'il nous cache les rayons du Soleil; c'est ce phénomène qu'on appelle *éclipse de Soleil*.

Dans la pleine Lune, la Terre est souvent placée exactement entre le Soleil et la Lune : elle couvre cette dernière de son ombre, et empêche les rayons solaires de l'éclairer : il y a, dans ce cas, une *éclipse de Lune*.

Il se trouve dans notre *système solaire* un assez grand nombre de *comètes*, astres singuliers, toujours enveloppés d'une sorte de chevelure brillante, et souvent accompagnés d'une longue traînée lumineuse, nommée *queue*. Les comètes tournent autour du Soleil, mais non, comme les planètes, en suivant des orbites à peu, près circulaires : leurs routes sont irrégulières, très-allongées, et généralement peu connues; tantôt elles se rapprochent extrêmement du Soleil, tantôt elles s'en éloignent à des distances prodigieuses. Peut-être quelques-unes ne reviennent-elles plus dans le système solaire.

On a calculé la marche d'environ 200 comètes; mais sans doute il en existe bien davantage. Les six dont le retour est le mieux connu sont : la comète de *Halley*, dont la révolution s'opère en 76 ans; et les comètes de *Biela*, d'*Encke*, de *Vico*, de *Faye* et de *Brorsen*, qui exécutent la leur en quelques années seulement. Les plus brillantes qu'on ait vues dans ce siècle sont celles de 1811, de 1858 et de 1861.

On se figure à tort que les comètes répandent de la chaleur sur notre globe : elles ne sont pas assez grosses, elles passent ordinairement trop loin de nous, et ne paraissent pas avoir assez de chaleur elles-mêmes pour influer en aucune manière sur nos saisons.

Étoiles.

Le système solaire est immense pour notre faiblesse : cependant il n'occupe qu'un petit espace dans l'Univers. Les innombrables *étoiles* répandues bien loin au delà de ce système sont sans doute autant de soleils autour desquels circulent des planètes, des satellites et des comètes. Elles brillent de leur propre éclat, lancent une lumière vive et scintillante, et, à la simple vue, se distinguent facilement des planètes du système solaire, qui ne jettent qu'une lumière douce et tranquille.

Une distance énorme nous séparent de ces astres : les plus rapprochés de nous ne sont pas à moins de 60 trillions de kilomètres.

Pour se reconnaître au milieu de la prodigieuse quantité des étoiles, on a senti la nécessité de les classer en plusieurs groupes ou *constellations*.

On compte aujourd'hui 108 constellations : nous en ferons connaître quelques-unes. D'abord, si, par une belle nuit, on tourne sa gauche du côté où l'on a vu le Soleil se coucher, on a devant soi la *Petite Ourse*, qui, dans nos régions, se montre à peu près à égale distance de la limite de la vue sur la Terre et du point du ciel situé diamétralement au-dessus de notre tête : l'*étoile Polaire* fait partie de cette constellation.

Dans le voisinage de la Petite Ourse, on remarque la *Grande Ourse* ou le *Chariot*, que les Romains nommaient la constellation des *Septentrions*.

En se tournant vers une région opposée du ciel, on trouve les *signes* du *zodiaque :* ce sont douze groupes d'étoiles, devant lesquels la Terre fait sa révolution annuelle.

Si l'on ne réfléchit pas que la Terre parcourt son orbite, il semble que c'est le Soleil qui passe successivement devant les constellations du zodiaque : aussi est-ce au Soleil, et non à la Terre, qu'on rapporte la position de ces constellations, aux diverses époques de l'année.

Les trois signes du printemps sont ceux vis-à-vis desquels le Soleil nous paraît passer au printemps : on les nomme le *Bélier*, le *Taureau* et les *Gémeaux*.

Les trois signes de l'été, c'est-à-dire ceux en face desquels le Soleil se trouve en été, sont le *Cancer* ou l'*Écrevisse*, le *Lion* et la *Vierge*.

L'automne a pour signes la *Balance*, le *Scorpion* et le *Sagittaire*.

Et l'hiver, le *Capricorne*, le *Verseau* et les *Poissons*.

Au delà des constellations zodiacales, toujours vers la région du ciel opposée aux deux Ourses, on distingue le superbe *Orion*, et le *Grand Chien* ou la *Canicule*, où brille *Sirius*, la plus belle étoile du ciel.

Les étoiles semblent être *fixes*, et conserver toujours la même distance entre elles; mais on a reconnu qu'elles font réellement des mouvements très-considérables, quoique peu sensibles pour nous, à cause de leur énorme éloignement.

L'étude de tous ces corps qui peuplent les espaces célestes remplit notre âme de pensées élevées. Combien nous nous sentons petits et faibles en présence de l'immense Univers! Combien nous admirons la puissance de celui qui a semé tant de milliers de mondes dans les champs de l'infini, et qui maintient l'ordre et l'harmonie dans ces innombrables mouvements!

Forme de la Terre.

La Terre est ronde : on éprouve au premier abord quelque répugnance à le croire : les élévations et les profondeurs qu'on y trouve dans certaines parties semblent en faire une masse très-irrégulière; et ailleurs elle paraît plate, mais non arrondie. Un peu d'attention suffit pour faire connaître la véritable forme de notre planète.

D'abord, si nous examinons les astres du système solaire, nous les voyons tous ronds : pourquoi la Terre ne le serait-elle pas?

Quand elle est placée entre le Soleil et la Lune, et qu'elle éclipse celle-ci, l'ombre qu'elle envoie sur le disque lunaire est arrondie : ce qui prouve qu'elle l'est elle-même.

Enfin, en rase campagne et en pleine mer, lorsqu'aucune élévation ne s'offre devant nous, notre vue ne s'étend cependant pas, sur la surface terrestre, à une bien grande distance, mais seulement à quelques kilomètres, au delà desquels nos rayons visuels quittent la Terre pour se perdre dans les espaces célestes : cette limite de la vue, appelée *orizon*, ne peut être produite que par la courbure de notre globe.

Voilà pourquoi, si, du rivage de la mer, on porte ses regards sur les eaux, on ne voit d'abord dans le lointain que les sommets des mâts de navires : les autres parties sont cachées par la courbure du globe. A mesure que les navires approchent, on distingue des portions plus basses, et le corps du bâtiment se montre enfin le dernier.

Les montagnes et les vallées, qui paraissent donner à la Terre une figure irrégulière, sont à peine comparables aux rugosités de la peau d'une orange.

Mouvements de la Terre.

La Terre tourne sur elle-même ; la ligne imaginaire sur laquelle s'opère ce mouvement se nomme *axe*, et se termine en deux points appelés *pôles*. L'un de ces pôles a été surnommé *arctique*, parce qu'il est placé en face de la constellation de la *Petite Ourse* (en grec *Petite Arctos*) ; l'autre est le *pôle antarctique*.

La durée d'une révolution complète de la Terre sur elle-même forme un *jour naturel* ou de *vingt-quatre heures*. Ce jour comprend deux parties : l'une est ce qu'on appelle le *jour artificiel*, durant lequel nous sommes éclairés par le Soleil ; l'autre est la nuit : c'est le temps où nous sommes privés de la lumière de cet astre.

Le *matin* est l'époque qui marque le passage de la nuit au jour artificiel ; c'est l'instant où le Soleil commence à se montrer à nous, parce que la Terre, en tournant, nous ramène vers lui : pour désigner ce moment, on dit que le Soleil *se lève*.

Le *soir* est l'instant où, emportés par la rotation de la Terre, nous voyons le Soleil disparaître : on dit alors qu'il *se couche*.

Il est *midi*, quand le mouvement de la Terre nous a ramenés en face du Soleil, et que cet astre est parvenu au plus haut point de sa course apparente de la journée.

Il est *minuit*, lorsque nous sommes à l'opposé du Soleil, et au milieu même de la nuit.

La Terre emploie, pour faire sa grande révolution autour du Soleil, 365 jours naturels et environ 6 heures. Une *année* ordinaire est composée de 365 jours ; les 6 heures que l'on néglige alors forment, au bout de quatre ans, 24 heures ou un jour. Voilà pourquoi on a, tous les quatre ans, une année *bissextile* ou de 366 jours.

L'année a été divisée en *douze mois*, parce que la Lune

répète douze fois environ sa course autour de la Terre, pendant que celle-ci exécute sa révolution annuelle.

Par le mouvement qui l'emporte autour du Soleil et qu'on appelle *translation*, la Terre parcourt environ 900 millions de kilomètres par an, à peu près 30 kilomètres par seconde.

Elle a 40 000 kilomètres de circonférence : ainsi, par son mouvement de rotation, les points les plus éloignés de l'axe, c'est-à-dire de l'espèce d'essieu autour duquel elle tourne, font 40 000 kilomètres en 24 heures, ou 27 kilomètres par minute.

Ces mouvements nous paraissent prodigieusement rapides : nous ne nous figurons pas d'abord que nous puissions parcourir tant de chemin en si peu de temps, et surtout sans le sentir : il nous semble que ce sont les astres qui tournent autour de nous, et non la Terre qui marche elle-même. Mais n'éprouve-t-on pas aussi très-facilement une illusion semblable, lorsqu'on est dans un bateau abandonné au cours tranquille d'une rivière, ou dans une voiture bien suspendue roulant sur un fin gazon? On dirait que ce sont les objets du voisinage qui se meuvent et passent à côté de nous : si nous oublions alors notre mouvement, il est bien naturel que nous ne sentions pas non plus celui de la Terre.

Points cardinaux; moyens de s'orienter.

On a éprouvé le besoin d'établir, dans diverses directions, des points principaux auxquels on puisse continuellement rapporter sa situation. Il y en a quatre très-importants, nommés *points cardinaux* : le *nord*, le *sud*, l'*est* et l'*ouest*.

Le *nord* ou *septentrion*, appelé aussi point *boréal*, est du côté du pôle arctique dans la direction de la Petite Ourse et à peu près aussi vers la Grande Ourse, appelée les *septentrions* par les Romains.

Le *sud*, à l'opposé, se nomme également *midi*, parce qu'il est tourné vers la position où nous voyons le Soleil à midi; on l'appelle aussi point *austral* ou *méridional*.

L'*est*, le *levant* ou l'*orient* est le point vers lequel on voit le Soleil se lever. L'*ouest*, le *couchant* ou l'*occident* est celui vers lequel on le voit se coucher[1].

---

[1]. On désigne ordinairement les points cardinaux par ces abréviations : N., S., E., O.

Si l'on tourne sa droite au Soleil levant, on a devant soi le nord; derrière, le midi, et à sa gauche, l'occident.

Il y a quatre *points collatéraux* : le *nord-est*, entre le nord et l'est; le *nord-ouest*, entre le nord et l'ouest; le *sud-est*, entre le sud et l'est, et le *sud-ouest*, entre le sud et l'ouest.

Il est indispensable de savoir trouver les points cardinaux et collatéraux; on appelle cela *s'orienter*. Pendant le jour, il est facile de le faire au moyen du Soleil, qu'on voit à l'est à 6 heures du matin, au sud à midi, à l'ouest à 6 heures du soir, au sud-est à 9 heures du matin, et au sud-ouest à 3 heures du soir.

La nuit, on peut avoir recours à l'étoile Polaire, située au nord, dans la constellation de la Petite Ourse. Mais si le temps est nébuleux, et qu'il soit impossible de prendre les astres pour guides, il faut se servir de la *boussole*. C'est un petit et admirable instrument, dont la pièce principale est une aiguille d'acier frottée avec de l'aimant : suspendue sur un pivot où elle puisse tourner librement, cette aiguille a la merveilleuse propriété de diriger toujours l'une de ses pointes au nord et l'autre au sud.

Cercles et zones de la Terre.

A une égale distance des deux pôles, on imagine un grand cercle, nommé *équateur* ou *ligne équinoxiale*, qui divise la Terre en deux parties égales : l'une au nord, formant l'*hémisphère boréal* ou *septentrional*, et l'autre au sud, formant l'*hémisphère austral* ou *méridional*.

Un *méridien* est un cercle dirigé du nord au sud et qui coupe l'équateur perpendiculairement, en partageant le globe en *hémisphère oriental* et *hémisphère occidental*; il passe par tous les lieux qui ont *midi* en même temps : c'est ce qu'exprime le nom de *méridien*, qui signifie *midi*. Or, comme la Terre tourne de l'ouest à l'est, les points placés au nord et au sud les uns des autres sont les seuls qui puissent avoir midi en même temps et par conséquent un même méridien; tous les endroits situés à l'est et à l'ouest les uns des autres, passant devant le Soleil les uns avant les autres, ont des méridiens différents. Ainsi, le nombre des méridiens est infini.

Les *parallèles* sont des cercles parallèles à l'équateur. Tous les points placés à l'est ou à l'ouest les uns des autres ont le même parallèle ; mais les lieux placés à des distances diverses de l'équateur ont des parallèles différents : par conséquent le nombre de ces cercles est incalculable.

Il est quatre parallèles qu'on distingue par des noms particuliers : ce sont les *tropiques du Cancer et du Capricorne*, le premier au nord, le second au sud de l'équateur ; et les *cercles polaires arctique et antarctique*, aussi éloignés des pôles que les tropiques le sont de l'équateur.

Ces quatre parallèles établissent une division de la Terre en cinq grandes *zones:* l'une, appelée *zone torride*, est renfermée entre les tropiques, et coupée en deux moitiés par l'équateur. La *zone tempérée boréale* est entre le tropique du Cancer et le cercle polaire arctique ; la *zone tempérée australe* est entre le tropique du Capricorne et le cercle polaire antarctique. Enfin les *zones glaciales arctique et antarctique* s'étendent entre les cercles polaires et les pôles.

Les noms de ces zones indiquent les trois grands caractères que présente la température du globe et qu'accompagnent des aspects différents.

Ainsi la zone torride, exposée aux rayons directs du soleil, offre tantôt des régions sèches et brûlées, tantôt la plus magnifique végétation : c'est le climat des fruits les plus savoureux, des fleurs les plus éclatantes et les plus suaves, des forêts parées d'une éternelle et admirable verdure.

Les zones tempérées ne présentent ni les déserts arides ni la superbe végétation qu'on trouve dans la zone torride. La zone tempérée boréale, la plus intéressante, est généralement embellie par les travaux de l'homme, et c'est le siége principal de la civilisation du monde : des champs de céréales, de belles prairies, des vergers, des vignobles, en font le principal ornement.

Dans les zones glaciales, la nature est plongée dans un triste repos et dans un profond engourdissement.

Saisons.

Les zones tempérées et glaciales, et chacune des deux divisions de la zone torride séparées par l'équateur, n'ont pas, toute l'année, une température également modérée, glaciale ou chaude : elles sont soumises à de grandes variations de température qu'on nomme *saisons*.

Pour comprendre la cause de ces variations de température, qu'on se représente bien la route ou orbite que la Terre parcourt en tournant autour du Soleil : si l'axe était perpendiculaire sur cette orbite, de manière que l'équateur fût toujours exposé précisément aux rayons du Soleil, il n'y aurait pas plusieurs saisons : car on ne serait pas tourné vers cet astre plus directement à une certaine époque que dans une autre ; les diverses contrées du globe auraient constamment une même température, les jours et les nuits seraient partout d'une égale durée.

Mais l'axe est incliné sur l'orbite de la Terre, et il en résulte que l'hémisphère boréal et l'hémisphère austral sont tantôt dirigés vers le globe lumineux, tantôt peu exposés à ses rayons : ils ont donc tour à tour des jours plus longs et plus courts, une température plus chaude et plus froide. Ainsi, quand l'hémisphère boréal est tourné vers le Soleil, il a une lumière plus abondante, une chaleur plus forte, des jours plus longs et des nuits plus courtes que l'hémisphère austral ; celui-ci jouit aussi à son tour des mêmes avantages.

Les deux hémisphères ont une température également modérée lorsqu'ils passent de l'un de ces extrêmes à l'autre, c'est-à-dire lorsque le Soleil darde verticalement ses rayons sur l'équateur. Ces moments de transition sont appelés *équinoxes*, parce que les jours et les nuits sont alors égaux par toute la Terre, les deux hémisphères recevant autant de lumière l'un que l'autre : cela arrive le 20 ou 21 mars et le 22 ou 23 septembre.

Lorsque l'hémisphère boréal est le plus incliné vers le Soleil, les rayons de celui-ci tombent perpendiculairement sur le tropique du Cancer. Lorsqu'à son tour l'hémisphère austral est le plus directement exposé vers le Soleil, ce dernier est placé verticalement sur le tropique du Capricorne. Ces deux époques se nomment *solstices*, et se trouvent au 21 ou au 22 juin et au 21 ou au 22 décembre.

Le *printemps* est une saison généralement tempérée, qui, pour nous, habitants du nord, commence à l'équinoxe de mars et finit au solstice de juin ; l'*été*, la plus chaude saison de l'année, est compris entre ce solstice et l'équinoxe de septembre ; l'*automne*, dont la température est modérée, s'étend depuis l'équinoxe de septembre jusqu'au solstice de décembre; enfin l'*hiver*, la plus froide saison, est renfermé entre ce dernier solstice et l'équinoxe de mars.

Il semble d'abord que le printemps devrait être aussi chaud que l'été, puisque, dans ces deux saisons, les jours sont exactement de la même longueur : l'une est comprise, en effet, entre un équinoxe et un solstice; l'autre, entre un solstice et un équinoxe. Mais pendant le printemps, le sol se ressent encore du froid qu'a laissé l'hiver; quand l'été arrive, la nature est déjà réchauffée, et l'on jouit alors tout à la fois de la chaleur acquise pendant le printemps et de celle que le soleil d'été procure immédiatement.

Il semble, d'un autre côté, que l'automne ne devrait pas être moins froid que l'hiver, puisqu'il a des jours tout aussi courts : il est renfermé, en effet, entre un équinoxe et un solstice, et l'hiver s'étend d'un solstice à un équinoxe. Mais, en automne, le sol conserve encore, pendant quelque temps, une partie de la chaleur acquise durant l'été; cette chaleur se dissipe peu à peu, et, quand l'hiver arrive, le sol est déjà tout refroidi.

Il y a, sur le globe, des régions où ces quatre grandes variations de la température n'existent pas; dans la zone torride, par exemple, on ne compte généralement que deux saisons : celle des *pluies* et celle de la *sécheresse*. Dans les zones glaciales, il y a dix mois d'un hiver rigoureux, et deux mois ou six semaines d'un été assez chaud.

Il est des contrées exposées de telle manière que la même saison règne constamment; ainsi, l'on y éprouve un printemps continuel, ou un perpétuel hiver, ou une chaleur constante.

Enfin, on comprend parfaitement que les régions australes ont le printemps quand nous avons l'automne; qu'elles ont l'été lorsque nous avons l'hiver; leur automne a lieu dans le temps même que nous sommes réjouis par le printemps, et l'hiver les attriste précisément à l'époque où nous éprouvons les chaleurs de l'été.

Moyens de déterminer sur la Terre la situation des lieux.

On a éprouvé le besoin de rattacher la situation des différents lieux du globe au cercle important qu'on nomme équateur; mais on n'a pas coutume d'indiquer en mesures itinéraires la distance d'un endroit quelconque à ce cercle :

les *degrés*, les *minutes* et les *secondes* sont les mesures qu'on emploie dans cette occasion.

Or, la circonférence entière du globe est de 360 degrés, un degré comprend 60 minutes, une minute, 60 secondes[1].

On dira donc, par exemple, que tel lieu est à tant de degrés et tant de minutes au nord de l'équateur; que tel autre est à tant de degrés et tant de minutes au sud de l'équateur, etc.

Mais, au lieu de s'énoncer ainsi, on dit plus ordinairement que tel endroit est à tant de degrés et tant de minutes de *latitude nord* ou de *latitude sud*.

Voici pourquoi :

Si l'on veut énoncer les dimensions de quelque chose, d'une table, par exemple, on en indique la plus grande étendue par le mot *longueur*, et la moindre par le mot *largeur*; eh bien, les pays connus des anciens géographes grecs et romains formaient une étendue moins considérable du nord au sud que de l'est à l'ouest : la dimension du nord au sud constitua donc la *largeur* ou la *latitude* de la Terre connue, et la dimension de l'est à l'ouest en forma la *longueur* ou la *longitude*.

Les modernes ont conservé ces expressions, quoiqu'elles ne paraissent plus justes, appliquées à un globe.

L'équateur divise la latitude en deux parties : la *latitude nord* et la *latitude sud*. Chacune s'étend depuis l'équateur jusqu'à l'un des pôles, et embrasse 90 degrés.

Mais, pour avoir une idée exacte de la situation d'un lieu sur le globe, il ne suffisait pas d'en connaître la distance à l'équateur : on a senti la nécessité de rattacher aussi la position du lieu à un grand cercle dirigé dans un sens opposé : on a choisi pour cela un des nombreux méridiens qui coupent le globe du nord au sud, et on l'a nommé *premier méridien*. On peut donc dire que tel endroit se trouve à tant de degrés à l'est du premier méridien; que tel autre est à tant

---

[1]. Les degrés se marquent par le signe °, les minutes par celui-ci ′, et les secondes par cet autre ″ : ainsi, un degré deux minutes trois secondes peuvent s'écrire 1° 2′ 3″.

Une division de la circonférence de la Terre en 400 parties appelées *grades* a été proposée, mais n'a pas été généralement adoptée. Il y a 100 grades de l'équateur au pôle; le grade est divisé en 100 minutes centésimales, et cette minute comprend 100 secondes centésimales.

de degrés à l'ouest de ce méridien; et comme ce cercle divise la longitude en deux parties (la *longitude est* et la *longitude ouest*), on peut aussi exprimer ces situations en disant que tel lieu est à tant de degrés de longitude est, que tel autre est à tant de degrés de longitude ouest.

Chacune de ces deux divisions de la longitude comprend 180 degrés, parce qu'elle embrasse la moitié de la circonférence du globe.

Comme tous les méridiens sont exactement d'une même étendue, et qu'ils paraissent tous aussi importants les uns que les autres, on ne voit pas d'abord le motif d'en choisir un de préférence, pour en faire une ligne fixe de départ; aussi varie-t-on sur le choix du premier méridien, et presque chaque nation a le sien particulier : les Français le font passer à Paris; les Anglais, à l'observatoire de Greenwich, situé près de Londres à 2° 20' à l'O. du méridien de Paris; autrefois on avait choisi le méridien de l'île de Fer, l'une des Canaries, près et à l'ouest de l'Afrique, à 20° à l'ouest de Paris : plusieurs peuples le conservent encore.

Cartes.

On donne le nom de *cartes* aux dessins par lesquels on représente ou la Terre entière, ou quelques-unes des contrées répandues sur sa surface.

On a coutume d'orienter la carte de manière que le nord soit en haut, le sud en bas, l'est à droite, et l'ouest à gauche.

On appelle *mappemonde* ou *planisphère* une carte qui représente tout le globe terrestre.

Tantôt cette carte reproduit la forme ronde de la Terre, et elle en montre séparément les deux hémisphères, parce qu'il est impossible de voir sur le papier le globe tout entier tel qu'il est naturellement : la moitié supérieure cacherait la moitié inférieure. Sur cette carte, les degrés de latitude sont marqués tout autour de chaque hémisphère, à l'extrémité des parallèles, et les degrés de longitude sont indiqués sur l'équateur, à chaque méridien tracé.

D'autres fois on ne cherche pas à rendre sur la mappemonde la rondeur de la Terre, mais on enlève en quelque sorte au globe sa surface, on la développe et on l'étend, aplatie, sur le papier où on la dessine : alors la carte est carrée, et l'on n'a pas besoin de faire deux hémisphères séparés. Les degrés de latitude y sont marqués, à droite et à gauche de la carte, toujours à l'extrémité des parallèles; les degrés de longitude sont placés en haut et en bas, à l'extrémité des méridiens.

Les autres cartes, qui servent à représenter une grande contrée, ou seulement une province, un canton particulier, se rapprochent plus ou moins de ces deux manières principales : c'est-à-dire que les unes, par la direction de leurs parallèles et de leurs méridiens, tendent à montrer que le pays dessiné fait partie de la surface arrondie du globe; tandis que les autres, avec leurs parallèles et leurs méridiens coupés entre eux perpendiculairement, supposent que la région décrite appartient à une surface plate. Mais, dans toutes, il faut toujours aller chercher les degrés de longitude aux marges supérieure et inférieure, et les degrés de latitude aux côtés de droite et de gauche.

Il faut distinguer les cartes *générales*, représentant une grande contrée dans son ensemble; les cartes *particulières*, qui décrivent seulement les parties d'une contrée principale; les cartes *chorographiques*, destinées à décrire une région peu étendue; les cartes *topographiques*, qui présentent des détails très-multipliés et jusqu'aux moindres lieux; les cartes *hydrographiques*, qui ont pour but principal de faire connaître les eaux : parmi ces dernières, on nomme cartes *marines* celles qui représentent spécialement les mers et servent à guider le navigateur.

Sur chaque carte on place ordinairement une *échelle*, petite ligne graduée au moyen de laquelle on peut évaluer sur le dessin la distance des lieux en *mesures itinéraires*, et voir dans quel rapport la carte se trouve avec le pays qu'elle représente.

Les mesures itinéraires dont nous nous servons en France sont : les *kilomètres*, de 111 au degré de latitude ; — les *myriamètres*, dont chacun comprend 10 kilomètres ; — les *lieues communes* de France, de 25 au degré et valant 4 kilomètres 1/2 ; — les *milles géographiques*, de 60 au degré ; — les *lieues de poste anciennes*, de 28 1/4 au degré ; — les *lieues de poste nouvelles* (valant 4 kilomètres), de 27 3/4 au degré.

Parmi les mesures étrangères, on peut distinguer : les *milles anglais*, de 69 1/4 au degré ; — les *milles d'Allemagne*, de 15 au degré ; — les *milles d'Italie*, de 60 au degré ; — les *verstes de Russie*, de 104 au degré.

II. GRANDES DIVISIONS NATURELLES DU GLOBE.

DÉNOMINATIONS DONNÉES AUX TERRES. — DÉNOMINATIONS DONNÉES AUX EAUX. — ASPECTS ET CLIMATS DES PARTIES DU MONDE. — MONTAGNES PRINCIPALES DU GLOBE. — FLEUVES PRINCIPAUX ET MERS OU ILS SE JETTENT. — LACS PRINCIPAUX.

La surface de notre globe est partagée en deux grandes divisions : les *terres* et les *eaux*. Examinons-les séparément.

Dénominations données aux terres.

Les terres occupent bien moins de place que les eaux sur la surface du globe : elles offrent deux vastes espaces principaux, appelés *continents*: le plus grand, nommé Ancien *continent*, s'étend du N. E. au S. O., et comprend trois *parties du monde* : l'*Europe*, au N. O.; l'*Asie*, à l'E., et l'*Afrique*, au S. O.; l'autre, qui est le *Nouveau continent* ou l'*Amérique*, quatrième partie du monde, s'allonge du N. au S.

Chacun de ces continents présente deux grandes masses, qui sont réunies par un espace étroit.

Il y a un troisième continent, beaucoup moins considérable que les deux autres, et situé au S. E. de l'Ancien : c'est l'*Australie* ou *Nouvelle-Hollande*, formant le *continent Austral*.

Les terres forment d'autres espaces bien moins grands, souvent même fort petits, entourés de tous côtés par les eaux : ce sont des *îles*.

Lorsque les îles sont rapprochées les unes des autres, elles composent des *groupes* et des *archipels*.

La partie du globe où l'on trouve le plus d'îles est au S. E. de l'Asie; là de nombreux archipels composent, avec l'Australie, une cinquième partie du monde : l'*Océanie*.

On donne le nom d'*îlots* aux îles les plus petites.

Des rochers qui s'élèvent au-dessus de l'eau, ou qui sont peu enfoncés au-dessous de sa surface, forment des *écueils*, des *récifs*, des *brisants*.

Des espaces bas et sablonneux, fréquemment recouverts par les eaux, se nomment *bancs de sable*.

Les *bas-fonds*, ou plutôt *hauts-fonds*, sont ou des rochers ou des amas de sable peu enfoncés au-dessous de la surface de l'eau.

Il y a des portions de terre entourées d'eau presque de

tous côtés, et qu'on appelle *presqu'îles* ou *péninsules*; les anciens Grecs les nommaient *khersonèses*.

Deux portions de terre ne sont souvent jointes entre elles que par un espace étroit, qu'on appelle *isthme*.

Les *côtes* sont les bords des continents et des îles : tantôt elles descendent en mourant jusqu'auprès de l'eau, et forment alors des *plages* et des *grèves*, ordinairement sablonneuses. Tantôt elles sont escarpées, et s'appellent des *falaises*.

Les côtes ne sont pas toujours droites et uniformes : elles présentent souvent de petits avancements, qui portent les noms de *promontoires*, de *caps* et de *pointes*.

On appelle *contrée*, *région* ou *pays* une certaine étendue de terre présentant les mêmes caractères physiques, ou habités par des hommes ayant les mêmes lois, les mêmes usages, la même langue.

La surface des terres est fort inégale, et parsemée de *parties plates*, de *hauteurs* et de *profondeurs*, qui offrent mille aspects variés, mille accidents pittoresques.

Les parties plates s'appellent *plaines* : tantôt elles sont les portions les plus grasses, les plus fécondes de la Terre; tantôt elles en sont les régions les plus stériles, lorsque, brûlées par un soleil ardent, elles sont privées des eaux nécessaires à la végétation : elles forment alors des *déserts*.

Cependant, au milieu de ces affreuses solitudes, on trouve souvent dispersés çà et là de petits cantons fertiles, nommés *oasis*, qui surprennent agréablement par leur riante verdure.

On ne trouve pas en Europe, généralement, de déserts proprement dits : les terrains les plus stériles s'y nomment ordinairement *landes* et *bruyères*. On appelle *steppes* (d'un mot russe signifiant désert) les plaines désertes du S. E. de l'Europe et celles du N. de l'Asie. Dans l'Amérique septentrionale, les plaines désertes, basses et couvertes d'herbes touffues, sont des *savanes;* dans le nord de l'Amérique méridionale, les *llanos* sont des plaines désertes qui changent d'aspect dans le cours de l'année, suivant les époques des pluies, de la verdure et de la sécheresse; les *pampas*, dans la même Amérique, sont d'autres plaines désertes, mais revêtues d'une vaste pelouse.

Les hauteurs les plus considérables sont les *montagnes*, dont on exprime l'élévation plus ou moins grande au-dessus du niveau de la mer par le mot *altitude*.

Les plus petites hauteurs forment les *collines*, les *monticules*, les *tertres*, les *buttes* et les *mornes*.

On nomme *cime* ou *sommet* le plus haut point d'une montagne ou d'une colline : tantôt les cimes sont élancées irrégulièrement et forment des *aiguilles*, des *dents*, des *cornes*; tantôt elles sont coniques, et prennent alors le nom de *pics*, de *puys* et de *pitons*.

Les collines sablonneuses qui bordent fréquemment les côtes s'appellent *dunes*.

Les *plateaux* sont des espaces élevés et plats, entourés de hauteurs.

Ce nom de plateau s'applique encore aux petites plaines qui couronnent certaines montagnes.

Les pentes douces des collines portent souvent la dénomination de *côte* ou de *coteau* : ce sont ordinairement des lieux fertiles.

Parmi les montagnes, il en est qui vomissent des pierres calcinées, des matières minérales fondues, des flammes, de la fumée, divers gaz, des cendres, des sables, quelquefois de l'eau et de la boue : ce sont des *volcans*.

C'est au sommet de ces redoutables montagnes que se trouve ordinairement le *cratère*, ou l'ouverture par laquelle sont lancés les corps que projette l'éruption volcanique.

Les hauteurs volcaniques qui n'exhalent que des gaz se nomment *solfatares* ou *salses*.

Les *tremblements de terre* sont des phénomènes terribles, dus sans doute aux gaz intérieurs qui cherchent une issue et qui brisent violemment le sol pour se créer un passage.

Rarement les hauteurs sont absolument isolées : elles sont communément unies les unes aux autres, et composent des *chaînes*.

A une chaîne principale se rattachent des *branches* et des *rameaux*. Plusieurs chaînes liées entre elles et présentant des rapports dans leur constitution forment des *groupes*; quand leur ensemble est très-considérable, elles constituent un *système* de montagnes.

Les deux grandes faces d'une chaîne de montagnes s'appellent *flancs*, *pentes*, *revers* ou *versants*. La partie la plus haute est le *faîte*, la *crête* ou l'*arête*.

Les parties où cette arête s'abaisse et présente des passages plus ou moins étroits, sont appelées *défilés*, *cols*, *pas* ou *gorges*, quelquefois *portes*, *pyles* ou *ports*. Un espace resserré entre une montagne et une masse d'eau est aussi un défilé.

Les pentes des montagnes sont souvent revêtues de ces nombreuses réunions d'arbres qu'on appelle *bois* et *forêts*.

Les sommets des plus hautes sont généralement nus et arides, ou couverts de neiges et de glaces perpétuelles, dont les amas forment des *glaciers*.

C'est dans les montagnes que la nature déploie ses plus étonnants aspects, ses beautés les plus pittoresques, ou ses horreurs les plus sauvages. On respire sur leur cime un air plus pur, plus salutaire, on y embrasse par la vue d'immenses horizons.

La description des montagnes, une des branches les plus importantes de la géographie, se nomme *orographie*.

Les profondeurs principales que l'on rencontre à la surface des terres sont les *vallées* et les *vallons*, espaces allongés qui se trouvent resserrés entre deux montagnes ou deux chaînes de montagnes.

Les *grottes* ou *cavernes* sont des cavités souterraines qui ont été formées, les unes par l'action des gaz sortis du sein de la Terre, les autres par l'action de l'eau. Les masses calcaires qu'y déposent les eaux s'appellent *stalactites*, quand elles pendent à la voûte, et *stalagmites*, si elles s'appuient sur le sol.

Dénominations données aux eaux.

La plus grande partie des eaux répandues sur la Terre forme cette vaste masse qu'on appelle la *mer*, et qui occupe environ les deux tiers de la surface du globe.

Les plus grands espaces de mer prennent le nom d'*océans*. On distingue : 1° l'*océan Atlantique*, à l'ouest de l'Ancien continent et à l'est du Nouveau ; 2° le *Grand océan* ou l'*océan Pacifique*, à l'est de l'Ancien continent et du continent Austral, et à l'ouest de l'Amérique ; 3° l'*océan Indien*, au sud-est de l'Ancien continent et à l'ouest de la Nouvelle-Hollande ; 4° l'*océan Glacial arctique*, au nord de l'Ancien continent et de l'Amérique ; 5° l'*océan Glacial antarctique*, dans la zone glaciale australe.

En pénétrant dans les terres, les océans produisent des *mers proprement dites*, dont la plus remarquable est la *Méditerranée*, placée au milieu des terres occidentales de l'Ancien continent.

Les *golfes*, les *baies* et les *anses* sont des enfoncements moins étendus que les mers. Les *rades*, les *ports*, les *havres*, sont encore plus petits, et peuvent servir d'asile aux navires contre la fureur des vents et des flots.

Les *détroits* sont des espaces de mer resserrés entre deux portions de terre.

Les amas d'eau considérables placés au milieu des terres sont des lacs. Il y en a d'assez grands pour porter le nom de *mer* : telle est la *Caspienne*, au milieu de l'Ancien continent.

Sur la surface des mers et des lacs, les vents violents font naître des *ondes*, des *vagues*, des *lames* et des *flots*, qui s'élèvent en écumant, et se brisent les uns contre les autres, ou viennent frapper le rivage avec fureur.

Les mers ont aussi des *courants*, qui portent, dans de certaines directions, des portions considérables de la masse des eaux. Les courants sont surtout causés par les différences de température qui règnent dans les diverses parties de la mer.

Enfin, par l'effet de l'attraction de la Lune et du Soleil, les eaux de la mer s'élèvent et s'abaissent tour à tour deux fois dans un jour : c'est ce qu'on appelle les *marées*, divisées par conséquent en *marée montante* ou *flux*, et *marée descendante* ou *reflux*.

Les amas d'eau peu profonds situés au milieu des terres sont des *marais*. L'eau croupissante de ces tristes lieux répand presque toujours des exhalaisons malsaines.

Un *étang* est un petit lac artificiel.

Les *lagunes* sont des espèces de lacs placés près de la mer et formés tantôt par des cours d'eau qui s'épanchent sur une côte plate, tantôt par de petits golfes qui ne communiquent avec la mer que par de très-étroites entrées. Dans le sud de la France, on leur applique la dénomination d'*étangs*.

Les eaux vives qui sortent de la terre sont des *sources* ou des *fontaines* : c'est presque toujours sur les flancs des montagnes et des collines qu'on les voit sourdre.

Comme l'eau cherche sans cesse à gagner les lieux les plus bas, les sources s'écoulent et descendent, formant ainsi plusieurs courants qui vont sillonner le sol de toutes parts et répandre la fertilité et la fraîcheur sur les terres : ils en varient, ils en vivifient l'aspect; et, tantôt circulant lentement à travers les plaines, tantôt se précipitant avec fracas dans les vallées profondes, ils sont toujours un des ornements les plus pittoresques de la nature.

Les plus petits cours d'eau portent le nom de *ruisseaux*; les plus grands, celui de *fleuves*, s'ils se jettent directement dans la mer; les autres sont des *rivières*, qui se rendent ou dans des fleuves ou dans d'autres rivières.

Si le cours d'eau qui va tomber directement dans la mer n'est pas considérable, on peut l'appeler aussi *rivière*.

Les *torrents* sont des cours d'eau rapides et momentanés auxquels donne naissance, dans les pays montagneux, une pluie abondante ou une grande fonte de neiges.

Un *confluent* est l'endroit où deux cours d'eau s'unissent.

Un cours d'eau se jette dans la mer ou par une *embouchure*, ou par plusieurs *bouches* : dans ce dernier cas, l'espace compris entre ses branches et la côte de la mer forme un *delta*, territoire ordinairement très-bas et très-fertile, produit presque toujours par les alluvions des fleuves, c'est-à-dire par les dépôts des terrains qu'il a entraînés dans son cours.

Les *affluents* d'un cours d'eau sont les divers cours d'eau qu'il reçoit.

La *rive droite* d'un cours d'eau est la rive située à la droite d'une personne qui, placée sur le courant, regarde le point vers lequel il se dirige. La *rive gauche* est à la gauche de cette personne. Les rives élevées sont des *berges*, les rives basses sont des *grèves*.

Le *lit* d'un cours d'eau est le sol sur lequel il coule et où il est maintenu par les deux rives.

Le lit d'un cours d'eau offre quelquefois de brusques inégalités, des précipices profonds, et l'eau tombe alors avec fracas, en formant des nappes majestueuses. Quand c'est un fleuve ou une grande rivière qui se précipite ainsi, la chute prend le nom de *cataracte*: quand c'est un ruisseau, elle s'appelle *cascade*. Un *rapide* est une chute très-peu considérable.

Le *bassin* d'un cours d'eau est tout le territoire dont les eaux viennent se rendre dans ce cours d'eau.

Le *bassin* d'une mer est l'espace qui comprend, outre cette mer elle-même, l'ensemble de tous les territoires qui y versent leurs eaux.

Le territoire qui verse ses eaux dans une mer s'appelle le *versant* de cette mer, expression abrégée qui signifie le versant de tel pays incliné vers cette mer.

Un *canal* est une rivière artificielle, destinée ordinairement à faire communiquer ensemble deux cours d'eau et à faciliter, par la navigation, les relations commerciales.

L'*hydrographie* est cette partie de la géographie qui a spécialement pour objet la description des eaux.

Aspects et climats des parties du monde.

L'EUROPE, placée dans le N. O. de l'Ancien continent, est la plus petite des cinq parties du monde, mais la plus importante par sa civilisation. Ce n'est pas celle où il y a le plus de productions, mais c'est la mieux cultivée et la plus embellie par les travaux des hommes. Le climat y est généralement tempéré.

Les côtes de l'Europe sont extrêmement découpées : on y voit beaucoup de presqu'îles, dont les principales sont la *Scandinavie*, au N., la péninsule *Hispanique*, au S. O., et l'*Italie*, au S.

Plusieurs grandes îles dépendent de l'Europe : au N. E., on voit la *Nouvelle-Zemble* ; — au N. O., la *Grande-Bretagne* et l'*Irlande* ; — au S., la *Corse*, la *Sardaigne*, la *Sicile* et *Candie*.

L'ASIE, qui occupe l'E. de l'Ancien continent, est la plus grande des parties continentales du monde. Elle a aussi des côtes assez irrégulières. Au N., s'avance fort loin le cap le plus boréal de l'Ancien continent : le cap *Septentrional* ; — à l'E., sont les presqu'îles de *Kamtchatka* et de *Corée* ; — au S., on voit la presqu'île de l'*Indo-Chine* (qui comprend celle de *Malaka*), et la presqu'île de l'*Hindoustan* : on les appelle ordinairement les deux *presqu'îles de l'Inde* ; — au S. O., est la presqu'île d'*Arabie* ; — et à l'O., celle de l'*Asie Mineure*.

On remarque, sur la côte orientale de l'Asie, les grandes îles du *Japon* ; au S., on distingue celle de *Ceylan* ; à l'O., celle de *Chypre*.

Il fait très-froid dans le N. de l'Asie, et très-chaud dans le S. Les plus hautes montagnes de la Terre se trouvent dans l'intérieur de cette partie du monde ; mais il y a aussi des plaines très-vastes dans quelques portions de l'Asie. Enfin cette contrée a un sol prodigieusement fertile dans plusieurs endroits, et elle renferme des déserts très-arides dans quelques autres.

L'AFRIQUE se trouve dans le S. O. de l'Ancien continent, auquel elle ne tient que par l'isthme de Suez. Elle a une forme régulière et des côtes sans découpures. L'équateur la traverse vers le milieu, et c'est la plus chaude des parties du monde. Les côtes en sont très-fertiles; mais l'intérieur renferme les plus affreux déserts qu'il y ait sur le globe.

Il n'y a qu'une grande île vers les côtes d'Afrique : c'est celle de *Madagascar*, au S. E.

L'AMÉRIQUE est formée de deux grandes masses : l'*Amérique septentrionale* et l'*Amérique méridionale*, qui sont unies par l'isthme de Panama.

L'Amérique septentrionale a des côtes très-échancrées, comme celles de l'Europe et de l'Asie, et il s'y trouve beaucoup de presqu'îles, telles que le *Labrador*, à l'E., la *Floride* et le *Yucatan*, au S., et la *Californie*, à l'O.

L'Amérique méridionale a une forme régulière et des côtes presque partout sans découpures, comme celles de l'Afrique.

Entre les deux Amériques, est l'archipel des *Antilles*, dont les principales îles sont *Cuba* et *Haïti*.—Dans le N. et le N.E. de l'Amérique septentrionale, il se trouve beaucoup d'îles, dont les plus remarquables sont les terres du *Groenland*, l'*Islande*, le *Spitzberg* et *Terre-Neuve*. —Il y en a beaucoup aussi dans le N. O., où l'on distingue particulièrement la longue chaîne des îles *Aléoutiennes*. — A l'extrémité de l'Amérique méridionale, est l'archipel de la *Terre de Feu*.

Les parties les plus boréales de l'Amérique sont très-froides; le climat est froid aussi vers l'extrémité méridionale de ce continent; mais il fait fort chaud vers le milieu, qui est traversé par l'équateur. Le sol y est généralement humide. Il y a beaucoup de lacs et de rivières, et c'est là qu'on trouve les plus grands fleuves du monde; on y voit aussi de longues et hautes chaînes de montagnes, et en même temps des plaines basses et fertiles.

L'OCÉANIE, composée d'un grand nombre de terres disséminées dans le Grand océan, entre l'Asie et l'Amérique, est traversée par l'équateur; cependant le climat n'y est pas brûlant, à cause des vents frais qu'y procure partout la mer.

L'*Australie*, qui est la terre la plus grande de l'Océanie, a une apparence un peu triste; mais la plupart des autres régions de cette partie du monde offrent un très-bel aspect.

Les îles les plus considérables de l'Océanie sont au N. O.

et au S. : on remarque, entre autres, *Sumatra, Java, Bornéo, Célèbes, Luçon,* la *Nouvelle-Guinée,* la *Tasmanie,* la *Nouvelle-Zélande.*

Montagnes principales du globe.

Chacun des deux grands continents est partagé en deux pentes principales ou deux versants.

En effet, l'Ancien continent verse ses eaux, d'un côté, au N. O., dans l'océan Glacial arctique et l'océan Atlantique, ou dans les mers qu'ils forment; de l'autre, au S. E., dans l'océan Pacifique et l'océan Indien, ou dans leurs enfoncements.

Ces deux versants sont séparés l'un de l'autre par une immense chaîne de montagnes, qui commence au cap *Oriental*, à l'extrémité N. E. de l'Asie, et finit au cap de *Bonne-Espérance*, à l'extrémité méridionale de l'Afrique.

Cette chaîne porte beaucoup de noms différents : elle s'appelle monts *Iablonoï*, dans le N. E. de l'Asie; elle se divise, au centre de cette partie du monde, en deux grandes branches qui se rejoignent ensuite et qui entourent un vaste plateau; elle prend, au N. de ce plateau, le nom d'*Altaï;* à l'O., ceux de monts *Célestes* et de monts *Bolor;* au S., ceux de monts *Kara-Koroum* et des monts *Kouen-lun.* Plus loin, elle traverse l'occident de l'Asie, et s'appelle successivement *Caucase indien, Elbrouz, Taurus* et *Anti-Liban*.

Elle passe par l'isthme de Suez, qui joint l'Asie à l'Afrique, et elle parcourt le N. E. de celle-ci sous les noms de chaîne *Arabique* et de montagnes de l'*Abyssinie*. Elle est à peu près inconnue au milieu de l'Afrique, où elle suit probablement les monts *Kénia* et *Kilimandjaro*. Enfin, elle arrive dans le sud de cette région, où elle offre les monts *Snecuwberg* et *Nieuwveld*.

Le Nouveau continent est divisé en versant oriental et versant occidental; le premier est incliné vers l'Atlantique et l'océan Glacial, et le second vers l'océan Pacifique. Ils sont séparés l'un de l'autre par une longue chaîne, qui commence au cap *Occidental*, en face du cap Oriental de l'Asie, et qui finit au cap *Froward*, à l'extrémité méridionale de l'Amérique. On pourrait même la suivre à travers la Terre de Feu jusqu'au cap *Horn*.

Cette chaîne porte, dans le N. du Nouveau continent, le nom de monts *Rocheux;* vers le milieu, elle forme les montagnes du *Mexique* et de l'*Amérique centrale;* elle passe par l'isthme de Panama, et présente, dans l'Amérique méridionale, la haute *Cordillère des Andes.*

Ces deux grandes chaînes sont en quelque sorte la continuation l'une de l'autre ; car elles ne sont séparées que par le détroit de Beering, entre les caps Oriental et Occidental. On voit donc, pour ainsi dire, une seule et immense suite de hauteurs s'étendre depuis le cap de Bonne-Espérance jusqu'au cap Horn : c'est comme l'*épine dorsale* du monde entier, et plusieurs chaînes du second ordre s'y rattachent comme des *côtes*.

Parmi ces chaînes secondaires, il faut en distinguer quatre fort remarquables dans l'Ancien continent.

L'une va parcourir toute l'Europe jusqu'au détroit de Gibraltar : elle prend, sur la frontière de l'Europe et de l'Asie, le nom de monts *Ourals;* au centre de l'Europe, elle renferme une partie des monts *Carpathes* et des *Alpes;* au S. O., on y voit les *Pyrénées.*

La seconde, dans le N. O. de l'Afrique, va aboutir aussi au détroit de Gibraltar : elle porte le nom de mont *Atlas* dans une grande partie de son étendue.

On voit que ces deux chaînes se touchent presque vers leurs extrémités : elles enveloppent comme deux grands bras, au N. et au S., le bassin de la Méditerranée.

La troisième chaîne secondaire se détache du S. E. du plateau central de l'Asie, se dirige vers la presqu'île de Malaka, se montre dans une longue suite d'îles de l'O. de l'Océanie, et parcourt l'orient de l'Australie, sous les noms de montagnes *Bleues* et d'*Alpes australiennes*. Elle sépare les eaux qui se jettent dans l'océan Pacifique, de celles qui tombent dans l'océan Indien.

La quatrième chaîne secondaire part du même plateau central, au S., et renferme les plus hautes montagnes du globe : ce sont les monts *Himalaya*, qui élèvent leurs gigantesques sommets jusqu'à plus de 8800 mètres au-dessus de la mer.

Dans le Nouveau continent, les chaînes secondaires les plus remarquables sont, dans l'E. de l'Amérique septentrionale, les monts *Alleghany* ou *Apalaches;* dans l'O., la *Sierra Nevada;* dans l'E. de l'Amérique méridionale, la *Serra do Espinhaço;* dans le N. E., la *Sierra Pacaraima.*

DIVISIONS NATURELLES DU GLOBE.

Fleuves principaux, et mers où ils se jettent.

1. Fleuves du versant nord-ouest de l'Ancien continent.

Sur le versant N. O. de l'Ancien continent, on voit couler vers l'océan Glacial cinq fleuves principaux : en Asie, la *Léna*, l'*Iéniseï*, l'*Ob* ou *Obi*; — en Europe, la *Petchora* et la *Dvina septentrionale*, qui tombe dans le grand golfe nommé mer Blanche.

Vers l'océan Atlantique, on remarque, en Europe, la *Vistule*, l'*Oder*, qui tombent dans l'enfoncement appelé mer Baltique; — l'*Elbe*, le *Rhin*, la *Tamise*, tributaires de la mer du Nord; — la *Seine*, qui se perd dans la Manche; — la *Loire* et la *Gironde*, tributaires de la mer de France, nommée aussi golfe de Gascogne; — le *Douro*, le *Tage*, la *Guadiana*, qui se jettent immédiatement dans l'océan.

En Afrique, on voit se diriger vers l'Atlantique le *Sénégal*, la *Gambie*, le *Kouara* ou *Niger*, qui se rend dans le golfe de Guinée, et, un peu plus au midi, le *Zaïre* ou *Coango*.

La Méditerranée reçoit, du côté de l'Europe, l'*Èbre*, le *Rhône*; — le *Pô*, qui se rend dans l'Adriatique; — le *Danube*, le *Dniepr*, qui se jettent dans la mer Noire; — le *Don*, qui arrive dans celle d'Azov. — Du côté de l'Afrique, elle reçoit le *Nil*, fleuve si fameux par ses utiles débordements et par l'antique civilisation des pays qu'il arrose.

La mer Caspienne, qu'on peut considérer comme appartenant aussi au versant N. O., a pour tributaires le *Volga*, fleuve d'Europe, et l'*Oural*, qui sépare l'Europe de l'Asie.

2. Fleuves du versant sud-est de l'Ancien continent.

Sur le versant S. E. de l'Ancien continent, les principaux fleuves de l'Asie vers l'océan Pacifique sont : l'*Amour*, qui envoie ses eaux à la fois dans la mer d'Okhotsk et dans celle du Japon; — le *Hoang-ho* ou fleuve *Jaune*, tributaire de la mer Jaune; — le *Kiang* ou fleuve *Bleu*, qui se rend dans la mer Bleue ou de Corée; — le *Mè-kong* ou *Camboge*, tributaire de la mer de Chine.

La même partie du monde envoie vers l'océan Indien l'*Iraouaddy* ou *Ava*, le *Brahmapoutre* et le *Gange*, qui se jettent dans le grand golfe du Bengale; — le *Sind* ou *Indus*, qui va dans la mer d'Oman ; — l'*Euphrate* et le *Tigre*, moins longs que les précédents, mais célèbres dans l'histoire, et qui, après s'être réunis, tombent au fond du golfe Persique.

En Afrique, on distingue le *Zambèze*, tributaire du canal de Mozambique, grand détroit que forme l'océan Indien entre l'île de Madagascar et le continent.

3. Fleuves du Nouveau continent.

Le large versant oriental de l'Amérique, incliné vers l'océan Atlantique et l'océan Glacial, est arrosé par un nombre infini de fleuves, dont quelques-uns sont les plus vastes du globe. Dans l'Amérique septentrionale, le *Saint-Laurent* va tomber dans un golfe du même nom ; le *Mississipi*, grossi du *Missouri*, se jette dans le golfe du Mexique. — Dans l'Amérique méridionale, l'*Orénoque* se jette dans l'océan, près et au S. E. de la mer des Antilles ; l'*Amazone* a sa large embouchure sous l'équateur même ; on voit plus au S. le *Saint-François* et le *Rio de la Plata*.

Le versant occidental de l'Amérique, vers l'océan Pacifique, est généralement fort étroit, et l'on n'y remarque que deux fleuves considérables : le *Columbia* ou *Orégon*, et le *Rio Colorado*, qui se jette dans la mer Vermeille, nommée aussi golfe de Californie.

4. Le plus grand fleuve de chaque partie du monde.

Le fleuve le plus étendu de l'Asie est le *Kiang*, qui a environ 4500 kilomètres de cours. — Le plus long fleuve de l'Afrique, et probablement de l'Ancien continent, est le *Nil*, qui paraît avoir plus de 5000 kilomètres. — Le *Volga*, qui a à peu près 3500 kilomètres, est le plus long fleuve de l'Europe.

Le plus grand cours d'eau de l'Amérique est celui qui comprend le *Missouri* et la partie inférieure du *Mississipi*, et qui offre une étendue de plus de 7000 kilomètres. — L'*Amazone* a une masse d'eau plus large, mais sa longueur n'est que d'environ 5000 kilomètres.

Lacs principaux.

Dans l'Ancien continent, les principaux lacs du versant N. O. sont : sur la limite de l'Europe et de l'Asie, la mer

Caspienne; — en Asie, le lac *Baïkal*, le lac ou la mer d'*Aral*, qui a dû communiquer autrefois avec la mer *Caspienne;* — en Europe, les lacs *Ladoga, Onéga, Balaton,* de *Constance,* de *Genève;* — en Afrique, les lacs *Dibbie* et *Dembéa.*

Ceux du versant S. E. sont le *P'o-yang*, le *Toung-thing*, en Asie.

On voit, sur le plateau central de l'Asie, ou dans des bassins intérieurs sans écoulement, plusieurs grands lacs, tels que le *Balkhach-noor*, le *Lob-noor* et le *Khoukhou-noor*.

Au centre de l'Afrique, sur une espèce de plateau moins élevé que celui de l'Asie, se trouve le lac *Tchad.*

On signale, dans la même partie du monde, sous l'équateur, et un peu au sud de ce cercle, les grands lacs Oukéroué ou Nyanza-Victoria, Tanganyika et Nyassi, qui, suivant quelques suppositions, seraient dans un bassin isolé, et, suivant d'autres, communiqueraient avec le Nil et avec des fleuves de la côte orientale de l'Afrique.

L'Amérique est la partie du monde la plus abondante en lacs : on y remarque, sur le versant oriental : 1° dans l'Amérique du nord, le lac *Ouinipeg;* — les lacs *Supérieur, Huron, Michigan, Érié* et *Ontario*, auxquels le fleuve Saint-Laurent sert d'écoulement ; — le lac de *Nicaragua*, près de l'isthme de Panama ; — 2° dans l'Amérique méridionale, le lac de *Maracaybo*, qui ressemble presque à un golfe; et la *lagune* (ou lac marécageux) d'*Ybera*.

Sur un plateau des Andes, se trouve le lac *Titicaca.*

Après la mer *Caspienne*, le lac *Supérieur* est le plus grand des lacs bien connus du globe : il a 580 kilomètres de long et 300 kilomètres de large. — Le second lac de l'Ancien continent, pour l'étendue, est la mer d'*Aral*, si quelques-uns des lacs encore peu explorés de l'Afrique centrale ne sont pas plus considérables. — Le lac *Tchad* est le plus grand des lacs d'Afrique visités assez complétement par les voyageurs européens. — Le *Ladoga* est le plus grand lac de l'Europe.

III. PRINCIPALES PRODUCTIONS DU GLOBE.

MINÉRAUX. — VÉGÉTAUX. — ANIMAUX.

Minéraux.

Toutes les productions minérales du globe sont de trois natures : elles sont ou *pierreuses*, ou *métalliques*, ou *combustibles*.

Voyons d'abord les principales substances pierreuses.

On y remarque le *calcaire*, qui comprend les marbres, les pierres à chaux, la craie ; le *gypse* ou *plâtre*, la matière brillante appelée *mica*, l'*argile*, le *quartz*, le *feldspath*, le *granite*, le *porphyre*, le *basalte*, matières fort répandues à la surface du globe.

Les *turquoises*, les *rubis*, les *saphirs*, sont de belles pierres qui se rencontrent particulièrement en Asie.

Les *émeraudes* les plus estimées sont celles de l'Amérique méridionale.

Les substances métalliques, ou les métaux, sont l'*or*, l'*argent*, le *platine*, le *cuivre*, le *fer*, le *mercure*, l'*étain*, le *zinc*, le *plomb*, etc.

L'Europe possède peu de mines d'or : mais ce métal est commun en Amérique, dans l'Australie, en Afrique et dans plusieurs parties de l'Asie.

L'Amérique est la partie du monde la plus riche en argent.

Le platine, métal blanc, très-précieux dans les arts, ne s'exploite que dans l'Amérique méridionale et sur la frontière de l'Europe et de l'Asie.

Le cuivre, le fer, le mercure, l'étain, le zinc et le plomb sont assez communs dans les diverses parties du globe.

Parmi les minéraux combustibles, il faut citer le *diamant*, qu'on trouve seulement dans le sud de l'Asie, à Bornéo, et dans l'Amérique méridionale ; la *houille*, ou le *charbon de terre*, le *bitume*, la *tourbe*, le *succin*, ou *ambre jaune*, le *soufre*.

Végétaux.

Les végétaux sont bien plus nombreux dans les pays chauds que dans les autres, et ils y offrent une beauté, une vigueur admirable, qu'on rencontre rarement dans les climats tempérés et froids.

On y trouve la magnifique famille des *palmiers*, qui comprend le cocotier, le dattier, le corypha, etc. Le *baobab*, le géant des arbres, ne se montre que dans l'Afrique.

Le *bananier*, aux feuilles gigantesques, aux fruits précieux, habite toutes les régions équinoxiales ; l'*arbre à pain*, aux fruits énormes et nourrissants, est particulier à l'Océanie ; le *riz* abonde dans les régions chaudes et humides de toutes les parties du monde.

Les *plantes à épices*, le muscadier, le cannellier, le giroflier, sont surtout dans le S. E. de l'Asie et dans l'O. de l'Océanie.

La *vanille*, et le *cacao*, qui donne le chocolat, sont des productions de l'Amérique.

Les *orangers*, les *citronniers*, originaires de l'Ancien continent, ont été transportés dans le Nouveau.

La *canne à sucre* et le *café*, sortis des parties les plus chaudes de l'Ancien continent, sont aujourd'hui plus communs dans l'Amérique que partout ailleurs.

Le *thé* ne croît guère que dans l'orient de l'Asie.

Les pays tempérés n'ont pas la brillante végétation des régions tropicales ; mais ils possèdent des plantes bien utiles, auxquelles une culture intelligente fait rendre d'abondants produits : l'Europe et les parties cultivées de l'Asie moyenne et de l'Amérique du nord se couvrent des importantes moissons de ces plantes nommées *céréales*, dont la farine est la principale nourriture de l'homme : tels sont le blé ou froment, le seigle, l'orge, le maïs.

C'est dans les mêmes contrées que se plaisent les utiles espèces du *pommier*, du *poirier*, du *pêcher*, de l'*abricotier*, du *cerisier*, du *châtaignier*, du *noyer*, du *chêne*, du *frêne*, de l'*orme*, du *hêtre*.

La *vigne* habite une grande étendue des parties tempérées de l'Ancien continent ; elle étale particulièrement toutes ses richesses en Europe.

L'*olivier* réussit surtout dans les contrées méridionales de cette partie du monde et dans l'ouest de l'Asie.

A mesure qu'on s'approche des pôles, la végétation diminue, la terre se montre nue et aride. Les arbres de la famille des conifères sont parmi ceux qui résistent le plus au froid : les sombres forêts de *sapins* et de *pins* se voient encore bien loin vers le nord; les *bouleaux*, les *saules* bravent aussi les froids rigoureux; et les petites plantes qu'on appelle *mousses* et *lichens* tapissent les rochers déserts des côtes de l'océan Glacial.

Animaux.

Il y a des animaux qui vivent à peu près dans tous les pays : tels sont la plupart de ceux que l'homme a réduits à l'état domestique : par exemple, le *chien*, le *mouton*, le *bœuf*, le *cochon*, le *cheval*, le *chat*, le *coq* et la *poule*.

C'est dans la zone torride que les espèces animales sont le plus nombreuses. Les contrées chaudes de l'Ancien continent nourrissent seules les *éléphants*, les *rhinocéros*, les *hippopotames*.

Le *lion* habite surtout dans l'Afrique; le *tigre*, dans le sud de l'Asie; la *panthère* et le *léopard* se trouvent dans ces deux parties du monde.

L'Afrique nourrit la gigantesque *girafe*, l'élégante *gazelle*, le *zèbre*, au pelage agréablement rayé.

Le *chameau* (dont l'espèce la plus rapide est le *dromadaire*) vit dans le nord des pays équatoriaux de l'Ancien continent, et s'avance un peu dans les parties les plus chaudes de la zone tempérée en Asie.

Le *lama* et la *vigogne* sont de doux et utiles animaux du Nouveau continent.

Les nombreuses variétés des *singes* sont répandues à peu près dans toutes les parties de la zone équinoxiale.

Les innombrables oiseaux de ces régions sont ornés du plus brillant plumage : on y admire surtout les *perroquets*, répandus partout; les *oiseaux de paradis*, particuliers à l'Océanie; les *colibris*, les *oiseaux-mouches*, les *tangaras*, les *cotingas*, en Amérique; les *lyres*, dans l'Australie; les *argus*, les *paons*, les *lophophores*, les *faisans* dorés et argentés, originaires du sud de l'Asie.

C'est aussi dans cette zone que l'on rencontre les plus grands oiseaux : l'*autruche*, qui erre dans les déserts sablonneux de l'Afrique et du S. O. de l'Asie; le *nandou* ou l'*autruche américaine*; le *casoar*, dans l'Océanie.

Parmi les reptiles nombreux et redoutables de la zone torride, on remarque l'énorme *boa*, qui se trouve dans l'Amérique méridionale, dans le sud de l'Asie et dans l'Océanie; le vorace *crocodile*, répandu dans toutes les parties de cette zone; les *serpents bongares*, dans le sud de l'Asie; le *serpent fil* et le *serpent noir*, dans l'Océanie; le *serpent à sonnettes*, dans l'Amérique septentrionale.

Les poissons sont plus nombreux et ornés de couleurs plus variées dans les régions chaudes que dans les autres. On y distingue les brillants *exocets* ou *poissons volants*, les beaux *scares*, les *coffres*, aux mille compartiments, etc.

Parmi les mollusques, il faut citer l'*argonaute papyracé*, si remarquable par sa coquille gracieuse, sa charmante navigation, et commun dans l'océan Indien; les *sépias;* les *cauris*, qui servent de monnaie dans quelques parties de l'Asie et de l'Afrique; les *huîtres à perles* ou *arondes*, dont les plus belles se trouvent sur les côtes méridionales de l'Asie.

Le redoutable *scorpion* n'habite que les pays chauds.

Une multitude infinie d'insectes y brillent des plus vives couleurs; mais beaucoup de ces petits animaux sont des fléaux pour plusieurs contrées : telles sont les *sauterelles* et les *termites*, en Afrique, et les *moustiques* ou *cousins*, innombrables dans toutes les régions équinoxiales.

L'utile *ver à soie* ou *bombyx* prospère dans les parties chaudes de l'Ancien continent.

Enfin, les *polypes* se multiplient surtout dans l'Océanie équinoxiale, et ils y forment des rochers innombrables.

A mesure qu'on s'éloigne de l'équateur, on voit la vie diminuer dans la nature : les espèces énormes, carnassières et nuisibles disparaissent peu à peu : l'*ours* et le *loup* sont presque les seuls grands animaux de proie de l'Europe et des parties tempérées de l'Asie et de l'Amérique.

Les plus grands oiseaux y sont les *aigles*, les *vautours*, les *faucons*, les *cigognes*, les *cygnes*.

En s'approchant davantage du pôle, on trouve les *zibelines*, les *hermines*, les *renards*, les *castors*, que la nature a préservés du froid par de riches fourrures.

Plus loin, dans les zones glaciales, on voit la vie s'éteindre sur la terre.

Mais, dans les eaux, la nature conserve un caractère animé; des troupes immenses de *harengs* peuplent l'océan Glacial, et c'est là que se rencontrent surtout les énormes *baleines*.

IV. CLASSIFICATION DES HOMMES.

RACES D'HOMMES. — RELIGIONS. — RÉUNIONS D'HOMMES, TRAVAUX, HABITATIONS. — GOUVERNEMENTS.

Races d'hommes.

Les hommes, répandus sur le globe au nombre de plus d'un milliard, présentent entre eux de grandes différences pour la couleur, les traits du visage, la forme de la tête, les cheveux, le langage, etc. Les principales différences ont servi à distribuer l'espèce humaine en neuf grandes *races* ou *variétés*, qui se subdivisent en branches nombreuses. L'étude de la classification des hommes se nomme *ethnographie*.

Les trois races principales sont la race *blanche*, la race *jaune* et la race *nègre*.

La race *blanche*, appelée encore *caucasique*, parce que la chaîne du Caucase, entre la mer Noire et la mer Caspienne, en est le centre et offre encore les types les plus beaux de cette race, occupe l'O. de l'Ancien continent, c'est-à-dire l'Europe, la moitié occidentale de l'Asie et le N. de l'Afrique ; elle a formé de nombreuses colonies dans les deux autres parties du globe, surtout dans l'Amérique.

Cette race a pour caractères l'ovale régulier de sa tête, un front large et presque vertical, les yeux grands et fréquemment châtains ou bleus, des cheveux fins, souvent bouclés, généralement châtains ou blonds, excepté dans les pays méridionaux, où ils sont noirs ; un angle facial très-ouvert[1], enfin une couleur blanche et rosée : cependant son teint est assez brun, et même quelquefois entièrement noir, dans les contrées du sud. Elle est active, entreprenante, ambitieuse, et les peuples placés à la tête de la civilisation lui appartiennent.

La race *jaune*, nommée encore *mongolique*, à cause de la grande nation des Mongols qui en offre le type principal, occupe les régions orientales de l'Asie, et se trouve aussi en petites peuplades dans le N. de la même contrée, aux extré-

---

[1]. L'angle facial est formé par deux lignes idéales qui passent, l'une, par le conduit auriculaire, l'autre, par le point le plus saillant du front, et qui viennent se couper au bord des dents incisives supérieures.

mités boréales de l'Amérique et de l'Europe, et dans le N. de l'Océanie.

Les hommes de cette race se reconnaissent à leur visage large et plat, à leur nez épaté, à leurs yeux très-longs, mais étroits et relevés obliquement en dehors, à leurs cheveux noirs, lisses et roides, à leur teint jaunâtre et olivâtre. Leur angle facial est moins ouvert que celui de la race blanche.

Plusieurs des peuples jaunes sont d'une civilisation très-ancienne, et ils ont connu, avant les blancs, un grand nombre d'arts ingénieux; mais ils sont restés stationnaires, et la race blanche les surpasse beaucoup aujourd'hui.

Les hommes les plus petits du globe, les Eskimaux et les Lapons, appartiennent à cette race.

La race *nègre* est répandue dans la partie moyenne et dans le S. de l'Afrique; elle se trouve aussi dans le midi de l'Océanie, par exemple dans l'Australie. Elle offre une couleur noire ou noirâtre, un front déprimé, des mâchoires avancées, des dents obliques, plus longues que chez les deux autres races; un nez large et épaté, de grosses lèvres, une bouche très-grande, des joues proéminentes, des cheveux laineux et un angle facial peu ouvert.

Cette race est moins civilisée et paraît moins intelligente que les deux premières; un grand nombre de nègres, réduits à l'esclavage par les Européens, ont été transportés dans les colonies d'Amérique.

Les autres races n'ont pas des traits aussi caractéristiques, et elles tiennent un peu des trois premières. Les principales sont les races *foulah, cafre, hottentote, malaise, polynésienne* et *américaine*.

La race *foulah, poul* ou *fellata*, répandue dans le centre et l'O. de l'Afrique, paraît provenir d'un mélange de la race blanche et de la race nègre; elle a le teint rougeâtre, la taille grande et svelte, quelquefois les yeux bleus, l'intelligence très-développée.

La race *cafre*, dans le sud de l'Afrique, a un teint gris d'ardoise ou couleur de fer nouvellement forgé, la stature haute, la figure belle et régulière, tous les membres parfaitement développés, une attitude vigoureuse, les cheveux courts, laineux et rudes.

La race *hottentote* a la couleur d'un brun foncé ou d'un

jaune brun, la tête petite, les pommettes des joues très-proéminentes, le nez plat, les lèvres épaisses, les mains et les pieds petits en comparaison du reste du corps, les cheveux laineux ou frisés.

La race *malaise*, répandue dans une petite partie du S. E. de l'Asie, dans l'O. de l'Océanie et jusqu'à Madagascar, a un teint olivâtre, brun ou rougeâtre, les cheveux longs, luisants et noirs, la face aplatie, le nez épaté, la bouche grande. Elle est intelligente, mais souvent perfide et cruelle ; elle se livre au commerce avec beaucoup d'activité.

La race *polynésienne*, qui n'est peut-être formée que de rameaux écartés de la race malaise, habite la Polynésie, c'est-à-dire la partie orientale de l'Océanie. Les hommes de cette variété ont la peau basanée ou jaune citron clair, et ils la couvrent ordinairement d'un tatouage singulier. Ils sont très-bien faits. Ils ont la figure ovale, le front découvert et arrondi, le cou gros, les cheveux noirs et lisses, l'œil bien fendu, les sourcils très-fournis, le nez légèrement épaté, la bouche un peu grande, les lèvres épaisses, le menton arrondi.

Les Polynésiens sont ingénieux, naviguent avec une adresse admirable, et paraissent propres à la civilisation ; mais beaucoup de ces hommes ont encore des habitudes cruelles, et l'anthropophagie est commune parmi eux.

La race *américaine* ou *rouge* comprend les sauvages de l'Amérique, c'est-à-dire les indigènes, descendants de peuples qui occupaient tout ce continent avant que les Européens s'en emparassent. Elle a la peau d'un rouge de cuivre, les cheveux plats et tombants, les yeux grands, la tête allongée, le front déprimé, le nez fort et saillant.

Les hommes les plus grands du globe, les Patagons, font partie de cette race.

Les Américains ont formé autrefois quelques empires puissants et civilisés ; mais ce sont aujourd'hui de faibles et misérables sauvages, peu à peu refoulés et détruits par les blancs.

Religions.

Tous les hommes ont le sentiment de la divinité qui gouverne le monde ; tous croient à l'existence d'une puissance supérieure à la nature humaine ; mais tous n'ont pas les mêmes idées sur cette puissance, et ne lui témoignent pas leur vénération de la même manière. Les uns adorent un seul Dieu, et sont *monothéistes;* les autres croient qu'il en existe plusieurs : ce sont les *païens* ou *polythéistes.*

Les uns suivent les principes de Jésus-Christ, et sont *chrétiens :* le *christianisme,* la plus pure, la plus belle des religions, règne chez les peuples les plus civilisés, c'est-à-dire en Europe et dans les colonies européennes de toutes les parties du monde; il se divise en plusieurs branches : le *catholicisme,* le *protestantisme,* la *religion grecque.*

D'autres, peu nombreux, suivent encore les antiques lois de Moïse : ce sont les *juifs,* qui se trouvent dispersés dans un grand nombre de pays. Leur religion est le *mosaïsme* ou *judaïsme.*

Enfin, beaucoup de monothéistes obéissent aux préceptes de Mahomet : ce sont les *mahométans* ou *musulmans,* répandus dans l'O. de l'Asie, un peu dans le S. E. de l'Europe, dans le N. de l'Afrique, et dans l'O. de l'Océanie. Leur religion s'appelle *mahométisme* ou *islamisme.*

Les païens sont malheureusement encore presque aussi nombreux que les monothéistes : ils rendent souvent un culte à des objets grossiers et inanimés, à des arbres, à des pierres, etc., et quelquefois c'est à des animaux qu'ils adressent leurs vœux et qu'ils offrent leurs sanglants sacrifices; ce culte se nomme *fétichisme.* D'autres populations, moins absurdes dans leur idolâtrie, adorent les astres et le feu : ce sont les *Guèbres* ou *Parsis,* répandus dans l'O. et le S. de l'Asie. Plusieurs, adorant un Dieu supérieur, le croient accompagné de génies et d'esprits bons et mauvais, qui sont l'objet de leur culte et de leurs hommages superstitieux : ce sont les *brahmistes,* les *bouddhistes,* très-nombreux dans l'E. et dans le S. de l'Asie. Le chamanisme est une forme particulière du bouddhisme, fort répandu dans le nord de l'Asie, et qui consiste surtout en sacrifices faits au ciel et aux anciens personnages humains devenus dieux : chez plusieurs populations, il dégénère en un culte rendu aux mauvais esprits, considérés comme la cause principale de tous les phénomènes nuisibles, de tous les accidents, et ces esprits deviennent les uniques objets des invocations : cette religion tire son nom de ses prêtres, qui s'appellent *chamans.*

Les païens se trouvent surtout dans les parties méridionales et orientales de l'Asie, dans l'Océanie, la moitié méridionale de l'Afrique et une grande partie de l'Amérique.

Réunions d'hommes, travaux, habitations, gouvernements.

L'homme ne peut rien sans ses semblables : seul il ne saurait résister aux attaques des divers animaux, à la fureur des éléments; mais, en se réunissant à d'autres, il est fort et puissant.

Les hommes sentent donc le besoin de se réunir en *société*.

Ceux qui sont placés dans la condition la plus sauvage, et privés de toute espèce d'industrie, ne connaissent pas les réunions en corps nombreux, et ne forment que les petites sociétés de *familles* isolées.

Le père est naturellement le chef de cette réunion, qui trouve sa nourriture dans des produits précaires de la *chasse* et de la *pêche*, ou dans les fruits et les racines des forêts, et qui a pour tout abri, contre l'inclémence de l'air, une *caverne*, une misérable *hutte* ou *cabane* de branches et de feuillages.

Lorsque plusieurs familles se réunissent, elles forment des *peuplades*, des *tribus*, des *hordes*, qui n'ont pas ordinairement de demeures fixes : la plupart habitent sous des *tentes*, recouvertes de peaux d'animaux ou d'étoffes grossières, et qu'on transporte aisément d'un endroit à un autre.

Il y a des peuplades qui ne s'occupent que de la chasse; quelques-unes vivent des productions spontanées du sol; d'autres se livrent uniquement à la pêche, et ne se nourrissent que de poissons ; plusieurs, appelées *nomades*, ont de nombreux troupeaux, qu'elles conduisent de pâturages en pâturages, et dont le lait et la chair leur servent d'aliments : mais quelquefois aussi elles vivent de pillage et de rapine.

Ces sortes de réunions d'hommes sont soumises ordinairement à un seul chef ou prince.

En se réunissant en corps plus nombreux, les hommes composent les *nations* et les *peuples*. Ces grandes réunions sont les plus civilisées. Elles habitent dans des *maisons* solides, en pierre, en brique, en bois, et elles se plaisent souvent à embellir ces habitations, à leur donner une apparence élégante, une disposition agréable et commode. Ces maisons sont rarement isolées, mais ordinairement réunies en groupes plus ou moins considérables : les plus petits groupes d'habitations sont les *hameaux;* un peu plus importants, ils portent le nom de *village*. Un *bourg* est plus étendu qu'un village. Enfin, les grands amas de maisons forment les *villes* ou *cités*.

Parmi les hommes des nations policées, les uns se livrent aux *arts manuels* et *mécaniques*, qui satisfont aux besoins matériels de la société : telles sont la culture du sol, la maçonnerie, la menuiserie, la serrurerie, etc.

Plusieurs se sentent entraînés à cultiver les *beaux-arts*, qui sont plus l'ouvrage de l'esprit que de la main, et qui répondent aux besoins de l'âme : tels sont le dessin, la peinture, la sculpture, la musique.

D'autres se vouent aux *sciences*, qui servent à éclairer les divers arts, à nous guider dans l'emploi de leurs produits, et à nous faire bien connaître la nature de toutes les choses, soit physiques, soit morales.

Un grand nombre d'hommes, enfin, s'occupent, par le *commerce*, de faire circuler dans toutes les parties du corps social ce qu'ont créé les arts manuels et mécaniques, les beaux-arts et les sciences, ou ce que la nature donne spontanément.

Beaucoup de peuples sont gouvernés par un seul chef ou *monarque*, qu'on nomme tantôt *roi*, tantôt *empereur*, et la contrée prend alors ou le nom de *royaume* ou celui d'*empire*. Quelquefois ce chef est *absolu*, c'est-à-dire qu'il a un pouvoir illimité. Mais, dans un grand nombre d'États, l'autorité du monarque est tempérée par une charte ou constitution, et par des assemblées d'hommes qui représentent le reste de la nation : on dit alors que la monarchie est *constitutionnelle*.

D'autres nations ont plusieurs chefs à la fois : leur gouvernement s'appelle *république*. Si l'autorité est exercée par la classe seule des riches, la république est *aristocratique*. Si c'est le peuple tout entier qui nomme ses chefs, et qui dirige et change à son gré les affaires de l'État, la république est *démocratique*.

V. APERÇU SOMMAIRE DES CONNAISSANCES GÉOGRAPHIQUES DES ANCIENS.

GÉOGRAPHIE DES HÉBREUX. — ESQUISSE DES SYSTÈMES GÉOGRAPHIQUES DES ANCIENS. — DIVISIONS GÉNÉRALES ET LIMITES DU MONDE CONNU AU TEMPS DE PTOLÉMÉE.

Géographie des Hébreux.

Les Hébreux ne connurent qu'une faible portion de l'Ancien continent : leurs connaissances embrassaient seulement les extrémités occidentales de l'Asie, un peu le N. E. de l'Afrique, et une petite partie du S. E. de l'Europe. Mais aucune de ces parties du monde n'est indiquée dans les Écritures sous la dénomination qui est maintenant en usage : le nom d'*Asie*, qui se présente quelquefois dans le Nouveau Testament, ne désigne qu'une portion de l'Asie Mineure.

Aucun des océans n'est nommé dans la Bible. La mer Méditerranée y est appelée *Grande mer*, et la mer Rouge, *mer des Joncs*. Le voisinage de ces deux mers est le théâtre de presque tous les événements dont parlent les livres saints. Au N., était la *mer Ténébreuse*, qui paraît être une vague indication des mers Noire et Caspienne réunies. La *mer d'Ascenez* est la mer Noire.

Les Hébreux connaissaient trois grands fleuves : le *Mesraïm* ou *Sihor* (Nil), l'*Euphrate* et le *Hiddekel* (Tigre). Ils désignèrent la plupart des principaux pays par les noms des enfants de *Sem*, de *Kham* et de *Japhet*. Ainsi, les pays d'*Arphaxad*, d'*Assur*, d'*Élam*, d'*Aram*, à l'E., vers les bords de l'Euphrate et du Tigre, devaient leurs noms à des fils de Sem. — Ceux de *Mesraïm* (Égypte), de *Khus*, de *Canaan*, au S. O., vers le Nil, la mer Rouge et la partie la plus orientale de la Méditerranée, devaient les leurs à des fils de Kham. — Enfin, au N. O., le pays de *Javan*, qui paraît correspondre en partie à la région la plus méridionale de l'Europe, portait le nom de l'un des fils de Japhet.

Esquisse des systèmes géographiques des anciens.

Les premiers poëtes grecs représentaient la Terre comme un disque autour duquel le fleuve *Océan* roule ses eaux inaccessibles aux mortels vulgaires. Sur ce disque s'étendaient deux grandes régions, l'une au N., l'autre au S., séparées par une vaste mer. La partie septentrionale de la première de ces régions est nommée par Homère *Côté de la nuit*; la partie méridionale de la seconde prend le nom de *Côté du jour*. La *Grèce* occupait le milieu de la Terre; dans le voisinage de cette contrée, au S. E. et à l'E., étaient les îles de *Crète*, de *Cypre*, et la presqu'île que l'on a nommée depuis *Asie Mineure*, et qui était habitée par les *Paphlagones*, les *Phrygiens*, les *Cariens*, les *Troyens*, les *Lyciens*, les *Solymes*, les *Halizones*, les *Amazones*. La *Sicile* ou *Trinacrie*, et l'*Hespérie* ou pays du Couchant, formaient à l'O. les limites des connaissances certaines. La *Colchide* et le pays des *Arimes* ou *Ariméens* étaient les contrées les plus reculées vers l'E.; au N., se trouvaient la *Thrace* et le pays des *Hippomolges*. Vers le S., on connaissait l'*Égypte* et la *Libye*. Au delà de ces limites, commence l'empire des traditions incertaines, où les anciens poëtes plaçaient au hasard une infinité de peuplades, telles que les *Cimmériens* ou *Cimbres*, les *Hyperboréens*, les *Macrobiens*, les *Abiens*, les *Grifons*, les *Arimaspes*, dans la région septentrionale; et les *Pygmées*, les *Éthiopiens*, les *Érembes*, dans la région méridionale.

Peu à peu la géographie étendit son domaine, et, au temps d'Hérodote, cette science avait déjà fait des progrès remarquables. Hérodote divisait le monde en deux parties, l'*Europe* et l'*Asie*. Dans la première, se trouvaient la *Grèce* et ses îles nombreuses, l'*Épire*, la *Thrace*, l'*Illyrie*, l'*Italie*, la *Tyrrhénie*, les *Liguriens*, les *Celtes*, l'*Ibérie*, ou la *Grande Hespérie*, placée sur les limites occidentales de la Terre; enfin la *Scythie*, habitée par des tribus guerrières, parmi lesquelles se distinguaient les *Tyrces*, les *Issédons*, confinés aux extrémités orientales du monde connu, à l'E. de la mer Caspienne. — L'Asie renfermait la *Phrygie* et les autres parties de l'Asie Mineure, l'*Assyrie*, la *Perse* et plusieurs pays environnants, l'*Inde*, l'*Arabie*, l'*Égypte*, la *Libye*, les *Troglodytes* ou habitants des cavernes, les *Garamantes*, les *Atlantes*, voisins de l'Atlas, et l'*Éthiopie*.

Ératosthène, qui vivait dans le IIIe siècle avant J. C., jeta un nouveau jour sur la géographie. Il admettait trois grandes divisions : l'*Europe*, l'*Asie* et la *Libye*, nommée plus tard *Afrique*. Il plaçait à l'O. du continent la mer *Atlantique occidentale*, dans laquelle il connaissait l'île d'*Albion*. Au N., était l'océan *Septentrional* ou *Scythique*, qui renfermait l'île *Basilia* ou *Baltia*, et qu'on supposait uni à la mer *Caspienne* par un large détroit. L'Asie était baignée à l'E. par la mer *Atlantique orientale*, dans laquelle le Gange allait se perdre; au S., elle avait la mer *Érythrée*, où l'on trouvait la grande île *Taprobane*.

Enfin, vinrent Strabon, Pline et Ptolémée, qui, dans le Ier et le IIe siècle de l'ère vulgaire, reculèrent au loin les bornes de la science géographique.

Divisions générales et limites du monde connu au temps de Ptolémée.

Ptolémée divisait le monde en trois parties : l'*Europe*, l'*Asie*, et l'*Afrique* ou *Libye*, réunies en un seul continent. Ce monde était borné à l'O. par l'océan *Atlantique*, qui prenait au S. O. de l'Afrique le nom d'océan *Éthiopique*. Au N., s'étendait l'océan *Hyperboréen* ou la mer *Paresseuse*, dont on croyait les eaux toujours glacées. A l'E., les limites des terres étaient inconnues. Vers le sud, l'océan *Indien* baignait les côtes de l'Asie, et le midi de l'Afrique était encore couvert d'obscurité. Entre les trois grandes divisions de l'Ancien monde, était resserrée la mer *Intérieure* (Méditerranée), remarquable par ses nombreux enfoncements, et qui, parcourue dans tous les sens par les actifs habitants de ses côtes, fut très-favorable au commerce et à la civilisation des anciens. Ptolémée étendait beaucoup trop la Méditerranée de l'O. à l'E., et cette erreur s'est propagée jusque dans les cartes du XVIIe siècle.

DEUXIÈME PARTIE.

GÉOGRAPHIE GÉNÉRALE

DES PARTIES DU MONDE.

I. EUROPE.

DESCRIPTION PHYSIQUE. — DESCRIPTION POLITIQUE. — GÉOGRAPHIE ANCIENNE.

Description physique.

1. Limites, Étendue et Côtes.

L'Europe, placée dans le N. O. de l'Ancien continent, à l'ouest de l'Asie et au nord de l'Afrique, est une presqu'île qui tient au reste du continent par deux côtés : à l'E., par le territoire des monts *Ourals* et du fleuve *Oural*, situé au nord de la mer *Caspienne;* au S. E., par l'isthme du mont *Caucase*, entre la mer Caspienne et la mer Noire.

Au nord, elle est baignée par l'océan Glacial arctique, qui forme sur ses côtes les mers *Blanche* et de *Kara;* à l'ouest, elle l'est par l'Atlantique, qui, en pénétrant dans les terres, prend différents noms, tels que ceux de mer *Baltique*, mer du *Nord, Manche*, mer d'*Irlande*, mer de *France* ou golfe de *Gascogne*.

Au sud, l'Europe est limitée par le détroit de *Gibraltar* et par la *Méditerranée*, qui comprend beaucoup d'enfoncements, comme la mer *Tyrrhénienne*, la mer *Adriatique*, la mer *Ionienne*, l'*Archipel*, la mer de *Marmara*, la mer *Noire* et la mer d'*Azov*.

Cette partie du monde s'étend, dans la latitude N., depuis 35° (île de Candie) jusqu'au 77ᵉ degré, si l'on y comprend la Nouvelle-Zemble, et au 71ᵉ, si l'on s'arrête au cap Nord; en longitude, elle s'allonge depuis le 13ᵉ degré à l'ouest du méridien de Paris jusqu'au 63ᵉ à l'est.

La longueur de l'Europe, du N. E. au S. O., depuis l'embouchure de la rivière *Kara* dans la mer de ce nom jusqu'au cap *Saint-Vincent*, est 5400 kilomètres. Du nord au sud, depuis le cap *Nord* jusqu'au cap *Matapan*, on compte 4000 kilomètres. Sa superficie est de 10 150 000 kilomètres carrés.

Les côtes de l'Europe sont très-irrégulières, et dessinent beaucoup de presqu'îles ; on y voit aussi beaucoup d'îles. Au nord on remarque la péninsule *Scandinave* et la presqu'île *Danoise*, qui s'avancent l'une en face de l'autre, à l'ouest de la mer Baltique. — Au N. E., se trouve la grande terre, peu connue, de la *Nouvelle-Zemble*. Au N., sont les îles *Lofoden*, l'archipel *Danois* (Seeland, Fionie, etc.), les îles de la Baltique (*Gotland, OEland*, etc.). — Au N. O., est l'importante île de la *Grande-Bretagne*, à côté de laquelle s'étend une autre île considérable, l'*Irlande*. Ces deux îles, les plus grandes de l'Europe, composent, avec les îles *Hébrides, Orcades* et *Shetland*, l'*archipel Britannique*. Plus loin, vers le N. O., on voit les îles *Færœer* et enfin l'*Islande*, tout à fait isolée, qui est rattachée à l'Europe par plusieurs géographes, mais qui appartient plutôt à l'Amérique. — Au sud, on remarque la péninsule *Hispanique*, qui s'avance entre la Méditerranée et l'Atlantique, et près de laquelle sont les îles *Baléares;* la péninsule de l'*Italie*, située entre les mers Tyrrhénienne et l'Adriatique, et dans le voisinage de laquelle sont les grandes îles de *Sicile*, de *Sardaigne et de Corse;* la *Morée*, placée entre la mer Ionienne et l'Archipel, et près de laquelle sont les îles *Ioniennes*, l'île *Négrepont*, les îles *Cyclades* et l'île de *Candie;* la *Crimée*, entre la mer Noire et la mer d'Azov.

L'isthme de *Corinthe* unit la Morée au continent; l'isthme de *Pérékop* y joint la Crimée.

2. Aspect physique, Climat, Montagnes.

L'Europe est froide et peu fertile au nord ; ailleurs elle offre un sol généralement fécond et surtout bien cultivé; dans le midi, le climat est chaud, sans cesser d'être agréable. Les plus hautes montagnes sont vers le sud ; les pays de l'E., et ceux qui bornent la mer du Nord et la Baltique, sont composés de grandes plaines.

L'Europe est divisée en deux versants: celui du N. et du N. O., incliné vers l'océan Glacial et l'océan Atlantique; et celui du S. et du S. E., incliné vers la mer Méditerranée et la mer Caspienne.

Ces deux versants sont séparés l'un de 'autre par une

longue suite de hauteurs, qui s'étend du N. E. au S. O. depuis la frontière de l'Asie jusqu'au détroit de Gibraltar, et qui porte successivement les noms des monts *Ourals*, monts *Valdaï*, *Carpathes*, *Sudètes*, monts *Moraves*, montagnes de la *Forêt de Bohème*, montagnes des *Pins* ou *Fichtel-gebirge*, *Alpes de Souabe*, montagnes de la *Forêt Noire*, *Alpes centrales*, *Jura*, *Cévennes*, *Pyrénées* et monts *Ibériques* (terminés au sud par la *Sierra Nevada*).

Les chaînes secondaires les plus remarquables qui se rattachent à cette chaîne principale sont : vers le nord, la chaîne des monts *Olonetz* et des monts *Dofrines*, qui entoure, au N. E., au N. et à l'O., le bassin de la mer Baltique, et vient se terminer dans le midi de la péninsule Scandinave; vers le sud, la chaîne des *Alpes méridionales* et des monts *Apennins*, qui parcourt la péninsule de l'Italie; — et celle des *Alpes orientales*, qui se divise en deux rameaux, l'un dirigé vers le sud, jusque dans la Morée, sous le nom de chaîne *Hellénique*, l'autre prolongé à l'est, vers la mer Noire, sous le nom de *Balkan*.

3. Fleuves.

La *Petchora* est le seul fleuve important qui se jette immédiatement dans l'océan Glacial.

La *Dvina septentrionale* tombe dans la mer Blanche.

La mer Baltique reçoit au nord et au nord-ouest, par le golfe de Botnie, le *Torneå* et le *Dal-elf*; — à l'est, dans le golfe de Finlande, vient se jeter la *Néva*, qui sert d'écoulement au lac Ladoga; et dans le golfe de Riga ou de Livonie, tombe la *Dvina méridionale*. — Au sud, trois fleuves se rendent dans cette mer par des amas d'eau qui sont moitié lacs, moitié golfes, et qu'on appelle des *haffs*: le *Niémen* se jette dans le Curische-haff; la *Vistule*, dans le Frische-haff; l'*Oder*, dans le Pommersche-haff.

Les principaux tributaires de la mer du Nord sont l'*Elbe*, le *Weser*, le *Rhin*, grand et rapide fleuve, qui a plusieurs embouchures, dont l'une dans le golfe du Zuider-zee; la *Meuse*, qui reçoit quelques branches du Rhin; l'*Escaut*, la *Tamise* et l'*Humber*, dans la Grande-Bretagne.

La *Seine* est le seul fleuve qui se jette dans la Manche.

Dans la mer de France, se rendent la *Loire* et la *Gironde*, formée par la *Garonne* et la *Dordogne*.

L'Atlantique reçoit immédiatement le *Minho*, le *Douro*, le *Tage*, la *Guadiana*, le *Guadalquivir*, qui coulent dans la péninsule Hispanique, et le *Shannon*, dans l'Irlande.

L'*Èbre*, fleuve de la péninsule Hispanique, se rend immédiatement dans la Méditerranée.

Dans le golfe du Lion, formé par cette mer, va se jeter le *Rhône*, un des fleuves les plus impétueux de l'Europe.

L'*Arno*, en Italie, est tributaire de la Méditerranée proprement dite.

La mer Tyrrhénienne reçoit le *Tibre* (en italien *Tevere*).

Les principaux tributaires de l'Adriatique sont le *Pô* et l'*Adige*.

La *Maritza* se jette dans l'Archipel.

La mer Noire reçoit le *Danube*, qui a environ 3000 kilomètres de cours, et, plus loin, elle reçoit aussi le *Dniestr* et le *Dniepr*.

Le *Don* se jette dans la mer d'Azov.

La mer Caspienne reçoit le *Volga*, le plus grand fleuve d'Europe (3500 kilomètres), et l'*Oural* ou *Iaïk* (3000 kilomètres).

4. Lacs.

Dans le voisinage du golfe de Finlande, sont plusieurs grands lacs qui y versent leurs eaux: le lac *Ladoga* s'y écoule par la Néva; les lacs *Onéga* et *Ilmen* sont tributaires du Ladoga; le lac *Peïpous* s'écoule dans le golfe par une petite rivière.

Le lac *Mælar* et le lac *Vetter*, dans la péninsule Scandinave, communiquent avec la mer Baltique.

Le lac *Vener*, dans la même péninsule, s'écoule dans le Cattégat, partie de mer qui se trouve entre la Baltique et la mer du Nord.

Le lac de *Constance* est formé par le Rhin, et dans ce fleuve s'écoulent les eaux des lacs de *Zürich*, de *Lucerne* et de *Neuchâtel*.

Le lac de *Genève*, un des plus beaux de l'Europe, est produit par le Rhône.

Le Pô reçoit les eaux des lacs *Majeur*, de *Côme* et de *Garde*.

Le lac *Balaton*, au centre de l'Europe, s'écoule dans le Danube.

5. Productions.

L'Europe est fort riche en mines de fer ; elle a aussi beaucoup de cuivre, surtout dans la presqu'île Scandinave et dans les monts Ourals. L'or et l'argent y sont peu communs. Le platine ne s'y trouve qu'aux monts Ourals. L'étain abonde dans les îles Britanniques. Le plomb, le mercure, le zinc s'exploitent dans plusieurs pays.

Le soufre est fourni par l'Italie et les îles qui l'environnent, et par l'Islande. L'ambre jaune se recueille aux bords méridionaux de la Baltique. La houille ou le charbon de terre abonde dans la Grande-Bretagne et vers les rives de l'Escaut, de la Meuse, du Rhin, etc. La tourbe est commune dans toutes les parties basses des régions moyennes de l'Europe.

Les principaux arbres fruitiers de l'Europe sont les pommiers, les poiriers, les pruniers, les abricotiers, les pêchers, qui peuplent presque partout les vergers, surtout dans les régions moyennes.

Les châtaigniers, les noyers y sont répandus plus généralement encore.

Le cerisier est aussi l'un de nos arbres les plus communs et les plus intéressants : il s'avance fort loin vers le nord.

Les orangers, les citronniers, les cédratiers, les limoniers, les oliviers, les grenadiers, les figuiers, enrichissent de leurs produits les régions méridionales.

Les bois de construction sont surtout des chênes, des ormes, des frênes, des hêtres, des peupliers, des mélèzes, des sapins, des pins, des bouleaux.

Les céréales et les pommes de terre sont les principaux objets de la culture dans toute l'Europe. Le riz ne se trouve que vers le midi.

La vigne orne les coteaux des régions méridionales et centrales.

Le cotonnier et la canne à sucre se rencontrent au sud.

Le lin et le chanvre sont les principaux végétaux propres à faire des tissus.

Le safran, la garance sont les principales plantes à teinture.

Parmi les animaux domestiques, le cheval, le bœuf, l'âne, le mouton, la chèvre, le chien, le chat, sont à peu près communs à toutes les contrées de l'Europe ; le renne est particulier aux régions les plus septentrionales ; le chameau ne se montre qu'au S. E.

Les principaux quadrupèdes sauvages sont le sanglier, l'ours, le loup, le cerf, le chevreuil, le daim, le renard, le lièvre, le lapin, le blaireau, l'écureuil, qui se trouvent dans presque toute l'Europe ; — le lynx, la loutre, le castor, le chat sauvage, les martes, qui habitent plus particulièrement dans les contrées du nord ; — le buffle, le bouquetin, le porc-épic, la marmotte, le chamois, qui se rencontrent plutôt vers le sud ; — et le chacal, qu'on ne voit qu'au S. E.

Parmi les plus gros oiseaux que possède l'Europe, on peut nommer l'aigle, le faucon, le vautour, le cygne, la grue, la cigogne, le héron, le pélican.

Les plus jolis oiseaux sont le martin-pêcheur, le jaseur de Bohème, le guêpier, le chardonneret. Parmi ceux qui chantent le plus agréablement, il faut citer le rossignol, le pinson, le serin, qui ne se trouve sauvage que dans le sud.

Parmi les reptiles, on n'a guère à redouter que la vipère. La couleuvre est fort commune.

Les poissons d'eau douce sont principalement les brochets, les carpes, les tanches, les perches, les truites. Les esturgeons remontent les grands fleuves de l'est. Dans la mer, on pêche surtout des maquereaux, des sardines, des anchois, des merlans, des soles, des turbots, des limandes, des raies, des thons, des harengs ; ces derniers sortent, au printemps, de l'océan Glacial et se répandent par légions innombrables sur les côtes occidentales de l'Europe.

Parmi les mollusques, il faut citer les huîtres, abondantes partout, et, dans la Méditerranée seulement, les jolis argonautes papyracés, les sépias, si utiles par leur couleur, et les pinnes, qui donnent une très-belle soie.

Les principaux crustacés sont les écrevisses, dans les eaux douces, et les homards, dans les eaux marines.

La classe des arachnides offre, dans le sud, le redoutable scorpion.

Dans celle des annélides, on distingue la sangsue, si utile en médecine.

Les insectes les plus intéressants sont le ver à soie, particulier aux régions méridionales, et l'abeille, répandue presque partout.

Un des polypes les plus importants est l'éponge, qu'on rencontre surtout dans les parties orientales de la Méditerranée.

Description politique.

1. Contrées et Villes principales.

Les pays d'Europe peuvent être classés en 3 régions :
1° Les pays placés entièrement sur le versant de l'océan Atlantique et de l'océan Glacial ; 2° les pays situés à la fois sur les deux grands versants de l'Europe ; 3° les pays situés sur le versant méridional seulement.

Dans la première de ces régions, il y a 6 États : le premier qui se présente, si l'on se dirige de l'O. à l'E., est le royaume des *îles Britanniques*, qu'on appelle aussi *Royaume-Uni de Grande-Bretagne* et d'*Irlande*, et qui se compose de la Grande-Bretagne (comprenant l'Angleterre, le pays de Galles et l'Écosse), de l'Irlande, des groupes des îles Hébrides, Orcades et Shetland, et de quelques autres îles. Ce royaume n'est qu'une partie du vaste empire Britannique, qui s'étend encore sur de grandes contrées en Asie, en Afrique, en Amérique et dans l'Océanie. La capitale est Londres, sur la Tamise.

La *Belgique* et les *Pays-Bas* ou *Néderlande* sont deux petits royaumes situés sur la côte méridionale de la mer du Nord, vers les embouchures de l'Escaut, de la Meuse et du Rhin. La capitale de la Belgique est Bruxelles ; celle des Pays-Bas est La Haye, mais Amsterdam y est la ville la plus importante.

On remarque ensuite le royaume de *Prusse* ou les *États Prussiens*. Cette monarchie se compose de deux parties séparées, dont la plus grande, à l'E., s'étend vers la mer Baltique, et l'autre, à l'O., sur les bords du Rhin. La capitale est Berlin.

Le royaume de *Danemark* est formé de la presqu'île Danoise, de plusieurs îles situées entre le Cattégat et la mer Baltique, enfin de l'Islande et des îles Færœer, placées dans l'Atlantique. La capitale est Copenhague, sur l'île de Seeland.

La *monarchie Scandinave* se compose de la *Suède*, dont la capitale est Stockholm, vers la Baltique, et de la *Nor-*

vége, qui a pour capitale Christiania, au fond d'un golfe du même nom.

Dans la région formée des pays situés sur les deux versants à la fois, sont 6 autres divisions principales.

A l'est, on remarque la *Russie d'Europe*, qui s'étend de l'océan Glacial arctique à la mer Noire, et qui est plus grande que tout le reste de l'Europe. Ce n'est cependant qu'une partie du vaste empire de Russie, qui se prolonge aussi en Asie et en Amérique. La capitale est Saint-Pétersbourg, à l'embouchure de la Néva dans le golfe de Finlande. — Dans l'ouest de la Russie, est compris le royaume de *Pologne*, dont la capitale est Varsovie, sur la Vistule. — Dans le N. O., se trouve le grand-duché de *Finlande*.

L'empire d'*Autriche*, traversé par le Danube et baigné par l'Adriatique, est un assemblage de pays très-différents entre eux par le langage, les mœurs et l'aspect : on y voit l'Autriche propre, la Bohême, le Tyrol, la Hongrie, etc. La capitale est Vienne, sur le Danube.

Au centre même de l'Europe, est l'importante contrée d'*Allemagne*, répartie entre 35 États, parmi lesquels les deux plus puissants sont la Prusse et l'Autriche; mais ces deux monarchies ont aussi des possessions hors du territoire allemand. Le Danemark et les Pays-Bas ont de petites possessions dans cette contrée. Quant aux 31 autres États, ils sont entièrement renfermés en Allemagne; ils en forment comme le cœur et le centre, et composent ce qu'on peut appeler l'*Allemagne intérieure;* on y remarque, entre autres, le royaume de Bavière, le royaume de Saxe, le royaume de Würtemberg, le royaume de Hanovre, le grand-duché de Bade, etc. Tous les États qui se partagent l'Allemagne sont confédérés; c'est ce qu'on nomme la *confédération Germanique*. Ils ont une diète ou assemblée qui se tient à Francfort-sur-le-Main.

La *Suisse*, pays de montagnes, de lacs et de curiosités naturelles, ne touche à la mer d'aucun côté : c'est une confédération républicaine de 22 cantons, avec Berne pour capitale.

La *France* est un empire qui touche à la fois à l'Atlantique et à la Méditerranée, et qui s'étend entre le Rhin et les Pyrénées, entre les Alpes et la Manche. C'est la contrée de l'Europe la plus tempérée, la plus riche par la diversité de ses produits agricoles. La capitale est Paris, sur la Seine.

La *péninsule Hispanique*, située au S. O. de la France, entre l'Atlantique et la Méditerranée, renferme l'*Espagne*, capitale Madrid, et le *Portugal*, capitale Lisbonne, à l'embouchure du Tage.

Il y a quatre divisions situées entièrement sur le versant de la Méditerranée.

On voit d'abord l'*Italie*, dont la plus grande partie forme le *royaume d'Italie*, capitale Turin, sur le Pô; mais la ville la plus considérable de ce royaume est Naples, sur la mer Tyrrhénienne; on remarque aussi en Italie les *États de l'Église*, capitale Rome, et la *Vénétie*, qui appartient à l'Autriche et dont la capitale est Venise.

La *Turquie d'Europe*, qui n'est qu'une partie de l'empire Ottoman, s'étend entre la mer Adriatique et la mer Noire, et a pour capitale Constantinople, admirablement située sur le détroit qui joint la mer Méditerranée à la mer Noire. — Elle a pour tributaires les trois principautés slaves et roumaines de *Servie*, de *Valachie* et de *Moldavie*.

La *Grèce*, qui comprend la Morée, est un petit royaume situé au S. de la Turquie. La capitale est Athènes, près de l'Archipel.

La petite république des *îles Ioniennes*, sous la protection de l'Angleterre, s'étend le long des côtes occidentales et méridionales de la Grèce; Corfou en est la capitale.

2. Population, Civilisation, Gouvernements, Religions, Races, Langues.

L'Europe renferme environ 277 millions d'habitants. La Russie européenne est la contrée qui contient la plus grande population: on y compte 64 millions d'âmes. Viennent ensuite la France, qui en comprend 37 millions; l'Autriche, qui en a 35 millions; le royaume des îles Britanniques, avec 29 millions, et la Prusse, avec 18 millions.

Les parties où la population est le plus agglomérée, sont la Belgique, puis les îles Britanniques, l'Italie, les Pays-Bas; la France vient après.

Les États du N. et du milieu, moins favorisés par la nature que ceux du S., et d'une civilisation beaucoup plus moderne, sont cependant aujourd'hui les plus florissants.

Le nord brille surtout par le commerce maritime ; le milieu, par la riche culture du sol ; le midi, par les produits qu'offre spontanément la terre. Ce sont les pays du sud, la Grèce et l'Italie, qui furent le berceau de nos arts et de nos sciences. L'État le moins avancé dans la civilisation est la Turquie, au S. E.

Le gouvernement constitutionnel règne dans la plupart des États de l'Europe. La Russie a la monarchie la plus absolue. La Suisse est la principale république.

La religion chrétienne règne dans toute l'Europe ; cependant la Turquie est, en partie, musulmane.

Au S. et à l'O., les chrétiens sont généralement catholiques ; au N., au N. O. et dans plusieurs parties du milieu, ils sont protestants, sous les noms divers de luthériens, de calvinistes, de presbytériens, d'anglicans, etc. ; à l'E. et au S. E., ils professent la religion grecque.

Les juifs sont assez nombreux en Pologne, en Allemagne, en Autriche.

Tous les peuples de l'Europe sont de la race caucasique, excepté les *Lapons*, les *Samoïèdes* et quelques autres populations peu importantes du N. et de l'E., qui appartiennent à la race mongolique. Ils peuvent se classer, surtout d'après les langues, en douze familles principales :

1° La famille CELTIQUE, divisée en rameaux *Gaëlique*, *Kymrique*, *Erse* et *Bas-Breton*, et fixée dans l'O. et le N. de la Grande-Bretagne, en Irlande et dans l'O. de la France ;

2° La famille BASQUE, qui ne comprend que les *Basques* ou *Escualdunacs*, dans les Pyrénées occidentales ;

3° La famille GRÉCO-LATINE, partagée en rameaux *Grec*, *Italien*, *Français*, *Espagnol*, *Portugais*, *Roumain* (comprenant les *Valaques* et les *Moldaves*), *Albanais* ou *Arnaute*, *Roman* (la langue romane est parlée dans l'E. de la Suisse) ;

4° La famille TUDESQUE OU GERMANIQUE, avec les rameaux *Allemand*, *Hollandais*, *Flamand*, *Suédois*, *Danois*, *Norvégien*, *Anglais* ;

5° La famille SLAVE, composée des *Russes*, des *Polonais*, des *Bohèmes* ou *Tchèkhes*, des *Slovaques*, des *Russniaques* ou *Ruthèves*, des *Slovènes*, des *Esclavons* ou *Slavons*, des *Croates*, des *Serbes*, des *Dalmates*, des *Wendes*, des *Istriens*, des *Caniolais*, des *Bosniaques*, des *Monténégrins*, des *Bulgares* ;

6° La famille LITHUANIENNE (dans l'O. de la Russie et l'E.

de la Prusse), comprenant les *Lithuaniens proprement dits* ou *Litaouis*, et les *Lettes* ou *Lettons*;

7° La famille FINNOISE, où l'on distingue surtout les *Finnois proprement dits* ou *Tchoudes*, les *Esthes*, les *Lives*, les *Karéliens* et les *Magyars* ou *Hongrois*; (les *Lapons*, pour la langue, appartiennent à cette famille);

8° La famille BIARMIENNE, répandue dans le N. E. de la Russie, et divisée en *Sirianes*, *Permiens*, *Votiaks*;

9° La famille TATARO-MONGOLE, comprenant les *Kalmouks*, les *Nogaïs*, dans l'E. et le S. E. de la Russie;

10° La famille TURQUE, composée des *Turcs* proprement dits, en Turquie, et des *Turcomans* et de quelques autres populations, dans le S. E. et le S. de la Russie;

11° La famille SÉMITIQUE, qui ne comprend que les *Juifs*, épars dans les différents pays et parlant la langue des peuples chez lesquels ils se trouvent;

12° La famille BOHÉMIENNE, probablement sortie de l'Inde, et errante, par petites fractions, dans la plupart des contrées de l'Europe, sous des noms très-divers : elle est appelée en Turquie *Tchinganès*, *Zingares* ou *Tziganes*; dans l'empire d'Autriche et en Allemagne, *Zigueunes*; en Angleterre, *Gypsies*; en Espagne, *Gitanos*; en France, *Bohémiens*.

Géographie ancienne.

1. Limites et Côtes.

Les anciens ne connaissaient pas les limites septentrionales de l'Europe; ils appelaient océan *Hyperboréen* l'océan qui la baignait au N. O., et ils donnaient, comme nous, le nom d'*Atlantique* à l'océan Occidental; ils donnaient celui d'océan *Germanique* à la mer du Nord, d'océan *Britannique* à la Manche, d'océan *Sarmatique* à la mer Baltique, et de golfe *Codan* au Cattégat. L'Europe était bornée au S. par le détroit de *Gadès* ou d'*Hercule* (de Gibraltar), et par la mer *Intérieure* (Méditerranée), qui, s'enfonçant çà et là dans les terres, formait la mer *Tyrrhénienne* ou *Toscane*, la mer de *Sicile* et la mer *Ionienne* (comprises l'une et l'autre aujourd'hui sous le nom de mer Ionienne), la mer *Adriatique*, la mer *Égée* (Archipel), l'*Hellespont* (détroit des Dardanelles), la *Propontide* (mer de Marmara), le *Bosphore de Thrace* (canal de Constantinople), et le *Pont Euxin* (mer Noire), avec le *Palus Mæotis* (mer d'Azov).

2. Montagnes.

L'arête des hauteurs qui séparent l'Europe en deux versants portait les noms de monts *Carpathes* ou *Alpes Bastarniques*, montagnes de la *Forêt Luna* (monts Moraves), mont *Gabreta* (Forêt de Bohème), *Forêt Marciane* (Forêt Noire[1]), *Alpes*, *Jura*, *Vogesus* (Vosges), *Cebenna* (Cévennes), *Pyrénées*. — Parmi les branches qui se détachent de cette arête, on distingue l'*Apennin* et le mont *Hæmus* (Balkan), avec la chaîne *Hellénique*, où se trouvent le *Pinde* et le *Parnasse*.

3. Fleuves.

Fleuves du versant des océans Atlantique et Hyperboréen: la *Vistule*, le *Viadrus* (Oder), l'*Albis* (Elbe), le *Visurgis* (Weser), le *Rhenus* (Rhin), la *Mosa* (Meuse), la *Sequana* (Seine), le *Liger* (Loire), la *Garumna* (Garonne), le *Durius* (Douro), le *Tage*, l'*Anas* (Guadiana), le *Betis* (Guadalquivir).

Fleuves du versant de la mer Intérieure : l'*Iberus* (Èbre), le *Rhodanus* (Rhône), le *Tibre* ou *Tiberis*, le *Padus* (Pô), l'*Hebrus* (Maritza), le *Danube* ou *Ister*, le *Danaster* (Dniestr), le *Borysthène* ou *Danapris* (Dniepr), le *Tanaïs* (Don).

4. Divisions.

Pays du versant des océans Atlantique et Hyperboréen : *îles Britanniques*, *Khersonèse Cimbrique*, *Scandinavie*.

Pays situés sur les deux versants : *Sarmatie européenne*, *Germanie*, *Vindélicie*, *Rhétie*, *Gaule*, *Hispanie*.

Pays du versant méridional : *Italie*, *Illyrie*, *Norique*, *Pannonie*, *Dacie*, *Mœsie*, *Thrace*, *Macédoine*, *Épire*, *Grèce*.

---

[1]. On indique vaguement ces deux dernières forêts et quelques autres de la Germanie sous le nom de *Forêt Hercynienne*.

II. ASIE.

DESCRIPTION PHYSIQUE. — DESCRIPTION POLITIQUE. — GÉOGRAPHIE ANCIENNE.

Description physique.

1. Situation, Limites, Étendue et Côtes.

L'Asië occupe la partie occidentale de l'Ancien continent, et s'étend du 1er au 78e degré de latitude boréale, et du 23e degré de longitude orientale au 172e de longitude occidentale.

Elle tient, vers l'O., à l'Europe et à l'Afrique par trois espaces de terre : le plus grand et le plus septentrional est le territoire des monts *Ourals* et du fleuve *Oural;* celui du milieu est l'isthme du *Caucase*, entre la mer Caspienne et la mer Noire; le plus méridional est l'isthme de Suez, qui conduit en Afrique, et qui se trouve resserré entre la mer Rouge et la Méditerranée.

Partout ailleurs l'Asie est enveloppée par la mer :

Au N., elle est baignée par l'*océan Glacial arctique*, presque impraticable pour la navigation.

Au N. E., le détroit de *Beering* la sépare de l'Amérique.

A l'E., elle a le *Grand océan*, qu'on appelle aussi, assez improprement, *océan Pacifique* ou *mer du Sud*, et qui forme sur les côtes asiatiques les mers de *Beering*, d'*Okhotsk*, du *Japon*, la mer *Jaune*, la mer *Bleue*, *Orientale* ou de *Corée*, et la mer *Méridionale* ou mer de *Chine*.

Au S., elle est limitée par le détroit de *Malaka* et par l'*océan Indien*, qui produit les grands enfoncements du golfe du *Bengale*, de la mer d'*Oman*, du golfe *Persique*, de la mer *Rouge*, nommée aussi golfe *Arabique*, et qui, étroitement resserrée entre l'Asie et l'Afrique, ne communique au reste de l'océan que par le détroit de *Bab-el-Mandeb*.

La *Méditerranée*, avec quelques-uns de ses principaux enfoncements, c'est-à-dire l'*Archipel*, la mer de *Marmara*, la mer *Noire*, baigne l'Asie à l'O. La mer *Caspienne* forme aussi une assez grande partie de sa limite de ce côté.

L'Asie offre, comme l'Europe, des côtes très-irrégulières, et l'on y voit de grandes presqu'îles :

A l'O., est celle de l'*Asie Mineure*, située entre la Méditerranée proprement dite et la mer Noire, et célèbre dans l'histoire par son ancienne civilisation, par les grands événements dont elle a été le théâtre.

Au S. O., l'*Arabie* s'avance entre la mer Rouge et le golfe Persique, et présente le contraste de grands déserts arides et de petits cantons fertiles.

Au S., on voit deux grandes péninsules : la *presqu'île occidentale de l'Inde*, ou l'*Hindoustan*, belle contrée, qui se prolonge vers le midi en long cône, terminé par le cap *Comorin;* — et la *presqu'île orientale de l'Inde*, ou l'*Indo-Chine*, comprenant elle-même la *presqu'île de Malaka*, dont le cap *Bourou* forme l'extrémité.

A l'E., on remarque la péninsule de *Corée*, fertile et très-peuplée, et celle du *Kamtchatka*, triste et froide.

La longueur de l'Asie est de 10 200 kilomètres, du N. E. au S. O., depuis le cap *Oriental*, sur le détroit de Beering, jusqu'au cap de *Bab-el-Mandeb*, sur le détroit du même nom; elle a à peu près 8000 kilomètres du N. au S., depuis le cap *Septentrional* ou *Sévéro-Vostotchnii*, sur l'océan Glacial, jusqu'au cap *Bourou*, sur le détroit de Malaka. Elle a 42 160 000 kilomètres carrés. C'est la plus grande partie continentale du monde : elle comprend plus d'espace que l'Europe et l'Afrique réunies.

Un assez grand nombre d'îles sont disséminées autour des côtes :

Dans l'océan Glacial, on remarque le triste et désert archipel de *Liakhov*.

Dans le Grand océan ou dans les mers qu'il forme, on distingue la longue chaîne des *Kouriles*, l'île de *Sakhalien*, les îles *Yéso*, *Nippon*, *Kiou-siou*, *Sikok*, qui forment l'archipel du *Japon*; les îles *Formose* et *Haï-nan*.

Dans l'océan Indien ou ses enfoncements, se trouvent les groupes d'*Andaman* et de *Nicobar*, la belle île de *Ceylan*, les îles *Laquedives*, et la chaîne des innombrables *Maldives*, environnées de récifs dangereux.

Dans la Méditerranée, on voit l'île de *Chypre*, les îles *Sporades*, etc.

2. Aspect physique, Climat.

L'aspect physique de l'Asie a quelque chose de grand et de majestueux : la nature présente, dans cette partie du monde, des contrastes frappants : le centre forme un vaste plateau, entouré et soutenu par une énorme ceinture de hautes montagnes, dont les branches nombreuses se répandent dans toutes les directions ; d'immenses plaines très-fertiles s'étendent dans toutes les parties méridionales ; d'autres vastes plaines, arides et désertes, se trouvent au S. O. et dans quelques parties centrales, où elles portent le nom de *steppes ;* au N., on voit des régions marécageuses et tristes, couvertes, durant une grande partie de l'année, d'une épaisse couche de glace et de neige.

Le climat est bien plus rigoureux dans le N. de l'Asie que dans les parties correspondantes de l'Europe. Au midi, on éprouve des chaleurs étouffantes.

Sur le plateau et dans les montagnes du milieu, il fait plus froid que la latitude ne semble l'annoncer. A l'E. et à l'O., la température est douce, et rappelle celle de nos régions moyennes et méridionales de l'Europe; cependant, à latitude égale, il y fait généralement plus froid.

3. Montagnes.

Les montagnes qui enveloppent et soutiennent le grand *plateau central* portent différents noms : au N., ce sont les monts *Altaï* et *Tang-nou;* — à l'O., les monts *Célestes* ou *Thien-chan*, et les monts *Bolor;* — au S., O. les monts *Thsoung-ling* et *Kara-koroum,* au S., les monts *Kouen-lun* ou *Kan-ti-ssé;* — au N. E., les monts *Khin-gan*, *Hongour* et *Kenteï.*

On voit se détacher de ces montagnes, dans diverses directions, d'autres chaînes importantes, dont quatre, vers le N. E., le N. O., le S. O. et le S. E., marquent le partage des eaux des grands versants maritimes de l'Asie.

Vers le N. E., s'étend la chaîne des monts *Iablonoï* ou *Pommelés* (appelés encore monts *Stanovoï* ou *Neigeux*), qui va se terminer au cap Oriental.

Au N. O., est l'*Ala-tau*, séparé des monts *Ourals* par des steppes nues.

Au S. O., la chaîne de l'*Hindou-khouch* ou du *Caucase indien*, de l'*Elbours*, du *Taurus* oriental et de l'*Anti-Liban* s'avance jusqu'à l'isthme de Suez. Cette chaîne se sépare, entre le Caucase indien et le Taurus, en deux bras qui enveloppent le *plateau de la Perse.*

Au S. E., la chaîne des montagnes de l'*Indo-Chine* se prolonge jusqu'au cap Bourou.

Ces quatre grandes chaînes séparent les quatre versants de l'Asie : c'est-à-dire le versant du N., incliné vers l'océan Glacial arctique; le versant de l'E., vers le Grand océan; le versant du S., vers l'océan Indien, et le versant de l'O., vers les mers intérieures (mer Caspienne, mer d'Aral, mer Noire, Méditerranée).

Quelques autres chaînes remarquables se détachent, soit des montagnes qui environnent le plateau central, soit des quatre chaînes dont on vient de parler.

La plus considérable est l'*Himalaya*, qui longe le plateau au S., et qui comprend les plus hautes montagnes du globe.

Une longue chaîne qui se détache de celle-là vers le midi, parcourt l'Hindoustan jusqu'au cap Comorin, et porte sur une grande étendue le nom de *Ghattes occidentales*. Dans le voisinage, sont les *Ghattes orientales*.

Le *Taurus occidental* se montre dans l'Asie Mineure.

L'*Anti-Taurus*, qui s'en sépare au N., le fait communiquer avec la haute chaîne du *Caucase*.

Le *Liban*, connu par ses aspects pittoresques et par les souvenirs historiques qui s'y rattachent, s'élève près et à l'E. de la Méditerranée et à côté et à l'O. de l'Anti-Liban.

4. Fleuves et Lacs.

L'Asie est partagée, comme on l'a vu, en 6 grandes divisions naturelles : le versant du N., le versant de l'E., le versant du S., le versant de l'O., et les plateaux du centre et de la Perse.

Sur le versant du N., coulent trois grands fleuves, tributaires de l'océan Glacial, et longs de plus de 3500 kilomètres : l'*Ob* ou *Obi* et l'*Iéniseï*, qui tombent dans des golfes de même nom, et la *Léna*, qui a beaucoup d'embouchures.

Sur le versant de l'E., on voit l'*Amour* ou *Sakhalien-oula*, qui débouche en face de l'île de Sakhalien, et verse ses eaux, d'un côté, dans la mer d'Okhotsk, de l'autre, dans la mer du Japon; — le *Hoang-ho* ou fleuve *Jaune*, tributaire de la mer Jaune; — le *Kiang*, *Yang-tse-kiang* ou fleuve *Bleu*, qui tombe, après un cours de 4500 kilomètres, dans la mer de Corée ou mer Bleue; le *Camboge* ou *Mè-kong*, qui se jette dans la mer de Chine; — le *Mè-nam*, qui se rend dans la même mer par le golfe de Siam.

Sur le versant du S., on distingue l'*Ava* ou *Iraouaddy*, le

Brahmapoutre, et le *Gange*, aux innombrables embouchures, tous trois tributaires du golfe de Bengale; — le *Sind* ou *Indus*, qui tombe, par plusieurs bouches, dans la mer d'Oman; — le *Tigre* et l'*Euphrate*, fameux dans l'histoire, et qui forment, en se réunissant, le *Chot-el-Arab*, tributaire du golfe Persique.

Sur le versant de l'O., le *Kisil-ermak* tombe dans la mer Noire; — l'*Oural*, dans la mer Caspienne; — le *Djihoun* ou *Amou-déria* et le *Sihoun*, dans la mer d'Aral.

La mer *Caspienne* et la mer d'*Aral* peuvent être considérées comme de grands lacs. L'Asie renferme encore beaucoup d'autres lacs considérables. Ainsi, sur le versant du N., on remarque le lac *Baïkal*, qui s'écoule dans l'Iéniseï. — Sur le versant de l'E., se trouvent les lacs *P'o-yang* et *Toung-thing*, qui communiquent avec le Yang-tse-kiang.

Le versant du S. n'offre pas de lacs considérables; mais on y voit un des plus grands marais du globe, le *Rin*, qui communique avec la mer d'Oman, et se trouve près et à l'E. des bouches de l'Indus.

Sur le grand plateau central ou vers ses limites, sont le lac *Lob*, au milieu; le lac *Bleu* ou *Khoukhou-noor*, à l'E.; le *Tengri-noor*, au S.; l'*Issyk-koul*, à l'O. Le lac *Balkhach*, au N. O. de ce plateau, occupe un bassin particulier. Sur le plateau de la Perse, on rencontre le lac *Hamoûn*.

Entre les versants de l'O. et du S., sur de petits plateaux ou dans des bassins d'où ils ne sortent par aucun écoulement, on voit les lacs d'*Ormiah* et de *Van*, et le lac *Alphaltite* ou la *mer Morte*, si célèbre dans l'histoire sainte.

Tous les trois sont extrêmement salés.

5. Productions.

L'Asie possède une grande abondance de pierres précieuses, telles que rubis, turquoises, saphirs, cornalines, onyx, aigues-marines. Le sel forme d'épaisses croûtes dans plusieurs steppes.

L'or se trouve dans plusieurs parties, principalement dans les régions du nord, du centre et de l'est. Le cuivre abonde aussi dans les mêmes parties. De riches mines de diamants ont été trouvées aux monts Ourals.

Le sud de l'Asie est paré d'une magnifiques végétation : le

cocotier, le palmier corypha, aux feuilles immenses, le dattier, aux fruits succulents, l'indigotier, qui donne une belle couleur bleue, le cannellier, le poivrier, le camphrier, le figuier indien ou des Banians, si curieux par ses innombrables troncs; le tek, précieux dans les constructions; l'oranger, le bambou, qui forme des taillis épais; le bananier, aux feuilles majestueuses et aux énormes grappes de fruits; le bois de sandal, d'une odeur agréable; le caféier, le riz, le cotonnier, la canne à sucre, et une foule d'autres plantes intéressantes croissent en abondance dans ces fertiles régions.

L'ouest offre particulièrement des oliviers, de la vigne, des lentilles et des térébinthes, qui donnent le mastic et la térébenthine; des cyprès et des cèdres, au port majestueux; des cerisiers, des abricotiers, des pêchers, des figuiers. Les céréales communes en Europe y viennent parfaitement.

L'est possède le thé, l'arbre au vernis, le kamellia, l'hortensia, l'arbre à cire, l'arbre à suif, etc.

La rhubarbe est particulière aux tristes plaines du centre.

Dans le sud, on rencontre d'innombrables espèces d'animaux : des singes, des éléphants, dont les plus renommés sont ceux de Ceylan; des tigres, qui habitent surtout le delta marécageux du Gange; des perroquets, des argus, des paons, des faisans dorés et argentés, des crocodiles.

On pêche les huîtres à perles dans le golfe Persique et sur la côte de Ceylan, et l'on trouve aux Maldives une énorme quantité de cauris.

Le ver à soie nous est venu de l'Asie, où il est élevé dans un grand nombre de pays.

La chèvre qui donne le duvet à châles, l'yak, ou bœuf à queue de cheval, le chevrotain porte-musc, sont particuliers aux montagnes du centre.

Les chameaux sont les plus utiles bêtes de somme des régions occidentales et centrales.

Les chevaux de l'Arabie sont remarquables par leur élégance et leur vitesse.

Dans le nord, des martes, des hermines, des renards, donnent des fourrures d'un grand prix.

ASIE.

Description politique.

1. Contrées et Villes principales.

L'Asie comprend treize divisions principales, qu'on peut classer en quatre régions : 1° la région du versant du nord ou de l'océan Glacial et de la partie septentrionale du versant du Grand océan; 2° les pays situés sur le versant des mers intérieures et sur le plateau de la Perse, ou placés à la fois sur le versant des mers intérieures et sur celui de l'océan Indien; 3° les pays du plateau central et du versant du Grand océan; 4° les pays du versant de l'océan Indien.

La première de ces régions, dans le N. de l'Asie, comprend la *Sibérie*, ou la *Russie asiatique orientale*, immense possession russe, beaucoup plus vaste que l'Europe entière et cependant à peine peuplée de cinq millions d'habitants, à cause de la rigueur du climat. Les villes principales sont Tobolsk et Irkoutsk.

Dans la deuxième région, qui s'étend dans l'O. de l'Asie, on remarque :

La *Transcaucasie*, ou la *Russie asiatique occidentale*, autre possession russe, bien moins grande, mais beaucoup plus favorisée de la nature; elle est appuyée sur le flanc méridional du mont Caucase, et située entre la mer Noire et la mer Caspienne : ville principale, Tiflis.

La *Turquie d'Asie*, contrée fort belle et située avantageusement à l'extrémité occidentale de l'Asie, entre la mer Noire, l'Archipel, la Méditerranée proprement dite et le golfe Persique; on y distingue les villes de Smyrne, d'Alep, de Damas, de Bagdad.

La *Perse* ou l'*Iran*, qui touche au nord à la mer Caspienne, et vers le sud au golfe Persique et à la mer d'Oman : Téhéran en est la capitale; Ispahan l'a été longtemps.

L'*Afghanistan*, ou royaume de *Caboul*, qui ne touche à la mer d'aucun côté : capitale, Caboul.

Le petit royaume de *Hérat*, renfermé entre l'Afghanistan et la Perse : la capitale porte le même nom.

Le *Turkestan indépendant*, ou la *Tatarie*[1] *indépendante*,

---

[1]. Plus exactement que *Tartarie*.

qui s'étend à l'est de la mer Caspienne et autour de la mer d'Aral, et qui offre un mélange extraordinaire de steppes nues et de provinces très-fertiles; patrie de nations guerrières et destructives, qui se sont répandues sur d'autres parties du globe et les ont bouleversées. Villes principales, Boukhara, Samarkand, Khiva.

Au centre et dans l'est de l'Asie, sur le plateau central et sur une grande étendue du versant de l'océan Pacifique, on voit le vaste *empire Chinois*, le plus peuplé du globe, un des plus civilisés, et le plus grand après l'empire Russe. Il renferme cinq contrées principales : la Chine (qui se compose de la Chine propre et de la Mandchourie); — la Corée; — la Mongolie; — le Turkestan chinois; — le Tibet. La capitale est Pe-king.

Le *Japon* est un empire tout insulaire, placé à l'est de l'empire Chinois, et remarquable, comme celui-ci, par son antique civilisation. Il se compose principalement des îles de Nippon, Kiou-siou, Sikok et Yéso. Il y a deux empereurs: le mikado et le koubo. Les deux capitales sont Yédo et Myako, dans l'île de Nippon; autre ville principale, Nagasaki, dans l'île de Kiou-siou.

Sur le versant de l'océan Indien, on remarque d'abord les deux presqu'îles de l'Inde. La *presqu'île orientale de l'Inde*, ou l'*Indo-Chine*, est partagée entre plusieurs nations: les Anglais en ont une partie, à l'O. et au S.; les Birmans y forment un empire, dont la capitale est Ava. On y distingue aussi le royaume de Siam, capitale Bangkok; le royaume d'An-nam, capitale Hué; la Cochinchine française, capitale Saïgon; le royaume de Camboge, capitale Oudong; et les petits États de la presqu'île de Malaka.

La *presqu'île occidentale de l'Inde*, ou l'*Hindoustan*, est une région très-riche et très-peuplée, siége d'une fort ancienne civilisation, et dont beaucoup de nations ou de conquérants se sont disputé la possession. Aujourd'hui, les Anglais en ont la plus grande partie, et leur capitale y est Calcutta, sur une branche du Gange. Les Français y possèdent Pondichéry, Chandernagor, etc.; les Portugais y ont Goa et quelques autres points.

On trouve ensuite :

Le *Béloutchistan*, baigné par la mer d'Oman : capitale, Kélat;

ASIE.

L'*Arabie*, mélange d'affreux déserts et de cantons assez fertiles, et patrie de cette intelligente nation des Arabes qui s'est répandue dans un grand nombre d'autres contrées : elle est partagée en plusieurs États ; une partie reconnaît la suzeraineté de l'empire Ottoman. Villes principales, La Mecque, Mascate.

2. Habitants, Civilisation, Gouvernements, Religions, Langues.

La population de l'Asie s'élève à environ 700 millions d'habitants. Elle appartient, en général, à la race blanche ou caucasique, dans la moitié occidentale et dans quelques parties du nord ; elle est de la race jaune ou mongolique, dans la moitié orientale et chez un grand nombre de peuplades boréales.

Parmi les peuplades de la première race, il en est qui semblent cependant s'en éloigner par leur couleur ; tels sont les Hindous, qui ont une peau très-brune, mais qui, par les traits de leur visage, par leur conformation générale, se rapportent aux nations blanches.

A la race jaune appartiennent les Mongols, les Mandchoux, les Chinois, les Coréens, les Tibétains, les Japonais, et, dans la Sibérie, les Samoïèdes, les Toungouses et quelques autres misérables tribus. On comprend sous le nom assez vague de *Tatares* des peuples répandus dans les régions centrales, occidentales et septentrionales, et formés d'un mélange de Turcs et de Mongols.

On trouve encore dans cette partie du monde, au S. E., dans l'Indo-Chine, des populations malaises ; et il y a des habitants nègres dans les archipels du golfe du Bengale.

L'Asie a vu sortir de son sein les nations qui ont peuplé ou conquis tout l'Ancien continent, et probablement le globe entier. Elle fut le berceau des sciences, des arts, des idées religieuses, qui se sont répandus dans l'Occident et y ont enfanté une si brillante civilisation ; mais elle-même est restée stationnaire, ou plutôt elle a rétrogradé : car les pays asiatiques occidentaux, d'où l'Europe a tiré ses lumières, sont aujourd'hui comptés parmi les moins policés. Les contrées orientales conservent un état florissant : une foule d'inventions curieuses y ont pris naissance, et y animent une industrie active ; mais la civilisation n'y fait pas de progrès ; elle reste ce qu'elle était il y a plusieurs siècles.

Les gouvernements de l'Asie sont presque partout despotiques.

La religion mahométane domine dans les parties occidentales, où elle est née. Ce fut aussi là le berceau du judaïsme et du christianisme. Les chrétiens ne sont un peu nombreux que dans la Turquie d'Asie, la Transcaucasie, la Sibérie et l'Hindoustan. La doctrine de Confucius, qui ne reconnaît qu'un seul Dieu, compte un assez grand nombre d'adhérents en Chine et au Japon.

Les religions païennes sont répandues dans les régions orientales et méridionales : dans l'Hindoustan, c'est le *brahmisme*, qui tire son nom de l'un de ses dieux principaux, Brahma ; c'est le *bouddhisme* dans la plus grande partie de l'empire Chinois, du Japon et de l'Indo-Chine : il ne paraît être qu'une réforme du brahmisme ; il tire son nom des *Bouddhas* (c'est-à-dire êtres éclairés), qui, suivant une idée répandue en Asie depuis une haute antiquité, paraissent, à différentes époques, dans le monde : c'est le quatrième Bouddha, appelé *Châkya-Mouni*, qui a enseigné le bouddhisme actuel, plusieurs siècles avant Jésus-Christ. Bouddha, adoré comme un dieu, est considéré comme subsistant dans la personne des dalaï-lamas, souverains du Tibet. Il y a un assez grand nombre de *Parsis* ou *Guèbres*, adorateurs du feu, dans la Perse et dans l'Hindoustan. Le *chamanisme*, branche du bouddhisme, dégénérée, chez plusieurs populations, en adoration des esprits malveillants, est très-répandu dans le nord. La religion de *sintô*, au Japon, est l'adoration des ancêtres devenus dieux, et a pour chef le mikado, considéré comme dieu lui-même ; ce culte se mêle presque entièrement aujourd'hui avec le bouddhisme, qui se nomme au Japon *boutsdô*.

Les principales langues de l'Asie sont l'*arabe*, l'*arménien*, le *géorgien*, le *russe*, le *turc* (partagé en dialectes *turcoman*, *kirghiz*, etc.), le *persan* (auquel se rattache le *pouchtou*, langue des *Afghans*), le *sanscrit* (langue savante qui n'est plus parlée aujourd'hui), l'*hindoustani*, le *pali*, le *chinois*, le *japonais*, le *tibétain*, le *birman*, le *siamois*, le *cambogien*, l'*an-namite*, le *mandchou*, le *mongol*, le *malais*.

Géographie ancienne.

1. Limites, Côtes.

Les géographes anciens n'ont décrit que moins de la moitié de l'Asie : le N. et l'E. leur étaient inconnus. Une ligne tirée du N. O. au S. E., commençant au cours moyen du Rha (Volga), passant par le mont Imaüs, et se terminant au fleuve Senus, dans l'E. de l'Inde au delà du Gange, déterminait à peu près la limite de leurs connaissances dans ces directions. L'Asie était bornée à l'O. par le cours moyen du Rha, le cours inférieur du Tanaïs (Don), le Palus Mæotis, le Pont Euxin, la Propontide et la mer Égée, du côté de l'Europe ; puis par la mer Intérieure ; et, vers l'Afrique, par l'isthme de l'Arabie Pétrée et le golfe Arabique. Au S., elle avait l'océan Indien ou la mer Erythrée, avec son grand golfe du *Gange* (aujourd'hui golfe du Bengale). La mer Caspienne et le mont Caucase, qu'on place aujourd'hui sur la frontière occidentale de l'Asie, étaient autrefois renfermés dans cette contrée.

2. Montagnes.

Nous avons conservé la plupart des noms anciens des principales montagnes de l'Asie occidentale : le *Caucase*, le *Taurus*, le *Liban*, etc. Le mont *Imaüs* paraît correspondre aux monts Célestes et Altaï ; les monts *Emodes* sont sans doute les monts Himalaya.

3. Fleuves.

Versant des mers intérieures : l'*Halys* (Kizil-ermak), tributaire du Pont Euxin ; — le *Rha* (Volga), tributaire de la mer Caspienne ; — l'*Oxus* (Djihoun) et l'*Iaxartes* (Sihoun), tributaires du lac *Oxianes* (mer d'Aral).

Sur le plateau de la Perse : l'*Etymander* (Helmend).

Sur le versant de l'océan Indien : l'*Euphrate*, le *Tigre*, l'*Indus*, le *Gange*, le *Besynga* (l'Ava ou peut-être le Salouen), le *Serus* (Mè-nam?), le *Senus* (Mè-kong?).

4. Divisions.

A l'O., on voyait l'*Asie Mineure*, presqu'île renfermée

entre le Pont Euxin, la Propontide, la mer Égée et la mer Intérieure ; la *Syrie*, la *Phénicie* et la *Palestine*, sur la côte orientale de la mer Intérieure, au S. E. de l'Asie Mineure ; la *Colchide*, l'*Ibérie*, l'*Albanie*, sur le versant méridional du Caucase, entre le Pont Euxin et la mer Caspienne ; la *Sarmatie asiatique*, au N. du mont Caucase et au N. E. du Pont Euxin ; l'*Arabie*, grande péninsule qui s'avance dans l'océan Indien ; l'*Arménie*, l'*Assyrie*, la *Mésopotamie*, la *Babylonie*, sur les bords de l'Euphrate et du Tigre.

Dans la partie moyenne de l'Asie, on trouvait la *Médie*, l'*Hyrcanie*, sur la côte méridionale de la mer Caspienne ; la *Susiane*, la *Perse*, la *Carmanie*, la *Gédrosie*, vers le golfe Persique et l'océan Indien ; la *Parthie*, l'*Arie*, le *Paropamise*, la *Drangiane*, l'*Arakhosie*, comprises presque entièrement dans le plateau où coule l'Etymander ; la *Bactriane*, la *Sogdiane*, au N. de ce plateau.

A l'E., étaient l'*Inde en deçà du Gange*, l'*Inde au delà du Gange*, la *Sérique*, très-vaguement connue, et le pays des *Sines*, moins connu encore.

Au N., s'étendait la vaste région de *Scythie*, avec des limites incertaines.

III. AFRIQUE.

DESCRIPTION PHYSIQUE. — DESCRIPTION POLITIQUE. — ÎLES VOISINES DE L'AFRIQUE. — GÉOGRAPHIE ANCIENNE.

Description physique.

1. Situation, Limites, Étendue, Côtes.

L'Afrique occupe le S. O. de l'Ancien continent ; elle forme une vaste presqu'île, jointe à l'Asie vers le N. E. par l'isthme de *Suez*, et entourée par la mer dans toutes les autres directions. La *Méditerranée* et le détroit de *Gibraltar*, au N., la séparent de l'Europe ; l'*Atlantique* la baigne à l'O. ; l'*océan Indien*, au S. E. La mer *Rouge*, à l'E., s'enfonce entre l'Afrique et l'Arabie.

Cette péninsule présente une forme assez régulière. Elle a quatre pointes, tournées vers les points cardinaux : le cap *Blanc*, au N., le cap des *Aiguilles*, au S., le cap *Vert*, à l'O., et le cap *Guardafui*, à l'E. Il faut remarquer encore, au N., le cap *Bon*, et, au S., le fameux cap de *Bonne-Espérance*, qui fut doublé pour la première fois par les Européens en 1497.

L'Afrique est comprise entre le 37e degré de latitude N. et le 35e de latitude S., et entre le 20e degré de longitude O. et le 49e de longitude E. Sa longueur, du N. au S., est d'environ 8000 kilomètres; et sa plus grande largeur, de l'E. à l'O., de 7500 kilomètres; sa superficie est de 29 700 000 kilomètres carrés; elle est environ trois fois aussi grande que l'Europe.

Les côtes africaines n'offrent pas de déchirures profondes, comme celles qui entrecoupent l'Asie ou l'Europe. La Méditerranée forme cependant, vers le milieu de la côte septentrionale, un grand enfoncement partagé en deux golfes, ceux de la *Sidre* et de *Cabès*. L'Atlantique produit aussi, vers le milieu de la côte occidentale, le golfe de *Guinée*, qui comprend lui-même ceux de *Bénin* et de *Biafra*.

La baie de *Lorenzo-Marquez* ou de *Lagoa*, beaucoup moins considérable que les deux enfoncements précédents, se montre au S. E., dans l'océan Indien, au S. du canal de *Mozambique*, qui sépare du continent la grande île de *Madagascar*.

Le golfe d'*Aden*, à l'E., précède la mer Rouge, avec laquelle il communique par le détroit de *Bab-el-Mandeb*.

2. Aspect physique, Climat.

L'Afrique est la plus chaude des parties du monde. Les aspects en sont très-variés. Il y a des parties d'une fertilité prodigieuse; mais ailleurs ce sont de vastes déserts sablonneux, brûlés par le soleil : tel est le Sahara, le plus grand désert du globe. Çà et là, cependant, au milieu de ces régions stériles, de petites oasis viennent surprendre délicieusement par leur riante verdure.

Du reste, il y a encore, en Afrique, beaucoup de parties intérieures qui nous sont inconnues.

Excepté le long de la Méditerranée, et vers l'extrémité méridionale, les côtes sont fort malsaines. Dans toute la région renfermée entre les tropiques, les pluies sont périodiques, c'est-à-dire reviennent à des époques fixes; elles se précipitent par torrents pendant plusieurs mois, produisent d'énormes crues dans les fleuves, et inondent des contrées entières. Ensuite il ne tombe pas une goutte d'eau pendant longtemps. Certaines régions, comme une partie du Sahara et de l'Égypte, n'ont jamais ou presque jamais de pluie.

C'est du mois d'avril au mois de septembre qu'a lieu la saison des pluies au N. de l'équateur. Au sud de ce cercle, elle s'étend du mois d'octobre au mois de mars.

3. Montagnes.

De l'isthme de Suez au cap de Bonne-Espérance, on voit régner, du N. E. au S. O., la chaîne des montagnes la plus importante pour le partage des eaux ; elle sépare les tributaires de l'océan Indien de ceux de l'Atlantique et de la Méditerranée. Elle s'appelle monts *Arabiques*, dans le N. E.; vers l'E., on y remarque les montagnes de l'*Abyssinie*, dont les plus hautes parties sont les monts de *Sémen;* vers le centre, on croit retrouver les montagnes de la *Lune* des anciens géographes, dans le voisinage des monts *Kénia* et *Kilimandjaro*, découverts depuis peu de temps ; toutes ces montagnes forment sans doute, sur une certaine étendue, la ligne du partage des eaux ; enfin, en s'approchant du cap de Bonne-Espérance, on rencontre cette ligne sous les noms de *Sneeuwberg* et de *Nieuwveld*.

Une chaîne importante court sur la limite méridionale du versant de la Méditerranée : c'est le majestueux mont *Atlas*.

La chaîne des monts *Lupata*, qu'on a quelquefois appelée l'*Épine du monde*, court du N. N. E. au S. S. O. dans le S. E. de l'Afrique ; les montagnes de *Kong*, dirigées de l'E. à l'O., se trouvent dans la partie occidentale.

4. Fleuves et Lacs.

L'Afrique paraît être partagée en cinq grandes divisions naturelles : le versant de la Méditerranée, au N. ; le versant de l'Atlantique, à l'O. ; le versant de l'océan Indien, à l'E., et les grands bassins intérieurs du milieu, c'est-à-dire ceux des lacs Tchad, Oukéreoué, Tanganyika, etc.

Sur le versant de la Méditerranée, le plus grand fleuve est le *Nil*, formé par le *Bahr-el-Abiad* ou *Nil Blanc* et le *Bahr-el-Azrak* ou *Nil Bleu*.

On voit couler, sur le même versant, des fleuves beaucoup

moins considérables, tels que la *Medjerda*, le *Chélif*, la *Malouia*.

Sur le versant de l'Atlantique, on remarque le *Sénégal*, la *Gambie*, le *Rio Grande*, le *Diali-ba*, *Kouara* ou *Niger*, qui se jette dans le golfe de Guinée par plusieurs embouchures ; le *Zaïre* ou *Coango*, la *Coanza*, l'*Orange* ou *Gariep*.

Sur le versant de l'océan Indien, coulent des fleuves encore inconnus dans la plus grande partie de leur cours : le *Zambèze*, qui se jette dans le canal de Mozambique ; le *Luvuma*, le *Loffih* ou *Loufidji*, le *Pandani* ou *Loufou*, le *Djoub*.

Dans le bassin du lac Tchad, on voit circuler le *Chari*, tributaire de ce lac.

Le *Tchad*, un des plus grands lacs de l'Afrique, n'a pas d'écoulement. On remarque, au N. E., le lac *Fittré*, fort peu connu.

Au N., on voit le lac *Melghigh*, lac temporaire, près et au S. du mont Atlas. — A l'E., vers la source du Bahr-el-Azrak, est le lac *Dembéa*, traversé par cette rivière.

Sur le versant de l'O., est le lac *Dibbie*, formé par le Diali-ba.

Sous l'équateur, est le lac *Oukéréoué* ou *Nyanza-Victoria*, découvert très-récemment ; un peu au S. de l'équateur, est le lac *Tanganyika* ou lac d'*Oujiji*, et, en s'avançant plus au S., on trouve les lacs *Nyassi* et *Chiroua*, encore peu connus.

Beaucoup plus au S., on distingue le lac *Nyami*, qui s'écoule dans un marais.

5. Productions.

L'Afrique est la partie de l'Ancien continent la plus riche en or : ce métal s'y trouve surtout sous la forme de poudre, et y forme l'objet d'un grand commerce. Le cuivre et le fer sont assez abondants.

Le sel et le natron (autre matière saline) sont communs dans les déserts arides. Il y a peu de pierres précieuses.

La végétation offre un luxe, une magnificence extraordinaire, dans les parties fertiles. Le froment, le riz, d'autres céréales nommées dourah et sorgho, l'orge, le maïs, le manioc, dont la racine donne une excellente farine, procurent, dans plusieurs contrées, d'excellentes récoltes.

Le dattier se plaît au milieu des sables du N., et les dattes y sont le principal aliment des tribus nomades. Les orangers, les citronniers, les cédratiers, se voient principalement sur les rives de la Méditerranée; les pamplemousses (ou mieux pompelmousses), qui appartiennent à la même famille, préfèrent les régions du S. La vigne réussit également dans les parties les plus septentrionales et les plus méridionales.

Le cocotier, le palmier élaïs, qui donne l'huile de palme; le bananier, l'acacia vrai, qui fournit la gomme arabique; le chi ou arbre à beurre, le gigantesque baobab, le bombax ou fromager, presque aussi volumineux, le figuier indien, le dragonnier, intéressant par sa résine appelée sang-de-dragon, l'arachide ou noix de terre, qui fournit une huile abondante, sont communs dans les régions moyennes.

Dans le N. E., on récolte le séné, qui est l'objet d'un grand commerce.

Le caféier croît naturellement dans la partie orientale, et l'on pense même que cette plante précieuse est originaire de l'Afrique, d'où elle a été transportée en Arabie.

La canne à sucre, l'indigo et le cotonnier sont cultivés dans plusieurs parties.

Ce n'est qu'en Afrique que l'on trouve la girafe et le zèbre. Les lions y sont plus nombreux que dans aucune autre partie du globe.

Le léopard, la panthère, l'hyène, le chacal, sont des animaux féroces répandus presque dans toutes les régions africaines.

L'éléphant, le rhinocéros, l'hippopotame, se trouvent dans les parties moyennes et méridionales. L'aboukorn, qui tient, dit-on, du rhinocéros et du cheval, et qui paraît être la licorne des anciennes traditions, existe dans les régions centrales.

Dans le N., il y a un grand nombre de chameaux.

On rencontre en beaucoup d'endroits l'élégante et légère gazelle; la civette, qui produit la matière odorante du même nom. D'innombrables antilopes peuplent plusieurs contrées, surtout celles du sud; il y a de nombreuses espèces de singes, entre autres les chimpanzés, les gorilles, les mandrills, etc.

Parmi les oiseaux, on remarque l'autruche, qui erre dans les déserts du N.; l'outarde, la demoiselle de Numidie, la grue couronnée, l'ibis, si révéré des anciens Égyptiens; la cigogne; les albatros ou moutons du Cap, énormes oiseaux aquatiques; les cormorans, les pintades, de belles espèces de coucous; de nombreuses variétés de perroquets, entre autres les jacos, qui apprennent le mieux à parler; des vautours; le messager ou secrétaire, etc.

On trouve dans la plupart des fleuves le redoutable crocodile; parmi les serpents venimeux, on peut citer la vipère haje d'Égypte, et le céraste, qui se tient caché dans les sables des déserts.

Les mers d'Afrique sont peuplées de poissons curieux par l'éclat de leurs couleurs ou par la bizarrerie de leurs formes: on peut nommer les coffres et les exocets ou poissons volants.

La coquille qui donne la pourpre se trouve sur les côtes de la Méditerranée.

Un des insectes les plus nuisibles de l'Afrique est le criquet, espèce de sauterelle, dont les nuées redoutables dévastent en un moment des provinces entières; mais les habitants du désert regardent comme un bienfait du ciel l'arrivée de ces animaux, dont ils font un de leurs mets principaux.

Les scorpions ne se rencontrent que trop fréquemment.

Les fourmis blanches, ou termites, déploient dans les parties occidentales et méridionales leur étonnante industrie, et y causent beaucoup de ravages: on voit leurs édifices pyramidaux s'élever à plus de cinq mètres. La redoutable mouche tsétsé, qui fait périr les bœufs et les chevaux, se rencontre dans plusieurs contrées du sud.

Les belles espèces de corail sont communes sur les côtes septentrionales de l'Afrique.

Description politique[1].

1. Contrées et Villes principales.

L'Afrique est divisée en 17 contrées principales, qu'on peut classer en 6 régions: 1º la région du Nil et de la mer Rouge; 2º la région de la Méditerranée; 3º les pays baignés par l'Atlantique; 4º un pays sur l'Atlantique et l'océan Indien; 5º les pays baignés par l'océan Indien seulement; 6º les pays intérieurs, qui ne sont baignés par aucune mer.

---

[1]. Quelques-unes des divisions que nous exposons dans ce chapitre pourraient être cependant considérées comme des divisions physiques: tel est le Sahara.

Trois pays sont situés dans le bassin du Nil :

On voit d'abord, au N. E., entre la mer Rouge et la Méditerranée, l'*Égypte*, fécondée par le Nil, fameuse par son ancienne civilisation, par ses intéressantes ruines, et gouvernée aujourd'hui par un vice-roi, tributaire de l'empereur de Turquie : capitale, Le Caire, sur le Nil.

A l'E., vers la mer Rouge, on remarque la *Nubie*, soumise, en grande partie, au vice-roi d'Égypte, et dont une des villes principales est Khartoum, au confluent des deux Nils ; — l'*Abyssinie*, pays montagneux et pittoresque, qui a pour capitale Gondar ; il s'y trouve plusieurs petits États indépendants de l'empereur d'Abyssinie.

La région de la Méditerranée se compose de la *Barbarie*, longue contrée qui s'étend sur la côte méridionale de la Méditerranée ; elle renferme la régence de Tripoli : capitale, Tripoli ; — la régence de Tunis ou la *Tunisie* : capitale, Tunis ; — l'Algérie, colonie française : capitale, Alger ; — l'empire de Maroc : capitale, Maroc.

Les pays qui ne sont baignés que par l'océan Atlantique sont au nombre de six :

Le *Sahara* ou *Grand Désert*, placé au S. de la Barbarie, et qui touche vers l'O. à l'Atlantique, mais s'étend en même temps au loin dans l'intérieur. Quelques oasis se présentent çà et là au milieu de ses solitudes, et, parmi les peuples qu'on y voit errer, il faut distinguer les Touareg.

La *Sénégambie*, contrée extrêmement fertile et très-chaude, qui tire son nom du Sénégal et de la Gambie, et qui est partagée entre les Français, les Anglais, les Portugais et un grand nombre de peuples indigènes : une des villes principales est Saint-Louis, sur le Sénégal, aux Français.

La *Guinée supérieure* ou *septentrionale*, qui environne, au N. et au N. E., le grand golfe de Guinée : on y remarque les côtes de Sierra-Leone, des Graines, des Dents, la côte d'Or, celle des Esclaves et celles de Bénin et de Gabon ; plusieurs établissements français, anglais et hollandais ; l'intéressante colonie américaine de Libéria pour les nègres affranchis, et l'empire d'Achanti, dont la capitale est Coumassie.

La *Guinée inférieure* ou *méridionale*, où l'on trouve le

royaume de Congo, et ceux d'Angola et de Benguela, presque entièrement soumis aux Portugais, dont la ville principale, dans cette contrée, est Loanda.

L'*Ovampie*, pays encore peu connu, qui doit son nom à l'un de ses peuples principaux, les Ovampo.

La *Hottentotie*, qui tire son nom de ses habitants, les Hottentots, et s'étend dans le bassin du fleuve Orange.

La colonie du *Cap*, à l'extrémité méridionale de l'Afrique, est la région située sur la limite de l'Atlantique et de l'océan Indien; elle est terminée au S. O. par le célèbre cap de Bonne-Espérance, auquel elle doit son nom : capitale, Le Cap. Cette colonie appartient aux Anglais, après avoir été longtemps soumise aux Hollandais.

Dans la 5ᵉ région, celle des pays baignés seulement par l'océan Indien, on trouve les 4 divisions suivantes :

La *Cafrerie maritime* (avec la colonie anglaise de *Natal*);

La capitainerie générale de *Mozambique*, colonie portugaise, séparée, par le canal du même nom, de l'île de Madagascar : capitale, Mozambique, sur une petite île.

Le *Zanguebar*, dépendant, en grande partie, du sultan de Zanzibar, prince arabe, qui est aussi sultan de Mascate; la ville principale est Zanzibar, dans l'île du même nom.

Enfin le *Somâl*, qui comprend la partie la plus orientale de l'Afrique, et renferme les pays autrefois désignés sous les noms de *côte d'Ajan* et de *côte d'Adel* : Zeïlah en est une des villes principales.

Dans l'intérieur, on trouve trois grandes contrées :

L'une est la *Nigritie septentrionale*, appelée aussi *Soudan* ou *Takrour*, qui s'étend des plaines du Sahara aux montagnes de Kong, et depuis la Nubie jusqu'à la Sénégambie; elle se divise en un grand nombre d'états et de pays, tels que ceux de Timbouctou, de Haoussa, de Bournou, de Baghirmi, de Darfour, de Ouadây. Parmi ces peuples, les uns sont des nègres, les autres de la famille fellata. Les villes les plus célèbres sont : Timbouctou, Sakatou, Kano, Kouka.

La seconde contrée est la *Nigritie méridionale*, la partie la moins connue de l'Afrique, et où l'on signale, parmi les pays principaux, l'Ouniamési, le Londa, le Cazembe.

La troisième est la *Cafrerie intérieure*, située au S. de la

Nigritie méridionale, à l'O. du Mozambique ; Litakou et Linyanti en sont les villes principales, et l'on y remarque les peuples des Betchouana et des Makololo. D'anciens colons hollandais y ont formé la république *Transvaalienne* et celle du *Fleuve Orange*.

2. Habitants, Civilisation, Religions.

On ne sait guère combien d'habitants renferme l'Afrique : on croit cependant qu'il n'y en a pas moins de 100 millions.

Quoique ceux du N. appartiennent à la race blanche, ils sont en général fortement bronzés par l'action d'un soleil ardent, et quelques-uns même ont un teint à peu près noir, mais ils ont la physionomie des blancs ; tels sont les Maures, les Kabyles ou Berbères (auxquels appartiennent les Touareg), les Coptes ou Égyptiens proprement dits, les Nubiens, les Abyssins ou Éthiopiens, les Somâli. Plusieurs peuples étrangers sont venus s'y mêler aux indigènes africains : on remarque surtout des Arabes et des Turcs ; il y a aussi, depuis la conquête d'Alger, un assez grand nombre d'Européens, et particulièrement des Français.

Les Fellata, Foulbé ou Fellani (appelés aussi Poul ou Foulah) et les Galla, peuples considérables, répandus dans les parties moyennes, les premiers dans l'O., les seconds dans l'E., ont un teint brun et rougeâtre, et sont comme la transition entre la race blanche et la race nègre.

Les nègres, au teint tout à fait noir, au front déprimé, aux joues proéminentes, au nez large et épaté, aux cheveux laineux, occupent la plus grande partie de l'Afrique moyenne : on y distingue, à l'O., les Yolofs, les Mandingues, les Achantins, les Congues ; au milieu, les Bournouais ou Kanouri, les Haoussaoua, les Bagrimma ; à l'E., les Badjaga, les Souahhéli, les Ouanika, les Ouakamba ; au S., les Balonda, les Barotsé.

Les *Cafres*, dont la couleur est d'un gris d'ardoise, et qui sont intelligents, d'une figure plus belle, mieux pris dans leur taille que les nègres, et qui comptent, parmi leurs principaux peuples, les Betchouana, habitent les parties les plus méridionales de l'Afrique, ainsi que les *Hottentots*, qui ont une couleur à peu près bistre.

Beaucoup d'Anglais et de Portugais se sont établis dans la région du sud, et les Arabes s'étendent assez loin sur la côte orientale.

Les Madécasses ou Malgaches, peuple basané qui habite Madagascar, font sans doute partie de la race malaise.

Les peuples africains sont presque tous plongés dans un misérable état de barbarie. Un des usages les plus déplorables est la vente des êtres humains : ce commerce affreux des esclaves est fait encore avec activité sur la côte occidentale, par des Européens mêmes, quoique les lois des nations éclairées le prohibent aujourd'hui sévèrement.

Cependant c'est dans le N. de l'Afrique que brilla jadis la civilisation de l'Égypte, de l'Éthiopie au-dessus de l'Égypte, celle de Carthage, de Cyrène, etc.

Le vice-roi d'Égypte cherche à faire revivre maintenant l'industrie et les sciences dans cette contrée, et les colonies européennes, surtout la colonie française de l'Algérie et la colonie anglaise du Cap, répandent sur une partie des côtes une heureuse influence civilisatrice.

Un grossier fétichisme, qui consiste dans l'adoration des objets inanimés et des animaux, est la religion du plus grand nombre des nègres.

Le mahométisme est répandu dans le N., dans une partie des régions centrales, et sur une grande étendue des côtes de l'océan Indien. Les Coptes et les Abyssins sont presque les seuls indigènes qui professent le christianisme. Il y a beaucoup de juifs dans les villes commerçantes du N.

Îles voisines de l'Afrique.

Dans l'Atlantique, on remarque : les îles *Açores*, situées à l'O. du Portugal, dont elles dépendent, et favorisées d'un beau climat, fertiles en excellents fruits, mais exposées aux tremblements de terre ; — les îles *Madère*, autre intéressante possession portugaise ; — les belles îles *Canaries*, qui appartiennent aux Espagnols, et dont la plus considérable est Ténérife, célèbre par son haut pic volcanique ; — les îles du *Cap-Vert*, pierreuses et malsaines, aux Portugais ; — l'île anglaise de l'*Ascension*, stérile rocher, mais célèbre par ses énormes tortues ; — *Fernan-do-Po*, dans le golfe de Guinée, aux Espagnols ; — les îles du *Prince* et de *Saint-Thomas*, dans le même golfe, aux Portugais ; — *Sainte-Hélène*, possession anglaise, très-éloignée de tout continent, et devenue célèbre par l'exil et la mort de Napoléon 1er ; — les îles *Tristan da Cunha*, fort reculées vers le S., aussi aux Anglais.

Dans l'océan Indien, on trouve :

Madagascar ou *Malgache*, une des plus grandes îles du monde, avec des côtes marécageuses et malsaines, un intérieur montagneux et salubre : les Hova en sont le peuple principal ; — la *Réunion* (auparavant *Bourbon*), belle île française, fertile en bon café ; — l'île *Maurice* (auparavant île de *France*), autre précieuse colonie, autrefois aux Français, maintenant à l'Angleterre ; — les îles *Comores*, situées dans le N. du canal de Mozambique, et gouvernées, en général, par des sultans arabes, mais dont l'une, *Mayotte*, est aux Français ; — *Zanzibar*, située près de la côte de Zanguebar, et soumise à un sultan arabe ; — les îles *Séchelles*, aux Anglais ; elles sont nombreuses, petites et entourées d'écueils ; — l'île *Socotora*, à un prince arabe, à l'E. du cap Guardafui ; — la terre de *Kerguelen* ou de la *Désolation*, placée bien loin au S. E. de l'Afrique, et composée d'une masse de rochers déserts.

Géographie ancienne.

1. Limites, Côtes.

L'Afrique, plus souvent désignée chez les anciens sous le nom de *Libye*, n'était connue que dans sa partie septentrionale. On savait que l'océan Atlantique la bordait à l'O., et l'océan Indien à l'E., en formant le golfe Arabique, entre la côte africaine et celle d'Arabie. La mer Intérieure et le détroit de Gadès ou d'Hercule se trouvaient au N., entre l'Afrique et l'Europe. On a prétendu que des Phéniciens envoyés par Nékhao avaient doublé la pointe méridionale de l'Afrique ; mais les anciens n'ont laissé aucune description de cette partie.

Le grand enfoncement de la côte N. de l'Afrique portait, dans sa partie orientale, le nom de *Grande Syrte* (golfe de la Sidre) et, dans sa partie orientale, celui de *Petite Syrte* (golfe de Cabès).

Sur la côte occidentale, on citait le golfe *Éthiopique*, qui est probablement le golfe de Guinée.

Les principaux caps de l'Afrique ancienne étaient, au N., le promontoire *Hermæum* (cap Bon) ; à l'E., le promontoire *Aromata* (Guardafui), et, au S. E., le promontoire *Prasum* (peut-être cap Delgado), regardé comme le point extrême des connaissances des Grecs et des Romains sur la côte orientale de l'Afrique.

2. Montagnes et Fleuves.

Nous avons conservé le nom ancien de la principale chaîne de montagnes du nord de l'Afrique : le mont *Atlas*.

Le *Nil*, sur le cours inférieur duquel s'est élevée une civilisation antique et célèbre, était le plus grand fleuve connu des anciens géographes.

Le *Niger* ou *Nigir* des anciens n'est peut-être pas le même fleuve que nous nommons ainsi aujourd'hui, mais, suivant quelques géographes, un des fleuves qui descendent du versant méridional de l'Atlas et se perdent dans les lacs ou les sables du désert.

Le *Gir* ou *Ger* était aussi sans doute un des fleuves du versant méridional de l'Atlas.

3. Divisions.

Les principales contrées de l'ancienne Afrique étaient : vers le Nil et la mer Rouge, l'*Égypte*, l'*Éthiopie au-dessus de l'Égypte*; — le long de la mer Intérieure, la *Libye maritime*, l'*Afrique propre*, la *Numidie*, la *Mauritanie*; — dans l'intérieur, les pays très-peu connus désignés sous les noms de *Libye intérieure* et d'*Éthiopie intérieure*.

IV. AMÉRIQUE.

DESCRIPTION PHYSIQUE. — DESCRIPTION POLITIQUE.

Description physique.

1. Nom, Limites, Étendue, Côtes.

L'Amérique appelée aussi *Nouveau continent* et *Nouveau monde*, fut inconnue aux anciens géographes; car l'*Atlantide* de Platon, qu'on a quelquefois prétendu retrouver dans l'Amérique, n'est peut-être qu'un des archipels voisins de la côte occidentale de l'Afrique, si elle n'est pas un pays imaginaire; et l'île *Antilia*, que de vieilles traditions du moyen âge plaçaient dans l'océan Atlantique, est une terre fantastique, que personne n'a jamais visitée; le nom en fut cependant appliqué aux premières îles américaines (les *Antilles*) que Cristophe Colomb découvrit en 1492. Le Nouveau continent aurait dû porter le nom de ce grand homme ; mais il a pris celui d'un voyageur florentin, Améric Vespuce, qui ne le vit qu'en 1497 ou 1499. Il faut remarquer que, dès les neuvième et dixième siècles, les Danois et les Islandais avaient visité quelques-unes des terres boréales de l'Amérique, c'est-à-dire le Groenland et le Vinland (qui paraît être le Labrador et quelques pays voisins).

Le Nouveau continent s'allonge du N. au S., l'espace de plus de 15 000 kilomètres, entre l'*Atlantique*, à l'E., et le Grand océan, à l'O., et se termine par un long cône, dont l'extrémité est le cap *Horn*. Au N., il est baigné par l'*océan Glacial*, où sont des terres encore très-imparfaitement connues, à cause des froids rigoureux et des glaces amoncelées qui ont empêché de pénétrer partout de ce côté. En ne considérant que ses portions connues, l'Amérique est comprise entre le 83ᵉ degré de latitude N. et le 56ᵉ de latitude S., et entre le 20ᵉ et le 171ᵉ degré de longitude O. Sa partie continentale est un peu moins grande que celle de l'Asie. Avec ses îles, elle surpasse l'étendue de l'Asie et des îles asiatiques. Sa superficie est de 42 500 000 kilomètres carrés.

L'Amérique se rétrécit, vers le milieu, d'une manière remarquable; là, la partie la plus étroite n'a que 45 kilomètres de largeur, et porte le nom d'isthme de *Panama*. Tout ce qui se trouve au N. de cet isthme est l'*Amérique septentrionale;* tout ce qui est au S. forme l'*Amérique méridionale.* A l'E., s'étend le grand archipel des *Antilles*.

Les côtes de l'Amérique septentrionale sont très-irrégulières, comme celles de l'Europe et de l'Asie ; mais celles de l'Amérique méridionale sont généralement uniformes, comme les côtes d'Afrique. On voit pénétrer dans les terres de la première, du côté de l'océan Glacial et de l'Atlantique, la mer *Polaire* de *Kane*, le détroit de *Smith*, le bassin de *Melville*, le détroit de *Lancastre*, la mer de *Baffin*, le détroit de *Davis*, la mer d'*Hudson*, le golfe *Saint-Laurent;* entre les deux Amériques, s'ouvre un vaste enfoncement qui s'appelle, au N., golfe du *Mexique*, et, au S., mer des *Antilles*.

Du côté du Grand océan, on voit le golfe de *Panama*, à l'opposé de la mer des Antilles ; le long golfe de *Californie*, appelé aussi mer *Vermeille* ou de *Cortez*, et, beaucoup plus loin vers le nord, la mer *Beering*, à côté de laquelle est le détroit du même nom, placé entre la pointe N. O. de l'Amérique et la pointe N. E. de l'Asie.

Dans l'Amérique méridionale, les seuls enfoncements dignes de remarque sont les golfes de *Guayaquil* et de *Guaiteca*, sur la côte occidentale.

Dans l'Amérique septentrionale, les presqu'îles et les îles sont très-nombreuses : le *Groenland*, qui s'étend dans le N. E., et se termine en pointe par le cap *Farewell*, forme une ou plusieurs grandes îles ; on n'est pas allé au N. de cette froide contrée, et l'on n'en connaît pas les limites. On remarque, à l'E. de ce pays, l'*Islande* et le triste et désert archipel du *Spitzberg*.

Entre la mer de Baffin et celle d'Hudson, on trouve la terre encore mal connue de *Cumberland*, qui est peut-être une presqu'île. L'archipel *Parry* (dont fait partie l'île *Melville*), et les presqu'îles *Boothia* et *Melville*, sont parmi les terres les plus boréales de l'Amérique.

La presqu'île du *Labrador*, terminée par le cap *Charles*, s'avance entre la mer d'Hudson et le golfe Saint-Laurent ; la *Nouvelle-Écosse* ou *Acadie* est une autre presqu'île, placée au S. du même golfe, qui est fermé à l'E. par la grande île de *Terre-Neuve*.

La *Floride* s'allonge entre le golfe du Mexique et l'Atlantique ; et le *Yucatan*, entre ce golfe et la mer des Antilles.

La *Vieille-Californie* est une longue péninsule, qui borde à l'O. le golfe du même nom.

La presqu'île d'*Alaska* forme au S. E. la mer de Beering ; la longue chaîne des îles *Aléoutiennes* semble en faire la continuation.

Le cap *Occidental* ou du *Prince de Galles* s'avance au loin vers le N. O. en face du cap Oriental d'Asie.

Les quatre caps qui forment les points extrêmes de l'Amérique méridionale vers les points cardinaux, sont le cap *Gallinas*, au N.; la pointe *Parina*, à l'O.; le cap *Blanc du Brésil*, à l'E., et le cap *Horn*, au S.; dans cette dernière direction, il faut encore remarquer le cap *Froward*, qui est l'extrémité du *continent*. Le cap Horn appartient à une île de l'archipel de la *Terre de Feu*, qui est séparé du reste de l'Amérique par le détroit de *Magellan*. On remarque encore, comme caps célèbres, le cap *Blanc du Pérou*, à l'O.; les caps *Saint-Roch* et *Saint-Augustin*, à l'E.

2. Aspect physique, Climat.

L'Amérique a pour caractère général un sol humide et d'une extrême fécondité; presque partout elle est parée d'une végétation vigoureuse et gigantesque ; la nature y est grande et majestueuse; il y a des fleuves très-étendus, de vastes lacs, de belles cataractes, de longues chaînes de montagnes, des volcans redoutables, d'épaisses forêts, d'immenses savanes. On y voit des terrains fangeux et malsains, et d'autres qui sont riants et délicieux.

Le climat, extrêmement rigoureux au N., et assez froid à l'extrémité méridionale, est fort chaud dans les parties du milieu. On remarque qu'en général la température est moins élevée[1] en Amérique que dans l'Ancien continent, à latitude égale.

Il y a, dans les régions équinoxiales, des pluies périodiques analogues à celles de l'Afrique.

3. Montagnes.

Du cap Occidental au cap Horn, s'étend une immense chaîne de hauteurs qui partage l'Amérique en deux versants: celui de l'E., incliné vers l'Atlantique et les mers de Baffin, d'Hudson, Polaire, etc., et celui de l'O., vers le Grand océan. Elle porte, dans l'Amérique septentrionale, les noms de monts *Rocheux, Sierra Madre, Cordillère d'Anahuac* ou *du Mexique, Cordillère de l'Amérique centrale.* Elle forme, dans l'Amérique méridionale, la majestueuse *Cordillère des Andes,* qui longe la côte occidentale de cette contrée, et qui est la partie la plus élevée des montagnes américaines.

Deux branches principales de partage des eaux se détachent, vers l'E., de cette grande arête; l'une, qui commence vers le milieu de l'Amérique septentrionale, n'est d'abord composée que de petites collines, en enveloppant au N. le bassin du grand fleuve Mississipi; mais elle s'élève ensuite, en approchant de l'E., et se rattache à une assez haute chaîne, les monts *Alleghany* ou *Apalaches,* dirigés du N. E. au S. O.

L'autre branche, qui prend naissance vers le milieu de la

---

[1]. C'est-à-dire qu'elle est moins chaude ou plus froide.

Cordillère des Andes, dans l'Amérique méridionale, est aussi d'abord peu élevée, puis elle devient de plus en plus remarquable en approchant vers l'E., porte successivement les noms de *Campos Parexis* et de *Serra dos Vertentes*, et rejoint la haute *Serra do Espinhaço*, dirigée du N. E. au S. O.

Dans l'Amérique septentrionale, on voit s'étendre, depuis la presqu'île d'Alaska jusque vers la Californie, le long de la côte du Grand océan, une suite de montagnes dont la partie principale est, dans la Californie, la *Sierra Nevada*, riche en or. Dans le N. de l'Amérique méridionale, la *Sierra Parime* et la *Sierra Pacaraima* se dirigent de l'O. à l'E.; et le long de la côte orientale de la même Amérique, règne la *Serra do Mar* ou *chaîne de la Mer*.

4. Fleuves.

Dans la mer Polaire, se rendent le *Mackenzie*, le *fleuve de la Mine de cuivre* (*Copper-Mine-river*) et le *Back*.

Le *Churchill* ou *Missinnipi*, le *Nelson* et le *Berens* se rendent dans la mer d'Hudson.

Le *Saint-Laurent* se jette, par une large embouchure, dans le golfe du même nom.

Le *Connecticut*, l'*Hudson*, la *Susquehanna*, le *Potomac*, qui débouchent sur la côte orientale de l'Amérique septentrionale, au S. du Saint-Laurent, sont des fleuves beaucoup moins considérables, mais intéressants par le brillant état de civilisation qui règne sur leurs bords.

Le majestueux *Mississipi* ou *Méchacebé*, de 4500 kilomètres de cours, se grossit du *Missouri*, encore plus long que lui, de l'*Ohio*, de l'*Arkansas*, et d'une foule d'autres rivières descendues des monts Rocheux ou des monts Alleghany; il tombe dans le golfe du Mexique, où se jette aussi le *Rio Grande del Norte*.

Sur le versant occidental, l'Amérique septentrionale n'a que deux fleuves principaux : l'*Orégon* ou *Columbia*, et le *Rio Colorado*, tributaire du golfe de Californie.

Dans l'Amérique méridionale, on voit couler vers la mer des Antilles la *Madeleine* ou *Magdalena*.—L'océan Atlantique y reçoit immédiatement : l'*Orénoque*; — l'*Essequebo*; — le fleuve des *Amazones*, ou simplement l'*Amazone*, qui a un cours de 5000 kilomètres, une embouchure de 260 kilomètres de largeur, et qui se grossit d'une foule de grandes rivières (comme le *Rio Madeira*, le *Xingu*, le *Rio Negro*, uni à l'Orénoque par un canal naturel) ; — le *Tocantins*, dont l'embouchure se confond presque avec celle de l'Amazone ; — le *Saint-François* ou *São-Francisco*; le *Rio de la Plata*, très-large fleuve, formé par la réunion de l'*Uruguay* et du *Parana*, augmenté lui-même du *Paraguay*.

Il n'y a aucun fleuve remarquable sur l'étroit versant occidental de cette Amérique.

5. Lacs.

C'est surtout dans le N. de l'Amérique septentrionale qu'on trouve un grand nombre de lacs. Le lac du *Grand-Ours*, le lac de l'*Esclave*, le lac *Athabasca* ou *des Montagnes*, s'écoulent dans la mer Polaire, par le Mackenzie.

Le lac *Ouinipeg* verse ses eaux dans la mer d'Hudson par le Nelson et le Berens.

En s'avançant un peu vers le S., on trouve six lacs célèbres, joints les uns aux autres : le plus occidental est le lac *Supérieur*, le plus considérable de l'Amérique ; il se verse dans le lac *Huron*, qui reçoit aussi les eaux du lac *Michigan*, et qui s'écoule à son tour dans le lac *Saint-Clair* ; celui-ci envoie ses eaux dans le lac *Érié*, d'où sort la rivière Niagara, qui forme une des plus belles cataractes du monde, avant de se jeter dans le lac *Ontario*. C'est de ce dernier que s'écoule enfin le Saint-Laurent.

Dans la partie de terre resserrée entre la mer des Antilles et le Grand océan, un peu au N. O. de l'isthme de Panama, on voit le lac de *Nicaragua*, qui a son écoulement vers la mer des Antilles, et qu'on a le projet de réunir au Grand océan par un canal.

Dans l'Amérique méridionale, on remarque, au N., le lac de *Maracaybo*, qui communique à la mer des Antilles; au S. E., le lac *dos Patos*, à côté de l'Atlantique ; à l'O., le lac *Titicaca* ou *Chucuyto*, sur un plateau des Andes.

De vastes plaines très-basses, inondées dans le temps des pluies périodiques, forment alors de grands lacs temporaires, mais qui sont ensuite remplacés par des prairies: telle est la plaine de *Xarayes*, vers le centre de l'Amérique méridionale.

6. Productions.

L'Amérique est extrêmement riche en or et en argent ; ces métaux abondent surtout dans la grande chaîne principale et dans la Sierra Nevada.

Il y a, dans l'Amérique méridionale, d'importantes mines de diamants, d'émeraudes, de platine et de cuivre.

La végétation américaine est très-variée et très-belle. Parmi les arbres des forêts du nord de l'Amérique, on peut citer le superbe magnolia, le tulipier, l'acacia, le sassafras, des pins et des sapins, qui atteignent une prodigieuse hauteur ; des cèdres, des cyprès, etc.

Dans les parties équinoxiales, on voit le cotonnier, le caféier, la canne à sucre, le cacaoyer, l'indigotier, l'agave, si curieux par sa prompte croissance et ses nombreux usages ; le bananier, l'igname, le manioc, la vanille, qui grimpe et s'entrelace autour des grands arbres ; les cactus, de magnifiques palmiers ; les bois de teinture de Campêche et autres ; les arbres d'acajou, qui fournissent des bois précieux pour l'ébénisterie ; le quinquina, dont l'écorce est un si bon fébrifuge ; l'ipécacuana et le jalap, autres plantes médicinales célèbres. L'Amérique est la patrie des pommes de terre et du tabac.

Les animaux domestiques de l'Europe ont été transportés en Amérique et s'y sont partout multipliés. Les chevaux et les bœufs se présentent même à l'état sauvage en beaucoup d'endroits.

Les singes sont fort nombreux dans les provinces équinoxiales de l'Amérique.

Les quadrupèdes principaux des régions du N. sont les élans, les rennes, les ours, les bisons, chats-bais ou chats-cerviers, les castors, les hermines, les martes, les renards, les loutres, et d'autres précieux animaux à fourrures. Dans les contrées chaudes, surtout dans la partie méridionale de la zone torride, on remarque le lama, la vigogne, l'alpaca, qui rappellent un peu, mais en petit, les chameaux de l'Ancien monde ; le jaguar ou once, qui habite les forêts marécageuses ; le couguar ou tigre rouge.

Le condor ou grand vautour des Andes est, de tous les oiseaux, celui qui s'élève le plus haut dans les airs. Le roi des vautours, ou irubi, qui a un plumage agréablement varié, vit dans l'Amérique équinoxiale. Les régions équatoriales ou tempérées renferment encore les perroquets, parmi lesquels on distingue les aras, les plus grands et les plus magnifiques de tous ; les colibris, les oiseaux-mouches, si curieux par leurs vives couleurs et leur petitesse.— L'autruche américaine, ou le nandou, erre dans les plaines des parties méridionales.

De nombreux reptiles inspirent l'effroi par leur grosseur ou la subtilité de leur venin. On remarque surtout le serpent à sonnettes, dans l'Amérique septentrionale, et l'espèce de crocodile nommée caïman ou alligator, dans toute la zone équinoxiale.

Description politique.

1. Contrées et Villes principales.

L'Amérique septentrionale renferme six contrées principales.

Au N., on voit : 1° le *Groenland*, c'est-à-dire la *Terre Verte*, pays presque désert, où il y a quelques colonies danoises ; —2° l'*Amérique septentrionale anglaise* (appelée quelquefois la *Nouvelle-Bretagne*), qui s'étend de l'Atlantique au Grand océan, et qui n'offre, au N., que des régions stériles et glacées, mais qui se compose, au S., d'assez beaux pays, parmi lesquels est la province anglaise du Canada, avec les importantes villes de Québec et de Montréal, sur le Saint-Laurent ; celle de Toronto, sur le lac Ontario, et la petite capitale nouvelle de la province, Ottawa ; —3° la *Russie américaine*, située à l'extrémité N. O. de l'Amérique, et dont on ne connaît presque que les côtes, où sont quelques établissements russes.

Au milieu, l'Amérique septentrionale renferme la grande république des *États-Unis*, formée, à l'E., d'anciennes colonies anglaises, et, dans le reste, d'anciennes possessions françaises et espagnoles : capitale Washington, sur le Potomac. New-York, Philadelphie, Baltimore, Boston, Cincinnati, Saint-Louis, la Nouvelle-Orléans, sont les villes les plus importantes.

Au S., on trouve le *Mexique*, autrefois soumis à l'Espagne, et aujourd'hui république : capitale, Mexico ; — l'*Amérique centrale*, qui a longtemps appartenu à l'Espagne, et qui forme maintenant cinq républiques : *Guatémala, San-Salvador, Honduras, Nicaragua* et *Costa-Rica*.

L'Amérique méridionale est divisée en onze contrées principales :

Une de ces contrées est baignée à la fois par le Grand océan et la mer des Antilles : c'est la *Colombie*, qui comprend les trois républiques de la *Nouvelle-Grenade*, capitale Bogota ; de l'*Équateur*, capitale Quito, et de *Vénézuéla*, capitale Caracas, formées d'anciennes colonies espagnoles.

Quatre se trouvent vers l'océan Atlantique ; ce sont : 1º la *Guyane*, qui se divise en *Guyane anglaise*, capitale Georgetown ; *Guyane hollandaise*, capitale Paramaribo ; *Guyane française*, capitale Cayenne ; *Guyane vénézuélienne*, dans l'E. du Vénézuéla, et *Guyane brésilienne*, dans le N. du Brésil ;

2º Le vaste empire du *Brésil*, pays fort riche en productions diverses, mais encore peu peuplé ; il a longtemps appartenu au Portugal : capitale, Rio-de-Janeiro ;

3º La république de l'*Uruguay*, qui a appartenu aux Espagnols, et dont la capitale est Montevideo, sur le Rio de la Plata ;

4º La confédération *Argentine* ou de *la Plata*, formée d'une ancienne colonie espagnole, et ainsi nommée du Rio de la Plata ou fleuve d'Argent, qui l'arrose ; la capitale est Parana, sur la rivière du même nom ; mais la plus grande ville est Buenos-Ayres, sur le Rio de la Plata.

Dans l'intérieur, loin de la mer, mais toujours sur le versant de l'océan Atlantique, est la république du *Paraguay*, qui fut autrefois aussi au pouvoir de l'Espagne : capitale, L'Assomption, sur le Paraguay.

A l'O., trois républiques, qui ont été également des possessions espagnoles, sont baignées par le Grand océan :

L'une est le *Pérou*, qui a pour capitale Lima.

La seconde est la *Bolivie*, dont la capitale est Chuquisaca, La Plata ou Sucre.

La troisième est le *Chili*, longue et étroite contrée, resserrée entre les Andes et la mer : capitale, Santiago.

Enfin, à l'extrémité méridionale de l'Amérique, est la *Patagonie*, resserrée entre l'océan Atlantique et le Grand océan, et composée d'une partie continentale, qui est la Patagonie propre, et de l'archipel de la Terre de Feu : c'est un pays triste et froid, habité par des peuples sauvages. —

On voit, à l'E., assez loin de la côte, les îles Malouines ou Falkland.

Les Antilles se partagent en quatre divisions :
Au N., sont les îles *Lucayes* ou *Bahama*, qui appartiennent aux Anglais.

Au milieu, se trouvent les *Grandes Antilles*, au nombre de quatre : *Cuba*, la plus grande de tout l'archipel, et possédée par l'Espagne : capitale, La Havane ; — *Haïti*, divisée en deux parties : la république d'Haïti (autrefois colonie française), capitale Port-au-Prince, et le territoire Dominicain (possession espagnole), capitale Santo-Domingo ; — la *Jamaïque*, colonie anglaise : capitale, Spanish-town ; — *Puerto-Rico*, colonie espagnole : capitale, San-Juan-de-Puerto-Rico.

A l'E., on voit s'étendre, du N. au S., la longue chaîne des *Petites Antilles*, appelées encore *Caraïbes*, à cause de leurs anciens habitants, et *îles du Vent*, parce qu'elles sont exposées aux vents alizés, qui y soufflent continuellement de l'E. Les plus considérables de ces îles sont la *Guadeloupe* et la *Martinique*, aux Français, la *Barbade* et la *Trinité*, aux Anglais.

Le long des côtes de l'Amérique méridionale, on trouve les *îles sous le Vent*, peu nombreuses, et dont les plus remarquables sont la *Marguerite*, qui appartient au Vénézuéla, et *Curaçao*, aux Hollandais.

2. Population, Civilisation, Gouvernements, Religions.

La population de l'Amérique est d'environ 70 millions d'habitants : c'est la partie du monde la moins peuplée en proportion de son étendue. Une grande partie de la population est d'origine européenne : les *Espagnols*, les *Portugais*, les *Français*, les *Anglais*, sont surtout les nations qui ont conquis et colonisé le Nouveau continent.

Les indigènes américains sont appelés *Indiens*, parce qu'à l'époque de la découverte de l'Amérique, on prit ces terres nouvelles pour les parties de l'Inde les plus avancées vers l'E.; ils sont peut-être des descendants d'anciennes colonies de la race jaune : du moins, les Eskimaux, qui habitent les contrées les plus septentrionales, appartiennent certainement à cette race. Ces derniers se distinguent par leur très-petite taille ; mais, en général, les Américains sont grands, bien proportionnés, et offrent des traits réguliers ; ils ont la peau d'un rouge de cuivre, les cheveux noirs, lisses et durs, la barbe rare. Ils errent en misérables peuplades sauvages, dans les parties incultes, et ils diminuent de jour en jour, refoulés par les blancs. Quelques-uns ont adopté les mœurs européennes.

Les *nègres*, transportés d'Afrique comme esclaves, forment une assez grande partie de la population de l'Amérique.

On nomme *sang mêlé* la population formée du mélange des différentes races : tels sont les *métis*, nés de blancs et d'indigènes ; les *mulâtres*, nés de blancs et de nègres ; les *quarterons*, nés de blancs et de mulâtres ; les *zambos*, nés de nègres et d'Indiens. On appelle *gens de couleur* les nègres, les mulâtres, les quarterons et tous ceux qui tiennent plus ou moins au sang africain.

C'est le gouvernement républicain qui domine maintenant en Amérique. Il n'y a qu'une monarchie, l'empire du Brésil.

Les États-Unis sont la partie la plus peuplée, la plus avancée en industrie, en civilisation.

La religion chrétienne règne dans toutes les parties occupées par les blancs : c'est le catholicisme qui est professé dans les régions qu'ont peuplées les Espagnols, les Portugais et les Français. De nombreuses sectes protestantes sont répandues dans les colonies formées par les Anglais.

Les sauvages américains sont généralement voués au fétichisme ; quelques peuplades cependant ont embrassé le christianisme.

V. OCÉANIE.

SITUATION ET GRANDES DIVISIONS. — ASPECT GÉNÉRAL. — CLIMAT ET PRODUCTIONS. — PRINCIPALES TERRES ET VILLES REMARQUABLES. — POPULATION, CIVILISATION, RELIGIONS.

Situation et grandes divisions.

L'Océanie n'a reçu son nom, et n'est décrite comme une partie du monde séparée, que depuis le commencement de ce siècle. Auparavant on rattachait à l'Asie les terres dont elle se compose. On l'appelle aussi *monde Maritime*.

Elle est située au S. E. de l'Asie et à l'O. de l'Amérique,

et se compose du continent de l'*Australie* et d'une infinité d'îles. Ces îles sont répandues dans le Grand océan, ou entre cet océan et l'océan Indien : le premier, en pénétrant dans les terres occidentales de cette partie du monde, y forme les mers de *Chine*, de *Java*, des *Moluques*, de *Célèbes* et de *Mindoro*.

L'Océanie occupe l'immense espace compris depuis le 34ᵉ degré de latitude N. jusqu'à une limite inconnue dans la latitude S., et depuis le 90ᵉ degré de longitude E. jusqu'au 111ᵉ de longitude O.; mais la superficie des *terres* qu'elle contient n'est guère plus considérable que celle de l'Europe.

On peut partager l'Océanie en cinq divisions ; la *Malaisie*, à l'O. ; la *Mélanésie*, au S. O. ; la *Micronésie*, au N. ; la *Polynésie*, à l'E., et les *Terres antarctiques*, au S.

Aspect général, Climat et Productions.

L'Océanie est remarquable par ses aspects enchanteurs et sa superbe végétation ; quoiqu'elle soit, en grande partie, située dans la zone torride, la température y est assez douce et assez agréable, à cause des brises salubres de la mer, qui viennent constamment y rafraîchir les îles. Un printemps et un automne éternels y font éclore les fleurs et mûrir les fruits les uns à côté des autres.

Dans aucune autre partie du monde, on ne rencontre un aussi grand nombre de récifs dangereux.

On trouve, dans la Malaisie, de l'or, du fer, du cuivre, de l'étain, des diamants. L'Australie est, avec la Californie, la contrée qui a les plus riches mines d'or connues.

La Malaisie produit abondamment le riz, le maïs, la canne à sucre, le sorgho, le camphre, la cannelle, le poivre, le café, la muscade, les clous de girofle, le bois odorant de sandal, les orangers, les mangoustans, qui donnent des fruits délicieux.

Les végétaux indigènes de l'Australie, principale contrée de la Mélanésie, sont peu propres à la nourriture de l'homme ; mais il y a plusieurs beaux arbres, tels que les banksies ; les céréales européennes et les pommes de terre y réussissent bien.

Le cocotier, l'arbre à pain, le bananier, l'igname, croissent en abondance dans les îles de la Micronésie et de la

Polynésie, et vers le S. de celle-ci se trouve aussi le précieux phormium, ou lin de la Nouvelle-Zélande.

On rencontre dans la Malaisie les mêmes quadrupèdes que dans le S. de l'Asie : l'éléphant, le rhinocéros, l'hippopotame, le tigre, le buffle, etc. Les animaux de l'Australie se distinguent par leurs formes bizarres et leurs habitudes singulières, et ne sont pour la plupart d'aucune utilité pour l'homme : tels sont le kangarou, l'échidné, l'ornithorhynque, le phalanger volant.

Parmi les oiseaux de l'Océanie, on distingue le casoar, qui se rapproche des autruches; la lyre, le kakatoës, perroquet remarquable par sa belle couleur blanche et par la jolie huppe dont sa tête est surmontée; les oiseaux de paradis ou paradisiers, admirables par la richesse de leur plumage; l'hirondelle salangane, dont on mange les nids; les cygnes noirs, dans l'Australie.

Les principaux reptiles sont les crocodiles, le boa, le serpent fil, le serpent noir ou acanthophis bourreau, le tropinotus, un des serpents les plus curieux par la variété et l'éclat des couleurs.

Principales terres et Villes remarquables.

La Malaisie, appelée quelquefois aussi *archipel Asiatique* et *archipel Indien*, renferme à l'O. et au S., l'archipel de la *Sonde*, formant une longue chaîne dirigée du N. O. au S. E., et qui semble être la continuation de la presqu'île de Malaka. Une haute chaîne de montagnes s'étend dans la longueur de cet archipel. On y trouve l'île de *Sumatra*; l'île de *Java*, séparée de celle-ci par le détroit de la *Sonde*, et soumise aux Hollandais, qui y possèdent la grande ville de Batavia; l'île de *Timor*, remplie de belle forêts.

Au milieu, on remarque l'île de *Bornéo*, la plus grande de la Malaisie, et partagée entre les chefs indigènes et les Hollandais, établis à l'O. et au S.; — l'île de *Célèbes*, remarquable par sa figure très-irrégulière, ses points de vue délicieux, et possédée aussi en partie par les Hollandais.

A l'E., sont les îles *Moluques* ou îles *aux Épices*, dont la principale est *Gilolo*, et dont la plupart appartiennent à la Hollande : plusieurs sont couvertes de girofliers et de muscadiers.

Au nord, on voit les *Philippines*, dont la plus importante

est *Luçon*, avec la grande ville de Manille, aux Espagnols.

La Mélanésie, dont le nom signifie *îles des Noirs*, a pour terre principale l'*Australie* ou la *Nouvelle-Hollande*, qui est le moins considérable des trois continents ou la plus grande de toutes les îles : cette terre a à peu près la forme d'un ovale allongé de l'est à l'ouest; elle est un peu concave au sud et convexe au nord, et offre cependant, dans cette dernière direction, une assez profonde échancrure, le golfe de *Carpentarie*; le cap *York* la termine au nord, et le cap *Wilson*, au sud. L'intérieur en a encore été très-peu exploré; la région la mieux connue de ce continent est le sud-est : là on voit la *Nouvelle-Galles méridionale* et la province de *Victoria*, où les Anglais ont formé d'importantes colonies; on y remarque les villes, déjà considérables, de Sydney et de Melbourne, les *montagnes Bleues* et les *Alpes australiennes*, dirigées du nord au sud et riches en or. On voit couler dans le sud de ce continent, et tomber dans l'océan Indien, le *Murray*, qui paraît être le plus grand fleuve de l'Océanie. On remarque aussi dans la partie méridionale le lac *Torrens*, le plus grand lac connu de cette partie du monde.

Au sud-est de l'Australie, est la *Tasmanie*, auparavant *Terre de Diemen*, qui en est séparée par le détroit de *Bass*, et où les Anglais ont aussi fondé une colonie.

Au nord du même continent, au delà du détroit de *Torres*, se trouve la *Nouvelle-Guinée ou Terre des Papous*, une des plus grandes et des plus belles îles du globe, et où les Hollandais ont formé des établissements. Le prolongement sud-est de cette contrée se nomme *Louisiade*.

La partie orientale de la Mélanésie renferme l'archipel de la *Nouvelle-Bretagne*, fertile et agréable; — l'archipel *Salomon*, entouré de bancs dangereux; — l'archipel de *Santa-Cruz*, de la *Reine Charlotte* ou de *La Pérouse*, sur les écueils duquel le célèbre La Pérouse a fait naufrage; — les *Nouvelles-Hébrides*, qui abondent en délicieuses perspectives; — la *Nouvelle-Calédonie*, environnée d'une redoutable ceinture de récifs, et devenue une possession de la France; — les îles *Viti* ou *Fidji*, qui sont riches en bois de sandal, et qui viennent de passer sous la domination de l'Angleterre.

OCÉANIE.

La Micronésie, dont le nom signifie *petites îles*, comprend :

Au nord, l'archipel *Magellan*, assez voisin du Japon.

A l'ouest, les îles *Palaos*, couvertes de jolis bois.

Au milieu, les îles *Mariannes* ou des *Larrons*, alignées du nord au sud et dépendantes de l'Espagne; — les *Carolines*, qui forment une longue chaîne, dirigées de l'ouest à l'est.

A l'est, les îles *Marshall* et *Gilbert*, coupées par l'équateur.

La Polynésie, dont le nom veut dire *beaucoup d'îles*, renferme :

Au nord, les îles *Sandwich* ou *Haouaii*, dont la principale porte ce dernier nom.

A l'ouest, les jolies îles *Samoa* ou des *Navigateurs;* — les îles *Tonga* ou des *Amis*.

Au milieu, l'archipel *Mangia*, d'*Hervey* ou de *Cook;* — les îles *Toubouaï;* — les îles de la *Société* ou *Taïti*, soumises au protectorat de la France, et dont la principale est l'île *Taïti;* — l'archipel *Pomotou* ou des îles *Basses*, parsemé de nombreux récifs; — les îles *Mendaña* ou *Marquises*, au pouvoir des Français.

A l'est, l'île de *Pâques* ou *Ouaïhou*, amas de rochers volcaniques, loin de toute grande terre et de tout archipel.

Au sud, la *Nouvelle-Zélande*, composée surtout de deux grandes îles (*Ica-na-Maoui* et *Tavaï-Pounamou*), couvertes de hautes montagnes, et ornées d'une belle végétation. Les Anglais ont acquis la possession de cette contrée.

C'est au sud-est de la Nouvelle-Zélande que sont les *antipodes* de Paris, c'est-à-dire le point diamétralement opposé à Paris.

Les Terres antarctiques de l'Océanie se composent principalement de la *Terre Adélie* et de la *Terre Victoria*.

Population, Civilisation, Religions.

L'Océanie renferme de 30 à 35 millions d'habitants, qui se composent de *Malais*, à l'O.; d'*hommes de la race jaune* mélangée de Malais, au N., dans la Micronésie; de *Polynésiens*, à l'E., et de *nègres*, au S., dans la Mélanésie. Les trois premières de ces populations se distinguent en général par leur intelligence, leur adresse, et présentent souvent le contraste bizarre de mœurs barbares, même de l'anthropophagie, avec une grande facilité à se civiliser.

Les nègres, surtout ceux de l'Australie, ont un aspect misérable, repoussant, et vivent dans un état complétement sauvage.

Le mahométisme est assez répandu dans la Malaisie; cependant le fétichisme est la religion de la plus grande partie de la population de l'Océanie. Sur plusieurs points, la civilisation européenne et le christianisme ont commencé à s'introduire chez les indigènes.

TROISIÈME PARTIE.
GÉOGRAPHIE PARTICULIÈRE.

CONTRÉES DE L'EUROPE.

I. ILES BRITANNIQUES[1].

DESCRIPTION PHYSIQUE. — DESCRIPTION POLITIQUE. — GÉOGRAPHIE HISTORIQUE.

Description physique.

1. Limites, Étendue, Côtes.

Les îles Britanniques, appelées en anglais *British islands*, sont placées au N. O. de la France, dont le Pas de Calais et la Manche les séparent; la mer du Nord les baigne à l'E., et l'océan Atlantique proprement dit les environne au N. O., à l'O. et au S. O.

Elles forment le principal archipel de l'Europe, et s'étendent depuis le 50e jusqu'au 61e degré de latitude N.; vers l'E., elles touchent presque au méridien de Paris, et vers l'O., elles vont jusqu'au 13e degré de longitude. Elles occupent plus de degrés en latitude et en longitude que la France; mais, dans tout cet espace, il y a beaucoup d'eau, et le territoire des îles Britanniques ne compte que 300 000 kilomètres carrés : ce n'est qu'un peu plus de la moitié de l'étendue du territoire français; cependant la population est de 29 millions d'habitants, c'est-à-dire plus des trois quarts de celle de la France.

Il faut remarquer que ces îles, quoique fort importantes,

---

[1]. Nous commençons la *Géographie particulière* par les *îles Britanniques*, afin de nous conformer à la méthode de classification que nous avons adoptée pour les différents pays d'Europe, suivant les versants où ils sont situés : or, ces îles sont la première des divisions que nous avons citées sur le versant de l'océan Atlantique et de l'océan Glacial. Cependant les élèves français feront bien de commencer par la France.

ne forment qu'une petite portion du puissant empire Britannique, qui comprend encore quelques autres îles en Europe et de vastes territoires dans les autres parties du monde.

Cet archipel a deux îles principales : la *Grande-Bretagne* et l'*Irlande*, séparées l'une de l'autre par le canal du *Nord*, la mer d'*Irlande* et le canal *Saint-George*.

La Grande-Bretagne ou *Great-Britain*, bien plus considérable que l'autre île, se compose de l'*Angleterre*, du pays de *Galles* et de l'*Écosse*; elle a une forme à peu près triangulaire, et s'allonge du N. au S. l'espace de 900 kilomètres; elle va en s'élargissant vers le midi, où elle présente une étendue de 490 kilomètres de l'E. à l'O.

Les côtes en sont très-sinueuses : celles de l'O., principalement, sont découpées par des golfes profonds, et offrent beaucoup de promontoires escarpés et de presqu'îles montagneuses : on voit d'abord s'allonger au S. O. la péninsule de *Cornouailles*, terminée par le cap *Land's End* ou *Finisterre*; au N. de cette presqu'île, s'ouvre le grand golfe qu'on appelle *canal de Bristol*; puis, entre ce canal et la mer d'Irlande, est la presqu'île du *pays de Galles*, échancrée à l'O. par la baie de *Cardigan*. La mer d'Irlande fait pénétrer dans la Grande-Bretagne trois enfoncements remarquables: la baie de *Morecambe*, le golfe de *Solway* et le golfe de *Clyde*, qui est fermé à l'O. par la longue et mince presqu'île de *Cantyre*. Plus au N., la côte est encore plus déchirée, mais aucun des innombrables bras de mer qu'on y voit n'est considérable.

Les côtes orientales de la Grande-Bretagne sont généralement assez basses, particulièrement en Angleterre; les enfoncements principaux y sont l'estuaire de la *Tamise*, le golfe de *Wash*, l'estuaire de l'*Humber*, le golfe de *Forth*, le golfe de *Tay* et le golfe de *Murray*.

Quant à la côte du S., elle n'a pas de golfes importants; mais on y remarque le cap *Lizard*, qui est le point le plus méridional de la Grande-Bretagne.

Il faut encore nommer les caps *North-Foreland* et *South-Foreland*, vers l'extrémité S. E. de l'île, et les caps *Wrath* et *Duncansby*, vers son extrémité septentrionale.

L'Irlande, en anglais *Ireland*, en irlandais *Erin*, a une figure à peu près ovale, et s'allonge du N. N. E. au S. S. O. Son étendue, dans ce sens, est de 450 kilomètres. De l'E. à l'O., elle n'a que 270 kilomètres. Le cap *Malin* en forme la pointe septentrionale, et le cap *Clear* la pointe méridionale. Au N. E., le cap Bengore s'élève majestueusement à plus de 100 mètres au-dessus du niveau de la mer. C'est là que se trouve la *Chaussée* ou le *Pavé des Géants*, assemblage étrange et grandiose de plusieurs milliers de colonnes basaltiques, rangées avec un ordre, une symétrie admirable.

La côte occidentale de cette île est déchirée et escarpée, comme celle de la Grande-Bretagne : on y distingue les grandes baies de *Galway* et de *Donegal*.

A l'E., la côte est moins élevée, et il y a peu d'enfoncements; cependant il faut nommer la belle baie de *Dublin*.

Les autres îles de l'archipel Britannique sont : les îles *Shetland* et les *Orcadès*, au N. de la Grande-Bretagne; les *Hébrides* ou *Western*, au N. O.; l'île de *Man* et celle d'*Anglesey*, dans la mer d'Irlande; l'île de *Wight*, sur la côte S. de l'Angleterre, et les îles *Sorlingues* ou *Scilly*, au S. O.

2. Montagnes, Cours d'eau, Lacs et Canaux de la Grande-Bretagne.

La Grande-Bretagne est divisée en trois versants : le versant de l'E., le versant du S. et le versant de l'O. Le premier est incliné vers la mer du Nord; le second, vers la Manche; le troisième, vers l'Atlantique et la mer d'Irlande, et vers les détroits qui les unissent.

Le versant de la mer du Nord est séparé des deux autres par une arête qui fait, pour ainsi dire, la continuation des collines françaises de la Picardie et de l'Artois, et qui se prolonge à travers toute l'île, depuis le Pas de Calais jusqu'au cap Duncansby. Elle n'offre d'abord, dans le S. de l'Angleterre, que des collines insignifiantes; mais elle s'élève ensuite avec les montagnes du *Pic*, célèbres par leurs curiosités naturelles; puis elle porte le nom de montagnes des *Moorlands* ou de monts *Cambriens*, et, plus loin, celui de monts *Cheviot*, sur la frontière de l'Angleterre et de l'Écosse; vers le centre de celle-ci, elle rencontre la chaîne imposante des monts *Grampiens*.

Deux rameaux principaux se détachent, vers l'O., de l'arête que nous venons de voir : l'un contribue, avec cette arête, à envelopper au N. le bassin de la Manche, et il s'avance au S. O. sous le nom de montagnes de *Cornouailles*. L'autre, qui se sépare des montagnes du Pic, va former les montagnes du *pays de Galles*.

Le point culminant de toute la Grande-Bretagne est le *Ben-Nevis*, dans les monts Grampiens; il n'a cependant que 1450 mètres au-dessus de la mer. Le *Ben-Wyvis*, dans le N. de l'Écosse, est un peu moins élevé. Le *Wharnside*, dans les Moorlands, a 1230 mètres : c'est le mont le plus haut de l'Angleterre. Enfin, le *Snowdon*, qui domine le pays de Galles, a 1160 mètres. Toutes ces montagnes n'atteignent pas, comme on voit, une grande hauteur, et, loin de pouvoir être comparées aux Alpes et aux Pyrénées, elles sont au-dessous de nos Cévennes, de nos montagnes d'Auvergne et de notre Jura; cependant elles offrent beaucoup d'intérêt au voyageur par leurs aspects généralement pittoresques.

Voyons quels sont les cours d'eau les plus remarquables qui sillonnent chaque versant de l'île.

Sur le versant oriental, on remarque d'abord la *Tamise*, en anglais *Thames*, formée par la réunion de deux rivières, la *Thame* et l'*Isis;* elle baigne Londres, et se jette dans la mer du Nord par une très-large embouchure. Les Anglais l'appellent le *roi des fleuves :* elle l'est effectivement sous le rapport de l'importance commerciale, car aucun autre ne voit autant de navires richement chargés circuler sur ses eaux; mais, en longueur, ce n'est qu'un des moindres fleuves, puisqu'elle n'a que 320 kilomètres de cours, et qu'elle n'atteint guère ainsi que la moitié de l'étendue de la Seine.

En remontant vers le N., on rencontre bientôt la *Grande Ouse*, le *Nen* et le *Welland*, qui tombent dans le golfe du Wash; puis l'*Humber*, qui est fort large, mais peu long, et qui se forme par la jonction du *Trent* et de la *Petite Ouse*.

Vers la frontière de l'Angleterre et de l'Écosse, se trouve l'embouchure du *Tweed*. — Plus loin, on remarque les petits fleuves *Forth* et *Tay*, tributaires des golfes auxquels ils donnent leur nom.

Sur le versant occidental, nous trouvons, en allant du N. au S., la *Clyde*, qui débouche au fond du golfe de ce nom;— la *Mersey*, la *Dee*, qui arrivent à la mer d'Irlande par de larges embouchures, vers la limite de l'Angleterre et du pays de Galles; — la *Saverne*, en anglais *Severn*, qui serpente à travers de jolies campagnes et de riches pâturages, dans le pays de Galles et en Angleterre; elle débouche au fond du canal de Bristol, qui peut être considéré comme son estuaire; son cours est de 300 kilomètres, et c'est le second fleuve de la Grande-Bretagne. Très-près de son embouchure, on rencontre celles de la *Wye*, au N., et de l'*Avon*, au S.

Le principal cours d'eau du versant du S. est une autre rivière *Avon*, qui tombe dans la Manche, à l'O. de l'île de Wight.

Les lacs sont peu nombreux en Angleterre : les seuls qu'on y remarque sont dans le N., entre les monts Moorlands et la mer d'Irlande; le principal est le *Winandermere*, qui verse ses eaux dans cette mer : il n'a que 14 kilomètres de long, mais il est embelli par les plus agréables points de vue.

Le pays de Galles est parsemé d'une infinité de petits lacs très-pittoresques, parmi lesquels on distingue celui de *Bala*, au N.

Il y a en Écosse un grand nombre de lacs; la plupart sont fort beaux, et beaucoup plus considérables que ceux de l'Angleterre et du pays de Galles : on les désigne par le nom commun de *loch*. Le principal est le *loch Lomond*, long de 35 kilomètres, et situé un peu au N. de l'embouchure de la Clyde, dans laquelle il s'écoule; il offre des rivières et des îles délicieuses. — Vers l'isthme de la presqu'île de Cantyre, on remarque un lac fort allongé, nommé *loch Awe*, qui se verse directement dans l'Atlantique. — Du côté de la mer du Nord, on voit le *loch Tay*, formé par le fleuve du même nom, et le *loch Ness*, qui s'écoule dans le golfe de Murray.

On a réuni par d'innombrables canaux les cours d'eau de la Grande-Bretagne, surtout en Angleterre : c'est un spectacle merveilleux que ce réseau de lignes navigables qui entrecoupe partout le pays.

Au milieu de tant de canaux, remarquons les deux lignes qui unissent la Tamise au Trent : la plus orientale est formée par les canaux de *Grand-Junction*, de *Grand-Union*, d'*Union* et de *Leicester*; l'autre comprend les canaux d'*Oxford* et de *Coventry*. — Remarquons aussi le canal du *Grand-Trunk*, qui joint le Trent à la Mersey; le canal de *Tamise-et-Saverne*, entre les deux fleuves dont il porte les noms; — enfin, le canal de *Kennet-et-Avon*, qui va de l'Avon, tributaire du canal de Bristol, au Kennet, affluent de la Tamise.

L'Écosse possède deux canaux très-importants : l'un est le canal de *Forth-et-Clyde*, ainsi nommé des deux fleuves qu'il réunit; l'autre, le canal *Calédonien*, qui passe par le loch Ness et va du golfe de Murray à l'océan Atlantique.

3. Montagnes, Cours d'eau, Lacs et Canaux de l'Irlande.

Il n'y a point, en Irlande, de grandes chaînes de montagnes : les parties les plus montueuses du pays sont vers le S. O.; le point le plus élevé est le mont *Carn-Tual*, d'une altitude de 1037 mètres.

L'île se divise en deux versants : le versant de l'Atlantique, qui occupe le N., le S. et l'O. de l'île ; et le versant de l'E., qui est incliné vers la mer d'Irlande, le canal du Nord et le canal Saint-George.

Sur le premier de ces versants, on voit le *Shannon*, qui a un cours de 350 kilomètres, à travers le centre et l'O. de l'île : il forme beaucoup de lacs, et a une fort large embouchure. — On y voit aussi, vers le S., le *Barrow* et la *Suir*, qui tombent dans le grand havre de Waterford.

Sur le versant de la mer d'Irlande, nous citerons la *Boyne*, célèbre par une bataille livrée sur ses bords en 1690, et la *Liffey* ou *Anna*, intéressante par la belle contrée qu'elle arrose et parce qu'elle passe à Dublin.

La seule importante ligne de canaux est celle qui unit la mer d'Irlande à l'Atlantique, en joignant la Liffey au Barrow, et le Barrow au Shannon. Elle est formée principalement par le *Grand canal*.

L'Irlande est pleine de lacs, presque tous tributaires de l'Atlantique : le *lough*[1] *Neagh*, au N., est le plus grand lac de toutes les îles Britanniques : il a 35 kilomètres de longueur et 47 de largeur, et s'écoule dans l'océan par la rivière *Bann*. Le *lough Foyle*, entre les caps Malin et Bengore, reçoit la rivière *Foyle*, et communique avec la mer par un petit détroit.

Au N. O., est le *lough Erne*, qui verse ses eaux dans la baie de Donegal par la rivière *Erne*, et qui est divisé en deux parties, remarquables l'une et l'autre par leurs rives agréables.

Le *lough Ree* et le *lough Derg* sont les plus grands lacs

---

1. *Lough* signifie lac : on prononce *loc*.

que forme le Shannon. — Le *lough Corrib* est près et au N. de la baie de Galway, dans laquelle il s'écoule.

Enfin, au milieu des montagnes du S. O. de l'Irlande, on va visiter avec intérêt le *lough Lean* ou les lacs de *Killarney*: ce sont trois lacs communiquant entre eux, tous extrêmement pittoresques, et dont les eaux s'épanchent dans l'océan par la rivière *Lean*.

Outre ses lacs, l'Irlande a malheureusement un grand nombre de fondrières ou marais, appelés *bogs* par les Irlandais : ces fondrières atteignent souvent une effrayante profondeur, et sont d'autant plus dangereuses qu'elles présentent ordinairement la perfide apparence d'un joli pré, ou qu'elles sont recouvertes d'un feuillage épais amoncelé par les vents : là, les voyageurs imprudents, les bergers, les troupeaux, disparaissent quelquefois dans de fangeux abîmes. Une propriété remarquable des *bogs*, c'est de conserver presque intacts les cadavres qu'ils engloutissent; la peau des animaux s'y convertit en un cuir solide et durable, comme si elle avait été tannée. Il y a souvent là une incroyable quantité d'arbres, et c'est au fond de ces marais que les habitants recueillent généralement le bois nécessaire à leur usage.

Description politique.

1. Divisions et Villes principales.

ANGLETERRE.

L'Angleterre, que les Anglais appellent *England*, occupe la partie méridionale de la Grande-Bretagne. C'est la contrée la plus importante, la plus riche et la plus peuplée de la monarchie; elle contient 19 millions d'habitants, sur une étendue qui n'est pas le quart de celle de la France.

Les parties les plus montueuses de ce pays sont au N. On trouve, à l'E., de vastes espaces marécageux. Mais, en général, l'Angleterre est agréablement coupée de vallées et de collines : une fraîche verdure y charme presque partout les regards : de jolis parcs, des champs bien cultivés, de gras pâturages, le tableau animé d'une industrie active, y offrent une intéressante variété. Cependant on rencontre aussi çà et là des landes tout à fait stériles.

Il y a peu de pays aussi riches en mines : le charbon de

terre, le fer, le cuivre, le plomb et l'étain donnent surtout d'énormes produits.

L'Angleterre ne récolte pas assez de grains pour sa consommation, et l'on s'y nourrit de viande plus que partout ailleurs. On y élève beaucoup de beaux bestiaux; les chevaux anglais sont superbes, et les moutons de cette contrée donnent une laine très-fine.

Le climat est très-humide, l'air est souvent chargé de brouillards; mais les hivers sont assez doux.

L'Angleterre est divisée en quarante *comtés*, appelés en anglais *counties* ou *shires*. On ajoute ordinairement ce dernier mot au nom de comté : ainsi, l'on dit l'*Yorkshire*, pour le *comté d'York*; le *Devonshire*, pour le *comté de Devon*, etc.

Il y a vingt comtés maritimes et vingt comtés intérieurs.

Il se trouve donc une *région maritime* et une *région intérieure*, et, dans chacune, nous établirons des subdivisions, au moyen des bras de mer et des rivières.

RÉGION MARITIME. — Si nous commençons par les côtes de la mer du Nord, nous voyons d'abord trois comtés entre le Tweed et l'embouchure de l'Humber; ce sont ceux de *Northumberland*, de *Durham* et d'*York*. Le premier est célèbre par ses mines de houille, les plus abondantes que l'on connaisse; il possède aussi de riches mines de fer, et il a pour chef-lieu *Newcastle*, sur la Tyne, ville très-commerçante, de 110 000 âmes. On voit aussi *Tynemouth*, à l'embouchure de la Tyne. — Le comté de Durham a un chef-lieu du même nom; mais la plus grande ville y est *Sunderland*, avec un bon port et 80 000 hab. On y remarque aussi *Gatesheads* et *South-Shield*, villes de 35 000 hab. — Le comté d'York est le plus grand et l'un des plus industrieux du royaume. *York*, sur la Petite Ouse, en est le chef-lieu; cette antique cité, de 40 000 habitants, est le siège d'un archevêché, et possède une belle cathédrale gothique. *Hull* ou *Kingston-upon-Hull*, sur la rive gauche de l'Humber, est le port principal du comté, et fait un commerce immense : on y compte 100 000 habitants. C'est dans la partie occidentale du pays que sont les villes les plus manufacturières : on y remarque *Sheffield*, peuplée de 185 000 âmes, et célèbre par ses aciers et sa coutellerie; *Leeds*, qui a 207 000 habitants et de nombreuses manufactures d'étoffes de laine; *Bradford*, ville manufacturière, de plus de 100 000 hab. *Halifax*; *Wakefield*, *Huddersfield*, etc.

Entre l'Humber et le Wash, il n'y a qu'un comté : celui de *Lincoln*, en grande partie occupé par des bruyères et des marais; mais il possède aussi d'excellents pâturages, qui nourrissent des moutons renommés. Le chef-lieu est *Lincoln*, où se trouve une magnifique cathédrale.

Trois comtés, *Norfolk*, *Suffolk* et *Essex*, sont renfermés entre le Wash et l'estuaire de la Tamise. Le premier est célèbre par sa belle culture, ses moutons et son orge, dont on fait de la drêche pour la bière. Le chef-lieu est *Norwich*, ville de 75 000 habitants, fameuse par ses manufactures de crêpes, de bombasins, de stoffs. On remarque aussi le port florissant d'*Yarmouth*, à l'embouchure de l'Yare. — Le comté de Suffolk a pour chef-lieu *Ipswich*, ville de 38 000 hab. — Le comté d'Essex est voisin de la capitale, et parsemé d'une foule d'élégantes maisons de campagne. On y distingue *Chelmsford*, chef-lieu, et *Colchester*, ville très-ancienne.

Un comté est compris entre l'estuaire de la Tamise et la Manche, et s'étend sur la côte du Pas de Calais : c'est celui de *Kent*, situé à l'angle S. E. du royaume. Il est très fertile, et abonde en beaux paysages. Les îles de *Thanet* et de *Sheppey*, dans l'estuaire de la Tamise, en font partie. Ce comté a deux chefs-lieux : *Maidstone*, et *Cantorbéry* ou *Canterbury*, ville très-ancienne, qui a une belle cathédrale, et dont l'archevêque a le titre de primat d'Angleterre. On y remarque encore : *Greenwich*, ville de 140 000 âmes, sur la Tamise, célèbre par son magnifique hôpital de la marine et par son observatoire, où les astronomes anglais font passer le premier méridien; *Woolwich*, aussi sur la Tamise, avec un important arsenal de la marine royale; *Rochester* et *Chatham*, ports célèbres, sur la Medway; *Douvres*, en anglais *Dover*, autre port fameux, situé en face de Calais, et intéressant par le grand mouvement des passagers; *Folkestone*, port également très-fréquenté, en face de Boulogne; *Sydenham*, où s'élève le fameux palais de Cristal.

Trois comtés, *Sussex*, *Southampton* et *Dorset*, sont baignés seulement par la Manche. Le comté de *Sussex*, l'ancien royaume des *Saxons du sud*, a pour chef-lieu *Chichester*; les autres villes remarquables sont *Hastings*, célèbre par la victoire de Guillaume le Conquérant, en 1066, et *Brighton* belle ville maritime de 80 000 âmes, près de laquelle est

le port *Newhaven*. — Le comté de Southampton, qu'on appelle encore *Hants* ou *Hampshire*, est un des plus commerçants du royaume. L'île de Wight, surnommée le *Jardin de l'Angleterre*, et le groupe des intéressantes îles Normandes, c'est-à-dire Jersey, Guernesey, Aurigny, etc., en font partie. L'ancienne cité de *Winchester* en est le chef-lieu. On y trouve aussi *Southampton*, port florissant, de 45 000 âmes, au fond d'une baie, et *Portsmouth*, fameuse place maritime, qui se compose de *Portsmouth proprement dite* et de *Portsea*, peuplées ensemble de 95 000 âmes ; on y voit le plus bel arsenal de la marine anglaise. Près et à l'O., est le port de *Gosport*.
— Le comté de *Dorset*, très-fertile, a pour chef-lieu *Dorchester*, jolie ville. Il renferme au sud la petite île de *Portland*, où l'on remarque d'énormes masses de superbes pierres de taille.

A l'extrémité S. O. de l'Angleterre, sont les comtés de *Devon* et de *Cornouailles*, baignés d'un côté par la Manche et de l'autre par le canal de Bristol. Le Devonshire offre le contraste de cantons charmants et fertiles, et d'autres qui sont stériles et misérables. Le chef-lieu est *Exeter*, ville de 45 000 habitants, vers l'embouchure de l'Exe dans la Manche ; la ville la plus importante est *Plymouth*, port militaire célèbre, qui, joint à *Devonport*, a plus de 100 000 âmes. — Le *Cornouailles*, en anglais *Cornwall*, est un pays aride, mais riche en mines d'étain et de cuivre. Le chef-lieu est la petite ville de *Launceston*. On remarque au S. le port très-commerçant de *Falmouth*. De ce comté dépendent les petites îles Sorlingues ou Scilly, les anciennes *Cassitérides*, d'où les Phéniciens tirèrent longtemps une grande quantité d'étain.

Trois comtés environnent le fond du canal de Bristol : ce sont ceux de *Somerset*, de *Gloucester* et de *Monmouth*. Le premier est renommé pour son cidre et son excellente bière ; *Bristol*, le chef-lieu, est une grande et ancienne cité, peuplée de plus de 155 000 habitants, et située sur l'Avon, qui est navigable pour les plus gros navires. *Bath*, sur la même rivière, est une belle ville de 55 000 âmes, rendez-vous d'une foule d'étrangers et d'Anglais de bon ton, que ses eaux minérales y attirent. — Le comté de Glocester ou Gloucester renferme une partie de *Bristol*, et a pour chef-lieu *Glocester*, située sur la Saverne. *Cheltenham*, de 40 000 hab., en est une autre ville remarquable. — Le comté de Monmouth a pour chef-lieu la petite ville du même nom.

Le long de la mer d'Irlande, il y a quatre comtés : ceux de *Chester*, de *Lancastre*, de *Westmoreland* et de *Cumberland*. Le comté de Chester, appelé aussi *Cheshire*, est renommé pour ses salines et ses fromages ; il a pour chef-lieu la vieille cité du même nom, sur la Dee, et renferme la ville manufacturière de *Macclesfield*. — Le comté de Lancastre, ou le *Lancashire*, abonde en mines de houille, et l'industrie y est admirable. Le chef-lieu est le port de *Lancastre*, en anglais *Lancaster*; les villes les plus importantes sont *Liverpool* et *Manchester*. Manchester, peuplée de 450 000 habitants, en y comprenant *Salford*, est la seconde ville d'Angleterre, et c'est le centre d'une immense fabrication de mousselines, de basins, de percales, de velours, de soieries, etc. Liverpool, qui s'étend magnifiquement sur la rive droite de la Mersey, et dont le port est, avec Londres, le plus fréquenté de l'Angleterre a aussi 450 000 habitants. Le comté de Lancastre renferme encore : *Bolton*, de 70 000 âmes, *Preston*, de 85 000 âmes, *Oldham*, de 75 000 âmes, trois villes connues par leurs nombreuses fabriques ; *Ashton-under-Lyne*, autre ville manufacturière, de 35 000 hab.; *Bury*, etc. — Le Westmoreland est un pays de montagnes, de marais et de lacs ; il ne touche à la mer que par le fond de la baie de Morecambe. Le chef-lieu est la petite ville d'*Appleby*. — Le Cumberland est aussi une contrée montueuse, et il y a plusieurs jolis lacs ; on y exploite d'abondantes mines de graphite ou plombagine, matière propre à faire les crayons. Le chef-lieu est *Carlisle*, sur l'Eden, non loin du golfe de Solway. On y remarque le port commerçant de *Whitehaven*. — A l'O. de ce comté se trouve, au milieu de la mer d'Irlande, l'île montagneuse de Man, qui a pour chef-lieu *Castletown*, et qui forme une petite division administrative séparée, indépendante de tout comté.

Région intérieure. — Parmi les comtés qui ne touchent pas à la mer, quatre se trouvent dans le bassin de la Saverne : ce sont ceux de *Salop*, de *Hereford*, de *Worcester* et de *Warwick*. Le comté de Salop, qu'on nomme aussi *Shropshire*, est riche en fer, en houille et en manufactures ; il a pour chef-lieu *Shrewsbury*, sur la Saverne. — Le comté de Hereford, renommé pour ses fruits de vergers, n'a de remarquable que la ville du même nom, son chef-lieu. Le comté de Worcester présente une charmante variété de superbes prairies et de champs bien cultivés ; il a pour chef-lieu *Worcester*, célèbre par la victoire que Cromwell y remporta sur Charles II et les Écossais ; *Dudley* est une ville manufacturière, de 45 000 hab. — Le comté de Warwick, placé au centre même de l'Angleterre, est remarquable par sa grande industrie et ses nombreux canaux : le chef-lieu est la ville du même nom ; mais les lieux les plus importants sont *Birmingham*, ville de 295 000 âmes, fameuse par ses manufactures d'armes ; *Coventry*, ville de 40 000 hab., célèbre par ses rubans et son horlogerie ; *Stratford*, patrie de Shakspeare.

Dans le bassin du Trent, il y a quatre comtés : *Stafford*, *Derby*, *Nottingham* et *Leicester*. Le comté de Stafford, un des plus beaux, un des plus industrieux du royaume, a pour villes principales *Stafford*, son chef-lieu, et *Wolverhampton*, peuplée de 60 000 hab. et connue par ses ouvrages de serrurerie. — Le comté de Derby est couvert par les montagnes du Pic, nommées en anglais *Peak*, et que leurs sites pittoresques, leurs cavernes, leurs jolies cascades, font regarder comme la région la plus curieuse de l'Angleterre. Le chef-lieu est *Derby*, ville de 43 000 hab. — Le comté de Nottingham a pour chef-lieu la belle ville du même nom, peuplée de 75 000 âmes, et centre d'une grande fabrication de bas de soie et de coton. — Le comté de Leicester nourrit des moutons renommés ; son chef-lieu est Leicester, ville de 68 000 habitants, renommée par ses manufactures de bas de laine.

Cinq comtés se présentent dans les bassins des tributaires du Wash, c'est-à-dire dans les bassins du Welland, du Nen et de la Grande Ouse : ce sont ceux de *Rutland*, de *Northampton*, de *Huntingdon*, de *Cambridge* et de *Bedford*. Le Rutland est le plus petit des comtés d'Angleterre ; mais c'est un des plus agréables et des plus fertiles. Il a pour chef-lieu *Oakham* ou *Okeham*. — Le comté de Northampton est une des parties les plus saines et les plus belles du royaume ; le chef-lieu porte le même nom. — Le comté de Huntingdon, beaucoup moins agréable, a pour chef-lieu la petite ville de ce nom. — Le comté de Cambridge a des marais malsains ; mais le chef-lieu, nommé aussi *Cambridge*, est important par son université, composée de treize colléges. — Le comté de Bedford est un pays plus varié et plus agréable ; le chef-lieu porte aussi le même nom.

Les bassins des deux Avons comprennent à peu près le comté de *Wilts*, chef-lieu *Salisbury*, sur l'Avon méridional.

Enfin le riche bassin de la Tamise renferme les comtés de *Hertford*, de *Buckingham*, d'*Oxford*, de *Berks*, de *Surrey* et de *Middlesex*. Le comté de Hertford a pour chef-lieu la petite ville du même nom, et renferme celle de *Saint-Alban's*, dans les environs de laquelle les partisans de la maison d'York et ceux de la maison de Lancastre se livrèrent deux batailles fameuses, en 1455 et 1461. — Le comté de Buckingham, ou, par abréviation, le *Bucks*, est renommé par sa fertilité, surtout dans la vallée d'*Aylesbury*, arrosée par la Thame; le chef-lieu est *Buckingham*. — Le beau comté d'Oxford a pour chef-lieu la ville de ce nom, située sur l'Isis, et remarquable par sa célèbre université, composée de vingt colléges. — Le chef-lieu du *Berkshire* est *Reading*, sur la Tamise; non loin de là, se trouve *Windsor*, où s'élève, dans une situation délicieuse, une des principales résidences royales d'Angleterre. — Le comté de Surrey, qui s'étend au S. de Londres, est parsemé de maisons de plaisance; *Guildford* en est le chef-lieu; on y distingue, sur la Tamise, *Kew*, remarquable par son château royal et son beau jardin botanique, et *Richmond*, célèbre par son parc royal. — Le Middlesex, qui tire son nom de ce qu'il était le pays des *Saxons du milieu*, est un des plus petits comtés d'Angleterre; mais c'est le plus riche, le plus populeux et le plus commerçant; il renferme, en effet, la plus grande partie de la capitale du royaume, *Londres*.

Londres, en anglais *London*, capitale de l'Angleterre et de toute la monarchie Britannique, est la ville la plus grande, la plus riche et la plus peuplée de l'Europe. On y compte 3 millions d'habitants. Elle est baignée par la Tamise, qui la divise en deux parties : celle qui est au N., ou à la gauche du fleuve, est la plus considérable, et comprend elle-même plusieurs divisions, entre autres, la *cité de Londres*, ou simplement la *Cité*, à l'E., et la *cité de Westminster*, avec *Mary-le-Bone*, à l'O. La première est le quartier des négociants; l'autre est le quartier de la cour et de la noblesse. Il y a, de plus, un certain nombre de quartiers ajoutés assez récemment à la métropole : tels sont *Chelsea*, à l'O., *Islington* et *Finsbury*, au N.

La partie située sur la rive droite de la Tamise est dans le comté de Surrey, et s'appelle *bourg de Southwark*, ou simplement le *Bourg* (Borough); c'est le quartier des manufactures.

Le plus beau pont est celui de Waterloo. Il existe un chemin souterrain ou *tunnel*, au moyen duquel on passe sous le fleuve dans la partie orientale de la ville. Ce qui forme le *port* de Londres occupe dans la Tamise une longueur d'environ 7 kilomètres, et tout cet espace est constamment occupé par d'innombrables navires : il y a, en outre, à droite et à gauche du fleuve, plusieurs grands *docks* ou bassins, qui servent d'asile à une quantité immense de navires, et le long desquels sont des magasins pour le dépôt des marchandises. Les rues de cette vaste cité sont, à l'E., généralement d'un aspect peu agréable; mais à l'O., dans Westminster, elles sont belles et larges : il faut surtout remarquer celles qu'on appelle Piccadilly, Pall-Mall, Regent-street, Oxford-street, Strand.

Presque toutes les places ou *squares* ont, au milieu, une agréable pelouse de gazon ou une plantation d'arbres. Les plus vastes sont celles de Russell, de Lincoln's Inn, de Trafalgar, dans l'ouest.

Les maisons sont beaucoup moins élevées que celles de Paris, et les édifices publics sont généralement moins magniques. Un des principaux est l'église de Saint-Paul, dans la Cité. On remarque, dans la même partie, la Tour de Londres, assemblage confus de tours et de bâtiments divers, le Monument de Londres, colonne très-élevée qui rappelle un grand incendie arrivé en 1666, l'hôtel de ville ou Guild-Hall, etc.

Dans la cité de Westminster, on distingue la magnifique église gothique de l'ancienne abbaye de Westminster; le palais de Saint-James, réunion de plusieurs bâtiments anciens et peu élégants, autrefois séjour des souverains; le palais de White-Hall, qui fut aussi leur résidence; le palais de Buckingham, leur résidence ordinaire actuelle; le palais de Westminster ou du Parlement.

C'est autour de Westminster et de Mary-le-Bone que se trouvent les principaux jardins publics servant de promenade : tels sont le parc de Saint-James, le jardin du Palais, le Green-Park ou parc Vert, le Hyde-Park, les jardins de Kensington, le parc du Régent.

Les environs de la métropole britannique sont fort agréables : d'élégantes maisons de campagne, des jardins charmants, de jolis villages, des collines verdoyantes, des routes superbes, y flattent partout les regards. On y remarque, à l'O. de Londres, sur la Tamise, la résidence royale de *Hamptoncourt*.

PAYS DE GALLES.

La principauté de Galles, en anglais *Wales*, est située à l'O. de l'Angleterre, et s'avance entre la mer d'Irlande, au N., le canal Saint-George, à l'O., et le canal de Bristol, au S. La grande quantité de montagnes qui en hérissent la surface, et les aspects très-pittoresques qu'elle offre à chaque pas, l'ont fait surnommer la *Petite Suisse*. Le sol y est peu fertile; l'agriculture n'y est pas très-florissante, mais l'industrie manufacturière y est fort active, et il y a de riches mines de fer, de plomb et de cuivre. On y compte 1 million d'habitants.

Le pays de Galles se divise en deux parties : la *Galles septentrionale* (*North Wales*), et la *Galles méridionale* (*South Wales*). Chacune comprend six comtés.

Dans la division du nord, qui est la moins fertile et la moins peuplée, on trouve les comtés de *Flint*, de *Denbigh*, de *Carnarvon*, de *Merioneth* et de *Montgomery*; ils ont des chefs-lieux de même nom, excepté l'avant-dernier, dont les chefs-lieux sont *Dolgelly* et *Bala*.

Le sixième comté est formé de l'île d'*Anglesey*, riche en mines de cuivre, et séparé de la Grande-Bretagne par le détroit de Menai, qu'on passe sur un pont de fer d'une longueur remarquable. Le chef-lieu est *Beaumaris*, sur la côte orientale. A l'O. de cette île, est celle de *Holy-head*, beaucoup plus petite, et où se trouve une ville du même nom, placée en face de Dublin.

La division méridionale du pays de Galles a quatre comtés maritimes : *Cardigan*, *Pembroke*, *Carmarthen*, *Glamorgan* : — et deux comtés intérieurs : *Brecknok* et *Radnor*.

Les chefs-lieux portent le même nom, excepté *Presteign*, qui est le chef-lieu du Radnor, et *Cardiff*, qui est celui du Glamorgan. On remarque encore dans ce dernier comté la ville maritime de *Swansea*, peuplée de 43 000 âmes, et *Merthyr-Tydvil*, ville manufacturière, de 85 000 habitants, la plus importante de tout le pays de Galles, et qu'ont enrichie ses mines de fer et de houille.

ÉCOSSE.

L'Écosse, en anglais *Scotland*, est une contrée longue et irrégulière, qui occupe toute la partie de la Grande-Bretagne située au N. du golfe de Solway, des monts Cheviot et de l'embouchure du Tweed. Elle est moins grande que l'Angleterre, et surtout elle est beaucoup moins peuplée : on n'y compte que 3 millions d'habitants.

Elle présente deux grandes régions naturelles : l'une au N., nommée les *Terres hautes* ou *Highlands*, est montagneuse et aride, mais intéressante par ses curiosités naturelles; l'autre, au S., appelée *Terres basses* ou *Lowlands*, a des plaines riantes, des vallées larges et fertiles, et offre partout le tableau d'une brillante industrie.

Les habitants de ces deux régions ne diffèrent pas moins entre eux que la nature de leur sol. Les Écossais des *Lowlands* sont aussi avancés dans l'industrie et la civilisation que les Anglais, tandis que les *Highlanders* ont conservé des mœurs plus originales, plus simples, et, en quelques endroits, assez rapprochées de l'état sauvage ; leur costume national ne manque pas d'élégance ; il consiste en une espèce de jupe courte, et en un long et large manteau, nommé *plaid*, qu'ils rejettent sur l'épaule. Leur cuisse est nue, mais leur jambe est couverte d'un bas qui est fait, ainsi que les autres parties de l'habillement, d'une étoffe de laine à carreaux de diverses couleurs, nommée *tartan ;* leur coiffure est un petit bonnet qu'ils ornent d'une plume. Du reste, ces traits distinctifs de mœurs et de coutumes s'effacent tous les jours.

L'Écosse est partagée en trente-trois comtés, qu'on classe de la manière suivante : les *comtés du S.*, les *comtés du milieu*, et les *comtés du N.*

Les comtés du S., placés au midi du golfe de Forth, du canal de Forth-et-Clyde et de l'embouchure de la Clyde, sont au nombre de treize. Quatre de ces comtés sont baignés par le golfe de Forth et la mer du Nord : ce sont ceux de *Linlithgow*, d'*Édinbourg* ou *Mid-Lothian*, d'*Haddington* et de *Berwick*. — Cinq s'étendent au bord de la mer d'Irlande, ou des golfes de Solway et de Clyde : ce sont ceux de *Dumfries*, *Kirkcudbright*, *Wigton*, *Ayr* et *Renfrew*. — Il y en a quatre dans l'intérieur : *Lanark*, *Peebles*, *Selkirk* et *Roxburgh*.

Le comté de Linlithgow a pour chef-lieu une ville du même nom, où l'on voit les ruines du château dans lequel naquit Marie Stuart. — Le comté d'Édinbourg renferme la capitale de l'Écosse, *Édinbourg*, en anglais *Edinburgh*, belle ville, peuplée de 170 000 habitants. La position en est superbe : elle s'étend sur trois collines, à quelque distance de la côte méridionale du golfe de Forth, et elle est environnée de tous côtés, excepté au N., par des rochers pittoresques. L'une des plus belles rues est le *High-street*, qui a une longueur d'une demi-lieue. A l'E., on voit le vieux palais d'Holy-rood, qui fut pendant plusieurs siècles le séjour des rois d'Écosse. Diverses parties de la ville sont réunies entre elles par des ponts jetés avec hardiesse d'une colline à l'autre. Édinbourg a une célèbre université, et l'on y trouve beaucoup de sociétés savantes et d'institutions littéraires. Près et au N. de cette capitale, est *Leith*, ville de 35000 âmes, située sur le Forth : c'est le port d'Édinbourg. — Le comté d'Haddington a pour chef-lieu la ville du même nom. — Le comté de Berwick, dont le chef-lieu est *Greenlaw*, doit son nom à une ville qui est située entre l'Angleterre et l'Écosse, à l'embouchure du Tweed.

Les comtés de Dumfries, de Kirkcudbright et de Wigton ont pour chefs-lieux des villes maritimes de même nom.

Le long comté d'Ayr et le petit comté de Renfrew, situés sur la côte orientale du golfe de Clyde, ont aussi des chefs-lieux de même nom. On trouve dans le dernier deux villes très-importantes : *Greenock*, port très-fréquenté, de 42000 âmes, à l'embouchure de la Clyde ; *Paisley*, célèbre par ses fabriques de soie et de coton, et peuplée de 50000 habitants ; *Port-Glasgow*, sur la Clyde.

Le comté de Lanark n'a qu'un chef-lieu peu considérable, nommé aussi *Lanark;* mais il renferme la riche ville de *Glasgow*, située sur la Clyde, et peuplée de 400000 habitants : cette grande cité est remplie de manufactures, et il y a une importante université. — Les comtés de Peebles et de Selkirk ont des chefs-lieux de même nom. — Le comté de Roxburgh, couvert par les monts Cheviot, a pour chef-lieu *Jedburgh*.

Les comtés du milieu, au nombre de quinze, forment une région qui s'étend depuis le golfe de Forth et l'embouchure de la Clyde, au S., jusqu'au golfe de Murray, au N. Neuf se trouvent sur la côte orientale de l'Écosse : ce sont ceux de *Stirling*, *Clackmannan*, *Fife*, *Angus*, *Kincardine*, *Aberdeen*, *Banff*, *Elgin* et *Nairn*. — Sur la côte occidentale, il y en a trois : ceux de *Dumbarton*, d'*Argyle* et de *Bute*. — On en voit deux dans l'intérieur : ceux de *Kinross* et de *Perth*. —

Enfin le plus grand de tous, celui d'*Inverness*, touche, d'un côté, à l'Atlantique, et, de l'autre, au golfe de Murray.

Le comté de Stirling, dont le chef-lieu porte le même nom, renferme au S. le populeux village de *Carron*, qui possède les forges les plus considérables de la Grande-Bretagne.—Le comté de Clackmannan, le plus petit de l'Écosse, a un chef-lieu du même nom. — Celui de Fife, renfermé entre les golfes de Forth et de Tay, a pour chef-lieu *Cupar*, et renferme à l'E. *Saint-André* ou *Saint-Andrew's*, qui fut jadis la ville la plus somptueuse de l'Ecosse, et qui a une université célèbre, mais bien déchue. — Le comté d'Angus se nomme aussi *Forfar*, à cause de son chef-lieu; il a pour villes principales *Dundee*, port florissant, avec plus de 90 000 âmes, à l'embouchure du Tay, et *Montrose*, de 15 000 habitants. — Le comté de Kincardine a pour chef-lieu *Bervie*. — Celui d'Aberdeen a un chef-lieu du même nom, ville très-importante par son port, son université et sa population de 75 000 âmes. —Les comtés de Banff, d'Elgin et de Nairn portent, chacun, le nom de leur chef-lieu.

Le comté de Dumbarton, qui renferme le charmant lac Lomond, a pour chef-lieu le ville de *Dumbarton*, à l'embouchure de la Clyde. — Le comté d'Argyle, dont le chef-lieu est *Inverary*, est de toutes parts découpé par des golfes profonds : il renferme, au S. O., la longue presqu'île de Cantyre, et comprend, à l'O., plusieurs des îles Hébrides, entre autres *Ila* ou *Islay*, *Jura*, *Mull*, *Staffa*, fort petite, mais célèbre par la grotte de Fingal, formée par des colonnes de basalte, et *Iona* ou *I-colmkill*, où saint Colomban, venu de l'Irlande au cinquième siècle, fonda un monastère fameux : c'est de là que le christianisme se répandit en Écosse. — Le comté de Bute est formé des îles d'*Arran* et de *Bute*, situées dans le golfe de Clyde. Le chef-lieu est *Rothesay*, dans l'île de Bute.

Le petit comté de Kinross a pour chef-lieu la ville du même nom. — Le comté de Perth, en grande partie couvert par les monts Grampiens, offre à chaque pas des sites magnifiques, des cataractes et de beaux lacs, dont les plus remarquables sont le lac Tay et le lac Ketterin. Le chef-lieu est *Perth*, fort jolie ville de 25 000 habitants, sur le Tay.

Le comté d'Inverness renferme les plus hautes sommités des monts Grampiens, et c'est là que s'offrent les aspects les plus sauvages et les plus grandioses des *Highlands*. Le chef-lieu est *Inverness*, au fond du golfe de Murray. Plusieurs des Hébrides, *Skye*, *North-Uist*, *South-Uist*, dépendent de ce comté. La partie méridionale de l'île *Lewis*, la plus grande de tout l'archipel, lui appartient aussi. Lewis, North-Uist, South-Uist et quelques autres îles moins importantes forment une chaîne régulière, séparée du reste de l'Écosse par le détroit de Minch. *Saint-Kilda*, la plus occidentale des Hébrides, dépend aussi de ce comté.

Pour résumer ce qui concerne les Hébrides, il faut remarquer que ces îles, appelées encore îles *Occidentales*, en anglais *Western Islands* (anciennement *Ébudes*), forment deux archipels distincts : l'un comprend les *Hébrides proprement dites* ou *extérieures*, qui se dirigent du nord-nord-est au sud-sud-ouest, sur une ligne assez régulière, et dont les principales sont Lewis, North-Uist, South-Uist, etc. — L'autre archipel se compose des *Hébrides intérieures*, qu'on appelle aussi *Hébrides sporades*, parce qu'elles sont *éparses* sans ordre le long de la côte de la Grande-Bretagne; on y remarque *Skye, Mull, Staffa, Iona, Jura, Ila, Arran, Bute,* etc.

Les comtés du N. sont ceux de *Ross*, de *Cromarty*, de *Sutherland*, de *Caithness* et des *Orcades*.

Le chef-lieu du comté de Ross est *Tain*. — Celui du petit comté de Cromarty porte le même nom. — Le Sutherland a pour chef-lieu *Dornoch*. — *Wick* est celui du Caithness. — Le comté des Orcades ou Orkney se compose du groupe des Orcades et de celui des îles Shetland. Les îles Orcades sont en grande partie couvertes de bruyères et de marais : la principale est *Mainland* ou *Pomona;* on y trouve *Kirkwall*, chef-lieu du comté. Les îles Shetland, âpres et stériles, mais habitées par une population vigoureuse, hardie et hospitalière, ont pour île principale une autre *Mainland*.

IRLANDE.

L'Irlande renferme un peu moins de 6 millions d'habitants. C'est un des rares pays d'Europe où la population va en diminuant au lieu de s'accroître. Le sol en est très-fertile, et cependant elle offre presque partout l'aspect de la misère, parce que l'agriculture n'y est pas encouragée : les pommes de terre forment à peu près la seule nourriture des pauvres paysans de cette île.

Le ciel de l'Irlande est brumeux, la température y est humide, et il y pleut beaucoup.

Les beaux pâturages de ce pays nourrissent de superbes bestiaux. Il y a des marbres magnifiques, et des mines de houille, de plomb et même d'or.

L'île est divisée en quatre provinces : l'*Ulster*, au N.; le *Leinster*, à l'E.; le *Connaught*, à l'O., et le *Munster*, au S. Elle se subdivise en trente-deux comtés.

La province d'Ulster en comprend neuf. Quatre sont maritimes : ce sont ceux de *Donegal*, de *Londonderry*, d'*Antrim* et de *Down*. Tous portent les noms de leurs chefs-lieux, dont le plus important est *Londonderry*, ville de 20 000 habitants, située sur la Foyle, et célèbre par le siége qu'elle soutint en 1688 contre Jacques II et les Français. Il faut encore remarquer l'importante place maritime de *Belfast*, peuplée de 100 000 âmes, dans le comté d'Antrim. C'est dans le même comté qu'on trouve, au N., la Chaussée des Géants et, au S. O., le grand lac Neagh.

Les cinq comtés intérieurs de l'Ulster sont : *Tyrone*, *Armagh*, *Monaghan*, *Fermanagh* et *Cavan*. Les chefs-lieux portent les mêmes noms, excepté *Omagh*, chef-lieu du Tyrone, et *Enniskillen*, chef-lieu du Fermanagh, sur la belle rivière qui unit les deux parties du lac Erne.

La province de Leinster renferme douze comtés. Il y en a six maritimes : ceux de *Louth*, de *Meath*, de *Dublin*, de *Wicklow*, de *Wexford* et de *Kilkenny*. — *Dundalk* est le chef-lieu du comté de Louth; *Trim* est celui du comté de Meath, où se trouve aussi *Drogheda*, vers l'embouchure de la Boyne. — *Dublin*, chef-lieu du comté du même nom, est la capitale de l'Irlande; cette grande et belle ville s'élève sur les deux rives de la Liffey, au fond d'une baie magnifique, bordée d'un amphithéâtre de collines que tapissent de nombreux villages, des jardins charmants et d'élégantes maisons de campagne. On y compte 260 000 habitants, et au moins deux cent cinquante institutions publiques destinées à l'instruction et au soutien des pauvres. *Wicklow*, *Wexford* et *Kilkenny* sont les chefs-lieux des comtés de même nom. Cette dernière ville est une des plus jolies de l'Irlande; les rues en sont pavées en marbre.

Les six comtés intérieurs sont : *Longford*, *West-Meath*, *King's-county* ou le *comté du Roi*, *Queen's-county* ou le *comté de la Reine*, *Kildare* et *Carlow*. — Le premier de ces comtés a pour chef-lieu la ville du même nom. *Mullingar* est le chef-lieu du West-Meath. Le comté du Roi a pour chef-lieu *Tullamore;* et le comté de la Reine, *Maryborough*. *Naas* est le chef-lieu du comté de Kildare ; et le comté de Carlow a un chef-lieu du même nom.

La province de Connaught, comprise entre les baies de Donegal et de Galway, offre des côtes très-découpées et un sol parsemé de lacs, de marais et de montagnes. Elle a cinq comtés : un seul intérieur : celui de *Roscommon;* et quatre baignés par l'Atlantique : ceux de *Leitrim*, *Sligo*, *Mayo* et *Galway*. — *Roscommon* est le chef-lieu du comté de ce nom. *Carrick-sur-Shannon* est celui du Leitrim. *Sligo* en a un du même nom. *Castlebar* est le chef-lieu du Mayo. Enfin *Galway*, chef-lieu du comté du même nom, est la ville la plus importante de la province ; on y compte 25 000 habitants.

La province de Munster, dont la côte est aussi déchirée par d'innombrables baies, contient six comtés, dont quatre se trouvent sur l'océan, et deux dans l'intérieur : les premiers sont *Clare*, *Kerry*, *Cork* et *Waterford;* les deux autres sont *Tipperary* et *Limerick*. — Le comté de Clare, renfermé entre la baie de Galway et l'embouchure du Shannon, a pour chef-lieu *Ennis*. *Tralée* est le chef-lieu du comté de Kerry, où se trouvent les lacs pittoresques de Killarney. Le comté de Cork, le plus populeux de l'Irlande, a pour chef-lieu la commerçante ville de *Cork*, située à l'extrémité d'une profonde baie, et peuplée de plus de 100 000 habitants. Le comté de Waterford a un chef-lieu du même nom, qui est un port florissant, à l'embouchure de la Suir ; on y remarque un quai superbe. *Clonmell* est le chef-lieu du Tipperary. Le comté de Limerick a pour chef-lieu *Limerick*, ville de 55 000 habitants, remarquable par l'activité de son commerce, et située sur le Shannon, que les navires remontent jusque-là.

2. Chemins de fer.

L'Angleterre est le pays de l'Europe qui a le plus de chemins de fer. Londres est le centre des principaux : il en part huit lignes très-importantes. Ces huit lignes sont :

1º Le *grand chemin du Nord*, sur *York*, *Newcastle* et *Édinbourg*, avec des embranchements très-nombreux.

2º Le *chemin du Nord-Ouest*, sur *Birmingham*, avec des

embranchements très-considérables, dont les principaux sont ceux qui conduisent à *Liverpool*, par *Manchester*, d'une part, et par *Chester*, de l'autre, et celui qui, parcourant le nord du pays de Galles, va passer dans un tube sur le détroit de *Menai*, franchit l'île d'*Anglesey*, et se termine à *Holy-head*, en face de Dublin.

3° Le *grand chemin de l'Ouest*, sur *Bath* et *Bristol*, et, de là, sur *Exeter* et *Plymouth*.

4° Le *chemin du Sud-Ouest*, sur *Winchester*, *Southampton*, *Portsmouth*, avec des embranchements sur *Dorchester*, etc.

5° Au S., le *chemin de Brighton*, avec l'embranchement du *Sud-Est*, sur *Folkestone* et *Douvres*.

6° A l'E., le chemin de *Rochester*, *Chatham*, *Cantorbéry* et *Margate*.

7° Le *chemin des Comtés de l'est*, sur *Ipswich* et *Norwich*.

8° Le *chemin de Cambridge*, au N. E.

En Écosse, on remarque surtout les chemins qui, d'*Édinbourg*, conduisent à *Glasgow*, à *Aberdeen*, à *Carlisle*, à *Berwick* et *Newcastle*.

En Irlande, *Dublin* est unie à *Cork* par un chemin qui envoie des embranchements à *Waterford*, à *Limerick*, aux lacs de *Killarney*. Cette capitale communique par un autre chemin de fer avec *Mullingar* et *Galway*, et, par un autre, avec *Belfast*; des chemins conduisent de cette dernière à *Downpatrick*, à *Armagh*, à *Antrim*, etc.; un autre va de *Londonderry* à *Enniskillen*.

Des télégraphes électriques sous-marins mettent en communication *Douvres* avec *Calais*, *Holy-head* avec *Dublin*, les îles *Anglo-Normandes* avec *Portland*.

3. Gouvernement, Religion, Mœurs, Langues.

Le titre politique des îles Britanniques est *Royaume-Uni de Grande-Bretagne et d'Irlande*. Le gouvernement de ce royaume est une monarchie constitutionnelle : le roi, ou la reine, partage le pouvoir avec deux chambres : la *chambre des lords* ou *des pairs*, composée de membres choisis par le souverain ; et la *chambre des communes*, composée de membres élus par la nation.

La religion *anglicane* est la religion dominante en Angleterre : elle reconnaît pour chef suprême de l'Église le souverain même de la Grande-Bretagne. Elle a, comme la religion catholique, des archevêques et des évêques. — En Écosse, règne généralement le *presbytérianisme*, qui tient de près au calvinisme : il ne reconnaît pas d'évêques. — Les Irlandais professent presque tous la religion catholique; cependant ils sont obligés de payer la dîme au clergé anglican de leur île.

Les 29 millions d'habitants qui composent la population des îles Britanniques, se partagent en quatre peuples principaux: les *Anglais*, les *Gallois*, les *Écossais* et les *Irlandais*.

La langue anglaise, dont le fond est le saxon, mais qui a beaucoup emprunté au français, domine parmi tous ces peuples; cependant des restes remarquables de l'ancienne langue celtique se retrouvent encore dans le pays de Galles, dans la Haute-Écosse et en Irlande. On appelle *erse* l'ancien idiome celtique conservé dans cette dernière île; tel qu'il est modifié aujourd'hui, il s'appelle *irish* ou irlandais; le *gaëlique* est l'ancien langage celtique conservé dans le pays de Galles et l'Écosse; le *kymrique* est aussi un ancien idiome, qui s'est mélangé avec le celtique et qui se montre également dans ces deux pays.

Les Anglais sont grands et robustes, généralement bien faits : une nourriture abondante et animale fait acquérir à beaucoup d'entre eux une corpulence remarquable. Leur teint est blanc; ils ont plus ordinairement les cheveux blonds ou roux que châtains ou noirs. Leur caractère est sombre, brusque et réfléchi; il règne dans leur société un ton de réserve et un air de roideur. Toutes les classes d'individus cherchent, en Angleterre, à se procurer les douceurs et les commodités de la vie, en un mot le *confortable*; l'habitant des campagnes lui-même a des meubles propres et commodes; il est presque aussi bien vêtu que l'habitant des villes. On reproche de l'orgueil à ce peuple; mais il est brave, franc, et, malgré sa froideur, il est obligeant; il a l'esprit élevé et le jugement fort droit. — L'Écossais est hospitalier, religieux et fier. Son caractère est moins grave que celui de l'Anglais : il se passionne aisément. — Il y a peu de peuples aussi beaux que les Irlandais : sous les haillons mêmes de la misère, on trouve, dans les campagnes, une population grande, vigoureuse, aux traits réguliers et nobles. Cette nation est vive, spirituelle et entreprenante; mais on ne peut s'empêcher de reconnaître en elle beaucoup de vanité et une extrême mobilité d'esprit.

4. Possessions hors des îles Britanniques.

Outre les îles Britanniques proprement dites, l'empire Britannique possède, en Europe, *Gibraltar*, les îles de *Malte*, l'île de *Heligoland* ou *Helgoland*, et, sous le titre de protection, il exerce une souveraineté réelle sur les *îles Ioniennes*. — En Asie, il a la plus grande partie de l'*Hindoustan*, *Ceylan*, une partie de l'*Indo-Chine*, l'île de *Singapour* et quelques autres; — en Afrique, la colonie du *Cap*, celle de *Natal*, l'île *Maurice*, les *Séchelles*, *Sainte-Hélène* et quelques autres îles, quelques points de la *Guinée* et de la *Sénégambie*; — en Amérique, le *Canada*, la *Nouvelle-Écosse*, *Terre-Neuve* et d'autres parties de l'*Amérique septentrionale*, les îles *Bermudes*, la *Jamaïque* et plusieurs autres îles *Antilles*, le *Yucatan anglais*, la *Guyane anglaise;* — dans l'Océanie, la *Nouvelle-Galles méridionale*, la province de *Victoria* et d'autres parties de l'*Australie*, la *Tasmanie*, la *Nouvelle-Zélande*, les îles *Chatham*, les îles *Marquises*, les îles *Viti*.

La population totale de l'empire Britannique s'élève à environ 200 millions d'habitants.

Géographie historique.

La Grande-Bretagne se nommait anciennement *Britannie* ou *Albion;* le cap Land's End était le promontoire *Bolerium*, et le canal de Bristol, l'estuaire de la *Sabrine* (de la Saverne). La Tamise s'appelait *Tamesis* ou *Jamesa;* et l'Humber, *Abus*.

La Britannie était habitée par deux peuples d'origine celtique : les *Bretons*, au S., et les *Calédoniens* ou *Pictes*, au N. Les premiers furent peu à peu soumis par les Romains; les Calédoniens, au contraire, surent maintenir leur indépendance, et inquiétèrent même ces conquérants, qui, pour se garantir contre leurs incursions, élevèrent deux longues murailles, nommées, d'après deux empereurs, *muraille d'Adrien* et *muraille de Sévère*.

La *Britannie romaine* fut divisée en cinq grandes provinces : la *Valentie*, au N.; la *Grande-Césarienne*, séparée de celle-là par la muraille d'Adrien; la 1re *Britannie*, à l'E.; la 2e *Britannie*, à l'O., et la *Flavie-Césarienne*, au S. O. — Les *Brigantes*, les *Icènes*, les *Cantiens*, les *Silures*, en étaient les principaux peuples ; et *Londinium* (Londres), *Eboracum* (York), *Camalodunum* (Colchester), *Durovernum* (Cantorbéry), *Dubris* (Douvres), les villes principales.

Les Calédoniens tentèrent, vers la décadence de l'empire, au v⁵ siècle, de subjuguer les Bretons, qui, abandonnés des Romains, implorèrent le secours de deux peuples germains, les *Saxons* et les *Angles*. Ceux-ci devinrent bientôt les maîtres du pays qu'ils allèrent défendre, et chassèrent vers l'occident les malheureux Bretons, qui se retirèrent en grand nombre dans la province française appelée depuis Bretagne. Ce fut dès lors que l'ancienne Britannie ou Bretagne fut désignée sous le nom de *Grande-Bretagne*.

Les Saxons et les Angles fondèrent, dans l'ancienne contrée des Bretons, sept royaumes, dont l'ensemble forma l'*Heptarchie* : c'étaient les royaumes de *Northumberland*, de *Mercie*, d'*Estanglie*, d'*Essex*, de *Kent*, de *Sussex* et de *Wessex*. Ils furent réunis, au commencement du neuvième siècle, en une seule monarchie, qui forma le royaume d'Angleterre.

L'Irlande, nommée *Hibernie* par les anciens, qui y connaissaient le fleuve *Senus* (Shannon) et les villes d'*Éblana* (Dublin) et de *Regia* (Armagh), fut soumise par l'Angleterre dans le douzième siècle, mais ne lui fut définitivement réunie qu'en 1801.

L'Écosse a pris ce nom des *Scots*, qui, sortis de l'Hibernie, vinrent se mêler aux Calédoniens. Les anciens géographes y nomment *Devana* (Aberdeen) et *Victoria* (Stirling). Elle forma longtemps un royaume particulier, et ce n'est que depuis le dix-septième siècle qu'elle est soumise au même sceptre que l'Angleterre ; elle n'a cependant pas été conquise par celle-ci : ce furent, au contraire, ses propres souverains qui montèrent sur le trône anglais.

Les Hébrides se nommaient anciennement *Hébudes* ou *Ébudes* ; les *Orcades* portaient le même nom qu'aujourd'hui ; Anglesey s'appelait *Mona* ; Man, aussi *Mona* ou *Monarina*, ou *Monapia* ; Wight, *Vectis* ; les Sorlingues étaient les *Cassitérides* ; enfin, c'est encore parmi les îles Britanniques qu'on place communément cette mystérieuse *Thulé*, la terre la plus reculée que connussent les Romains : c'est peut-être la plus grande des îles Shetland.

II. BELGIQUE.

DESCRIPTION PHYSIQUE. — DESCRIPTION POLITIQUE. — GÉOGRAPHIE HISTORIQUE.

Description physique.

La Belgique est un petit royaume, qui fut formé, en 1831, de la partie méridionale de l'ancien royaume des Pays-Bas. Elle est bornée au S. et au S. O. par la France, à l'O. par la mer du Nord, au N. par le royaume des Pays-Bas, à l'E. par quelques parties de ce royaume et par les États Prussiens.

Ce pays a environ 300 kilomètres de l'E. à l'O., 220 kilomètres du N. au S., et 29 500 kilomètres carrés. Il équivaut à peu près, pour l'étendue, à cinq départements français ordinaires. Il y a 4 600 000 habitants.

Le sol est généralement plat : cependant on remarque, dans le S. E., les montagnes des *Ardennes*, qui sont presque partout revêtues de forêts, et qui présentent, en beaucoup d'endroits, des rochers et des escarpements assez pittoresques.

En général, le terrain est très-fertile, agréablement varié par des prairies, des bois et de belles cultures de céréales, de lin, de houblon, de tabac, de garance, etc. Les jardins sont nombreux et admirablement tenus, et les fleurs forment même un objet important de commerce.

Au N., pourtant, la Belgique offre aussi de vastes landes, dans un territoire qu'on nomme *Campine*.

La Belgique appartient tout entière au bassin de la mer du Nord. Les principaux fleuves sont la *Meuse* et l'*Escaut*. La première coule du S. O. au N. E. dans la partie orientale du royaume, en recevant à droite l'*Ourthe*, et à gauche la *Sambre*. — L'*Escaut* coule aussi du S. O. au N. E., et il parcourt la partie occidentale : il y reçoit à gauche la *Lys*, à droite la *Dender*, puis le *Rupel*, formé par la réunion de la *Nèthe* et de la *Dyle*. La Nèthe est elle-même produite par la jonction de la *Grande* et de la *Petite Nèthe*; la Dyle a pour affluent principal la *Senne*.

Il y a beaucoup de canaux dans cet industrieux et commerçant pays : c'est surtout au milieu et à l'O. qu'on les rencontre. Il faut distinguer le canal de *Gand à Bruges* et à

Ostende; ceux de *Bruxelles* et de *Louvain,* qui s'étendent depuis Bruxelles et depuis Louvain jusqu'au Rupel; — celui de *Mons à Condé,* qui unit Mons à l'Escaut, en France; — le canal de la *Campine,* qui, joint à celui de *Maestricht à Mons,* unit la Nèthe à la Meuse.

Description politique.

1. Provinces et Villes principales.

La Belgique se divise en neuf provinces : cinq sont dans le bassin de l'Escaut : la *Flandre occidentale,* la *Flandre orientale,* Anvers, le *Brabant méridional* et le *Hainaut.* — Quatre sont dans le bassin de la Meuse : *Namur,* le *Luxembourg belge, Liége,* le *Limbourg belge.*

La *Flandre occidentale,* la seule des provinces belges qui touche à la mer, est une riche et populeuse contrée; elle a pour chef-lieu *Bruges,* en flamand *Brugge,* grande ville de plus de 50 000 âmes, où la peinture à l'huile fut inventée par Jean Van-Eyck, dans le quinzième siècle On y admire une belle cathédrale et la tour des Halles. Philippe le Bon, duc de Bourgogne, y institua l'ordre de la Toison d'or en 1430.

On y remarque encore *Ostende,* port célèbre, où l'on pêche des huîtres renommées; — *Ypres* et *Courtrai,* villes industrieuses de 18 à 20 000 âmes, dans le S. de la province.

La *Flandre orientale,* traversée par l'Escaut, est aussi l'une des provinces les plus peuplées et les plus industrieuses de la Belgique.

Le chef-lieu est *Gand,* en flamand *Gent,* la plus grande ville du royaume, avantageusement située au confluent de l'Escaut et de la Lys. On y remarque de beaux édifices, tels que la cathédrale, l'hôtel de ville, l'université, beaucoup de places et de promenades agréables, des rues larges et droites, et de nombreuses fabriques de toiles, de dentelles, de tissus de coton, etc. Cependant l'aspect en est triste, et la ville paraît déserte, parce que son étendue est hors de proportion avec le nombre de ses habitants, qui s'élève pourtant à 110 000. L'empereur Charles-Quint y a vu le jour.

Les autres villes considérables de la province sont *Alost*, sur la Dender ; *Lokeren*, renommée par son active industrie, surtout par ses blanchisseries ; *Audenarde*, sur l'Escaut ; *Termonde* ou *Dendermonde*, au confluent de la Dender et de l'Escaut.

La province d'*Anvers*, la plus septentrionale du royaume, est limitée à l'O. par l'Escaut, et arrosée au S. O. par le Rupel, qui y reçoit la Nèthe et la Dyle ; elle offre un aspect riche vers les bords de ces divers cours d'eau ; mais à l'E., elle renferme une partie de cette triste Campine dont nous avons déjà parlé.

Cette province a pour chef-lieu Anvers, en flamand *Antwerpen*; c'est une place très-forte, et l'une des villes les plus commerçantes de l'Europe ; on y compte 100 000 habitants. L'Escaut y est large et profond, et y forme un port magnifique. Il y règne une industrie fort active, et l'on vante surtout l'orfévrerie de cette ville. On admire à Anvers l'église Notre-Dame, surmontée d'une flèche très-élevée. Les grands peintres Teniers et Van-Dyck y ont vu le jour. Rubens y a habité longtemps.

Parmi les événements mémorables dont cette ville a été le théâtre, il faut citer le bombardement que les Hollandais, maîtres encore de la citadelle, lui firent souffrir en 1830, et la prise de cette citadelle par les Français en 1832.

On trouve, dans le S. de la province, *Malines*, en flamand *Mechelen*, jolie ville de 30 000 âmes, sur la Dyle, avec de nombreuses fabriques de belles dentelles et une magnifique cathédrale. C'est le siège du seul archevêché qu'il y ait en Belgique.

Dans le N., est *Turnhout;* vers le centre, *Lier* ou *Lierre*, célèbre par ses brasseries.

Le *Brabant méridional*, le cœur du royaume, est la seule province qui ne touche à aucun des États qui environnent la Belgique ; il est arrosé du sud au nord par la Dyle et la Senne. Le sol est un peu montueux au S. ; ailleurs, il est plat, très-fécond et admirablement cultivé.

Le chef-lieu est en même temps la capitale du royaume : c'est *Bruxelles*, en flamand *Brussel*, belle et grande ville, située sur la Senne, et peuplée de 200 000 habitants. On y remarque les belles places Royale et Saint-Michel, la superbe promenade du Parc, le palais du Roi, le palais de la Nation, le palais d'Orange, la cathédrale de Sainte-Gudule, l'Observatoire, l'hôtel de ville, dont la haute tour gothique est couronnée par la statue colossale de saint Michel.

Près et au N. de cette capitale, est le beau village de *Laeken*, remarquable par le magnifique château où le roi réside souvent.

Louvain, en flamand *Leuven*, est une jolie ville de 30 000 habitants, célèbre par son université et sa bière. Il y a un admirable hôtel de ville.

Dans le S. de la province, on distingue la petite ville de *Nivelles*, dont un des anciens seigneurs fut Jean de Nivelles, qui embrassa le parti de Charles le Téméraire contre Louis XI, malgré les ordres de son père.

Entre Bruxelles et Nivelles, est le village de *Waterloo*, trop fameux par la grande bataille que s'y livrèrent les Français et les alliés le 18 juin 1815.

Le *Hainaut*, placé au S. de la Flandre orientale, s'étend le long de la frontière de la France; il est traversé par l'Escaut, à l'O., et par la Sambre, à l'E. Il est arrosé de l'E. à l'O. par la Haine, à laquelle il doit son nom, et qui va se jeter dans l'Escaut sur le territoire français. Il y a d'abondantes mines de charbon de terre.

Le chef-lieu est *Mons*, en flamand *Bergen*, avec 25 000 habitants.

La plus grande ville de la province est *Tournai*, en flamand *Doornik*, peuplée de 30 000 âmes et située sur l'Escaut; elle possède de nombreuses manufactures de tapis, de toiles, etc. On remarque aussi, à l'E., *Charleroi*, sur la Sambre; au S., *Chimay*, qui a donné son nom à une famille célèbre.

Il s'est livré dans le Hainaut un grand nombre de batailles mémorables : près et à l'O. de Mons, est le village de *Jemmapes*, où les Français défirent complétement les Autrichiens en 1792; — vers la limite orientale de la province, se trouve le bourg de *Fleurus*, célèbre par trois victoires que les Français y remportèrent sur les alliés : la première en 1690, la la seconde en 1794, et la troisième en 1815. — Non loin de là, vers le N. O., est le bourg de *Seneffe*, où les Français vainquirent les Hollandais en 1674; enfin, près et à l'E. de Tournai, on rencontre le village de *Fontenoy*, où les armées françaises, conduites par le maréchal de Saxe, furent victorieuses des Anglais et des Hollandais en 1745.

La province de *Namur*, renfermée entre le Luxembourg et le Hainaut, est traversée du S. au N. par la Meuse, qui y reçoit la Sambre. On y voit un mélange de montagnes, de plaines et de vallées ; les sites y sont variés et agréables.

Namur, qui s'appelle en flamand *Namen*, en est le chef-lieu. C'est une ville de 25 000 âmes, située au confluent de la Meuse et de la Sambre, et qui a des fabriques d'armes et de coutellerie fine.

Il faut aussi remarquer *Dinant*, sur la Meuse, et *Philippeville*, place forte, que la France a longtemps possédée.

Le *Luxembourg belge*, placé à l'angle S. E. du royaume, est couvert de montagnes et de forêts.

Le chef-lieu est la petite ville d'*Arlon*. On y remarque aussi celle de *Bouillon*, qui a été la capitale d'un célèbre duché du même nom.

La province de *Liége*, qui touche aux États Prussiens, est traversée par la Meuse, qui y reçoit l'Ourthe. Il y a quelques montagnes arides au S.; mais, en général, le pays offre de belles vallées et des pâturages magnifiques. Il y a d'inépuisables mines de houille.

Le chef-lieu est *Liége*, en flamand *Luik*, ville de 90 000 habitants, située au confluent de la Meuse et de l'Ourthe, et intéressante par son grand commerce, son active industrie, surtout par ses fabriques d'armes, ses manufactures de glaces, de cristaux et de draps, ses exploitations de houille. C'est la patrie du célèbre musicien Grétry.

On remarque, dans l'E. de la province : *Verviers*, ville de 25 000 âmes, avec de florissantes manufactures de draps et d'importantes forges ; — les célèbres mines de zinc de la *Vieille-Montagne* ; — *Spa*, petite ville, qui a des eaux minérales très fréquentées, et des fabriques de toute sorte de jolis ouvrages en bois et en fer-blanc.

Le *Limbourg belge*, à l'E. de la province d'Anvers, n'est qu'une partie du pays de Limbourg, dont le reste appartient aux Pays-Bas. La Meuse marque en grande partie la limite de ces deux Limbourgs.

Le chef-lieu de la partie belge est la petite ville de *Hasselt;* la ville la plus importante est *Saint-Trond.*

On voit dans le N. O. de la province une portion des landes de la Campine.

2. Chemins de fer.

Malines a été, dans le principe, le point central des chemins de fer belges. Quatre grandes lignes sont d'abord parties de cette ville : la première, au N., sur *Anvers;* — la deuxième, à l'E., sur *Louvain, Liége, Verviers, Aix-la-Chapelle* et *Cologne;* — la troisième, au S., sur *Bruxelles, Mons* et *Valenciennes,* avec un embranchement sur *Charleroi;* — la quatrième, à l'O., sur *Gand, Courtrai* et *Lille,* avec un embranchement sur *Bruges* et *Ostende.* Depuis, un grand nombre de lignes et d'embranchements se sont formés : on remarque surtout : l'embranchement qui, passant par *Tournai,* fait communiquer le chemin de Gand à Lille avec le chemin de Bruxelles à Mons; une ligne qui va directement d'*Anvers* à *Gand;* une autre, de *Bruxelles* à *Gand;* une troisième, de *Bruxelles* à *Namur;* une autre, de *Bruges* à *Courtrai.* Une autre enfin, de *Liége* à *Namur,* de *Namur* à *Charleroi,* de *Charleroi* à *Saint-Quentin,* fait partie de la plus courte ligne qui conduit de Cologne à Paris.

3. Gouvernement, Religion, Mœurs, Langues.

Le gouvernement de la Belgique est une monarchie constitutionnelle. Il y a deux chambres, élues par la nation : le *sénat* et la *chambre des représentants.*

La religion catholique est la plus répandue; mais les autres jouissent d'une pleine et entière liberté.

Le peuple belge est gai, spirituel, et a le sentiment des beaux-arts. La peinture et la musique sont cultivées par lui avec passion. L'industrie manufacturière et agricole est admirable. La partie la plus laborieuse de la population se compose des *Wallons,* qui habitent les provinces de Hainaut, de Namur, de Liége, de Luxembourg.

Le français est la langue de la partie éclairée du peuple belge. Le flamand et le wallon (qui est une sorte de patois français) se parlent dans les campagnes, le premier à l'O., le second à l'E. L'allemand est fort répandu dans le Luxembourg.

Géographie historique.

La Belgique occupe une partie de l'ancienne contrée du même nom, qui formait le N. de la Gaule; elle fut conquise par les Romains; réunie ensuite à l'empire des Francs, elle s'en détacha sous les descendants de Charlemagne, et se vit tantôt soumise à un seul chef, tantôt partagée en plusieurs petits états indépendants. Ceux-ci, à l'exception du pays de Liége, que ses évêques ont conservé jusqu'en 1793, entrèrent successivement dans la maison de Bourgogne par acquisition ou par conquête, et passèrent, en 1477, sous la domination de Maximilien d'Autriche, dont le petit-fils, Charles-Quint, les légua à son fils Philippe II, roi d'Espagne.

La Belgique resta, sous le nom de *Pays-Bas espagnols*, au pouvoir de l'Espagne jusqu'au milieu du dix-huitième siècle, époque où Louis XIV en fit la conquête; mais le traité d'Utrecht la donna à l'Autriche, et elle s'appela dès lors *Pays-Bas autrichiens*. Conquise à la fin du dix-huitième siècle par les armées de la république Française, cette contrée fut de nouveau incorporée à la France, où elle forma neuf départements : la *Lys*, l'*Escaut*, les *Deux-Nèthes*, la *Dyle*, *Jemmapes*, *Sambre-et-Meuse*, les *Forêts*, l'*Ourthe*, la *Meuse-Inférieure*. — Après nos désastres de 1814, la Belgique, enlevée à la France, fut jointe au royaume de Hollande, pour former le royaume des *Pays-Bas*. Enfin, en 1830, une révolution en fit un état indépendant.

III. PAYS-BAS OU NÉDERLANDE.

DESCRIPTION PHYSIQUE. — DESCRIPTION POLITIQUE. — GÉOGRAPHIE HISTORIQUE.

Description physique.

Le royaume des Pays-Bas ou de Néderlande[1] (en hollandais *Nederlanden* ou *Neerlanden*), appelé souvent aussi *Hollande*, d'après sa province la plus importante et la langue que parlent généralement ses habitants, a pour bornes,

---

1. On dit aussi *Néerlande*.

au N. et à l'O., la mer du Nord; au S., la Belgique; à l'E., l'Allemagne. Sa longueur, du N. E. au S. O., est d'environ 355 kilomètres; sa longueur n'est que de 180 kilomètres. La superficie est de 34 200 kilomètres carrés. On y compte environ 3 millions et demi d'habitants.

Le golfe principal qu'on rencontre sur les côtes des Pays-Bas est le *Zuider-zee* (c'est-à-dire *mer du Sud*, par opposition à la mer du Nord). La plus grande partie de ce golfe était autrefois le lac *Flévo*, qu'une immense inondation confondit avec la mer en 1282; l'entrée et les rivages en sont parsemés de dangereux bancs de sable.

Sur la limite de l'Allemagne, s'enfonce un autre golfe, le *Dollart*, qui fut aussi produit par une inondation de la mer, en 1277.

Souvent encore, sur d'autres points, la mer s'est avancée avec fureur dans ce pays extrêmement bas, et elle a couvert des cantons populeux. Pour se garantir contre les débordements de l'océan et des fleuves, les Hollandais ont été obligés d'élever un grand nombre de digues, et de creuser de larges et profonds fossés.

Malgré cette incommode situation, qui a donné lieu aux noms de Pays-Bas et de Hollande[1], l'aspect de la contrée est riche et beau; une infinité de villes, de bourgs et de villages opulents s'y offrent de toutes parts; d'excellents pâturages y nourrissent de nombreux et superbes troupeaux; l'industrie et la patience des habitants ont couvert un sol assez ingrat de riches cultures de blé, de lin, de tabac, de garance; et les jardins sont parés, avec plus de soin que partout ailleurs, de mille plantes d'agrément, surtout de jacinthes et de tulipes renommées. Mais c'est principalement par la navigation et la pêche que le peuple hollandais a atteint une brillante prospérité.

Le pays est partout plat, excepté dans le Luxembourg, séparé du reste du royaume par la Belgique et couvert par les montagnes des *Ardennes*.

Les cours d'eau sont fort nombreux; les principaux sont le *Rhin*, la *Meuse*, qui parcourent le royaume de l'E. à l'O., et l'*Escaut*, qui coule dans le S. O.

Le Rhin, nommé en hollandais *Rhyn*, se disperse en plusieurs branches, dont l'une, qu'on désigne sous le nom de

---

[1]. Le mot hollandais *Holland* signifie *pays creux*.

Vieux-Rhin, tombe directement dans la mer du Nord, près de Leyde ; à gauche le *Whaal*, le *Leck*, le *Neder-Yssel*, se rendent à la Meuse ; à droite, l'*Yssel* ou *Over-Yssel*, et le *Vecht occidental*, qui donne naissance à un autre bras, l'*Amstel*, vont se jeter dans le Zuider-zee.

La Meuse, en hollandais *Maas*, va, un peu au S. du Vieux-Rhin, se jeter dans la mer du Nord par trois larges embouchures. Elle reçoit à droite la *Roer*, qui vient de l'Allemagne.

L'Escaut, à peine entré dans le royaume, s'y divise en deux branches très-considérables, qu'on nomme *Escaut oriental* et *Escaut occidental*, et qui sont séparées l'une de l'autre par des îles du pays de Zélande. Ce sont, en réalité, plutôt des golfes de la mer du Nord que des branches d'un fleuve. Le nom hollandais de l'Escaut est *Schelde*.

Le Vecht oriental vient déboucher sur la côte orientale de Zuider-zee.

Le lac le plus important était naguère encore celui de *Harlem*, formé par une inondation de la mer au seizième siècle, près et au S. O. du Zuider-zee. Il communiquait vers le S. au Vieux-Rhin, et vers le N. à l'Y, bras du Zuider-zee. Par de grands et ingénieux travaux, on vient de le dessécher. — Le lac de *Biesbosch* a été produit, en 1421, par une effroyable inondation de la Meuse, qui rompit ses digues et engloutit 72 villages, avec 100 000 habitants.

Le sol est presque partout humide, tourbeux, et de grands marécages s'étendent encore dans diverses parties des Pays-Bas, quoiqu'on ait fait d'immenses travaux pour dessécher le terrain.

Les canaux d'assainissement et les canaux de navigation sont fort nombreux. Le canal du *Nord*, qui s'étend d'Amsterdam au Helder, dans le territoire placé à l'O. du Zuider-zee, est peut-être le plus beau canal du globe : il porte jusqu'à de grands vaisseaux de guerre.

Description politique.

1. Provinces et Villes principales.

Ce royaume est divisé en douze provinces. Cinq se trouvent autour du Zuider-zee : ce sont celles de *Frise*, d'*Over-Yssel*, de *Gueldre*, d'*Utrecht*, de *Hollande septentrionale*. — Quatre autres sont maritimes, sans être baignées par le Zuider-zee :

ce sont la *Hollande méridionale*, la *Zélande*, le *Brabant septentrional* et la province de *Groningue*. — Il y en a trois qui ne sont pas maritimes : ce sont celles de *Drenthe*, du *Limbourg hollandais* et du *Luxembourg hollandais*.

La *Frise*, qui tire son nom de l'ancien peuple des Frisons, est située à l'E. de l'entrée du Zuider-zee : le chef-lieu est *Leeuwarden*, qui compte 27 000 âmes; on y remarque aussi *Harlingen*, port commerçant. Les îles d'*Ameland* et de *Ter-Schelling*, au N., dépendent de la province.

L'*Over-Yssel* s'étend au S. de la Frise, sur la côte orientale du Zuider-zee. La rivière à laquelle elle doit son nom l'arrose à l'O. *Zwolle*, le chef-lieu, renferme 18 000 habitants. On y remarque encore la place très-forte de *Deventer*, sur l'Over-Yssel, et *Kempen*, autrefois plus importante.

La *Gueldre*, au S. O. de l'Over-Yssel, est baignée au N. O. par le Zuider-zee, limitée au S. par la Meuse, et traversée par le Rhin; c'est là que ce dernier fleuve se partage en diverses branches.
Arnhem ou *Arnheim*, le chef-lieu, est une ville de 17 000 âmes, sur le Rhin. — *Nimègue*, en hollandais *Nymegen*, sur la Meuse, est une place forte, peuplée de 25 000 habitants, et célèbre par le traité de paix de 1678 et 1679, entre les principales puissances de l'Europe.

La province d'*Utrecht*, à l'O. de la Gueldre et au S. du Zuider-zee, est la plus petite du royaume, mais une des plus populeuses et des plus riches. Le Vieux-Rhin la traverse. Le chef-lieu, *Utrecht*, est situé sur ce fleuve; c'est une ville de 55 000 habitants, importante par son grand commerce, ses fabriques de draps et de velours, et célèbre par les traités de 1579 et de 1713.

La *Hollande* s'allonge du S. au N., le long de la mer, depuis l'embouchure la plus méridionale de la Meuse jusqu'à l'entrée du Zuider-zee, où elle se termine en pointe. C'est la contrée la plus importante du royaume; c'est là surtout qu'on remarque une population très-agglomérée, un nombre infini de digues et de canaux, et partout la nature vaincue par un art patient et habile.

La Hollande est divisée en deux provinces distinctes : la *Hollande septentrionale* et la *Hollande méridionale*.

On remarque, dans la première, *Amsterdam*, la principale ville du royaume, peuplée de plus de 260 000 habitants, et située sur le bord méridional de l'Y, près de l'extrémité S. O. du Zuider-zee. La petite rivière Amstel la traverse, et va s'y jeter dans l'Y; une foule de canaux la coupent et y forment quatre-vingt-dix îles, qui communiquent entre elles par deux cent quatre-vingt-dix ponts. C'est une des plus belles cités de l'Europe; il y règne un mouvement, une activité admirable. Parmi les monuments, il faut distinguer surtout le palais Royal (ancien hôtel de ville), la Bourse, les églises Saint-Nicolas et Sainte-Catherine, et le magnifique pont de l'Amstel.

Le chef-lieu de la Hollande septentrionale est *Harlem* ou *Haarlem*, près et au N. O. de l'emplacement de l'ancien lac du même nom : cette ville est fort grande, mais peuplée seulement de 25 000 âmes. Elle a de célèbres blanchisseries, un superbe hôtel de ville, une belle cathédrale où se trouve un orgue célèbre; et elle dispute à Mayence et à Strasbourg la gloire de la découverte de l'imprimerie.

Alkmaar et *Hoorn*, dans le N. du même pays, sont importantes par le commerce du fromage de Hollande.

Un peu au N. E. d'Amsterdam, on remarque le village de *Broek*, où règnent une excessive propreté et une élégance recherchée; au N. O., est *Saardam* ou *Zaandam*, également très-propre, et célèbre par ses papeteries, ses chantiers, ses nombreux moulins à vent, son commerce, et la résidence qu'y fit Pierre le Grand : cet illustre empereur y apprit la construction des vaisseaux, et l'on y montre encore sa modeste maison. A l'extrémité N. de la Hollande, est la petite place forte du *Helder*, avec un port militaire.

Plusieurs îles dépendent de la Hollande septentrionale : devant l'entrée du Zuider-zee, on distingue *Vlieland*, *Texel*, célèbre par divers combats navals, et particulièrement parce qu'un régiment de cavalerie française y prit, en 1794, une flotte hollandaise que la glace bloquait dans les eaux de cette île.

La Hollande méridionale a pour chef-lieu *La Haye*, résidence du roi et capitale du royaume. Cette belle ville s'appelle en hollandais *'S Gravenhage*, et s'élève non loin de la mer du Nord, dans un territoire frais et riant. On y compte environ 80 000 habitants.

On trouve, un peu au N. E. de La Haye, sur le Vieux-Rhin, l'importante ville de *Leyde* ou *Leyden*, peuplée de 40 000 âmes, et fameuse par ses draps, par son université et par ses anciennes imprimeries des Élzévirs ; c'est la patrie du peintre Rembrandt.

Au S. E. de La Haye, on distingue : *Delft*, avec 17 000 habitants ; — *Rotterdam*, située sur la branche septentrionale de la Meuse, peuplée de 100 000 âmes, et patrie du savant Érasme ; — *Dordrecht*, avec 20 000 habitants, sur une île qui fut formée par la terrible inondation de la Meuse en 1421.

Au S., entre les embouchures de la Meuse, la Hollande méridionale possède les îles d'*Ysselmonde*, *Voorne*, *Beyerland*, *Over-Flakkee*, *Goeree*.

La province de *Zélande*, dont le nom exact est *Zeeland* (pays de la mer), est située au S. O. de la Hollande propre, et presque entièrement composée d'îles que baignent les bouches de l'Escaut. Les principales sont : les îles de *Schouwen*, *Duiveland* et *Tholen*, entre l'Escaut oriental et la branche la plus méridionale de la Meuse ; — les îles de *Walcheren*, *Nord-Beveland* et *Sud-Beveland*, entre les deux Escauts.

Middelbourg, chef-lieu de la province, est dans l'île de Walcheren, et renferme 17 000 habitants. — Sur la côte méridionale de la même île, se trouve *Flessingue*, en hollandais *Vlissingen*, importante par son beau port et ses vastes chantiers, et patrie de l'amiral Ruyter.

A la pointe occidentale de l'île de Walcheren, on remarque les digues de *West-Kapelle*, les plus magnifiques travaux de ce genre.

Le *Brabant septentrional* est une grande province qui s'étend de l'O. à l'E., au S. de la Hollande et de la Gueldre, et à l'E. de la Zélande. La Meuse le borde au N. Le chef-lieu est *Bois-le-Duc*, en hollandais *'SHertogenbosch*, ville de 22 000 âmes. — On distingue, dans l'O. de la même province, les places fortes de *Breda* et de *Berg-op-Zoom*.

La province de *Groningue*, qui est à la fois la plus septentrionale et la plus orientale du royaume, a pour chef-lieu *Groningue*, peuplée de 35 000 habitants.

La *Drenthe*, à l'E. de la Frise, est la moins importante, la moins peuplée des provinces néderlandaises. Elle a pour chef-lieu la petite ville d'*Assen*.

Le *Limbourg hollandais*, au S. E. du Brabant septentrional, est une province étroite, qui s'étend du S. au N., le long de la Meuse. Il a pour chef-lieu *Maestricht* ou *Maastricht*, place très-forte, de 25 000 âmes, sur la Meuse, et près de la montagne de Saint-Pierre, remarquable par ses immenses carrières. Cette province fait partie de la confédération Germanique, sous le nom de *duché de Limbourg*.

Le *Luxembourg hollandais*, séparé du reste de la monarchie par la province belge de Liége, est un pays de montagnes et de forêts, et a pour chef-lieu l'importante forteresse de *Luxembourg*. Cette province a le titre de *grand-duché de Luxembourg*, et fait aussi partie de la confédération Germanique.

2. Chemins de fer.

Les principaux chemins de fer des Pays-Bas vont d'*Amsterdam* à *La Haye* par *Harlem*, de *La Haye* à *Rotterdam*, de *Rotterdam* à *Amsterdam*, d'*Amsterdam* à *Utrecht*, d'*Utrecht* à *Arnhem*, d'*Arnhem* en *Prusse*. Le chemin de *Guillaume-Luxembourg* va de *Luxembourg* à *Namur* et à *Metz*.

3. Gouvernement, Religion, Mœurs, Langues, Colonies.

Le gouvernement des Pays-Bas est une monarchie constitutionnelle, dans laquelle le pouvoir est partagé par le roi, une *première* chambre, composée de membres nommés par le souverain, et une *seconde* chambre, dont les membres sont élus par les provinces. Ces deux chambres forment ce qu'on appelle les *États généraux*.

Tous les cultes sont professés librement; la plupart des habitants sont calvinistes; les luthériens et les catholiques sont ensuite les plus nombreux.

L'humidité du climat rend les Hollandais, en apparence, lourds et flegmatiques; mais on peut louer leur persévérance, leur patience, leur sage esprit de calcul. Leurs mœurs sont douces et régulières. L'instruction publique est florissante parmi eux.

Ils ont l'esprit colonisateur, et ils ont fondé surtout de grandes colonies dans l'Océanie, où une partie considérable de la Malaisie leur appartient; une portion de la Guyane et des Antilles, en Amérique, dépend d'eux, et ils ont quelques établissements en Guinée. Toutes ces colonies renferment plus de 17 millions d'habitants.

On parle, dans les Pays-Bas, le hollandais, une des langues tudesques ou germaniques. L'allemand est assez répandu dans le Limbourg et le Luxembourg.

Géographie historique.

Dans l'antiquité, le S. des Pays-Bas, actuels faisait partie de la *Gaule*, et le N., de la *Germanie*. Les *Bataves*, dans la première, et les *Frisons*, dans la seconde, en étaient les peuples principaux. Les Romains soumirent cette contrée, après avoir éprouvé une forte résistance. Elle fut ensuite subjuguée par les Francs, auxquels elle échappa sous les successeurs de Charlemagne. Elle fut dès lors partagée entre plusieurs chefs indépendants : la *Frise* devint un royaume; la *Gueldre* forma un duché; la *Hollande*, un comté, et le territoire d'*Utrecht*, un évêché souverain. Ces divers pays furent, dans le quinzième siècle, réunis aux possessions de la maison de Bourgogne, d'où ils passèrent, en 1477, à la maison d'Autriche, puis au roi d'Espagne Philippe II. Une révolte éclata contre ce prince tyrannique, et les provinces hollandaises conquirent leur liberté ; elles cimentèrent leur union par le traité d'Utrecht, en 1579, et se constituèrent en une république qui prit le nom de *Provinces-Unies* : il n'y eut d'abord dans cette confédération que les cinq provinces de *Hollande*, de *Zélande*, d'*Utrecht*, de *Gueldre* et de *Frise*; *Over-Yssel* et *Groningue* (avec la *Drenthe*) s'y adjoignirent peu de temps après, et la république acquit le *Brabant septentrional* ou *hollandais*, au commencement du dix-septième siècle.

La France s'empara des Provinces-Unies en 1795 ; leur ancienne constitution fut alors changée, et elles prirent le nom de république *Batave*. Napoléon Ier érigea ce pays en royaume de Hollande, en 1807, et lui donna pour roi son frère Louis ; il l'incorpora trois ans après à l'empire Français, et il y forma les huit départements des *Bouches-de-l'Escaut*, des *Bouches-de-la-Meuse*, des *Bouches-du-Rhin*, du *Zuider-zee*, de l'*Yssel supérieur*, des *Bouches-de-l'Yssel*, de la

Frise et de l'*Ems occidental*. En 1814, les Français perdirent cette région; on lui adjoignit la Belgique, et ces deux contrées formèrent ensemble le royaume des *Pays-Bas*. L'insurrection des Belges, en 1830, a réduit la monarchie hollandaise à peu près à ses anciennes possessions; mais le souverain a conservé le titre de roi des Pays-Bas.

IV. PRUSSE.

DESCRIPTION PHYSIQUE. — DESCRIPTION POLITIQUE. — GÉOGRAPHIE HISTORIQUE.

Description physique.

Le royaume de Prusse, en allemand *Preussen*, forme une longue bande de terre, qui s'étend de l'E. à l'O. depuis la Russie jusqu'à la France, et qui n'est interrompue que par une partie étroite de l'Allemagne intérieure; il se trouve ainsi divisé en deux portions : l'une à l'E., l'autre à l'O. La superficie de tout cet ensemble est de 279 400 kilomètres carrés, et la population, de 18 000 000 d'habitants.

La partie orientale est la plus considérable, et s'étend entre la mer Baltique, au N., l'empire d'Autriche, au S., la Russie, à l'E., et l'Allemagne intérieure, à l'O. Les monts *Sudètes* et les montagnes des *Géants* s'élèvent vers la frontière méridionale; les montagnes du *Harz* se montrent à l'O.; mais, en général, cette partie du royaume a de vastes plaines, remplies de petits lacs, de marais et de sable, ou couvertes de bois.

Dans cette division de la Prusse, le principal tributaire de la mer du Nord est l'*Elbe*, qui reçoit la *Mulde*, la *Saale* et le *Havel*, grossi de la *Sprée*.

Sur le versant de la Baltique, on remarque : l'*Oder*, qui se grossit de la *Warthe*, et qui va se jeter dans le *Pommerschehaff* ou *Stettiner-haff*, espèce de lac, dont l'eau est douce, quoiqu'il communique avec la Baltique; — la *Vistule*, en polonais *Wisla*, en allemand *Weichsel*, divisée, vers son embouchure, en trois branches, dont deux vont dans le *Frischehaff* et la troisième se rend directement dans la mer par le golfe de Dantzick; — le *Pregel*, qui tombe dans ce même Frische-haff; — le *Niémen* ou *Memel*, qui se jette dans le *Curische-haff*.

C'est vers le Frische-haff et le Curische-haff que l'on recueille particulièrement la substance résineuse et odorante nommée *succin* ou *ambre jaune*. Cette matière est éminemment électrique par le frottement, brûle facilement, et répand une odeur agréable ; on la regarde comme le produit d'anciens végétaux.

La partie occidentale du royaume est renfermée entre la France, la Belgique, les Pays-Bas et l'Allemagne intérieure. C'est un pays agréablement coupé de montagnes et de vallées. On y remarque, vers le S., les monts *Eifel*, de nature volcanique, et les hauteurs de *Hunsrück*.

Le *Rhin* parcourt du S. au N. cette contrée, et il y offre des rives superbes. Il y reçoit la *Moselle*, à gauche, et la *Lippe* et la *Ruhr*, à droite. — Une autre *Ruhr*, qu'on nomme aussi *Roer*, et qui est tributaire de la Meuse, arrose la partie occidentale du pays. Dans le N. E., on trouve le *Weser* et l'*Ems*.

Cette partie de la Prusse est fertile, industrieuse et très-peuplée. Il y a de riches vignobles et beaucoup de mines.

Description politique.

1. Divisions et Villes principales.

Le royaume de Prusse est divisé en huit provinces. Deux sont hors de l'Allemagne : ce sont celles de *Prusse* et de *Posen*. Les six autres, placées en Allemagne, sont la *Poméranie*, le *Brandebourg*, la *Silésie*, la *Saxe*, la *Westphalie* et le *Rhin*.

Les deux dernières provinces composent la partie occidentale des États Prussiens. — La Poméranie, le Brandebourg, la Silésie et la Saxe font partie de la grande division orientale de la monarchie.

Nous classerons les provinces prussiennes en trois régions : la première comprendra les *provinces non allemandes*, c'est-à-dire *slaves* et *lettonnes*, ou *prussiennes proprement dites* ; — la seconde, les *provinces allemandes de l'E.* ; — la troisième, les *provinces allemandes de l'O.*

PROVINCES SLAVES ET LETTONNES. — La province de Prusse, divisée en *Prusse orientale* et *Prusse occidentale*, porta seule longtemps le nom de Prusse ; c'est la partie la plus orientale du royaume : elle s'étend sur la côte de la Baltique, vers le golfe de Dantzick, autour du Curische-haff et du Frische-haff, et sur les bords de la Vistule, du Pregel et du Niémen. Le terrain est presque partout plat, et offre un mélange de landes sablonneuses, de lacs, de bois et de dunes ; cependant il y a aussi des plaines fertiles en blé. On parle, dans ce pays, le polonais et le letton. Cependant l'allemand est usité dans la société élégante des villes.

Le chef-lieu de la province de Prusse, et particulièrement de la Prusse orientale, est *Kœnigsberg*, en polonais *Krolewiecz*, place forte sur le Pregel, près de l'extrémité orientale du Frische-haff : cette ville a 18 kilomètres de pourtour, et cependant elle ne compte que 80 000 habitants : le plus beau quartier est celui de l'île de Kneiphof. Il y a une importante université, et c'est la patrie du célèbre philosophe Kant.

A l'O. de Kœnigsberg, on voit la forteresse de *Pillau*, à l'extrémité d'une étroite presqu'île qui s'avance entre la Baltique et le Frische-haff : les environs, couverts de jolis jardins, de bois et de villages riants, ont été appelés le *paradis terrestre* de la Prusse.

Memel est une autre place forte et un port florissant, à l'extrémité septentrionale de Curische-haff, sur le canal qui unit ce lac à la Baltique.

Tilsit, ville de 15 000 habitants, et située sur le Niémen, est célèbre par l'entrevue de Napoléon Ier et d'Alexandre Ier en 1807.

Les petites villes de *Friedland* et d'*Eylau*, au S. E. de Kœnigsberg, sont fameuses par deux victoires des Français en 1807.

Dantzick, en allemand *Danzig*, en polonais *Gdansk*, est le chef-lieu de la Prusse occidentale, et la principale place maritime de la Prusse ; elle renferme plus de 65 000 âmes. Le bras occidental de la Vistule la baigne, et se jette près de là dans le golfe de Dantzick. On y remarque un commerce actif et beaucoup de raffineries de sucre et de distilleries d'eau-de-vie ; mais elle est, en général, mal bâtie.

Près de la rive méridionale du Frische-haff, est *Elbing*, ville florissante, peuplée de 22 000 habitants.

Enfin, dans le S. de la Prusse occidentale, on trouve la vieille ville de *Thorn*, remarquable par son pont immense sur la Vistule, son excellent savon, et surtout parce que c'est la patrie de Copernic.

La province de *Posen*, au S. O. de la province de Prusse,

est une grande plaine fertile, traversée par la Warthe et par la Netze, son affluent. La population est d'origine polonaise. Le commerce est entre les mains des Juifs.

Posen, en polonais *Poznan*, capitale de la province, et située sur la Warthe, renferme plus de 40 000 habitants. — *Gnesne* ou *Gnesen* n'est qu'une ville fort petite, mais intéressante par son ancienneté, par son importance passée, et surtout par sa foire de deux mois, où il se vend une énorme quantité de bœufs et de chevaux.

PROVINCES ALLEMANDES DE L'EST. — La *Poméranie*, en allemand *Pommern*, s'étend le long de la côte de la Baltique, et comprend la partie inférieure du cours de l'Oder et le grand lac nommé Pommersche-haff. C'est un pays bas, froid et humide. Trois îles importantes en dépendent : l'île de *Rügen*, qui offre des côtes très-découpées, des escarpements très-pittoresques et un sol généralement fertile ; — l'île *d'Usedom* et celle de *Wollin*, placées entre le Pommerschehaff et la Baltique.

Stettin est le chef-lieu de la province : c'est une ville de 53 000 âmes, située sur l'Oder et fort commerçante.

Stralsund, port de mer, en face de l'île de Rügen, est aussi une place de commerce, mais non une belle ville. On y compte 20 000 habitants. C'était une des forteresses les plus redoutables de l'Europe sous le gouvernement suédois, qui a longtemps possédé une grande partie de la Poméranie.

Greifswalde, une des plus jolies villes de la Poméranie, est importante par son université.

La province de *Brandebourg*, au S. de la Poméranie, est le cœur de la monarchie. L'Oder l'arrose à l'E ; l'Elbe la limite à l'O. ; le Havel et la Spree serpentent dans l'intérieur du pays. Le canal de Frédéric-Guillaume unit cette dernière rivière à l'Oder, et le canal de Finow joint le Havel au même fleuve. Le sol est plat, généralement sablonneux, et parsemé de beaucoup de lacs. L'agriculture y est très-avancée, et c'est dans cette contrée qu'on a commencé à faire du sucre de betterave ; on y élève avec succès le ver à soie.

Le chef-lieu est *Potsdam*, jolie ville, sur le Havel, avec plus de 40 000 habitants. On a dit de cette ville qu'elle n'est qu'une *très-belle caserne*, à cause de la nombreuse garnison qu'elle contient toujours. Il y a de célèbres châteaux royaux, entre autres celui de *Sans-Souci,* qui était la résidence favorite du grand Frédéric.

C'est dans cette province que se trouve *Berlin,* capitale du royaume. Cette grande ville est située sur la Spree, dans une plaine sablonneuse et monotone. Elle a 14 kilomètres de circuit, et renferme 500 000 habitants ; les rues en sont larges et bien alignées. Parmi les édifices les plus remarquables, sont le palais du Roi, l'arsenal, qui passe pour être le plus vaste de l'Europe, le palais de l'Université, et plusieurs églises. La plus belle place est le Lustgartem, et la plus belle rue, la rue Sous-les-Tilleuls. C'est une des capitales les plus savantes de l'Europe. Il y a une colonie d'environ 15 000 Français, descendants des réformés que l'intolérance religieuse força de s'y réfugier, sous Louis XIV.

Brandebourg, en allemand *Brandenburg,* sur le Havel, est une ville industrieuse, qui doit sa prospérité aux protestants français réfugiés. C'était autrefois la capitale du Brandebourg.

Francfort-sur-l'Oder, dans l'E. de la province, est une jolie ville de 30 000 âmes ; il s'y tient des foires renommées.

La *Silésie,* en allemand *Schlesien,* s'allonge au S. E. du Brandebourg. L'Oder la parcourt dans toute sa longueur.

La partie orientale est composée de plaines, qui se confondent avec celles de la Pologne ; au S. et à l'O., le pays est couvert de montagnes, qui appartiennent aux Sudètes et au Riesen-gebirge ; cette partie est fort riche en minéraux utiles, surtout en houille, en zinc, en plomb, en cobalt et en fer. La Silésie renferme aussi de magnifiques forêts, des terrains bien cultivés et des pâturages excellents, qui nourrissent de très beaux moutons. Les laines et les toiles de cette province sont renommées.

Le chef-lieu est *Breslau,* sur l'Oder ; on donne à cette ville le titre de *troisième capitale de la Prusse;* elle est fort grande, peuplée de 130 000 habitants, et ornée de plusieurs beaux édifices, dont le plus remarquable est la cathédrale. Il s'y tient des foires importantes, et il y a une célèbre université.

Les autres villes intéressantes de la province sont *Gross-Glogau,* place forte, sur l'Oder ; — *Neisse,* place forte, sur la rivière du même nom ; — *Gœrlitz,* ville de 20 000 habitants ; — *Liegnitz,* intéressante par ses draps, sa garance et son grand commerce de plantes potagères ; — *Schweidnitz*, belle et manufacturière.

La province de *Saxe* (*Sachsen*), une des plus riches, une des plus peuplées de la monarchie, est au S. O. du Brandebourg. L'Elbe, la Mulde et la Saale l'arrosent. Les montagnes du Harz, si importantes par leurs mines, y présentent, à l'O., leur plus haut sommet, le mont Brocken ou Blocksberg.

Le chef-lieu de la province est *Magdebourg*, grande et belle cité, sur l'Elbe, peuplée de 60 000 habitants. C'est une des places les plus fortes de l'Allemagne. Elle a produit Otto de Guericke, inventeur de la machine pneumatique.

Les autres villes remarquables sont *Halberstadt*, ville de 20 000 âmes, pleine de manufactures et très-commerçante ; — *Quedlinbourg*, patrie du célèbre poëte Klopstock ; — *Wittenberg*, sur l'Elbe ; patrie de l'astronome Kepler, et fameuse autrefois par son université ; on y voit les tombeaux de Luther et de Melanchthon ; — *Halle*, ville de 30 000 âmes, sur la Saale, fameuse par son université ; — *Mersebourg*, renommée pour sa bière ; — *Erfurt*, avec d'imposantes fortifications et 32 000 habitants ; — *Lützen*, célèbre par la victoire et la mort de Gustave-Adolphe, en 1632, et par une victoire de Napoléon Ier, en 1813 ; — *Eisleben*, patrie de Luther.

PROVINCES ALLEMANDES DE L'OUEST. — La *Westphalie*, en allemand *Westphalen*, est généralement couverte de montagnes médiocres. Le Weser et l'Ems l'arrosent. On y récolte beaucoup de lin et de chanvre, et l'on y élève de beaux bestiaux.

Münster, chef-lieu de la province, a 25 000 âmes.

Minden, sur le Weser, n'est pas éloignée du défilé de la porte Westphalienne, dans la forêt Teutoburgienne, où les légions de Varus furent massacrées par les Germains. Cette partie de l'Allemagne est aussi remarquable pour avoir été le séjour de Witikind le Grand. — *Iserlohn* est célèbre par son industrie.

La province du *Rhin* se trouve au S. O. de la Westphalie ; c'est à la fois la plus occidentale et la plus méridionale des provinces prussiennes. Elle offre de vastes plaines et des marais dans sa partie la plus septentrionale ; mais le centre et le sud présentent un mélange agréable de montagnes et de vallons. Le Rhin parcourt du S. au N. ce beau pays, et y reçoit la Ruhr, la Lippe, la Moselle, grossie de la Sarre ; dans l'O., coule la Roer, affluent de la Meuse.

Le chef-lieu est *Coblentz*, ville très-forte et bien bâtie, de 25 000 âmes, au confluent de la Moselle et du Rhin, dans un territoire riche en sites variés et pittoresques. La place forte d'*Ehrenbreitstein*, située vis-à-vis, sur la rive droite du Rhin, est comme un de ses faubourgs.

La plus grande ville de la province est *Cologne*, en allemand *Kœln*, ville de 100 000 âmes, sur le Rhin. Les rues en sont étroites et sombres, et les maisons bâties dans le style gothique. Il y a de nombreuses églises, parmi lesquelles on distingue la cathédrale. On connaît les célèbres distilleries où l'on prépare l'eau spiritueuse appelée *eau de Cologne*. C'est le lieu de naissance de saint Bruno, fondateur de l'ordre des Chartreux. Le grand peintre Rubens, né à Siegen, en Westphalie, y a séjourné longtemps.

La plus importante ville ensuite est *Aix-la-Chapelle*, en allemand *Aachen*, peuplée de 56 000 âmes, très-ancienne, et qui fut illustrée par le séjour de Charlemagne. On y admire l'hôtel de ville et la cathédrale ; il y a des bains d'eaux thermales très-fréquentés, et les environs sont très-riants.

Cette province renferme un grand nombre d'autres villes intéressantes : on remarque *Clèves* ou *Klève*, agréablement située près du Rhin ; — *Crevelt* ou *Crefeld*, très-jolie ville, de 40 000 hab., avec des manufactures de soieries ; — *Düsseldorf*, une des plus belles villes de l'Allemagne, agréablement placée sur le Rhin, et peuplée de 30 000 habitants ; — *Elberfeld*, avec 50 000 âmes et de nombreuses fabriques de dentelles, de soieries, etc. ; — *Barmen*, également industrieuse, et peuplée de 45 000 âmes ; — *Zülpich*, autrefois *Tolbiac*, célèbre par une victoire de Clovis sur les Allemands ; — *Bonn*, jolie ville, sur le Rhin, avec une université ; — *Juliers* ou *Jülich*, recommandable par son antiquité et ses fabriques de draps ; — *Eupen*, qui est aussi connue par ses draps ; — *Trèves*, en allemand *Trier*, sur la Moselle ; jadis une des plus grandes villes de la Gaule, et longtemps, au moyen âge, une des premières cités de l'Allemagne ; — *Sarrelouis*, place forte, sur la Sarre ; — *Sarrebruck*, sur la même rivière, avec d'importantes mines de houille.

La monarchie Prussienne possède encore les principautés de *Hohenzollern*, dans le sud de l'Allemagne, et le petit territoire de l'*Iahde*, situé vers l'embouchure du fleuve de ce nom, et enclavé dans le duché d'Oldenbourg.

2. Chemins de fer.

La Prusse est un des pays où il y a le plus de chemins de fer.

Cinq lignes partent de *Berlin* : l'une au N., sur *Stettin*, d'où elle se dirige sur la Prusse proprement dite ; — une seconde à l'E., sur *Breslau* et *Cracovie*, avec de nombreux embranchements à travers la Silésie ; — une troisième au S., sur *Dresde*, avec des rameaux conduisant à *Leipsick*, *Dessau*, etc. ; — une quatrième au S. O., sur *Potsdam*, *Magdebourg* et *Hanovre* ; — la cinquième au N. O., sur *Hambourg*.

Dans la Prusse rhénane, *Cologne* est un centre d'où partent un chemin sur *Aix-la-Chapelle* et *Paris*, un autre sur *Bonn* et *Coblentz*, et un troisième sur *Düsseldorf*, d'où, par des rameaux divers, on peut parcourir le nord de la Prusse rhénane et s'avancer au cœur de l'Allemagne et dans les Pays-Bas. Le chemin de *Metz* à *Mayence*, par *Sarrebruck*, traverse cette partie de la Prusse.

3. Gouvernement, Religion, Instruction, Langues.

Le gouvernement de la Prusse est une monarchie constitutionnelle. Il y a une *première* et une *seconde* chambre.

Des 18 millions d'habitants du royaume, environ 12 millions sont protestants : les uns suivent la réforme de Luther, les autres celle de Calvin. Généralement les deux religions se confondent sous le nom de *religion évangélique*. On compte 6 millions de catholiques, répandus surtout à l'O. Il y a un assez grand nombre de Juifs. La famille régnante est calviniste.

C'est un des États de l'Europe les plus éclairés : l'instruction populaire y est fort répandue, et les savants prussiens ont fait faire de grands progrès aux sciences et aux lettres. La langue allemande est parlée par la grande majorité de la population ; dans les provinces non allemandes, les langues polonaise et lettonne sont générales.

Géographie historique.

La partie du royaume située à l'O. de la Vistule était anciennement comprise dans la *Germanie;* la partie située à l'E. de ce fleuve se trouvait dans la *Sarmatie*, et c'est là qu'habitaient les *Borusses* ou *Porusses*, qui ont laissé leur nom à la Prusse. Les chevaliers de l'ordre Teutonique et les rois de Pologne se partagèrent longtemps le pays qu'on appelle maintenant les provinces de Prusse, et qui se divisait alors en *Prusse ducale* et *Prusse royale*. Les grands maîtres des chevaliers étaient, au seizième siècle, margraves ou marquis de Brandebourg, et finirent par s'assurer toute la souveraineté des deux Prusses; les princes qui leur succédèrent joignirent peu à peu à ces pays toutes les autres provinces que nous avons décrites.

V. DANEMARK.

DESCRIPTION PHYSIQUE. — DESCRIPTION POLITIQUE. — GÉOGRAPHIE HISTORIQUE.

Description physique.

Le Danemark, en danois *Danmark*, est formé de plusieurs îles et d'une presqu'île situées entre la mer du Nord et la Baltique; il est au N. de l'Elbe et au S. de la Scandinavie, dont il est séparé par le Skager-Rack, le Cattégat et le Sund. Il renferme environ 3 millions d'âmes, sur une étendue de 66 000 kilomètres carrés, ce qui est à peu près le huitième de la France.

L'archipel Danois se compose des îles de *Seeland*, *Fionie*, *Laaland*, *Falster*, *Bornholm*, etc.; parmi les bras de mer qui baignent ces îles, on remarque surtout les trois passages qui font communiquer le Cattégat à la Baltique : ces passages sont le *Sund* (ou plutôt *OEre-Sund*), entre Seeland et la Suède, le *Grand-Belt*, entre Seeland et Fionie, et le *Petit-Belt*, entre Fionie et la presqu'île Danoise.

La presqu'île Danoise s'allonge du sud au nord, et se termine par le cap *Skagen;* elle est coupée, au nord, par le long bras de mer nommé *Liim-fiord*.

Il n'y a aucune montagne considérable. L'*Elbe*, qui se jette dans la mer du Nord, sur la limite méridionale, est le seul fleuve important. L'*Eyder*, tributaire de la même mer, est une rivière peu étendue, mais d'une navigation avantageuse, dans le sud de la presqu'île; le canal de *Kiel* joint cette rivière à la Baltique.

Le Danemark a un climat généralement assez doux pour la latitude; le sol y est assez fertile, surtout dans le sud de la presqu'île; on y remarque particulièrement de bons pâturages et des récoltes de blé, de chanvre, de lin, de tabac, de houblon, de colza.

Description politique.

1. Divisions et Villes principales.

L'*archipel Danois* et le nord de la presqu'île, c'est-à-dire le *Jutland*, composent le *Danemark proprement dit*; le sud de la presqu'île forme les *Duchés*.

Seeland, en danois *Siælland*, est une fort belle île, renfermée entre le Sund, à l'E., et le Grand-Belt, à l'O. Elle contient la capitale du royaume, *Copenhague*, en danois *Kiœbenhavn*, sur la côte orientale de l'île; c'est une des plus belles villes d'Europe; vue de l'entrée du port, surtout, elle offre l'aspect le plus magnifique. Sa population s'élève à 130 000 âmes. Une autre ville importante par son commerce est *Elseneur*, en danois *Helsingœr*, dans le N. E. de l'île, à l'endroit où le Sund est le plus resserré.

L'île de Fionie, en danois *Fyen*, est comprise entre le Grand-Belt et le Petit-Belt, qui la sépare, à l'O., de la presqu'île Danoise. Elle a pour chef-lieu *Odense*.

Le *Jutland* est un pays froid et peu fertile, rempli de petits lacs et couvert çà et là de sables et de bruyères. Les principales villes sont: *Viborg*, au centre; *Aalborg*, au N. E., sur la rive méridionale du Liim-fiord; et *Aarhuus*, sur la côte orientale de la presqu'île.

Les *Duchés* comprennent: 1° le duché de *Slesvig* (en allemand *Schleswig*), qui occupe le milieu de la presqu'île, et dont le chef-lieu est une ville du même nom, située au fond d'un petit golfe de la Baltique; on y remarque encore *Flensbourg*, sur un autre golfe de cette mer.

2° Dans le S. de la presqu'île, les duchés de *Holstein* et de *Lauenbourg*, qui se trouvent en Allemagne. Ce sont des pays fertiles et riches, surtout en excellents pâturages, où l'on élève des chevaux renommés. *Glückstadt*, sur l'Elbe, est le chef-lieu du Holstein. Les autres villes remarquables de ce duché sont: *Kiel*, avec une université célèbre, sur un golfe de la Baltique, à l'extrémité du canal de Kiel ou de

Slesvig-Holstein; *Rendsbourg*, sur le même canal, et *Altona*, ville très-commerçante, de 30 000 habitants, sur l'Elbe, très-près de Hambourg. — *Lauenbourg*, sur le même fleuve, est le chef-lieu du petit duché de Lauenbourg.

2. Gouvernement, Religion, Mœurs, Langues.

Le gouvernement du Danemark est une monarchie limitée par une assemblée des *États*. Le roi, comme possesseur des duchés de Holstein et de Lauenbourg, est membre de la confédération Germanique.

Le luthéranisme est la religion dominante de ce pays.

Les Danois se distinguent par des mœurs honnêtes, par de précieuses vertus privées et par l'amour de l'ordre et du travail; le paysan s'habille avec propreté, et paraît plus heureux que dans la plupart des autres pays de l'Europe. L'instruction populaire est très-répandue.

On parle danois dans l'archipel, dans le Jutland et dans les deux tiers du Slesvig; l'allemand est la langue du reste du Slesvig et des deux autres duchés.

Une heureuse situation maritime a élevé ce petit royaume à un rang très-brillant parmi les nations commerçantes.

3. Chemins de fer.

Altona communique, d'un côté, avec *Hambourg*, de l'autre, avec *Glückstadt*, *Kiel*, *Slesvig* et *Flensborg*; *Copenhague* est unie à *Rœskilde*; *Odense* l'est à *Nyborg* et à *Middelfart*.

4. Colonies.

Le Danemark possède, entre l'Atlantique et l'océan Glacial, l'*Islande*, ou plutôt *Island*, dont le nom signifie *terre de glace*: c'est un des pays les plus froids et les plus stériles de l'Europe, mais un des plus intéressants par ses curiosités naturelles. Cette île est hérissée de montagnes volcaniques, qui font souvent des éruptions, et dont la plus célèbre est le mont *Hekla*, au S. Leurs flammes, leur fumée et leurs laves brûlantes contrastent avec les neiges et les glaces dont elles sont constamment couvertes. Les côtes de l'Islande sont déchirées par d'innombrables golfes; l'intérieur est parsemé de beaucoup de lacs, et l'on y trouve de nombreuses sources chaudes : les plus fameuses de ces sources sont, au S. O., les *Geysers*, qui s'élancent en jets magnifiques.

Ce pays ne produit ni blé ni forêts : les pommes de terre y sont le principal objet de culture, et l'on n'y voit que quelques maigres arbrisseaux. Il y a de bons pâturages et d'assez nombreux troupeaux. L'Islande, quoique plus grande que l'archipel Danois et la presqu'île Danoise réunis, ne renferme que 65 000 habitants. Le chef-lieu, *Reykiavik*, sur la côte S. O., mérite à peine le nom de ville. Les autres endroits remarquables sont : *Skalholt*, vers le mont Hekla, et *Holar*, au nord.

Les îles *Færœer*, autres îles danoises, sont dans l'Atlantique, loin au S. E. de l'Islande, et au N. O. des îles Britanniques ; elles sont peu habitées, produisent beaucoup de plantes antiscorbutiques, sont assez riches en troupeaux, et l'on trouve, dans les escarpements de leur côtes, beaucoup de nids de ces précieux canards qu'on nomme eiders.

Le Danemark possède aussi le *Groenland*, dans le N. de l'Amérique, et les îles *Saint-Thomas, Sainte-Croix* et *Saint-Jean*, dans les Antilles.

Géographie historique.

Le Jutland et le Slesvig correspondent à l'ancienne *Khersonèse Cimbrique*, située au N. de la Germanie, et baignée à l'O. par l'océan Germanique, à l'E. par l'océan Sarmatique et le golfe Codan, au N. par les bouches du Codan (Skager-Rack). Les *Cimbres* et les *Jutes* étaient les peuples les plus remarquables de cette péninsule.

VI. MONARCHIE SCANDINAVE

DESCRIPTION PHYSIQUE. — DESCRIPTION POLITIQUE. — GÉOGRAPHIE HISTORIQUE.

Description physique.

1. Limites, Étendue, Description des Côtes.

La monarchie Scandinave, située dans la partie la plus septentrionale de l'Europe, comprend la grande péninsule Scandinave, et se compose de la *Suède* et de la *Norvége*.

Cette péninsule tient au continent, vers le N. E., par l'isthme de Laponie, qui est compris entre l'océan Glacial et le golfe de Botnie. La monarchie Scandinave touche de ce côté à la Russie, vers laquelle elle est en partie limitée par le Torneå et la Tana. Dans toutes les autres directions, elle est entourée par la mer : au N., se trouve l'océan Glacial; à l'O., l'Atlantique, avec la mer du Nord; au S. O., le Skager Rack, le Cattégat et le Sund séparent cette contrée du Danemark; au S. et à l'E., s'étend la mer Baltique, dont la partie septentrionale forme le grand golfe de Botnie.

La monarchie Scandinave est bien plus grande que la France : elle a 1900 kilomètres de longueur, 800 de largeur et 738 000 kilomètres carrés; mais elle ne compte qu'environ 5 000 000 d'âmes, dont 3 500 000 pour la Suède et 1 500 000 pour la Norvége.

Les côtes de la Scandinavie sont découpées par d'innombrables golfes ou *fiords*, surtout au N. et à l'O., où ils s'enfoncent profondément dans les terres et ressemblent à de larges fleuves. On remarque principalement le golfe *Varanger*, sur la frontière de la Russie; le golfe *Occidental*, sur la côte N. O. de la presqu'île, entre le continent et le groupe des îles *Lofoden*; le golfe de *Drontheim*, celui de *Bukke* et le *Hardanger-fiord*, sur la côte O.; le golfe de *Christiania*, au S.

Quatre caps principaux se présentent sur les côtes de la Scandinavie : le cap *Nord*, à l'extrémité septentrionale de la monarchie, dans une des îles Lofoden; — le cap *Nordkyn*, à l'extrémité septentrionale de la partie continentale de la Norvége et de toute l'Europe; — le cap *Lindesnæs*, à l'extrémité S. O. de la Norvége; — et le promontoire de *Falsterbo*, à l'extrémité méridionale de la Suède et de toute la péninsule.

Un grand nombre d'îles sont répandues sur les côtes septentrionales et occidentales de la Scandinavie. Déjà nous avons nommé les plus remarquables, qui sont l'archipel *Lofoden* ou *Lofoten*. Il y en a moins sur les côtes méridionales et orientales : cependant on remarque au S. E. deux îles importantes : *Œland* et *Gottland*; un peu plus au N., sont les nombreuses petites îles qu'on nomme les *Scherens de Stockholm*.

2. Aspect intérieur du pays, Productions, Montagnes, Cours d'eau, Lacs, Canaux.

Les deux grands pays qui composent la péninsule Scandinave sont fort différents l'un de l'autre pour l'aspect physique qu'ils présentent: la Suède offre une surface généralement plate; la Norvége est presque partout hérissée de montagnes; mais l'une et l'autre sont remarquables par l'abondance de leurs rivières et de leurs lacs, par leurs points de vue pittoresques, leurs grandes et sombres forêts, leurs hivers longs et rigoureux. Il faut observer cependant que la Suède est moins froide que la Norvége. Généralement on respire, dans ces contrées, un air pur et sain.

Les étés y sont fort courts, mais très-chauds, à cause de la grande longueur des jours; et la végétation y croît avec une rapidité surprenante. Dans les parties septentrionales, qui s'avancent dans la zone glaciale, le soleil reste en été sur l'horizon pendant plusieurs semaines de suite, et en hiver il est invisible pendant le même intervalle; mais l'horreur de cette longue nuit est diminuée par des aurores boréales très-brillantes et par la clarté de la Lune, qui donnent un degré suffisant de lumière pour les occupations ordinaires.

Le sol est assez fertile dans les parties méridionales; on y récolte surtout du blé, du seigle, de l'orge, de l'avoine, des pommes de terre et du lin. Les forêts sont formées de pins, de frênes, de bouleaux, et de sapins d'une hauteur extraordinaire.

Les parties septentrionales sont presque dépourvues de plantes, et les chétives récoltes qu'espère le cultivateur sont même souvent détruites par les gelées; aussi les malheureux habitants se trouvent-ils très-fréquemment réduits à se nourrir d'une pâte faite avec l'écorce amère du pin. On trouve cependant, sur les rochers les plus arides et les plus sauvages de ces cantons reculés, des mousses et des lichens, propres à la nourriture de l'homme, à la teinture et à divers autres usages. On y remarque surtout un animal bien précieux, le renne, espèce de cerf, dont le lait et la chair servent d'aliment, et qui, attelé aux traîneaux sur la glace et la neige, franchit les distances avec une rapidité extraordinaire. On y trouve aussi des castors et beaucoup d'autres animaux revêtus de riches fourrures. C'est la patrie principale des lemmings, ou rats de Norvége, qui causent de grands dégâts par la quantité de grain qu'ils enfouissent dans leurs profonds souterrains ; ces animaux sont fort curieux par leur manière de voyager : ils émigrent souvent par troupes nombreuses et avec un ordre remarquable.

La Scandinavie est fort riche en mines ; il y a surtout d'excellent fer, du cuivre et de l'argent.

Les *Alpes Scandinaves* ou *monts Dofrines* sont les montagnes principales de la Scandinavie ; cette chaîne entre dans la péninsule par l'isthme de Laponie, et forme sur une grande étendue la limite entre la Suède et la Norvége ; parvenue à peu près vers le milieu de la Scandinavie, elle se divise en deux grandes branches, dont l'une va au S. O., parcourt la Norvége, et se termine au cap Lindesnæs ; l'autre se prolonge au S., à travers la Suède, jusqu'au promontoire de Falsterbo.

La partie des Dofrines qui sépare la Suède de la Norvége porte le nom de *Kiœlen*. — La branche S. O., qui couvre l'intérieur de la Norvége, s'appelle d'abord *Dovre-field*, puis *Lang-field*, *Sogne-field et Hardanger-field*. Cette branche est la partie la plus haute de toutes les Alpes Scandinaves, et presque partout elle est couverte de neige et de glaciers ; on y remarque surtout le mont *Hor-Ungerne,* dans le Lang-field, le *Skagastœlstind*, dans le Sogne-field, et le mont *Snehættan* (c'est-à-dire *Bonnet de Neige*), dans le Dovre-field ; ces trois sommets atteignent environ 2600 mètres au-dessus de la mer. — La branche méridionale, celle qui parcourt le S. de la Suède, reçoit le nom de monts *Sévons* ou de *Kœlen-Molen*: elle est fort peu élevée.

La Scandinavie est divisée en trois bassins maritimes: celui du N. et de l'O., incliné vers l'océan Glacial, l'Atlantique et la mer du Nord, et placé à l'O. des monts Kiœlen et de la branche norvégienne ; — celui du S., renfermé entre cette branche et les monts Sévons, et incliné vers le Skager-Rack, le golfe de Christiania et le Cattégat ; — enfin le versant du S. E. et de l'E., penché vers la Baltique et le golfe de Botnie.

Sur le premier de ces versants, on voit, dans le N. de la Norvége, la *Tana*, qui se rend dans un golfe de même nom, formé par l'océan Glacial.

Sur le second, est un fleuve plus important, le *Glommen*, qui va se jeter dans le golfe de Christiania ; il se grossit du *Vormen*, qui sert d'écoulement au lac *Miœs*, le plus grand de la Norvége. Plus au S., est un autre lac *Miœs*, qui reçoit le *Maan-elv*, rivière remarquable par la célèbre cataracte de *Riukan-Foss*, la plus belle peut-être de toute l'Europe : trois chutes distinctes la composent, et chacune se précipite d'une hauteur de 2 à 300 mètres ; lorsqu'on est convenablement placé pour voir à la fois ces trois nappes d'eau immenses, c'est un spectacle sublime. — On distingue encore, sur le versant du S., la *Gotha* (en suédois, *Gœta-elf*), qui est tributaire du Cattégat, et qui forme la belle cataracte de *Trollhætta*; ce fleuve sert d'écoulement au lac *Vener*, le plus grand de la péninsule Scandinave. Le même lac reçoit au N. une grande rivière nommée *Clara* ou *Klar-elf*.

Sur le versant de la Baltique et le golfe de Botnie, on trouve, au S. E., la *Motala*, par laquelle s'écoule le long lac *Vetter*. — En s'avançant vers le N., on rencontre le lac *Hielmar*, et, très-près de là, le lac *Mælar*, qui reçoit les eaux du lac *Hielmar*, et qui communique avec la mer par un détroit ; — ensuite le *Dal-elf*, qui est le plus grand fleuve de la monarchie, et qui se forme par la réunion du *Vester-Dal-elf* et de l'*Œster-Dal-elf;* — la *Liusne;* — l'*Indals-elf*, dans lequel s'écoulent les eaux du lac *Storsiœ*, d'une forme très-irrégulière ; — l'*Angermana*, l'*Umeå*, le *Sildut*, qui sort du long lac *Stor-Afva*; le *Luleå*, qui sert d'écoulement à un lac du même nom, et qui produit la superbe cataracte de *Niuumelsaskas*, c'est-à-dire le *saut du lièvre*. Ce fleuve a, lorsqu'il se précipite, 500 mètres de largeur, et il tombe, dit-on, d'une élévation de 200 mètres. Son mugissement est terrible, et il se fait entendre à une grande distance. En hiver, les froids rigoureux forment, d'abord à quelque distance de la base de la cataracte, une voûte de glace qui repose sur les deux rives : cette voûte, croissant à chaque instant, atteint enfin la cime de la chute, et la recouvre d'une arcade qui va rejoindre la superficie de la glace sur le fleuve au-dessus de la cataracte. Au printemps, cette couverture naturelle s'écroule avec un bruit effrayant. On a vu des lièvres s'y placer assez fréquemment, et voilà pourquoi on a donné à la chute le nom qu'elle porte.

Plus loin, vers le N., le même versant présente le *Kalix*, et le *Torneå*, qui sort d'un lac du même nom.

Un grand canal naturel nommé *Tarendo-elf* unit le Torneå au Kalix.

Le principal canal artificiel de la monarchie est celui de *Gœta*, qui unit le Cattégat à la Baltique, en joignant le lac Vener au lac Vetter.

Description politique.

1. Divisions et Villes principales.

SUÈDE.

La Suède, en suédois *Sverige*, se divise en trois parties : le *Nordland* ou *Norrland*, au N.; — le *Svealand* ou la *Suède propre*, au milieu; — le *Gœtland* ou la *Gothie*, au S. Ces grandes divisions se partagent en vingt-quatre préfectures ou *læn*, dont la plupart portent le nom de leur chef-lieu.

Le Nordland comprend quatre préfectures : celles de *Botnie septentrionale* et de *Botnie occidentale*, qui renferment la *Laponie suédoise*, et dont la première a pour chef-lieu *Piteå*, la seconde *Umeå*; — celle de *Vester-Norrland*, qui est fertile et agréable, malgré sa position septentrionale et dont le chef-lieu est *Hernæsand*, port de mer; — enfin celle d'*Iemtland*, la seule des quatre qui ne touche pas à la mer : son chef-lieu est *OEstersund*.

La Suède propre contient huit préfectures : il y en a deux au N. : celle de *Gefleborg*, dont le chef-lieu est le port très-commerçant de *Gefle*; — et celle de *Stora-Kopparberg* (l'anc. *Dalécarlie*), qui est célèbre par ses mines de cuivre et de fer, et qui a pour chef-lieu *Falun*.

Trois préfectures se trouvent à l'E., et comprennent les anciennes provinces d'*Upland* et de *Sudermanie* : l'une est la préfecture d'*Upsal* ou *Upsala*, qui a pour chef-lieu une des villes les plus agréables et les plus savantes du nord de l'Europe; il y a une cathédrale magnifique, un observatoire fameux, le seul archevêché de la péninsule, et une université très-importante, où Linné et plusieurs autres hommes illustres ont été professeurs : cependant Upsal ne compte que 6000 habitants. — La seconde préfecture est celle de *Stockholm*, qui renferme la capitale de la Suède : cette capitale n'est pas très-grande, et ne contient que 100 000 âmes;

mais elle est admirablement située : les sites les plus variés l'entourent, et elle semble placée au milieu d'un grand et superbe jardin. Elle occupe deux presqu'îles et plusieurs îles baignées par le détroit qui unit le lac Mælar à la Baltique ; ce lac est parsemé d'une foule de jolies îles ; ses bords, découpés par d'innombrables golfes, et surmontés souvent de rochers pittoresques, offrent de toutes parts des châteaux, des maisons de campagne et de frais paysages. Le palais du Roi est une des plus belles demeures royales de l'Europe. — La troisième préfecture de l'E. est celle de *Nykœping*, dont le chef-lieu, du même nom, est une des plus jolies villes de la Suède. — Au milieu de la Suède propre, sont les deux préfectures de *Vesteras* et d'*Œrebro*. — A l'O., est celle de *Carlstad*.

La Gothie a un sol très-fertile et un climat fort doux, et elle renferme les deux tiers de la population de toute la Suède. Elle est divisée en douze préfectures, dont huit maritimes et quatre intérieures.

Parmi les huit maritimes, on remarque d'abord, à l'E., celle de *Linkœping*, dont le chef-lieu, du même nom, a une des plus belles cathédrales de la Suède ; on y trouve aussi l'importante ville de *Norrkœping*, située sur la Motala, et peuplée de 18 000 hab. ; — puis vient la préfecture de *Calmar*, dont le chef-lieu est célèbre par l'acte d'union des trois couronnes de Suède, de Norvége et de Danemark, en 1397 ; le long de cette préfecture, s'étend l'étroite île d'*Œland*, séparée du continent par le détroit de Calmar. — Au S., sont trois préfectures : celle de *Carlscrone*, dont le chef-lieu est une forteresse importante ; — et celles de *Christianstad* et de *Malmœhus*, qui formaient autrefois la province de *Scanie*. Cette dernière préfecture, qui a pour chef-lieu *Malmœ*, renferme *Lund*, célèbre par son université et sa cathédrale. — A l'O., sur la côte du Cattégat, se trouvent les préfectures de *Halmstad* et de *Gœteborg*. La ville maritime de *Gœteborg* ou *Gothembourg*, vers l'embouchure de la Gotha, est la seconde du royaume par son commerce et par sa population, qui s'élève à 30 000 âmes. — La préfecture de *Visby* est formée de l'île de *Gottland*.

Les préfectures intérieures sont celles de *Mariestad*, *Venersborg*, *Iœnkœping* et *Vexiœ*.

NORVÉGE.

La Norvége, nommée en norvégien *Norge* et en suédois *Norrige*, se divise en deux parties : 1° la *Norvége méridionale*, qui comprend les diocèses ou *stifts* d'*Aggershuus*, de *Christiansand*, de *Bergen* et de *Drontheim* ; 2° la *Norvége septentrionale*, qui forme le diocèse de *Tromsœ*. Ces cinq diocèses se partagent en dix-neuf bailliages ou préfectures.

Christiania, située au fond du long golfe du même nom, est la capitale de la Norvége et le chef-lieu du diocèse d'Aggershuus ; elle est peu considérable, et ne renferme qu'environ 40 000 habitants ; mais l'aspect en est agréable et même majestueux. Elle possède une importante université.

La petite ville très-commerçante de *Christiansand* est vers l'extrémité méridionale de la Norvége, sur le Skager-Rack. *Drammen*, *Stavanger*, le port le plus important pour la pêche ; *Kongsberg*, célèbre par ses mines d'argent, sont les autres villes principales des diocèses de Christiania et de Christiansand. — *Bergen*, place maritime, de 26 000 âmes, a été la plus considérable de la Norvége. — *Drontheim* ou mieux *Trondhiem*, ville de 10 000 âmes, est dans une situation riante, sur un long golfe du même nom.

Le diocèse de Tromsœ ou *Nordland*, composé de la *Laponie norvégienne*, comprend le *Finmark* et le *Nordland* proprement dit. Le chef-lieu est *Tromsœ*, sur une petite île. On y voit aussi la ville la plus septentrionale de l'Europe, *Hammerfest*, bâtie dans l'île Qvalœ, une des Lofoden : ce lieu si reculé a un port fréquenté par de nombreux navires pêcheurs et marchands.

C'est vers les côtes du Nordland, et dans la partie S. O. de l'archipel Lofoden, que se trouve le dangereux gouffre de Malstrœm. Pendant six heures, sa direction est du N. au S., et dans le sens contraire pendant six autres heures ; il attire quelquefois les navires et les engloutit ; il entraîne aussi les baleines et les ours qui se hasardent à le traverser à la nage. Le fracas qu'il produit se fait entendre au loin. Cependant, en été, il est peu redoutable.

2. Gouvernement, Religion, Mœurs.

Le gouvernement de la Suède et de la Norvége est une monarchie constitutionnelle. Quoique réunies sous un même sceptre, ces deux contrées ont leurs lois distinctes, leurs assemblées législatives indépendantes, et chacune a le titre de royaume.

Le luthéranisme est la religion dominante.

Les Suédois sont généralement grands, robustes, accoutumés à une vie frugale et simple, et remarquables, surtout dans les campagnes, par des mœurs honnêtes et hospitalières. — C'est un peuple essentiellement guerrier et patient, calme et persévérant.

Les Norvégiens offrent à peu près le même aspect physique : ils ont l'air sérieux, mais sont affables et fort hospitaliers. Ils se distinguent par leur caractère d'indépendance et de franchise.

Les langues suédoise et norvégienne appartiennent à la même origine que le danois et l'allemand ; elles sont mâles et énergiques. Les sciences sont cultivées avec succès dans la Scandinavie, et le peuple y est généralement éclairé : tous les paysans savent lire.

Les *Lapons* ou *Sam* forment, dans le N. de la Suède et de la Norvége, un peuple à part, remarquable par sa très-petite taille, son visage large, sa peau brune et huileuse, sa voix aigre et désagréable. Ils sont doux, gais, assez intelligents et très-agiles, mais fort portés à la paresse. La civilisation a peu pénétré chez eux. La plupart sont nomades, et, malgré la rigueur du climat, leur vie errante est tellement pleine de charme pour eux, qu'ils meurent ordinairement de chagrin lorsqu'ils sont forcés de l'abandonner. Ils se nourrissent du produit de leur chasse, de celui de leur pêche, et de la chair et du lait des rennes ; chaque famille laponne possède au moins deux ou trois cents de ces animaux. Leur langue se rapproche du finnois.

3. Chemins de fer.

Les lignes de chemins de fer les plus avancées sont : le chemin suédois de l'O., de *Stockholm* à *Gœteborg*; le chemin du S., se détachant du premier et se rendant à *Malmœ*; le chemin du N. O., de *Stockholm* à *Christiania*; le chemin du N., de *Stockholm* à la *Dalécarlie* et à *Gefle*; — les chemins norvégiens de *Christiania* à *Drontheim*, de *Christiania* à *Kongsberg*.

4. Colonies.

La Suède ne possède en dehors de l'Europe qu'une petite colonie : c'est l'île *Saint-Barthélemy*, une des Antilles.

Géographie historique.

La *Scandinavie* portait aussi ce nom chez les anciens ; mais elle était fort peu connue, et on la regardait comme une île. On prétend qu'elle fut la patrie de ces *Goths* belliqueux qui contribuèrent si puissamment à renverser l'empire Romain ; mais il est plus vraisemblable qu'elle fut elle-même conquise par les Goths, venus des rives S. E. de la mer Baltique. Elle fut, du moins, le berceau des *Normands*, qui se sont établis au moyen âge sur les côtes de France et de plusieurs contrées méridionales de l'Europe. Parmi les peuples de cette péninsule, on remarquait les *Suïons*, qui paraissent avoir laissé leur nom à la Suède.

VII. RUSSIE D'EUROPE,

AVEC LE ROYAUME DE POLOGNE ET LE GRAND-DUCHÉ DE FINLANDE.

DESCRIPTION PHYSIQUE. — DESCRIPTION POLITIQUE. — GÉOGRAPHIE HISTORIQUE.

Description physique.

1. Limites, Étendue, Description des Côtes.

La Russie d'Europe occupe la partie orientale de l'Europe, et s'étend depuis le 41e jusqu'au 76e degré de latitude N. (en y comprenant la Nouvelle-Zemble), et depuis le 15e jusqu'au 63e de longitude E. Elle a une longueur de 3800 kilomètres, du N. O. au S. E., sur une largeur de 2700 kilomètres, et sa superficie est de 5 870 000 kilomètres carrés. Elle surpasse en étendue tout le reste de l'Europe ; sa population s'élève à 65 millions d'habitants. C'est environ le quart de la population totale de l'Europe.

Il faut remarquer que ce n'est là qu'une portion de l'empire Russe ; cet empire s'étend encore dans le N. de l'Asie et dans le N. O. de l'Amérique; mais ces vastes contrées sont bien moins riches et bien moins peuplées que la partie européenne, et l'on y compte à peine 7 millions d'âmes.

La Russie d'Europe est baignée au N. par l'océan Glacial arctique, qui forme la mer *Blanche* et la mer de *Kara*. La première s'enfonce dans les terres comme un grand golfe, et elle se divise elle-même en plusieurs golfes, tels que ceux de *Kandalask*, d'*Onéga*, de la *Dvina* et du *Mézen*. Aux deux côtés de son entrée, se présentent, à l'O., le cap *Sviatoï*, et, à l'E., le cap *Kanin*, qui termine la grande presqu'île du même nom, et au N. E. duquel est l'île de *Kalgouev*. La mer de Kara s'étend au S. E. de la *Nouvelle-Zemble* ou mieux *Novaïa-Zemlia* (c'est-à-dire nouvelle terre); cette terre, la plus septentrionale de l'Europe, est encore peu connue, à cause de la rigueur du climat; elle paraît être divisée en deux grandes îles principales par un détroit nommé canal de *Matotchkin;* l'aspect en est horrible; on n'y trouve que des rochers arides, couverts presque constamment d'énormes amas de glaces et de neiges; dans sa partie septentrionale, il y a des nuits de trois mois. Elle est inhabitée; quelquefois seulement, elle est visitée par des pêcheurs et des chasseurs russes, qui y prennent une grande quantité de cachalots, de phoques, de lamantins, et des renards, des hermines, des ours blancs, précieux par leurs belles peaux. Le cap *Jélaniia* forme l'extrémité N. E. de cette triste région.

L'île *Vaïgatch*, au S. de la Nouvelle-Zemble, est séparée du continent par le détroit de son nom.

Au N. O., la Russie tient à la péninsule Scandinave. Elle est baignée à l'O. par la mer Baltique, qui, en pénétrant dans ses terres, forme les golfes de *Finlande* et de *Livonie* ou de *Riga*. A l'entrée de ce dernier golfe, se trouvent les îles de *Dago* et d'*Œsel*. Les îles d'*Aland* et d'*Abo* sont au N. O. de l'entrée du golfe de Finlande, à l'endroit où commence celui de *Botnie*.

La Russie est encore limitée à l'O. par la Prusse et l'empire d'Autriche. Elle a au S. O. la Moldavie, vers laquelle sa frontière est marquée par le Pruth et par l'ancien retranchement du *Val de Trajan*.

Au S., se trouve la mer Noire, dans laquelle s'avance la presqu'île de *Crimée*, unie au continent par l'isthme étroit de *Pérékop*. A l'E. de cette presqu'île, s'enfonce la mer d'*Azov*, qui est comme un simple golfe de la mer Noire, et qui communique à celle-ci par le détroit d'*Iénikalé* ou de *Kertch* (autrefois *Bosphore Cimmérien*); la mer d'Azov se nommait anciennement *Marais Méotide* ou *Palus Mæotis*; elle produit, à l'O., en s'épanchant sur les côtes de la Crimée, un golfe malsain, nommé *mer Putride* ou *golfe Sivach*, qui est presque constamment bordé à l'E. par l'étroite langue de terre nommée *Flèche d'Arabat*. Au N. O. de la même presqu'île, la mer Noire forme les golfes de *Pérékop* et d'*Odessa*.

Le reste de la limite méridionale de la Russie d'Europe est marqué par la grande chaîne du Caucase.

Au S. E., cette contrée est bornée par la mer Caspienne, qui présente d'innombrables îles dans le voisinage des bouches du Volga. A l'E., elle l'est par le fleuve Oural, les monts Ourals et la rivière Kara, qui la sépare de l'Asie.

2. Aspect général, Climat, Productions et Montagnes.

La Russie d'Europe n'est, pour ainsi dire, qu'une plaine immense, coupée çà et là dans son intérieur par quelques chaînes de collines, arrosée par de nombreux et grands cours d'eau, et bordée à l'E. et au S. E. par de hautes montagnes. Le N. est un pays triste et stérile, où règne un froid très-vif. Le N. O. est rempli de lacs, qu'embellissent souvent des aspects pittoresques, et entre lesquels s'élèvent des collines rocailleuses. Le centre et l'O. sont les parties les plus peuplées et les mieux cultivées : on y trouve cependant de vastes marais, entre autres ceux de *Pinsk*, qui sont les plus étendus de l'Europe. Le S. jouit d'un climat plus doux que le reste, et offre plusieurs cantons agréables et fertiles ; on y récolte beaucoup de blé, de tabac et de lin, et la vigne y réussit; mais il y a aussi de grandes steppes [1] herbacées, infestées de sauterelles. Le S. E., entre la mer d'Azov et la mer Caspienne, contient de vastes steppes sablonneuses, des plaines imprégnées de sel et beaucoup de petits lacs salés ; tout, dans l'aspect de cette région, annonce que la Caspienne était autrefois unie à la mer Noire. Enfin l'E. est remarquable par ses immenses forêts et ses richesses minérales : on y trouve d'abondantes mines de cuivre, d'or, de platine, et même quelques diamants.

Le nom de Russie réveille l'idée d'une température très-

---

1. Steppe signifie à peu près *désert*.

froide; le N. est, en effet, soumis à un climat très-rigoureux; mais nous venons de voir que le S. jouit d'une température assez favorable. On remarque qu'en Russie le froid est généralement plus grand, à latitude égale, que dans la plupart des autres pays de l'Europe. Dans le midi même, il fait souvent très-froid en hiver, mais les étés y sont fort chauds.

La grande arête qui sépare l'Europe en deux versants parcourt la Russie d'Europe depuis les monts *Ourals* jusqu'à la frontière de l'empire d'Autriche; elle se dirige généralement du N. E. au S. O., et n'est formée, en grande partie, que de collines ou de petites montagnes : les monts *Valdaï*, dans l'O., en sont une des parties les plus remarquables.

Deux branches principales s'y rattachent : l'une, au N., s'élève entre le bassin de la Baltique et celui de l'océan Glacial, et porte les noms de monts *Olonetz* et de monts *Dofrines*. L'autre, au S., entre le bassin de la mer Noire et celui de la mer Caspienne, s'appelle montagnes du *Volga*, et va rejoindre le *Caucase*.

C'est dans le Caucase que se trouvent les plus hauts sommets de la Russie; des glaces et des neiges éternelles couvrent cette chaîne majestueuse; on y distingue surtout le pic de l'*Elbrouz* et celui de *Kazbek*, qui s'élèvent, le premier, jusqu'à plus de 5600 mètres, le second, à 5100 mètres. — Les points culminants de la longue chaîne des monts Ourals sont les monts *Tell-Pass*, *Denechkin*, *Konjakov* et *Kolvinskoï*, qui ont de 1600 à 1900 mètres de hauteur.

3. Cours d'eau et Lacs.

La Russie est divisée en quatre versants maritimes : le versant de l'océan Glacial, le versant de la Baltique, le versant de la mer Noire et celui de la Caspienne.

Sur le versant de l'océan Glacial, coulent la *Kara*, la *Petchora*, le *Mézen*, la *Dvina du nord*, l'*Onéga*; ces trois derniers fleuves sont tributaires de la mer Blanche. Le plus grand des lacs qui appartiennent à ce versant est l'*Imandra*, qui s'écoule dans le golfe de Kandalask.

Sur le versant de la Baltique, on distingue le *Torneå*, qui tombe au fond du golfe Botnie; la *Néva*, dont le cours n'est pas long, mais fort large, et qui porte les eaux du lac Ladoga au golfe de Finlande; la *Dvina du sud* ou *Duna*, qui va se jeter dans le golfe de Livonie ; le *Niémen* et la *Vistule*, qui ont la fin de leurs cours sur le territoire prussien. C'est sur ce versant que se trouvent les principaux lacs de la Russie : le plus grand de tous est le *Ladoga*, qui a 200 kilomètres de longueur et 90 kilomètres de largeur ; il a pour tributaires trois autres lacs considérables : à l'E., la rivière *Svir* lui apporte les eaux du lac *Onéga;* au N. O., il reçoit celles du lac *Saïma*, par l'intermédiaire du *Voxen;* au S., le lac *Ilmen* lui envoie les siennes par la rivière *Volkhov*.

Remarquons encore, dans le voisinage de ces lacs, le lac *Tchoudskoé* ou *Peïpous*, au S. du golfe de Finlande, où il s'écoule par la *Narova;* — le lac *Pæjjæne*, au N. du même golfe, où il s'écoule aussi, — et le lac *Biélo*, au S. E. du lac Onéga, avec un écoulement vers le Volga.

Le versant de la mer Noire est arrosé par le *Pruth* ou *Prout*, affluent du *Danube;* — par le *Dniestr;* — par le *Dniepr*, l'ancien *Borysthènes*, qui est, pour l'étendue, le quatrième fleuve de l'Europe, et qui reçoit la *Bérézina*, si malheureusement célèbre par le désastre des Français en 1812 ; le *Pripet*, qui parcourt les vastes marais de Pinsk ; la *Desna;* le *Boug*, qui ne se joint au fleuve que très-près de son embouchure. — Le *Don*, nommé anciennement *Tanaïs*, est encore un fleuve principal de ce versant : il débouche à l'extrémité N. E. de la mer d'Azov, et se grossit du *Khoper*, du *Donetz* et du *Manytch*, qui lui apporte les eaux du lac *Bolcheï* et qui a, d'un autre côté, un écoulement vers la mer Caspienne. — Enfin, il faut aussi distinguer, parmi les tributaires de la mer Noire, le *Kouban*, qui va s'y jeter près du détroit d'Iénikalé, et qui envoie un bras à la mer d'Azov.

Le versant de la Caspienne est celui qui contient le plus grand cours d'eau de la Russie et de toute l'Europe, c'est-à-dire le *Volga*. Ce fleuve immense sort d'un petit lac du voisinage des monts Valdaï, parcourt le centre et le S. E. de la Russie, en coulant d'abord à l'E., puis au S., et va se jeter dans la Caspienne par une infinité d'embouchures, après un cours de 3500 kilomètres ; il déborde fréquemment dans les vastes plaines qu'il arrose, et qui offrent alors l'aspect d'une mer ; c'est un des fleuves les plus poissonneux du monde. Il reçoit, à droite, l'*Oka*, qui se grossit elle-même de la *Moskva;* et, à gauche, la *Kama*, augmentée de la *Viatka*.

Les autres fleuves qui tombent dans la Caspienne sont le *Térek*, la *Kouma* et l'*Oural* ou *Iaïk*.

Plusieurs canaux font très-utilement communiquer entre eux les quatre versants de la Russie. Les principaux sont : celui de *Vychni-Volotchok*, qui joint le Volga au lac Ilmen ; — celui de *Tikhvin*, entre le Volga et le lac Ladoga ; — le canal de *Marie*, entre le lac Onéga et le lac Biélo ; — le canal de *Ladoga*, qui va du Volkhov à la Néva, en longeant au S. le lac Ladoga ; — le canal de *Koubensk*, entre la Cheksna, affluent du Volga, et la Soukhona, affluent de la Dvina du nord ; — le canal du *Nord*, entre la Kama et la Vytchegda, autre affluent de la Dvina du nord ; — le canal de la *Bérézina*, entre la rivière de ce nom et la Dvina du sud ; — celui d'*Oginski*, entre le Pripet et le Niémen ; — le canal de *Fellin*, entre l'Embach, tributaire du lac Peïpous et le golfe de Livonie ; — le canal de *Saïma*, entre le lac Saïma et le golfe de Finlande ; — le canal *Royal*, entre le Pripet, affluent du Dniepr, et le Bug, tributaire de la Vistule.

Description politique.

1. Divisions et Villes principales.

La Russie d'Europe comprend : 1° cinquante gouvernements ; 2° deux républiques militaires, celles des Cosaques du Don et des Cosaques de la mer Noire ; 3° le grand-duché de Finlande ; 4° le royaume de Pologne ; 5° un pays encore imparfaitement soumis, la Circassie.

Toutes ces divisions peuvent être classées en cinq régions naturelles : 1° le versant de l'océan Glacial ; 2° le versant de la mer Baltique ; 3° le versant de la mer Noire et de la mer d'Azov ; 4° le versant de la mer Caspienne ; 5° la région entre la mer Noire et la mer Caspienne.

VERSANT DE L'OCÉAN GLACIAL. — Cette région s'étend au N. de la grande arête européenne, jusqu'à l'océan Glacial ; la partie septentrionale des monts Ourals la limite à l'E. Il s'y trouve trois gouvernements : ceux d'*Arkhangel*, d'*Olonetz* et de *Vologda*.

Le gouvernement d'Arkhangel est le plus boréal et le plus grand de la Russie d'Europe : quoiqu'il soit plus étendu que la France, il ne renferme pas 300 000 habitants, c'est-à-dire la population d'un département français ordinaire. La rigueur du froid y est extrême. Une partie de ce pays, vers l'O., est peuplée par les *Lapons*; un autre, à l'E., par les *Samoïèdes*; ce dernier peuple offre un aspect étrange et désagréable : il a le visage plat, les yeux petits et longs, le nez singulièrement enfoncé, la bouche très-fendue, les cheveux rudes et luisants, les oreilles grandes et élevées, le teint basané. Il est encore plongé dans un état voisin de la barbarie. Les rennes forment sa principale richesse. — Le chef-lieu de ce gouvernement est *Arkhangel* ou *Arkhangelsk*, centre du commerce maritime du N. de la Russie : cette ville a 20 000 habitants, et se trouve sur la Dvina, un peu au-dessus de son embouchure dans la mer Blanche. On remarque, dans le même gouvernement, *Kola*, la ville la plus septentrionale de la Russie d'Europe.

Le gouvernement d'Olonetz, au milieu duquel est le lac Onéga, a pour chef-lieu *Pétrozavodsk*. — Celui de Vologda, beaucoup plus étendu, a un chef-lieu plus important, nommé aussi *Vologda*.

VERSANT DE LA MER BALTIQUE.—Cette région s'étend entre les monts Valdaï et la Baltique. Elle comprend : 1° les gouvernements maritimes de *Saint-Pétersbourg*, d'*Esthonie* ou de *Rével*, de *Livonie* ou de *Riga*, de *Courlande* ou de *Mitau*, et les gouvernements intérieurs de *Novgorod*, de *Pskov*, de *Vitebsk*, de *Vilna*, de *Kovno*, de *Grodno*; 2° le grand-duché de *Finlande*; 3° le royaume de *Pologne*.

Le gouvernement de Saint-Pétersbourg, ou simplement Pétersbourg, est un pays bas, humide et naturellement stérile et triste; mais, comme il renferme la capitale de l'empire, il est parsemé d'un grand nombre de maisons de plaisance, de parcs, de jardins potagers et d'établissements industriels. La ville de *Saint-Pétersbourg* s'élève au fond du golfe de Finlande, sur les deux rives et sur plusieurs îles de la Néva, qui se divise en quatre grandes branches. Sa plus vaste et sa plus belle partie occupe la rive gauche du fleuve. Cette capitale fut bâtie par Pierre le Grand, au commencement du dix-huitième siècle, au milieu de marais insalubres. Malgré le désavantage de son site, c'est une des capitales les plus magnifiques de l'Europe; elle est du moins la plus régulière, et l'on en admire les rues larges, les quais superbes, les beaux canaux, surtout celui de la *Fontanka*.

Saint-Pétersbourg a une circonférence de 35 kilomètres; mais dans cet espace il se trouve plusieurs emplacements sans habitations. On y compte 500 000 âmes. Parmi les monuments de cette immense cité, il faut signaler la statue équestre en bronze de Pierre le Grand, posée sur un énorme bloc de granite, le palais de l'Amirauté, le palais de la Tauride, le palais d'Hiver, le palais d'Été, le palais de l'Hermitage, le palais de Marbre, la colonne Alexandrine, le théâtre d'Alexandre, les églises d'Isaac et de Notre-Dame de Kazan. — Près de la ville s'élève le bel observatoire de Poulkova.

Les châteaux impériaux sont nombreux dans le gouvernement de Saint-Pétersbourg : les plus célèbres sont ceux de *Tzarskoé-Sélo*, de *Peterhof*, d'*Oranienbaum*, de *Gotchina*.

A ce gouvernement appartient encore l'importante place forte et maritime de *Kronstadt*, située sur la petite île de Kotline, dans le golfe de Finlande, à l'O. de la capitale, avec 40 000 habitants. Il faut aussi remarquer la forteresse de *Schlüsselbourg*, à l'endroit où la Néva sort du lac.

L'Esthonie (le *pays des Esthes*), ou le gouvernement de Rével, borde la côte méridionale du golfe de Finlande. Le chef-lieu est le port de *Rével* ou *Réval*, de 25 000 âmes.

La Livonie (le *pays des Lives*), ou le gouvernement de Riga, a pour chef-lieu *Riga*, un des ports les plus commerçants de la Russie : c'est une ville de 60 000 habitants, située sur la Duna, non loin de l'embouchure du fleuve. On trouve dans la même contrée *Dorpat* ou *Derpt*, importante par son université.

La Courlande (c'est-à-dire le *pays des Coures*), ou le gouvernement de Mitau, est le plus méridional et le plus agréable de ces gouvernements; elle a pour chef-lieu *Mitau*.

Le chef-lieu de celui de Novgorod est *Novgorod* ou *Véliki-Novgorod*, sur le Volkhov, près et au N. du lac Ilmen : c'était au moyen âge le siége d'une république riche et puissante; il n'y a plus aujourd'hui que 10 000 âmes. Cependant cette antique cité offre encore un bel aspect.

Le gouvernement de Pskov a pour chef-lieu la ville du même nom, située près et au S. E. du lac Peïpous.

Le gouvernement de Vilna a pour chef-lieu la ville du même nom, qui renferme 50 000 habitants et qui était la capitale de la Lithuanie[1].

---

[1]. Le grand-duché de Lithuanie, qui fut longtemps uni à la Pologne, a

Les gouvernements de Vitebsk et de Grodno ont des chefs-lieux de même nom, dont le plus important est Vitebsk, de 30 000 âmes.

La Finlande, c'est-à-dire le *pays des Finnois*, s'appelle, dans le langage des naturels, *Suomi* ou *Suomenma*; elle s'étend au N. du golfe de Finlande et à l'E. de celui de Botnie, et présente des côtes partout hérissées de rochers, découpées par de nombreux enfoncements et bordées d'une multitude de petites îles. L'intérieur est rempli de lacs et de bruyères. On y récolte pourtant beaucoup plus de blé que la position boréale de la contrée ne pourrait le faire supposer. Ce pays n'appartient à la Russie que depuis 1809; auparavant il dépendait de la Suède. Il a le titre de grand-duché. On y compte environ 1 million 600 000 habitants.

Les gouvernements de la Finlande (*Nyland, Abo, Tavastehus, Viborg, Saint-Michel, Kuopio, Vasa* et *Uleaborg*) portent les noms de leurs chefs-lieux, excepté la préfecture de *Nyland*, dont le chef-lieu est *Helsingfors*. Cette dernière ville est en même temps la capitale de tout le grand-duché ; elle est très-agréablement placée, sur une petite presqu'île qui s'avance dans le golfe de Finlande. Non loin de là, est la célèbre place forte de *Sveaborg*. — *Abo*, qui a été longtemps la capitale de la Finlande, se trouve vers l'extrémité S. O. du pays.

Les préfectures de Vasa et d'Uleaborg correspondent à l'ancienne province suédoise d'*Ostro-Botnie* ou *Botnie orientale*.

Bomarsund, chef-lieu des îles d'Aland, fut bombardée et prise par les forces anglo-françaises en 1854.

Les *Finnois*, qui se nomment eux-mêmes *Suomi*, paraissent être originaires de l'Asie ; ils parlent une langue tout à fait différente du russe, et se font remarquer par leurs mœurs douces et leur caractère loyal et bon.

Le royaume de Pologne, qui n'est en réalité qu'une vice-royauté, ne correspond qu'à une faible partie de l'ancien et puissant royaume de Pologne, démembré par des partages en 1792, 1793 et 1795 : la Russie, la Prusse et l'Autriche ont eu, chacune, une part dans le naufrage de cette vaste monarchie ; mais la première a obtenu la plus grande portion.

formé les gouvernements de Vilna, Kovno, Vitebsk, Mohilev, Minsk et Grodno.

Les habitants du petit royaume actuel de Pologne s'insurgèrent en 1830 et luttèrent avec un courage héroïque pour leur indépendance; ils sont retombés depuis sous le joug des Russes.

Ce pays n'est pas plus grand qu'un gouvernement russe d'une moyenne étendue; mais il est plus peuplé : il renferme environ 5 millions d'habitants. Il offre une surface très-unie, et le nom même de *Pologne (Polska)* signifie *pays plat*; il y a des cantons marécageux, de vastes forêts, mais aussi beaucoup de terrains très-riches en blé, en lin, etc. Malheureusement le cultivateur est en général apathique et négligent, et il ne met pas toujours à profit la fertilité du sol. On trouve dans les forêts reculées une sorte de bœuf sauvage nommé *urus* ou *aurochs*, animal grand et redoutable, portant une longue crinière. On y remarque aussi des bisons assez semblables à nos bœufs domestiques.

La Vistule, en polonais *Wisla*, parcourt du S. au N. le royaume de Pologne, et y reçoit à droite le Bug ou Bog. Le Niémen limite le pays vers le N. E., et la Warthe, affluent de l'Oder, l'arrose à l'O.

Ce royaume se divise en cinq gouvernements : au N., *Augustowo* et *Plock*; — au milieu, *Varsovie*; — à l'E., *Lublin*; — au S., *Radom*.

Varsovie est la capitale de la Pologne et du gouvernement du même nom, qui s'appelait autrefois Masovie. Cette ville se nomme en polonais *Warszawa*, et s'étend sur la rive gauche de la Vistule. Sur la rive droite, est la ville de *Praga*, que l'on considère comme un faubourg de la capitale. Varsovie a des rues larges et belles, et renferme cent douze palais et beaucoup d'établissements scientifiques et littéraires. On y compte 170 000 âmes.

Les autres villes remarquables du royaume de Pologne sont : *Plock*, au N. O., sur la Vistule; — *Kalisch* ou *Kalisz*, belle ville, à l'O.; — *Lublin*, au S. E., peuplée de 16 000 habitants, et la seconde ville du royaume; on y remarque le palais de Sobieski; — les forteresses importantes de *Zamosc* et de *Modlin*; — *Lodz*, peuplée de 25 000 habitants, et la première ville industrielle du royaume.

(Longtemps la Pologne a possédé *Cracovie*, au S. O. de Varsovie, sur la Vistule. Cette ville devint en 1815 la capitale d'une petite république, mais elle a été annexée à l'Autriche en 1846. Elle fut autrefois la capitale de la Pologne. Sa belle cathédrale était le lieu du couronnement et de la sépulture des rois.)

Versant de la mer Noire et de la mer d'Azov. — On trouve dans cette région dix-sept divisions.

Six sont maritimes : les gouvernements de *Bessarabie*, de *Kherson*, de *Tauride*, d'*Ékatérinoslav*, et les pays des *Cosaques du Don* et de la *mer Noire*.

Onze sont intérieures : le gouvernement de *Podolie*, dans le bassin du Dniestr ; — les gouvernements de *Volhynie*, de *Kiev*, de *Minsk*, de *Mohilev*, de *Smolensk*, de *Tchernigov*, de *Poltava* et de *Koursk*, dans le bassin du Dniepr ; — le gouvernement d'*Ukraine* ou de *Kharkov* et celui de *Voronej*, dans le bassin du Don.

La Bessarabie, renfermée entre le Dniestr et le Pruth, a longtemps appartenu à la Turquie, et elle ne dépend de la Russie que depuis 1812. Elle a pour chef-lieu *Kichenev*, ville de 65 000 âmes ; et pour principales villes *Bender*, sur le Dniestr ; *Akkerman*, située à l'embouchure de ce fleuve, et célèbre par le traité de 1826 entre les Russes et les Turcs. (*Ismaïl* et *Kilia*, sur le Danube, ont été cédées à la Moldavie en 1856.)

Le gouvernement de Kherson a pour chef-lieu la ville du même nom, de 35 000 âmes, située sur le Dniepr, dont l'estuaire ou *liman* commence en cet endroit. Il contient encore : *Nikolaev*, neuve et bien bâtie, sur le Boug, avec d'importants chantiers de la marine impériale et 45 000 âmes, non loin des ruines d'*Olbia*, célèbre colonie de Milésiens ; *Odessa*, une des principales places militaires de l'Europe, avec 100 000 habitants ; le port et la forteresse d'*Otchakov*, vers l'embouchure du Dniepr, à droite du fleuve, et *Kinbourn*, autre forteresse, sur la rive opposée et sur une langue de terre étroite. Les Français et les Anglais ont enlevé cette dernière place aux Russes en 1855.

Le gouvernement de Tauride doit son nom à l'ancienne péninsule de *Tauride* ou *Khersonèse Taurique*, aujourd'hui la Crimée, qui en forme la partie la plus importante. Cette presqu'île offre au N. une plaine basse et malsaine ; au S., elle est couverte de montagnes pittoresques, au pied desquelles s'ouvrent des vallées délicieuses qui sont la partie la plus tempérée et la plus fertile de la Russie. Des Tatares à mœurs douces et patriarcales habitent dans ces montagnes. La capitale de la Tauride est *Simféropol* ou *Akmetchet*, ville de 30000 habitants, dans le S. de la Crimée. — Il se trouve aussi dans le S. *Baktchisaraï*, ville à la physionomie toute tatare, et jadis résidence des khans de Crimée. — On remarque, sur la côte S. O., la célèbre place de *Sévastopol* ou *Sébastopol*, prise par les Français et les Anglais en 1855, après un long siége, pendant lequel elle fut presque entièrement détruite. Près de là, sur les bords de la Tchernaïa, rivière qui se jette dans le port de Sévastopol, sont les ruines d'*Inkerman*, où les Anglo-Français vainquirent les Russes en 1854.— A quelque distance, en s'avançant au N., on trouve l'*Alma*, petite rivière qui est célèbre par une victoire des Français et des Anglais en 1854. — On remarque, sur la côte occidentale, *Eupatoria*, occupée aussi par les mêmes alliés dans les mêmes années; — au N., à l'entrée de la presqu'île, la petite place forte de *Pérékop;* — vers l'extrémité S., *Kamiech* et *Balaklava*, deux ports occupés par les Français et les Anglais pendant 1854 et 1855; — sur la côte S. E., *Kéfa* ou *Caffa*, nommée aussi *Féodosie* (anciennement *Théodosie*), ville aujourd'hui presque dépeuplée, mais qui fut riche et florissante au moyen âge, lorsque les Génois la possédaient; — enfin, à l'extrémité orientale de la presqu'île, *Kertch* et *Iénikalé*, deux petites places maritimes, prises par les forces anglo-françaises en 1855.

Le gouvernement d'Ékatérinoslav porte le nom de son chef-lieu, et renferme, vers la partie orientale de la mer d'Azov, *Taganrog, Marioupol*, les principaux ports de cette mer; *Azov*, autrefois considérable, aujourd'hui ruinée, sur le Don, près de l'embouchure de ce fleuve; *Rostov*, port assez important, sur le même fleuve; *Nakhitchévan*, ville manufacturière et toute peuplée d'Arméniens.

Les Cosaques du Don et les Cosaques de la mer Noire ne sont qu'une partie du peuple des Cosaques, répandu dans beaucoup d'autres parties de la Russie, et fameux par son esprit belliqueux : il a adopté la langue des Russes, mais il a conservé des institutions assez libres, et les Cosaques des bords du Don et de la mer Noire, surtout, ont une constitution toute militaire qui diffère entièrement de l'organisation des gouvernements de l'empire. *Novo-Tcherkask* est le chef-lieu des Cosaques du Don, et *Ékatérinodar*, celui des Cosaques de la mer Noire.

La Podolie a pour chef-lieu *Kaménetz*. *Bar*, dans ce gouvernement, a donné son nom à une célèbre confédération des Polonais en 1768.

Le chef-lieu de la Volhynie est *Jitomir*, ville de 30 000 âmes.

Kiev, chef-lieu du gouvernement du même nom, sur le Dniepr, est une des villes les plus anciennes et les plus célèbres de la Russie : elle a été la résidence des premiers souverains russes, et fut longtemps riche et populeuse ; elle renferme encore aujourd'hui 60 000 habitants. *Berditchev*, dans ce gouvernement, est une florissante ville de 58 000 habitants, presque tous israélites.

Ces trois gouvernements ont fait partie de la Pologne, ainsi que ceux de Minsk et de Mohilev, dont les chefs-lieux portent le même nom. *Minsk* est une ville de 25 000 âmes ; *Mohilev* est célèbre par une victoire des Suédois sur les Russes en 1707.

Smolensk, sur le Dniepr, fut prise par les Français en 1812, malgré ses imposantes fortifications.

Le gouvernement de Poltava, fertile et très-peuplé, a pour chef-lieu la ville du même nom, de 20 000 habitants, célèbre par la victoire de Pierre le Grand sur Charles XII, roi de Suède, en 1709.

Le gouvernement de Koursk a pour chef-lieu *Koursk*, ville de 30 000 habitants.

Celui d'Ukraine ou de Kharkov, remarquable par sa fertilité, a pour chef-lieu *Kharkov*, peuplée de 30 000 habitants.

Voronej, chef-lieu du gouvernement du même nom, a 40 000 âmes.

Versant de la mer Caspienne. — Il y a sur ce versant un gouvernement maritime : *Astrakhan* ; — et dix-neuf gouvernements intérieurs : *Tver*, *Iaroslav*, *Kostroma*, *Nijnii-Novgorod*, *Kazan*, *Simbirsk*, *Samara*, *Saratov*, traversés par le Volga ; — *Moscou*, *Kalouga*, *Orel*, *Toula*, *Riazan*, *Vladimir*, *Tambov*, *Penza*, arrosés par des tributaires de la rive droite de ce fleuve ; — *Viatka*, *Perm*, *Orenbourg*, arrosés par des tributaires de sa rive gauche et par l'Oural.

Ces gouvernements portent les noms de leurs chefs-lieux, excepté celui d'Orenbourg, qui a pour chef-lieu *Oufa*. Parmi les villes les plus importantes, on y remarque : *Astrakhan*, grande et florissante ville maritime, de 30 000 âmes, sur une île du Volga, à 45 kilomètres de la mer Caspienne ; — *Tver*, fort belle ville de 20 000 habitants, sur le Volga ; — *Iaroslav* ou *Iaroslavl*, sur le même fleuve, avec 35 000 habitants ; — *Nijnii-Novgorod*, et, par abréviation, *Nijégorod*, ou simplement *Nijnii*, ville de 30 000 âmes, située au confluent du Volga et de l'Oka, et fameuse par ses foires ; — *Kazan*, près du Volga, avec 60 000 habitants, une célèbre université, des fabriques de cuir de Russie, etc.; — *Simbirsk* et *Samara*, villes de 20 à 25 000 habitants ; — *Saratov*, qui en compte 75 000 ; — *Toula*, ville de 40 000 habitants, célèbre par ses manufactures d'armes ; — *Orel*, peuplée de 35 000 âmes ; — *Életz*, dans le gouvernement d'Orel, avec 25 000 âmes ; — *Kalouga*, ville de 30 000 âmes, renommée par son *caviar*, préparation faite avec des œufs d'esturgeon ; — *Tambov*, avec 28 000 habitants ; — *Moscou*, en russe *Moskva*, qui fut longtemps la métropole de la Russie, et qui conserve encore le titre de seconde capitale de l'empire. C'est une ville sainte aux yeux des Russes. Cette grande cité s'étend sur les deux rives de la Moskva, et a 50 kilomètres de tour ; mais la population n'y est que de 350 000 âmes en été ; elle compte en hiver 100 000 habitants de plus, parce qu'une riche et nombreuse noblesse et sa suite viennent y passer la mauvaise saison. Moscou fut presque entièrement détruite en 1812 par l'incendie qu'allumèrent ses propres habitants, quand les Français y entrèrent ; on l'a rebâtie rapidement, et aujourd'hui elle est plus belle que jamais. Au centre de la ville, s'élève le Kremlin, espace fortifié qui comprend un majestueux assemblage de palais et d'églises. — On voit, dans le même gouvernement, *Mojaïsk*, près de laquelle se livra la bataille de la Moskva, et où se trouve le monastère *Troïtzkoï*, célèbre lieu de pèlerinage.

Les gouvernements de Perm et d'Orenbourg, très-riches en mines de fer, de cuivre et d'or, ont une partie de leur étendue en Asie, c'est-à-dire à l'E. des monts Ourals. Le gouvernement d'Orenbourg a pour chef-lieu *Oufa* ; la ville la plus importante y est cependant *Orenbourg*, sur l'Oural et sur la limite même de l'Asie ; il s'y rend beaucoup de marchands de la Tatarie, et il s'y fait un grand commerce.

RÉGION ENTRE LA MER CASPIENNE ET LA MER NOIRE. — Cette région renferme le gouvernement de *Stavropol*, celui de *Derbent* et la *Circassie*.

Le premier a pour chef-lieu *Stavropol*; il a été longtemps appelé province du *Caucase*, quoiqu'il ne touche pas à la chaîne de ce nom : il en est séparé par la *Circassie*. Ce gouvernement est baigné à l'E. par la mer Caspienne, et séparé de la mer Noire, à l'O., par le pays des *Cosaques de la mer Noire*.

Le gouvernement de Derbent a été nommé longtemps *Daghestan*, c'est-à-dire le *pays des montagnes*, et s'étend a l'E. de la Circassie et sur le flanc septentrional du Caucase; il a pour chef-lieu *Derbent*, place forte, sur la mer Caspienne.

La Circassie est une contrée généralement très-montagneuse, habitée par un grand nombre de peuplades, dont la plupart reconnaissent aujourd'hui l'autorité de la Russie, après avoir soutenu longtemps leur indépendance, retranchées dans leurs rochers inaccessibles. Les peuples de la Circassie sont célèbres par leur beauté. Les principaux sont les *Tcherkesses* ou *Circassiens proprement dits*, qu'on appelle aussi *Adighé*; les *Abkhases* ou *Abases*, les *Ossètes* et les *Lesghiz*.

2. Chemins de fer.

Le chemin de fer de *Saint-Pétersbourg à Moscou* est prolongé jusqu'à *Vladimir*, et il le sera bientôt jusqu'à *Nijnii-Novgorod*; — le chemin de *Saint-Pétersbourg* à *Varsovie* est commencé, avec embranchement de *Kovno* à *Kœnigsberg*; — il y en a un de *Varsovie à Cracovie*; — un autre, de *Nyland à Tavastehus*.

3. Gouvernement, Religion, Civilisation, Habitants, Mœurs, Langues.

Le gouvernement de la Russie est une monarchie absolue; l'empereur ou *tzar* prend aussi le titre d'autocrate de toutes les Russies. La religion dominante est la religion grecque, une des branches du christianisme : elle ne reconnaît pas la suprématie spirituelle du pape. L'empereur est le chef suprême de l'Église grecque en Russie; mais il délègue son autorité à l'assemblée du saint-synode, qui siége à Saint-Pétersbourg. Le clergé se divise en deux classes distinctes : 1° le *clergé blanc*, ou clergé séculier, comprenant les popes (curés), et auquel le mariage est ordonné; 2° le *clergé noir* ou régulier, qui est contraint au célibat et qui jouit du privilége exclusif d'occuper les dignités ecclésiastiques.

Les catholiques romains sont très-nombreux dans les provinces polonaises. Il y a beaucoup aussi de grecs-unis, ainsi nommés parce qu'ils se sont réunis, pour plusieurs points religieux, à l'Église romaine. Les Juifs y sont fort répandus, et l'on a appelé la Pologne le *Paradis des Juifs :* presque tout le commerce s'y trouve entre leurs mains.

Les protestants se rencontrent en grand nombre dans les provinces baignées par la Baltique. Enfin, il y a beaucoup de mahométans dans le S. et le S. E. de la Russie. Dans les parties orientales, plusieurs peuplades professent le bouddhisme.

Les hautes classes de cet empire sont éclairées, connaissent les inventions que l'on fait sur tous les points du globe, parlent les principales langues de l'Europe, surtout le français, et montrent de l'urbanité et des manières élégantes dans leurs relations sociales; mais les classes inférieures sont restées plongées dans de profondes ténèbres : beaucoup de paysans étaient jusqu'ici de simples *serfs*, c'est-à-dire la propriété de la couronne ou des seigneurs, mais on vient de décréter leur affranchissement; le gouvernement a donné l'exemple de cette belle réforme en affranchissant d'abord les serfs de la couronne.

On distingue historiquement plusieurs Russies : on nomme *Grande-Russie* ou *Moscovie* le territoire qui s'étend depuis le lac Ladoga jusqu'au cours moyen du Don, et qui se compose principalement du bassin supérieur et moyen du Volga; — *Petite-Russie*, la région qui forme aujourd'hui les gouvernements de Kiev, Tchernigov, Poltava et Ukraine; — *Russie Blanche*, *Russie Noire* et *Russie Rouge*, des pays situés à l'O. des précédents, sur le territoire polonais; — *Nouvelle-Russie*, les parties maritimes du sud, conquises sur les Turcs dans le siècle dernier, et que l'on a longtemps appelées *Petite-Tatarie*. — L'*Ingrie* ou *Ingermanie* est un pays de l'O., dont on a fait le gouvernement de Saint-Pétersbourg, et qui fut conquis sur les Suédois en 1703. — La *Carélie* est le sud-est de la Finlande, à peu près le gouvernement de Viborg.

Des populations très-diverses habitent la Russie : les unes sont d'origine *slave :* tels sont les *Russes* (du moins en partie), et les *Polonais*. Il y a, dans les anciens gouvernements polonais, un assez grand nombre de *Lithuaniens*, divisés en

Lithuaniens proprement dits ou *Litaouis*, et *Lettes* ou *Lettons*; — d'autres appartiennent à la branche *finnoise*, comme les *Finnois proprement dits*, *Finlandais* ou *Tchoudes*, les *Esthes*, les *Lives*, les *Caréliens*, une grande partie des Russes de l'intérieur appelés *Moscovites*; — plusieurs peuples connus sous le nom de *Biarmiens* occupent le N. E. de la Russie : ce sont les *Sirianes*, les *Permiens*, les *Votiaks*. — A côté d'eux, vivent les *Vogoules*. — Quelques-uns, désignés sous le nom de *peuples du Volga*, comprennent les *Tchouvaches*, les *Mordouans*, les *Tchérémisses*, répandus dans les parties orientales. — Il y a dans le S. E. un peuple d'origine *mongole*, les *Kalmouks*, venus primitivement du centre de l'Asie. — D'autres, dans l'E., le S. E. et le S., sont d'origine *turque* et *tatare*, comme les *Bachkirs*, les *Nogaïs*, les *Koumykhs*, les *Kirghiz*, les *Tatares de Crimée*. — Les *Cosaques*, ou plutôt *Kasaks*, se sont formés d'un mélange de Slaves et de Tatares ou de Mongols. — Les *Allemands* sont nombreux dans le territoire qui s'étend entre le golfe de Finlande et la frontière de la Prusse; et ils ont formé beaucoup de *colonies* dans les parties méridionales. — Des *Lapons* et des *Samoïèdes* habitent dans le N. — Il y a des *Juifs* dans un grand nombre de gouvernements, surtout ceux de l'O.; — des *Zigueunes* ou *Bohémiens*, dans presque tous; — des *Valaques* et des *Moldaves*, dans le S. O.

Les Russes et les Polonais forment la masse de la population. Les Russes sont plutôt petits que grands. Ceux qu'on appelle les Petits-Russes ont conservé le plus complétement la physionomie nationale; ils sont mieux faits que les autres et ont des qualités morales plus élevées. Le Russe est bon, prévenant, hospitalier; il se montre ordinairement gai, actif, courageux, fort religieux. Cependant il cache au fond du cœur des passions ardentes, qui l'entraînent quelquefois à des actes d'une brutalité terrible; on lui reproche l'amour du gain. La langue russe est riche, sonore, flexible : elle a de la naïveté et de l'élégance. — Les Polonais sont braves, enthousiastes de la liberté; leur noblesse est nombreuse, fort brillante et pleine de dignité dans ses manières; mais les paysans offrent presque partout le tableau de la misère. La langue polonaise n'est ni aussi harmonieuse ni aussi riche que le russe : cependant elle n'est pas désagréable.

Ces deux nations ont une facilité remarquable pour apprendre les idiomes étrangers. — Après le russe et le polonais, les principales langues parlées en Russie sont le finnois, le letton, le turc (dans le S.), l'allemand (à l'O.), le suédois (dans plusieurs villes de la Finlande). Toute la haute société connaît le français.

Géographie historique.

1. Russie.

Les anciens désignaient vaguement sous le nom de *Sarmatie*, et quelquefois sous celui de *Scythie*, les contrées qui forment aujourd'hui la Russie d'Europe. Parmi les peuples qu'ils connurent dans ces vastes régions, on distingue : au N. O., les *Vénèdes*, les *Gothons*, qui paraissent être les mêmes que les *Goths*; les *Esthiéens* ou *Esthes*; les *Fennes* ou *Finnois*; — à l'O., les *Peucins* ou *Bastarnes*, les *Besses*; — au milieu, les *Agathyrses*, les *Sauromates* ou *Sarmates*; — au S., les *Roxolans*, dont le nom, suivant quelques étymologistes, a formé celui des Russes; les *Budins*; les *Iazyges*; les *Taures* et les *Cimmériens*, dans la Khersonèse Taurique. Plusieurs colonies grecques s'établirent dans cette Khersonèse et dans son voisinage, au bord du Pont Euxin : on remarquait *Odessos*, *Olbia*, *Carcine*, *Khersonesos*, *Théodosie*, *Panticapée*.

Au commencement du moyen âge, on voit paraître le nom de *Slaves* pour désigner les peuples de la plus grande partie de ces contrées. Rurik, chef des Varègues, pirates scandinaves qui infestèrent longtemps les bords de la Baltique, fonda au neuvième siècle une monarchie qui fut le berceau de l'empire Russe, et dont le siége fut d'abord dans le bassin du Dniepr. D'autres princes portèrent ensuite dans le bassin du Volga le siége de cette monarchie, qui eut longtemps le titre de grande-principauté de Moscovie. Dans le treizième siècle, la Russie fut assujettie par les Mongols, et resta sous leur domination jusque vers la fin du quinzième siècle. Redevenu indépendant, cet état prit le nom d'empire au seizième siècle; à partir de Pierre le Grand, c'est-à-dire de la fin du dix-septième siècle, il s'est constamment et rapidement accru.

Aujourd'hui l'empire Russe s'étend non-seulement en Europe, mais dans le N. et l'O. de l'Asie et dans le N. O. de l'Amérique. Il occupe, dans le N. du globe, une longueur d'environ 13 000 kilomètres, et une superficie de 20 000 000 de kilomètres carrés. C'est à peu près le septième de la surface des parties terrestres du globe. La population totale de cet empire est de 72 millions d'habitants.

2. Pologne.

Des tribus slaves, connues sous le nom de *Lèkhes*, peuplaient la Pologne aux sixième et septième siècles. Ce n'est qu'au huitième siècle que cette contrée devint un royaume unique, sous la dynastie des Piast. La monarchie Polonaise acquit une grande puissance; l'époque de sa plus grande splendeur fut aux quartorzième, quinzième et seizième siècles, sous les Jagellons. Elle a décliné depuis. Cependant, au milieu du dix-huitième siècle, elle comprenait encore une étendue plus considérable que la France, et s'avançait à l'O. jusqu'au cours moyen de l'Oder; au N. O., jusqu'à la Baltique; au S., jusqu'aux monts Carpathes et au cours moyen du Dniestr; à l'E., jusqu'au Dniepr; au N., jusqu'au cours inférieur de la Dvina du S. Elle renfermait au N. et au N. E. la *Courlande* et la *Lithuanie* (dans laquelle se trouvaient la Russie Blanche et la Russie Noire); au S. E., la *Volhynie* et l'*Ukraine polonaise;* — au S., la *Russie Rouge*, à peu près la Galicie actuelle; — au S. O., la *Petite-Pologne;* — à l'O., la *Grande-Pologne;* — au N. O., la *Prusse polonaise*. Affaiblie par des dissensions intestines, attaquée par les intrigues du dehors, cette malheureuse monarchie fut partagée entre la Russie, la Prusse et l'Autriche, en 1772, 1793 et 1795.

En 1807, Napoléon Ier fit, de la Prusse polonaise et de plusieurs provinces de la Grande-Pologne, le grand-duché de *Varsovie*, qu'il donna au roi de Saxe. En 1815, le congrès de Vienne rendit une partie de ce grand-duché à la Prusse, et érigea le reste en royaume de *Pologne*, qu'il livra à la Russie.

VIII. AUTRICHE.

DESCRIPTION PHYSIQUE. — DESCRIPTION POLITIQUE. — GÉOGRAPHIE HISTORIQUE.

Description physique.

1. Limites et Étendue.

L'empire d'Autriche, en allemand *OEsterreich* (empire de l'est), s'allonge de l'E. à l'O., et a pour bornes, au N., le royaume de Prusse et celui de Pologne; à l'E., la Russie; au S., la Turquie d'Europe et la mer Adriatique, qui s'y enfonce en formant deux golfes considérables : les golfes de Trieste et de Quarnero, entre lesquels s'avance la presqu'île d'Istrie.

A l'O., l'Autriche est limitée par l'Allemagne intérieure et la Suisse; au S. O., par le royaume d'Italie.

Le Riesen-gebirge et la Vistule forment une partie de sa limite septentrionale; son extrémité la plus orientale est marquée par le confluent du Dniestr et de la Podhorce; au S., les monts Carpathes, le Danube et la Save la limitent sur une assez grande étendue; elle est bornée, au S. O., par le Pô, le Mincio et de lac de Garde; à l'O., par une partie des Alpes, le Rhin, le lac de Constance, l'Inn, le Bœhmerwald et l'Erz-gebirge.

Cette monarchie a plus de 1300 kilomètres de l'E. à l'O., mais elle n'a que 500 kilomètres dans sa moyenne largeur, du N. au S. Sa superficie est de 648 500 kilomètres carrés, et sa population, de 35 millions d'habitants.

2. Montagnes, Cours d'eau, Canaux, Lacs.

La grande arête européenne parcourt de l'E. à l'O. le N. de l'empire, en portant les noms de *Carpathes centrales*, de *Sudètes*, de monts *Moraves;* et elle se présente ensuite sur la frontière occidentale avec le *Bœhmer-wald*. Deux rameaux s'en détachent au N. : ce sont ceux qu'on nomme *Erz-gebirge* et *Riesen-gebirge*. Deux autres rameaux s'en séparent vers le S. : ce sont les *Carpathes occidentales* et les *Carpathes orientales*. Ces dernières sont très-étendues, et elles se prolongent en arc immense dans la partie orientale de la monarchie.

La partie la plus élevée de toutes ces montagnes est le *Tatra*, dans les Carpathes centrales : c'est un groupe de hauteurs couvertes de neiges continuelles, et dont le point culminant est le mont *Lomnitz*, haut de 2700 mètres.

L'arête principale se présente encore sur un petit espace, à l'O., avec le mont *Arlberg*, près du lac de Constance.

Le S. O. de l'empire est traversé par une des plus importantes branches méridionales de la grande arête européenne : ce sont les *Alpes orientales*, qui y portent successivement les noms d'*Alpes Rhétiques* (de l'ancienne Rhétie), d'*Alpes Carniques* (des anciens Carnes), d'*Alpes Juliennes* (d'une route que Jules César y avait fait établir) et d'*Alpes Dinariques*, ainsi appelées de l'un de leurs principaux sommets, le mont Dinari, situé sur la frontière de la Turquie. Les principaux rameaux qui s'en séparent prennent les noms d'*Alpes Noriques* (de l'ancien pays de Norique), d'*Alpes Bavaroises*, d'*Alpes Styriennes*, d'*Alpes Salzbourgeoises*.

Les points culminants des Alpes autrichiennes sont le mont *Ortles* et le groupe de *Bernina*, dans les Alpes Rhétiques, et le *Gross-Glockner*, dans les Alpes Salzbourgeoises; ils atteignent environ 4000 mètres.

L'Autriche est partagée entre quatre bassins de mer : tout ce qui est au N. de la grande arête principale est réparti entre les bassins de la mer du Nord et de la mer Baltique. Tout ce qui est au S., et c'est la partie la plus considérable, appartient aux bassins de la mer Noire et de l'Adriatique.

Sur le versant de la mer du Nord, coule l'*Elbe*, qui reçoit la *Moldau*, à gauche. — Le *Rhin*, qui appartient aussi à ce versant, borne un peu l'empire vers l'O., comme nous l'avons vu.

Sur le versant de la Baltique, on remarque l'*Oder* et la *Vistule*, à laquelle se joint le *San*.

Le versant de la mer Noire occupe le plus d'espace : on y voit le *Danube*, qui, coulant d'abord à l'E., puis au S., parcourt le cœur de l'empire, et occupe le fond de cette immense vallée renfermée entre la grande arête européenne et les Alpes orientales. Il reçoit, à droite, l'*Inn*, grossi de la *Salza*; l'*Ens*, la *Raab*, la *Drave*, augmentée de la *Mur*; la *Save*, à laquelle s'unit la *Kulpa*. A gauche, ce grand fleuve a pour affluents la *Morava* ou *March*, le *Vag* ou *Waag*, le *Gran*, la *Theiss*, très-longue rivière, qui se grossit elle-même du *Szamos*, du *Kœrœs* et du *Maros*. La Theiss et le Danube coulent longtemps parallèlement, et ils sont unis par un canal important : le canal *François*.

Le *Dniester* (en allemand) ou *Dniestr* (en russe), dans la partie orientale de l'empire, est encore un des cours d'eau principaux du bassin de la mer Noire.

Enfin, dans le bassin de la mer Adriatique, on trouve la *Sdobba* (grossie de l'*Isonzo*), le *Tagliamento*, la *Piave*, la *Brenta*, l'*Adige*, et le *Pô*, avec son affluent, le *Mincio*.

Il y a plusieurs grands lacs en Autriche : le plus considérable est le *Balaton* ou *Platten-see*, au centre de l'empire, un peu à droite du Danube, dans lequel il s'écoule par un filet d'eau. — Le lac marécageux de *Neusiedl*, au N. O. du Balaton, verse ses eaux dans la Raab.

Dans le S. O. de l'empire, on voit le beau lac de *Garde*, qui s'écoule dans le Pô, par le Mincio.

3. Aspect général. Productions.

On vient de voir que le N., l'E. et le S. O. de cet empire ont de grandes chaînes de montagnes. Au centre, il y a de vastes plaines, dont plusieurs sont marécageuses et malsaines. Sur les limites N. E., on rencontre encore de grandes plaines d'un aspect un peu monotone. Au S. O., vers le Pô, sont les plaines fertiles de la Vénétie. On trouve des pays superbes au pied des Alpes; les cantons voisins de l'Adriatique jouissent d'un climat fort chaud, et les oliviers, le riz, le cotonnier, y donnent de bons produits. On récolte des vins renommés dans plusieurs parties de l'empire. Enfin, peu de contrées sont aussi riches en métaux : il y a de l'or, de l'argent, du cuivre, du fer, du mercure, de l'étain, etc.

Description politique.

1. Divisions et Villes principales.

L'empire d'Autriche a, vers l'O., onze provinces (*Kronlænder*) en Allemagne, c'est-à-dire dans la confédération Germanique; ces pays sont la *Bohème*, la *Moravie*, le duché de *Silésie*; le *pays au-dessous de l'Ens* et le *pays au-dessus* de *l'Ens* (qui forment l'*archiduché d'Autriche*); le duché de *Salzbourg*, la *Styrie*, le *Tyrol*; la *Carinthie*, la *Carniole* et le *Littoral Illyrien* (trois pays qui ont formé assez longtemps le *royaume* d'*Illyrie*).

Il comprend, au S. O., un pays en Italie : c'est la *Vénétie*.

Il possède, hors de l'Allemagne et de l'Italie, c'est-à-dire dans les régions slaves, hongroises et roumaines, les divisions suivantes : la *Galicie*, avec le grand-duché de *Cracovie*; le duché de *Bukovine*; le *royaume de Hongrie*; la *Voïvodie de Serbie* et le *Banat de Temes*; le royaume de *Croatie* et d'*Esclavonie*; la *Transylvanie*; les *Confins militaires*, et la *Dalmatie*.

On peut donc diviser tout l'empire en trois parties : la *partie allemande*; — la *partie italienne*; — la *partie slave, hongroise et roumaine*.

Partie allemande de l'Autriche. — Le royaume de *Bohème*, en allemand *Bœhmen*, est situé à l'angle N. O. de l'empire, et encaissé d'une manière remarquable entre le Bœhmer-wald, les monts Moraves, le Riesen-gebirge et l'Erz-gebirge. L'Elbe, qui l'arrose, trouve à peine un passage étroit entre ces deux dernières chaînes, pour sortir de ce bassin naturel. C'est un pays très-peuplé, très-industrieux, et ses verreries, ses draps et ses toiles donnent lieu à un immense commerce. On y trouve des pierres précieuses, telles que de beaux grenats, nommés rubis de Bohème, des saphirs, des améthystes, etc.

La capitale est *Prague*, en allemand *Prag*, agréablement située sur la Moldau; c'est une ville très-forte, peuplée de 150 000 âmes, et où fleurissent des manufactures nombreuses et une célèbre université. — *Reichenberg*, au pied du Riesen-gebirge, est une ville de 15 000 âmes, connue par ses draps; — *Tœplitz* et *Carlsbad*, au N. O., vers l'Erz-gebirge, et *Sedlitz*, au S., ont des eaux minérales très-fréquentées.

Le margraviat de *Moravie* (en allemand *Mæhren*) est à l'E. de la Bohème, dont les monts Moraves le séparent. Les monts Sudètes le couvrent au N. La partie méridionale a des plaines fertiles. La March ou Morava est la principale rivière.

Brünn, la capitale de la Moravie, est une belle ville et une place forte. On y compte 50 000 habitants, et il y a d'importantes manufactures de lainage. — On remarque encore dans la Moravie : *Austerlitz*, petite ville fameuse par une grande victoire des Français en 1805 : *Olmütz*, ville forte, ancienne capitale de la Moravie, sur la March, avec 15 000 habitants et une citadelle qui servit de prison au général La Fayette; — *Iglau*, au pied des monts Moraves ; — *Kremsir*, belle ville, avec un magnifique château.

Le duché de *Silésie*, bien moins considérable que la Silésie prussienne, dont nous avons déjà parlé, est au N. de la Moravie, et a pour capitale *Troppau*.

L'archiduché d'*Autriche*, au S. de la Bohême et de la Moravie, s'allonge de l'E. à l'O., et s'étend sur les deux rives du Danube, depuis l'Inn jusqu'à la March. Ce pays est l'Autriche propre, et il a donné son nom à tout l'empire. Il est divisé en deux parties : le *pays au-dessous de l'Ens*, ou la *Basse-Autriche*, — et le *pays au-dessus de l'Ens*, ou la *Haute-Autriche*.

La haute chaîne des Alpes Styriennes et Salzbourgeoises borde l'archiduché au S., et elle projette dans l'intérieur le rameau du Kahlen-gebirge ou Wiener-wald. Au N., s'élèvent le Bœhmer-wald et les monts Moraves. Mais, au milieu, vers les rives du fleuve, il y a de superbes plaines. On remarque dans la partie occidentale plusieurs lacs, dont le plus pittoresque est celui de *Traun*, qui s'écoule dans le Danube par une rivière du même nom.

L'archiduché d'Autriche offre presque partout le tableau d'une industrie active.

Vienne, en allemand *Wien*, chef-lieu du pays au-dessous de l'Ens, est en même temps la capitale de l'archiduché et de l'empire. Elle s'étend sur la rive droite du Danube, qui est fort large en cet endroit et qui y forme plusieurs îles couvertes de belles plantations. Il y a des faubourgs très-grands et plus beaux que la ville proprement dite. Cette capitale renferme plus de 500 000 habitants. On doit citer, parmi ses principaux édifices, la grande cathédrale de Saint-Étienne et le palais Impérial ou le *Burg*. Un public nombreux fréquente les magnifiques promenades des îles du Danube, entre autres, celles du Prater.

Près et à l'O. de Vienne, est le beau château de *Schœnbrunn*, qui est souvent la résidence du souverain. — Au N. E. de la ville, au delà du Danube, est le village de *Wagram*, célèbre par une victoire des Français en 1809. A l'E., *Essling*, *Gross-Aspern*, sur la rive gauche du Danube, et l'île de *Lobau*, formée par ce fleuve, sont célèbres aussi dans la guerre de 1809. — On remarque, au S. E., *Neustadt*, très-jolie ville.

Lintz, chef-lieu du pays au-dessus de l'Ens, est située sur le Danube, et compte 30 000 habitants. — Le même pays renferme *Steyer*, sur l'Ens, avec des fabriques nombreuses d'instruments en fer.

Le duché de *Salzbourg*, au S. O. de l'archiduché d'Autriche, est un pays montagneux et pittoresque; on y remarque une foule de curiosités naturelles.

Salzbourg, capitale de ce duché, est une ville de 19 000 âmes, sur la Salza, dans un territoire très-riche en productions minérales précieuses, surtout en sel et en fer. C'est la patrie de Mozart.

Le duché de *Styrie*, en allemand *Steyermark*, se trouve au S. de l'archiduché d'Autriche. Des ramifications des Alpes le couvrent presque partout; la Drave et la Mur le parcourent. Les mines de fer abondent dans ce pays montagneux.

La capitale est *Grætz* ou *Gratz*, ville de 63 000 habitants, sur la Mur, avec d'importantes manufactures d'acier et d'étoffes.

Le comté de *Tyrol*, dans lequel est compris, à l'O., le pays de *Vorarlberg*, est au S. O. de l'archiduché d'Autriche et du Salzbourg. Les Alpes Rhétiques, qui le traversent de l'O. à l'E., y répandent partout leurs ramifications; et là, comme dans les parties les plus montagneuses de la Suisse, on trouve à chaque instant des sites sauvages et pittoresques, des rocs inaccessibles, des glaciers considérables, des cascades et de redoutables avalanches. L'Inn coule dans le N., et l'Adige, dans le S. Le Rhin marque un peu la frontière de l'O., avec le lac de Constance. La pointe septentrionale du lac de Garde s'avance dans le S. du Tyrol.

Les habitants sont pauvres, francs, bons, intelligents, et ouvriers adroits; beaucoup d'entre eux, ne pouvant trouver sur leur maigre sol une existence facile, émigrent, et vont exercer divers métiers en Allemagne ou en Italie.

La capitale est *Inspruck*, ou plutôt *Innsbruck*, sur l'Inn, ville de 16 000 âmes, entre de hautes montagnes. — *Bregenz*, dans le Vorarlberg, est à l'extrémité S. E. du lac de Constance. — On remarque vers le S., dans la vallée de l'Adige, *Botzen* ou *Bolzano*, connue par ses foires; — *Trente*, en allemand *Trient*, ville de 15 000 âmes, célèbre par le grand concile qui s'y tint contre les protestants au milieu du seizième siècle; — *Roveredo*, ville intéressante par ses manufactures et son commerce.

Le duché de *Carinthie*, en allemand *Kærnthen*, comprend le nord du ci-devant royaume d'Illyrie; elle est traversée de l'O. à l'E. par la Drave, et bordée de hautes montagnes. Sa capitale est *Klagenfurt*.

Le duché de *Carniole*, en allemand *Krain*, renferme la partie centrale de l'Illyrie. Les Alpes Carniques et Juliennes la couvrent; la Save l'arrose de l'O. à l'E. Une foule de cavernes sont creusées dans son terrain généralement calcaire : la plus célèbre est celle d'Adelsberg. Beaucoup de rivières s'engouffrent dans des profondeurs, puis reparaissent, ou se perdent entièrement. Une des curiosités naturelles les plus remarquables de ce pays est le lac intermittent de *Zirknitz*, qui reste à sec vers le milieu de l'été, et se remplit alors d'une riche végétation; mais quand les pluies d'automne commencent à tomber, on voit l'eau arriver avec impétuosité par les cavernes qui lui avaient servi d'issue, et le lac se remplit de nouveau.

Laybach, près de la Save, capitale de la Carniole, a 18 000 âmes; — non loin de là, est *Idria*, célèbre par ses riches mines de mercure.

Le *Littoral Illyrien* comprend le comté de *Gorice* et *Gradisca*, la ville de *Trieste* et son territoire, et le margraviat d'*Istrie*. L'aspect en est varié et agréable; le climat, le même que celui de l'Italie, est favorable aux productions méridionales. Mais on voit s'étendre, sur plusieurs points de la côte, des lagunes et des marais insalubres.— *Gorice*, qui s'appelle aussi *Gœrz*, *Gœritz* ou *Gorizia*, est sur l'Isonzo, dans l'ancienne division qu'on nomme le Frioul autrichien. *Gradisca*, sur la même rivière, a d'importantes fortifications. — *Trieste*, en allemand *Triest*, le port principal de l'empire d'Autriche, a plus de 100 000 âmes et une magnifique flotte de bateaux à vapeur. —On remarque, dans l'Istrie, *Rovigno*, ville assez importante, sur la côte occidentale de la presqu'île ; — *Pola*, avec un bon port et des antiquités intéressantes.

Les îles de *Veglia*, de *Cherso* et de *Lussin*, au S. E. de cette presqu'île, dans le golfe de Quarnero, dépendent aussi de l'Istrie.

Partie italienne. — L'empire d'Autriche possède en Italie la *Vénétie*, beau pays, qui se trouve sur le versant méridional des Alpes, à la gauche du Pô, et qui s'étend de l'E. à l'O., depuis la mer Adriatique jusqu'au lac de Garde et au Mincio. La limite des possessions autrichiennes dépasse un peu le cours inférieur de cette rivière, et comprend encore un lambeau de la *Lombardie*, cédée par l'Autriche à l'empereur des Français, en 1859, et remise immédiatement après au roi de Sardaigne. Ce gouvernement a pour capitale *Venise*. (Voy. l'Italie.)

Pays slaves, hongrois et roumains (hors de l'Allemagne et de l'Italie). — Ces pays forment la partie orientale de l'empire.

Le premier qui se présente vers le N. est le royaume de *Galicie*, en allemand *Galizién*, avec le grand-duché de *Cracovie*. Il se prolonge beaucoup du N. O. au S. E., et se trouve séparé du reste de la monarchie par les monts Carpathes ; il se confond avec les vastes plaines de la Pologne, et l'aspect du pays, le langage, les mœurs, tout y est polonais. Le sol est fertile, mais mal cultivé par des habitants qui languissent dans la paresse et l'ignorance. La Vistule, le San et le Dniestr arrosent cette contrée.

La capitale de la Galicie est *Lemberg*, *Lwow* ou *Leopol*, grande et belle ville de 75 000 habitants. On y compte, comme dans tout le reste de la Galicie, un grand nombre de Juifs, occupés généralement des affaires commerciales. C'est la patrie de Stanislas Leczinski, qui s'y fit couronner roi de Pologne. Elle fut prise par les Turcs en 1671, et par Charles XII en 1704. — *Brody* a 25 000 habitants, presque tous Juifs. — *Halicz*, sur le Dniestr, est remarquable par ses sources salées, et parce qu'elle fut autrefois la capitale de la Galicie, à laquelle elle a donné son nom. — *Bochnia* et *Wieliczka* sont de petites villes fameuses par leurs mines de sel gemme, les plus considérables de l'Europe. Celles de

Wieliczka surtout sont extrêmement importantes. C'est un vaste et profond souterrain, avec de grandes chambres voûtées, supportées par des colonnes de sel; il y a des logements pour les mineurs et leurs familles; c'est-à-dire pour une population d'au moins 600 individus; il existe des écuries pour 80 chevaux, de vastes bâtiments pour l'administration, des chapelles, etc.; on y voit aussi des lacs, qu'on visite en bateau. La flamme des nombreuses lumières toujours allumées dans ce lieu se réfléchit de toutes parts sur la mine, et présente ainsi un coup d'œil enchanteur.

Cracovie, en allemand *Krakau*, en polonais *Krakow*, est la capitale du grand-duché de Cracovie. Elle fut longtemps capitale de la Pologne, fut érigée, en 1815, en république protégée par la Russie, l'Autriche et la Prusse, et a été réunie à l'Autriche en 1846. Elle est baignée par la Vistule, et renferme 40 000 habitants.

Le duché de *Bukovine*, pays montagneux et pittoresque qui s'étend au S. E. de la Galicie, a pour capitale *Tschernowitz*.

Le royaume de *Hongrie* est la plus grande des divisions de l'Autriche, et l'on y compte 8 à 9 millions d'habitants : il s'étend au centre de l'empire. Le Danube et la Theiss en parcourent le cœur; la Drave et la Save l'arrosent au S. O., le lac Balaton et celui de Neusiedl s'y trouvent à l'O. Deux des plus vastes plaines de l'Europe composent l'intérieur du pays : l'une vers le milieu, et l'autre vers le S.; cette dernière offre, au bord du Danube et de la Theiss, d'immenses marais, et il y règne un air malsain, des chaleurs insupportables. Le S. O. du royaume est couvert par les ramifications des Alpes; le N. et le N. E., par les ramifications des Carpathes. Le sol est très-fertile dans la plus grande partie de la contrée : on y récolte d'excellents vins, et beaucoup de céréales et de bons fruits. Les mines de la Hongrie sont célèbres : on y trouve de l'or, de l'argent, du cuivre, etc., et il y a de nombreuses sources minérales.

La Hongrie s'appelle en allemand *Ungarn*, et en hongrois *Magyar-Orszag*, c'est-à-dire *pays des Magyars*. Les *Magyars* ou *Hongrois* sont un peuple vigoureux, fier et martial, au caractère enjoué, aux manières franches, hospitalières et cordiales. La noblesse est très-brillante; mais les paysans sont encore plongés dans une sorte d'abjection. La langue hongroise est harmonieuse et riche : elle diffère entièrement de celles des nations au milieu desquelles vivent les Hongrois, et ressemble aux idiomes qu'on parle dans le N. et l'E. de la Russie d'Europe, c'est-à-dire aux idiomes *finnois*. Ce peuple est, en effet, venu de pays fort éloignés de celui qu'il habite aujourd'hui ; on croit qu'il est sorti de l'Asie, et qu'il a séjourné ensuite longtemps dans les régions voisines des monts Ourals et au N. de la mer Caspienne.

La Hongrie, que la géographie hongroise divise en quatre cercles, *cercles en deçà du Danube, au delà du Danube, en deçà de la Theiss, au delà de la Theiss*, est partagée par le gouvernement autrichien en cinq grands districts : le *district de Kaschau*, au N.; le *district de Presbourg*, au N. O.; le *district d'Œdenbourg*, à l'O.; le *district de Bude et Pesth*, au milieu ; et le *district de Gross-Wardein*, à l'E. Ces districts se divisent en comitats.

Bude ou *Ofen*, sur le Danube, avec 55 000 habitants, est la capitale de la Hongrie ; — *Pesth*, située sur la rive gauche du Danube, en face de Bude, et peuplée de 130 000 âmes, est la plus grande ville de ce royaume ; elle dispute à Bude le titre de capitale.

Les autres villes principales de la Hongrie sont :

A l'O., *Presbourg* ou *Posony*, belle ville, avec 40 000 habitants, ancienne capitale de la Hongrie, et située sur le Danube, près de la frontière de l'archiduché d'Autriche ; — *Gran* ou *Esztergom*, sur le Danube, patrie du roi saint Étienne, et siége de l'archevêché primatial de la Hongrie, avec une magnifique cathédrale ; — *Comorn*, importante place forte, sur le Danube ; — *Stuhl-Weissenbourg* ou *Albe-Royale*, ville très-ancienne, située près et au N. E. du lac Balaton, et remarquable parce que les rois de Hongrie y étaient anciennement couronnés et ensevelis ; — *Œdenbourg* ou *Soprony*, près du lac de Neusiedl ; — *Raab* ou *Gyœr*, sur la rivière du même nom.

Au N., *Schemnitz*, célèbre par ses mines d'or, d'argent, de plomb et de cuivre, et par son école de minéralogie ; — *Erlau* ou *Eger* et la petite ville de *Tokay* ou *Tokaj*, toutes deux fameuses par leurs excellents vins ; — *Kaschau*, assez grande ville, et *Miskolcz*, qui renferme 30 000 habitants, quoiqu'on lui donne seulement le titre de bourg.

Au S., *Ketskemet*, qui porte aussi le simple titre de bourg, quoiqu'il y ait 40 000 habitants; — *Szegedin*, ville toute magyare, de 63 000 habitants, vers le confluent de la Theiss et du Maros.

A l'E., *Debretzin*, ville très-industrieuse et peuplée de 65 000 âmes; — *Gross-Wardein*, place très-forte, de 20 000 habitants.

Au S. E. de la Hongrie, est la division qu'on appelle *Voïdovie de Serbie* et *Banat de Temes*; les villes principales sont: *Temesvar*, forteresse fameuse, et *Theresienstadt* ou *Theresiopel*, ville de 50 000 habitants.

Au S. de la Hongrie, se trouve le royaume de *Croatie* et d'*Esclavonie*, qui est formé des parties civiles de la Croatie et de l'Esclavonie. Il a pour capitale *Agram* ou *Zagrab*, ville de 20 000 habitants, près de la Save, dans la Croatie. On distingue, dans l'Esclavonie, *Eszek*, place forte, sur la Drave.

Dans le S. O. de la Croatie, se trouve le petit territoire qu'on nomme *Littoral Hongrois*, et qui a pour chef-lieu *Fiume*, port assez fréquenté, au fond du golfe de Quarnero.

A l'E. de la Hongrie, et à l'angle S. E. de l'empire, se trouve la *grande-principauté de Transylvanie* ou *Erdély*. Ces deux noms signifient, l'un en latin, l'autre en hongrois, *au delà des forêts*, et ils viennent de ce que cette contrée s'étend, pour les Hongrois, au delà du territoire couvert de bois qui occupe les parties les plus orientales de leur pays. Les Allemands appellent la Transylvanie *Siebenbürgen*, c'est-à-dire les *Sept forteresses* ou les *Sept bourgs*. Les Carpathes couvrent partout cette région pittoresque. Le Szamos et le Maros en sont les principales rivières. Le règne minéral y est fort riche, surtout en mines et en lavages d'or, en argent, en cuivre, en plomb, en sel gemme.

Les habitants de la Transylvanie sont un mélange de différentes nations : il y a des *Roumains*, des *Hongrois*, des *Saxons* et des *Szeklers* ou *Siciliens*, qui ne paraissent être qu'une ancienne tribu hongroise, et qui sont tous voués au service militaire.

La capitale est *Klausenbourg* ou *Kolosvar*, ville de 22 000 habitants, sur le Szamos; — mais la ville la plus considérable est *Cronstadt*, peuplée de 40 000 âmes, près de la frontière de la Turquie. — On remarque, en outre, *Hermanstadt*, de 20 000 âmes, — et *Carlsbourg* ou *Albe-Julie*, dans la partie du pays la plus riche en or.

Les *Confins militaires* composent une longue et étroite bande qui s'étend le long des frontières de la Turquie, depuis la mer Adriatique jusqu'à la Bukovine. Ils diffèrent du reste de l'empire par une organisation toute militaire, qui fut établie au dix-septième siècle, pour former une barrière contre l'empiétement des Turcs. C'est une espèce de camp perpétuel, et tous les habitants y sont soldats et laboureurs à la fois. Les Confins militaires comprennent trois divisions principales : la *Croatie militaire*, l'*Esclavonie militaire*, le *Banat militaire* et la *Serbie militaire*.

La Croatie militaire, baignée au S. O. par la mer Adriatique, est un pays montagneux, escarpé, et riche en curiosités naturelles, parmi lesquelles on remarque plusieurs rivières qui, ne trouvant aucun débouché à la surface du sol, s'engouffrent dans la terre. Elle renferme *Carlstadt*, importante forteresse, sur la Kulpa, et *Zeng*, port de mer assez commerçant.

L'Esclavonie militaire est un beau pays, qui s'étend, au S. de l'Esclavonie civile, le long de la rive gauche de la Save et à la droite du Danube : elle a pour capitale *Peterwardein*, une des places les plus fortes de l'Europe, située sur le Danube, et célèbre par une grande victoire que le prince Eugène y remporta sur les Turcs en 1716. On remarque sur le Danube, dans un territoire riche en vins renommés, *Carlowitz*, où fut conclu un traité fameux, en 1699, entre les Autrichiens et les Turcs.

Semlin, ville très-forte et très-commerçante de la Serbie militaire, est sur le même fleuve, non loin du confluent de la Save.

Le Banat militaire, à l'E. de l'Esclavonie militaire, a pour ville principale *Pancsova*.

Le royaume de *Dalmatie* est la plus méridionale des divisions de l'Autriche : c'est une contrée longue et étroite, qui s'étend du N. O. au S. E., entre la mer Adriatique et la Turquie. Presque partout elle est couverte par les Alpes Dinariques, entre lesquelles s'ouvrent des abîmes, des précipices profonds, et çà et là de petites plaines fertiles, des vallées fort chaudes et très-riantes, où la vigne, les oliviers, les figuiers donnent des produits renommés. Les principales rivières sont la Kerka, la Cettina et la Narenta; les deux premières forment de magnifiques cataractes. La mer a creusé dans ce pays beaucoup de petits golfes, et la côte présente un grand nombre de presqu'îles, dont la principale est *Sabioncello*. Une multitude d'îles sont répandues dans cette partie de l'Adriatique : on remarque surtout les îles *Pago*, *Grossa*, *Brazza*, *Lesina*, *Curzola* et *Meleda*.

La capitale de la Dalmatie est *Zara*, petite ville maritime, qui ne compte que 9000 âmes. — *Spalatro* ou *Spalato* est un autre port de mer, situé près de l'emplacement de l'ancienne Salone, célèbre par le séjour de l'empereur Dioclétien. — *Raguse*, ville de 15 000 habitants, aujourd'hui peu importante, a été longtemps une république puissante et l'une des principales places maritimes de l'Atlantique. — *Cattaro*, vers l'extrémité méridionale du royaume, dans un canton délicieux, est sur le golfe qu'on nomme Bouches de Cattaro.

2. Chemins de fer.

Il y a de nombreux chemins de fer dans l'Autriche : *Vienne* communique avec *Cracovie* et avec *Varsovie* par la grande ligne qu'on appelle *Ferdinand Nord-Bahn*, et à laquelle se rattachent les chemins de *Brünn* et d'*Olmütz*, qui se réunissent ensuite pour former la ligne dirigée sur *Prague*, *Dresde* et *Berlin*; il s'y rattache aussi un chemin qui va à *Presbourg*, à *Pesth*, à *Szegedin*, à *Temesvar*, avec embranchements sur *Debretzin*, *Gross-Wardein*, et plusieurs autres rameaux dans le centre de la Hongrie; un autre embranchement se rend à *Stockerau*. De *Vienne*, un chemin conduit à *Bruck-sur-Leitha*; un autre, à *Bruck-en-Styrie*, à *Gratz*, à *Laybach*, à *Trieste*; un quatrième, à *Munich*.

Lintz est unie à *Budweis*, au N., et à *Gmunden*, au S. — *Venise* projette, à l'O., un chemin qui passe à *Vérone* et se dirige sur *Milan*, avec embranchements de *Vérone* sur *Botzen*, d'un côté, et sur *Mantoue*, de l'autre. Enfin, Venise est jointe à *Trévise* et *Udine* par une ligne qui se rend à *Trieste*.

3. Gouvernement, Religion, Habitants, Civilisation, Langues.

Le gouvernement de l'Autriche est une monarchie dont le pouvoir est limité depuis peu par un *conseil de l'empire* ou *Reichsrath ;* la Hongrie a ses diètes particulières. L'empereur fait partie de la confédération Germanique, pour ses possessions en Allemagne, c'est-à-dire pour la Bohême, la Moravie, le duché de Silésie, l'archiduché d'Autriche, le duché de Salzbourg, la Styrie, le Tyrol, la Carinthie, la Carniole et la plus grande partie du Littoral Illyrien.

Le catholicisme est la religion dominante ; mais les religions protestante et grecque comptent de nombreux sectateurs.

La monarchie Autrichienne n'est pas peuplée par une seule et grande nation, et ses habitants ne peuvent pas être appelés *Autrichiens*, comme ceux de la France se nomment *Français* : c'est une agglomération de peuples divers, profondément séparés entre eux par les mœurs, les institutions, le langage, souvent même par une forte antipathie.

On compte en Autriche 8 millions d'Allemands, 5 millions de Hongrois ou Magyars, 3 millions et demi d'Italiens (y compris les Frioulens et les Ladins, petit peuple du Tyrol), 15 millions de Slaves, 2 à 3 millions de Roumains.

Les *Slaves* se divisent en un grand nombre de peuples, tels que les *Tchèkhes* ou *Bohèmes*, qui habitent la Bohême ; les *Slovaques*, dans la Moravie et la Hongrie ; les *Polonais*, dans la Galicie ; les *Russniaques* ou *Ruthènes*, dans la même contrée et dans la Hongrie ; les *Slovènes* (comprenant les *Wendes* et les *Carniolais*), dans la Styrie et l'Illyrie ; les *Slavons* ou *Esclavons*, dans l'Esclavonie ; les *Dalmates*, les *Morlaques*, les *Croates*, les *Serbes*, sur les limites méridionales de l'empire.

Les *Roumains*, qui comprennent les *Valaques* et les *Moldaves*, sont dans le S. E. Les *Juifs* sont plus nombreux que dans la plupart des autres parties du monde. Enfin, c'est aussi l'un des états où l'on rencontre le plus de ces *Bohémiens* ou *Zigueunes*, populations errantes qu'il ne faut pas confondre avec les Bohèmes ; on ne connaît pas l'origine de ce peuple singulier : l'opinion la plus probable est qu'il sort de l'Inde.

Les langues parlées dans l'empire sont aussi diverses que

les nations qui l'habitent. Cette diversité même des idiomes a fait adopter le latin comme un lien entre les différentes populations de la Hongrie et de la Transylvanie : il n'y a pas de pays où cette langue ancienne soit parlée plus facilement et plus généralement, même par le bas peuple.

Géographie historique.

Le *Norique*, la *Pannonie* et la *Dacie* sont les anciens pays principaux auxquels correspond l'empire d'Autriche. Il se forma, au moyen âge, dans cette partie de l'Europe, plusieurs états indépendants, tels que le royaume de Bohème, le royaume de Hongrie, le duché d'Autriche, qui reçut ensuite le titre d'archiduché. Ce furent les souverains de ce dernier qui devinrent à la fin les plus puissants, et ils réunirent peu à peu à leur duché les pays voisins ; ils parvinrent aussi à rendre héréditaire dans leur maison la couronne impériale de l'Allemagne ; mais il faut remarquer qu'ils ne *possédaient* pas cette contrée : décorés du titre de chefs de l'empire, ils exerçaient seulement une suprématie sur les nombreux états allemands. En 1806, ils cessèrent d'être empereurs d'Allemagne, et ce fut alors que leurs possessions prirent le nom d'*empire d'Autriche*.

IX. ALLEMAGNE

OU CONFÉDÉRATION GERMANIQUE.

DESCRIPTION PHYSIQUE. — DESCRIPTION POLITIQUE. — GÉOGRAPHIE POLITIQUE.

Description physique.

1. Limites, Étendue.

L'Allemagne, qui s'appelle en allemand *Deutschland*, c'est-à-dire *pays des Deutsch* (autrefois *Teutons*), est une vaste contrée qui s'étend dans le milieu de l'Europe, à l'E. des Pays-Bas, de la Belgique et de la France, et au N. de la Suisse, de l'Italie et de la mer Adriatique ; elle est baignée vers le septentrion par la mer Baltique et la mer du Nord, qu'on appelle aussi mer d'Allemagne.

Ce grand pays a 1100 kilomètres de longueur, du N. au S.; 1000 kilomètres de largeur, de l'E. à l'O., et 640 000 kilomètres carrés. Il est plus étendu que la France, et il a aussi un peu plus d'habitants : environ 44 millions.

2. Aspect général, Montagnes.

Le midi de l'Allemagne est très-montagneux : les Alpes y présentent leurs sommets couverts de neiges et de glaces; mais à leurs pieds s'ouvrent des vallées riantes et chaudes. Le milieu offre un mélange agréable de collines, de vallons fertiles et de belles forêts. Le N. a des plaines sablonneuses, de tristes landes, des marécages, et il y règne un climat froid et humide.

L'Allemagne est traversée, comme la Suisse et la France, par la grande arête qui sépare l'Europe en versants du nord et du sud.

Cette arête y entre au S. O. avec le mont *Arlberg*, qui fait la continuation des Alpes des Grisons; elle suit, en s'avançant vers le N., les montagnes de la *Forêt-Noire* ou *Schwarzwald*, puis tourne à l'E., en portant successivement les noms d'*Alpes Rudes* ou *Alpes de Souabe*, de *Fichtel-gebirge*[1] ou *montagnes des Pins*, de *Bœhmer-wald* ou *Forêt de Bohème*, de monts *Moraves* et de monts *Sudètes*.

La plus remarquable des branches qui se rattachent à cette arête est la branche composée des *Alpes Rhétiques*, des *Alpes Carniques* et des *Alpes Juliennes*. Cette branche court de l'O. à l'E., dans le S. de l'Allemagne, entre le versant de la mer Noire et celui de la mer Adriatique, et contient des sommets presque aussi hauts que le mont Blanc et le mont Rosa : les plus célèbres sont le mont *Ortles* et le groupe de *Bernina*, qu'on rencontre vers la limite de l'Italie et de la Suisse.

De grands rameaux de cette branche se dirigent vers le N. et le N. E., sous les noms d'*Alpes Bavaroises*, d'*Alpes Salzbourgeoises*, d'*Alpes Styriennes*, d'*Alpes Noriques*.

Plusieurs branches se détachent, du côté du N., de l'arête principale, et se répandent dans les parties moyennes et septentrionales de l'Allemagne. La première qui se présente, si l'on va de l'O. à l'E., est celle du *Thüringer-wald* ou de

---

[1]. *Gebirge* signifie *montagnes;* et *Wald, forêt.*

la *Forêt de Thuringe*, à laquelle on voit se joindre, plus loin, les montagnes du *Harz*, célèbres par leurs mines de fer, de plomb, d'argent, de cuivre, de zinc et d'or, et par leurs curiosités naturelles.

La seconde comprend l'*Erz-gebirge* ou les *montagnes des Mines*, où l'on trouve aussi beaucoup de métaux.

La troisième est formée du *Riesen-gebirge* ou des *montagnes des Géants*, qui se prolongent entre le bassin de la Baltique et celui de la mer du Nord.

3. Cours d'eau, Canaux, Lacs.

L'Allemagne est divisée en deux grands versants : celui du N., incliné vers les mers que forme l'Atlantique, et celui du S., incliné vers les mers que forme la Méditerranée.

Chacun de ces deux versants est partagé en deux autres : celui du N. comprend le versant de la mer Baltique et le versant de la mer du Nord. — Celui du S. se répartit entre les versants de la mer Noire et de la mer Adriatique.

Sur le versant de la Baltique, on voit couler l'*Oder*, qui reçoit la *Warthe* par sa rive droite, et se jette dans la mer par l'espèce de golfe ou de lac qu'on nomme *Pommersche-haff*, c'est-à-dire *golfe de Poméranie*.

On remarque encore, sur le même versant, la *Trave*, qui vient déboucher à l'extrémité S. O. de la Baltique.

Sur le versant de la mer du Nord, on trouve d'abord l'*Elbe*, grand et beau fleuve qui descend des montagnes des Géants, franchit un col étroit resserré entre ces montagnes et l'Erz-gebirge, et arrive à la mer par une large embouchure : il reçoit, à droite, le *Havel*, dont le cours est plein de lacs, et qui se grossit lui-même de la *Spree*; à gauche, il a pour affluents la *Moldau*, la *Mulde* et la *Saale*, qui arrosent quelques-unes des plus belles contrées de l'Allemagne.

Un peu à l'O. de l'Elbe, on rencontre le *Weser*, qui se forme par la réunion de la *Fulde* et de la *Werra*, reçoit à droite l'*Aller*, et se jette aussi dans la mer par une large embouchure.

L'*Iahde*, près et à l'O. du Weser, tombe dans une baie à laquelle elle donne son nom, et qui fut produite, en 1218, par une inondation de la mer.

L'*Ems* est un petit fleuve qui a son embouchure sur la

frontière des Pays-Bas, où il mêle ses eaux à celles de la baie de *Dollart*, formée par une autre inondation du treizième siècle.

Le plus occidental et le plus grand fleuve de ce versant est le *Rhin*, appelé en allemand *Rhein*; il vient de la Suisse, sépare longtemps l'Allemagne de cette république, ensuite de la France, et traverse l'O. de l'Allemagne, où il offre un courant large et magnifique, bordé de rives fertiles; il y reçoit, à gauche, la *Moselle*, en allemand *Mosel*, grossie de la *Sarre* ou *Saar*, et, à droite, le *Necker* ou *Neckar*, le *Main*, la *Lahn* et la *Lippe*.

Le versant de la mer Noire se trouve encaissé, en Allemagne, entre l'arête principale, au N. et à l'O., et les Alpes, au S. Au fond de ce grand bassin naturel, coule le *Danube*, en allemand *Donau*, qui descend de la Forêt-Noire, se dirige à l'E., et va, bien loin de l'Allemagne, tomber dans la mer Noire. Il reçoit, à gauche, l'*Altmühl* et la *March* ou *Morava*; à droite, le *Lech*, l'*Isar*, l'*Inn*, très-grande rivière, qui, en se mêlant au Danube, est aussi large et aussi volumineuse que ce fleuve même.

Sur le versant de l'Adriatique, on ne remarque que l'*Adige* ou *Etsch*, qui va se jeter dans cette mer sur le territoire italien.

Le canal *Louis*, entre l'Altmühl et la Regnitz, affluent du Main, joint le Danube au Rhin, et par conséquent la mer Noire à la mer du Nord.

Le canal de *Frédéric-Guillaume* s'étend de la Spree à l'Oder, et joint ainsi ce dernier à l'Elbe.

Le canal de *Steckenitz* joint l'Elbe à la Trave, et par suite la mer du Nord à la mer Baltique.

L'Allemagne n'a pas un grand nombre de lacs; les parties septentrionales, voisines de la mer Baltique, sont celles où l'on en trouve le plus : on y remarque surtout le lac de *Müritz*, qui s'écoule dans l'Elbe.

Dans le S., on distingue celui de *Chiem*, qui verse ses eaux dans l'Inn, et ceux de *Würm* et d'*Ammer*, qui s'écoulent dans l'Isar.

Le lac de *Constance*, que les Allemands appellent *Boden-see*, étend sa magnifique masse d'eau sur la frontière de l'Allemagne et de la Suisse.

Description politique.

1. Divisions et Villes principales.

L'Allemagne n'est ni un royaume, ni un empire, ni une république : c'est une agglomération d'un grand nombre d'états diversement gouvernés, et qui portent les titres de royaumes, de duchés, de principautés, de villes libres, etc. Ils sont confédérés, et forment la *confédération Germanique*.

On compte trente-cinq états qui se partagent ce pays : quatre d'entre eux n'ont en Allemagne qu'une partie de leurs domaine, et ils possèdent aussi, hors de cette contrée, des territoires considérables : ces quatre états sont la *Prusse*, l'*Autriche*, le *Danemark* et le royaume des *Pays-Bas*. Ce dernier n'a même en Allemagne que les petites provinces de *Luxembourg* et de *Limbourg*. Le Danemark n'y a que deux provinces, baignées par l'Elbe : le *Holstein* et le *Lauenbourg*.

Quant à la Prusse et à l'Autriche, elles y possèdent des territoires beaucoup plus étendus. La première est même presque entièrement allemande : ses provinces de *Poméranie*, de *Brandebourg*, de *Silésie*, de *Saxe*, de *Westphalie* et du *Rhin* sont en Allemagne. L'Autriche y comprend la *Bohème*, la *Moravie*, le duché de *Silésie*, l'*archiduché d'Autriche*, le duché de *Salzbourg*, la *Styrie*, le *Tyrol*, la *Carinthie*, la *Carniole* et une grande partie du *Littoral Illyrien*.

Les trente et un autres états sont entièrement compris dans le territoire allemand : ils en forment en quelque sorte le cœur, et leur réunion compose ce qu'on peut appeler l'*Allemagne intérieure*.

Nous répartirons les divers états de l'Allemagne intérieure en trois régions : 1° les états du versant de la mer *Baltique*, et des bassins de l'*Elbe*, du *Weser* et de l'*Ems*, qui appartiennent au versant de la mer du Nord ; 2° les états du bassin du *Rhin* ; 3° ceux qui appartiennent à la fois aux bassins du *Rhin* et du *Danube*.

VERSANT DE LA MER BALTIQUE ET DES BASSINS DE L'ELBE, DU WESER ET DE L'EMS. — Sur le versant de la mer Baltique et dans les bassins de l'Elbe, du Weser et de l'Ems, on distingue : parmi les pays maritimes, les grands-duchés de *Mecklenbourg*, le royaume de *Hanovre*, le grand-duché d'*Oldenbourg*, les républiques de *Hambourg*, de *Brême*, de *Lübeck*; et, loin de la mer, le duché de *Brunswick*, les principautés de *Lippe*, la principauté de *Waldeck*, le royaume de *Saxe*, les duchés de *Saxe*, les principautés de *Reuss* et de *Schwarzbourg*, les duchés d'*Anhalt*, la *Hesse-Électorale*.

Il y a deux grands-duchés de *Mecklenbourg* : le grand-duché de *Mecklenbourg-Schwerin* et le grand-duché de *Mecklenbourg-Strelitz*. Le premier est le plus considérable, et comprend sur la Baltique une assez grande étendue de côtes.; c'est un pays plat, sablonneux, rempli de forêts et de lacs, dont le plus remarquable est celui de Müritz. Il nourrit des chevaux renommés. La capitale est *Schwerin*, jolie ville de 22 000 âmes, sur le bord occidental d'un lac auquel elle donne son nom : le palais du grand-duc est dans une des charmantes îles de ce lac.

Les autres villes importantes sont *Rostock*, ville maritime, de 25 000 habitants ; *Wismar*, autre port de mer, et *Güstrow*, intéressante par son commerce et son industrie.

Le grand-duché de *Mecklenbourg-Strelitz*, formé de deux parties, placées à l'E. et à l'O. du grand-duché de Mecklenbourg-Schwerin, a pour capitale la jolie petite ville de *Neu-Strelitz*, dans la partie orientale.

Le royaume de Hanovre est le plus important des états de la région du N., et renferme environ 1 800 000 habitants; il s'étend à la gauche de l'Elbe et sur les deux rives du Weser, et il occupe sur la mer du Nord la plus grande partie de la côte renfermée entre l'embouchure de l'Elbe et celle de l'Ems. Il se compose de deux parties principales, séparées l'une de l'autre par le duché de Brunswick : la partie septentrionale est la plus grande, mais non la plus agréable : on y trouve, sur plusieurs points, des landes, des marais, des campagnes arides et sablonneuses, où ne croissent que des bruyères et des forêts de pins ; les terrains bas du bord de la mer sont, comme la Hollande, exposés à de terribles inondations. A mesure qu'on s'avance vers le midi, le pays devient montueux et moins monotone.

La partie méridionale du royaume est couverte de montagnes qui appartiennent à la chaîne du Harz : il y a des sites très-variés et beaucoup de richesses minéralogiques :

c'est peut-être la contrée du monde où la science du mineur est le plus avancée.

La capitale de ce royaume est *Hanovre*, en allemand *Hannover*, sur la Leine, affluent de l'Aller. Cette ville, de 53 000 habitants, se trouve au milieu d'une plaine qu'embellissent de vastes prairies et des sites pittoresques. Il y règne du mouvement et de l'instruction : c'est la patrie de l'illustre astronome W. Herschel.

Les autres villes remarquables de la partie du Hanovre placée au N. du duché de Brunswick sont : *Hildesheim*, antique ville; — *Goslar*, célèbre par son ancienne importance, sa riche mine de cuivre et sa bière; — *Celle* ou *Zell*, jolie et commerçante cité, sur l'Aller; — *Lünebourg*, avec d'importantes salines, mais dans le voisinage de vastes landes, auxquelles elle donne son nom; — *Stade*, port important, sur un affluent de l'Elbe; — *Embden* ou *Emden*, ville maritime, et la plus commerçante du royaume, à l'embouchure de l'Ems; — *Osnabrück*, où fut conclu, en 1648, un traité fameux entre les Suédois et l'empereur d'Allemagne.

Dans la partie méridionale du Hanovre, on remarque : *Gœttingue*, en allemand *Gœttingen*, qui possède une des plus célèbres universités de l'Europe, avec une bibliothèque de 300 000 volumes et un riche jardin botanique; — *Klausthal*, *Andreasberg*, situées au milieu des montagnes du Harz, et environnées de mines.

(A quelque distance de la côte du Hanovre, on trouve, dans la mer du Nord, la petite île de *Helgoland* ou *Heligoland*, qui appartient à la Grande-Bretagne. Son nom signifie *terre sainte;* les anciens l'appelaient *Hertha*, nom de la déesse de la Terre, à laquelle elle était consacrée.)

Le grand-duché d'*Oldenbourg* ou de *Holstein-Oldenbourg* est composé de trois parties, dont la principale, nommée *duché d'Oldenbourg*, est enclavée dans le royaume de Hanovre, et s'étend sur la rive gauche du Weser et autour de la baie de l'*Iahde*. Les deux autres sont la principauté de *Lübeck* ou d'*Eutin*, située vers la mer Baltique, à l'E. du Holstein, et la principauté de *Birkenfeld*, enclavée bien loin du reste du grand-duché, dans la province prussienne du Rhin.

Le duché d'Oldenbourg est plat, généralement sablonneux et parsemé, en beaucoup d'endroits, de petits lacs et de marais.

La capitale est *Oldenbourg*, petite ville de 8000 habitants, sur la Hunte, affluent du Weser.

Les trois villes libres de *Hambourg*, de *Brème* et de *Lübeck* portent aussi le titre de villes *hanséatiques*, c'est-à-dire *alliées pour le commerce* [1].

Hambourg, la plus grande, la plus commerçante des villes libres de l'Allemagne, s'élève sur la rive droite de l'Elbe, entre le Hanovre et le Danemark. L'activité de son port, l'affluence des étrangers, l'habileté commerciale de ses habitants, ses immenses entrepôts de marchandises, surtout de sucre et de café, en font une des villes les plus intéressantes du monde. Elle renferme 150 000 âmes.

Brème, en allemand *Bremen*, est située sur le Weser, entre le Hanovre et l'Oldenbourg. Ce fut la première des villes hanséatiques, et elle est encore une des places les plus commerçantes de l'Allemagne. Elle compte 60 000 habitants. Ses raffineries de sucre et sa bière sont renommées. C'est la patrie de l'astronome Olbers. — *Bremerhafen*, plus près de l'embouchure du Weser, reçoit les gros bâtiments qui ne peuvent remonter à Brème.

Lübeck, la plus septentrionale et la moins considérable des trois villes hanséatiques, est sur la Trave, non loin de la Baltique, dans une situation agréable. Elle a 30 000 habitants.—*Travemünde*, qui en dépend, est un port assez animé, à l'embouchure de la Trave.

Le duché de *Brunswick* est formé de plusieurs territoires détachés, qui sont enclavés dans le S. du Hanovre ou entre ce royaume et la Prusse. Les montagnes du Harz le couvrent en grande partie; le Weser, la Leine et l'Aller le parcourent. Le sol y est généralement fertile; les mines y sont abondantes, et il y règne une industrie active.

La capitale est *Brunswick*, en allemand *Braunschweig*, grande et assez belle ville, peuplée de 45 000 habitants, et située sur l'Ocker, affluent de l'Aller. — *Wolfenbüttel*, la seconde ville du duché, est remarquable par sa riche bibliothèque.

---

1. Les villes hanséatiques étaient autrefois bien plus nombreuses, et il y en avait hors de l'Allemagne, aussi bien que dans ce pays.

Les principautés de *Lippe*, situées entre le Hanovre et la province prussienne de Westphalie, sont au nombre de deux : la principauté de *Lippe-Detmold* ou *Lippe* proprement dite et celle de *Schaumbourg-Lippe*.

La première, qui est la plus méridionale et la plus importante, est arrosée par la Lippe, et a pour capitale *Detmold*.

La principauté de Schaumbourg-Lippe a pour capitale la petite ville de *Buckebourg*.

La principauté de *Waldeck*, au N. O. de la Hesse-Électorale, est formée de deux portions, dans la plus considérable desquelles est *Arolsen*, capitale de l'état ; dans l'autre, située au nord, on remarque *Pyrmont*, célèbre par ses eaux minérales.

Le royaume de *Saxe*, en allemand *Sachsen*, est la partie la plus orientale de l'Allemagne intérieure. Il est renfermé entre la Prusse, au N., les duchés de Saxe, à l'O., et la Bohème, au S. L'Erz-gebirge et le Riesen-gebirge le limitent vers cette dernière. L'Elbe et la Mulde le parcourent du S. au N. C'est un beau pays, très-tempéré, riche tout à la fois par ses productions végétales, par ses mines de fer, d'argent, d'étain, etc., et par son active industrie. Il renferme 2 000 000 d'habitants.

La capitale est *Dresde*, en allemand *Dresden*, belle et grande ville de 120 000 habitants, sur l'Elbe, qu'on y passe sur un pont magnifique. Les environs offrent des sites variés, et l'on y remarque le château de Pillnitz, fameux par le congrès dans lequel, en 1791, les souverains de l'Europe signèrent une convention pour soutenir les Bourbons sur le trône de France.

Meissen, aussi sur l'Elbe, est la patrie des deux Schlegel, célèbres dans la littérature de l'Allemagne ; elle est fameuse par sa porcelaine.

Leipsick, en allemand *Leipzig*, est, après Dresde, la ville la plus importante du royaume : on y compte environ 75 000 âmes. Elle est située sur l'Elster Blanc[1], affluent de la Saale, et fait un immense commerce, surtout en livres ; il s'y tient trois foires célèbres ; elle possède une importante

---

[1]. L'Elster Noir est une autre rivière, qui se jette dans l'Elbe par la rive droite.

université, et elle a donné naissance au grand philosophe Leibnitz. Il se livra, dans ses plaines, en 1813, une bataille sanglante entre les Français et les alliés : le courageux Poniatowski perdit alors la vie en passant l'Elster.

Chemnitz est une ville agréable et très-industrieuse, de 40 000 hab. — *Freyberg* est remarquable par son industrie minéralogique et par une école des mines.—*Bautzen*, à l'E., dans le pays de Lusace, est célèbre par une bataille entre les Français et les alliés en 1813.

Les duchés de *Saxe*, les principautés de *Reuss* et celles de *Schwarzbourg* forment un ensemble d'états entremêlés, qu'on trouve à l'O. du royaume de Saxe, au S. de la province prussienne de Saxe et à l'E. des pays de Hesse. En général, le sol en est fertile, l'aspect varié et la population industrieuse ; c'est là qu'on parle le mieux allemand. L'Elster Blanc, la Saale et la Werra arrosent cette partie de l'Allemagne, et le Thüringer-wald y est la principale chaîne de montagnes.

Le plus important de ces petits états est le grand-duché de *Saxe-Weimar-Eisenach*, qui a pour capitale *Weimar*, à peine peuplée de 13 000 habitants, mais célèbre par la culture des sciences et des lettres ; ce fut le séjour de plusieurs illustres écrivains : Wieland, Gœthe, Herder, Schiller, Kotzebue ; et il y a un important Institut géographique.

Les autres villes remarquables du grand-duché sont : *Iena*, fameuse par son université et par la victoire des Français sur les Prussiens, en 1836 ; — *Eisenach*, jolie ville, située fort loin à l'O. de la partie de l'état où se trouve Weimar. On y remarque les ruines du château de Wartbourg, ancienne résidence des landgraves de Thuringe, et qui servit d'asile à Luther en 1521.

Le duché de *Saxe-Cobourg-Gotha* a deux capitales : *Cobourg*, dans une belle vallée, avec 10 000 habitants ; — *Gotha*, la plus jolie ville des duchés de Saxe, et celle qui possède les institutions scientifiques les plus intéressantes, entre autres un observatoire, une bibliothèque de 150 000 volumes et un grand établissement géographique ; il y a 15 000 habitants.

Le duché de *Saxe-Meiningen* a pour capitale la jolie petite ville de *Meiningen*, sur la Werra ; il renferme *Hildburghau-*

sen, autre petite ville agréable, et *Sonnenberg*, connue par ses fabriques de quincaillerie et de jouets d'enfants. Le territoire montagneux de Sonnenberg est un exemple remarquable de la prospérité à laquelle une population peut parvenir par l'industrie et l'économie; l'extrême division du travail permet de vendre les produits à très-bas prix.

Le duché de *Saxe-Altenbourg*, le plus oriental des quatre duchés de Saxe, a pour capitale *Altenbourg*, ville de 15 000 âmes.

Les principautés de *Reuss*, enclavées dans les parties orientales des duchés de Saxe, se composent de deux états : 1° la principauté de la *branche aînée*, capitale *Greitz*, industrieuse et commerçante; — 2° la principauté de la *branche cadette*, dont la capitale est *Gera*, peuplée de 11 000 habitants, et importante par ses manufactures d'étoffes de laine et de coton.

Les principautés de *Schwarzbourg* sont bizarrement éparpillées dans les duchés de Saxe et dans la province prussienne de ce nom. Elles se divisent en deux états : *Schwarzbourg-Rudolstadt*, capitale *Rudolstadt*, jolie ville, sur la Saale; — et *Schwarzbourg-Sondershausen*, capitale *Sondershausen*.

Les duchés d'*Anhalt* sont enclavés dans la Prusse, à l'E. du Brunswick et du Hanovre, et s'étendent sur les bords de l'Elbe, de la Mulde et de la Saale. Le Harz les couvre vers l'O. Ils se composent de deux divisions : la plus orientale et la plus importante est le duché d'*Anhalt-Dessau-Kœthen*, qui a pour capitale la jolie ville de *Dessau*, sur la Mulde, et pour seconde ville *Kœthen*, ancienne capitale du duché d'*Anhalt-Kœthen*; — le duché d'*Anhalt-Bernbourg*, à l'O., a pour capitale *Bernbourg*, fort petite ville, sur la Saale.

La *Hesse-Électorale*, qu'on appelle aussi l'*Électorat de Hesse*, est le plus septentrional des trois états de Hesse. La Mulde et la Werra l'arrosent; le sol est généralement couvert de montagnes, qui appartiennent presque toutes à des branches occidentales du Thüringer-wald : beaucoup de ces hauteurs sont d'origine volcanique : la plus remarquable est le mont Meissner, couronné d'énormes rochers basaltiques.

La capitale de cette principauté est *Cassel*, ville de 35 000 âmes, agréablement située sur la Fulde; la partie qu'on appelle la *nouvelle ville haute* ou la *ville française* est fort bien bâtie. On admire, dans les environs, la belle maison de plaisance de *Wilhelmshohe*.

Les autres villes intéressantes de l'Électorat sont : *Smalcalde* ou *Schmalkalden*, célèbre par ses salines, ses fabriques de quincaillerie, les mines de fer de son territoire, et surtout par la ligue qu'y formèrent les princes protestants pour résister à Charles-Quint ; — *Fulde*, avec une belle cathédrale, sur la rivière du même nom, au milieu d'un pays industrieux et fertile ; — *Marbourg*, sur la Lahn, avec une université ; — *Hanau*, ville manufacturière et fort commerçante, sur le Main.

BASSIN DU RHIN. — Dans le bassin du Rhin, on trouve le grand-duché de *Hesse*, le landgraviat de *Hesse-Hombourg*, la ville libre de *Francfort-sur-le-Main*, le duché de *Nassau*, le grand-duché de *Bade*, la principauté de *Liechtenstein*.

Le *grand-duché de Hesse* ou de *Hesse-Darmstadt*, placé au S. O. de la Hesse-Électorale, est un peu moins étendu que celle-ci, et cependant il contient plus d'habitants. Le sol y est plus fertile, surtout sur les bords du Rhin et du Main, qui arrosent la partie méridionale de l'état ; on y voit une agréable succession de riches vignobles, de beaux vergers et de champs de céréales.

La capitale est *Darmstadt*, ville de 32 000 âmes. — Mais la plus grande ville est *Mayence*, en allemand *Mainz*, qui s'élève dans un pays superbe, vers le confluent du Rhin et du Main ; elle a 40 000 habitants et d'importantes fortifications. Gutenberg, inventeur de l'imprimerie, y naquit en 1400, et cette cité fut, avec Strasbourg, le berceau du grand art typographique.

On trouve encore, dans le grand-duché de Hesse, *Worms*, antique cité, sur le Rhin ; — *Offenbach*, florissante par son industrie ; — et *Giessen*, sur la Lahn, avec une université.

Le landgraviat de *Hesse-Hombourg*, à l'O. du grand-duché de Hesse, est un des plus petits états de l'Allemagne. La capitale est la petite ville de *Hombourg*, célèbre par ses eaux minérales.

La ville libre de *Francfort-sur-le-Main*, en allemand *Frankfurt-am-Main*, située vers les confins de la Hesse-

Darmstadt, de la Hesse-Électorale et du duché de Nassau, est le siége de la diète de la confédération Germanique, et peut être considérée comme la capitale de l'Allemagne. On y compte 70 000 habitants. Ce n'est pas une belle ville, mais les environs sont agréables. Ses deux grandes foires y attirent un nombre immense de négociants; et les arts, les sciences et les lettres n'y sont pas moins cultivés que le commerce. C'est la patrie du grand poëte Gœthe.

Le duché de *Nassau*, renfermé entre les pays de Hesse et les provinces prussiennes occidentales, est une contrée agréable, mélangée de montagnes et de vallées. Le Rhin le borne à l'O., et le Main, au S. Le Lahn le parcourt de l'E. à l'O. *Wiesbaden*, la capitale, est une jolie petite ville, dont la position est charmante, et qui a des sources thermales renommées. Le duc réside ordinairement à *Biberich*, à 4 kilomètres de Wiesbaden. — Non loin de ces villes, est le village de *Nieder-Selters*, connu par ses eaux minérales, qu'on appelle vulgairement eaux de Seltz. — On remarque aussi dans le duché de Nassau les sources minérales d'*Ems*, et, le long du Rhin, les vignobles fameux de *Johannisberg* et de *Weinberg*.

Le grand-duché de *Bade* est un pays long et étroit, qui est resserré entre le Würtemberg et le Rhin, et qui se prolonge du N. au S. depuis le Main jusqu'au lac de Constance. La Forêt-Noire forme en grande partie la limite orientale de cet état; elle en couvre aussi tout le S., et c'est là qu'elle présente son plus haut sommet, le mont Feldberg. Le kirschwasser de ces montagnes est estimé. On y fait aussi une grande quantité d'horloges en bois et de petits ouvrages en paille. Il y a des vignobles renommés vers les bords du Rhin, et vers ceux du Main et du Neckar, qui arrosent le N. du pays. Le Danube a sa source dans la partie orientale. Cet état renferme 1 400 000 habitants.

La capitale est *Carlsruhe*, ville de 30 000 habitants, fort belle et très-régulièrement bâtie : toutes ses principales rues partent du château ducal, en divergeant comme les branches d'un éventail.

Manheim ou *Mannheim*, dans le N., au confluent du Neckar et du Rhin, est la ville la plus commerçante du grand-duché; elle est belle, et renferme 27 000 âmes.—*Heidelberg*, ville de 16 000 hab., sur le Neckar, a une fameuse université, et l'on y voit les magnifiques restes du château des électeurs palatins[1], détruit par les armées de Turenne pendant la barbare expédition ordonnée par Louvois : dans les caves de ce château est un foudre, ou tonneau immense, qui contient 280 000 litres.

Vers le milieu du grand-duché, on remarque : *Rastadt*, célèbre par les conférences de 1714, et par celles de 1798, où furent assassinés les députés de la république Française; — *Bade* ou *Baden*, surnommée *Baden-Baden* pour la distinguer de plusieurs autres villes du même nom, et ainsi appelée de ses *bains* d'eaux minérales, fréquentées par un grand nombre de riches étrangers; —*Sassbach*, où Turenne fut tué en 1675 : le gouvernement badois y a fait élever un monument en l'honneur de ce héros.

Dans le S., on distingue *Fribourg-en-Brisgau* ou *Freyburg*, ville de 17 000 âmes, avec une importante université; — et *Constance*, en allemand *Constanz*, située sur la frontière de la Suisse, à l'endroit où le Rhin sort du lac de Constance pour entrer bientôt dans le lac Inférieur. Il s'y tint, de 1414 à 1418, un célèbre concile qui eut pour résultat la mort des réformateurs Jean Huss et Jérôme de Prague.

La principauté de *Liechtenstein*, placée sur la rive droite du Rhin, à 20 kilomètres au S. du lac de Constance, entre le Tyrol et la Suisse, est le plus petit des états allemands; on n'y compte que 7000 habitants. La capitale est le bourg *Vadutz* ou *Liechtenstein*, agréablement situé près du Rhin.

États partagés entre les bassins du Rhin et du Danube. — Il y a trois pays qui sont partagés presque également entre les bassins du Rhin et du Danube : ce sont le *Würtemberg*, le *Hohenzollern* (aujourd'hui dépendant de la Prusse) et la *Bavière*.

Le royaume de *Würtemberg* est un des états principaux

---

1. Les comtes palatins n'étaient d'abord que des magistrats temporaires, chargés de rendre la justice dans divers palais (en latin *palatia*) de l'Allemagne. Au onzième siècle, cet emploi devint héréditaire dans une famille qui gouvernait le territoire de Heidelberg. On nomma *Palatinat* le pays qui était soumis à ces princes. On distingue deux Palatinats : le *Palatinat du Rhin*, et le *Haut-Palatinat*, dans le N. de la Bavière.

de l'Allemagne, et compte environ 1 700 000 habitants. On y trouve à chaque pas le contraste d'une nature sauvage et pittoresque avec une nature fertile et embellie par les soins de l'homme. C'est un des pays les plus peuplés et les plus industrieux de l'Europe. Les Alpes de Souabe, qu'on appelle aussi Rauhe-Alp, traversent ce pays de l'E. à l'O., et y présentent des sommets âpres et rocailleux. Les montagnes de la Forêt-Noire s'élèvent sur la limite occidentale. Des forêts d'arbres fruitiers s'étendent sur les parties basses de leurs pentes, et l'on y remarque surtout le merisier, dont le fruit distillé donne le kirschwasser. Au N. des Alpes de Souabe, coule le Neckar, affluent du Rhin; au S., on voit le Danube. Le Würtemberg s'étend vers le midi jusqu'au lac de Constance.

La capitale, *Stuttgart*, s'élève dans une jolie vallée, près du Neckar; la ville proprement dite est mal bâtie, mais les faubourgs sont beaux. La population est de 52 000 âmes. — *Canstadt*, près de Stuttgart, sur le Neckar, dans une position charmante, a des eaux minérales. — *Louisbourg* ou *Ludwigsburg*, un peu au N. de Stuttgart, sur le Neckar, est une résidence royale, et possède un beau château. — *Heilbronn* se recommande par son industrie. — *Hall* est célèbre par ses sources salées. — *Tübingen*, connue par son université, s'élève près du Neckar. — *Esslingen*, sur la même rivière, rappelle le poëte Wieland, qui y fut élevé. — *Marbach* est la patrie de Schiller. — *Reutlingen* est encore une ville remarquable, de 13 000 hab.

Toutes les villes précédentes sont dans le bassin du Rhin. On ne remarque dans celui du Danube que la ville d'*Ulm*, place forte et assez commerçante, célèbre par la capitulation de 1805. Elle renferme 22 000 habitants.

Le pays de *Hohenzollern*, aujourd'hui réuni à la Prusse, est enclavé entre le royaume de Würtemberg et le grand-duché de Bade; les montagnes de la Forêt-Noire et les Alpes de Souabe le couvrent; le Danube et le Neckar l'arrosent. Il a formé longtemps deux états : la principauté de *Hohenzollern-Hechingen*, capitale *Hechingen*;— et la principauté de *Hohenzollern-Sigmaringen*, capitale *Sigmaringen*, sur le Danube.

La *Bavière*, en allemand *Baiern*, est l'état le plus considérable de l'Allemagne intérieure, et renferme 4 600 000 habitants ; elle se compose de deux parties séparées : la *Bavière propre* et la *Bavière rhénane*.

La première, qui est beaucoup plus étendue que l'autre, comprend l'ancienne Franconie, le Haut-Palatinat, une partie de l'ancienne Souabe et la Bavière propre; elle est traversée au milieu par le Danube, qui coule de l'O. à l'E. et reçoit le Lech, l'Isar, l'Inn, l'Altmühl. Dans le N., on voit le Main, qui se dirige de l'E. à l'O., et qui a pour affluent principal la Regnitz. Au N. du Main, on remarque les montagnes du Rhœn-gebirge et du Franken-wald ; entre cette rivière et le Danube, s'élève le Fichtel-gebirge. Dans le S., le pays est couvert par les ramifications des Alpes Rhétiques, et il renferme les lacs de Chiem, de Würm et d'Ammer; il s'avance au S. O. jusqu'au lac de Constance.

Munich, en allemand *München*, capitale du royaume, est une grande et belle ville, située sur l'Isar et peuplée de plus de 140 000 habitants; elle possède de nombreux et importants établissements relatifs aux beaux-arts et aux sciences ; tels sont le musée de peinture, la bibliothèque royale (de huit cent mille volumes), l'université, etc. La lithographie y a été inventée.

Les autres villes remarquables du bassin du Danube sont : *Augsbourg*, ancienne et irrégulière, mais riche et très-commerçante, entourée d'une magnifique plaine, et peuplée de 45 000 habitants ; — *Ratisbonne*, en allemand *Regensburg*, au confluent de la Regen et du Danube : ville ancienne, qui fut longtemps le siège de la diète de l'empire Germanique, et qui compte encore 25 000 habitants : *Landshut*, belle ville, sur l'Isar ; — *Passau*, place forte, très-agréablement placée au confluent de l'Inn et du Danube ; — *Eichstædt*, qui fut l'apanage d'Eugène de Beauharnais ; — *Hochstædt, Donauwerth, Nordlingen, Eckmühl*, célèbres par des batailles.

Dans le bassin du Main, on distingue : *Anspach* ou *Ansbach*, située sur la Rezat, affluent de la Regnitz, et ornée de belles promenades ; — *Schwabach*, renommée par ses fabriques d'aiguilles, d'épingles, etc.; — *Nuremberg* ou *Nürnberg*, sur la Pegnitz, affluent de la Regnitz : ville de 60 000 âmes, intéressante par son grand commerce et ses nombreuses fabriques d'instruments de musique et de mathématiques, de lunettes, de jouets d'enfants, de chapelets, etc., par la naissance du célèbre peintre Albert Durer, enfin par plusieurs inventions (celles des montres, des pendules, des filières à tirer le fil de fer, des fusils à vent, des batteries d'armes à feu, de la clarinette, du laiton et de la fameuse sphère terrestre de Martin Behaim); — *Fürth*, autre ville fort industrieuse, et peuplée de 17 000 habitants, avec une université juive; — *Erlangen*, avec une université protestante; — *Bamberg*, ville de 25 000 âmes, sur la Regnitz, avec le magnifique château de Petersberg; — *Bayreuth*, belle ville, sur le Main, au pied du Fichtel-gebirge; — *Würzbourg*, ville de 30 000 hab., aussi sur le Main, avec une citadelle célèbre, une université et des vignobles renommés; — *Aschaffenbourg*, avec un magnifique château.

Au bord du lac de Constance, se trouve *Lindau*, bâtie sur trois îles.

La division nommée Bavière rhénane ou cercle du Palatinat s'étend sur la gauche du Rhin, au N. de l'Alsace et au S. O. de la Hesse-Darmstadt. C'est une partie de l'ancien Bas-Palatinat ou Palatinat du Rhin. La chaîne des Vosges en couvre une partie, et y présente le mont Tonnerre ou Donnersberg. C'est un pays fertile, très-riant, et où l'agriculture, l'industrie et l'instruction sont fort avancées.

Le chef-lieu de la Bavière rhénane est *Spire*, en allemand *Speyer*, près du Rhin. — *Deux-Ponts* ou *Zweybrücken* est une jolie petite ville, qui fut la capitale d'un important duché du même nom. — *Landau* a d'imposantes fortifications.

2. Chemins de fer.

Une grande ligne de chemins de fer, qui se rattache à celles de Belgique et du N. de la France, entre dans l'Allemagne occidentale par *Aix-la-Chapelle* et *Cologne*, et se prolonge à travers l'Allemagne centrale jusqu'à *Berlin*, en se divisant en deux branches principales : l'une par *Hanovre*, *Brunswick* et *Magdebourg*, l'autre par *Cassel*, *Gotha* et *Dessau*. A cette double ligne se rattachent des chemins qui vont, vers le N., à *Emden*, à *Brême*, à *Hambourg*, dans le *Danemark* et dans le *Mecklenbourg*, et, vers le S., à *Francfort*, à *Leipsick*, à *Chemnitz*, à *Dresde*, et, de là, à *Vienne*.

Il y a un chemin de *Leipsick* à *Augsbourg*, par *Nuremberg*, avec un embranchement sur *Fürth*; d'*Augsbourg*, un chemin va à *Munich*, et un autre se rend à *Ulm* et à *Stuttgart*. Deux chemins conduisent de cette dernière ligne au lac de *Constance*. — *Munich* est unie à *Vienne*. — De *Franc-*

fort, une grande ligne s'étend au S., le long de la rive droite du Rhin, jusqu'à *Bâle*, en passant par *Carlsruhe*, et en se rattachant à *Stuttgart*. Un chemin qui part de *Francfort* à l'E., va rejoindre la ligne de *Leipsick* à *Augsbourg*. Un autre qui en part à l'O., se rend à *Mayence* et à *Wiesbaden*. De *Mayence*, ces lignes se portent sur la *Bavière* et la *Prusse rhénanes*, d'où elles se dirigent, l'une, sur *Strasbourg*, l'autre, sur *Metz*.

3. Gouvernement, Religion, Habitants, Mœurs, Instruction, Langues.

Les divers états qui se partagent la possession de l'Allemagne sont confédérés, et leur union forme ce qu'on appelle la *confédération Germanique*. Ils sont d'ailleurs indépendants les uns des autres, et chacun a ses lois et son gouvernement particuliers. Les affaires qui intéressent la confédération sont réglées par une *diète* qui siége à Francfort-sur-le-Main.

Depuis 1833, il s'est formé, sous l'influence de la Prusse, une association commerciale appelée *Zollverein* (union des douanes), qui crée une frontière générale de douanes pour renfermer tous les états de l'association dans l'uniformité d'un seul et même tarif : un assez grand nombre d'états y ont accédé.

Toutes les religions sont tolérées en Allemagne, et c'est sans doute le pays d'Europe où l'on trouve la plus grande diversité de cultes. Au S., la religion catholique domine; au N., la religion protestante, comprenant des luthériens et des calvinistes, est la plus répandue.

La population de l'Allemagne appartient à deux familles principales : 1° les *Allemands proprement dits*, au nombre de 35 millions; 2° les *Slaves*, au nombre de 7 à 8 millions, et divisés en *Wendes*, *Slovènes*, *Slovaques*, *Moraves*, *Tchèkhes* ou *Bohèmes*, etc. Il y a un assez grand nombre de *Juifs*, répandus à peu près partout; des *Wallons* (d'origine française), vers le cours inférieur du Rhin, et des *Italiens*, vers le S.

Les Allemands sont en général grands et robustes; la plupart ont les cheveux blonds et les yeux bleus. C'est un peuple grave, réfléchi, laborieux, franc et simple. Doué d'un esprit observateur et méthodique, et d'un génie inventif, il a fait faire de grands progrès aux sciences et aux arts. Cependant il faut reprocher à l'Allemand sa facile exaltation et les écarts fréquents de son imagination.

L'instruction est fort répandue en Allemagne; il y a vingt universités et une infinité de gymnases, de musées, de sociétés littéraires, de bibliothèques publiques, etc.; beaucoup d'hommes de génie y ont enrichi la littérature et fait avancer les sciences. La langue allemande est belle et poétique. Elle est parlée universellement en Allemagne; néanmoins chaque peuple slave a sa langue particulière; la langue romane, la langue ladine et la langue italienne sont aussi répandues dans une partie du Tyrol et de l'Illyrie.

Géographie historique.

La plus grande partie de l'Allemagne était anciennement la *Germanie*, contrée qui s'étendait entre le Rhin et la Vistule, et depuis le Danube jusqu'à l'océan Germanique (mer du Nord) et à l'océan Sarmatique (mer Baltique).

Cette contrée était presque partout couverte de forêts.

Le nom de *forêt Hercynie* ou *Hercynienne*, sous lequel on a souvent désigné en général toutes les forêts de la Germanie, semble surtout applicable à celles qui couvraient les montagnes du centre de cette contrée, c'est-à-dire les Alpes de Souabe, le Fichtel-gebirge et l'Erz-gebirge. Les monts *Sudètes* des anciens sont le Fichtel-gebirge et non les Sudètes des modernes. — L'ancienne forêt *Marciane* ou *Marcinienne*, qui s'étendait peut-être sur le mont *Abnoba*, paraît être identique avec la Forêt-Noire. — Le mont *Gabreta*, sur lequel s'étendait la forêt du même nom, correspond au Bœhmer-wald. — La forêt *Luna*, qui formait la continuation orientale de la forêt Gabreta, couvrait la chaîne qu'on nomme aujourd'hui monts Moraves. — Le mont *Asciburgius*, au N. de cette chaîne, est appelé maintenant Riesen-gebirge ou montagnes des Géants. — On remarquait, au N. O., la forêt *Teutoburgienne*, célèbre par le massacre des trois légions romaines que commandait Varus. — A l'O., près du Rhin, s'élevait le mont *Taunus*, qui a conservé son nom.

Le Rhin s'appelait *Rhenus*; — le Main, *Mænus*; — l'Ems, *Amisus*; — le Weser, *Visurgis*; — l'Elbe, *Albis*; — l'Oder, *Viadrus*; — la Vistule portait le même nom qu'aujourd'hui.

La Germanie était habitée par des peuples nombreux et à

demi barbares, qui, généralement formés en vastes confédérations, reçurent des Romains le nom de *Germani*, c'est-à-dire frères ou associés. Quelques auteurs pensent cependant que ce nom vient du mot tudesque *Germann* (homme de guerre). Ces peuples étaient fiers et belliqueux, cruels à la guerre, mais ailleurs bons, francs, hospitaliers. Leurs ligues redoutables firent souvent trembler l'empire Romain, et contribuèrent à sa ruine.

Deux principaux peuples habitaient entre le Rhin, le Weser et le Danube :

1° Les *Istævons*, grande nation qui, divisée en plusieurs tribus confédérées, reçut au troisième siècle le nom de *Francs*, et au commencement du cinquième envahit la Gaule, où elle jeta les fondements d'une puissante monarchie ; elle a fait donner le nom de *Franconie* à une partie du vaste pays qu'elle habitait. Les principales peuplades de cette nation étaient : au N., les *Frisons* (qui ont laissé leur nom à la province de Frise), les *Bructères* et les *Chamaves* ; au S., les *Sicambres*, célèbres par leur courage et leur fierté ; les *Marses*, et les *Mattiaques*, sur le territoire desquels on trouvait une ville nommée *Mattium* (Marbourg).

2° Les *Alémans* ou *Allemands*, qui, sur le point d'envahir l'empire Romain, furent repoussés par Julien, et qui, dans la suite, portant le ravage sur les terres des Francs, furent vaincus par Clovis dans les plaines de Tolbiac. Le nom d'Allemands, qui signifie multitude d'hommes, a été ensuite étendu par les Français à tous les habitants de la Germanie.

Entre le Weser et l'Elbe, se trouvaient les *Cauques*, qui se distinguaient par des sentiments nobles et élevés ; — les *Langobards* ou *Longobards*, les mêmes sans doute que ces belliqueux Lombards qui envahirent l'Italie au sixième siècle ; — les *Deuringes*, qui, plus tard, furent appelés *Thuringiens*, et ont laissé leur nom à la Thuringe ; — les *Chérusques*, qui, sous la conduite de leur roi Arminius, massacrèrent les légions romaines, mais qui furent à leur tour vaincus par Germanicus dans la vaste plaine d'Idistavise ; — les *Cattes* ou *Hasses*, qui ont laissé leur nom à la Hesse ; — les *Hermundures* ou *Hermendures*, fidèles alliés de Rome ; — et les *Marcomans*, qui, fixés d'abord vers les sources du Danube, en furent chassés par les Romains, et se jetèrent sur le pays des *Boïens*, qui se réfugièrent dans des contrées plus méridionales.

Les anciens ont souvent donné le nom général de *Suèves* aux nations qui habitaient la Germanie à l'E. de l'Elbe; mais, à mesure que les divers peuples compris d'abord sous cette dénomination ont été plus connus, on a cessé de les appeler Suèves; enfin ce terme ne fut plus appliqué qu'à une nation particulière fixée dans le S. O. de la Germanie, et qui a laissé son nom au pays de Souabe. Le N. de cette partie orientale de la Germanie avait pour habitants : les *Saxons* ou *Incévons*, qui ont donné leur nom à la Saxe; — les *Angles*, qui, joints aux Saxons, envahirent dans le cinquième siècle la Britannie romaine, et lui firent donner le nom d'Angleterre; — les *Vindiles* ou *Vandales*, célèbres par leurs incursions dans l'Europe méridionale et dans l'Afrique; — les *Teutons*, qui, réunis aux Cimbres pour envahir l'Italie, furent arrêtés par Marius, et dont le nom est devenu plus tard celui de toutes les nations germaines; — les *Hérules*, qui anéantirent, en 476, l'empire romain d'Occident; — les *Burgundions* ou *Bourguignons*, qui s'établirent, au quatrième siècle, dans la partie orientale de la Gaule. — Au milieu, étaient les *Semnons;* — au S., enfin, se trouvaient les *Quades.*

Dans le S., l'Allemagne comprend trois anciens pays : 1° la *Vindélicie*, qui devait sans doute son nom à deux de ses rivières, le *Vindo* (Wertach) et le *Licus* (Lech), et où l'on trouvait les villes de *Damasia* ou *Augusta Vindelicorum* (Augsbourg), et de *Brigantia* (Bregenz), sur le lac Brigantin (de Constance). Lorsque les Boïens, chassés du *Boiohemum* (Bohème) par les Marcomans, furent venus s'établir dans cette contrée, elle prit le nom de *Boiaria*, qui a formé celui de Bavière. — 2° La *Rhétie*, dont une partie répond au Tyrol, et où l'on remarquait *Tridentum* (Trente). — 3° Le *Norique* (archiduché d'Autriche), partie de l'Illyrie et de la Styrie, avec les villes de *Lauriacum* et de *Celeia* (Cilli).

Au moyen âge, les différentes nations allemandes se réunirent en un seul empire; mais il se forma bientôt, dans le sein de cet empire, une foule de petits états, qui jouissaient à peu près de leur indépendance, sous la suzeraineté de l'empereur. Le droit d'élire celui-ci fut longtemps confié aux assemblées des plus puissants princes de l'Allemagne; mais, dès le quatorzième siècle, il fut accordé seulement à sept *électeurs*, qui étaient les archevêques de Mayence, de Trèves et de Cologne, le comte Palatin, etc.

Maximilien, à la fin du quinzième siècle, divisa l'empire en dix cercles : les cercles de *Haute-Saxe*, de *Basse-Saxe*, de *Westphalie* et de *Bourgogne* [1], au N. ; — ceux du *Haut-Rhin*, du *Bas-Rhin* et de *Franconie*, au milieu ;—et les cercles d'*Autriche*, de *Bavière* et de *Souabe*, au S.

La Bohème, la Moravie, la Silésie et la Lusace (pays qui est aujourd'hui partagé entre la Prusse et le royaume de Saxe) n'étaient pas comprises dans les dix cercles allemands, quoiqu'elles fissent partie de l'Allemagne.

L'empire d'Allemagne cessa d'exister en 1806, et alors se forma la *confédération du Rhin*, établie sous les auspices de Napoléon Ier ; elle était moins étendue que ne l'est la confédération Germanique : la Prusse et l'Autriche n'en faisaient point partie. Un des principaux états de cette confédération était le royaume de *Westphalie*, créé par l'empereur des Français en faveur de son frère Jérôme. Neuf départements réunis à la France avaient été pris sur l'Allemagne occidentale. Ce fut en 1815 que la confédération actuelle fut constituée.

X. SUISSE.

DESCRIPTION PHYSIQUE. — DESCRIPTION POLITIQUE. — GÉOGRAPHIE HISTORIQUE.

Description physique.

1. Limites et Étendue.

La Suisse, appelée en allemand *Schweiz* et en italien *Svizzera*, est placée au centre de l'Europe, entre la France, à l'O., l'Allemagne, au N. et à l'E., et l'Italie, au S. Le Doubs, le Jura et le lac de Genève la séparent de la première de ces contrées ; le Rhin et le lac de Constance marquent la limite vers l'Allemagne ; les Alpes et les lacs Majeur et de Lugano forment la frontière du côté de l'Italie.

---

1. Maximilien avait acquis, par mariage, une partie des états de Charles le Téméraire, duc de *Bourgogne*. Voilà pourquoi il donna le nom de Bourgogne à un cercle allemand ; c'était à peu près la Belgique et la Néderlande actuelles.

Ce pays a 360 kilomètres de longueur, de l'E. à l'O., 200 de largeur, du N. au S., et 40 900 kilomètres carrés : il peut équivaloir, pour l'étendue, à sept de nos départements ordinaires. On y compte 2 500 000 habitants.

2. Aspect général, Productions.

La Suisse est célèbre par la variété de ses sites et ses délicieux paysages ; par ses beaux lacs, ses montagnes majestueuses, ses vallons pittoresques et les nombreuses cascades de ses torrents.

Il y a, au N. et à l'O., quelques grandes et fertiles plaines ; mais tout le S. et le milieu sont hérissés de montagnes, que couvrent, en beaucoup d'endroits, des neiges éternelles et d'énormes amas de glace nommés glaciers ; ces masses de neige et de glace et les hauts rochers qui les entourent présentent les formes les plus imposantes ; d'innombrables ruisseaux s'élancent de leur sein en écumant ou en formant des nappes argentées. Mille autres curieux accidents de la nature attirent les voyageurs dans cette intéressante région ; mais souvent aussi de grands dangers les y menacent : ce sont tantôt de profonds précipices, tantôt des éboulements de montagnes, qui changent subitement une contrée riante en un chaos où sont ensevelis pêle-mêle les hommes, les troupeaux et les habitations ; quelquefois ce sont des débordements furieux de torrents, dont le lit a été tout à coup interrompu par des matières tombées du haut des Alpes ; souvent, enfin, des avalanches ou lavanges, formées par des monceaux de neige qui se détachent des hauteurs et se précipitent au fond des vallées avec une impétuosité et un bruit effroyables : on a vu des hommes et des animaux renversés et privés de vie seulement par le tourbillon d'air qu'elles produisent à quelque distance de leur passage ; la moindre secousse, un son léger qui ébranle l'air, un oiseau qui se pose sur la pente d'un rocher, suffisent pour détacher une avalanche : une très-petite pelote se produit d'abord, et elle s'accroît si fort en roulant, qu'avant d'arriver au fond de la vallée elle peut acquérir la grosseur d'une colline ; elle se réduit quelquefois, au moment de sa chute, en une poussière glacée qui s'élève très-haut et se répand à une grande distance : c'est un des spectacles les plus beaux et les plus terribles qu'on puisse voir.

Pour se garantir de ce redoutable fléau, on a construit beaucoup de voûtes maçonnées, et l'on a pratiqué dans le roc un grand nombre de cavités, où l'on peut se réfugier si l'on voit descendre une avalanche.

La plus grande partie de la Suisse n'est pas propre à la culture ; mais il y a, sur les flancs des montagnes, d'excellents pâturages, où paissent d'innombrables troupeaux de vaches superbes, de bœufs, de moutons et de chèvres : on y fait, en plusieurs lieux, des fromages renommés.

Le climat offre, dans ce pays, des variations infinies : un hiver perpétuel règne au sommet des Alpes ; mais on jouit, dans les vallées, de la température la plus douce, et l'on y cultive le tabac, les figues, les amandes, les châtaignes, les olives et la vigne.

3. Montagnes.

La grande arête qui sépare l'Europe en deux versants généraux, celui du N. et celui du S., parcourt cette contrée au S. E., au S. et à l'O. Tout ce qui se trouve au N. de cette arête appartient au bassin de la mer du Nord ; tout ce qui se trouve au S. fait partie du bassin de la Méditerranée et de deux de ses divisions, la mer Adriatique et la mer Noire.

A l'E., cette arête porte le nom d'*Alpes des Grisons*, depuis l'Allemagne jusqu'au mont Septimer, et elle se dirige du N. E. au S. O. — Dans la partie moyenne, elle court de l'E. à l'O., et s'appelle d'abord *Alpes Rhétiques occidentales*, depuis le mont Septimer jusqu'au mont Bernardino ; ensuite ce sont les *Alpes Lépontiennes orientales* jusqu'au mont Saint-Gothard, et, plus à l'O., les *Alpes Bernoises*, qui se prolongent jusque vers la pointe orientale du lac de Genève.

La partie occidentale de l'arête s'étend d'abord au N. de ce lac sous le nom de *Jorat* ; mais elle n'offre là que de faibles collines ; elle se relève bientôt avec le *Jura septentrional*, qui se dirige du S. O. au N. E.

Deux arêtes secondaires se détachent de l'arête principale et vont séparer entre eux les bassins particuliers de la Méditerranée proprement dite, de l'Adriatique et de la mer Noire : l'une est formée des *Alpes Rhétiques orientales*, qui s'élèvent entre les tributaires de la mer Noire et les tributaires de l'Adriatique. — La seconde, plus haute que toutes les autres chaînes de la Suisse, s'étend sur la frontière méridionale du pays, et sépare le versant de l'Adriatique de celui de la Méditerranée propre; elle se compose des *Alpes Lépontiennes occidentales* et des *Alpes Pennines*, dont le mont Rosa est la limite commune.

Étudions maintenant les principaux sommets que présentent toutes ces masses de montagnes, et remarquons d'abord qu'ils affectent des formes très-différentes dans les Alpes et dans le Jura : les cimes de celles-là sont granitiques, et projettent dans les airs des aiguilles très-élancées, des pics irréguliers et déchirés; les monts calcaires du Jura forment, au contraire, des massifs allongés, droits et réguliers, généralement revêtus de grandes forêts de sapins.

Le plus haut sommet des Alpes des Grisons est le mont *Scaletta*.

Un des points les plus remarquables des Alpes Rhétiques occidentales est le *Splügen*, où passe une route célèbre.

Le *Bernardino*, où ces dernières Alpes se joignent aux Alpes Lépontiennes, a aussi une route importante.

Le *Saint-Gothard*, où passe une autre route fort connue, est un nœud remarquable, où les Alpes Bernoises viennent se joindre aux Alpes Lépontiennes, et d'où s'échappent, dans toutes les directions, des cours d'eau tributaires de la mer du Nord, de la Méditerranée et de l'Adriatique. Ce mont s'élève à 3100 mètres au-dessus de la mer : on le comprend quelquefois, avec toutes les Alpes Lépontiennes orientales, sous le nom de mont *Adula*.

Dans les Alpes Bernoises, on distingue les monts de la *Fourche*, *Galenstok* et *Grimsel*, qui enveloppent les sources du Rhône; — le *Finster-Aarhorn*, qui a plus de 4360 mètres de hauteur; — le pic de la *Vierge* ou de la *Jungfrau*, qui n'est guère moins élevé; — la *Gemmi*; — le mont *Diablerets*, à l'extrémité occidentale des Alpes Bernoises.

Dans le Jura, on peut citer le mont *Tendre* et la *Dôle*, qui n'ont qu'un peu plus de 1620 mètres.

On voit, dans les Alpes Rhétiques orientales, le pic *Scalino*, qui atteint plus de 3250 mètres.

Dans les Alpes Lépontiennes occidentales, on remarque le *Simplon*, où les Français ont ouvert, en 1801, une route magnifique.

Le mont *Rosa*, où s'unissent les Alpes Lépontiennes et les Alpes Pennines, s'élève à 4636 mètres : c'est le plus haut point des montagnes suisses, et il n'est surpassé, dans toutes les Alpes, que par le mont Blanc.

Les principaux sommets des Alpes Pennines sont le mont *Cervin* ou *Matterhorn*, qui élève jusqu'à près de 4600 mètres sa mince aiguille, la plus pointue de toute la chaîne; — le *Combin*, un peu moins haut; — et le *Grand Saint-Bernard* (de 3600 mètres), qui est le plus célèbre de tous ces sommets, à cause de son hospice et du passage des troupes françaises en 1800. L'hospice du Grand Saint-Bernard se trouve à 2490 mètres de hauteur, et c'est sans doute l'habitation la plus élevée de l'Europe; des religieux y reçoivent les étrangers avec un empressement et des soins touchants : ils parcourent les routes avec de gros chiens dressés pour porter des secours aux voyageurs ensevelis sous les neiges, et ils en sauvent ainsi chaque année un grand nombre.

Il existe encore en Suisse beaucoup d'autres sommets remarquables, mais ils sont placés hors des arêtes dont nous avons parlé, dans des rameaux qui se détachent de la chaîne principale des Alpes et vont couvrir l'intérieur du pays. Le plus fameux de ces sommets, mais non le plus élevé, est le *Rigi*, qui se trouve au centre même de la Suisse, et du haut duquel on jouit d'un des panoramas les plus vastes et les plus admirables. Son altitude est de 1800 mètres.

4. Cours d'eau et Lacs.

On a vu que la Suisse est partagée entre les bassins de quatre mers, c'est-à-dire la mer du Nord, la mer Méditerranée proprement dite, l'Adriatique et la mer Noire.

Elle envoie à la première la plus grande partie de ses eaux, par le *Rhin*, qui a ses trois sources au mont Adula, coule d'abord vers le N. E., forme le grand lac de *Constance*, et tourne ensuite à l'O. jusqu'à la frontière de France. Ce fleuve est fort rapide, et offre plusieurs chutes, entre autres celle de Schaffhouse, qui a 22 mètres.

Les principaux affluents du Rhin, en Suisse, sont la *Thur* et l'*Aar*; cette dernière rivière est la plus considérable, et parcourt du S. au N. toute la contrée; elle forme les lacs de *Brientz* et de *Thun*, et reçoit à droite deux rivières qui lui apportent les eaux de beaucoup d'autres lacs : l'une est la *Reuss*, qui produit le grand et sinueux lac de *Lucerne* ou des *Quatre-Cantons*, et a pour tributaire le charmant lac de *Zug*; l'autre est la *Limmat*, qui sert d'écoulement aux lacs de *Zürich* et de *Wallenstadt*. Par la rive gauche, l'Aar reçoit la *Sarine* ou *Saane*, et la *Thièle* ou *Zihl*, qui lui apporte les eaux des lacs de *Bienne*, de *Neuchâtel* et de *Morat*.

Sur le versant de la Méditerranée, on trouve le *Rhône*, qui descend avec impétuosité des glaciers du Grimsel et de la Fourche, à l'extrémité orientale des Alpes Bernoises, et forme le magnifique lac *Léman* ou de *Genève*, étendu de l'E. à l'O. en vaste croissant.

Le *Doubs* appartient aussi à ce versant.

Du côté de l'Adriatique, on voit couler le *Tésin*, Tessin ou *Ticino*, qui tombe dans le lac *Majeur*, d'où il sort en Italie pour aller se jeter dans le Pô.

Le lac de *Lugano* s'écoule dans le lac Majeur.

Sur le versant de la mer Noire, on ne remarque que l'*Inn*, affluent du Danube.

Description politique.

1. Divisions et Lieux remarquables.

La Suisse est composée de vingt-deux cantons confédérés, qu'on peut distribuer en deux grandes régions physiques : le *versant de la mer du Nord* et le *versant de la Méditerranée*.

Sur le premier, on distingue sept cantons arrosés par le Rhin : les *Grisons, Saint-Gall, Thurgovie, Schaffhouse, Zürich, Argovie* et *Bâle;* — et onze qui ne touchent pas ce fleuve, mais appartiennent à son bassin : *Appenzell* et *Glaris*, à l'E.; *Schwitz, Uri, Unterwalden, Zug, Lucerne*, au milieu, et *Soleure, Berne, Fribourg, Neuchâtel*, à l'O.

Sur l'autre versant, il y a quatre cantons : trois dans le bassin du Rhône : le *Vallais, Vaud, Genève;* et un seul dans le bassin du Tésin, par conséquent du Pô, tributaire de l'Adriatique : c'est celui du *Tésin*.

VERSANT DE LA MER DU NORD. — Le canton des *Grisons*, le plus grand de la confédération, s'étend dans l'E. de la Suisse, et s'avance entre l'Italie et l'Allemagne. Il est partout couvert de hautes montagnes, qui appartiennent aux Alpes Rhétiques, Lépontiennes et des Grisons. C'est dans ce pays que le Rhin se forme, sous les murs du château de

Reichenau, par la réunion du Rhin antérieur et du Rhin postérieur.

Le nom allemand du canton est *Graubünden*, c'est-à-dire *ligues Grises*. Cette dénomination vient de ce que les habitants de ce pays portaient des habits grossiers d'une étoffe grise, lorsque, dans le quinzième siècle, ils se liguèrent pour secouer le joug autrichien. Les Grisons sont divisés en trois ligues ou petits états : la ligue *Grise*, à l'O.; la ligue *Caddée* ou de la *Maison de Dieu*, au milieu; la ligue des *Dix-Droitures*, à l'E.

Le chef-lieu du canton est *Coire*, en allemand *Chur*, petite ville très-commerçante, située près du Rhin, dans la ligue Caddée.

Saint-Gall est un assez grand canton, qui s'étend au S. du lac de Constance; il est borné à l'E. par le Rhin, et baigné au S. O. par les lacs de Wallenstadt et de Zürich, qui s'écoulent l'un dans l'autre par la Linth.

Le chef-lieu est *Saint-Gall*, en allemand *Sanct-Gallen*, ville de 11 000 habitants, située non loin du lac de Constance. — Dans le S., est *Pfæfers*, célèbre par ses eaux minérales et son ancienne abbaye.

Le canton de *Thurgovie*, en allemand *Thurgau*, doit son nom à la Thur, qui le parcourt. Il est baigné à l'E. par le lac de Constance, et au N. par le lac Inférieur, qui n'est, en réalité, qu'un bras de celui-là. Le Rhin tombe du lac de Constance dans le lac Inférieur, et il sort ensuite de l'extrémité occidentale de ce dernier.

Le chef-lieu du canton est *Frauenfeld*, petite ville, qui se recommande par ses soieries.

Le petit canton de *Schaffhouse* est le plus septentrional de la Suisse, et il s'avance en Allemagne, à la droite du Rhin.

Le chef-lieu, *Schaffhouse*, en allemand *Schaffhausen*, se trouve sur le Rhin, un peu au-dessus de la belle cataracte que ce fleuve forme à Laufen.

Le canton de *Zürich* est un des plus importants et des plus riches de la Suisse. Le Rhin et la Thur l'arrosent au N.; le beau lac de Zürich s'y étend au S.; la Limmat y coule à l'O.

Le chef-lieu est *Zürich*, dans une situation ravissante, à

l'extrémité N. O. du lac de ce nom, à l'endroit où la Limmat en sort. On y compte 17 000 habitants. Elle a de nombreuses fabriques, surtout en soieries, et elle se distingue par ses établissements scientifiques. C'est la patrie de l'un des plus célèbres poëtes de la Suisse, Salomon Gessner.

Le canton d'*Argovie*, en allemand *Aargau*, est borné au nord par le Rhin ; l'Aar, la Reuss et la Limmat le parcourent ; c'est un pays fertile et riant.

Le chef-lieu est *Aarau*, sur l'Aar : quoique ce soit une fort petite ville, il y règne beaucoup d'industrie, et la culture des sciences et des lettres y est très-avancée.

Baden, sur la Limmat, est une autre ville intéressante de ce canton. Il y a des eaux minérales célèbres. — Les eaux minérales de *Schinznach* sont aussi très-fréquentées.

Le canton de *Bâle* est placé à l'angle N. O. de la Suisse, sur la frontière de l'Allemagne et de la France. Il est divisé en deux républiques distinctes : *Bâle-Ville* et *Bâle-Campagne*.

La république de *Bâle-Ville* ne se compose que de la ville de *Bâle* et de quelques villages voisins. Le Rhin la parcourt, et il traverse aussi le chef-lieu, qu'il divise en deux parties : le *Grand-Bâle*, à gauche, et le *Petit-Bâle*, à droite. Les rues du premier sont tortueuses et montantes ; des jardins pittoresques y tapissent les coteaux rapides qui bordent le fleuve. Bâle s'appelle en allemand *Basel*, et contient 30 000 habitants. Il y règne un commerce actif. On y remarque une très-belle cathédrale gothique.

La république de *Bâle-Campagne*, beaucoup plus étendue que l'autre partie du canton, a pour chef-lieu la petite ville de *Liestal*. On y trouve *Augst*, qui est l'ancienne *Augusta Rauracorum*.

Le canton d'*Appenzell*, entouré de tous côtés par celui de Saint-Gall, est un des plus petits de la Suisse, et cependant il forme deux républiques : celle des *Rhodes* (communes) *extérieures*, et celle des *Rhodes intérieures*. Le pays est montueux et pittoresque.

Les Rhodes extérieures ont pour chef-lieu *Trogen*.
Le chef-lieu des Rhodes intérieures est *Appenzell*.

Le canton de *Glaris*, au N. O. des Grisons et au S. O.

de Saint-Gall, est un pays de montagnes et de bons pâturages.

Le chef-lieu est *Glaris* ou *Glarus*, sur la Linth, au pied du haut mont Glærnisch; on y fait des fromages verts très-estimés.

Le canton de *Schwitz*, qu'on appelle aussi *Schweiz* ou *Schwyz*, a donné son nom à toute la Suisse : ce fut un des premiers cantons qui secouèrent la domination de l'Autriche et qui fondèrent la confédération Suisse. Sa position entre le lac de Zürich, au N., le lac de Lucerne, au S., et le lac de Zug, à l'O., est fort intéressante. Les sites y sont variés et pittoresques. C'est dans la partie occidentale, entre les lacs de Lucerne et de Zug, que se trouve le mont Rigi, d'où l'on jouit d'une vue si admirable. Non loin de là, est la vallée de Goldau, bouleversée en 1806 par un éboulement du mont Rossberg.

Le chef-lieu porte le même nom.

Le canton d'*Uri* s'allonge au S. de celui de Schwitz, et ne se termine qu'au mont Saint-Gothard. La Reuss le parcourt dans sa longueur, et y entre dans le lac de Lucerne. On y passe cette impétueuse rivière sur le pont du Diable, remarquable par sa hardiesse; et tout près de là on a percé, sur sa rive, une immense masse de rochers, pour y faire passer la route du Saint-Gothard.

Uri fut aussi l'un des cantons fondateurs de la confédération, et son chef-lieu, *Altorf*, a été le séjour de l'illustre Guillaume Tell.

Le canton d'*Unterwalden*, qu'on appelle aussi, moins exactement, *Underwald*, est à l'O. d'Uri et au S. du lac de Lucerne. Il partage avec les deux cantons précédents la gloire d'avoir fondé la confédération. Il est divisé en deux républiques : l'*Obwald*, au S., et le *Nidwald*, au N.

Sarnen est le chef-lieu de l'Obwald, et *Stantz*, celui du Nidwald. — La prairie de *Grütli*, sur le lac de Lucerne, dans le Nidwald, est célèbre par le serment d'union qu'y prononcèrent les trois libérateurs de la Suisse, en 1307.

Le canton de *Zug*, resserré entre les cantons de Schwitz, de Zürich et de Lucerne, est le plus petit de la Suisse, mais un des plus intéressants par ses sites délicieux, surtout vers les bords du lac de Zug.

La petite ville de *Zug* s'élève gracieusement sur le bord oriental de ce lac. — Sur la frontière du canton de Zug et de celui de Schwitz, s'élève le mont *Morgarten*, célèbre par une victoire des Suisses sur les Autrichiens, en 1315, et par des combats que les Français y livrèrent aux Suisses en 1798, et aux Autrichiens, en 1799.

Le canton de *Lucerne* est le plus considérable du centre de la Suisse. Il est, à l'E., arrosé par la Reuss et baigné par le lac de Lucerne, qu'on nomme aussi lac des *Quatre-Cantons* ou des *Waldstettes*. Cette masse d'eau est longue, irrégulière, et a des golfes profonds, des rives escarpées et des points de vue admirables.

Lucerne, en allemand *Luzern*, est le chef-lieu du canton. Cette ville ne compte que 10 000 habitants; cependant elle fait un grand commerce. C'est sous ses murs que la Reuss sort du lac. — *Sempach*, vers le lac du même nom, est célèbre par une victoire des Suisses sur les Bourguignons.

Le canton de *Soleure*, au S. du canton de Bâle, s'étend le long de l'Aar et sur une partie du mont Jura.

Le chef-lieu est Soleure, en allemand *Solothurn*, petite ville assez bien bâtie, sur l'Aar. — *Olten*, aussi sur l'Aar, est le centre principal des chemins de fer suisses.

Le canton de *Berne* est le plus grand et le plus important de la Suisse. Il s'étend depuis la frontière de France jusqu'aux Alpes Bernoises, et il touche presque à l'Italie. L'Aar le parcourt, en y formant les jolis lacs de Brientz et de Thun, et en y recevant la Sarine et la Thièle, qui y produit elle-même le lac de Bienne. Les aspects y sont très-diversifiés : au N., on voit les montagnes du Jura ; au milieu, se trouvent de belles plaines et de larges vallées ; au midi, dans ce qu'on appelle l'*Oberland* (haut pays), sont les Alpes, avec quelques-uns de leurs plus hauts sommets et de leurs plus vastes glaciers, dont le plus remarquable est celui du Grindelwald : à leurs pieds s'ouvrent des vallons extrêmement pittoresques, où abondent les cascades les plus curieuses de la Suisse. Les plus célèbres sont celles du *Staubbach*, du *Giessbach* et du *Reichenbach*. Les vallées où s'offrent les spectacles

les plus grandioses sont celles de Grindelwald et de Lauterbrunnen.

Le chef-lieu est *Berne*, en allemand *Bern*, la capitale de la confédération. Cette ville, située sur une presqu'île de l'Aar, est belle, fort animée, et offre, parmi ses plus intéressants édifices, la cathédrale de Saint-Vincent. C'est la patrie du grand médecin Haller. On y compte 30 000 habitants.

Dans le N. du canton, on remarque *Porentrui*.

Le canton de *Fribourg*, à l'O. de celui de Berne, est traversé du S. au N. par la Sarine, et se prolonge au N. O. jusqu'au lac de Neuchâtel. Il est couvert, au S., de hautes montagnes, entre lesquelles sont d'excellents pâturages : c'est là que *Gruyères* fait ses fromages renommés.

Fribourg, en allemand *Freyburg*, chef-lieu du canton, ville de 10 000 habitants, s'élève sur une colline escarpée, que baigne la Sarine, et occupe un des sites les plus pittoresques de la Suisse. Des ponts en fil de fer, d'une admirable hardiesse, y sont jetés sur la vallée profonde où coule la rivière. La cathédrale possède un orgue fameux.

La petite ville de *Morat*, sur le bord S. E. du lac du même nom, est célèbre par la grande victoire que les Suisses y remportèrent, en 1476, sur Charles le Téméraire.

Le canton de *Neuchâtel*, resserré entre le lac de ce nom et le Doubs, qui marque en cet endroit la frontière de France, est couvert par le Jura, et offre de riches et belles vallées, dont une des plus remarquables est le Val Travers. Tout en faisant partie de la confédération Suisse, il a longtemps appartenu au roi de Prusse, sous le titre de principauté de *Neuchâtel* et *Valengin*.

C'est un pays industrieux, et l'on y compte surtout de nombreuses fabriques d'horlogerie et de dentelle.

Le chef-lieu est *Neuchâtel*, en allemand *Neuenburg*, qui s'élève agréablement sur le bord occidental du lac du même nom. C'est une jolie petite ville, avec de charmants environs.

Dans le N. O. du canton, on voit *La Chaux-de-Fonds* et *Le Locle*, deux beaux endroits de 10 à 15 000 âmes, qu'ont enrichis la fabrication et le commerce de l'horlogerie.

VERSANT DE LA MÉDITERRANÉE. — Le *Vallais*[1], en allemand *Wallis*, est un long canton, formé par la vallée du Rhône avant le lac de Genève, et profondément encaissé entre les Alpes Bernoises, au N., et les Alpes Pennines et Lépontiennes, au S.; c'est sur ses limites que sont les plus hautes montagnes de la Suisse. Partout des torrents rapides le parcourent, et y forment de nombreuses cascades : la plus remarquable est, à l'O., celle de Pisse-Vache, haute de 100 mètres, et produite par un petit affluent du Rhône. On trouve dans quelques parties du Vallais une race d'hommes infortunés, nommés *crétins*, êtres totalement imbéciles et affectés généralement d'énormes goîtres.

Le chef-lieu est la petite ville de *Sion* ou *Sitten*, dans un pays magnifique, près du Rhône. On remarque aussi *Louèche* ou *Leuk*, célèbre par ses eaux minérales et par le passage de la Gemmi.

Le canton de *Vaud*, en allemand *Waat*, au S. de celui de Neuchâtel, est l'un des plus grands et des plus beaux de la Suisse. Il s'étend entre le lac de Neuchâtel, au N., et celui de Genève, au S.; les Alpes Bernoises le couvrent à l'E.; le mont Jura y offre, à l'O., ses plus hauts sommets suisses; la petite chaîne du Jorat se trouve au milieu. La partie la plus agréable du canton est celle qui borde le lac de Genève : il s'y présente un délicieux mélange de maisons de campagne, de jardins, de vignobles, de prairies.

Le chef-lieu est *Lausanne*, ville de 20 000 habitants, très-animée, très-fréquentée par les voyageurs, et située non loin du lac; *Ouchy* lui sert de port; *Vevay*, en allemand *Vyvis*, est une jolie ville, dans une magnifique situation, vers la partie orientale du lac.

Yverdun, en allemand *Ifferten* (ancienne *Ebrodunum*), est à l'extrémité S. O. du lac de Neuchâtel, auquel on donne quelquefois le nom de cette ville. — *Granson*, sur la rive O. du même lac, est célèbre par une victoire des Suisses sur les Bourguignons, en 1476. — *Avenches* offre les ruines de l'ancienne *Aventicum*.

Le canton de *Genève*, placé à l'extrémité S. O. de la Suisse,

---

[1] On écrit ordinairement *Valais*; mais *Vallais* paraît préférable, car ce nom vient du mot *vallis*, vallée. C'est l'ancienne *Vallis Pennina*.

est le plus petit de la confédération ; mais il en renferme la plus grande ville. *Genève*, en allemand *Genf*, chef-lieu du canton, est admirablement placée à l'endroit où le Rhône sort du lac, et vers la frontière de la Suisse et de la France. La ville est fort belle le long du Rhône et dans quelques autres parties. Elle a un important jardin botanique, un grand nombre d'établissements scientifiques et littéraires, et des fabriques renommées de bijouterie et d'horlogerie. Elle a donné naissance à J. J. Rousseau, au physicien Saussure, aux naturalistes Bonnet et Pictet, au ministre Necker, père de Mme de Staël, à l'écrivain Tœpfer et au sculpteur Pradier. On y compte 40 000 habitants.

Un peu au S., est la jolie petite ville de *Carouge*, sur l'Arve, affluent du Rhône.

Le canton du *Tésin* ou *Tessin*, placé au S. des Alpes Lépontiennes, est incliné vers l'Italie, et l'on y trouve déjà le climat et le langage italiens. Le Tésin l'arrose du N. au S., et s'y jette dans le lac Majeur. Un peu plus au midi, on rencontre le lac de Lugano.

Bellinzone, sur le Tésin ; *Locarno*, sur le lac Majeur, et *Lugano*, sur le lac de ce nom, sont tour à tour, pendant six ans, les chef-lieux du canton.

2. Gouvernement, Religion, Langues, Mœurs.

Les vingt-deux cantons de la Suisse forment en tout vingt-sept états ou républiques ; car, comme nous l'avons vu, Bâle, Appenzell et Unterwalden sont divisés, chacun, en deux républiques distinctes, et les Grisons en comprennent trois. Ces états sont unis et confédérés, pour le maintien de leur liberté, contre toute attaque de l'étranger, et pour la conservation de l'ordre et de la tranquillité dans l'intérieur.

D'après la constitution fédérale de 1848, le gouvernement de la confédération est exercé par trois pouvoirs : 1° l'assemblée fédérale, composée des députés élus par la nation ; 2° le conseil fédéral ou pouvoir exécutif ; 3° le tribunal fédéral. — Le conseil fédéral est présidé par le président de la confédération, nommé pour un an par l'assemblée fédérale et pris dans le sein du conseil.

Des 2 500 000 habitants que renferme la Suisse, environ

les trois cinquièmes sont protestants, de la réforme de Calvin et de Zwingli ; les autres appartiennent au catholicisme. Il y a fort peu de luthériens. Les cantons des régions du du centre et du S. sont catholiques ; dans les autres parties, les différents cultes sont librement professés.

Les Suisses sont, en général, une population allemande ; cependant, à l'O., ils ont une origine française, et, dans quelques parties du S. et du S. E., une origine italienne. Aussi, n'y a-t-il pas de *langue suisse* : on parle allemand dans le N., l'E. et le centre; français dans l'O. ; italien dans le Tésin et dans une partie du canton des Grisons. Dans ce dernier canton, une partie de la population parle un dialecte particulier, le roman, dérivé du latin et divisé en deux sus-dialectes : le roman proprement dit et le latin.

Cette diversité d'origines et de langages, la grande variété des situations et des climats, et l'indépendance isolée de chaque petite république, font qu'on ne trouve pas en Suisse un caractère national bien marqué. Cependant, on peut dire que presque partout, dans ce pays, règnent des mœurs honnêtes, beaucoup de piété, un profond respect pour les anciennes coutumes, de la cordialité, une industrie active et intelligente, des manières simples et naturelles, un grand amour de l'indépendance et de la patrie ; les Suisses, même dans les villes, recherchent plus les jouissances de la vie intérieure que les plaisirs brillants de la société.

3. Chemins de fer.

Les principaux chemins de fer qui parcourent la Suisse et qui l'unissent aux pays voisins sont les suivants : de *Bâle* à *Strasbourg*, de *Bâle* à *Carlsruhe*; d'*Olten* (qui est le centre principal des chemins suisses) à *Bâle*, d'un côté, à *Berne*, d'un autre, à *Aarbourg*, *Aarau* et *Zürich*, dans une troisième direction ; d'*Aarbourg* à *Lucerne*; de *Zürich* à *Winterthur*; de *Winterthur* au *lac de Constance*; de *Neuchâtel* à *Pontarlier*; d'*Yverdun* à *Lausanne*; de *Lausanne* à *Genève* ; de *Genève* en *France* [Lyon, Paris (par Mâcon), Chambéry].

Géographie historique.

La Suisse presque entière correspond au pays des anciens *Helvétiens*, qui étaient compris dans la Gaule ; voilà pourquoi on lui donne quelquefois le nom d'*Helvétie*. Les autres peuples gaulois qui habitaient cette contrée étaient, au N., les *Rauraques*, et, au S., les *Véragres*, les *Nantuates*, les *Séduns*, les *Orobiens*. A l'E., elle renferme une partie de l'ancienne *Rhétie*.

De la domination des Romains, la Suisse passa sous celle des Bourguignons et des Allemands, puis sous celle des Francs ; elle fut partagée ensuite entre l'Allemagne et le royaume de Bourgogne Transjurane, et enfin incorporée tout entière à l'empire d'Allemagne dans le onzième siècle. En 1308, les trois petits cantons de Schwitz, d'Uri et d'Unterwalden secouèrent le joug des princes autrichiens qui gouvernaient cet empire, et jetèrent ainsi les fondements de la confédération, qui s'augmenta bientôt des cantons de Lucerne, de Zürich, de Glaris, de Zug, de Berne, etc.

Au commencement du seizième siècle, il y avait déjà treize cantons libres et confédérés : mais il ne s'en joignit pas d'autres ensuite pendant près de trois cents ans. Ce n'est que dans le siècle actuel que la république s'est accrue des cantons d'Argovie, de Saint-Gall, des Grisons, du Tésin, de Thurgovie, de Vaud, de Genève, de Neuchâtel et du Vallais.

XI. FRANCE.

DESCRIPTION PHYSIQUE. — DESCRIPTION POLITIQUE. — GÉOGRAPHIE HISTORIQUE.

Description physique.

1. Limites et Étendue.

La France est dans la partie occidentale de la région moyenne de l'Europe, et s'étend (sans la Corse) du 42º au 51º degré de latitude nord, et du 6º degré de longitude est au 7º degré de longitude ouest. Elle est bornée au nord par la mer du *Nord* et par le *Pas de Calais*, qui la sépare de l'Angleterre ; au nord-ouest, par la *Manche*, qui la sépare du même pays ; à l'ouest, par l'*Atlantique proprement dit*, et par ce grand avancement de l'océan qui pénètre entre la France et l'Espagne, et qu'on désigne par les noms de golfe de *Gascogne*, de mer de *France*, de mer de *Biscaye* ou de mer *Cantabrique* ; au sud, par la *Bidassoa* et les *Pyrénées*, du côté de l'*Espagne*, et par la *Méditerranée*, qui forme le golfe du *Lion*; au nord-est, par la *Belgique* et par plusieurs pays *allemands*, c'est-à-dire le grand-duché de *Luxembourg*, la *Prusse rhénane* et la *Bavière rhénane*; à l'est, par un autre état *allemand*, le grand-duché de *Bade*; par la *Suisse*; enfin par l'*Italie*.

La France n'a pas, vers le nord-est, de limite naturelle, si ce n'est le cours de la petite rivière *Lauter*, vers la Bavière rhénane. A l'est, elle a le *Rhin*, vers le grand-duché de Bade; le *Doubs*, le *Jura* et le lac de *Genève*, vers la Suisse; les *Alpes* et une partie du cours de la *Roja*, du côté de l'Italie. Elle présente à peu près la forme d'un hexagone, dont trois côtés, au nord-ouest, à l'ouest, au sud-est, sont baignés par la mer, et les trois autres sont bornés par la terre. Les sommets des angles de cet hexagone sont Dunkerque, au nord; la pointe Saint-Matthieu, à l'ouest; l'embouchure de la Bidassoa, au sud-ouest; le cap Cerbère, au sud; un point voisin de l'embouchure de la Roja, au sud-est, et le confluent de la Lauter et du Rhin, à l'est.

On compte 980 kilomètres du nord au sud, depuis le voisinage de Dunkerque jusqu'au cap Cerbère; 935 kilomètres de l'ouest à l'est, de la pointe Saint-Matthieu au confluent de la Lauter et du Rhin; 1100 kilomètres du nord-ouest au sud-est, de la pointe Saint-Matthieu au voisinage de la Roja, et 988 kilomètres du nord-est au sud-ouest, du confluent de la Lauter et du Rhin à l'embouchure de la Bidassoa. La superficie de la France est de 547 000 kilomètres carrés.

2. Côtes

Les côtes de France offrent d'abord, au N., des dunes mouvantes, depuis Dunkerque jusque vers l'embouchure de la Somme.

Elles forment des falaises droites et escarpées entre l'embouchure de la Somme et celle de la Seine. Depuis celle-ci jusqu'à l'embouchure de la Loire, on trouve des côtes très-irrégulières, parsemées de presqu'îles, de caps avancés, de golfes, de baies, et formées de rochers de granite souvent majestueux et sauvages: on remarque d'abord le golfe de la *Seine* ou de *Normandie*, puis la presqu'île du *Cotentin*, terminée par les caps de *Gatteville* et de *la Hague*; et, à l'O. de cette presqu'île, le golfe de *Saint-Malo* ou de *Bretagne*, qui se divise en deux enfoncements profonds, la baie du *Mont-St-Michel* (dont l'O. comprend la rade de *Cancale*), et la baie de *Saint-Brieuc*. Il y a dans ce golfe un grand nombre d'îles, dont les principales sont les îles *Anglo-Normandes* (*Jersey*, *Guernesey* et *Aurigny*). La *Bretagne* est une sorte de péninsule qui s'avance entre la Manche et la mer de France; elle est terminée par les pointes *Saint-Matthieu*, du *Raz*, de *Penmarc'h*, et découpée à l'O. par la rade de *Brest* et la baie de *Douarnenez*, au S. par le golfe du *Morbihan*. Dans le voisinage de cette terre avancée, on voit l'île d'*Ouessant*, celle de *Sein*, celle de *Groix*, *Belle-Ile* et les îles de *Houat* et de *Haedik*.

Au S. de l'embouchure de la Loire, jusqu'à la Gironde, la côte est basse et bordée de marais salants ; on rencontre dans cette étendue la baie de *Bourgneuf*, et les îles de *Noirmoutier*, d'*Yeu*, de *Ré* et d'*Oléron*.

Au S. de la Gironde, la côte est de nouveau couverte de dunes mouvantes ; le pays est triste et désert, surtout aux environs de l'espèce de golfe qu'on nomme *Bassin d'Arcachon* ; çà et là se présentent des lacs entourés de pâturages.

Les côtes de la Méditerranée offrent deux aspects principaux : à l'O., autour du golfe du Lion, elles sont basses, uniformes et parsemées de lacs ou de lagunes, comme l'étang de *Thau*, l'étang de *Valcarès*, l'étang de *Berre*; à l'E., elles sont généralement élevées, très-variées et très-pittoresques; on y voit beaucoup de caps, de petites presqu'îles, de petites baies et de golfes, comme ceux de *Grimaud*, de *Fréjus*, de *Cannes*, et le golfe *Jouan*; on y remarque aussi les îles d'*Hyères* et de *Lérins*.

3. Aspect général.

La France offre des aspects très-variés : on y trouve tantôt des plaines fertiles, tantôt des coteaux riants, ou des montagnes pittoresques, ou de belles forêts.

Le N. est généralement composé de plaines, non parfaitement plates, mais entrecoupées de petites collines et de vallées peu profondes. Les plus grandes plaines de cette partie de la France sont celles de la *Champagne*, à côté desquelles se trouvent les petites montagnes des *Ardennes*.

L'E. présente tout à la fois des plaines très-unies, comme celles des bords de la *Saône*, et des montagnes assez élevées, comme le *Jura* et les *Vosges*.

L'O. a de fertiles plaines vers la *Loire*, et des montagnes arides, des pays de bruyères, dans la partie de la *Bretagne* la plus reculée vers l'océan.

Au centre, on remarque les riantes campagnes de la *Touraine*, surnommées le *Jardin de la France*, les plaines un peu monotones du *Berri*, et les pittoresques montagnes de l'*Auvergne*.

Au S. O., s'étendent les tristes plaines des *Landes*, parsemées de bruyères, de sables, de marécages et de forêts de pins ; à côté, s'élève la grande chaîne des *Pyrénées*, revêtue de neige, mais au pied de laquelle s'ouvrent de délicieuses vallées.

Au S. E., on voit les *Alpes*, plus élevées encore, et où abondent les paysages grandioses, les sublimes aspects ; à leur pied, sont la *Provence* et le *Comté de Nice*, renommés pour leur beau ciel et leur doux climat.

La France est une des contrées les plus tempérées du globe ; l'air y est généralement pur, et l'on n'y éprouve pas ces ouragans affreux, ces longues pluies, ou ces continuels brouillards qui affligent quelques pays. Cependant, au S. E., on a de temps en temps à redouter les vents impétueux de la mer et celui du mistral, qui vient du N. O. Le S. O. est exposé à des grêles fréquentes ; le climat est très-pluvieux aux extrémités occidentales du pays et dans les montagnes des Vosges.

4. Montagnes.

Des frontières de la Suisse à celles de l'Espagne, s'étend une chaîne de hauteurs formant une partie de la grande arête qui, depuis les monts Ourals jusqu'au détroit de Gibraltar, sépare l'Europe en deux versants généraux. La France est elle-même ainsi partagée en deux versants principaux : celui qui est incliné vers la Méditerranée, et celui qui se penche vers l'Atlantique ou vers les mers qu'il forme, c'est-à-dire vers la mer du Nord, la Manche et la mer de France.

Cette grande ligne de partage des eaux, dirigée en général du N. E. au S. O., porte successivement les noms de *Jura*, de *Vosges méridionales*, de monts *Faucilles*, de plateau de *Langres*, de *Côte d'Or*, de *Cévennes* (y compris les montagnes *Noires*), et de *Pyrénées*.

Six chaînes secondaires s'y rattachent du côté du versant de l'Atlantique : ce sont d'abord les *Vosges septentrionales*, puis la chaîne de l'*Argonne orientale* et des *Ardennes orientales*, ensuite celle de l'*Argonne occidentale* et des *Ardennes occidentales*, jointes aux collines de l'*Artois*. Cette troisième chaîne sépare le versant particulier de la mer du Nord de celui de la Manche.

En s'approchant du S., on trouve la longue chaîne située sur la limite des versants de la Manche et de la mer de France, et composée des montagnes du *Morvan*, du plateau de la *Forêt d'Orléans*, des hauteurs de la *Basse-Normandie* et de la chaîne *Armoricaine* (comprenant les montagnes d'*Arrée*); plus au sud, on remarque la chaîne des montagnes du *Velay* et des montagnes du *Forez* ; enfin, la chaîne des montagnes d'*Auvergne*, continuées par celles du *Limousin* et par les collines du *Poitou*.

Sur le versant de la Méditerranée, on ne remarque qu'une chaîne secondaire pour le partage des eaux, mais la plus haute et la plus importante de toutes les chaînes de France : celle des *Alpes méridionales*. Ce n'est pas en France, mais en Suisse, qu'elle se détache de l'arête principale, et elle vient former la limite de notre pays sous les noms d'*Alpes Pennines*, d'*Alpes Grecques*, d'*Alpes Cottiennes* et d'*Alpes Maritimes*.

Les Alpes Pennines s'appellent ainsi d'un mot celtique qui signifie *haute montagne*. Elles commencent au mont *Rosa*, sur la frontière de l'Italie et de la Suisse, et se terminent au mont *Blanc*.

On prétend que les Alpes Grecques se nomment ainsi en mémoire du héros *grec* Hercule, qui les traversa, dit-on, en revenant d'Espagne ; elles s'étendent du mont *Blanc* au mont *Cenis*, et comprennent, parmi leurs principaux sommets, le *Petit Saint-Bernard* et le mont *Iseran*.

Les Alpes Cottiennes portent le nom du roi *Cottius*, qui gouvernait un petit territoire sous les premiers empereurs romains ; elles commencent au mont *Cenis*, et se terminent au mont *Viso*; elles présentent, sur la frontière de la France, et sur leur crête même, le mont *Genèvre*, où l'on croit généralement qu'Annibal passa les Alpes, quoiqu'il soit peut-être plus probable qu'il les traversa au Petit Saint-Bernard. Elles envoient, dans les départements des Hautes-Alpes, de l'Isère, de la Drôme et de Vaucluse, de nombreuses branches, dont la plus remarquable est celle qui, se détachant de l'arête principale au mont *Tabor*, et parcourant les départements des Hautes-Alpes et de Vaucluse, sépare le bassin de la Durance de ceux de l'Isère et de la Drôme, et offre d'abord le pic des *Écrins* ou des *Arsines*, le mont *Olan*, le *Grand-Pelvoux*, enfin les monts *Ventoux* et *Léberon*.

Les Alpes Maritimes, ainsi nommées de ce que ce sont les Alpes les plus voisines de la mer, s'étendent du mont *Viso* jusqu'au col de *Tende*, ou, suivant quelques géographes, jusqu'au col d'*Altare*, en Italie, pour se joindre aux Apennins : elles envoient des branches dans les départements des Basses-Alpes, du Var et des Alpes-Maritimes ; la plus remarquable de ces branches sépare le bassin de la Durance de ceux du Var et de l'Argens, et prend le nom de montagnes d'*Esterel* ; elle envoie près de la mer un rameau connu sous le nom de montagnes des *Maures*, et un autre, appelé les *Alpines*, entre la Durance et l'étang de Berre.

Les Alpes françaises ont pour points culminants : le mont *Blanc*, haut de 4810 mètres et le sommet le plus élevé de l'Europe ; le mont *Iseran* (4045 mètres), le mont *Cenis* (3300 mètres, le mont *Olan* (4200 mètres), le pic des *Écrins* ou des *Arsines* (4105 mètres), le *Grand-Pelvoux* (3934 mètres). Le mont *Viso* a 3838 mètres, et le mont *Genèvre*, 3592 mètres. Le mont *Ventoux*, qui forme un escarpement remarquable dans l'intérieur de la France, a 1909 mètres.

Les Alpes sont les plus élancées et les plus aiguës des montagnes de France ; elles offrent les paysages les plus grandioses et les plus pittoresques ; leurs sommets irréguliers et pointus prennent souvent le nom de dents, de cornes, d'aiguilles. Des neiges éternelles les couvrent généralement à partir de l'altitude de 2900 mètres ; la limite de la culture du froment y varie entre 1250 et 1350 mètres ; les chênes y cessent à 907 mètres ; le sapin et le mélèze, vers 1800 ; le bouleau et le pin, vers 2100.

Les principaux cols qui coupent la chaîne entre la France et l'Italie sont celui du *Petit Saint-Bernard*, qui unit la vallée de l'Isère à celle de la Doire Baltée ; celui du mont *Cenis*, qui va de la vallée de l'Arc (affluent de l'Isère) à un petit affluent de la Doire Ripaire, et où passe une belle route établie sous Napoléon Ier, pour conduire de Chambéry à Turin ; le col du mont *Genèvre*, qui unit la vallée de la Durance à la vallée de la Doire Ripaire, et se trouve sur la route de Briançon à Turin ; le col d'*Abriès*, sur la route de Queyras à Pignerol ; le col d'*Agnello*, situé sur le versant méridional du mont Viso ; le col de l'*Argentière*, sur la route de Barcelonette à Coni ; le col de *Tende*, au nord-est du département des Alpes-Maritimes. Le passage des *Échelles*, qui se trouve dans une branche des Alpes, est entre le département de l'Isère et celui de la Savoie.

Les Pyrénées s'étendent de l'est-sud-est à l'ouest-nord-ouest, entre la France et l'Espagne, depuis le cap Cerbère jusque vers la source de la Bidassoa, où commencent les monts Cantabres, continuation immédiate des Pyrénées; elles offrent une longueur de 400 kilomètres, et forment, dans presque toute leur étendue, la limite entre le versant de l'Atlantique et le versant de la Méditerranée ; elles envoient au premier la Garonne, l'Adour, la Bidassoa, et au second un grand nombre d'affluents de l'Èbre, comme l'Aragon, le Gallego, la Sègre.

On donne le nom particulier de *Pyrénées orientales* à la partie de la chaîne qui n'est pas sur la limite du partage des eaux tributaires de l'Atlantique et de la Méditerranée, mais qui se trouve tout entière sur le versant de la Méditerranée, entre les bassins de l'Aude, de la Tet et du Tech, au nord, et les bassins de la Sègre, du Llobregat et du Ter, au sud, sur le territoire espagnol. La portion la plus avancée à l'est de cette fraction des Pyrénées se nomme monts *Albères*.

Les Pyrénées ne projettent pas autant de branches considérables que les Alpes. Les plus remarquables qu'elles envoient vers la France sont celles des montagnes du *Bigorre*, continuées par les collines de l'*Armagnac*, entre les bassins de l'Adour et de la Garonne ; puis celle des monts des *Corbières*, dont une partie, les *Corbières occidentales*, va se joindre aux montagnes Noires, et, par suite, aux Cévennes ; l'autre, formant les *Corbières orientales*, s'avance entre les bassins de la Tet et de l'Aude. Le *Canigou* est une autre branche, courte, mais très-élevée, qui se présente dans la partie la plus orientale, entre les bassins de la Tet et du Tech. Une branche un peu plus étendue s'échappe de l'extrémité occidentale, et va au nord-ouest, entre la Bidassoa et la Nive, sous le nom de montagnes de la *Basse-Navarre*.

Ce n'est pas sur la ligne même du partage des eaux que sont les plus hauts sommets des Pyrénées, mais un peu au sud de cette ligne ; les trois sommets les plus élevés, tous en Espagne, sont le mont *Maladetta* ou *Maudit* (ayant pour point culminant le pic de *Nethou*, haut de 3482 mètres), le pic *Posets*, et le mont *Perdu* ; — on remarque du côté de la

France le *pic du Midi de Bigorre*, le *pic du Midi de Pau*, le *pic Long*, les *Tours de Marboré* ou le *Cylindre*, le *Taillon*, le *mont Vignemale*, qui ont de 3000 à 3300 mètres d'altitude; et le pic de *Corlitte*, au nœud où commencent les Corbières.

Les Pyrénées sont généralement plus escarpées du côté de l'Espagne que du côté de la France. Elles offrent des pics coniques, moins élancés que les sommets des Alpes. A leurs pieds s'étendent de magnifiques vallées, comme celles de Campan, d'Argelès, d'Aure, etc.; elles abondent en points de vue pittoresques, et sont riches en eaux minérales, en carrières de marbre, en mines de fer, de cuivre, de plomb; plusieurs rivières qui en descendent, entre autres l'Ariége et le Salat, roulent des paillettes d'or. Le chêne y monte jusqu'à 1600 mètres; le hêtre, jusqu'à 1800; le sapin et l'if, jusqu'à 2000; le pin, un peu au delà de 2300.

Les cols ou passages des Pyrénées portent généralement le nom de *ports*; les principaux sont, en commençant par l'ouest : celui de *Saint-Jean-Pied-de-Port* ou d'*Ibagnetta*, sur la route de Bayonne à Pampelune; celui de *Canfranc*, entre Portalet et Jaca; celui de *Cauterets*, le port de *Gavarnie*, le *Brèche de Roland* (vers les Tours de Marboré), le port d'*Oo* (3000 mètres d'altitude), au sud de Bagnères-de-Luchon; le port de *Vénasque;* le port de *La Perche*, entre Mont-Louis et Puycerda; le port d'*Arrès*, entre Prats-de-Mollo et Campredon, et le port de *Pertus*, entre Bellegarde et Figuières.

Les plus hautes montagnes françaises, après les Alpes et les Pyrénées, sont celles d'Auvergne, presque toutes de nature volcanique, terminées à leur sommets par des cratères encore évidents, mais éteints, et alignées du nord au sud, au cœur même de la France, entre le bassin de l'Allier et celui de la Dordogne; on désigne généralement leurs sommets sous le nom de *Puys*. Les principaux sont : le mont *Dore*, dont le point culminant est le *Puy de Sancy* (1888 mètres); le *Plomb du Cantal* (1858 mètres); le *Puy de Dôme* (1476 mètres), qui est dans un rameau un peu écarté de l'arête principale des montagnes d'Auvergne, et avancé entre l'Allier et la Sioule, son affluent : ce rameau est désigné sous le nom de monts *Dômes* ou des *Puys*. Le *Puy de Pariou*, situé près du Puy de Dôme, offre un des cratères les mieux caractérisés.

Les Cévennes occupent le long espace qui s'étend du nord-est au sud-ouest, entre les deux dépressions où passent, d'un côté, le canal du Centre, et, de l'autre, le canal du Midi ; elles prennent les noms particuliers de montagnes du *Charollais*, montagnes du *Beaujolais*, montagnes du *Lyonnais*, montagnes du *Vivarais*, montagnes du *Gévaudan*, monts *Garrigues*, monts de l'*Espinous* et montagnes *Noires* ; leurs parties les plus hautes sont les montagnes du *Vivarais* et du *Gévaudan*, qui s'étendent entre le bassin du Rhône et les sources de la Loire, de l'Allier et du Tarn ; les points culminants y sont le *Mézen* (1774 mètres), le *Gerbier des Joncs* (1562 mètres) et la *Lozère* (1490 mètres). Le mont *Pilat*, le point principal des montagnes du Lyonnais, a 1434 mètres. De la chaîne du Lyonnais se sépare un petit rameau qui s'avance près de Lyon, sous le nom de mont d'*Or*.

Le Jura se dirige du nord-est au sud-ouest, et se compose de plusieurs massifs parallèles et très-réguliers ; sa partie septentrionale est en Suisse, sa partie moyenne est sur la limite de la Suisse et de la France, et sa partie méridionale est entièrement en France. Dans ses deux premières divisions, il sépare le bassin du Rhin de celui du Rhône ; mais, dans le sud, il se trouve complétement dans le bassin du Rhône, et s'avance entre ce fleuve et l'Ain, son affluent. Les plus hautes sommités du Jura sont : le *Grand-Crédo*, le *Reculet*, le *Colombier*, le *Colomby*, la *Dole*, qui ont de 1600 à 1700 mètres d'altitude.

Les Vosges s'étendent du sud au nord, dans le nord-est de la France ; elles commencent à la source de la Moselle, séparent cette rivière du Rhin, et s'avancent jusqu'en Allemagne. Elles sont généralement arrondies ; voilà pourquoi plusieurs de leurs sommets ont reçu le nom de *Ballons*. Les plus élevés sont le *Ballon de Guebwiller* (1428 mètres) et le *Ballon d'Alsace* (1250 mètres); celui-ci est situé à l'extrémité sud de la chaîne, sur la limite des bassins de la Moselle, de la Saône et de l'Ill (affluent du Rhin).

La Corse est traversée du nord au sud par une chaîne de hautes montagnes, dont les points principaux sont le *monte Rotondo* (2764 mètres), le *monte d'Oro* (2652 mètres), et le *monte Grosso* (1860 mètres).

5. Fleuves et Rivières.

La France est divisée en deux versants principaux, celui de l'Atlantique et celui de la Méditerranée ; mais le versant de l'Atlantique est subdivisé en trois versants particuliers : ceux de la mer du Nord, de la Manche et de la mer de France.

Étudions les cours d'eau qui sillonnent chacun de ces versants.

Sur celui de la mer du Nord, on voit trois fleuves : le *Rhin*, la *Meuse* et l'*Escaut*. Ils n'ont pas leur embouchure sur le territoire français, mais assez loin de nos frontières, dans les Pays-Bas.

Le Rhin, le plus grand de ces trois fleuves, ne fait que toucher la France, en la séparant du grand-duché de Bade; il coule rapidement du S. au N. et forme beaucoup d'îles; il reçoit, en France, l'*Ill*, et, hors de France, la *Moselle*, grossie de la *Meurthe*.

La Meuse a pour affluent la *Sambre*, qui n'arrose que peu la France.

L'Escaut s'augmente de la *Scarpe* et de la *Lys*.

C'est par la rive gauche que ces fleuves reçoivent tous les affluents que nous venons de citer.

Les cours d'eau qui se jettent immédiatement dans la Manche sont la *Somme*, la *Seine*, la *Touques*, la *Dives*, l'*Orne*, la *Vire*, la *Sée*, le *Couénon*, la *Rance*, le *Trieux*.

La Seine est le seul de ces cours d'eau qui mérite le nom de fleuve : elle descend de la Côte d'Or, décrit un cours très-sinueux, et arrive dans la mer par une large embouchure, en face du Havre. Elle doit sa principale importance à la capitale de l'empire, située sur ses bords. Ses affluents les plus remarquables sont : à droite, l'*Aube*, la *Marne* [grossie de la *Saulx* (à laquelle se joint l'*Ornain*), de l'*Ourcq*, de la *Somme-Soude*, du *Grand* et du *Petit-Morin*]; l'*Oise*, grossie de l'*Aîne*; — à gauche, l'*Yonne* (grossie de l'*Armançon*), le *Loing*, l'*Essonne* et l'*Eure*.

Dans l'Atlantique proprement dit et dans la mer de France, se rendent l'*Aulne*, le *Blavet*, la *Vilaine*, la *Loire*, la *Sèvre niortaise*, la *Charente*, la *Gironde*, la *Leyre*, l'*Adour* et la *Bidassoa*.

Les deux plus considérables de ces cours d'eau sont la Loire et la Gironde.

La première vient des Cévennes, coule d'abord au N., puis à l'O., et offre une assez large embouchure devant Paimbœuf; elle est sujette à des crues subites et dangereuses; souvent aussi elle est presque sans eau, et elle roule d'immenses quantités de sables qui rendent la navigation difficile. Elle reçoit, à droite, l'*Arroux*, la *Nièvre*, et, beaucoup plus loin, la *Maine*, qui porte dans sa partie supérieure le nom de *Mayenne*, et qui ne prend ce nom de Maine qu'après s'être grossie de la *Sarthe*, augmentée elle-même du *Loir*. A gauche, elle a pour tributaires l'*Allier*, le *Loiret*, qui est peu étendu, mais remarquable par ses belles sources et l'abondance de ses eaux ; le *Cher*, qui se partage en plusieurs bras vers son confluent avec la Loire ; l'*Indre*, la *Vienne*, grossie de la *Creuse*, et la *Sèvre nantaise*.

La Vilaine reçoit l'*Ille*.

La Sèvre niortaise reçoit la *Vendée*.

La Gironde est courte, mais fort large, et formée par deux rivières, la *Dordogne* et la *Garonne*, qui se réunissent au *Bec d'Ambez*.

La Dordogne a sa source dans les montagnes d'Auvergne, et se grossit, à droite, de la *Vézère*, unie à la *Corrèze*, et de l'*Ile*.

La Garonne descend avec rapidité des Pyrénées, et reçoit, à droite, l'*Ariége*, le *Tarn*, grossi de l'*Aveyron*, et le *Lot* ; à gauche, le *Gers* et la *Baïse*.

L'Adour reçoit, à droite, la *Midouze*, et, à gauche, le *Gave de Pau* et la *Nive*.

Le versant de la Méditerranée est sillonné par le *Tech*, la *Tet*, l'*Agly*, l'*Aude*, l'*Hérault*, le *Vidourle*, le *Rhône*, l'*Argens*, le *Var* et la *Roja*, qui vont directement à la mer.

Le Rhône est le principal de ces cours d'eau. Ce grand fleuve, qui est très-impétueux et souvent terrible par ses débordements, vient des Alpes de Suisse, forme à leur pied le lac de Genève, et sépare quelque temps la France de la Savoie ; il coule à l'O. jusqu'à Lyon, puis tourne au S. et se rend dans la Méditerranée par quatre branches qui produisent le fertile delta de la *Camargue*. Il a pour affluents, à droite, l'*Ain*, la *Saône*, grossie du *Doubs*, et dont le cours est d'une lenteur remarquable ; l'*Ardèche*, et le *Gard* ou *Gardon*, célèbre par son pont-aqueduc romain ; — à gauche, l'*Arve*, l'*Isère*, la *Drôme*, la *Durance*, extrêmement rapide.

De tous les fleuves de la France, le plus considérable est le Rhin, qui a un cours de 1300 kilomètres. La *Loire*, la plus grande ensuite, est longue de 1130 kilomètres. Le Rhône a 800 kilomètres ; la Seine, 780 ; la Garonne avec la Gironde, 570.

6. Lacs.

C'est dans le bassin du Rhône que se trouvent la plupart des lacs de la France. Le plus grand est le lac *Léman* ou de *Genève*, magnifique masse d'eau formée par le Rhône, et qui s'étend de l'E. à l'O., entre le département de la Haute-Savoie et la Suisse; à peu de distance au sud-ouest de ce lac, sont ceux d'*Annecy* et du *Bourget*, qui s'écoulent dans le Rhône. Le lac de *Nantua* s'écoule dans l'Ain; le lac de *Saint-Point* est formé par le cours supérieur du Doubs; le lac de *Paladru* s'écoule dans l'Isère. Des lagunes considérables avoisinent les embouchures du Rhône : tels sont l'étang de *Thau*, celui de *Mauguio*, l'étang de *Valcarès*, l'étang de *Berre*.

On remarque, sur le versant de la mer du Nord, les lacs de *Gérardmer*, de *Longemer* et de *Tournemer*, placés au pied des Vosges, et qui s'écoulent dans la Moselle. Le lac des *Rousses* est formé au pied du Jura par l'Orbe, tributaire du lac de Neuchâtel.

Le lac de *Grand-Lieu*, vers l'embouchure de la Loire, dans laquelle il s'écoule par l'Acheneau, est le plus considérable du versant de la mer de France. On en a entrepris le desséchement. Près des Landes, sont l'étang d'*Hourtins* et de *Carcans*, celui de *La Canau*, celui de *Sanguinet* et de *Cazan*, celui de *Biscarosse* et de *Parentis*.

7. Canaux.

Le canal de *Saint-Quentin*, continué par le canal *Crozat*, unit l'Escaut à la Somme et à l'Oise. Le canal de *Manicamp* à *Chauny* longe l'Oise, à la suite du canal Crozat. Le canal de la *Somme*, qui se rattache au canal Crozat, longe le cours de la rivière du même nom, et se confond souvent avec elle d'Amiens à la mer.

Le canal des *Ardennes* joint l'Aîne à la Meuse. Le canal de l'*Aîne* à la *Marne* en est comme la continuation. Le canal de la *Sambre* unit cette rivière à l'Oise.

Le canal de l'*Ourcq*, continué par le bassin de *La Villette* et le canal *Saint-Martin*, amène à Paris les eaux de l'Ourcq, petite rivière qui se jette dans la Marne. Le canal de *Saint-Denis* se rattache au canal de l'Ourcq, et, avec le bassin de La Villette et le canal Saint-Martin, il unit la Seine à elle-même, en faisant éviter le passage des bateaux à travers Paris.

La Seine et la Loire sont réunies par le canal du *Loing*, et par ceux d'*Orléans* et de *Briare*, qui en sont deux bifurcations.

Le canal de *Bourgogne* s'étend de l'Yonne à la Saône; le canal du *Rhône* au *Rhin*, ou de l'*Est*, en est en quelque sorte une continuation, et va rejoindre le Rhin, après avoir longé le Doubs et l'Ill.

On remarque aussi dans l'est de la France le canal de la *Marne* au *Rhin*.

Le canal *latéral de la Loire* longe la rive gauche du fleuve de ce nom depuis le canal de Briare jusqu'à celui du Centre. Le canal de *Roanne* en est la continuation méridionale. Le canal du *Berri*, qui se rattache au canal latéral de la Loire, unit le cours supérieur et le cours moyen du Cher à la Loire.

Le canal du *Centre* unit la Loire à la Saône.

Le canal du *Nivernais* joint la Loire à l'Yonne.

Le canal de *Nantes* à *Brest* est le plus remarquable de l'ouest de la France.

Le canal d'*Ille-et-Rance* joint l'Ille à la Rance, par conséquent la Manche au golfe de Gascogne.

Le canal du *Languedoc* ou du *Midi*, le plus beau de la France, s'étend de la Garonne à l'étang de Thau, et s'appelle encore canal des *Deux-Mers*, parce qu'il unit l'Atlantique à la Méditerranée. Il est continué par le canal des *Étangs*, et celui-ci l'est par le canal de *La Radelle*, puis par le canal de *Beaucaire*, qui aboutit au Rhône. Au canal du Midi se rattachent le canal de la *Roubine de Narbonne*, qui, passant à Narbonne, se termine à la Méditerranée vers La Nouvelle; et la *Grande-Roubine d'Aigues-Mortes*, qui va d'Aigues-Mortes à la mer. Le canal d'*Arles* à *Bouc* unit Arles à la Méditerranée, et remplace la navigation défectueuse du Rhône. A ce canal se joint celui de *Craponne*, qui va rejoindre la Durance.

Le canal de *Givors*, destiné au transport des charbons, se termine dans le Rhône, au sud de Lyon.

Le canal de *La Rochelle* s'étend du port de ce nom à la Sèvre niortaise; — le canal de *Brouage* va de la Charente à Brouage, en face de l'île d'Oléron.

Le canal *latéral de la Garonne* longe le cours moyen de cette rivière, de Toulouse (Haute-Garonne) à Castets (Gironde).

Il y a, vers les extrémités septentrionales de la France, dans la Flandre et l'Artois, un grand nombre de canaux, tels que ceux de *Saint-Omer* à *Dunkerque*, de la *Colme*, de la *Sensée*, d'*Aire* à *La Bassée*, qui dessèchent les marais et mettent en communication tous les cours d'eau et toutes les villes du nord.

8. Productions.

Minéraux. — Le granite abonde dans la plupart des principales chaînes de montagnes : les Alpes, les Vosges, les Ardennes, les Cévennes, les montagnes de la Bretagne.

Les plus beaux marbres sont ceux des Pyrénées et des Alpes.

Les pierres lithographiques se trouvent dans la Côte d'Or, dans le Berri et vers le sud du Jura.

La basalte forme de belles et grandes masses dans les montagnes d'Auvergne.

Les ardoises sont exploitées surtout dans les Ardennes et vers la Maine.

Le kaolin ou la terre à porcelaine se trouve particulièrement dans les montagnes du Limousin.

Les mines de sel sont communes dans l'E. de la France, et il y a d'importants marais salants dans l'O et le midi.

On n'exploite plus de mines d'or en France ; mais on sait qu'il en existe dans les Alpes, les Cévennes et les Pyrénées, car plusieurs des rivières qui sortent de ces montagnes roulent des paillettes de ce métal.

L'argent et le plomb mêlés se trouvent dans la partie occidentale de la Bretagne, dans les Cévennes et vers le Rhône.

Le cuivre est peu commun en France ; mais le fer est fort abondant, surtout dans le Berri, et vers les montagnes du Morvan, du Limousin, du Jura, des Alpes, des Pyrénées, des Ardennes.

Le charbon de terre se rencontre par grands bancs dans quatre ou cinq régions : au N., vers les bords de l'Escaut ; au milieu, entre la Loire et la Saône, et entre la Loire et le Rhône ; au S., vers les rives de l'Aveyron et du Gard.

La tourbe abonde surtout dans le N.

Végétaux. — Quatre végétaux précieux, la vigne, le maïs, l'olivier et l'oranger, servent à diviser la France en cinq zones.

La vigne, celle de ces quatre plantes qui s'avance le plus

au N., ne croît cependant pas dans toute une longue zone baignée par la Manche, le Pas de Calais et la mer du Nord. La ligne idéale qui limite au S. les pays privés de vin s'étend à peu près depuis l'endroit où la Meuse quitte la France jusqu'au golfe du Morbihan.

La seconde zone produit du vin, mais pas encore du maïs, du moins en grande culture ; elle a pour limite méridionale une ligne tirée depuis le confluent de la Lauter et du Rhin jusqu'à l'embouchure de la Gironde.

La troisième zone, où le maïs croît en même temps que la vigne, mais où l'olivier ne se montre pas encore, est bornée au S. par une ligne qui va de l'Isère à l'Ariége.

La quatrième, où l'olivier prospère à côté du maïs et de la vigne, mais où l'on ne trouve pas encore d'orangers, est limitée au midi par le golfe du Lion et par une ligne tirée des embouchures du Rhône aux sources du Var.

La cinquième zone, enfin, voit mûrir à la fois les raisins, le maïs, les olives et les oranges ; elle comprend la belle région qui borde la Méditerranée à l'E. des bouches du Rhône.

Deux des pays les plus riches en blé sont la Beauce et la Brie, situées, l'une, vers le cours supérieur du Loir et de l'Eure, l'autre, entre la Seine et la Marne, et surnommées les greniers de Paris.

C'est dans le N. surtout qu'on cultive la précieuse betterave à sucre.

Les pommiers et les poiriers abondent particulièrement dans la Normandie, vers la Manche ; les pruniers, dans la Touraine, la Provence, et vers les rives du Lot et de la Garonne ; les châtaigniers, dans les montagnes du Limousin, de l'Auvergne et des Cévennes.

Les fruits en espalier les plus renommés, surtout les pêches, se cultivent à Montreuil, à l'E. de Paris.

Les pays les plus septentrionaux, les plus occidentaux et les plus orientaux sont les plus fertiles en bon lin.

Le chêne, le hêtre, le charme, le frêne, le bouleau, l'orme, sont les arbres les plus communs des forêts de la France. Les sapins sont nombreux et magnifiques sur le Jura, les Vosges, les Alpes. Les pins abondent dans les Pyrénées et les Landes ; les mélèzes, dans les Alpes.

Le chêne-liége, dont l'écorce donne le liége, ne se trouve guère que vers les extrémités S. O. et S. E. du pays.

Les plantes à teinture les plus intéressantes sont la garance, vers le Rhin et la Durance ; le safran, vers le Loing ; le pastel, vers le Gard et le Tarn, et dans la Provence.

Animaux. —Les meilleurs bœufs et les meilleurs chevaux de la France sont élevés dans les pâturages de la Normandie, du Charollais, de la Bretagne, de l'Auvergne, du Limousin, du Jura, des Vosges, des Cévennes, de la Camargue et des bords de la Garonne.

Les plus beaux moutons sont ceux du Berri, de la Bourgogne, de la Picardie, du Dauphiné, du Jura et des Pyrénées.

Parmi les animaux sauvages, les quadrupèdes les plus redoutés sont le loup, le sanglier et le renard, très-nombreux dans la plupart des forêts ; l'ours, qui ne se trouve que dans les Pyrénées, les Alpes et le Jura.

Le léger chamois erre sur les cimes les plus escarpées des Alpes et des Pyrénées.

Les principaux oiseaux de proie sont les aigles, les vautours, dans ces deux chaînes de montagnes ; les ducs, les hiboux, les chouettes, les milans, les autours, presque partout.

Parmi les plus jolis oiseaux, il faut citer le chardonneret, la mésange, le bouvreuil, le martin-pêcheur, le jaseur ; et, parmi les oiseaux au chant agréable, le rossignol, le serin, qui vit sauvage dans la Provence, le pinson, etc.

L'hirondelle, qui nous égaye en annonçant le retour du printemps, et la caille, à la chair estimée, ne séjournent que quelques mois parmi nous : elles s'enfuient, avec beaucoup d'autres, dans des climats plus méridionaux, à l'approche de l'hiver. Au contraire, les bécasses, les vanneaux, les sarcelles, les oies et les canards sauvages, les cygnes même, quelquefois, viennent alors des pays septentrionaux, et passent chez nous la froide saison ; les grues, les cigognes, sont aussi des oiseaux voyageurs.

Les insectes les plus utiles sont les abeilles, assez communes partout, et les vers à soie, qui donnent surtout leur précieux produit dans le bassin du Rhône, où se trouvent de grandes plantations de mûriers.

Description politique.

1. Divisions et Subdivisions.

La France est partagée en quatre-vingt-neuf *départements*, dont chacun se divise en un certain nombre d'*arrondissements*.

Chaque chef-lieu de département est la résidence d'un préfet, qui administre le département et en même temps l'arrondissement dont cette ville est le chef-lieu. Les autres arrondissements sont administrés par des sous-préfets.

Les arrondissements sont divisés en *cantons*, à la tête de chacun desquels se trouve, pour rendre la justice, un magistrat nommé juge de paix.

Les cantons comprennent d'autres divisions plus petites appelées *communes*, qui sont administrées par des maires.

Avant la révolution de 1789, la France comprenait trente-six provinces, formant en tout trente et un *gouvernements généraux militaires*[1]. En 1860, deux provinces, la *Savoie* et le territoire de *Nice*, qui appartenaient aux États Sardes, ont été annexées à la France.

Nous classerons ces divisions d'après leur position dans les quatre versants maritimes.

2. Anciennes Provinces.

Sur le versant de la mer du Nord, on trouve quatre provinces : l'*Alsace* (capitale Strasbourg; la *Lorraine* (capitale Nancy), formant, avec le Barrois, le gouvernement général militaire de *Lorraine-et-Barrois*; la *Flandre* (capitale Lille), et l'*Artois* (capitale Arras).

Le versant de la Manche en comprend quatre aussi : la *Champagne* (capitale Troyes), formant, avec la Brie champenoise, le gouvernement général de *Champagne-et-Brie*; l'*Ile-*

---

[1]. Voici la cause de cette différence entre le nombre des gouvernements et celui des provinces : les provinces de Picardie et d'Artois ne formaient qu'un seul gouvernement, de même que la Guienne et la Gascogne, d'une part, et la Saintonge et l'Angoumois, de l'autre ; l'État d'Avignon n'était pas un gouvernement, mais une simple province, dépendante des papes ; la Corse n'avait pas non plus le titre de gouvernement général.

de-France (capitale Paris); la *Normandie* (capitale Rouen); la *Picardie* (capitale Amiens), formant, avec l'Artois, le gouvernement général de *Picardie-et-Artois* (capitale Amiens).

Une grande province, à l'extrémité occidentale de la France, est à la fois sur le versant de la mer de France, sur celui de la Manche et sur l'océan Atlantique proprement dit : c'est la *Bretagne* (capitale Rennes).

Dix-huit provinces appartiennent au versant de la mer de France.

Dans ce nombre, onze se trouvent dans le bassin de la Loire :

D'abord, sur les rives mêmes de ce fleuve, le *Bourbonnais* (capitale Moulins); le *Nivernais* (capitale Nevers); le *Berri* (capitale Bourges); l'*Orléanais* (capitale Orléans); la *Touraine* (capitale Tours); l'*Anjou* (capitale Angers); — ensuite, à quelque distance de la Loire, à droite, le *Maine* (capitale Le Mans), auquel était réuni le *Haut-Perche* ou *Grand-Perche*; — et, à gauche, l'Auvergne (capitale Clermont); la *Marche* (capitale Guéret); le *Limousin* (capitale Limoges); le *Poitou* (capitale Poitiers).

Trois sont dans le bassin de la Charente : l'*Angoumois* (capitale Angoulême); la *Saintonge* (capitale Saintes), formant, avec l'Angoumois, le gouvernement général de *Saintonge-et-Angoumois* (capitale Saintes); l'*Aunis* (capitale La Rochelle).

On en voit quatre dans les bassins de la Garonne et de l'Adour : la *Guienne* (capitale Bordeaux); la *Gascogne* (capitale Auch), formant, avec la Guienne, le gouvernement général de *Guienne-et-Gascogne* (capitale Bordeaux); le *Béarn* (capitale Pau), formant, avec la *Basse-Navarre*; le gouvernement général de *Béarn-et-Navarre*; le *Comté de Foix* (capitale Foix).

Deux provinces sont partagées presque également entre les versants de la Méditerranée et de la mer de France : le *Languedoc* (capitale Toulouse), et le *Lyonnais* (capitale Lyon).

Une province appartient à la fois aux versants de la Méditerranée, de la Manche et de la mer de France : c'est la

Bourgogne (capitale Dijon), formant, avec la Bresse, le gouvernement général de *Bourgogne-et-Bresse*.

Enfin huit provinces versent entièrement leurs eaux dans la Méditerranée : la *Franche-Comté* (capitale Besançon); la *Savoie* (capitale Chambéry); le *Dauphiné* (capitale Grenoble); l'*État d'Avignon* (capitale Avignon), divisé en *Comtat d'Avignon* et *Comtat Venaissin*; la *Provence* (capitale Aix); le *Comté de Nice*[1] (capitale Nice); le *Roussillon* (capitale Perpignan); l'*île de Corse*, qui avait pour capitale Bastia.

3. Départements comparés aux anciennes Provinces.

Versant de la mer du Nord.

L'ALSACE a formé deux départements : le *Bas-Rhin*, chef-lieu Strasbourg ; — le *Haut-Rhin*, chef-lieu Colmar.

La LORRAINE a formé quatre départements : la *Meuse*, chef-lieu Bar-le-Duc ; — la *Moselle*, chef-lieu Metz ; — la *Meurthe*, chef-lieu Nancy ; — les *Vosges*, chef-lieu Épinal.

La FLANDRE a formé le département du *Nord*, chef-lieu Lille.

L'ARTOIS a formé[2] le département du *Pas-de-Calais*, chef-lieu Arras.

Versant de la Manche.

La PICARDIE a formé le département de la *Somme*, chef-lieu Amiens.

La CHAMPAGNE a formé quatre départements : les *Ardennes*, chef-lieu Mézières ; — la *Marne*, chef-lieu Châlons-sur-Marne ; — l'*Aube*, chef-lieu Troyes ; — la *Haute-Marne*, chef-Chaumont.

L'ILE-DE-FRANCE a formé cinq départements : la *Seine*, chef-lieu Paris ; — *Seine-et-Oise*, chef-lieu Versailles ; — l'*Oise*, chef-lieu Beauvais ; — *Seine-et-Marne*, chef-lieu Melun ; — l'*Aisne*, chef-lieu Laon.

La NORMANDIE a formé cinq départements : la *Seine-In-*

---

1. Ce n'est pas tout le Comté de Nice, mais la plus grande partie seulement qui a été annexée à la France.

2. Il faut remarquer que les départements correspondent seulement à peu près aux provinces que nous indiquons comme les ayant formés. L'Artois, par exemple, diffère assez sensiblement du département du Pas-de-Calais, formé aussi d'une partie de la Picardie.

férieure, chef-lieu Rouen ; — l'*Eure*, chef-lieu Évreux ; — le *Calvados*, chef-lieu Caen ; — la *Manche*, chef-lieu Saint-Lô ; — l'*Orne*, chef-lieu Alençon.

Province partagée entre les versants de la Manche et de la mer de France.

La BRETAGNE a formé cinq départements : *Ille-et-Vilaine*, chef-lieu Rennes ; — les *Côtes-du-Nord*, chef-lieu Saint-Brieuc ; — le *Finisterre*, chef-lieu Quimper ; — le *Morbihan*, chef-lieu Vannes ; — la *Loire-Inférieure*, chef-lieu Nantes.

Versant de la mer de France.

Le BOURBONNAIS a formé le département de l'*Allier*, chef-lieu Moulins.

Le NIVERNAIS a formé le département de la *Nièvre*, chef-lieu Nevers.

Le BERRI a formé deux départements : le *Cher*, chef-lieu Bourges, et l'*Indre*, chef-lieu Châteauroux.

L'ORLÉANAIS a formé trois départements : le *Loiret*, chef-lieu Orléans ; — *Eure-et-Loir*, chef-lieu Chartres ; — et *Loir-et-Cher*, chef-lieu Blois.

La TOURAINE a formé le département d'*Indre-et-Loire*, chef-lieu Tours.

L'ANJOU a formé le département de *Maine-et-Loire*, chef-lieu Angers.

Le MAINE a formé deux départements : la *Sarthe*, chef-lieu Le Mans, et la *Mayenne*, chef-lieu Laval.

L'AUVERGNE a formé deux départements : le *Puy-de-Dôme*, chef-lieu Clermont ; — et le *Cantal*, chef-lieu Aurillac.

La MARCHE a formé le département de la *Creuse*, chef-lieu Guéret.

Le LIMOUSIN a formé deux départements : la *Corrèze*, chef-lieu Tulle ; — la *Haute-Vienne*, chef-lieu Limoges.

Le POITOU a formé trois départements : la *Vendée*, chef-lieu Napoléon-Vendée ; — les *Deux-Sèvres*, chef-lieu Niort ; — la *Vienne*, chef-lieu Poitiers.

L'ANGOUMOIS a formé le département de la *Charente*, chef-lieu Angoulême.

L'AUNIS et la SAINTONGE ont formé le département de la *Charente-Inférieure*, chef-lieu La Rochelle.

La Guienne a formé six départements : la *Dordogne*, chef-lieu Périgueux ; — le *Lot*, chef-lieu Cahors ; — l'*Aveyron*, chef-lieu Rodez ; — *Tarn-et-Garonne*, chef-lieu Montauban ; — *Lot-et-Garonne*, chef-lieu Agen ; — la *Gironde*, chef-lieu Bordeaux.

La Gascogne a formé trois départements : les *Landes*, chef-lieu Mont-de-Marsan ; — le *Gers*, chef-lieu Auch ; — les *Hautes-Pyrénées*, chef-lieu Tarbes.

Le Béarn a formé le département des *Basses-Pyrénées*, chef-lieu Pau.

Le Comté de Foix a formé le département de l'*Ariège*, chef-lieu Foix.

Provinces partagées entre les versants de la Méditerranée et de la mer de France.

Le Languedoc a formé huit départements, dont trois sont baignés par la mer : l'*Aude*, chef-lieu Carcassonne ; — l'*Hérault*, chef-lieu Montpellier ; — le *Gard*, chef-lieu Nîmes ; — et cinq sont dans l'intérieur : la *Haute-Garonne*, chef-lieu Toulouse ; — le *Tarn*, chef-lieu Albi ; — la *Lozère*, chef-lieu Mende ; — la *Haute-Loire*, chef-lieu Le Puy ; — l'*Ardèche*, chef-lieu Privas.

Le Lyonnais a formé deux départements : le *Rhône*, chef-lieu Lyon ; — la *Loire*, chef-lieu Saint-Étienne.

Province partagée entre les versants de la Manche, de la Méditerranée et de la mer de France.

La Bourgogne a formé quatre départements : l'*Yonne*, chef-lieu Auxerre ; — la *Côte-d'Or*, chef-lieu Dijon ; — *Saône-et-Loire*, chef-lieu Mâcon ; — l'*Ain*, chef-lieu Bourg.

Versant de la Méditerranée.

La Franche-Comté a formé trois départements : le *Doubs*, chef-lieu Besançon ; — la *Haute-Saône*, chef-lieu Vesoul ; — le *Jura*, chef-lieu Lons-le-Saunier.

La Savoie a formé deux départements : celui de la *Savoie*, chef-lieu Chambéry ; — la *Haute-Savoie*, chef-lieu Annecy.

Le Dauphiné a formé trois départements : l'*Isère*, chef-lieu Grenoble; — la *Drôme*, chef-lieu Valence; — les *Hautes-Alpes*, chef-lieu Gap.

L'ÉTAT D'AVIGNON a formé le département de *Vaucluse*, chef-lieu Avignon.

La PROVENCE a formé trois départements : les *Bouches-du-Rhône*, chef-lieu Marseille; — Les *Basses-Alpes*, chef-lieu Digne; — le *Var*, chef-lieu Draguignan.

La plus grande partie du COMTÉ DE NICE, et l'arrondissement de Grasse, distrait du département du Var et qui se trouvait en PROVENCE, ont formé le département des *Alpes-Maritimes*, chef-lieu Nice.

Le ROUSSILLON a formé le département des *Pyrénées-Orientales*, chef-lieu Perpignan.

La CORSE a formé le département du même nom, chef-lieu Ajaccio.

4. Description des Départements, et Villes principales.

VERSANT DE LA MER DU NORD.

Bassin du Rhin[1].

Le département du *Haut-Rhin* est séparé de l'Allemagne, à l'E., par le Rhin, et traversé du S. au N. par le canal du Rhône et du Rhin et par l'Ill. Il est montagneux à l'O. et au S., plat ailleurs, généralement riche et bien cultivé, et animé par une grande industrie manufacturière. Il renferme 500 000 habitants.

Colmar, chef-lieu, sur l'Ill, est une ville de 22 000 âmes[2], qui possède des fabriques de toiles peintes. On y remarque les belles promenades du Champ de Mars. C'est la patrie du brave général Rapp, du célèbre graveur Martin Schœn et des deux Pfeffel.

Il y a deux sous-préfectures. La plus importante est *Mulhouse* ou *Mulhausen*, sur l'Ill et sur le canal du Rhône au Rhin. Une partie de la ville est toute moderne et fort belle. L'industrie des toiles peintes est très-active dans cette inté-

[1]. Souvent un département appartient presque également à deux bassins différents : alors on l'a mis ordinairement dans le bassin où se trouve son chef-lieu.

[2]. Nous ne donnons pas la population des villes qui ont moins de 10 000 âmes.

ressante cité, qui formait, avant la révolution de 1789, une petite république alliée des Suisses. On y compte 40 000 âmes. — La seconde sous-préfecture est *Béfort* ou *Belfort*, place très-forte, dans une position salubre et agréable, vers le col de Valdieu.

Il faut encore nommer : *Altkirch*, près de l'Ill ; — *Thann*, ville fort industrieuse ; — *Sainte-Marie-aux-Mines*, connue par ses mines de plomb, d'argent et de cuivre ; — *Ensisheim*, où se trouve une fameuse maison de détention ; — *Rouffach*, lieu de naissance du maréchal Lefebvre ; — *Neuf-Brisach*, très-belle place forte, construite par Vauban, et située sur le Rhin, en face de Vieux-Brisach.

Le département du *Bas-Rhin* offre de belles plaines, cultivées en céréales, en garance, en houblon, en lin et en tabac. La Lauter, au N., et le Rhin, à l'E., le séparent de l'Allemagne. L'Ill et le canal du Rhône au Rhin le parcourent du S. au N. La Moder, la Zorn et la Bruche l'arrosent de l'O. à l'E., en portant leurs eaux à l'Ill ou au Rhin. L'industrie y est active, et l'aspect du pays est généralement animé et agréable. La population est de 565 000 habitants.

Le chef-lieu est *Strasbourg*, sur l'Ill, tout près du Rhin. C'est une grande ville de 80 000 âmes, très-fortifiée, qui appartient à la France depuis 1681. Elle n'est pas belle généralement, mais on y remarque quelques édifices dignes d'attention, surtout la cathédrale, qui est surmontée d'une admirable flèche. Ce fut à Strasbourg que Gutenberg et Scheffer inventèrent les caractères mobiles d'imprimerie, en 1436. Les généraux Kléber et Kellermann, le poëte Andrieux et les deux Oberlin y sont nés.

Il y a trois sous-préfectures : *Wissembourg* ou *Weissenburg*, place forte, sur la Lauter ; — *Saverne* ou *Zabern*, sur la Zorn, au pied des Vosges, avec un château célèbre où a été fondé un asile pour les veuves des fonctionnaires de l'État ; — *Schlestadt*, place forte, sur l'Ill, avec 10 000 habitants.

On remarque encore dans ce département plusieurs petites villes intéressantes :

Dans la vallée de la Moder, se trouvent *Haguenau*, *Bischwiller* et *Bouxwiller*, remarquables par leur industrie.

Sur la Bruche, on voit *Molsheim*, importante par ses ouvrages en fer et sa manufacture d'armes blanches ; *Mutzig*, par sa manufacture d'armes à feu.

Un peu plus au S., au pied des Vosges, on rencontre *Barr*, entourée de beaux vignobles. Enfin, à l'extrémité N. du département et à l'angle N. E. de la France, se trouve *Lauterbourg*, petite place forte, sur la Lauter. Non loin de là, est *Niederbronn*, qui a de célèbres eaux minérales.

Le département des *Vosges* est couvert à l'E. par les montagnes dont il porte le nom, et au S. par les monts Faucilles. La Meuse, la Moselle, la Meurthe, la Sarre et la Saône l'arrosent ; c'est un des pays de la France les plus riches en pâturages, en forêts, en sites riants et pittoresques. Il y a, dans les montagnes, de nombreuses et belles papeteries. La population est de 406 000 habitants.

Épinal, le chef-lieu, sur la Moselle, est une ville de 10 000 âmes.

Saint-Dié, la plus importante sous-préfecture, est sur la Meurthe. Au N. E. de cette ville, au milieu des Vosges, est le petit pays pittoresque nommé *Ban de la Roche*.

Les autres sous-préfectures sont : *Mirecourt*, intéressante par ses dentelles et par ses fabriques d'instruments de musique ; — *Remiremont*, dans un bassin charmant, sur la Moselle ; — *Neufchâteau*, près de la Meuse.

C'est près de Neufchâteau que se trouve le petit village de *Domremy*, lieu de naissance de Jeanne Darc, dont on voit encore la maison.

Il faut aussi distinguer : la ville industrieuse de *Rambervillers* ; — la jolie petite ville de *Plombières*, célèbre par ses eaux minérales ; — *Fontenoy-le-Château*, patrie du poëte Gilbert ; — *Gérardmer*, connue par ses fromages et par les trois lacs pittoresques de Gérardmer, de Longemer et de Tournemer, situés dans le voisinage ; — *Contrexeville* et *Bussang*, qui ont des sources minérales.

Le département de la *Meurthe*, au N. du précédent, est industrieux et riche. Il abonde en belles forêts. La Moselle et deux de ses affluents, la Meurthe et la Sarre, en sont les principales rivières. On y compte 425 000 habitants.

Le chef-lieu est *Nancy*, très-belle ville, située près de la Meurthe, et peuplée de 50 000 âmes. On y remarque surtout la superbe place Royale ou Stanislas. Les broderies et les tapisseries y sont l'objet d'une importante industrie. Le graveur Callot, le peintre Claude Gelée, dit *le Lorrain*, le poëte Saint-Lambert, Mme de Graffigny, l'agronome Mathieu de Dombasle, le général Drouot et le dessinateur Grandville sont nés dans cette ville.

La plus grande sous-préfecture est *Lunéville*, belle ville, de 15 000 habitants ; on y voit le château des ducs de Lorraine, qui fut le séjour de l'excellent prince Stanislas, ancien roi de Pologne. Un traité célèbre y fut conclu en 1801 entre la France et l'Autriche. C'est la patrie du poëte Boufflers. Il y a des fabriques de faïence.

Les autres sous-préfectures sont : *Toul*, sur la Moselle ; — *Château-Salins*, qui tire son nom de ses anciennes salines ; — *Sarrebourg*, sur la Sarre.

On remarque, en outre : *Pont-à-Mousson*, agréable ville, située sur la Moselle, et qui a eu une célèbre université ; — *Dieuze*, avec d'importantes salines et des mines de sel gemme ; — *Vic*, où se trouvent de vastes bancs de sel gemme ; — *Phalsbourg*, place forte ; — *Baccarat*, avec une superbe manufacture de cristaux ; — les villages de *Saint-Quirin* et de *Cirey*, connus par leurs manufactures de glaces.

Le département de la *Moselle*, qui s'étend le long de la frontière de la Prusse, est remarquable aussi par son industrie et sa richesse. Les céréales, les vins, les bois, les porcs, le fer, l'acier, en sont les principales productions. Il y a 450 000 habitants.

Le chef-lieu est *Metz* (anciennement *Divodurum*), place très-forte, sur la Moselle, avec une belle cathédrale. On y compte 65 000 habitants. François de Guise y soutint un siége célèbre contre Charles-Quint, en 1522. Cette ville a produit l'illustre maréchal Fabert.

Les sous-préfectures sont : *Thionville*, ville forte, sur la Moselle ; illustrée par une belle défense contre les émigrés et les Autrichiens, en 1792, et par une autre défense en 1814 ; — *Sarreguemines*, qui a des fabriques de faïence et de tabatières de carton ; — *Briey*, très-petite ville.

On remarque, au S. E., la place forte de *Bitche* ; au N. O., celle de *Longwy* ; au N., *Sierck* et *Forbach*, près de la frontière de Prusse.

Bassin de la Meuse.

Le département de la *Meuse* touche vers le N. à la frontière de Belgique. Ce pays est arrosé par la Meuse et l'Ornain, et couvert, en grande partie, de petites montagnes et de forêts. Il a pour richesse des grains, des vins, du bois, du fer, des chevaux et des porcs. La population du département est de 306 000 habitants.

Le chef-lieu est *Bar-le-Duc*, sur l'Ornain, ville agréablement située, et peuplée de 14 000 habitants.

Il y a trois sous-préfectures : *Verdun*, sur la Meuse ; — *Commercy*, sur le même fleuve ; — *Montmédy*, place forte.

Il faut encore nommer : *Saint-Mihiel*, sur la Meuse ; — *Ligny*, jolie ville, sur l'Ornain, connue par un combat de 1814 et par la rencontre des souverains de Russie, d'Autriche et de Prusse, en 1815 ; — *Vaucouleurs*, qui rappelle le souvenir de Jeanne Darc ; — *Varennes*, où Louis XVI, s'enfuyant de Paris, fut arrêté en 1791 ; — *Clermont-en-Argonne*, ancienne capitale du Clermontois ; — *Stenay*, ancienne place forte, sur la Meuse.

Le département des *Ardennes* est parsemé de petites montagnes et de forêts ; il est arrosé par la Meuse et par l'Aîne. C'est une contrée frontière, et la plupart des villes y sont des places fortes. Il y a des mines de fer et des carrières d'ardoises de marbre. La population est de 322 000 habitants.

Le chef-lieu est *Mézières*, petite ville, mais place très-forte, sur la Meuse ; brillamment défendue par Bayard contre l'armée de Charles-Quint, en 1521. Elle a eu une célèbre école du génie ; c'est la patrie du médecin Corvisart et du géographe Lapie.

La plus grande ville du département est *Sedan*, sous-préfecture, située aussi sur la Meuse, et renommée par ses draps. Elle a vu naître Turenne. On y compte 15 000 habitants.

Les autres sous-préfectures sont : *Rocroi*, illustrée par une victoire du grand Condé en 1643 : — *Vouziers* et *Rethel*, sur l'Aîne.

On remarque ensuite : *Givet*, sur la Meuse, avec des fabriques de colle-forte et de cire à cacheter ; — *Charleville*, très-près de Mézières, qu'elle surpasse beaucoup en population ; — *Fumay*, connue par ses excellentes ardoises ; — *Attigny*, qui fut une résidence royale sous les deux premières races ; — *Carignan* (autrefois *Yvoy*), qui a reçu son nom d'une branche de la maison de Savoie, dont elle devint la possession.

Bassin de l'Escaut.

Le département du *Nord*, le plus riche, le mieux cultivé de la France, est le plus peuplé après celui qui renferme Paris ; il contient plus de 1 200 000 habitants. Il touche à la mer du Nord vers le N. O., à la Belgique vers le N., et il est arrosé par l'Escaut, la Scarpe et la Lys ; il produit en abondance du blé, du lin, du colza, du houblon, du tabac. Le chef-lieu est la grande et belle ville de *Lille*, en flamand *Ryssel*, place très-forte, qui s'étend sur la Deule, rivière canalisée, affluent de la Lys ; c'est la cinquième ville de France ; elle compte 115 000 habitants (depuis l'annexion récente des communes des *Moulins-Lille*, d'*Esquermes* et de *Wazemmes*). On y trouve de nombreuses fabriques de dentelles et de toiles, et l'on y remarque la superbe citadelle élevée par Vauban. Cette ville a soutenu brillamment des siéges en 1708 et 1792.

Les sous-préfectures de ce département sont : *Dunkerque*, place forte et port de mer, qui compte 30 000 habitants, et qui a vu naître l'illustre marin Jean Bart ; — *Hazebrouck* ; — *Douai*, ville importante et place forte, qui a une fonderie de canons et des fabriques de toiles, avec 25 000 habitants ; patrie du peintre Jean de Bologne et du jurisconsulte Merlin ; — *Cambrai*, ville forte (de 21 000 âmes), dont Fénelon a été archevêque, et qui est intéressante par ses toiles, particulièrement ses batistes, et par le traité de 1529, entre François Ier et Charles-Quint ; — *Valenciennes*, place très-forte (de 25 000 âmes), qu'enrichissent ses fabriques de belles dentelles et de toiles fines, et les grandes mines de houille du voisinage : patrie de Froissard et de Watteau ; — *Avênes*, place forte aussi, mais beaucoup moins considérable.

On remarque, en outre, dans ce département : *Gravelines*, place forte et port de mer ; — *Bailleul*, qui compte 10 000 habitants ; — *Cassel*, située sur une montagne, et célèbre dans la guerre entre les Flamands et le roi de France Philippe de Valois ; — *Roubaix*, de 40 000 habitants, et *Tourcoing*, de 30 000 habitants, deux villes très-industrieuses et très-commerçantes ; — *Armentières*, sur la Lys et sur la frontière même de la Belgique ; — *Comines*, partagée par la Lys en deux parties, l'une française, l'autre belge ; patrie de l'historien Philippe de Comines ; — *Saint-Amand-les-Eaux*, avec des sources minérales très-estimées ; — *Condé*, place forte, sur l'Escaut ; — *Denain*, célèbre par ses mines de houille et par la victoire de Villars, en 1712 ; — *Anzin*, remarquable aussi par ses mines de houille ; — *Maubeuge*, place forte ; — *Bouchain, Le Quénoy, Landrecies*, autres places fortes ; — le village de *Bouvines*, fameux par la victoire de Philippe-Auguste, en 1214 ; — *Malplaquet*, autre village, célèbre par la victoire de Marlborough et du prince Eugène sur les Français, en 1709 ; — *Le Cateau-Cambrésis*, ville manufacturière, connue par le traité de 1559, entre la France et l'Espagne.

Le département du *Pas-de-Calais*, baigné par la Manche et par le détroit auquel il doit son nom, est aussi un pays fertile, riche et bien peuplé, qui a les mêmes productions que le Nord, et qui compte 715 000 habitants. La Scarpe et la Lys l'arrosent. *Arras*, belle ville, de 26 000 âmes, sur la Scarpe, en est le chef-lieu ; elle a des manufactures de batistes.

Les sous-préfectures sont : *Saint-Omer*, place forte, sur l'Aa, avec 22 000 habitants ; — *Béthune*, autre place forte ; — *Boulogne-sur-Mer*, port très-animé et place forte, de 35 000 âmes ; patrie de Daunou ; — *Saint-Pol* ; — *Montreuil-sur-Mer*, qui n'est pas précisément sur la mer, mais sur la Canche, petite rivière tributaire de la Manche.

Parmi les autres villes, la plus intéressante est *Calais*, port célèbre et place forte, sur le détroit qui en prend le nom ; cette ville, fréquentée, comme Boulogne, par de nombreux voyageurs, compte 12 000 habitants : elle est fameuse par le siége qu'elle soutint contre les Anglais, en 1347 ; prise alors par eux, elle leur fut reprise par François de Guise, en 1558. — *Saint-Pierre-lès-Calais* est une ville très-industrieuse, renommée surtout par ses tulles, et peuplée de 13 000 hab.

On peut encore remarquer : *Aire*, place forte, sur la Lys ; — *Ardres*, célèbre par l'entrevue du camp du Drap-d'Or, entre François Ier et Henri VIII, en 1520 ; — *Azincourt*, village fameux par une victoire des Anglais, en 1415; — *Lens*, célèbre par une victoire de Condé, en 1648; — *Guinegate*, village connu par la bataille de 1479 et par la *bataille des Éperons*, en 1513.

VERSANT DE LA MANCHE.

Bassin de la Somme.

La *Somme* est un beau département, arrosé par la rivière de ce nom et baigné par la Manche. On y récolte des grains, des fruits à cidre, du lin, des graines oléagineuses, des betteraves à sucre, et l'on exploite beaucoup de tourbe le long de la Somme. La population est de 567 000 habitants.

Le chef-lieu est *Amiens*, sur la Somme; cette ville, une des principales de la France, et peuplée de 57 000 habitants, est intéressante par sa superbe cathédrale gothique, ses fabriques de velours, de tapis et de casimirs, et son commerce actif. Elle a vu naître Pierre l'Hermite, qui a prêché les Croisades; le savant Dufresne du Cange, le poëte Gresset et l'astronome Delambre. Il s'y est conclu un célèbre traité de paix, en 1802, entre la France et l'Angleterre.

Les sous-préfectures sont : *Abbeville*, peuplée de 20 000 âmes, remarquable par ses draps, ses moquettes, ses toiles, et patrie du géographe Nicolas Sanson et du poëte Millevoye; — *Péronne*, ville très-forte, sur la Somme; vainement assiégée plusieurs fois par les Espagnols, et où Charles le Simple et Louis XI furent retenus captifs par leurs vassaux; — *Doullens*, place forte; — *Montdidier*, où naquirent le savant Langlès et le philanthrope Parmentier, qui a propagé la culture de la pomme de terre en France.

On remarque ensuite la petite ville et le port de *Saint-Valery-sur-Somme*, vers l'embouchure de la Somme; — *Le Crotoy*, à l'embouchure de la même rivière, sur la rive droite; — *Ham*, qui a donné le jour au général Foy, et dans le château de laquelle ont été retenus plusieurs prisonniers illustres; — *Roye*, très-commerçante en grains; — *Albert* (autrefois *Ancre*), où l'on voit des souterrains curieux; — *Crécy*, célèbre par la victoire d'Édouard III sur les Français, en 1346; — *Picquigny*, sur la Somme; remarquable par le traité de paix de 1475; — *Testry*, par la bataille de 687.

Bassin de la Seine.

Six départements traversés par la Seine. — Le département de l'*Aube* présente des cantons fertiles le long de l'Aube et de la Seine; mais il renferme, à l'O., de grandes plaines stériles, qui font partie de l'ancienne Champagne Pouilleuse : une des productions principales de cette triste contrée est la craie connue sous le nom de blanc de Troyes ou d'Espagne. Il y a dans le département 262 000 habitants.

Le chef-lieu est *Troyes*, ville assez grande, mais généralement mal bâtie, sur la Seine, dans une vaste et belle plaine. Elle compte 33 000 habitants et possède de nombreuses fabriques de toiles, de bonneterie et de draperie. Il s'y est conclu un traité célèbre entre Henri V, roi d'Angleterre, et Charles VI, roi de France, en 1420. C'est la patrie du poëte Chrestiens, du pape Urbain IV, du savant Pithou, du peintre Mignard, du sculpteur Girardon et de J. Juvénal des Ursins.

Les quatre sous-préfectures de ce département doivent leurs surnoms à la Seine et à l'Aube : ce sont les petites villes de *Nogent-sur-Seine*, près de laquelle on voit les ruines de la fameuse abbaye du Paraclet, fondée par Abailard; — *Bar-sur-Seine*; — *Arcis-sur-Aube*, — et *Bar-sur-Aube*.

On distingue aussi : *Brienne-Napoléon* (autrefois *Brienne-le-Château*), qui avait une école militaire, où Napoléon Ier fut élevé; — *Les Riceys*, connus par leurs vins; — *Clairvaux*, célèbre par son ancienne abbaye, dont saint Bernard fut le premier abbé, et qui a été transformée en une maison de détention; — *Méry*, où commence la navigation de la Seine.

Le département de *Seine-et-Marne* est arrosé par la Seine, la Marne et le Loing. Il est en général fertile et agréable, et a pour richesses principales les grains (surtout dans la Brie), les légumes, les vins, des fruits, des bois, des carrières de pierres. On y compte 341 000 habitants.

Melun, le chef-lieu, est une ville de 10 000 habitants, agréablement située, sur la Seine. Un de nos bons vieux auteurs, Jacques Amyot, y est né.

Il y a quatre sous-préfectures : — *Coulommiers*, ville agréable et industrieuse; — *Meaux*, ville de 10 000 âmes, située sur la Marne, et qui eut Bossuet pour évêque : on y remarque une belle cathédrale gothique; — *Fontainebleau*, belle ville, peuplée aussi de 10 000 habitants, placée non loin de la Seine, au milieu d'une vaste et magnifique forêt, et remarquable par son superbe château ; — *Provins*, qui fait un grand commerce de grains et de roses.

On remarque, en outre : *La Ferté-sous-Jouarre*, sur la Marne, avec d'importantes carrières de pierres meulières et un très-grand commerce de meules de moulin ; — *Montereau*, au confluent de la Seine et de l'Yonne; célèbre par l'assassinat de Jean sans Peur, duc de Bourgogne, en 1419, et par une victoire de Napoléon Ier, en 1814 ; — *Lagny* et *Brie-Comte-Robert*, très-commerçantes en grains ;—*Nemours*, sur le Loing ; autrefois duché célèbre ; patrie du mathématicien Bezout ; près de là est le château de Bignon, où est né Mirabeau ; — *Château-Landon*, célèbre par ses belles pierres de construction.

Le département de la *Seine* est le plus petit, mais le plus peuplé et le plus important de la France, parce qu'il contient *Paris*, capitale de l'État. Il renferme 2 000 000 d'habitants.

Il est de tous côtés environné par le département de Seine-et-Oise. Il a une forme à peu près circulaire, et il est arrosé du S. E. au N. O. par la Seine, qui y décrit deux grandes courbures ; dans le S. E., coule la Marne, qui s'y joint à la Seine ; dans le S., on voit, la Bièvre. Les canaux de l'Ourcq, de Saint-Denis et Saint-Martin parcourent le nord ; le canal souterrain de Saint-Maur, au S. E., rachète une courbure considérable de la Marne. Ce pays n'était pas naturellement fertile et beau, mais les travaux de l'homme l'ont partout embelli et fécondé. Le voisinage de la capitale y a fait naître de toutes parts de jolies maisons de campagne, de charmants jardins et d'agréables promenades. Il y a de grandes carrières de plâtre et de bonnes pierres calcaires de construction.

Paris, chef-lieu de ce département, est la première ville de l'Europe par la culture des lettres, des sciences et des arts, et par le nombre et la variété des monuments publics ; mais ce n'est que la seconde par la population[1]. On y compte 1 700 000 habitants.

Cette grande capitale avait une étendue à peu près ovale et offrait un circuit d'environ 25 kilomètres et une population de 1 200 000 âmes, quand elle était limitée par le mur d'en-

---

[1]. Londres vient avant Paris pour l'étendue et la population.

ceinte ou d'octroi élevé en 1787 ; mais elle a 33 kilomètres de circuit et une forme triangulaire, depuis qu'on l'a étendue, par une disposition récente, jusqu'aux fortifications élevées sous Louis-Philippe. Elle est située sur les deux rives de la Seine et sur deux îles de ce fleuve : l'île de la Cité (qui a été son berceau sous le nom de *Lutèce*), et l'île Saint-Louis.

La Bièvre, qui prend aussi le nom de rivière des Gobelins, parcourt la ville au S. E. Le canal Saint-Martin, qui est une continuation de celui de l'Ourcq, traverse la partie orientale, et vient y déboucher dans la Seine.

Paris est traversé dans tous les sens par de grandes rues plantées d'arbres désignées sous le nom de *boulevards*.

Les boulevards proprement dits sont sur l'emplacement des anciennes fortifications rasées sous Louis XIV ; ils décrivent dans la ville un vaste circuit, et sont divisés, par la Seine, en deux parties distinctes : les boulevards du nord (de la Madeleine, des Italiens, Montmartre, Poissonnière, Bonne-Nouvelle, Saint-Denis, Saint-Martin, du Temple, Beaumarchais, etc.), continuellement animés par un grand concours de monde ; et les boulevards du midi (des Invalides, Mont-Parnasse, d'Enfer, Saint-Jacques, des Gobelins, de l'Hôpital), beaucoup moins vivants.

D'autres larges rues, toutes récentes, qu'on a appelées aussi, par comparaison, boulevards, parce qu'elles sont plantées d'arbres, franchissent Paris dans plusieurs sens ; on remarque surtout le grand boulevard de Sébastopol, dirigé du N. au S., et le boulevard Malesherbes, dirigé du S. E. au N. O.

Parmi les autres parties plantées d'arbres, il faut citer les Champs-Élysées, traversés par une avenue qui forme l'abord le plus magnifique de Paris ; les jardins des Tuileries, du Luxembourg, des Plantes, de Monceaux.

Les rues de cette capitale, seulement dans Paris proprement dit, c'est-à-dire dans la partie comprise dans l'intérieur de l'ancien mur d'octroi, forment une longueur totale d'environ 400 kilomètres. A l'O. et au N. O., elles sont remarquables par leur largeur, leur élégance, la magnificence de leurs constructions : on admire particulièrement les rues de Rivoli, de Castiglione, de la Paix, etc. Ailleurs, on en trouve beaucoup encore qui sont étroites et sombres, quoique, depuis quelques années, de nombreux embellissements fassent disparaître des quartiers autrefois mal aérés et mal bâtis : de larges rues, comme la partie orientale de la rue de Rivoli, ont été percées ; d'agréables places disposées en jardins ont été établies; le palais du Louvre a été achevé, etc.

Trois grandes directions de rues, qui sont comme les plus grandes artères de Paris, traversent cette ville à peu près du N. au S.; la plus orientale porte les noms de rues du Faubourg-Saint-Martin, Saint-Martin, de la Cité, Saint-Jacques et du Faubourg-Saint-Jacques; la seconde est formée du boulevard de Sébastopol; la troisième comprend les rues du Faubourg-Saint-Denis et Saint-Denis, et vient se confondre, près de la Seine, avec le boulevard de Sébastopol.

Dans le sens de l'E. à l'O., on distingue, à la droite de la Seine, la grande direction qui commence à la barrière du Trône et se compose des rues du Faubourg-Saint-Antoine et Saint-Antoine, puis se partage en deux branches, dont l'une comprend les rues de la Verrerie, des Lombards, de la Ferronnerie, Saint-Honoré, du Faubourg-Saint-Honoré; l'autre, plus près du fleuve et plus droite, constitue la rue de Rivoli. La rue de Rambuteau est une des principales qui suivent la même direction.

A gauche de la Seine, s'étendent, dans cette direction, les rues de l'Université, Saint-Dominique et de Grenelle.

Les plus belles places sont celles de la Concorde, du Carrousel, de Napoléon III, les places Vendôme, Royale, Saint-Sulpice, de l'Étoile, du Châtelet, le Champ de Mars. Des squares, places fermées de grilles et formant jardins, embellissent plusieurs quartiers : on remarque surtout les squares du Louvre, de la place Napoléon III, du Temple, du conservatoire des Arts et Métiers, des Halles, de la Tour-Saint-Jacques, de la place Louvois, de la place de l'Europe.

Parmi les principaux monuments que renferme la partie de Paris placée à droite de la Seine, on remarque d'abord le palais des Tuileries, à l'O. duquel se déploie un magnifique jardin; le palais du Louvre, qui renferme de célèbres musées de peinture, de sculpture, d'antiquités, etc.; le Palais-Royal; le palais de la Bourse, superbe édifice tout moderne; le palais de l'Élysée, le palais de l'Industrie. — L'Hôtel de ville, siége de la préfecture, est un vaste et beau monument. — La colonne de la place Vendôme, érigée sous Napoléon Ier, retrace les actions mémorables de ses armées. — La colonne de Juillet, sur la place de la Bastille, a été érigée en mémoire de la révolution de 1830. — La tour Saint-Jacques est un beau monument gothique d'une grande élévation. — L'arc de triomphe de l'Étoile a été élevé en mémoire des victoires de Napoléon Ier et de la grande armée. — Les portes Saint-Denis et Saint-Martin sont des arcs de triomphe qui rappellent les campagnes de Louis XIV.

Les plus belles églises de la même partie de la ville sont Saint-Eustache, admirable par la légèreté et la hardiesse de sa construction; Saint-Roch et Notre-Dame de Lorette, où l'on voit une grande profusion d'ornements; Saint-Germain l'Auxerrois, intéressante par son antiquité et sa structure gothique; la Madeleine, grand et nouvel édifice; Saint-Vincent de Paul, plus récente encore.

Le plus vaste théâtre de Paris, l'Opéra, se trouve aussi dans cette division. — On y remarque encore le Conservatoire de musique, celui des arts et métiers, la bibliothèque Impériale, la bibliothèque de l'Arsenal, les Archives de l'Empire (avec l'école des Chartes), l'école centrale des Arts et Manufactures, l'imprimerie Impériale, la Banque de France. L'hôpital Saint-Louis, l'hôpital Lariboisière et l'hospice des Quinze-Vingts pour 300 aveugles, s'y rencontrent également.

Dans l'île de la Cité, on remarque le vieux Palais de Justice, qui occupe l'emplacement de la demeure des préfets romains, de presque tous les rois de la première race, et des comtes de Paris sous la deuxième. L'extrémité orientale de l'île supporte la vaste cathédrale de Notre-Dame, un des plus beaux monuments gothiques. L'Hôtel-Dieu se trouve aussi dans la Cité.

Passons à la partie située à la gauche de la Seine. On y distingue le palais du Luxembourg ou du Sénat, accompagné d'un superbe jardin. — Le palais du Corps législatif offre, en face du pont de la Concorde, sa superbe façade, qui répond à celle de la Madeleine. — L'hôtel de la Monnaie et le palais de l'Institut, avec la bibliothèque de l'Institut et la bibliothèque Mazarine, s'élèvent aussi sur le bord de la Seine. — Le majestueux Panthéon (ou église Sainte-Geneviève) se trouve au sommet de la colline Sainte-Geneviève. — L'hôtel des Invalides, construit sous Louis XIV, offre un superbe dôme. — L'École-Militaire, qui a perdu la destination à laquelle ce nom s'applique, est aussi un bel édifice, qui donne sur la magnifique plaine du Champ de Mars.

On remarque encore, dans le S. de Paris, l'église Saint-Germain des Prés, qui passe pour la plus ancienne de la ville; — Saint-Sulpice, grande et noble église; — l'église Sainte-Clotilde, très-récent édifice, de style gothique; — l'église Saint-Étienne du Mont; — l'hôpital militaire du Val-de-Grâce, dont on admire la coupole et qui occupe l'ancienne abbaye du même nom; — l'immense hospice de la Salpêtrière, pour les femmes; — la Sorbonne et le Collége de France, où de savants professeurs font des cours publics; — l'école de Médecine; l'école de Droit; l'école Normale; l'école des Mines; — la bibliothèque Sainte-Geneviève; — le Musée de Cluny, avec l'antique palais des Thermes; — l'Observatoire; — l'école Polytechnique; — l'école des Beaux-Arts; — enfin le Muséum d'histoire naturelle et le jardin des Plantes, où sont réunis une foule d'objets curieux et instructifs.

La ville est partagée en vingt arrondissements, ayant, chacun, un maire et un juge de paix.

Parmi le grand nombre de personnages illustres que Paris a vus naître, on peut citer le cardinal de Richelieu, les poëtes Boileau, Molière, J. B. Rousseau, Regnard, Voltaire, Béranger; d'autres célèbres écrivains, Rollin, d'Alembert, Beaumarchais, Laharpe, Mme de Staël; les grands guerriers Condé, Luxembourg, Catinat; les peintres Eustache Lesueur, Ch. Lebrun, L. David; le chimiste Lavoisier; le géographe d'Anville.

Les anciens villages, bourgs ou villes de la banlieue, qui se trouvaient entre le mur d'octroi et les fortifications, et qui viennent d'être compris dans Paris, sont : à droite de la Seine, *Bercy*, célèbre par son entrepôt de vins, *Charonne* (où est le célèbre cimetière du Père-Lachaise), *Ménilmontant, Belleville, La Villette, La Chapelle, Montmartre, Les Batignolles, Monceaux, Les Ternes, Passy, Auteuil*; — à gauche, *le Petit Montrouge, Vaugirard, Grenelle*.

Seize forts détachés s'élèvent dans le voisinage de l'enceinte fortifiée qui entoure Paris.

Le département de la Seine a deux sous-préfectures : au N., *Saint-Denis*, ville de 18 000 habitants, célèbre par son ancienne abbaye et par sa belle église, qui renferme les tombeaux des rois de France; — au S., *Sceaux*, remarquable par sa manufacture de faïence et ses grands marchés de bestiaux.

Les autres principaux lieux du département sont à : l'E., *Saint-Mandé; Vincennes*, avec le beau bois du même nom, un château fort et un asile pour les ouvriers convalescents; *Montreuil-sous-Bois*, connu par ses excellentes pêches et ses autres fruits en espaliers; *Fontenay-sous-Bois, Nogent-sur-Seine, Saint-Maur*, grands et beaux villages; — au N. E., *Romainville*; — au N. O., *Neuilly-sur-Seine*; *Clichy-la Garenne*, avec une rivière importante et des fabriques de produits chimiques; *Nanterre*, patrie de sainte Geneviève; — à l'O., *Boulogne-sur-Seine*, qui donne son nom à un beau bois, très-fréquenté des promeneurs, orné de lacs et de rivières artificiels, et où se trouve le jardin zoologique d'Acclimatation; — au S. O., *Issy*; — au S., *le Grand Montrouge*; *Arcueil*, qui donne son nom à un aqueduc célèbre; *Gentilly*, avec le vieux château de *Bicêtre*, servant aujourd'hui d'hospice pour les vieillards et les aliénés; *Bourg-la-Reine; Châtenay; Fontenay-aux-Roses*, joli village, qui fait un grand commerce de roses et de fraises; — au S. E., *Ivry-sur-Seine, Vitry-sur-Seine*, remarquable par ses pépinières; *Choisy-le-Roi*, aussi sur la Seine, avec des fabriques de maroquin, de produits chimiques, etc.; *Charenton*, au confluent de la Seine et de la Marne, avec une célèbre maison d'aliénés; *Alfort*, qui a une école vétérinaire.

Le département de *Seine-et-Oise* doit au voisinage de la capitale beaucoup de belles maisons de plaisance, des châteaux, des parcs agréables. Il renferme 484 000 habitants. La Seine le traverse du S. E. au N. O.; l'Oise l'arrose au N.; l'Essonne, au S.; la Marne le coupe à l'E.

Le chef-lieu est *Versailles*, grande et belle ville, peuplée de 40 000 habitants; elle n'est baignée par aucune rivière, et c'est à grands frais qu'on y fait venir l'eau nécessaire. Louis XIV y a élevé un superbe château, où l'on a établi un intéressant musée historique, et devant lequel s'étendent des jardins où l'art a rassemblé les plus riches merveilles. Les châteaux du Grand et du Petit Trianon accompagnent ces jardins. C'est la patrie du général Hoche, du poëte Ducis, du sculpteur Houdon, de l'abbé de l'Épée et du botaniste L. Richard.

Il y a cinq sous-préfectures : *Pontoise*, sur l'Oise, avec un ancien château où ont résidé les rois de France; — *Mantes-la-Jolie*, sur la Seine; — *Rambouillet*, remarquable par son château et sa forêt; — *Corbeil*, sur la Seine; intéressante par son commerce de grains et de farine ; — *Étampes*, qui fait le commerce des mêmes produits, et qui a vu naître le grand naturaliste Étienne Geoffroy Saint-Hilaire.

Ce département renferme, en outre, sur la Seine, ou très-près de la Seine : *Sèvres*, célèbre par sa belle manufacture de porcelaine ; — *Saint-Cloud*, par son château et son parc ; — *Meudon*, avec un château remarquable, sur une hauteur d'où l'on jouit d'une vue admirable ; — *Rueil*, dont l'ancien château fut le séjour de la cour pendant la Fronde, et où l'impératrice Joséphine habita le château de la Malmaison ; — *Marly*, avec une belle forêt, les restes d'un ancien château royal, et une machine fameuse pour conduire les eaux à Versailles ; — *Saint-Germain-en-Laye*, ville de 15 000 habitants, dans une très-belle situation, avec un vieux château où sont nés Charles IX et Louis XIV, et à côté d'une grande et superbe forêt ; vis-à-vis, sur la rive droite de la Seine, est le bois du *Vésinet*, où l'on a fondé un asile pour les ouvrières convalescentes ; — *Poissy*, lieu de naissance de saint Louis, et célèbre par ses grands marchés de bestiaux ; — *Meulan*, connue par plusieurs siéges ; — *Rôny*, près de Mantes, avec un château où est né l'illustre Sully.

On remarque ensuite, plus ou moins loin du fleuve : à droite, *Montmorency*, célèbre par sa forêt et par la famille illustre qui en a pris le nom ; — *Enghien*, où se trouvent des eaux minérales et un joli lac ; — *Écouen*, avec un beau château, où habitèrent les Montmorency et les Condé, et où Napoléon Ier établit une maison d'éducation sous la direction de Mme Campan ; — *Saint-Clair-sur-Epte*, où fut conclu le traité de 912. — A gauche, *Saint-Cyr*, avec une célèbre école militaire ; — *Dourdan*, patrie de La Bruyère.

Le département de l'*Eure*, arrosé par la Seine, par l'Eure et par l'Iton, affluent de l'Eure, offre généralement un aspect riche et agréable. Il compte 405 000 habitants. Le chef-lieu, *Évreux*, sur l'Iton, n'a que 12 000 habitants ; on y remarque une belle cathédrale.

Il y a quatre sous-préfectures : *Louviers*, si connue par ses fabriques de beaux draps, et peuplée de 10 000 âmes ; — *Pont-Audemer*, qui a d'importantes tanneries ; — *Bernay*, qui fait un grand commerce de chevaux ; — *Les Andelys*, sur la Seine ; patrie du peintre Nicolas Poussin et du savant Turnèbe.

On remarque encore, dans ce département : *Vernon*, sur la Seine ; — *Gisors*, autrefois plus importante ; — *Verneuil*, grande, mais peu peuplée ; — *Ivry-sur-Eure*, célèbre par une victoire de Henri IV, en 1590 ; — *Cocherel*, par celle de Du Guesclin, en 1364 ; — *Quillebœuf*, sur la Seine, dont le passage est dangereux en cet endroit.

Le département de la *Seine-Inférieure* est l'un des plus beaux, des plus industrieux et des plus commerçants de la France, et le troisième par sa population, qui est de 770 000 habitants. Il s'étend le long de la Manche ; la Seine l'arrose au S., en y faisant de grandes sinuosités, et elle y acquiert une largeur considérable. Ce fleuve y offre chaque jour deux fois le phénomène de la *barre*, causé, à chaque mouvement du flux, par la lutte des eaux qui descendent et de celles qui remontent. Celles-ci triomphent cependant, et se présentent sous la forme d'une vague énorme, s'avancent avec bruit, et renversent violemment tout ce qui s'oppose à leur passage.

Le chef-lieu est *Rouen*, la septième ville de France, peuplée de 103 000 âmes, et située dans un magnifique bassin, sur la Seine ; ce fleuve y est assez puissant pour porter des bâtiments de 250 tonneaux, et le port de Rouen est constamment animé par de nombreux navires. Cette ville est ancienne, généralement mal bâtie et mal percée ; cependant plusieurs quartiers commencent à être fort beaux, et l'on y admire de magnifiques églises gothiques, entre autres la cathédrale et Saint-Ouen. Elle fabrique de la faïencerie renommée et des toiles de coton connues sous le nom de *rouenneries*; elle possède un grand nombre de teintureries. Pierre et Thomas Corneille, Fontenelle, leur neveu, les peintres Jouvenet et Géricault, le musicien Boïeldieu, y ont reçu le jour.

La plus importante sous-préfecture du département est *Le Havre*, ville de 65 000 habitants (en y comprenant *Ingouville*), située à l'embouchure de la Seine, et qui est, en quelque sorte, le port de Paris. On y voit plusieurs beaux bassins maritimes, continuellement remplis de navires. C'est surtout avec l'Amérique que cette ville fait un immense commerce. C'est la patrie des Scudéry, de Mme de La Fayette, de Bernardin de Saint-Pierre et de Casimir Delavigne.

Les autres sous-préfectures sont : *Dieppe*, à l'embouchure de l'Arques, port de mer, de 20 000 âmes, qui a vu naître le grand marin Duquesne, et où l'on fabrique des dentelles et de jolis objets en ivoire ; — *Yvetot*, dont les seigneurs portèrent le titre de roi ; — *Neufchâtel-en-Bray*, dont les fromages sont renommés.

Parmi les autres villes du département, on distingue : *Elbeuf*, sur la Seine, remarquable par ses belles fabriques de draps, et peuplée de 20 000 habitants ; — *Darnetal*, très-près de Rouen, avec une industrie importante pour les lainages et les cotons ; — *Bolbec*, connue par ses toiles de coton ; — *Caudebec*, sur la Seine, près des belles ruines de l'abbaye de Saint-Wandrille ; — *Lillebonne*, intéressante par ses antiquités ; — *Harfleur*, qui fut au moyen âge une ville importante, et qui est célèbre dans l'histoire des guerres avec les Anglais, au XVe siècle ; — *Fécamp* et *Saint-Valery-en-Caux*, petits ports de mer ; — *Arques*, avec les ruines d'un château pittoresque, et l'emplacement d'une bataille gagnée par Henri IV, en 1589 ; — *Eu*, qui possède un agréable château, un beau parc et un port formé par la Brêle canalisée ; — *Le Tréport*, petit port de mer, à peu de distance d'Eu ; — *Gournay*, qui fait un grand commerce de beurre renommé ; — *Aumale*, ancienne capitale d'un comté célèbre.

QUATRE DÉPARTEMENTS DANS LES BASSINS DES AFFLUENTS DE DROITE DE LA SEINE. — Le département de la *Haute-Marne* offre au S. quelques montagnes et le plateau de Langres. La Marne, la Meuse et l'Aube prennent leurs sources dans ce pays élevé. On y compte 257 000 habitants.

La jolie petite ville de *Chaumont*, sur la Marne, en est le chef-lieu. On y fait de la ganterie renommée.

Langres, sous-préfecture, a 11 000 habitants, et fabrique de la coutellerie estimée. C'est la patrie de Diderot.

Vassy, autre sous-préfecture, est une fort petite ville, devenue fameuse par le massacre des protestants, en 1562.

Les lieux les plus remarquables ensuite sont : — *Saint-Dizier*, sur la Marne, qui y devient navigable ; — *Joinville*, qui a donné son nom à un illustre historien, ami de saint Louis ; — *Bourbonne-les-Bains*, connue par ses eaux minérales, — et *Andelot*, célèbre par le traité de 785, entre plusieurs rois francs et leurs leudes.

Le département de la *Marne*, arrosé par la Marne, qui le traverse de l'E. à l'O., par l'Aîne, au N. E., et la Vêle, au

N., est très-fertile et très-agréable sur les bords de la Marne, dans le voisinage de laquelle il produit des vins renommés ; mais il offre, au S., de grandes plaines stériles. Il renferme 372 000 habitants.

Le chef-lieu est *Châlons-sur-Marne*, ville de 17 000 âmes, agréablement placée au milieu de vastes prairies. On y distingue la belle promenade du Jars.

La plus importante ville du département est *Reims*, sur la Vêle. Cette antique cité, qui n'est cependant qu'une sous-préfecture, a 52 000 habitants : elle est décorée d'une magnifique cathédrale gothique, où l'on sacrait les rois de France. Elle a des fabriques d'étamines et de casimirs, et fait un grand commerce de vins. C'est le lieu de naissance du célèbre ministre Colbert.

Il y a trois autres sous-préfectures : *Épernay*, dans un vallon agréable, sur la Marne; célèbre par son commerce de vins ; — *Vitry-le-François*[1], aussi sur la Marne ; — *Sainte-Menehould*, sur l'Aîne.

Il faut citer ensuite : *Sézanne*, avec des tanneries et des mégisseries ; — *Aï, Vertus*, fameux par leurs vins ; — *Montmirail*, par ses pierres meulières, par une victoire de Napoléon Ier, en 1814, et par la naissance du cardinal Paul de Retz ; — *Champaubert* et *Fère-Champenoise*, par des victoires de Napoléon Ier, en 1814; — *Valmy*, par une victoire des Français sur les Prussiens, en 1792.

Le département de l'*Aîne*[2] est un des mieux arrosés de la France : au N., il est traversé de l'E. à l'O. par l'Oise; au milieu, par l'Aîne; au S., par la Marne; et il comprend, en outre, une partie du cours de l'Escaut et de la Somme, au N., et de l'Ourcq, au S.; les canaux de Saint-Quentin, de Crozat, de l'Oise, de la Sambre, de l'Ourcq, le parcourent. On y compte 556 000 habitants.

Le chef-lieu est *Laon*, ville de 10 000 habitants, autrefois plus importante, située sur une montagne, et commerçante

---

1. Il faut écrire ce surnom *Francois* et non *Français*; la ville de Vitry le doit à François Ier, sous le règne de qui elle fut rebâtie.

2. On a établi l'usage très-convenable de supprimer l's, et de la remplacer par un accent circonflexe dans les mots *île, Nîmes*, etc. Il nous a semblé rationnel de faire une réforme semblable pour les mots *Aîne, Avênes*, etc., que, suivant une orthographe surannée, on écrit encore généralement *Aisne, Avesnes*.

en grains et en artichauts estimés. Elle a été le séjour des derniers rois carlovingiens. C'est la patrie de l'astronome Méchain.

La principale sous-préfecture est *Saint-Quentin*, plus importante que le chef-lieu même du département, et peuplée de 28 000 âmes : elle est sur la Somme et sur le canal auquel elle donne son nom ; c'est le siège d'un grand commerce de basins, de gazes, de mousselines, de batistes, etc. Elle a donné naissance à Omer Talon et au peintre La Tour. Ramus, Condorcet et les deux Saint-Simon sont nés dans le voisinage. Une bataille célèbre y fut gagnée par les Espagnols sur les Français, en 1557.

Les autres sous-préfectures sont : *Vervins*, où Henri IV et Philippe II, roi d'Espagne, signèrent un fameux traité de paix en 1598 ; — *Soissons*, située sur l'Aîne, dans un pays fertile en blé et en légumes renommés, et autrefois plus importante qu'aujourd'hui ; elle fut le siège de l'empire de Clovis, qui y vainquit les Romains en 486, et elle devint la capitale d'un royaume auquel elle donna son nom ; — *Château-Thierry*, sur la Marne ; patrie de La Fontaine.

Ce département a produit un autre grand poëte, Racine, né à *La Ferté-Milon*.

On distingue encore, dans le département de l'Aîne : *Chauny*, sur l'Oise ; — *Guise*, placée sur la même rivière, et qui a donné son nom à une famille célèbre ; — *Saint-Gobain*, qui possède une célèbre manufacture de glaces ; — *Prémontré*, ancienne abbaye fameuse, aujourd'hui grande verrerie ; — *Coucy*, avec une belle forêt et les ruines remarquables du château-fort des sires de Coucy ; — *Villers-Cotterets*, près d'une belle forêt du même nom.

Le département de l'*Oise* est arrosé par l'Oise et l'Aîne ; il offre, surtout au S. E., un aspect agréable et beaucoup de jolis sites. La population est de 396 000 habitants.

Le chef-lieu est *Beauvais*, vieille cité de 14 000 habitants, où l'on admire une superbe cathédrale gothique, et où l'on remarque une importante manufacture de tapis. La défense courageuse de Jeanne Hachette contre les Bourguignons, en 1472, a illustré cette ville.

Les sous-préfectures sont : *Clermont*, dans une position riante et dans un pays industrieux ; — *Compiègne*, vers le confluent de l'Oise et de l'Aîne, avec un château impérial et une belle forêt; — *Senlis*, sur la Nonette, jolie rivière, affluent de l'Oise.

On remarque, dans le voisinage de Senlis : *Chantilly*, qui a des fabriques de dentelles et de porcelaine, et qui est célèbre par sa belle forêt, par son ancien château, séjour des princes de Condé ; *Ermenonville, Morfontaine*, intéressants par leurs châteaux, leurs parcs et leur sites agréables.

Dans le N. E. du département, près de l'Oise, on voit *Noyon*, patrie du réformateur Calvin et du sculpteur Sarazin. — *Creil*, sur l'Oise, à la bifurcation des chemins de fer du Nord, de Saint-Quentin et de Beauvais, possède des manufactures de porcelaine et de faïence. — *Méru* est animé par l'industrie de la tabletterie ; et *Liancourt*, par celle des tissus. — *Crépy-en-Valois* est célèbre par la paix de 1544, entre François Ier et Charles-Quint ; — *Verberie*, par un ancien palais où habitaient les rois de Neustrie. — *Pierrefonds*, dans une situation pittoresque, a des eaux minérales et offre les ruines curieuses d'un château du quatorzième siècle.

DEUX DÉPARTEMENTS DANS LES BASSINS DES AFFLUENTS DE GAUCHE DE LA SEINE. — Le département de l'*Yonne*, dont le S. appartient à l'ancienne Bourgogne, et le N. à la Champagne, est traversé du S. au N. par la rivière à laquelle il doit son nom. L'Armançon, affluent de l'Yonne, et le canal de Bourgogne, parcourent la partie orientale du pays. Il y a dans ce département beaucoup de forêts et de vignobles, des mines d'excellent fer, et de l'ocre jaune et rouge[1]. La population est de 369 000 habitants.

Le chef-lieu est *Auxerre*, sur l'Yonne, ancienne ville, de 15 000 habitants, entourée de belles promenades et de jolies campagnes; elle fait un grand commerce de vins; patrie de saint Germain l'Auxerrois, du savant abbé Lebœuf et du mathématicien Jos. Fourier.

Il y quatre sous-préfectures : *Sens*, ville de 10 000 habitants, sur l'Yonne, intéressante par sa haute antiquité et sa belle cathédrale; — *Joigny*, aussi sur l'Yonne, dans une agréable situation, et au milieu de vignobles renommés ; — *Tonnerre*, sur l'Armançon, également connue par ses vins ; — *Avallon*, jolie petite ville, dans un canton riant.

On remarque, en outre, parmi les villes de ce départe-

---

[1]. L'ocre est une sorte d'argile; la rouge s'emploie pour faire des crayons.

ment : *Chablis*, célèbre par ses vins blancs ; — et *Villeneuve-le-Roi*, sur l'Yonne.

Entre Auxerre et Avallon, est le village d'*Arcy*, où se trouvent des grottes fort curieuses, décorées de stalactites et de stalagmites. — *Vézelay* avait une fameuse abbaye, où saint Bernard prêcha la deuxième croisade. — *Fontanet* ou *Fontenoy* est célèbre par la bataille de 841, entre les fils de Louis le Débonnaire ; — *Cravant*, par la bataille de 1423, entre les Français et les Anglais.

Le département d'*Eure-et-Loir* correspond à l'ancienne Beauce, célèbre par ses abondantes récoltes d'excellent blé. C'est un pays plat et riche, mais monotone. L'Eure y coule vers le N., et le Loir vers le S. La population est de 291 000 âmes.

Le chef-lieu est *Chartres*, ville de 16 000 âmes, qui, à l'extérieur, offre une apparence pittoresque, mais dont l'intérieur est triste. Elle est située sur l'Eure, et possède une cathédrale magnifique. C'est la patrie du poëte Mathurin Regnier et du philosophe P. Nicole.

Les sous-préfectures sont : *Nogent-le-Rotrou* ; — *Dreux*, ville ancienne, devenue célèbre par la grande bataille que s'y livrèrent, en 1562, les catholiques et les protestants ; — *Châteaudun*, sur le Loir, dans un riant bassin.

On remarque aussi dans ce département la petite ville de *Maintenon*, avec un beau château que Louis XIV donna à la dame illustre qui en a porté le nom ; un grand aqueduc, resté inachevé, était destiné à porter les eaux de l'Eure à Versailles, en partant de cette ville : c'est la patrie de Collin d'Harleville. — *Brétigny* est connu par un traité conclu entre Jean le Bon et les Anglais, en 1360 ; — *Auneau*, par la défaite des reîtres, en 1587.

Bassins de l'Orne, de la Vire et de la Rance.

Le département de l'*Orne* est arrosé par l'Orne et la Sarthe. Il est riche en chevaux et en bœufs. On y compte 430 000 habitants.

Il a pour chef-lieu *Alençon*, sur la Sarthe, ville de 16 000 âmes, où l'on fabrique de belles dentelles appelées *points d'Alençon* et des pierres fausses, nommées *diamants d'Alençon*.

Ce département a trois sous-préfectures : *Argentan*, dans

le voisinage de laquelle est né l'historien Mézeray; — *Domfront*, sur une montagne escarpée; — *Mortagne*, intéressante par ses toiles, et berceau de la famille de Catinat; le célèbre monastère de *La Trappe* est dans le voisinage.

Les autres lieux importants sont : *Laigle*, remarquable par ses grandes fabriques d'épingles et d'aiguilles; — *Séez*, fort ancienne, patrie du chimiste Conté et de Charlotte Corday; — *Flers* et *La Ferté-Macé*, villes industrieuses; — *Tinchebrai*, connue par la bataille de 1106, entre Henri Ier d'Angleterre et son frère Robert; — *Bellême*, près d'une forêt célèbre; — *Le Pin*, avec un haras renommé.

Le département du *Calvados* doit son nom à une chaîne de récifs qui s'étend le long de sa côte. Il est arrosé par l'Orne et la Vire, et fertile en bons pâturages, qui nourrissent des bestiaux renommés. La population est de 478 000 habitants.

Le chef-lieu est *Caen*, sur l'Orne, qui est navigable jusque-là pour des navires; c'est une ville de plus de 40 000 habitants, où l'on cultive les sciences et les lettre savec éclat, et qui a donné naissance aux poëtes Malherbe, Segrais et Malfilâtre.

Il y a cinq sous-préfectures : *Lisieux*, intéressante par ses lainages et ses toiles; — *Falaise*, par ses teintures, sa bonneterie, ses foires, et la naissance de Guillaume le Conquérant; — *Bayeux*, patrie du poëte Alain Chartier; on remarque, dans la cathédrale, une tapisserie célèbre de la reine Mathilde, représentant les exploits de Guillaume le Conquérant; — *Pont-l'Évêque*; — *Vire*, sur la rivière du même nom; patrie des poëtes Basselin, Castel et Chênedollé, et de l'agronome Duhamel.

Les autres lieux remarquables sont : *Honfleur*, joli port, vers l'embouchure de la Seine; — *Condé-sur-Noireau*, patrie de Dumont d'Urville et intéressante par ses fabriques de toiles; — *Isigny*, dont le beurre et le cidre sont renommés; — *Trouville*, jolie petite ville et port, à l'embouchure de la Touques; — *Dives*, autre port, à l'embouchure de la rivière du même nom; — *Formigny*, célèbre par une victoire de Charles VII sur les Anglais, en 1450.

Le département de la *Manche* s'avance dans la mer à laquelle il doit son nom, et se compose, en grande partie, de la presqu'île du Cotentin. C'est aussi un pays fertile en bons pâturages. La Vire l'arrose à l'E. On y compte 595 000 habitants.

Le chef-lieu est *Saint-Lô*, ville de 10 000 âmes, sur la Vire, dans une situation pittoresque.

Les sous-préfectures sont : *Cherbourg*, ville de 40 000 habitants, la plus grande du département, importante par son beau port militaire et sa vaste rade, qui peut contenir 400 vaisseaux et qui est défendue par une digue immense et par de magnifiques ouvrages de fortification ; — *Valognes*, dans une contrée riante ; patrie de Vicq d'Azyr ; — *Coutances*, une des plus anciennes villes de Normandie ; patrie du consul Lebrun ; — *Avranches*, intéressante par ses bougies, ses toiles et ses salines, dans une jolie situation, à peu de distance de la mer ; — *Mortain*, avec des fabriques de toiles.

Le *Mont-Saint-Michel* s'élève dans la baie du même nom, à peu de distance d'Avranches ; il est tour à tour environné par la mer et par une plage sablonneuse, suivant que la marée est haute ou basse. Il s'y trouve un village du même nom, et son sommet est couronné d'un château-fort servant de prison.

On remarque encore dans ce département : à l'O., le port fort animé de *Granville* ; — au N. E., *Saint-Vaast de la Hougue*, port fortifié, sur la belle rade de *La Hougue* ou *La Hogue*, et non loin du cap de ce nom, célèbre par la bataille navale de 1692 ; — à l'E., *Carentan*, petit port, vers l'embouchure de la Douve.

Le département des *Côtes-du-Nord*, nommé ainsi parce qu'il occupe les côtes du N. de la Bretagne, s'étend le long de la Manche, qui y forme l'anse de Saint-Brieuc. Les montagnes d'Arrée le parcourent de l'E. à l'O. La Rance, qui l'arrose à l'E., en est la principale rivière. Les chevaux et les bœufs de ce pays sont estimés ; la principale industrie est la fabrication de la toile. La population est de 622 000 habitants.

Saint-Brieuc, chef-lieu du département, est près de la mer, sur la petite rivière de Gouet, qui forme un port nommé Legué. C'est une ville de 15 000 âmes, et qui possède des papeteries importantes.

Les sous-préfectures sont : *Dinan*, sur la Rance, à l'endroit où aboutit le canal d'Ille-et-Rance ; patrie de l'écrivain Duclos et du célèbre Du Guesclin; — *Guingamp*, au milieu de belles plaines, — *Lannion*, non loin de la mer; — *Loudéac*, centre d'une grande fabrication de toiles dites de Bretagne.

Lamballe, entre Saint-Brieuc et Dinan, est une assez jolie ville, qui fut le chef-lieu de l'important duché de Penthièvre. — *Tréguier* est un port très-commerçant.

VERSANT DE L'ATLANTIQUE PROPREMENT DIT ET DE LA MER DE FRANCE.

Bassins de l'Aulne, du Blavet et de la Vilaine.

Le département du *Finisterre*[1] tire son nom de sa position à *la fin de la terre* de France du côté de l'O. Il comprend la partie la plus occidentale de la *Basse-Bretagne*, où les descendants de la nation celtique des Bretons ont conservé la langue et les mœurs de leurs ancêtres. Les paysans bas-bretons sont francs, loyaux, hospitaliers; mais on leur reproche un entêtement très-opiniâtre, une indolence apathique, qui n'exclut pas un caractère impétueux et des passions violentes. Leur extérieur a beaucoup de rudesse, mais ils possèdent un fond remarquable de bonté et de sensibilité. La population du département est de 607 000 habitants.

La nature présente, dans cette partie reculée de notre France, des traits caractéristiques et fortement marqués: les côtes, composées de masses de granite, hérissées de caps nombreux, découpées par une multitude de petits golfes, bordées de beaucoup d'îlots et d'écueils, et souvent battues par une mer orageuse, offrent un aspect âpre et sauvage; l'intérieur est parsemé de montagnes couvertes de bruyères, et d'une apparence triste.

La mer forme dans ce département deux enfoncements assez considérables, la rade de Brest et la baie de Douarnenez, entre lesquelles est resserrée la presqu'île de Crozon. La pointe Saint-Matthieu s'avance au N. O. de la première; la pointe du Raz, au S. O. de la seconde. A l'extrémité S. O. du département, s'offre la pointe de Penmarc'h, dont les rochers noirs et déchirés sont une des curiosités de la Bretagne.

1. On écrit souvent, à tort, *Finistère*.

L'île d'Ouessant, aux côtes escarpées et de difficile abord, et l'île de Sein, habitée jadis par les prêtresses cènes, et aujourd'hui par de pauvres pêcheurs, sont les principales îles de la côte du Finisterre.

Les montagnes d'Arrée, et les montagnes Noires, qui s'y rattachent, s'étendent dans l'intérieur du pays. La rivière la plus considérable est l'Aulne ou la rivière de Châteaulin, qui va se jeter dans la rade de Brest.

Le chef-lieu est *Quimper-Corentin*, ville de 11 000 âmes, située à quatre lieues de l'Atlantique, mais considérée comme port de mer parce que l'Odet, qui la baigne, reçoit de petits navires. C'est la patrie du fameux critique Fréron et du voyageur Kerguelen.

La ville la plus importante du département est *Brest*, qui compte 55 000 habitants, quoique ce ne soit qu'une sous-préfecture ; son port militaire est le plus beau, le plus sûr de l'Europe ; son immense rade a une entrée étroite, parfaitement défendue ; ses quais sont superbes, et son arsenal de marine, son vaste bagne, excitent la curiosité des voyageurs.

Il y a trois autres sous-préfectures : *Morlaix*, port fort commerçant, sur une rivière du même nom ; on y compte 13 000 habitants ; c'est la patrie du général Moreau ; — *Châteaulin*, sur la rivière à laquelle elle donne son nom ; — *Quimperlé*, sur l'Ellé.

On remarque, au N., vers la Manche, *Saint-Pol-de-Léon*; — *Roscoff*, port assez fréquenté ; — au N. O., *Landerneau*, autre port, à l'embouchure de l'Élorn dans la rade de Brest ; — au S., *Concarneau*, également port de mer ; — et, dans l'intérieur, *Le Huelgoat* et *Poullaouen*, célèbres par leurs mines de plomb ; — *Carhaix*, patrie de La Tour d'Auvergne.

Le département du *Morbihan*, au S. du précédent et au S. E. du Finisterre, a des côtes fort découpées : le principal enfoncement qu'on y remarque est le Morbihan, dont le nom signifie en celtique *petite mer*; ce golfe est parsemé d'îles, dont les plus remarquables sont l'île aux Moines et l'île d'Arz. On trouve encore, près de la côte du département, l'île de Groix ou Groaix, connue par son beau froment, ses lentilles, sa pêche de sardines ; Belle-Ile, qui doit sans doute son nom à la douceur de son climat et à sa fertilité, et les petites îles de *Haedik* et de *Houat*, peuplées de pêcheurs aux mœurs patriarcales.

En face de Belle-Ile, s'avance la presqu'île de Quiberon, devenue fameuse en 1795 par la défaite de l'armée des émigrés : vers son isthme se trouvent les curieux monuments druidiques de Carnac.

Les principaux cours d'eau du département sont la Vilaine, à l'E., et le Blavet, à l'O. Le canal de Nantes à Brest traverse le pays. La population est de 374 000 âmes ; elle offre un des types les mieux conservés des anciens Bas-Bretons.

Le chef-lieu est *Vannes*, ville de 14 000 habitants, d'un aspect pittoresque ; elle est près du golfe du Morbihan, et possède un petit port, qu'anime le commerce du blé et des sardines.

La plus importante sous-préfecture est *Lorient*, belle ville, avec un port militaire et un port de commerce ; elle n'est cependant pas sur la mer, mais à quatre kilomètres de la côte, au confluent du Blavet et du Scorff. On y compte 21 000 habitants.

Il y a deux autres sous-préfectures : *Pontivy* ou *Napoléonville*, sur le Blavet, ancien chef-lieu du célèbre duché de Rohan ; — *Ploërmel*, assez jolie ville, dans le voisinage de laquelle on montre l'emplacement où, en 1351, eut lieu le fameux combat entre trente Bretons et trente Anglais.

On remarque ensuite : *Auray*, non loin du golfe du Morbihan ; célèbre par la bataille que s'y livrèrent, en 1364, les comtes de Blois et de Montfort ; — *Hennebont*, agréablement située sur le Blavet ; — *Port-Louis*, à l'embouchure de la même rivière ; — *Sarzeau*, dans la presqu'île de Rhuis, qui s'avance au S. du golfe du Morbihan ; il y a d'importants marais salants, et c'est la patrie du célèbre écrivain Lesage ; — *Le Palais*, petite place forte, chef-lieu de Belle-Ile ; — *Rohan*, berceau d'une illustre famille ; — *Carnac*, où se trouvent de curieux monuments druidiques, vers l'isthme de la presqu'île de Quiberon ; — *Locmariaker*, célèbre aussi par ses monuments druidiques.

Le département d'*Ille-et-Vilaine*, à l'E. de ceux des Côtes-du-Nord et du Morbihan, est baigné au N. par la Manche, qui s'y enfonce sous les noms de rade de Cancale et de baie du Mont-Saint-Michel. La Vilaine et l'Ille, son affluent, le parcourent au milieu et au S. ; la Rance l'arrose au N. O. ; le canal d'Ille-et-Rance le traverse. Le sol n'est pas généralement fertile : cependant on y voit de beaux pâturages, et l'on y fait du beurre renommé. On y compte 581 000 habitants.

Le chef-lieu est *Rennes*, ancienne capitale de la Bretagne, agréablement située au confluent de l'Ille et de la Vilaine, et peuplée de 46 000 habitants ; elle a d'importantes blanchisseries de cire, et fait un grand commerce de toile et de beurre. C'est la patrie de La Noue, de Lamothe-Piquet, de Lanjuinais, d'Amaury Duval et d'Alexandre Duval.

Ce département a cinq sous-préfectures : *Saint-Malo*, port fameux, à l'embouchure de la Rance, patrie du navigateur Jacques Cartier, du marin Duguay-Trouin, du philosophe Maupertuis, de La Bourdonnais, de Surcouf, de Broussais, de Châteaubriand et Lamennais ; c'est une de nos villes maritimes les plus importantes, et cependant elle ne compte que 11 000 habitants : — *Fougères*, ville autrefois très-forte ; — *Vitré*, sur la Vilaine, près du château des Rochers, illustré par le séjour de Mme de Sévigné ; — *Montfort-sur-Meu* ou *Montfort-la-Canne* ; — *Redon*, sur la Vilaine, à l'extrémité méridionale du département.

Les autres lieux intéressants sont : *Saint-Servan*, port important et ville de 13 000 âmes, très-près de Saint-Malo, sur la Rance ; — *Cancale*, située sur la côte occidentale de la rade du même nom, et connue par ses excellentes huîtres ; — *Dol*, autrefois place très-forte ; — *Saint-Aubin-du-Cormier*, célèbre par la bataille de 1488, où le duc d'Orléans, qui devint plus tard roi de France, sous le nom de Louis XII, fut fait prisonnier.

Bassin de la Loire.

Huit départements traversés par la Loire. — Le département de la *Haute-Loire* correspond à l'ancien petit pays de Velay. Les Cévennes, qui s'élèvent sur sa limite orientale, et les montagnes du Forez, qui le traversent, offrent des traces d'anciens volcans et donnent au pays un aspect pittoresque, mais sauvage. On y voit les énormes groupes basaltiques d'Espaly, des cascades nombreuses, des rochers de formes fantastiques. La Loire arrose la partie orientale, et l'Allier la partie occidentale. Sa population est de 300 000 habitants.

Le chef-lieu est *Le Puy*, ville de 17 000 habitants, au pied du mont Corneille, près de la Loire, dans un des sites les plus pittoresques. Il y a des fabriques renommées de dentelles et de blondes.

Ce département a deux sous-préfectures : *Issengeaux*, qui fait aussi un commerce de blondes ; — et *Brioude*, sur l'Allier.

La famille de Polignac et les généraux La Fayette et La Tour Maubourg sont originaires de ce département.

Le département de la *Loire* remplace à peu près l'ancien Forez; il est traversé du S. au N. par la Loire, le long de laquelle s'étend un pays fertile ; à l'E. et à l'O., il y a des montagnes assez élevées, qui appartiennent, d'un côté, aux Cévennes, de l'autre, aux montagnes du Forez. Le Rhône limite le département au S. E. La population est de 505 000 habitants.

Le chef-lieu est *Saint-Étienne*, importante cité, arrosée par le Furand, qui favorise son industrie en faisant mouvoir d'innombrables usines. Elle s'est accrue avec une rapidité prodigieuse, et compte 100 000 habitants ; elle occupe le neuvième rang parmi les villes de France. Il y a des manufactures d'armes, d'importantes fabriques de coutellerie renommée, de rubans, de lacets, etc., et de riches mines de charbon de terre.

Il y a deux sous-préfectures : *Montbrison*, autrefois chef-lieu du département; ville peu considérable, dans une plaine agréable, au pied d'un rocher volcanique ; — *Roanne* (15 000 habitants), ville commerçante, sur la Loire.

Dans le S. E. du département, sont deux villes industrieuses, placées au milieu de riches houillères : *Saint-Chamond*, remarquable par sa rubanerie et sa clouterie ; — et *Rive-de-Gier*, par ses usines à fer, avec 15 000 habitants.

On rencontre encore, dans ce département : *Saint-Galmier* et *Saint-Alban*, connus par leurs eaux minérales ; et *Feurs*, qui a donné son nom au Forez.

Le département de la *Nièvre* est arrosé par la Loire, la Nièvre, l'Allier et l'Yonne, et couvert à l'E. par les montagnes du Morvan. Il y a de riches mines de fer et beaucoup de bois; c'est dans le Nivernais qu'on a inventé le flottage à bûches perdues et en trains. La population est de 326 000 habitants.

Le chef-lieu est *Nevers*, ancienne capitale du Nivernais,

agréablement placée sur la Loire, vers le confluent de la Nièvre. C'est une ville de 18 000 âmes, fort commerçante en fer, en vins, en excellente faïence, en bois. Il y a des forges et des fonderies. Parmi les auteurs qu'elle a produits, un des plus connus est un simple menuisier, maître Adam Billaut, qu'on a surnommé le Virgile au rabot.

Il y a trois sous-préfectures : *Clamecy*, sur l'Yonne, connue par son grand commerce de bois et de charbon de bois; — *Château-Chinon*, sur la même rivière, au milieu des montagnes du Morvan ; — *Cône*, sur la Loire, avec des fabriques de coutellerie estimée et des fabriques d'ancres, de quincaillerie et de clouterie.

Remarquons, en outre : *Pouilly-sur-Loire*, célèbre par ses vins blancs ; — *La Charité*, aussi sur la Loire ; — *Donzy*, avec des forges importantes ; — *Decize*, ville industrieuse, patrie du jurisconsulte Guy Coquille ; — *Imphy* et *Fourchambault*, près de Nevers, avec des forges et des hauts fourneaux ; — *Guériguy* avec les forges de *La Chaussade*, pour la marine de l'État; —*Pougues* et *Saint-Honoré*, établissements thermaux.

Le département du *Loiret* est traversé par la Loire, qui l'arrose de l'E. à l'O. Ce fleuve y reçoit le Loiret, qui parcourt un pays charmant, et qui, malgré le peu d'étendue de son cours, est remarquable par l'abondance de ses eaux, dues à deux sources qu'on nomme le Bouillon et l'Abîme ; près de là, est la petite rivière d'Huy, qui offre le phénomène singulier d'avoir une double direction : durant une partie de l'année, elle tombe dans le Loiret ; le reste du temps, elle devient une branche de ce dernier, s'en sépare, et s'engouffre dans un abîme d'où elle se rend, suppose-t-on, dans la Loire.

Les canaux d'Orléans, de Briare et du Loing, et les chemins de fer dont Orléans est le centre, sont très-importants pour ce pays, qui est riche en grains, en vins, en bois, en safran, en miel. La population du département est de 345 000 habitants.

Le chef-lieu est *Orléans*, ancienne capitale de l'Orléanais, sur la Loire : c'est une belle et grande ville, peuplée de 47 000 habitants, intéressante par ses raffineries de sucre, son commerce de vins, de vinaigres et de bois, et connue dans l'histoire par plusieurs événements, mais surtout par le siége mémorable qu'elle soutint contre les Anglais, repoussés enfin par Jeanne d'Arc. On y admire la cathédrale de Sainte-Croix. C'est la patrie du jurisconsulte Pothier et du naturaliste Auguste de Saint-Hilaire.

Il y a trois sous-préfectures : *Montargis*, sur le Loing, vers l'embranchement des canaux de Briare, du Loing et d'Orléans ; — *Pithiviers*, patrie du géomètre Poisson ; — *Gien*, sur la Loire.

On peut ensuite citer : *Beaugency*, sur la Loire, avec un grand commerce de vins ; — *Briare*, à l'endroit où le canal de ce nom se joint à la Loire ; — *Olivet*, connu par ses fromages et par sa jolie position sur le Loiret ; — *Sully-sur-Loire*, qui a donné son nom au célèbre ministre de Henri IV ; — *Patay*, où Jeanne Darc vainquit les Anglais en 1429 ; — *Jargeau*, souvent assiégée au quinzième siècle ; — *Meung* et *Lorris*, patrie, la première, de Jehan de Meung, et la seconde, de Guillaume de Lorris, auteurs du roman de *la Rose*, fameux au moyen âge ; — *Châtillon-sur-Loing*, patrie de Coligny.

Le département de *Loir-et-Cher*, traversé de l'E. à l'O. par le Loir, la Loire et le Cher, a des parties très-fertiles et très-agréables au milieu et au N.; mais il comprend au S. une portion de l'ancienne Sologne, pays triste et pauvre, plein d'étangs et de landes. On y compte 264 000 habitants.

Blois, chef-lieu du département, est une ville de 18 000 âmes, dans une situation pittoresque, sur la Loire, qu'on y passe sur un très-beau pont ; elle possède un ancien et remarquable château, auquel se rattachent beaucoup de souvenirs : c'est là que naquit Louis XII ; François Ier, Charles IX et Henri III y résidèrent ; les deux Guise y furent assassinés en 1588 ; les noces de Henri IV et de Marguerite de Valois y furent célébrées ; enfin, en 1814, la cour de Marie-Louise s'y retira, après la prise de Paris. Le physicien Papin et le jurisconsulte Pardessus sont nés dans cette ville.

Il y a deux sous-préfectures : *Vendôme*, sur le Loir ; patrie du poëte Ronsard ; — *Romorantin*, dans la Sologne ; lieu de naissance de la reine Claude, femme de François Ier.

On distingue encore dans ce département : la petite ville de *Saint-Aignan*, berceau des ducs de Beauvilliers ; — le magnifique château de *Chambord*, élevé sous François Ier ;

— *Fréteval*, célèbre, par une victoire de Richard Cœur de Lion, en 1194.

Le département d'*Indre-et-Loire* est arrosé par la Loire, l'Indre, le Cher, la Vienne et la Creuse. Le pays est fort beau, en général, et les bords de la Loire surtout y offrent les plus riantes campagnes. Cependant une partie du département est encore occupée par des landes, vers le sud, surtout dans ce qu'on appelle la Brenne. Il y a 318 000 habitants.

Le chef-lieu est *Tours*, ancienne capitale de la Touraine, ville de 38 000 habitants, agréablement située au confluent d'un bras du Cher et de la Loire : on y remarque un superbe pont, une belle cathédrale. Dans le voisinage, était le château du Plessis-lès-Tours, qui fut habité par Louis XI. C'est la patrie du maréchal Boucicaut, de Montausier et des écrivains Destouches, Bouilly et Honoré de Balzac. Charles Martel gagna dans les environs une célèbre bataille sur les Sarrasins (732).

Ce département n'a que deux sous-préfectures : *Chinon*, sur la Vienne ; intéressante parce qu'elle fut quelque temps le siège de la cour de Charles VII, et qu'elle a donné naissance au célèbre écrivain Rabelais ; — *Loches*, jolie petite ville, sur l'Indre, avec un ancien château qui fut habité par Agnès Sorel.

On remarque, en outre : *Amboise*, sur la Loire, avec un château pittoresque, où naquit et mourut Charles VIII, et où séjournèrent plusieurs autres rois de France, particulièrement Charles VII, Louis XI et François II ; ce fut aussi le lieu de captivité d'Abd-el-Kader ; — *La Haye-Descartes*, sur la Creuse ; patrie du célèbre philosophe Descartes ; — *Richelieu*, ville agrandie et embellie par l'illustre ministre de ce nom, dont la famille eut cet endroit pour berceau ; — *Mettray*, avec une intéressante colonie agricole pour les jeunes condamnés ; — *Chenonceaux*, beau château sur le Cher, élevé par François Ier.

Le département de *Maine-et-Loire* est traversé de l'E. à l'O. par la Loire, et arrosé au N. par la Maine, nommée Mayenne dans son cours supérieur : cette rivière ne prend le premier de ces noms qu'après avoir reçu la Sarthe, qui reçoit elle-même le Loir dans ce département.

Le pays est très-beau, surtout le long de la Loire et de la Maine : on y remarque une foule de sites agréables, et le sol est riche en grains, en vins, en pâturages. On y compte 524 000 habitants.

Le chef-lieu est *Angers*, sur la Maine. Cette ancienne capitale de l'Anjou est peuplée de 50 000 habitants, et fait un grand commerce de vins, de bestiaux et d'ardoises; on remarque principalement, parmi les nombreuses ardoisières du voisinage, celles de *Trélazé*. C'est le lieu de naissance du roi René, surnommé le *bon roi*, du jurisconsulte Bodin et du grammairien Ménage.

Il y a quatre sous-préfectures :

La plus importante est *Saumur*, ville de 14 000 âmes, dans une situation charmante, sur la Loire, avec une célèbre école de cavalerie. Elle a donné naissance à la savante Mme Dacier et à Aristide du Petit-Thouars.

Les autres sont : *Baugé;* — *Segré;* — *Cholet*, ville de 12 000 hab., importante par ses fabriques de mouchoirs et de toiles, et par son commerce de bœufs.

Beaupréau, autrefois sous-préfecture, fait un grand commerce de bestiaux. — *Chalonne*, sur la Loire, est connue par ses fabriques de mouchoirs et ses mines de houille. — *Les Ponts-de-Cé*, aussi sur la Loire, sont souvent cités dans les guerres de 1438, de 1620 et de 1793. — *Fontevrault* avait une célèbre abbaye, qui est devenue une maison de détention.

Le département de la *Loire-Inférieure* est baigné à l'O. par l'océan. Il offre des campagnes fertiles et des sites très-agréables le long de ses principaux cours d'eau, c'est-à-dire la Loire, qui le traverse de l'E. à l'O., la Sèvre nantaise et l'Erdre. On remarque, au S., un des lacs les plus considérables de France, celui de Grand-Lieu, qui s'écoule dans la Loire. Il y a de grands marais salants dans le voisinage de la mer. On compte dans ce département 557 000 habitants.

Le chef-lieu est la grande et belle ville de *Nantes*, agréablement située sur la Loire, qui y reçoit l'Erdre et la Sèvre nantaise, et qui se jette, à 52 kilomètres de là, dans la mer. Ce fleuve y forme un port constamment animé par de nombreux navires; il y enveloppe plusieurs îles, dont deux, l'île Faydeau et l'île Gloriette, sont couvertes de belles maisons. Nantes a de superbes promenades, des quais majestueux et très-étendus, des places régulières, des ponts nombreux et beaux ; elle compte 108 000 habitants, et occupe le sixième rang parmi les villes de France. Elle a produit le grand marin Jacques Cassard et le brave Cambronne.

Ce département a quatre sous-préfectures ; *Paimbœuf*, un peu au-dessus de l'embouchure de la Loire ; — *Savenay*, dont l'arrondissement a de riches marais salants ; — *Châtaubriant*, avec un château célèbre ; — *Ancenis*, sur la Loire, au milieu de collines couvertes de vignobles.

Guérande, près de l'Atlantique, est une ville de 8000 habitants, célèbre par la paix de 1365. — *Saint-Nazaire*, à l'embouchure de la Loire, est un port très-fréquenté. — *Pornic* est un petit port, sur la baie de Bourgneuf. — *Le Croisic*, autre petit port, est au N. de l'embouchure de la Loire. — *Machecoul* fut la capitale de l'ancien duché de Retz. — *Indre*, sur la Loire, au-dessous de Nantes, est connue par son port de la *Basse-Indre* et la petite île d'*Indret*, qui a une célèbre usine de la marine de l'État. — *Clisson* a donné son nom à une célèbre famille. On trouve, dans le voisinage, *Le Pallet*, qui a vu naître Abailard.

DEUX DÉPARTEMENTS DANS LES BASSINS DES AFFLUENTS DE DROITE DE LA LOIRE. — Le département de la *Sarthe* est traversé du N. au S. par la rivière dont il a pris le nom ; le Loir l'arrose au midi. Il correspond en partie à l'ancien Maine, dans l'E. duquel était compris le Grand-Perche ou Haut-Perche[1]. Il n'a pas de montagnes proprement dites ; mais le pays est presque partout inégal, parsemé de coteaux, coupé de vallées et de ravins, et couvert d'un grand nombre de haies qui donnent à la contrée l'aspect d'une vaste forêt. La population est de 467 000 habitants.

Il a pour chef-lieu *Le Mans*, assez belle ville, de 35 000 âmes, située sur la Sarthe, dans un pays fertile, et fort commerçante en bougies, en volailles renommées, etc.

Les sous-préfectures sont : *Mamers*, où l'on fait un commerce de bestiaux ; — *Saint-Calais* ; — *La Flèche*, jolie ville, dans une riante vallée, sur le Loir, avec un prytanée militaire.

---

1. Le Bas-Perche se trouvait dans l'Orléanais.

Château-du-Loir, sur le Loir, est une petite ville assez commerçante. — *Sablé*, sur la Sarthe, est célèbre par un traité conclu, en 1488, entre Charles VIII et la Bretagne.

Le département de la *Mayenne* est traversé du N. au S. par la rivière à laquelle il doit son nom : le sol, parsemé d'ondulations, est généralement fertile et voit naître des productions diverses et abondantes. On y compte 374 000 habitants.

Le chef-lieu est *Laval*, sur la Mayenne, dans une riche vallée : c'est une ville de 21 000 âmes, qui fait un grand commerce de toiles estimées. Elle a vu naître Ambroise Paré.

Il y a que deux sous-préfectures : *Mayenne*, située aussi sur la Mayenne, et peuplée de 10 000 habitants; patrie de l'archevêque Cheverus, qu'on a surnommé le Fénelon du dix-neuvième siècle ; — *Château-Gontier*, sur la même rivière, au milieu de riantes campagnes.

Ernée, à l'O. de la Mayenne, est une assez jolie ville.

Craon est connue par deux familles qui en ont porté le nom, et par la naissance de l'historien Volney.

DEUX DÉPARTEMENTS SUR LA RIVE GAUCHE DE LA LOIRE. — Le département de l'*Allier* est traversé du S. au N. par la rivière de ce nom, limité à l'E. par la Loire, et arrosé à l'O. par le Cher. Quelques montagnes le couvrent à l'O.; les bords de l'Allier sont fertiles et riants ; la partie orientale a des plaines monotones. Il y a 352 000 habitants.

Le chef-lieu est *Moulins*, sur l'Allier, assez belle ville, qui renferme 18 000 habitants. C'est la capitale du Bourbonnais. Elle a donné naissance à l'un de nos plus illustres guerriers, le maréchal de Villars, et l'on y voit le magnifique tombeau du maréchal de Montmorency.

Il y a trois sous-préfectures : *Montluçon*, sur le Cher, avec une manufacture de glaces; — *Gannat*, dans une vallée agréable et fertile; — *La Palisse*, qui a donné son nom à un maréchal célèbre par ses exploits dans les guerres d'Italie sous Charles VIII, Louis XII et François Ier.

Ce département a trois lieux fort célèbres par leurs eaux minérales : *Vichy*, sur l'Allier ; — *Bourbon-l'Archambault*, qui a donné son nom au Bourbonnais et à la famille des Bourbons, dont elle fut le premier patrimoine ; — *Néris*, près du Cher.

Il faut encore citer : *Cusset*, ville industrieuse, dans une jolie contrée, près de Vichy ; — *Saint-Pourçain*, grande ville au moyen âge, entourée de riches vignobles, et patrie du philosophe Durand de Saint-Pourçain ; — *Commentry*, centre d'une exploitation considérable de houille ; — *Souvigny*, qui a été importante au moyen âge, et où l'on voit une belle église gothique, avec les tombeaux des ducs de Bourbon.

Le département du *Cher* a de bons pâturages, de belles forêts et des mines d'excellent fer. Il est arrosé par le Cher, par l'Yèvre ou Èvre, son affluent, et par la Loire et l'Allier, qui forment la limite orientale. La triste et malsaine Sologne occupe la partie septentrionale du département. La population est de 315 000 habitants.

Le chef-lieu est *Bourges*, sur l'Yèvre, l'une des plus antiques cités de France. Elle est grande, mais triste et peu peuplée. On y compte 26 000 habitants. Les fabriques de draps et de toiles peintes y sont la principale industrie. C'est le lieu de naissance de Louis XI, de Bourdaloue et du célèbre financier Jacques Cœur. On admire à Bourges une magnifique cathédrale et le curieux hôtel de Jacques Cœur.

Ce département a deux sous-préfectures : *Sancerre*, située sur une haute montagne, près de la Loire, dans un pays riche en vin, et connue dans l'histoire par le siége et l'affreuse famine qu'elle souffrit en 1573 ; — *Saint-Amand-Montrond*, jolie petite ville, près du Cher.

Vierzon, vers le confluent de l'Yèvre et du Cher, est intéressante par ses forges et ses manufactures de porcelaine. — *Mehun-sur-Yèvre* a un ancien château, où mourut Charles VII.

CINQ DÉPARTEMENTS DANS LES BASSINS DES AFFLUENTS DE GAUCHE DE LA LOIRE. — Le département du *Puy-de-Dôme* est une des plus intéressantes régions de la France par ses curiosités naturelles, ses grottes, ses colonnes de basalte, ses montagnes pittoresques, dont la plupart sont d'anciens volcans. Çà et là aussi, il offre des parties riches en céréales et en bons pâturages. C'est dans ce département qu'est renfermée la fertile et riante vallée de la Limagne, arrosée du S. au N. par l'Allier. La Dordogne parcourt le S. O. du pays. La Dore, affluent de l'Allier, coule dans l'E.

On y trouve quelques-uns des plus hauts sommets des montagnes d'Auvergne. On remarque, vers le milieu du pays, le Puy de Dôme, qui offre l'aspect d'un dôme majestueux, et qui, malgré ses pentes escarpées, est le but d'ascensions fréquentes. Près de là, est le Puy de Parion, qui présente un des cratères les mieux caractérisés. — On distingue, dans le S. le mont *Dore*[1], qui se compose d'un assemblage de plusieurs pics ou *puys*, dont le plus élevé est le Puy de Sancy. La population du département est de 590 000 habitants.

Le chef-lieu est *Clermont-Ferrand*, grande ville, ainsi surnommée de la petite ville de Mont-Ferrand, qui lui a été réunie. Cette ancienne capitale de l'Auvergne n'est pas belle, mais délicieusement située entre le Puy de Dôme et la vallée de la Limagne. On y remarque la fontaine pétrifiante de Saint-Allyre, qui couvre en peu de temps d'une couche calcaire très-dure les objets qu'on y plonge. Clermont compte 38 000 habitants, et possède des fabriques d'étoffes de laine. C'est la patrie de l'historien Grégoire de Tours, du célèbre philosophe Pascal, du jurisconsulte Domat, des écrivains Champfort et Thomas, du brave général Desaix et de l'historien Dulaure; le poëte Delille est né dans le voisinage. — On trouve, à quelques kilomètres de Clermont, l'emplacement de l'ancienne *Gergovie*, célèbre dans l'histoire des guerres de César.

Riom, sous-préfecture de 12 000 âmes, est industrieuse et entourée d'une plaine fertile.

Les autres sous-préfectures sont: *Thiers*, avec des fabriques de coutellerie, des papeteries, des tanneries et 15 000 habitants; — *Ambert*, aussi très-industrieuse, sur la Dore; — et *Issoire*, près de l'Allier, dans une des parties les plus vivantes de la Limagne.

Plusieurs autres endroits remarquables se présentent dans cet intéressant département; tels sont : *Billom*, qui fut la capitale de la Limagne; — *Aigueperse*, patrie de l'illustre chancelier de L'Hôpital; — *Volvic*, située près d'une coulée de lave d'une prodigieuse étendue, d'où l'on a tiré les matériaux qui ont servi à bâtir Clermont, Riom et plusieurs autres villes; — *Royat*, village connu par ses grottes curieuses et ses sources minérales; — le village des *Bains-du-Mont-Dore*,

---

[1]. On écrit souvent, mais à tort, mont d'Or.

avec des eaux minérales renommées et près d'une cascade de 20 mètres de hauteur.

Le département de la *Creuse* est un pays de montagnes, et l'un des moins fertiles et des moins riches de la France. Il y a cependant de bons pâturages, qui nourrissent de beaux bestiaux. La Creuse et le Cher y sont les seules rivières remarquables. Il émigre chaque année, de ce département, un grand nombre d'ouvriers. La population est de 279 000 habitants.

Le chef-lieu est *Guéret*, fort petite, mais assez jolie ville; c'est la patrie de l'historien Varillas.

La principale sous-préfecture est *Aubusson*, sur la Creuse, avec une célèbre manufacture de tapis.

Les autres sont : *Boussac*, très-petite ville, sur un rocher escarpé; — et *Bourganeuf*, qui servit d'asile au prince Zizim (Djem), frère de Bajazet II.

Felletin, sur la Creuse, a, comme Aubusson, une manufacture de tapis. — On remarque aussi *La Souterraine* et la petite ville d'*Évaux*, connue par ses eaux minérales; — *Ahun* et *Chambon*, avec des antiquités romaines et celtiques.

Le département de l'*Indre* a une assez grande partie de sa surface couverte d'étangs et de marais qui rendent l'air malsain. L'Indre et la Creuse en sont les principales rivières. Il y a de bons pâturages, et les moutons sont une des richesses principales de ce pays. On y compte 273 000 habitants.

Châteauroux, le chef-lieu, est une assez jolie ville de 10 000 âmes, sur l'Indre; elle a vu naître le général Bertrand.

Issoudun est la principale sous-préfecture : elle compte 13 000 habitants, possède d'importantes fabriques de draps, et fait un commerce de fer. — Les autres sous-préfectures sont : *La Châtre*, sur l'Indre, — et *Le Blanc*, sur la Creuse.

Il faut encore citer : *Valençay*, remarquable par son superbe château, qui fut le lieu de captivité de Ferdinand VII et des infants d'Espagne, et qui appartenait au célèbre Talleyrand; — *Buzançais*, ville très-industrieuse, sur l'Indre; — *Argenton*, ville très-ancienne, dans une agréable position, sur la Creuse.

Le département de la *Haute-Vienne*, traversé de l'E. à l'O. par la rivière à laquelle il doit son nom, a des mines de fer, de nombreux châtaigniers, et des pâturages qui nourrissent de bons bestiaux. Il renferme 320 000 habitants.

Le chef-lieu est *Limoges*, sur la Vienne; cette ville est vieille et n'est pas belle, mais la position en est agréable. Elle compte 50 000 habitants, et possède des fabriques de porcelaine, de toiles et d'étoffes de laine. Parmi les hommes remarquables qu'elle a produits, on doit citer saint Éloi, le chancelier d'Aguesseau, et les maréchaux Jourdan et Bugeaud.

Il y a trois sous-préfectures : *Bellac, Rochechouart* et *Saint-Yrieix*, intéressante par ses carrières de kaolin et ses fabriques de porcelaine et de faïence.

On peut encore nommer, dans la Haute-Vienne : *Saint-Léonard* et *Saint-Junien*, sur la Vienne; — *Chalus*, au siége de laquelle mourut Richard Cœur de Lion, en 1199; — et *La Roche-l'Abeille*, qui rappelle une victoire du duc d'Anjou, en 1569.

Le département de la *Vienne* est traversé du S. au N. par la Vienne, qui reçoit le Clain; à l'E., il est limité par la Creuse, à laquelle se joint la Gartempe; la Charente coule dans le S. Une grande partie du pays est riche en pâturages, en vins, en bois; mais il y a aussi quelques landes. On y compte 323 000 habitants.

Poitiers, chef-lieu du département, est située sur le Clain. Elle a 25 000 habitants, et possède plusieurs restes précieux d'antiquités. On y admire aussi la cathédrale, un de nos plus beaux monuments d'architecture gothique. Le prince Noir y vainquit le roi Jean en 1356. C'est la patrie de saint Hilaire et du musicien Lambert.

La principale sous-préfecture est *Châtellerault*, sur la Vienne, ville de 14 000 habitants, intéressante par sa manufacture d'armes et son commerce de coutellerie renommée.

Les trois autres sous-préfectures sont : *Loudun*, ville très-ancienne; — *Montmorillon*, sur la Gartempe, avec un édifice curieux qui paraît être un temple gaulois; — et *Civray*, sur la Charente.

Au N. O. de Poitiers, est le bourg de *Vouillé*, célèbre par la grande victoire que Clovis y remporta sur les Visigoths, en 507; — au S. O., la petite ville de *Lusignan*, qui a donné son nom à une famille célèbre dans les Croisades; — *Moncontour*, au S. O. de Loudun, fut le théâtre d'une bataille gagnée par le duc d'Anjou sur Coligny, en 1569.

Bassins de la Sèvre niortaise et de la Charente.

Le département des *Deux-Sèvres*, à l'O. de celui de la Vienne, doit son nom à la Sèvre nantaise, qui y coule au N. O., et à la Sèvre niortaise, qui l'arrose au S. Le N. est montueux, et se nomme la *Gâtine*; le S. est très-plat, et on le désigne sous le nom de la *Plaine*. Le pays est riche en pâturages, en vins, en grains. On compte dans ce département 328 000 habitants.

Le chef-lieu est *Niort*, sur la Sèvre niortaise : c'est une assez jolie ville de 20 000 habitants, où l'on fabrique beaucoup de serges, de droguets et de gants. Mme de Maintenon et le poëte Fontanes y ont reçu le jour.

Il y a trois sous-préfectures, qui ne sont que de fort petites villes : *Bressuire*; — *Parthenay*; — *Melle*, où l'on fait un grand commerce de mulets.

Thouars, au N. E. de Bressuire, est remarquable par son magnifique château, qui appartenait à la célèbre famille de La Trémouille. — *Châtillon* fut le théâtre d'une victoire des Vendéens, en 1793.

Le département de la *Vendée* s'étend le long de la mer de France, depuis la baie de Bourgneuf jusqu'à l'embouchure de la Sèvre niortaise. La Vendée, affluent de cette Sèvre, parcourt le S. E. du département; le Lay, qui va se jeter directement dans la mer, l'arrose au milieu; la Sèvre nantaise coule dans le N. E. La partie septentrionale est montueuse, et se nomme le *Bocage*, à cause de la grande quantité de bois qui le couvre, non sous la forme de forêts, mais sous celle de haies élevées et touffues. Le S., le long de la mer, s'appelle le *Marais*; il y a d'importants marais salants. Le reste forme la *Plaine*.

Les habitants de la Vendée sont remarquables par leurs mœurs simples, leurs sentiments religieux, et leurs dispositions à conserver les vieilles habitudes. Pendant la première révolution, ils se signalèrent, avec les habitants de plusieurs départements voisins, par leur résistance au régime républicain et leur attachement à l'ancienne monarchie; cette guerre acharnée prit le nom de guerre de la Vendée. Le département a 390 000 âmes.

Le chef-lieu est *Napoléon-Vendée* (ci-devant *Bourbon-Vendée*, et, dans l'origine, *La Roche-sur-Yon*); c'est une ville fort peu peuplée, mais belle et toute moderne.

La ville la plus considérable du département est *Fontenay-le-Comte*, sous-préfecture, située sur la Vendée.

Il y a une autre sous-préfecture : *Les Sables d'Olonne*, port de mer, où l'on fait un assez grand commerce de grains.

Luçon est une petite ville, située dans une vaste plaine monotone; elle se glorifie d'avoir eu Richelieu pour évêque. Un canal la fait communiquer à la mer. — *Maillezais* eut un abbaye célèbre au moyen âge.

De ce département dépendent deux îles intéressantes : l'île de *Noirmoutier*, qui tire son nom d'un ancien couvent de Bénédictins (vêtus de *noir*), et qui possède des salines et un sol fertile; — l'île d'*Yeu*, nommée ordinairement, mais inexactement, île *Dieu*, et composée presque uniquement d'une masse de granite.

Le département de la *Charente* est parsemé de collines et de vallées, et généralement fertile en vin, dont on fait surtout de l'eau-de-vie. On y recueille une grande quantité de truffes fort estimées.

La Charente, dont le cours est très-sinueux, parcourt ce département. La Vienne l'arrose au N. E. La Tardoire et le Bandiat, qui se dirigent vers la Charente, ne la joignent que pendant les grandes crues; dans les temps ordinaires, leurs eaux se perdent dans des gouffres situés au milieu de leur lit. On compte dans ce département 379 000 habitants.

Le chef-lieu est *Angoulême*, pittoresquement située sur une colline escarpée que baigne la Charente. Elle compte 23 000 habitants, et possède des manufactures de beau papier, de lainages et de faïence. C'est la patrie de l'écrivain Louis de Balzac et du physicien Coulomb.

Il y a quatre sous-préfectures :

Ruffec, près de la Charente; — *Confolens*, sur la Vienne; — *Barbezieux*, dans une agréable situation; — *Cognac*, sur la Charente, au milieu de riants paysages; intéressante par son commerce d'eau-de-vie renommée et par la naissance de François Ier et de sa sœur Marguerite de Valois.

Jarnac, à l'E. de Cognac, sur la Charente, est une petite ville, célèbre par la victoire que les catholiques y remportèrent sur les calvinistes en 1569. — *Ruelle* est un endroit important par sa fonderie de canon pour la marine. — *La Rochefoucauld*, sur la Tardoire, a appartenu à une illustre famille à laquelle elle a donné son nom, et dont l'un des plus célèbres ducs est l'auteur du livre des *Maximes*. On voit près de cette ville les curieuses grottes de Rancogne.

Le département de la *Charente-Inférieure* s'étend le long de la mer, depuis la Sèvre niortaise jusqu'à la Gironde. La côte est découpée par des baies nombreuses, et bordée, en plusieurs endroits, de marais salants qui passent pour fournir les meilleurs sels de l'Europe. La Charente traverse de l'E. à l'O. le département ; de gracieux paysages en ornent presque partout les rives. On récolte dans ce pays beaucoup de vin, que l'on convertit généralement en eau-de-vie. On y compte 475 000 habitants.

La Rochelle, ancienne capitale de l'Aunis, est le chef-lieu de la Charente-Inférieure. C'est une ville maritime, de 16 000 âmes, qui fut un des principaux boulevards des calvinistes pendant les guerres de religion du seizième et du dix-septième siècle ; elle devint surtout célèbre par le siége terrible qu'elle soutint contre les armées de Louis XIII en 1628. Son port, ses raffineries de sucre, ses manufactures de faïence, lui donnent encore aujourd'hui quelque importance. C'est la patrie du physicien Réaumur, de J. B. Dupaty et de l'amiral Duperré.

Rochefort, la plus grande sous-préfecture du département, peuplée de 29 000 âmes, et située sur la Charente, près de son embouchure, est une des plus jolies villes de France. Bâtie sous Louis XIV, elle est devenue l'un de nos principaux ports militaires. L'arsenal, l'hôpital de la marine et le chantier de construction sont très-beaux. Il y a une fonderie de canons.

Saintes, autre sous-préfecture, a 12 000 habitants. Elle est agréablement située sur la Charente, et offre de beaux restes d'antiquités romaines. Il y a des manufactures de porcelaine.

Les autres sous-préfectures sont : *Saint-Jean-d'Angely*, où l'on fait un grand commerce d'eau-de-vie ; — *Jonzac*, remarquable par le même commerce ; — et *Marennes*, petite et jolie ville maritime, près de laquelle on pêche des huîtres renommées.

On trouve sur la Charente, entre Rochefort et Saintes, *Taillebourg*, célèbre par la victoire que saint Louis y remporta sur les Anglais en 1242. — Au N., sur les rives de la Sèvre niortaise, est la ville industrieuse de *Marans*, dans une situation agréable. — *Brouage*, port autrefois florissant et aujourd'hui comblé par les vases, est la patrie du voyageur Champlain.

Trois îles principales appartiennent à ce département : l'île de *Ré*, séparée du continent par le Pertuis Breton, et dont les principaux produits sont le vin et le sel ; — l'île d'*Oléron*, séparée de la précédente par le Pertuis d'Antioche, et du continent par le Pertuis de Maumusson, et remarquable par sa fertilité, son excellent sel, ses belles défenses militaires ; — l'île d'*Aix*, placée en face de l'embouchure de la Charente, et importante en ce qu'elle sert de défense à l'une des principales rades de France : Napoléon I*er* s'y embarqua sur le bâtiment anglais *le Bellérophon*, en 1815.

Bassin de la Dordogne.

Le département du *Cantal* doit son nom à une haute montagne, le Plomb du Cantal, qui s'élève vers son centre ; et il est presque partout hérissé de montagnes, qui offrent en beaucoup d'endroits de ces colonnades basaltiques régulières auxquelles on donne le nom d'orgues, car elles ressemblent de loin aux tuyaux de cette sorte d'instrument. Les pâturages et les châtaigniers sont les principales richesses de ce département. En général, le pays est pauvre, et les habitants émigrent au loin pour aller exercer dans les grandes villes les métiers de porteur d'eau, de charbonnier, de portefaix, etc.

La Dordogne et la Cère, son affluent, sont les principales rivières de ce département, qui compte 248 000 habitants.

Le chef-lieu est *Aurillac*, ville de 10 000 âmes, qui fait un grand commerce de dentelles, de chaudronnerie et de bestiaux. C'est dans un monastère d'Aurillac que fut élevé le célèbre Gerbert, un des plus savants hommes du dixième siècle.

La principale sous-préfecture est *Saint-Flour*, sur une masse de rochers basaltiques.

Il y en a deux autres, qui sont de fort petites villes : *Murat*, au pied du Plomb du Cantal ; — et *Mauriac*, près de la Dordogne.

Chaudes-Aigues est une petite ville remarquable par ses sources thermales et médicinales ; c'est avec ces eaux que les habitants chauffent leurs maisons en hiver, et l'on s'en sert aussi pour l'incubation artificielle des œufs. — *Salers*, près de la Dordogne, a des bestiaux renommés.

Le département de la *Corrèze*, au S. du précédent, est montagneux et pittoresque ; il est arrosé du N. E. au S. O. par la Corrèze, la Vézère et la Dordogne. Beaucoup d'habitants émigrent pour exercer la profession de maçon. Il y a 315 000 âmes.

Tulle, le chef-lieu, est une ville de 12 000 âmes, située dans une gorge étroite et pittoresque, sur la Corrèze. Elle a une manufacture d'armes. Dans le voisinage, sont les ruines de l'ancienne *Tintignac*.

La principale sous-préfecture est *Brive*, surnommée *la Gaillarde*, sur la Corrèze, dans une petite plaine riante, entourée de montagnes escarpées : elle a donnée naissance au célèbre entomologiste Latreille et au maréchal Brune.

Ussel, autre sous-préfecture, était autrefois chef-lieu du duché de Ventadour. — La petite ville de *Turenne* a été le berceau de la famille qui a donné à la France l'illustre guerrier de ce nom. — Celle de *Bort*, sur la Dordogne, a produit le littérateur Marmontel, et se trouve près d'un assemblage de colonnes basaltiques qu'on nomme *Orgues de Bort*. — *Uzerche* est dans une situation pittoresque, sur la Vézère. — *Arnac-Pompadour* a un château et un haras célèbre. — *Noailles* a donné son nom à une famille illustre.

Le département de la *Dordogne* correspond à l'ancien pays de Périgord. Il est arrosé de l'E. à l'O par l'Ile et par la Dordogne, qui reçoit la Vézère. Le sol en est, en beaucoup d'endroits, hérissé de collines escarpées et arides. Cependant les vallées principales sont fertiles, et présentent de belles cultures de blé et de maïs ; les coteaux qui les bordent sont revêtus de riches vignobles. Les truffes qu'on récolte dans ce pays passent pour les meilleures de France. La population est de 505 000 habitants.

Le chef-lieu est *Périgueux*, très-antique cité, située sur

l'Ile, dans une belle vallée, et peuplée de 15 000 habitants.

Il y a quatre sous-préfectures : *Nontron*, sur une hauteur escarpée ; — *Ribérac*, jolie petite ville, agréablement située ; — *Bergerac*, autre jolie ville, sur la Dordogne, au milieu d'une riche et vaste plaine, avec des vignobles renommés et 11 000 habitants ; — *Sarlat*, dans le voisinage de laquelle se trouvent le village de *Salignac*, berceau de la famille de Fénelon, et celui de *Miremont*, où l'on voit une des plus belles grottes de France.

Il faut encore remarquer, dans ce département : *Brantôme*, qui a été célèbre par son abbaye ; — *Saint-Michel* (près de Bergerac), où se trouve le château de *Montaigne*, lieu de naissance de l'illustre écrivain du même nom ; — et *Excideuil*, qui fut le séjour favori du maréchal Bugeaud.

Bassin de la Garonne.

QUATRE DÉPARTEMENTS TRAVERSÉS PAR LA GARONNE. — Le département de la *Haute-Garonne* a été formé en partie du Languedoc[1], en partie de la Gascogne. Les Pyrénées le bordent au midi ; dans le N., il offre de belles plaines : les céréales, les vins et les fruits excellents y abondent.

La Garonne parcourt du S. au N. le département, et y reçoit le Salat et l'Ariége ; le canal du Midi vient aussi la joindre dans ce pays. On y compte 481 000 habitants.

Toulouse en est le chef-lieu. Cette grande cité, placée à la jonction du canal du Midi et de la Garonne, est irrégulièrement bâtie, quoiqu'elle ait été fort embellie dans ces derniers temps. Parmi ses monuments, il faut nommer le Capitole, et, parmi ses institutions littéraires, l'Académie si ancienne des Jeux Floraux, à laquelle Clémence Isaure, illustre dame toulousaine, donna un grand éclat dans le quinzième siècle. Cette ville a vu naître aussi l'illustre jurisconsulte Cujas, le mathématicien Fermat, le poëte Campistron et le géomètre Ad. Legendre. Elle fut le théâtre, en 1814, d'une bataille entre le maréchal Soult et les Espagnols réunis

---

[1]. Dans le principe, on comprenait, sous le nom de pays de *Langue d'Oc* toute la région renfermée entre l'Atlantique, la Méditerranée, le Rhône et la Dordogne, c'est-à-dire la région où l'on parlait la langue toulousaine ou la langue d'*Oc* (mot qui signifie *oui*) ; c'est vraisemblablement de ce terme qu'est venu le nom d'*Occitanie*, quelquefois appliqué à cette contrée.

aux Anglais. On compte à Toulouse plus de 100 000 habitants. C'est la huitième ville de France.

Il y a, dans le département, trois sous-préfectures : *Villefranche-de-Lauraguais*, qui tire son surnom de l'ancien petit pays de Lauraguais ; — *Muret*, sur la Garonne, qui éprouva des désastres dans la guerre des Albigeois ; — *Saint-Gaudens*, dans une situation fort agréable, sur la même rivière. Dans le voisinage, se trouvent les vastes et curieuses grottes de Gargas et de Lestelle.

On distingue, vers l'extrémité orientale du département, *Revel*, ville industrieuse, dans une belle plaine ; l'auteur du *Mémorial de Sainte-Hélène* et d'un célèbre *Atlas historique*, Las Cases (connu aussi sous le nom de Lesage), est né dans cet endroit. — *Bagnères-de-Luchon*, située au pied des Pyrénées, est fameuse par ses eaux minérales ; dans ses pittoresques environs, on voit la belle cascade de Séculéjo, formée par un ruisseau qui s'écoule, en tombant d'une hauteur de 260 mètres, du lac d'Espingo dans le lac de Séculéjo. — *Saint-Bertrand-de-Comminges*, autrefois place importante, a des carrières de marbre et des mines de cuivre. — *Grenade* est la patrie de l'orateur Cazalès.

Au S. du département de la Haute-Garonne, est la grande vallée d'*Aran*, qui, placée sur le versant septentrional des Pyrénées, appartient physiquement à la France, mais politiquement à l'Espagne. Elle renferme les sources de la Garonne, et c'est sur sa limite S. O. que se trouve le plus haut point des Pyrénées, le mont Maladetta.

Le département de *Tarn-et-Garonne* est un des plus petits de la France. La Garonne le parcourt du S. E. au N. O.; le Tarn, affluent de cette rivière, arrose l'E. et le milieu du pays, et y reçoit l'Aveyron. Ce département est composé de belles plaines et de grandes vallées très-fertiles. Les mûriers, les chênes verts y abondent, et les fruits de jardins y sont remarquables par leur excellente qualité. Il y a 235 000 habitants.

Le chef-lieu est *Montauban*, ville de 25 000 âmes, agréablement située sur le Tarn. Les faubourgs sont fort beaux, mais la ville proprement dite a des rues étroites et sombres. On y trouve d'importantes manufactures de cotonnades et de bas de soie. Le poëte Lefranc de Pompignan y est né. Cette ville devint, pendant les guerres de religion, une des principales places des protestants : aussi fut-elle exposée, en 1621, à un siége terrible, que ses habitants soutinrent victorieusement contre Louis XIII; mais, en 1629, elle ouvrit ses portes à ce roi et à son ministre Richelieu, qui en fit raser les fortifications.

Les deux sous-préfectures sont : *Castel-Sarrasin*, près de la Garonne; — et *Moissac*, sur le Tarn, autrefois célèbre par son abbaye, dont on voit de beaux restes.

Saint-Antonin, sur l'Aveyron, est remarquable par son commerce de cuirs. — *Beaumont-de-Lomagne* est une ville agréable et bien placée.

Le département de *Lot-et-Garonne* est traversé du S. E. au N. O. par la Garonne, et arrosé à l'E. et au milieu par le Lot, qui s'y jette dans ce fleuve; le Gers et la Baïse, autres affluents de la Garonne, y coulent au S. Ces diverses rivières parcourent de belles et fertiles plaines; mais, dans le reste du pays, il y a beaucoup de landes sablonneuses et arides. On compte dans ce département 340 000 habitants.

Le chef-lieu est *Agen*, ville de 18 000 âmes, agréablement située sur la Garonne. On y remarque la promenade du Gravier, une des plus belles de France. Il s'y fait un grand commerce de minoterie, c'est-à-dire de farine. Les environs fournissent des prunes renommées. C'est la patrie du savant J. J. Scaliger, du fameux potier Bernard de Palissy, et des naturalistes Lacépède et Bory de Saint-Vincent.

Les trois sous-préfectures sont : *Villeneuve-d'Agen*, sur le Lot; — *Marmande*, sur la Garonne, détruite par les Sarrasins au huitième siècle et rebâtie par Richard Cœur de Lion; — *Nérac*, sur la Baïse, ancienne capitale du duché d'Albret, avec un château où Henri IV habita dans sa jeunesse.

Il faut citer aussi *Tonneins*, sur la Garonne, dans une superbe situation. Il y a une célèbre manufacture de tabac. C'est la patrie de Mme Cottin, écrivain estimé.

Le département de la *Gironde*, le plus grand de la France, est fort beau à l'E. et au milieu, où il présente tantôt de riches plaines, tantôt de jolis vallons, ou de riants coteaux couverts de vignobles renommés; mais, à l'O., il renferme des landes incultes, de tristes forêts de pins et des dunes mouvantes : c'est là que la mer de France forme le bassin d'Arcachon, dont la navigation est fort dangereuse; on y voit aussi deux lacs assez considérables, nommés, l'un, étang d'Hourtins et de Carcans, l'autre, étang de La Canau.

Le large fleuve qui donne son nom au département y est formé, au Bec d'Ambez, par la réunion de la Garonne et de la Dordogne. Celle-là vient du S.; celle-ci arrive de l'E., et se grossit de l'Ile. La marée, en remontant dans la Gironde, et en pénétrant ensuite dans la Dordogne, y produit une vague énorme, qui remonte la rivière violemment et avec bruit : c'est ce qu'on appelle le *mascaret*. On nomme *Entre-deux-Mers* le pays renfermé entre la Garonne et la Dordogne. Devant l'embouchure de la Gironde, s'élève, sur un îlot, la tour de Cordouan, le plus beau phare de France. Ce département a 641 000 habitants.

Le chef-lieu est la grande et belle ville de *Bordeaux*. Cette célèbre cité se déploie sur la rive gauche de la Garonne, qui décrit là un vaste demi-cercle et forme un port presque toujours rempli de navires de toutes les nations; des quais magnifiques bordent cette rivière, et on la traverse sur un très-beau pont.

On remarque, dans la partie moyenne de la ville, la belle place Royale, le théâtre, qui est admirable, et les promenades des Quinconces et de Tourny, constamment animées par un grand concours de monde. Bordeaux est la quatrième ville de France par sa population, qui s'élève à 150 000 habitants. Parmi ses hommes célèbres, on doit citer Montesquieu, qui est né dans le voisinage, au château de la Brède, Berquin, auteur de jolis ouvrages pour l'enfance, de Sèze, Martignac, et le peintre Carle Vernet. Dans l'antiquité, cette ville a produit Ausone.

Le département a cinq sous-préfectures : *Libourne*, ville commerçante de 10 000 âmes, au confluent de la Dordogne et de l'Ile; — *Blaye*, sur la rive droite de la Gironde, avec une citadelle importante; — *Lesparre*, très-petite ville, dans le pays de Médoc, resserré entre la Gironde et la mer et renommé par ses vins; — *La Réole*, sur la Garonne; — *Bazas*, ville très-ancienne, qui fut le chef-lieu du Bazadais.

Il faut encore remarquer : la petite ville de *Saint-Émilion*, près de la Dordogne, connue par ses excellents vins; — celle de *Coutras*, célèbre par la victoire que Henri IV y remporta sur Joyeuse en 1587; — *Bourg-sur-Mer*, petit port sur la Dordogne, très-près du Bec d'Ambez; — *Cubzac*, autre petit port sur la Dordogne, où l'on remarque un pont suspendu très-hardi ; — *Pauillac*, port sur la Gironde, entouré de magnifiques vignobles ; — *La Teste de Buch*, sur le Bassin d'Arcachon ; — *Langon*, sur la Garonne ; — *Castillon*, où Charles VII remporta une victoire sur les Anglais en 1451 ; — *Sauterne*, qui a des vins blancs renommés.

Parmi les vignobles les plus renommés du Médoc, on distingue ceux de *Château-Laffitte*, *Château-Latour*, *Château-Margaux*, *Haut-Brion*. On nomme vins de *Grave* des vins produits par les terrains de gravier des bords de la Garonne, de la Gironde et de la Dordogne.

Cinq départements dans les bassins des affluents de droite de la Garonne. — Le département de l'*Ariége* est traversé du S. au N. par la rivière à laquelle il doit son nom, et à l'O. par le Salat, autre affluent de la Garonne. Ces deux cours d'eau roulent des paillettes d'or. Les hautes montagnes du S. du département offrent de nombreuses curiosités naturelles et renferment d'abondantes mines de fer. Il y a 251 000 habitants.

Le chef-lieu est *Foix*, ville mal bâtie, sur l'Ariége, dans une situation pittoresque, au pied d'un roc à pic.

Il y a deux sous-préfectures : *Pamiers*, sur l'Ariége, plus considérable et plus agréable que le chef-lieu, et remarquable par ses fabriques de faux et de limes ; — *Saint-Girons*, sur le Salat, avec des forges importantes.

Il faut encore remarquer : *Massat*, qu'enrichissent ses mines de fer et ses forges ; — *Mirepoix*, jolie petite ville, ancienne capitale d'un pays du même nom ; patrie du maréchal Clauzel ; — *Ax*, connue par ses eaux minérales, et située au S. E. de Foix, sur l'Ariége, au pied des Pyrénées ; *Tarascon*, sur la même rivière, entre Ax et Foix, dans le voisinage de la fameuse grotte de Bédaillat ; — *Bélestat*, située sur la limite orientale du département, et où l'on visite la curieuse fontaine intermittente de Fontestorbes.

C'est au S. de ce département que se trouve la petite république d'*Andorre*, placée à la fois sous la protection de la France et sous celle de l'évêque d'Urgel, en Espagne.

Le département du *Tarn* est couvert, au N., à l'E. et au S., de montagnes qui appartiennent aux Cévennes ou à leurs ramifications ; ailleurs, il présente des plaines et de larges vallées, où le sol est fertile, particulièrement en blé, anis, coriandre et pastel. Le Tarn traverse le département de l'E. à l'O., et y a pour affluent principal l'Agout. La population est de 355 000 habitants.

Le chef-lieu est *Albi*, agréablement située sur le Tarn, et ornée d'une remarquable cathédrale et de la belle promenade de la Lice. On y compte 15 000 habitants. C'est la patrie du voyageur La Pérouse.

Les sous-préfectures sont : *Gaillac*, sur le Tarn ; — *Lavaur*, sur l'Agout, avec des manufactures de soieries ; — *Castres*, sur la même rivière, avec 22 000 habitants ; cette ville est plus considérable et mieux bâtie que le chef-lieu du département, et elle possède des fabriques de draps.

On remarque encore : *Rabastens*, sur le Tarn ; — *Mazamet*, qui a d'importantes fabriques de draps ; — *Puylaurens*, au sommet d'une montagne escarpée ; — *Sorèze*, célèbre par son école, et située près du magnifique bassin de Saint-Féréol, immense réservoir qui fournit de l'eau au canal du Midi.

Le département de la *Lozère* tire son nom d'un des principaux sommets des Cévennes. Ces montagnes, qui traversent tout ce pays et le couvrent de leurs ramifications, possèdent de riches mines, et elles encaissent des vallées qui nourrissent de nombreux bestiaux. Les châtaignes forment une grande partie de la nourriture des habitants, dont le nombre est seulement de 141 000.

Cette région élevée donne naissance à plusieurs grandes rivières : l'Allier, le Tarn, le Lot, le Gard.

Le chef-lieu est *Mende*, très-agréablement située sur le Lot, et connue par ses fabriques de serges.

Il y a deux petites sous-préfectures : *Marvejols*, qui fut détruite en 1586 par Joyeuse et rebâtie par Henri IV ; — *Florac*, près du Tarn.

On remarque encore : *Villefort*, petite ville commerçante, qui possède des mines de plomb argentifère ; — *Châteauneuf-de-Randon*, fameux par le siége de 1380, pendant lequel mourut Du Guesclin ; — et *Bagnols-les-Bains*, dont les eaux minérales sont très-renommées.

Le département de l'*Aveyron* correspond à l'ancien pays de Rouergue. Le Tarn, l'Aveyron et le Lot le parcourent de l'E. à l'O. Il y a beaucoup de montagnes, qui sont des ramifications des Cévennes et des montagnes d'Auvergne. On y voit plusieurs anciens volcans, et un grand nombre de curiosités naturelles, comme des abîmes profonds, des grottes à stalactites, des montagnes consumées par un feu souterrain que produit l'embrasement des mines de houille. Ce département a de bons pâturages, et l'on y élève beaucoup de mulets, qu'on envoie généralement en Espagne. Il y a 394 000 habitants.

Le chef-lieu est *Rodez*, ancienne ville, de 11 000 habitants, qui a une belle cathédrale et des environs variés et pittoresques.

Il y a quatre sous-préfectures : *Espalion*, sur le Lot, au fond d'un vallon étroit ; — *Villefranche-d'Aveyron*, dans une position agréable, avec 10 000 habitants ; patrie du médecin littérateur Alibert ; — *Saint-Affrique* ; — *Milhau* ou *Millau*, sur le Tarn, la ville la plus industrieuse et la plus riche du département ; autrefois un des boulevards des protestants.

On remarque, dans les environs de Villefranche, le village de *Cransac*, fameux par ses eaux minérales ; *Aubin* et *Decazeville*, remarquables par des mines de houille et des forges ; — et, près de Saint-Affrique, le village de *Roquefort*, célèbre par ses fromages.

Le département du *Lot* correspond à l'ancien Quercy. Il est traversé de l'E. à l'O. par le Lot ; au N., il est arrosé par la Dordogne. Le pays est généralement montueux : cependant on y voit des vallées fertiles et des coteaux riches en bons vignobles. On y compte 294 000 habitants.

Le chef-lieu, *Cahors*, est dans une presqu'île formée par le Lot. Elle renferme 14 000 habitants. C'est la patrie du poëte Clément Marot ; Joachim Murat est né dans le voisinage.

Il n'y a que deux sous-préfectures : *Gourdon*, dans le voisinage de laquelle est le château de *La Mothe-Fénelon*, lieu de naissance de l'illustre Fénelon ; — *Figeac*, sur le Lot ; patrie du savant archéologue Champollion.

Les autres lieux remarquables sont : *Souillac*, sur la Dordogne, et *Luzech*, où se trouve probablement l'emplacement d'*Uxellodunum*, si célèbre par la résistance qu'elle opposa à César.

Un département a gauche de la Garonne. — Le département du *Gers* correspond à l'ancien Armagnac et à quelques autres anciens petits pays de la Gascogne centrale. Il est arrosé à l'O. par l'Adour, et au milieu par la Baïse et le Gers, qui le parcourent du S. au N. Le sol, assez plat au N., mais montueux au S., est généralement fertile. On y récolte beaucoup de vin, dont on fait de l'eau-de-vie. Il y a 304 000 habitants.

Le chef-lieu est *Auch*, sur le Gers, avec 10 000 habitants; c'est une ville très-ancienne, et dont les rues sont étroites et tortueuses; mais on y voit une des plus magnifiques cathédrales de France. C'est le lieu de naissance de l'amiral Villaret-Joyeuse.

Ce département a quatre sous-préfectures : *Condom*, dans une situation fort agréable, sur la Baïse; patrie de Blaise de Montluc; — *Lectoure*, fort intéressante par son antiquité, par sa position pittoresque sur un rocher que baigne le Gers, et patrie de l'illustre maréchal Lannes; — *Lombez*, dans une plaine très-fertile; — *Mirande*, sur la Baïse; commerçante en vins et en eaux-de-vie.

On remarque, au S. O. de Condom, la petite ville d'*Eauze*, qui fut, du temps des Romains, une importante cité sous le nom d'*Elusa*.

Bassin de l'Adour.

Le département des *Hautes-Pyrénées* est un des plus intéressants de la France par ses sites pittoresques, ses abondantes sources minérales, ses cascades, ses riantes vallées. Le N. a des plaines; mais le S. est hérissé de hautes montagnes, parmi lesquelles on distingue le Pic du Midi de Bigorre, les Tours de Marboré, le mont Vignemale, le Taillon, le Pic-Long. Ce pays est arrosé du S. au N. par l'Adour; dans l'O., coule le Gave[1] de Pau, qui, descendant du mont Perdu, en Espagne, et tombant dans le cirque de Gavarnie, forme une magnifique cascade de 410 mètres de hauteur. Non loin de là, est la Brèche de Roland, vaste coupure de 100 mètres, que la nature a ouverte dans une énorme muraille de rochers, et que les traditions populaires ont attribué à un coup d'épée du fameux Roland, neveu de Charlemagne. Ce département a 246 000 habitants.

---

1. Le mot *gave* signifie rivière.

Le chef-lieu est *Tarbes*, jolie ville de 13 000 âmes, sur l'Adour, dans un pays plat.

Il n'y a que deux sous-préfectures.

La plus importante est *Bagnères-de-Bigorre*, dans une agréable situation, sur l'Adour, à l'entrée de la délicieuse vallée de Campan ; elle a de célèbres sources minérales, les plus fréquentées de la France.

L'autre est *Argelès*, fort petite ville, dans une vallée magnifique, sur le Gave d'Azun, qui se jette près de là dans le Gave de Pau.

On remarque, en outre, dans ce département, plusieurs lieux intéressants : *Campan*, dans la vallée du même nom, avec des carrières de beau marbre ; et, près de là, *Baudéan*, où est né le célèbre chirurgien Larrey ; — *Lourdes*, petite place forte, sur le Gave de Pau ; — *Barèges*, célèbre par ses sources minérales, dans une gorge étroite et sauvage, environnée de hautes montagnes nues, et inhabitable en hiver à cause des neiges et des avalanches ; — *Saint-Sauveur* et *Cauterets*, deux villages également renommés par leurs eaux minérales et placés aussi au milieu des Pyrénées ; — *Lannemezan*, sur un grand plateau triste et aride.

Le département des *Basses-Pyrénées*, qui est placé à l'angle S. O. de la France, et limité au S. par l'Espagne, à l'O. par l'océan, a été formé de l'ancien Béarn, dans lequel était enclavé le petit pays de Basse-Navarre ou de Navarre française, qui avait le titre de royaume. Il compte 436 000 hab.

Sa côte s'étend depuis l'embouchure de l'Adour jusqu'à celle de la Bidassoa. Le Gave de Pau, le Gave d'Oloron, son affluent, et la Nive, affluent de l'Adour, en parcourent l'intérieur. Les Pyrénées couvrent la partie méridionale, et y présentent un de leurs principaux sommets, le Pic du Midi de Pau.

Les points de vue les plus pittoresques se présentent dans ces montagnes, tantôt hérissées de rochers escarpés, tantôt revêtues de bois de pins et coupées par de riches vallées. Le N du pays offre des plaines fertiles.

La population remarquable des Basques habite le S. O. des Basses-Pyrénées : ce sont des hommes braves, fiers, enthousiastes de la liberté, d'une agilité et d'une adresse extraordinaires, et ne permettant aucune innovation dans leur langage et dans leurs coutumes.

Le chef-lieu du département est *Pau*, ville de 19 000 âmes, ancienne capitale du Béarn, sur le Gave de Pau ; on y remarque le château où est né Henri IV. C'est aussi le lieu de naissance de Bernadotte, qui devint roi de Suède.

La plus importante sous-préfecture est *Bayonne*, place très-forte, peuplée de 19 000 habitants ; elle se trouve au confluent de l'Adour et de la Nive, fort près de la mer. Elle a un port très-animé, et fait un grand commerce. Ses jambons et son chocolat sont renommés. C'est la patrie du musicien Garat et de Jacques Laffitte.

Les autres sous-préfectures sont : *Orthez*, ville industrieuse et commerçante, sur le Gave de Pau ; — *Oloron-Sainte-Marie*, sur le Gave d'Oloron, à l'entrée de la vallée d'Aspe ; — *Mauléon*, très-petite ville, sur un gave du même nom, qui se jette dans celui d'Oloron.

On remarque ensuite : *Saint-Esprit*, sur l'Adour, en face de Bayonne ; siége d'un commerce actif et dont la population est presque tout entière israélite ; — *Salies*, intéressante par son grand commerce de sel et de jambons estimés ; — *Saint-Jean de Luz*, port de mer et place forte ; — *Saint-Jean-Pied-de-Port*, autre place forte, vers les Pyrénées ; — les établissements thermaux, très-fréquentés, des *Eaux-Bonnes* et des *Eaux-Chaudes* ; — *Biarrits*, petit port près de Bayonne, avec une belle villa qu'y a élevée l'empereur Napoléon III ; — près de Pau, le joli village de *Jurançon*, fameux par ses vins.

Le département des *Landes* est un des plus grands de la France, mais un des moins peuplés ; il ne contient que 310 000 habitants. Il s'étend le long de la mer, dans le voisinage de laquelle on rencontre plusieurs lacs improprement désignés sous le nom d'étangs : tels sont ceux de Cazau, de Parentis, d'Aureilhan et de Saint-Julien.

L'Adour arrose de l'E. à l'O. la partie méridionale du département, où il reçoit la Midouze et le Gave de Pau. Ses rives et en général tout le S. de cette contrée sont riches et fertiles : on y rencontre d'excellents fruits. Mais le reste du pays se compose d'un aride plateau, qui offre une surface sèche et sablonneuse ; durant quelques mois de l'année, les eaux pluviales, privées d'écoulement, y forment des mares dans les parties les moins élevées. L'aspect en est misérable et triste ; il n'y croît presque partout que des bruyères, du milieu desquelles se détachent çà et là de sombres forêts de pins; c'est un véritable désert, qu'interrompent seulement de loin en loin quelques pauvres hameaux, ou des bâtiments d'une architecture sauvage, disposés pour servir de refuge aux bestiaux entraînés loin des habitations. Autour des lacs, pourtant, s'offrent de belles prairies, de nombreux villages, et des paysages frais et animés.

Mais, entre ces lacs et l'océan, on remarque encore une affreuse région, formée de dunes mouvantes, souvent énormes, et qui, changeant de place et d'apparence selon les caprices des vents, viennent fréquemment engloutir des champs fertiles et des villages entiers.

On s'occupe beaucoup aujourd'hui des moyens de défricher les Landes, et l'on parvient à fixer les dunes par des plantations de pins.

Les bergers landais, ayant besoin de traverser des sables, des bruyères ou des plaines souvent inondées, ont adopté l'usage de hautes échasses, qui leur permettent de parcourir en peu de temps de grandes distances.

Le chef-lieu du département est *Mont-de-Marsan*. C'est une petite ville, assez bien bâtie, et située agréablement sur la Midouze, à l'endroit où cette rivière est formée par le Midou et la Douze. Elle fait commerce de vins et d'eaux de vie, ainsi que du liége et de la résine fournis par les forêts du département.

Il y a deux sous-préfectures: *Saint-Sever*, sur l'Adour, dans un territoire agréable; — *Dax* ou *Acqs*, ville très-ancienne et jadis très-importante, aussi sur l'Adour; elle a des eaux thermales renommées. C'est la patrie du savant Borda.

Près et au N. E. de Dax, se trouve le village de *Pouy* ou *Saint-Vincent de Paul*, patrie du saint de ce nom. — *Aire*, ville très-ancienne, est sur l'Adour. — Au N. de Mont-de-Marsan, au milieu des Landes, on remarque le village de *Labrit*, sur l'emplacement de l'ancienne ville d'*Albret*, qui a donné son nom à une famille illustre.

VERSANT DE LA MÉDITERRANÉE.

Bassins de la Tet, de l'Aude et de l'Hérault.

Le département des *Pyrénées-Orientales*, placé à l'extrémité la plus méridionale de la France, est limité à l'E. par la Méditerranée, et au S. par l'Espagne.

Les Pyrénées le couvrent en grande partie, et y présentent, presque au centre, le mont Canigou. Dans le reste du pays, on trouve des plaines généralement sèches et rocailleuses; cependant une belle verdure orne les bords des trois rivières principales, l'Agly, la Tet et le Tech, qui coulent à l'E., et vont tomber dans la Méditerranée. On récolte, dans ce département, des olives et de fort bons vins, entre autres ceux de Grenache.

Cette contrée a longtemps fait partie de l'Espagne, et les mœurs y offrent encore une teinte espagnole; le peuple ne parle que la langue catalane.

La population est d'à peu près 183 000 habitants.

Le chef-lieu est *Perpignan*, ville forte, ancienne capitale du Roussillon, et située sur la Tet, dans une belle plaine, à quelque distance de la mer. On y compte 23 000 habitants. C'est la patrie d'Arago. Elle n'appartient à la France que depuis 1642. Dans le voisinage de la ville, est la *Tour de Roussillon*, sur l'emplacement de l'ancienne *Ruscino*.

Il y a deux sous-préfectures : *Prades*, sur la Tet, — et *Céret*, sur le Tech.

Prats-de-Mollo est une place forte, située sur le Tech, au pied et au S. du Canigou. On remarque encore, au S., les places fortes de *Bellegarde*, de *Mont-Louis*, de *Villefranche* et de *Salces*. — *Rivesaltes*, au N. de Perpignan, est remarquable par ses excellents vins. — On trouve au S. E. les deux ports assez importants de *Collioure* et de *Port-Vendres*. — *Vernet-les-Bains*, *Amélie-les-Bains* et *Molitg* ont des eaux thermales renommées.

Le département de l'*Aude* renferme 283 000 habitants; il est baigné à l'E. par la Méditerranée, près de laquelle on trouve les grands étangs de Sigean et de Leucate. Les montagnes Noires, au N., et les montagnes des Corbières, au S., couvrent une partie du pays. Il y a aussi de belles et fertiles plaines. L'olivier et la vigne donnent dans l'Aude d'excellents produits; les abeilles y fournissent un miel renommé. On y exploite des carrières de marbres magnifiques.

L'Aude parcourt le département du S. O. au N. E., et y reçoit le Fresquel; le canal du Midi longe le cours de ces deux rivières et traverse le Fresquel sur un pont-aqueduc admirable.

Le chef-lieu est *Carcassonne*, ville de 20 000 âmes, sur l'Aude, et près du canal du Midi ; une partie, nommée la Cité, est vieille et gothique ; l'autre, appelée la Nouvelle Ville, offre des rues droites et de charmantes promenades. C'est la patrie du poëte Fabre d'Églantine.

Il y a trois sous-préfectures : *Castelnaudary*, ville de 10 000 habitants, située sur le canal du Midi, qui y forme un superbe bassin, et célèbre par la bataille de 1632, où le duc de Montmorency fut fait prisonnier par les troupes de Louis XIII ; patrie d'Alex. Soumet ; — *Limoux*, dans un fertile vallon, sur l'Aude, avec des vignobles renommés ; patrie du poëte Alex. Guiraud ; — *Narbonne*, qui fut une des plus importantes colonies romaines des Gaules, et qui ne compte aujourd'hui que 14 000 habitants ; elle se trouve à quelque distance de la mer, sur le canal de la Roubine de Narbonne, qui est une branche de celui du Midi. On y admire la cathédrale, surtout le chœur. — *La Nouvelle*, à l'embouchure de la Roubine dans la Méditerranée, sert de port à cette ville.

Le département de l'*Hérault* s'étend le long de la Méditerranée, depuis l'embouchure de l'Aude jusqu'à l'extrémité orientale de l'étang de Mauguio.

Plusieurs autres étangs, salés comme celui-ci, et qui paraissent être des restes d'anciens golfes de la mer, ne sont séparés de la Méditerranée que par une plage étroite : les plus considérables sont ceux de Thau, de Maguelone et de Pérols. Il y a sur leurs bords d'importants marais salants.

Des ramifications des Cévennes couvrent au N. ce département, qui offre ailleurs de belles plaines, des vallées délicieuses, des coteaux couverts de vignobles et d'oliviers. Le climat est sec et salubre. L'Hérault (ou mieux l'Érau) traverse le pays du N. au S.; l'Orb l'arrose à l'O. Il y a des sources de pétrole, et beaucoup d'autres richesses minérales. La population est de 400 000 habitants.

Le chef-lieu est *Montpellier*, ville de 50 000 âmes, située agréablement sur une hauteur, d'où la vue embrasse un immense horizon. Les rues sont étroites et tortueuses, mais il y a de très-beaux boulevards, et la place du Peyrou est une des plus magnifiques de l'Europe. Cette ville possède une célèbre école de médecine, un remarquable jardin botanique, et des fabriques d'étoffes de laine, de siamoises et de

verdet (vert-de-gris); elle fait un grand commerce de vins et d'eau-de-vie. Le Lez, qui coule au pied de la ville, forme le port Juvénal, propre aux petits navires. C'est le lieu de naissance de saint Roch, des naturalistes Magnol et Broussonnet, du poëte Roucher, du médecin Barthez, des hommes d'État Cambacérès et Daru, des peintres Bourdon, Vien et Fabre.
— A peu de distance de Montpellier, est, vers la mer, l'emplacement de Maguelone, qui fut une ville considérable.

La plus importante sous-préfecture est *Béziers*, sur l'Orb et sur le canal du Midi; c'est une ville de 24 000 habitants, célèbre par la beauté de sa position, la douceur de son climat, la fertilité de son territoire, mais n'offrant à l'intérieur qu'un labyrinthe de rues étroites et sombres. C'est la patrie de Riquet, auteur du canal du Midi. Ce canal traverse, non loin de Béziers, la colline de Malpas, par une galerie souterraine, qui est un des plus beaux ouvrages de ce genre.

Les deux autres sous-préfectures sont: *Lodève*, ville très-ancienne, de 13 000 habitants, patrie du cardinal Fleury; — et *Saint-Pons de Thomières*; elles sont connues l'une et l'autre par leurs fabriques importantes de draps.

Ce département renferme encore plusieurs villes intéressantes: *Cette* (ou mieux *Sète*), port de mer commerçant, de 21 000 habitants, sur la langue de terre qui sépare l'étang de Thau de la Méditerranée; — *Pézenas*, près de l'Hérault, dans une position charmante; — *Bédarieux*, sur l'Orb, avec 10 000 habitants et des fabriques de draps; — *Clermont-l'Hérault*, avec une industrie semblable; — *Agde*, vers l'embouchure de l'Hérault, avec un port très-fréquenté; — *Lunel* et *Frontignan*, célèbres par leurs vins muscats; — *Ganges*, connue par ses soies, sur l'Hérault.

Bassin du Rhône.

QUATRE DÉPARTEMENTS SUR LA RIVE DROITE DU RHÔNE. — Le département de l'*Ain* comprend les anciens pays de Bresse, de Bugey et de Gex, acquis par la France sous Henri IV, et l'ancienne principauté de Dombes, qui a appartenu à la maison de Bourbon. Il est couvert, à l'E., par les montagnes du Jura, qui sont riches en sites variés, et qui présentent, dans ce pays, leurs plus hauts sommets, le mont Reculet et le Grand-Crédo. L'O. a des plaines fertiles en blé; le S. O. est remarquable par d'innombrables étangs, qui répandent souvent de l'insalubrité dans l'atmosphère. La population est de 371 000 habitants.

La Saône limite le département à l'O.; le Rhône l'environne à l'E. et au S., et il offrait, sur cette limite, le phénomène de sa *perte* sous des rochers, près de Bellegarde; mais on a fait disparaître cet obstacle à la navigation. L'Ain parcourt le pays du N. au S.

Le chef-lieu est *Bourg-en-Bresse*, ville de 12 000 habitants, on y admire l'église de Brou. C'est la patrie du grammairien Vaugelas, de l'astronome Lalande et de l'écrivain Jos. Michaud.

Il y a quatre sous-préfectures : *Nantua*, sur le joli lac du même nom, entre des montagnes pittoresques ; — *Belley*, ville ancienne, où l'on trouve des pierres lithographiques; patrie du chirurgien Richerand ;— *Gex*, près la frontière de Suisse; on y fait des fromages renommés ; —*Trévoux*, dans une belle situation, sur la Saône; cette ville avait autrefois un important collége de Jésuites, où furent publiés un journal et un dictionnaire célèbres : elle a vu naître le mathématicien Jacques Ozanam.

Il faut citer encore : *Ferney*, devenu fameux par le séjour de Voltaire ; — *Seyssel-Rive-Droite*, sur le Rhône, avec d'importantes mines d'asphalte; — *Pont-de-Vaux*, près de la Saône; patrie du général Joubert.

Le département du *Rhône* est le plus petit de la France après celui de la Seine ; mais aussi il renferme la plus grande ville de l'empire après Paris, et il compte 650 000 habitants. Sa partie occidentale est couverte d'âpres montagnes qui appartiennent aux Cévennes; il présente, à l'E., des campagnes charmantes, arrosées par la Saône et le Rhône, qui forment assez longtemps la limite du pays. Il y a des vignobles renommés et des cultures de mûriers pour les vers à soie.

Lyon, chef-lieu de ce département, a le titre de seconde ville de France; elle est admirablement située au confluent du Rhône et de la Saône. La partie principale de la ville s'étend entre ces deux cours d'eau, sur lesquels elle a de beaux quais : on admire particulièrement ceux du Rhône. On remarque, dans le milieu de cette partie, la place des Terreaux, décorée d'un magnifique hôtel de ville, et la rue Impériale. Dans le S., on voit la superbe place Bellecour ou

Louis le Grand, au midi de laquelle est la presqu'île Perrache, ornée de promenades, et qui se prolonge en pointe entre le confluent du Rhône et de la Saône.

Un autre quartier important, placé à la droite de la Saône, s'élève pittoresquement sur le flanc des collines de Fourvières, que tapissent çà et là des jardins et des vignobles. On y distingue la belle cathédrale de Saint-Jean.

Plusieurs anciens faubourgs, qui étaient comme des villes à part, sont aujourd'hui compris dans Lyon : au N. de la partie principale dont nous avons parlé, est *La Croix-Rousse*, sur un plateau élevé; — à l'E., à la gauche du Rhône, on rencontre *La Guillotière* et *Les Brotteaux*; — enfin *Vaize* est au N. de la partie située à la droite de la Saône.

Lyon compte une population de 350 000 habitants. C'est par l'industrie et le commerce que cette grande cité est devenue célèbre. Ses admirables étoffes de soie, surtout, sont l'objet d'un travail immense. C'est la patrie de Philibert Delorme, des Audran, des Coustou, du maréchal Suchet, de Fleurien, des Jussieu, d'Ampère et de Jacquart, inventeur d'ingénieux métiers pour la soie, de J. B. Say, de Gérando, d'Aimé Martin.

Le département du Rhône n'a qu'une sous-préfecture : c'est *Villefranche-sur-Saône*, où l'on fait un assez grand commerce de bestiaux, de chevaux et de toile. Elle a 12 000 habitants.

On distingue, au N., *Beaujeu*, capitale de l'ancien Beaujolais, pays qui produit des vins estimés ; — à l'O., au pied d'une montagne escarpée, *Tarare*, renommée pour ses mousselines; — au S., *Givors*, jolie ville, siège d'un grand commerce de houille, sur le Rhône, à l'endroit où aboutit un canal auquel elle donne son nom; — *Condrieu*, aussi sur le Rhône, au milieu de vignobles renommés : — *Ampuis*, avec les vignobles fameux de *Côte-Rôtie;* — *Chessy*, avec des mines de cuivre.

Le département de l'*Ardèche* comprend l'ancien pays de Vivarais. Il est limité au N. O. par les Cévennes, qui y présentent leur plus haut sommet, le mont Mézen. A l'E., il est bordé par le Rhône; la Loire et l'Allier l'arrosent à l'O.; l'Ardèche le parcourt au S.; cette rivière roule des paillettes d'or; elle offre à l'admiration du voyageur une belle cascade et le majestueux pont d'Arc, formé par la nature. Les pâturages, les mûriers, les châtaigniers, sont les principales richesses du pays, intéressant d'ailleurs par une foule de curiosités naturelles. L'espèce bovine du Mézen est renommée. Le département renferme 386 000 habitants.

Le chef-lieu est *Privas*. C'est une petite ville, agréablement située, et animée par son commerce de cuirs.

La principale sous-préfecture est *Tournon*, sur le Rhône. — L'autre sous-préfecture est *Largentière*, fort petite ville, qui doit son nom à d'anciennes mines de plomb argentifère.

On distingue encore : *Annonay*, ville de 14 000 âmes, la plus grande, la plus florissante du département, et remarquable surtout par ses papeteries, ses mégisseries, ses filatures de soie blanche, et par l'invention des ballons, due, dans le siècle dernier, aux frères Montgolfier ; — *Aubenas*, intéressante par son commerce de soie et de marrons, sur l'Ardèche ; — *Viviers*, ancienne capitale du Vivarais, sur le Rhône.

Le département du *Gard* est couvert, à l'O. et au N. O., de hautes montagnes, ramifications des Cévennes, et baigné au S. par la Méditerranée, dans le voisinage de laquelle il y a plusieurs étangs ou lagunes. On y trouve aussi des marais salants. Le sol est très-varié et généralement fertile ; il renferme de riches mines de fer et de houille. La vigne, l'olivier et le mûrier y prospèrent.

Ce département est peuplé de 420 000 habitants. Le Rhône en forme la limite orientale ; il y reçoit le Gardon et la Cèze, qui roulent des paillettes d'or. Le S. du pays est traversé par le Vidourle, tributaire de la Méditerranée, et par le canal de Beaucaire.

Le chef-lieu est *Nîmes*, grande et belle ville, située près et au S. du Gardon, et peuplée de 60 000 habitants, dont la plupart sont calvinistes. On y remarque un grand nombre de monuments antiques, et principalement l'Amphithéâtre ou les Arènes, la Maison-Carrée, la Tour-Magne. Une belle fontaine, œuvre de Pradier, décore une place spacieuse. C'est la patrie de l'empereur Antonin et du poëte Imbert.

A 18 kilomètres N. E. de Nîmes, dans un défilé sauvage, se trouve le magnifique aqueduc romain du *Pont-du-Gard*, composé de trois étages d'arcades jetées majestueusement sur le Gardon, et destinées à porter à Nîmes l'eau de deux sources.

La principale sous-préfecture est *Alais*, ville de 20 000 habitants, sur le Gardon d'Alais, une des deux branches qui forment le Gardon. Elle fait un grand commerce de rubans de soie, et a des forges importantes.

Les deux autres sous-préfectures sont : *Uzès*, où est né le missionnaire Bridaine ; — et *Le Vigan*, patrie de l'intrépide chevalier d'Assas.

Ce département renferme encore : *Beaucaire*, célèbre par ses foires, sur le Rhône ; — *Saint-Gilles*, sur le canal de Beaucaire, avec des vignobles renommés ; — *Anduze*, sur le Gardon d'Anduze ; — *Saint-Hippolyte*, dans le voisinage de laquelle est le hameau de *Florian*, patrie de l'auteur du même nom ; — *Le Pont-Saint-Esprit*, sur le Rhône, qu'on y traverse sur un pont hardi ; — *La Grand'Combe* et *Bessèges*, où sont d'importantes mines de charbon de terre ; — *Sommières*, qui a des fabriques de couvertures de laine et de molleton ; — enfin, *Aigues-Mortes*, qui fut un port de mer important, et où saint Louis s'embarqua pour ses deux Croisades : cette ville est à 4 kilomètres de la Méditerranée, avec laquelle elle communique par la Roubine d'Aigues-Mortes. Près de là, sont les grandes salines du Peccais.

SIX DÉPARTEMENTS SUR LA RIVE GAUCHE DU RHÔNE. — Le département de la *Haute-Savoie*, formé de la partie septentrionale de l'ancien duché de Savoie, c'est-à-dire du Chablais, du Faucigny et du Genevois, s'étend entre le lac de Genève, au N., les Alpes, à l'E., et le Rhône, à l'O. ; il est traversé de l'E. à l'O. par l'Arve, et baigné à l'O. par le lac d'Annecy. Agréable et fertile dans plusieurs parties, il offre ailleurs les aspects les plus majestueux, les masses montagneuses les plus imposantes, surtout vers son extrémité orientale, où s'élève le mont Blanc ; des glaciers, des pics élancés, des cascades, s'y montrent de toutes parts. Les pâturages sont riches, l'agriculture est bien dirigée, les mélèzes et les sapins dominent dans les forêts. Les mines abondent, et les forges sont nombreuses. Il y a 262 000 hab.

Le chef-lieu est *Annecy*, ville industrielle, de 10 000 habitants, à l'extrémité septentrionale du beau lac du même nom, dans une jolie situation ; patrie de saint François de Sales.

Les sous-préfectures sont : *Thonon*, située agréablement sur le lac de Genève, et près de laquelle est le château de *Ripaille*, qui fut converti en chartreuse par Amédée V ; — *Bonneville*, sur l'Arve ; — *Saint-Julien*.

Les autres lieux remarquables sont : *Talloires*, agréablement placée près du lac d'Annecy; patrie du chimiste Berthollet; — *Seyssel-Rive-Gauche*, en face de la Seyssel située dans le département de l'Ain; — *Romilly*, très-commerçante; — *Évian*, sur le lac de Genève; avec des eaux minérales; — *Meillerie*, avec des rochers très-pittoresques qui plongent dans ce lac; — *Saint-Gervais*, établissement d'eaux thermales très-fréquenté; — *Chamonix*, dans une célèbre vallée du même nom, située vers la source de l'Arve, entre le mont Blanc et le mont Brévent, et intéressante par les merveilles naturelles dont elle est entourée : le Montanvers, la mer de Glace, l'Arveiron (qui s'échappe de cette mer), le Jardin, le glacier des Bossons, etc.

Le département de la *Savoie* a été formé de la partie méridionale de l'ancien duché du même nom, c'est-à-dire des pays de Savoie propre, de Haute-Savoie, de Tarantaise et de Maurienne. Enveloppé par les Alpes à l'E. et au S., et traversé de l'E. à l'O. par l'Isère, qui reçoit l'Arc, il est limité quelque temps à l'O. par le Guiers et le Rhône. Le lac du Bourget s'y trouve au N. O. Le sol est presque partout très-montagneux, mais l'agriculture est bien entendue dans tous les lieux où elle est praticable; il y a de nombreuses mines; on élève des bestiaux et des mulets. Ce département a 281 000 habitants.

Le chef-lieu est *Chambéry*, ville de 19 000 habitants, dans une jolie vallée. On remarque un château sur une hauteur qui domine la ville. C'est la patrie de Saint-Réal, de Joseph de Maistre et de Xavier de Maistre.

Les sous-préfectures sont : *Albertville*, à peu de distance de l'Isère; avec des mines d'argent; — *Moutiers de Tarantaise*, sur l'Isère, dans un espace resserré entre de hautes montagnes; avec d'importantes salines; — *Saint-Jean de Maurienne*, sur l'Arc, au milieu de la longue vallée de Maurienne.

Parmi les autres lieux remarquables, on distingue : *Aix-les-Bains*, sur le bord oriental du lac du Bourget; avec des eaux minérales renommées; sur la rive opposée du lac, est l'ancienne abbaye de *Haute-Combe*, où sont les tombeaux des ducs de Savoie; — *Montmélian*, sur l'Isère; ancienne place de guerre, que les Français ont prise plusieurs fois, particulièrement sous François Ier, Henri IV et Louis XIV; — *Modane*, dans la Maurienne, vers le point où le chemin de fer doit percer les Alpes par un immense tunnel; — *Lans-le-Bourg*, où l'on commence à gravir la route sinueuse du mont Cenis, admirable travail exécuté sous Napoléon Ier.

Le département de l'*Isère* est bordé au N. et à l'O. par le Rhône, et traversé du N. E. au S. O. par l'Isère, qui y reçoit le Drac; il comprend d'anciens pays du N. du Dauphiné : c'est-à-dire le Grésivaudan et le Viennois, et une portion du Royanez. Les Alpes hérissent une grande partie de ce département à l'E., et y offrent des aspects grandioses, plusieurs curiosités qu'on surnomme les Merveilles du Dauphiné, et de magnifiques vallées, entre autres celle de Grésivaudan, arrosée par l'Isère. L'O. a quelques plaines peu fertiles, mais aussi de riches coteaux vers le Rhône. Il y a, dans ce département, de beaux pâturages sur les montagnes, de grandes forêts de sapins, des vins renommés et des mines de fer, d'argent, de plomb, de mercure et d'or. Les cours d'eau les plus remarquables sont l'Isère, le Drac, son affluent, le Rhône, qui le limite au N. et à l'O., et le Guiers, qui le borne vers la Savoie. Ce département compte 577 000 habitants.

Le chef-lieu est *Grenoble*, ville forte, bien bâtie et très-ancienne, sur l'Isère, vers le confluent du Drac. Elle possède 33 000 habitants et des fabriques de ganterie. C'est la patrie du chevalier Bayard, des écrivains Mably et Condillac, du mécanicien Vaucanson, de Barnave, de Berryat-Saint-Prix, de Casimir Périer.

Il y a trois sous-préfectures : *Vienne*, une des plus anciennes villes de France, située sur le Rhône, et intéressante par ses monuments antiques, par ses mines de plomb argentifère, et par le fameux concile qui, en 1311, y proclama l'abolition de l'ordre des Templiers; — *La Tour-du-Pin*, qui a donné son nom à une famille célèbre; — *Saint-Marcellin*, près de l'Isère, dans une contrée charmante, fertile en excellents vins.

On peut ensuite citer : *Voiron*, qui a des fabriques de toiles renommées; — *Bourgoin*, avec d'importantes manufactures d'indiennes, dans un pays agréable; — *Sassenage*, où l'on trouve des grottes curieuses qui reçoivent la dénomination de *Cuves*; cet endroit est aussi connu par ses fromages; — *Uriage*, qui possède des eaux thermales très-fréquentées; — *Allevard*, qui a aussi des eaux minérales, ainsi que des mines de cuivre aurifère, de plomb, de fer et de houille ; — *Allemont-en-Oisans*, qui possède des mines d'argent et de plomb ; — *Le Pont-de-Beauvoisin*, sur le Guiers, et *Fort-Barraux*, place forte, près de l'Isère.

A 29 kilomètres au N. de Grenoble, dans un canton agreste et sauvage, se trouve le célèbre couvent de la *Grande-Chartreuse*, fondé par saint Bruno en 1084.

Le département de la *Drôme*, au S. O. du précédent, ressemble à une espèce d'amphithéâtre formé par des montagnes détachées des Alpes, qui vont en s'abaissant de l'E. à l'O., jusqu'à la rive gauche du Rhône. Ce fleuve reçoit les deux principales rivières du département : l'Isère et la Drôme, qui se précipite avec la rapidité d'un torrent. Le sol est presque partout maigre et sablonneux ; mais, par des irrigations bien entendues, il devient propre à toute sorte de cultures. Sur les bords du Rhône, on récolte les fameux vins de L'Ermitage. Ce département renferme 325 000 habitants.

Le chef-lieu est *Valence*, ville de 17 000 habitants, bien située, sur le Rhône, avec un commerce de soieries.

Les sous-préfectures sont : *Montélimar*, près du Rhône, au milieu d'un pays délicieux ; — *Die*, sur la Drôme, ville propre et jolie, qui fait le commerce des soies ; — *Nyons*, dans une vallée fertile.

On distingue encore : *Romans*, jolie ville, très-commerçante, sur l'Isère, avec 11 000 habitants ; — *Crest*, sur la Drôme ; — *Dieu-le-Fit*, renommée par ses eaux minérales, et riche en manufactures et en usines ; — *Tain*, petite ville connue par son commerce de soie, sur le Rhône, au pied du coteau de l'Ermitage ; — *Grignan*, avec un château qui fut le séjour de Mme de Sévigné et de sa fille.

Le département de *Vaucluse*, au S. du précédent, possède environ 269 000 habitants ; il a été formé de l'État d'Avignon, qui a appartenu aux papes depuis le seizième siècle jusqu'en 1791, et qui était composé du Comtat Venaissin et du Comtat d'Avignon. Il est couvert, dans toute sa partie orientale, de montagnes élevées, ramification des Alpes : les plus remarquables sont le mont Ventoux et mont Léberon. Le Rhône et la Durance forment la limite à l'O., au S. O. et au S. Le pays est bien cultivé et très-riant ; les coteaux sont chargés de vignes, de mûriers et d'oliviers; les plaines offrent de riches récoltes de céréales et de garance.

Le chef-lieu est *Avignon*, ville de 37 000 habitants, sur le Rhône, dans une situation agréable. Elle fut pendant soixante-huit ans la résidence des papes, qui l'agrandirent et y firent construire un grand nombre de monuments. On remarque l'ancien palais des papes, la cathédrale, le théâtre, le fameux pont de Saint-Bénezet, dont il n'y a plus que quelques arches, et la belle promenade des Doms. Le commerce des vins et des eaux-de-vie, des huiles et des parfums, y est très-important. C'est la patrie du grand peintre Joseph Vernet.

Les sous-préfectures sont : *Carpentras*, ancienne capitale du Comtat Venaissin proprement dit, agréablement située et peuplée de 11 000 habitants ; — *Orange*, ancienne capitale de la principauté du même nom [1], avec des restes curieux de monuments romains et 11 000 habitants ; — *Apt*, dans une spacieuse et fertile vallée ; elle possède une cathédrale curieuse et une manufacture de faïence.

On remarque encore : *Cavaillon*, située sur la Durance, et connue par son commerce de fruits secs et de melons renommés ; — *L'Ile*, ville industrieuse, sur la Sorgues ; — *Valréas*, patrie du cardinal Maury ; — *Pernes*, patrie de Fléchier ; — *Crillon*, berceau de l'illustre famille de ce nom ; — *Vaison*, l'ancienne *Vasio*, qui fut, sous les Romains, une ville importante ; — le village de *Vaucluse*, entre Apt et Avignon, dans une vallée délicieuse : c'est là que se trouve, au fond d'un gouffre profond, entouré de rochers, la célèbre fontaine de Vaucluse, que Pétrarque a chantée, et qui donne naissance à la Sorgues, affluent du Rhône.

Le département des *Bouches-du-Rhône*, baigné au S. par la Méditerranée, présente, au N. et à l'E., des montagnes qui sont les dernières ramifications des Alpes. La Durance et le Rhône l'environnent au N. et à l'O. Il y a deux canaux principaux : celui d'Arles à Bouc, qui supplée à la navigation du Rhône, et celui de Craponne, qui fait communiquer

---

1. La principauté d'Orange appartint à une famille devenue célèbre, qui règne aujourd'hui dans les Pays-Bas. Elle fut réunie à la couronne par Louis XIV. Quoique enclavée dans l'État d'Avignon, elle était annexée au Dauphiné.

le Rhône à la Durance. On y remarque plusieurs grands étangs, ou plutôt des lacs, dont les principaux sont ceux de Berre et de Valcarès. Il y a de riches plantations d'oliviers et de mûriers. La population est de 500 000 habitants.

C'est dans le département des Bouches-du-Rhône que se trouve l'île de la Camargue, formée entre les deux principaux bras du Rhône et dont la richesse consiste en pâturages, où paissent de nombreux troupeaux de bœufs et de chevaux. La plaine déserte de la Crau, entièrement couverte de cailloux roulés, s'étend entre cette île et l'étang de Berre.

Le chef-lieu est *Marseille*, célèbre par son commerce et son ancienneté, l'un des ports les plus commerçants de l'Europe, et la troisième ville de France par sa population, qui s'élève à environ 350 000 habitants. Elle est située au fond d'une petite baie du golfe du Lion. Il y a trois ports : le Grand fort, le port de la Joliette et le port Napoléon, défendus par des forts qui occupent les collines élevées des environs, et par les îles fortifiées de Ratoneau, de Pomègue et du Château-d'If. Cette grande cité est divisée en deux parties : l'une, la ville vieille, est laide et mal percée; l'autre, la ville neuve, plus grande, est bien bâtie, formée de rues larges et bien alignées, dont les principales sont le Cours Belzunce, la Canebière, la rue Impériale. On remarque la cathédrale de la Major, le bel aqueduc qui amène les eaux de la Durance, et le palais Impérial, récemment élevé. Les environs offrent d'innombrables bastides ou maisons de campagne. Marseille est la patrie du prédicateur Mascaron, du grand sculpteur Pierre Puget, du grammairien Dumarsais; elle a produit dans l'antiquité le célèbre navigateur Pythéas et l'écrivain latin Pétrone.

Les sous-préfectures sont : *Aix*, ancienne capitale de la Provence, ville de 26 000 habitants, intéressante par son antiquité, par son commerce d'huile d'olive très-estimée, par ses eaux minérales, et patrie du botaniste Tournefort, du philosophe Vauvenargues et du navigateur d'Entrecasteaux; — *Arles*, qui fut pendant quelque temps la première ville des Gaules, et qui est située à l'endroit où le Rhône se divise en Grand et Petit-Rhône, vers l'extrémité septentrionale de la Camargue; on y voit plusieurs curieux monuments romains et du moyen âge : on admire surtout les Arènes et les ruines du théâtre d'Auguste; cette ville a 25 000 habitants.

On remarque aussi : *Tarascon*, vis-à-vis de *Beaucaire*, avec 13 000 habitants ; — *Les Martigues*, sur l'étang de Berre, avec un port important, qui se trouve à *Bouc*, à l'origine du détroit qui sert d'entrée à l'étang ; — *Salon*, petite ville bien bâtie, près du canal de Craponne ; — *Saint-Remi*, intéressante par le travail de la soie, et par un arc de triomphe romain ; — *Lambesc*, lieu de naissance de Suffren ; — *La Ciotat*, petit port sur la Méditerranée, avec des vins muscats estimés.

Entre La Ciotat et Marseille, on voit le village de *Cassis*, lieu de naissance de J. J. Barthélemy, auteur du *Voyage du Jeune Anacharsis*.

CINQ DÉPARTEMENTS A DROITE DU RHÔNE, DANS LE BASSIN DE LA SAÔNE. — Le département du *Jura* touche à la Suisse. Il est couvert à l'E. par les montagnes dont il tire son nom. Le canal du Rhône au Rhin, le Doubs et la Loue, son affluent, le parcourent au N. ; il est arrosé au S. par l'Ain, dont on visite avec intérêt les sources curieuses par l'abondance de leurs eaux et par le profond et pittoresque amphithéâtre d'où elles sortent. Le Jura renferme 297 000 habitants.

Le chef-lieu est *Lons-le-Saunier*, ville peu considérable, mais assez jolie, et intéressante par ses salines. Elle est bâtie sur un terrain qui manque de solidité, parce qu'il repose sur des bancs de sel gemme que les eaux dissolvent, ou peut-être sur un lac salé. C'est le lieu de naissance du général Lecourbe et de l'écrivain Roux de Rochelle ; le célèbre médecin Bichat est né dans le voisinage.

Il y a trois sous-préfectures : *Dôle*, la plus grande ville du département, située dans une vallée charmante, sur le Doubs, et peuplée de 11 000 habitants ; — *Poligny*, dans une belle situation ; c'est la patrie de Coythier, médecin de Louis XI ; — *Saint-Claude*, placée dans une étroite vallée du Jura, et célèbre par ses nombreuses fabriques d'ouvrages en corne, en écaille, en bois, en os et en ivoire.

Les autres lieux remarquables sont : *Arbois*, qui fait un grand commerce de vins renommés, et qui a donné naissance au général Pichegru ; — *Salins*, située au pied de la pittoresque montagne du Poupet, et importante par ses salines.

Le département du *Doubs* est couvert au S. E. par les montagnes du Jura ; il est arrosé par le Doubs, qui y prend sa source, et y décrit un vaste circuit; cette rivière forme, dans le S. du département, le lac de Saint-Point; elle coule quelque temps sur la frontière de la Suisse, et c'est là qu'elle produit la belle cascade connue sous le nom de Saut du Doubs; le canal du Rhône au Rhin la longe dans une grande partie de son cours. Ce département a 287 000 hab.

Le chef-lieu est *Besançon*, ville très-forte et pittoresquement placée sur une presqu'île que forme le Doubs. On y compte 45 000 habitants; il y a de nombreuses fabriques de dentelles et d'horlogerie. Cette ville est la patrie de l'écrivain Charles Nodier et du maréchal Moncey.

C'est sur le Doubs, ou près de cette rivière, que sont placées les autres villes remarquables du département, c'est-à-dire les trois sous-préfectures : *Baume-les-Dames*, qui tire son surnom d'une ancienne et célèbre abbaye de femmes; — *Montbéliard*, qui a vu naître le grand naturaliste Cuvier; — *Pontarlier*, jolie ville, près du célèbre fort appelé *Château-de-Joux*.

On voit au S. O. de Besançon les curieuses grottes d'*Osselle*, ornées de stalactites et de stalagmites. — *Ornans* est la patrie du cardinal de Granvelle et de l'historien Millot. On y voit le curieux puits naturel de la Brême.

Le département de la *Haute-Saône* est arrosé par la Saône et l'Oignon, son affluent. C'est un des plus riches de la France en utiles productions minérales, et il y a de nombreuses et importantes forges. La population est de 312 000 habitants.

Le chef-lieu est *Vesoul*, petite et assez jolie ville, agréablement située au pied de la montagne appelée la Motte de Vesoul, dont les pentes escarpées sont couvertes de vignobles.

Il y a deux sous-préfectures : *Gray*, sur la Saône, à la tête de la navigation de cette rivière; centre d'un commerce assez actif de grains et de fer; — *Lure*, située près de l'Oignon et autrefois beaucoup plus importante qu'aujourd'hui : elle avait une célèbre abbaye.

Les endroits les plus intéressants qu'on remarque ensuite sont : *Luxeuil*, jolie ville, au pied des Vosges, connue par ses eaux thermales et par son ancien monastère, fameux du temps des Mérovingiens; — *Port-sur-Saône*, commerçante en fer et en bestiaux; — *Héricourt*, ville industrielle, qui fournit des toiles peintes et autres étoffes.

Le département de la *Côte-d'Or*, peuplé de 385 000 habitants, tire son nom de la chaîne de montagnes qui le traverse du N. au S., et qui doit elle-même le sien aux riches vignobles qui en tapissent les pentes orientales, particulièrement dans le S. de ce pays.

L'E. du département est très-beau. L'O. est montueux et beaucoup moins riche.

La Seine a sa source dans le département de la Côte-d'Or, vers Saint-Seine, et l'arrose au N.; la Saône et l'Ouche, son affluent, l'arrosent à l'E.; l'Armançon, à l'O.; et le canal de Bourgogne le traverse du N. O. au S. E.

Le chef-lieu est *Dijon*, jolie ville de 33 000 âmes, dans une belle contrée, sur l'Ouche et sur le canal de Bourgogne. Elle fut longtemps le siége de la brillante cour des ducs de Bourgogne. Sa cathédrale est remarquable par la hauteur et la légèreté de sa flèche. C'est une des villes qui ont produit le plus d'hommes célèbres : les principaux sont saint Bernard et Bossuet; parmi les autres il faut citer l'auteur tragique Crébillon, Piron, le musicien Rameau.

La principale sous-préfecture est *Beaune*, jolie ville de 10 000 âmes, renommée par ses vins, et patrie du savant Monge.

Il y en a deux autres : *Châtillon-sur-Seine*, importante par ses forges et ses carrières, et la première ville importante qu'arrose la Seine ; — *Semur*, pittoresquement située sur un rocher que baigne l'Armançon ; patrie du savant Saumaise ; on voit aux environs le château de Bourbilly, où est née Mme de Sévigné.

On remarque ensuite : *Auxonne*, place forte, sur la Saône ; — *Saint-Jean-de-Lône* ou *Belle-Défense*, située au confluent de cette rivière et du canal de Bourgogne, et illustrée en 1636 par l'héroïque résistance qu'elle opposa aux Impériaux commandés par Galas ; — *Seurre*, aussi sur la Saône ; — *Nuits* et le village de *Vougeot*, célèbres par leurs vins, entre Beaune et Dijon ; — *Cîteaux*, qui possédait une riche et célèbre abbaye ; — *Montbard*, agréablement située sur le canal de Bourgogne, et patrie des grands naturalistes Buffon et Daubenton ; on y voit la tour où naquit le premier, et dans le voisinage se trouve le village dont il a pris le nom ; — *Fontaine-Française*, où Henri IV vainquit Mayenne et les Espagnols, en 1595 ; — *Saulieu*, patrie de Vauban ; — *Arnay-le-Duc*, où Coligny remporta une victoire en 1570 ; — *Alise* ou *Sainte-*

Reine, qui est, sans doute l'ancienne *Alesia*, connue par la résistance victorieuse que César y opposa aux Gaulois confédérés[1].

Le département de *Saône-et-Loire* se trouve au S. du précédent ; il est traversé du N. au S., par une chaîne de montagnes, qui forme la partie la plus méridionale de la Côte-d'Or et la partie la plus septentrionale des Cévennes. La Saône arrose du N. au S. l'orient du pays, où elle parcourt de vastes et fertiles plaines ; la Loire coule du S. au N. dans la partie occidentale. Le canal du Centre s'étend de l'un à l'autre de ces cours d'eau. Les vins, les blés, les bois, les pâturages et les mines de charbon de terre enrichissent ce département, qui compte 575 000 habitants.

Le chef-lieu est *Mâcon*, ville de 17 000 âmes, ornée d'un très-beau quai sur la Saône. Les environs sont très-agréables, et produisent des vins renommés.

Ce département a quatre sous-préfectures : *Chalon-sur-Saône*[2], belle ville de 20 000 habitants, fort commerçante, et avantageusement placée à la jonction du canal du Centre et de la Saône ; — *Louhans*, au milieu de plaines très-fertiles en blé ; — *Autun*, où l'on trouve de curieuses antiquités romaines ; patrie du président Jeannin et de Mme de Genlis ; — *Charolles*, dans un pays riche en belles prairies, où sont élevés des bœufs renommés.

On distingue, en outre, dans le département de Saône-et-Loire : *Tournus*, agréablement située sur la Saône, et patrie du peintre Greuze ; — *Cluny*, célèbre par son ancienne et riche abbaye ; patrie du peintre Prudhon ; — *Bourbon-Lancy*, pittoresquement située près de la Loire, et connue par ses eaux minérales ; — *Le Creuzot*, près du canal du Centre, avec des mines de houille, de grands établissements pour le travail du fer, et 15 000 habitants ; — *Digoin*, ville commerçante, à la jonction du canal du Centre et de la Loire, sur laquelle un beau pont-aqueduc fait communiquer ce canal avec le canal Latéral.

Romanèche a une riche mine de manganèse, et sur son territoire se trouvent les célèbres vignobles des *Thorins*.

---

1. Plusieurs savants croient retrouver l'emplacement d'*Alesia* dans *Alaise* en Franche-Comté, entre Salins et Ornans, département du Doubs.

2. L'orthographe du nom de cette ville n'est pas *Châlons*, mais *Chalon*, tandis qu'on doit écrire *Châlons-sur-Marne*.

Deux départements a gauche du Rhône, dans le bassin de la Durance. — Le département des *Hautes-Alpes* est couvert au N. E. par les Alpes, dont les masses majestueuses et élancées ont pour principaux sommets l'Olan, le Pelvoux et le pic des Écrins ou des Arsines. Ces montagnes s'abaissent par degrés du N. E. au S. O., en présentant graduellement des glaciers immenses, puis des forêts épaisses, de gras pâturages et enfin de riches vallées livrées à la culture. L'impétueuse Durance est la seule rivière remarquable du département. Une partie des habitants, dans les cantons montagneux surtout, émigrent périodiquement à la fin de l'automne, pour aller exercer des métiers pénibles. Ce département n'a que 130 000 habitants.

Le chef-lieu est *Gap*, ville très-ancienne, au milieu de hautes montagnes. Sa cathédrale possède le mausolée de Lesdiguières.

Il y a deux sous-préfectures : *Embrun*, ville forte, près de la Durance, sur un rocher escarpé et d'un aspect imposant; — *Briançon*, sur la Durance, ville très-forte, une des plus élevées de France, dans une position inexpugnable, d'où l'on jouit d'une vue étendue sur le Pelvoux, sur la vallée de la Durance et sur toutes les montagnes environnantes.

On peut citer, parmi les lieux remarquables : *Mont-Dauphin* et *Queyras*, petites places fortes, et *Saint-Bonnet de Champsaur*, patrie du connétable de Lesdiguières.

Le département des *Basses-Alpes* renferme à l'E. une contrée montagneuse, hérissée de cimes élevées et d'âpres rochers, à laquelle succèdent, en descendant à l'O., des pâturages superbes, où arrivent, chaque année, d'immenses troupeaux de moutons appartenant aux départements voisins. Le nombre des habitants ne s'élève qu'à 150 000.

Le chef-lieu des Basses-Alpes est la petite ville de *Digne*, dans une position pittoresque, au milieu d'une contrée agréable et animée.

Les sous-préfectures sont : *Sisteron*, ville antique, sur la Durance ; — *Forcalquier*, jadis considérable et importante ; — *Castellane*, au pied de la Roche de Castellane, qui a 100 mètres de haut ; — *Barcelonette*, qui donne son nom à une magnifique vallée.

On remarque encore : *Manosque*, la ville la plus peuplée des Basses-Alpes, et fort commerçante en fruits et en soie;

— *Colmars*, place forte, près de laquelle on voit une fontaine intermittente, qui coule de sept minutes en sept minutes ; — et, près de Digne, le village de *Champtercier*, patrie de Gassendi, un des savants les plus célèbres du dix-septième siècle.

Bassins de l'Argens, du Var et de la Roja.

Le département du *Var*, peuplé de 305 000 habitants, occupe le S. E. de l'ancienne Provence. Il n'appartient plus au bassin de la rivière à laquelle il doit son nom : la partie par laquelle il touchait le Var a été réunie au département des Alpes-Maritimes. Il est presque partout couvert de montagnes, ramifications des Alpes et dont les plus remarquables sont les monts d'Esterel et ceux des Maures ; vers la côte, sont des coteaux riants, revêtus de vignobles, d'oliviers et même d'orangers. L'Argens, qui se jette dans le golfe de Fréjus, est la principale rivière. Le sol, généralement sec et pierreux, ne doit sa fertilité qu'à l'industrie des habitants. On récolte des vins, des marrons, des oranges, des olives, d'autres bons fruits, du liége. Près des côtes, très-variées et très-pittoresques, on remarque le groupe des îles d'Hyères, dont on compte trois principales, c'est-à-dire l'île du Levant ou du Titan, Portcros, et Porqueroiles, en face de laquelle s'avance la presqu'île de Giens.

Le chef-lieu est *Draguignan*, dans une situation agréable ; cette ville commerce en huile d'olive, et compte 11 000 hab.

Il y a deux sous-préfectures : la principale est *Toulon*, place forte, port militaire d'une grande importance et le premier arsenal de la France ; la Méditerranée y forme une rade superbe ; cette ville fait un grand commerce de vin, d'huile et de savon ; elle a 83 000 habitants (y compris les marins, les troupes, les étrangers, les condamnés du bagne); elle fut livrée aux Anglais en 1793, et reprise après un siége fameux, où le génie militaire du jeune Bonaparte se dévoila ; c'est la patrie de l'amiral Truguet. — L'autre sous-préfecture est *Brignoles*, renommée par son beau climat et ses prunes très-estimées ; patrie du poëte Raynouard.

Parmi les autres lieux remarquables, on distingue : *Hyères*, agréablement située près de la Méditerranée, en face des îles d'Hyères, sous un climat très-doux ; patrie de Massillon ; — *Ollioules*, près des fameuses gorges du même nom, et peu loin de la célèbre grotte de la *Sainte-Baume* ; —

Fréjus, à peu de distance du golfe du même nom, où *Saint-Raphaël* lui sert de port : c'est la patrie de Sieyès; dans l'antiquité elle a vu naître le poëte Cornélius Gallus, l'acteur Roscius et Agricola, beau-père de Tacite. Napoléon débarqua dans le port de Saint-Raphaël en 1799, à son retour d'Égypte.

Saint-Tropez, est un petit port et une place forte, sur le golfe de Grimaud, près duquel s'élève la célèbre hauteur de *Fraxinet*, où les Sarrasins avaient construit un château fort.

Le département des *Alpes-Maritimes* a été formé 1° de la partie du Comté de Nice qui était, sous l'administration sarde, le *circondario* ou la province de Nice; 2° de l'arrondissement de *Grasse*, distrait du département du Var, et qui faisait partie de la Provence. Il est à l'extrémité S. E. de la France, et offre, sur la Méditerranée, des côtes agréablement découpées, où l'on jouit du plus beau climat, des plus riants aspects. La plus grande partie du pays appartient au bassin du Var, rivière rapide, sujette à des débordements considérables, et qui parcourt le département du N. au S. La Roja coule à l'E., vers la frontière de l'Italie, dans laquelle elle termine son cours. Des ramifications des Alpes couvrent presque partout le sol. L'intérieur a de vastes pâturages, qui nourrissent de nombreux troupeaux. La côte produit des orangers, des limoniers, des grenadiers, des oliviers, des amandiers, des figuiers, etc. Ce département renferme 190 000 habitants.

Le chef-lieu est *Nice*, en italien *Nizza*, port de mer, à l'embouchure du Paillon, et un peu à l'E. de l'embouchure du Var, dans une délicieuse situation, au pied d'un amphithéâtre de collines; la douceur du climat y attire un grand nombre d'étrangers, qui y passent l'hiver. Elle est divisée en deux parties distinctes : la vieille ville, encore fort laide, et la nouvelle, qui est très-belle. Nice a 45 000 habitants. C'est la patrie de Dominique Cassini, de l'économiste Blanqui et de l'homme d'État Cavour; Masséna est né dans le voisinage.

Il y a deux sous-préfectures : *Grasse*, qui fait commerce de parfums, de fruits et d'huile renommée; et qui compte 12 000 habitants; — *Puget-Théniers*, sur le Var.

Parmi les autres lieux remarquables, on peut citer : *Cannes*, sur le golfe du même nom, près du point où débarqua Napoléon Ier, à son retour de l'île d'Elbe, en 1815; — *Cannet*, sous le plus beau climat de la Provence, dans une position magnifique, au milieu de bois d'orangers et d'oliviers. — Vis-à-vis de Cannes, sont les deux îles de *Lérins*, dont la plus grande, *Sainte-Marguerite*, contient un fort, où fut détenu le fameux prisonnier connu sous le nom de *Masque de fer;* l'autre est *Saint-Honorat*, célèbre par le monastère qu'y fonda le saint de ce nom, au quatrième siècle. — *Antibes*, port et place forte, a des antiquités romaines. — *Vence* fut longtemps le siége d'un évêché. — *Villefranche* (en italien *Villafranca*), près et à l'est de Nice, possède une magnifique rade. — *Menton* est un autre port, dans une admirable situation, à côté de la principauté de *Monaco*, enclavée dans le département des Alpes-Maritimes. — *Guillaumes*, dans l'intérieur, sur le Var, est une ancienne ville forte, entourée de rochers à pic.

Ile de Corse.

L'île de Corse forme un seul département, qui porte le même nom que l'île. Elle n'appartient à la France que depuis 1768 : auparavant elle dépendait d'une nation italienne, les Génois. Du reste, elle est *physiquement* une partie de l'Italie plutôt que de la France; la proximité, le climat, la rattachent à l'Italie; mais les habitants sont vivement dévoués à leur nouvelle patrie politique.

Elle est située à 150 kilomètres S. E. de la Provence, et au N. de la Sardaigne, dont les Bouches de Bonifacio la séparent. Elle se termine au N. par un long et haut promontoire qu'on nomme cap Corse. Une chaîne de montagnes fort élevées parcourt le pays du N. au S., et le couvre presque entièrement de ses ramifications; on y distingue le Monte Rotondo, le Monte Grosso et le Monte d'Oro, qui ont de 2000 à 2600 mètres de hauteur. Le Golo, à l'E., et le Liamone, à l'O., sont les principales rivières.

La Corse présente une structure hardie et pittoresque, les montagnes y sont hérissées de rochers taillés à pic, et leurs flancs sont revêtus d'épaisses forêts de chênes, de sapins, de pins magnifiques et de grands bois.

Les vallées sont belles et fertiles, et le climat est favorable à la vigne, aux orangers, aux citronniers, aux oliviers, à la garance, aux mûriers; mais la culture est fort négligée. Il y a beaucoup de mines de métaux, et des carrières de beaux marbres, de superbe granit orbiculaire et d'amiante ou asbeste, cette pierre extraordinaire, dont les filaments minces et flexibles peuvent se filer comme le chanvre et le coton.

Les Corses sont un peuple courageux, vif, sobre, hospitalier, avide de gloire et non de richesses, susceptible de passions violentes, et trop enclin à la vengeance. La population de l'île est de 240 000 habitants.

Le chef-lieu du département est *Ajaccio*, ville de 12 000 âmes, sur la côte occidentale, avec un beau port. Elle a vu naître Napoléon Ier, en 1769.

La principale sous-préfecture est *Bastia*, place forte, ancienne capitale de la Corse, sur la côte orientale, dans le N. E. de l'île. Elle a 17 000 habitants. C'est la patrie de Paoli.

Il y a trois autres sous-préfectures : *Corte*, située au centre de l'île, dans un fertile territoire, et qui fut, dans le siècle dernier, le siége du gouvernement de Paoli, après que ce général célèbre eut secoué le joug des Génois ; — *Calvi*, sur la côte N. O. ; — *Sartène*, dans le S.

Il faut encore remarquer : la petite ville de *Bonifacio*, vers l'extrémité méridionale de l'île, sur le détroit auquel elle donne son nom ; — *Saint-Florent*, petite place forte, sur la côte nord de l'île ; — *Aleria*, ville antique et petite place forte, sur la côte orientale.

5. Chemins de fer.

Paris est le centre des chemins de fer français. Huit lignes en partent :

1° Le CHEMIN DU NORD se dirige sur *Creil*, en se divisant en deux branches, l'une directe, l'autre avec un grand détour à l'O. par *Pontoise* ; de *Creil*, la ligne se porte sur *Amiens*, *Arras* et *Douai* ; là, le chemin se divise en deux embranchements : l'un sur *Valenciennes*, d'où il passe en Belgique, pour se rendre à *Mons*, à *Bruxelles* et à *Malines* ; — l'autre embranchement va à *Lille*, entre aussi en Belgique, passe à *Gand*, et arrive à *Malines*, d'où une ligne importante va rejoindre, par *Liége*, les chemins de fer d'Allemagne, en touchant *Aix-la-Chapelle* et *Cologne*. — A Amiens, naît sur la gauche un embranchement qui se dirige sur *Abbeville* et *Boulogne*, où il se termine en face du port anglais de *Folkestone* ; c'est la voie qui met le plus directement Paris en communication avec Londres. — A Lille, un embranchement se porte à l'ouest, sur *Hazebrouck* ; de là, trois chemins se dirigent, l'un, sur *Dunkerque*, un autre, sur *Calais*, en face du port anglais de *Douvres*, un troisième, sur *Béthune*. — A *Creil*, commence un embranchement sur *Compiègne* et *Saint-Quentin*, qui se relie au chemin belge de *Charleroi* à la frontière de France. C'est la ligne la plus directe pour se rendre de Paris à Liége et à Cologne. — Un autre chemin unit *Creil* à *Beauvais*; un embranchement unit à *Reims* le chemin de Compiègne à *Saint-Quentin*. Un embranchement va d'*Abbeville* à *Saint-Valery-sur-Somme*. — A *Saint-Denis*, un embranchement se porte sur *Villers-Cotterets*, dans la direction de *Soissons*.

2° Le CHEMIN DE ROUEN ET DU HAVRE envoie, près de Rouen, au N., un embranchement sur *Dieppe*, et, près du Havre, un embranchement sur *Fécamp*; — près de Paris, il s'en sépare, par la gauche, un chemin qui se rend à *Saint-Germain*, et un autre qui se rend à *Versailles*, avec le surnom de chemin de la *rive droite*, parce que, dans Paris, l'embarcadère commun à tous ces chemins se trouve à droite de la Seine; par la droite, il se détache un chemin sur *Argenteuil*. — Un autre embranchement se porte sur *Caen*, en passant par *Évreux* et *Lisieux*, et se termine à *Cherbourg*; il envoie un bras à *Saint-Lô*. — Un chemin de fer qui part du même embarcadère, se termine à *Auteuil*, en passant dans le *bois de Boulogne* et à *Passy*.

3° Le CHEMIN DE VERSAILLES (*rive gauche*) commence, à Paris, à gauche de la Seine, et se joint, à Versailles, au chemin de la rive droite, pour former avec lui le CHEMIN DE L'OUEST PROPREMENT DIT[1], qui passe par *Chartres*, *Le Mans*, *Rennes*, et devra se prolonger jusqu'à *Brest*; un embranchement va de *Rennes* à *Lorient*; un autre ira à *Saint-Malo*; près du *Mans*, naît un embranchement qui se dirige sur *Alençon* et *Argentan*, et va rejoindre le chemin de Caen à Cherbourg.

4° Le CHEMIN DE SCEAUX ET D'ORSAY est peu étendu.

5° Le CHEMIN D'ORLÉANS est continué, d'un côté, par le CHEMIN DU CENTRE, et, de l'autre, par le CHEMIN DE TOURS ET BORDEAUX. — Un embranchement se sépare du chemin d'Orléans pour se rendre à *Corbeil*. — Le chemin d'Orléans à Bordeaux passe par *Blois*, *Tours*, *Poitiers*, *Angoulême*. — Près de Poitiers, un embranchement se porte sur *Niort*, et, de là, sur *La Rochelle* et sur *Rochefort*. — De Bordeaux, un chemin conduit à *Bayonne*, avec des embranchements sur

---

[1]. On désigne aussi sous le nom général de chemins de l'Ouest le chemin de Rouen et du Havre et ses embranchements.

La Teste et sur *Mont-de-Marsan* et *Tarbes*. — Une autre ligne unit *Bordeaux* à *Cette*, par *Agen*, *Montauban* et *Toulouse*. De Montauban, un embranchement se dirige sur *Rodez*, par *Villefranche*. — De Tours, une ligne se porte sur *Nantes*, par *Angers*, et se prolonge jusqu'à *Saint-Nazaire*. — Le chemin du Centre va d'Orléans à *Vierzon*, à *Bourges*, à *Moulins*, à *Clermont*, à *Issoire*, à *Brioude*; un petit embranchement qui s'y rattache, au *Guétin*, se rend à *Nevers*; un autre embranchement se rend de *Moulins* à *Montluçon*; un autre, se détachant près de *Vichy*, va sur *Roanne*. — De ce chemin, enfin, se sépare, à *Vierzon*, un embranchement qui va à *Châteauroux*, à *Limoges*, et, de là, se porte sur *Périgueux*; cette dernière ville est unie au chemin de *Bordeaux*, et envoie, d'un autre côté, un embranchement sur *Brive*.

6° Le CHEMIN DE PARIS A LYON passe à *Melun*, à *Moret*, d'où part une branche sur *Montargis* et *Nevers*; à *Montereau*, d'où il envoie un embranchement sur *Troyes*; à *Sens*; à *Joigny*, près de laquelle une branche se détache sur *Auxerre*; à *Tonnerre*, à *Dijon*, à *Chalon-sur-Saône*, à *Mâcon*. De ce chemin, se sépare la ligne qui va de *Dijon* à *Dôle*, à *Besançon* et à *Belfort*, et qui envoie un bras sur *Salins*, dans la direction de *Pontarlier* et de *Neuchâtel* en Suisse. Il s'en sépare encore un bras qui va de *Chagny* au *Creuzot*; *Genève* est unie au même chemin par une ligne bifurquée en deux embranchements, l'un partant de *Mâcon* et passant par *Bourg*, l'autre partant de *Lyon*. Cette ligne de Genève met la ligne de Paris à Lyon en communication avec le chemin *Victor-Emmanuel*, qui, parcourant la Savoie, se dirige vers le mont Tabor, où il franchira les Alpes. — Un chemin unit *Lyon* à *Saint-Étienne*; un autre va de *Saint-Étienne* à *Roanne*, et projette un embranchement sur *Andrézieux*, dans la direction de *Montbrison*. — Le CHEMIN DE LYON A LA MÉDITERRANÉE est la continuation de celui de Paris à Lyon; il longe le Rhône, en passant à *Valence*, à *Avignon*, à *Tarascon*, à *Arles*, et il aboutit à *Marseille*. Ainsi, une longue et magnifique voie parcourt la France entière, depuis la mer du Nord jusqu'à la Méditerranée. — Deux embranchements se portent sur *Grenoble*; un autre se dirige sur *Aix*; un troisième se rend à *Toulon*, d'où il se portera sur *Nice*; enfin le chemin d'Avignon à Marseille envoie, à la hauteur de *Beaucaire*, un embranchement qui se rend à *Nîmes*; de cette ville partent deux branches : sur *Alais*, *La Grand'Combe* et *Bessèges*, d'une part, et sur *Montpellier* et *Cette*, de l'autre. La ligne qui joint *Cette* à *Bordeaux* passe par *Béziers* (et de là embranchement sur *Graissessac*), puis par *Narbonne*, *Carcassonne* et *Toulouse*, et elle projette un embranchement de *Narbonne* à *Perpignan*.

7° Le CHEMIN DE STRASBOURG OU DE L'EST passe par *Meaux*, *Châlons-sur-Marne*, *Bar-le-Duc*, *Nancy*, *Sarrebourg* et *Saverne*. Il s'en détache, à *Épernay*, une ligne qui se dirige sur *Reims*, et de *Reims* une autre se porte sur les *Ardennes*, où elle va toucher *Mézières*, *Givet*, *Sedan*, etc.; le chemin de l'Est envoie un bras sur le *camp de Châlons*, et, près de *Nancy*, un embranchement qui se dirige sur *Metz* et *Forbach*, et se relie avec les chemins de la Prusse et de la Bavière rhénanes; de *Metz*, se détache une ligne qui aboutit à *Thionville*. — De *Strasbourg*, un chemin se rend à *Wissembourg*, dans la direction de *Mayence;* un autre se dirige sur *Bâle*, par *Colmar* et *Mulhouse*, avec un embranchement qui, près de *Mulhouse*, se détache sur *Thann;* un chemin allemand, parallèle à celui-ci, et longeant la rive droite du Rhin, de Carlsruhe à Bâle, envoie un embranchement sur *Kehl* et *Strasbourg*. — Mulhouse est reliée à Paris par un chemin plus direct, qui, se séparant du chemin de Strasbourg près de Paris, et projetant un petit embranchement sur *Provins*, rejoint le chemin de *Montereau* à *Troyes* près de *Nogent-sur-Seine*, et passe à *Chaumont*, à *Langres*, à *Vesoul*, à *Belfort;* Mulhouse est aussi jointe à Dijon par un chemin qui passe à *Besançon*, à *Dôle* et à *Auxonne*. Ce dernier chemin est uni à celui de Paris à Mulhouse par un autre qui se dirige d'*Auxonne* sur *Gray*. Enfin deux lignes transversales, passant, l'une, à *Joinville*, l'autre, à *Épinal*, unissent le chemin de Paris à Mulhouse à celui de Paris à Strasbourg.

8° Le CHEMIN DE VINCENNES, DE SAINT-MAUR ET DE LA VARENNE-SAINT-MAUR sera raccordé avec le chemin de Mulhouse.

Il faut ajouter à tous ces chemins le *chemin de ceinture de Paris*, reliant entre elles les grandes lignes qui partent de cette ville; il existe, de plus, quelques chemins isolés, destinés surtout au transport des charbons.

La télégraphie électrique, cet admirable et nouveau moyen de faire communiquer la pensée avec la rapidité de l'éclair, se multiplie de toutes parts, et particulièrement sur toutes les lignes de chemins de fer.

6. Population, Mœurs, Langues.

La France compte environ 37 millions d'habitants. Les parties septentrionales sont généralement les plus peuplées. Les départements de la Seine, du Nord, de la Seine-Inférieure, du Pas-de-Calais, du Bas-Rhin, du Haut-Rhin et du Rhône sont à la fois les plus populeux et les plus industrieux. C'est dans les Hautes-Alpes, les Basses-Alpes, les Landes, la Lozère et la Corse que la population est le plus clair-semée.

Le caractère général de la nation est la vivacité : le Français a l'imagination ardente, le courage bouillant ; il embrasse avec chaleur et enthousiasme les projets les plus hardis, et se livre facilement aux entreprises les plus aventureuses. Il est célèbre, entre tous les peuples, par son urbanité, la finesse de son esprit, son caractère généreux et hospitalier. Mais on lui reproche de la légèreté, de l'inconstance ; il se rebute aisément, et abandonne souvent ses premiers projets pour de nouveaux.

Outre le français, on parle quelques autres langues sur différents points : l'allemand, en Alsace et dans une partie de la Lorraine ; le flamand, dans une partie de la Flandre et de l'Artois ; le bas-breton (reste de la langue celtique), dans l'O. de la Bretagne ; le basque, dans les Pyrénées occidentales ; l'italien, en Corse.

7. Gouvernement, Religion, Instruction, Administrations judiciaire, militaire et maritime.

Le gouvernement de la France est un empire. L'Empereur gouverne avec le concours : 1° du Sénat, composé de membres choisis par le souverain ; — 2° du Corps législatif, dont les membres sont élus par la nation ; — 3° du Conseil d'État, dont les membres sont nommés par l'Empereur. Il y a dix ministères : le ministère d'État, le ministère de la justice, le ministère de l'intérieur, le ministère de l'instruction publique et des cultes, le ministère des affaires étrangères, le ministère des finances, le ministère de la guerre, le ministère de la marine et des colonies, le ministère de l'agriculture, du commerce et des travaux publics, le ministère de la maison de l'Empereur.

Tous les cultes sont librement professés en France, mais

la religion catholique est celle de la majorité des Français; elle y compte dix-sept archevêchés, qui ont pour suffragants soixante-neuf évêchés. En voici le tableau :

ARCHEVÊCHÉS.	ÉVÊCHÉS SUFFRAGANTS.
Aix	Gap, Digne, Marseille, Fréjus. Ajaccio, Nice.
Albi	Mende, Rodez, Cahors, Perpignan.
Auch	Tarbes, Aire, Bayonne.
Avignon	Valence, Viviers, Nîmes, Montpellier.
Besançon	Verdun, Metz, Nancy, Strasbourg, Saint-Dié, Belley.
Bordeaux	Luçon, Poitiers, La Rochelle, Angoulême, Périgueux, Agen.
Bourges	Limoges, Clermont-Ferrand, Tulle, Saint-Flour, Le Puy.
Cambrai	Arras.
Chambéry	Annecy, Moutiers de Tarantaise, Saint-Jean de Maurienne.
Lyon	Langres, Dijon, Autun, Saint-Claude, Grenoble.
Paris	Meaux, Versailles, Chartres, Orléans, Blois.
Reims	Amiens, Beauvais, Soissons, Châlons-sur-Marne.
Rennes	Vannes, Saint-Brieuc, Quimper.
Rouen	Évreux, Bayeux, Coutances, Séez.
Sens	Troyes, Nevers, Moulins.
Toulouse	Montauban, Carcassonne, Pamiers.
Tours	Le Mans, Laval, Nantes, Angers.

En général, chaque diocèse comprend le département dans lequel est situé le siége de l'archevêché ou de l'évêché; cependant les diocèses d'*Aix* et de *Marseille* sont contenus l'un et l'autre dans le département des Bouches-du-Rhône; le diocèse de *Châlons-sur-Marne* n'embrasse pas tout le département de la Marne, mais le diocèse de *Reims* y comprend l'arrondissement de Reims, et il s'étend, en outre, sur tout le département des Ardennes; enfin, les diocèses suivants contiennent, chacun, deux départements : *Besançon*, le Doubs et la Haute-Saône; — *Bourges*, l'Indre et le Cher; — *Limoges*, la Haute-Vienne et la Creuse; — *Lyon*, le Rhône et la Loire; — *Poitiers*, la Vienne et les Deux-Sèvres; — *Strasbourg*, le Bas-Rhin et le Haut-Rhin.

Les luthériens, assez nombreux, surtout à l'E., dans les départements formés de l'Alsace et de la Franche-Comté, ont un consistoire général à Strasbourg.

Les calvinistes sont principalement répandus dans le midi

et dans quelques parties de l'O. et de l'E. : le Gard, l'Ardèche, la Drôme, la Lozère, Tarn-et-Garonne, les Deux-Sèvres, en renferment un assez grand nombre. Ils ont, dans 60 départements, des églises consistoriales.

Les israélites ont un consistoire central à Paris, et des synagogues consistoriales à Paris, Strasbourg, Colmar, Metz, Nancy, Bordeaux et Marseille.

L'instruction publique est réglée par le ministre de l'instruction publique et des cultes, et par un *conseil impérial*. Il y a *dix-sept académies universitaires*, à la tête de chacune desquelles est un recteur, qui a la surveillance des cours publics, des lycées, des colléges communaux et des établissements secondaires libres.

SIÉGES DES ACADÉMIES.	DÉPARTEMENTS COMPRIS DANS LES ACADÉMIES.
Aix	Basses-Alpes, Alpes-Maritimes, Bouches-du-Rhône, Corse, Var, Vaucluse.
Besançon	Doubs, Jura, Haute-Saône.
Bordeaux	Dordogne, Gironde, Landes, Lot-et-Garonne, Basses-Pyrénées.
Caen	Calvados, Eure, Manche, Orne, Sarthe, Seine-Inférieure.
Chambéry	Savoie, Haute-Savoie.
Clermont	Allier, Cantal, Corrèze, Creuse, Haute-Loire, Puy-de-Dôme.
Dijon	Aube, Côte-d'Or, Haute-Marne, Nièvre, Yonne.
Douai	Aisne, Ardennes, Nord, Pas-de-Calais, Somme.
Grenoble	Hautes-Alpes, Ardèche, Drôme, Isère.
Lyon	Ain, Loire, Rhône, Saône-et-Loire.
Montpellier	Aude, Gard, Hérault, Lozère, Pyrénées-Orientales.
Nancy	Meurthe, Meuse, Moselle, Vosges.
Paris	Cher, Eure-et-Loir, Loir-et-Cher, Loiret, Marne, Oise, Seine, Seine-et-Marne, Seine-et-Oise.
Poitiers	Charente, Charente-Inférieure, Indre, Indre-et-Loire, Deux-Sèvres, Vendée, Vienne, Haute-Vienne.
Rennes	Côtes-du-Nord, Finistère, Ille-et-Vilaine, Loire-Inférieure, Maine-et-Loire, Mayenne, Morbihan.
Strasbourg	Bas-Rhin, Haut-Rhin.
Toulouse	Ariége, Aveyron, Haute-Garonne, Gers, Lot, Hautes-Pyrénées, Tarn, Tarn-et-Garonne.

Le corps enseignant qui compose les 17 académies constitue l'*Université*.

L'enseignement se divise en *supérieur*, *secondaire* et *primaire*.

L'enseignement supérieur se partage en cinq facultés : théologie, droit, médecine, sciences et lettres.

L'enseignement secondaire est donné par les lycées, les colléges communaux, les grands et les petits séminaires ou établissements secondaires ecclésiastiques, et un grand nombre d'institutions particulières.

L'enseignement primaire compte une multitude d'écoles entretenues par les communes, et beaucoup d'écoles particulières : il comprend des écoles normales primaires, destinées à former des instituteurs ; des écoles primaires supérieures, des écoles élémentaires et des salles d'asile. L'instruction primaire est sous la direction des préfets pour tout ce qui concerne le personnel et le matériel, mais le recteur a la haute surveillance de l'enseignement.

A la tête des sociétés savantes chargées de maintenir la pureté de la langue, de recueillir les découvertes, de perfectionner les arts et les sciences, se trouve l'*Institut de France*, qui se divise en cinq *académies* : l'Académie française, l'Académie des inscriptions et belles-lettres, l'Académie des sciences, l'Académie des beaux-arts, et l'Académie des sciences morales et politiques.

La justice est rendue, dans chaque canton, par des juges de paix ; au-dessus, sont des tribunaux de première instance, aussi nombreux que les établissements communaux. On appelle de ces tribunaux à des cours impériales, au nombre de de vingt-huit, établies à Agen, Aix, Amiens, Angers ; — Bastia, Besançon, Bordeaux, Bourges ; — Caen, Chambéry, Colmar ; — Dijon, Douai ; — Grenoble ; — Limoges, Lyon ; — Metz, Montpellier ; — Nancy, Nîmes ; — Orléans ; — Paris, Pau, Poitiers ; — Rennes, Riom, Rouen ; — Toulouse.

Au-dessus de ces cours est celle de cassation, qui siége à Paris.

Dans chaque département il y a une cour d'assises, tribunal criminel temporaire, qui se tient ordinairement au chef-lieu, et où les citoyens sont appelés à siéger comme jurés.

Enfin les tribunaux de commerce sont établis dans les principales villes commerçantes de l'empire.

Sous le rapport militaire, la France est partagée en 22 divisions : 1ʳᵉ Paris ; 2ᵉ Rouen ; 3ᵉ Lille ; 4ᵉ Châlons-sur-Marne; 5ᵉ Metz ; 6ᵉ Strasbourg ; 7ᵉ Besançon ; 8ᵉ Lyon ; 9ᵉ Marseille; 10ᵉ Montpellier ; 11ᵉ Perpignan ; 12ᵉ Toulouse ; 13ᵉ Bayonne; 14ᵉ Bordeaux ; 15ᵉ Nantes ; 16ᵉ Rennes ; 17ᵉ Bastia ; 18ᵉ Tours ; 19ᵉ Bourges ; 20ᵉ Clermont-Ferrand ; 21ᵉ Limoges ; 22ᵉ Grenoble.

Les troupes de ligne stationnées dans l'intérieur de l'empire sont réparties en six grands commandements : le premier comprend les 1ʳᵉ et 2ᵉ divisions militaires : il a son quartier général à Paris ; — le second, les 3ᵉ et 4ᵉ divisions : quartier général à Lille ; — le troisième, les 5ᵉ, 6ᵉ et 7ᵉ divisions : quartier général à Nancy ; — le quatrième, les 8ᵉ, 9ᵉ, 10ᵉ, 17ᵉ, 20ᵉ et 22ᵉ divisions : quartier général à Lyon ; — le cinquième, les 11ᵉ, 12ᵉ, 13ᵉ et 14ᵉ divisions : quartier général à Toulouse ; — le sixième, les 15ᵉ, 16ᵉ, 18ᵉ, 19ᵉ et 21ᵉ divisions : quartier général à Tours.

Pour l'administration de la marine militaire, il y a 5 préfectures maritimes, qui ont pour chefs-lieux les cinq grands ports militaires de l'État : la 1ʳᵉ préfecture est Cherbourg; la 2ᵉ, Brest ; la 3ᵉ, Lorient ; la 4ᵉ, Rochefort ; la 5ᵉ, Toulon.

8. Possessions hors d'Europe.

La France possède hors de l'Europe :

1° Le gouvernement général d'*Algérie*, situé dans le nord de l'Afrique et divisé en trois départements : ceux d'*Alger*, de *Constantine*, et d'*Oran*.

2° Les colonies africaines : le *Sénégal et dépendances*, dans l'O. de l'Afrique ; les établissements de *Guinée*, aussi dans l'O. de l'Afrique ; l'île de la *Réunion*, celle de *Sainte-Marie*, celle de *Mayotte* et quelques autres, au S. E. de l'Afrique.

3° Les colonies asiatiques : les établissements de l'*Hindoustan*, dont le chef-lieu est *Pondichéry* ; — la *Basse-Cochinchine*, dont le chef-lieu est *Saïgon*.

4° Les colonies américaines : plusieurs des îles *Antilles*, particulièrement la *Guadeloupe* et la *Martinique*; — la *Guyane française*, dans le N. E. de l'Amérique méridionale ; — les îles *Saint-Pierre* et *Miquelon*, près de la côte de Terre-Neuve.

5° Les colonies océaniennes : la *Nouvelle-Calédonie*, les

îles *Marquises* ou *Mendaña*, avec le protectorat des îles *Taïti* et de quelques autres îles.

Géographie historique.

1. Géographie ancienne.

La France correspond en grande partie au pays que les anciens appelaient *Gaule* (*Gallia*), ou plutôt *Gaule Transalpine* (au delà des Alpes, relativement aux Romains). La Gaule s'étendait au N. et à l'E. plus loin que notre pays actuel ; car elle se prolongeait jusqu'à l'embouchure du Rhin et jusqu'au lac Brigantin (lac de la Constance).

Elle était limitée par une grande partie du cours du Rhin, par les Alpes, par la Méditerranée, qui s'appelait *mer Intérieure;* par les Pyrénées ; par le golfe de Gascogne, nommé alors océan *Aquitanique;* par la Manche, qui était l'*océan Britannique;* par le canal qu'on appelait *détroit de Gaule*, et qui se nomme aujourd'hui Pas de Calais ; enfin par la mer du Nord, appelée alors *océan Germanique*.

La forêt des Ardennes s'appelait forêt *Arduenne;* les Vosges étaient le *Vosegus;* les Cévennes, le *Cebenna*. Le Jura, les Alpes, les Pyrénées, portaient le même nom qu'aujourd'hui.

Le Rhin se nommait *Rhenus;* — la Meuse, *Mosa;* — l'Escaut, *Scaldis;* — la Seine, *Sequana;* — l'Yonne, *Icauna;* — la Marne, *Matrona;* — l'Oise, *Isara*.

La Loire se nommait *Liger ;* l'Allier, *Elaver*.

La *Garumna* formait le cours entier de la Garonne et de la Gironde. — Le *Duranius* était la Dordogne.

Le *Rhodanus* ou *Takon*, qui est le Rhône actuel, tombait dans le golfe de *Gaule*, aujourd'hui golfe du Lion ; — le lac *Léman*, formé par ce fleuve, est le lac de Genève ; — la Saône se nommait *Arar* ou *Sauconna;* — le Doubs, *Dubis;* — l'Isère, *Isara;* — la Durance, *Druentia*.

La Gaule, sous les Romains, était divisée en quatre parties principales : la *Belgique*, au N.; la *Celtique* ou *Lugdunaise* (Lyonnaise), au milieu ; l'*Aquitaine*, au S. O., et la *Province romaine* ou la *Narbonnaise*, au S. E.

La Belgique porta longtemps, dans une assez grande partie de son étendue, les noms de *Germanie supérieure* et de *Germanie inférieure*, à cause des peuples germains qui s'y étaient établis. Elle renfermait les *Ubiens*, les *Bataves*, les *Éburons*, les *Ménapiens*, les *Morins*, les *Trévères*, les *Médiomatrices*, les *Nerviens*, les *Atrébates*, les *Ambianais*, les *Rémois*, les *Catalaunes*, les *Véromanduens*, les *Bellovaques*. — On y remarquait les villes de *Mogontiacum* (Mayence), de *Colonia-Agrippina* (Cologne), d'*Augusta des Trévères* (Trèves), de *Durocortorum* ou *Remi* (Reims), de *Samarobriva* ou *Ambiani* (Amiens).

La Celtique ou Lugdunaise avait pour peuples principaux les *Séquanais*, les *Helvétiens*, les *Lingons*, les *Æduens*, les *Mandubiens*, les *Ségusiaves*, les *Sénons* ou *Sénonais*, les *Carnutes*, les *Auréliens*, les *Parisiens*, les *Véliocasses*, les *Calètes*, les *Aulerques*, les *Unelles*, les *Turons*, les *Andes*, les *Nannètes*, les *Rédons*, les *Vénètes*, les *Curiosolites*, les *Osismiens*. Les peuples des côtes de ces contrées portaient le nom d'*Armoricains*, et formaient une redoutable confédération. — Les villes les plus remarquables de la Lugdunaise étaient *Vesontio* (Besançon), *Bibracte* ou *Augustodunum* (Autun), *Lugdunum* (Lyon), *Agedincum* ou *Senones* (Sens), *Lutèce* ou *Parisii* (Paris), *Rotomagus* (Rouen), *Cæsarodunum* ou *Turones* (Tours). *Alesia* (aujourd'hui probablement Alise ou Sainte-Reine) fut une célèbre place forte des Mandubiens.

L'Aquitaine (ou mieux Aquitanie), dont la partie S. O. s'appelait *Novempopulanie*, renfermait les *Bituriges*, les *Lémovices*, les *Arvernes*, les *Rutènes*, les *Cadurces*, les *Pictons* ou *Pictaves*, les *Santons*, les *Tarbelliens*, les *Bigerrons*. — On y distinguait *Avaricum* ou *Bituriges* (Bourges), *Gergovia*, forteresse fameuse des Arvernes, *Burdigala* (Bordeaux), *Vesunna* (Périgueux), *Mediolanum* (Saintes), *Elusa* (Eauze), *Aquæ-Augustæ* (Dax).

La Narbonnaise ou la Province romaine était habitée par les *Volces*, les *Helviens*, les *Allobroges*, les *Vocontiens*, les *Massiliens*, les *Salyens* ; les *Centrons*, fixés au milieu des montagnes appelées Alpes Grecques et Pennines ; les *Caturiges*, dans les Alpes Maritimes. — Les villes les plus importantes étaient *Narbo-Martius* (Narbonne), *Tolosa* (Toulouse), *Nemausus* (Nîmes), *Vienne*, qui a conservé son nom ; *Arausio* (Orange), *Arelate* (Arles), *Massilia* (Marseille), *Aquæ-Sextiæ* (Aix), *Ebrodunum* (Embrun).

Les empereurs romains subdivisèrent les quatre parties principales de la Gaule en dix-sept provinces : la BELGIQUE en comprenait quatre : la 1re et la 2e *Belgique*, la 1re et la 2e *Germanie;* — la LUGDUNAISE, cinq : la 1re, la 2e, la 3e, la 4e *Lugdunaise*, et la 5e *Lugdunaise* ou *Grande-Séquanaise;* — l'AQUITAINE, trois : la 1re, la 2e et la 3e *Aquitaine;* — la NARBONNAISE, cinq : la 1re et la 2e *Narbonnaise;* la *Viennoise*, les *Alpes Maritimes*, et les *Alpes Grecques* et *Pennines*.

2. Changements géographiques dans le moyen âge et dans les temps modernes.

Quand les Francs eurent conquis la Gaule sur les Romains, il s'y forma quatre royaumes : ceux de *Paris*, d'*Orléans*, de *Soissons*, d'*Ostrasie* ou de *Metz*. L'Aquitaine fut tour à tour indépendante et partagée entre ces quatre royaumes, dont les trois premiers ont été longtemps compris sous le nom de *Neustrie* ou *Westrie*. Pépin le Bref réunit tous ces pays en une seule monarchie, dont son fils Charlemagne recula au loin les limites.

L'empire de Charlemagne, dans sa plus grande puissance, s'étendit de l'Elbe à l'Èbre, de la Theiss à l'Atlantique, et du Pas de Calais au Garigliano, en Italie. Il avait à peu près 1800 kilomètres de l'E à l'O., 1500 kilomètres du N. E. au S. O., et 1300 kilomètres du N. O. au S. E. La mer l'enveloppait au N., au N. O, et à l'O. ; les Pyrénées occidentales et le cours inférieur de l'Èbre le séparaient des états espagnols, au S. O. ; la Méditerranée, le duché de Bénévent (en Italie) et la mer Adriatique le bornaient au S. A l'E., la Save le séparait de la Servie ; la Theiss, du royaume des Avares. Au N. E., les montagnes de la Forêt de Bohême, la Saale et l'Elbe le limitaient du côté des divers peuples tributaires, tels que les *Bohèmes*, les *Sorabes*, les *Wiltzes*, les *Obotrites*. La *Bretagne*, à l'extrémité occidentale de l'empire, n'était aussi que tributaire; les *Navarrais*, en Espagne, et le duché de *Bénévent*, qui comprenait presque toute l'Italie méridionale, payaient également tribut.

Dans cette vaste monarchie se trouvaient comprises les divisions suivantes : 1° la NEUSTRIE, qui s'étendait de la Loire à la Meuse ; c'est là qu'était *Paris;* 2° l'OSTRASIE ou la VIEILLE-FRANCE, centre de l'empire, à droite et à gauche du Rhin : là était *Aix-la-Chapelle*, résidence de Charlemagne ; — 3° la SAXE, située au N. E. de l'Ostrasie, depuis le

Rhin jusqu'à l'Elbe ;—4° la Frise, sur la côte de la mer du Nord, de l'embouchure du Rhin à celle de Weser ; — 5° la Thuringe, avec le *Nordgau*, au S. de la Saxe, jusqu'au Danube ; — 6° la Bavière, au S. de la Thuringe ; — 7° la Marche orientale (l'Autriche), comprenant les parties les plus orientales de l'empire, de la Raab à la Theiss ; Charlemagne laissa s'y établir quelques tribus d'Avares et de Vénètes, sous des princes indigènes, qui s'engagèrent à payer tribut ; — 8° l'Alémannie, s'étendant du Lech (affluent du Danube) jusqu'aux Vosges, et du Necker jusqu'aux Alpes ; — 9° la Bourgogne, avec la *Provence*; — 10° le royaume d'Aquitaine, comprenant l'*Aquitaine propre*, la *Gascogne*, la *Septimanie*, la *Marche d'Espagne* (située entre les Pyrénées et l'Èbre); — 11° le royaume d'Italie, partie de l'Italie conquise sur les Lombards ; *Rome*, qui s'était érigée, du temps des empereurs grecs, en une sorte de république dont la suprême magistrature était confiée au pape, conserva cette organisation sous la suzeraineté de Charlemagne.

Charlemagne avait encore, au N. E. de l'Italie, la *Marche de Carinthie*.

Le démembrement de l'empire de Charlemagne donna naissance à trois principaux états : le royaume de *France*, le royaume d'*Allemagne*, l'empire d'*Occident*, qui forma ensuite les royaumes de *Lorraine*, de *Bourgogne transjurane*, de *Bourgogne cisjurane* et d'*Italie*.

A l'avénement de la troisième race, la France était bornée par la mer du Nord, le Pas de Calais, la Manche, l'Atlantique, les Pyrénées, la Méditerranée, le Rhône, la Saône, la Meuse et l'Escaut. Le *duché de France*, qui avait été le fief de Hugues Capet, se trouva réuni à la couronne, et le domaine royal fut tiré de l'état misérable où il avait été réduit vers les derniers temps des Carlovingiens : il comprenait l'*Ile-de-France*, l'*Orléanais*, le *Maine*, la *Touraine*. — Un petit nombre de grands vassaux se partageaient le reste du pays : six d'entre eux surtout, qui obtinrent exclusivement par la suite le titre de pairs de France, avaient des possessions considérables et commandaient à leur tour à beaucoup d'autres princes vassaux; c'étaient les chefs des états suivants : au N., le comté de *Flandre*, qui s'étendait de l'Escaut à la Somme;—au N. O., le duché de *Normandie*, compris entre la Somme et la rade de Cancale, et à qui le duché de *Bretagne* faisait hommage;—au N. E., le comté de *Champagne*, entre l'Yonne et la Meuse; — à l'E., le duché de *Bourgogne* qui se trouvait entre la Loire et la Saône, et dont le comté de *Nivernais* relevait; — au S., le duché d'*Aquitaine*, qui était le plus grand des états féodaux français, et dont le territoire, moins étendu que l'ancien royaume de ce nom, comprenait toutefois le Poitou, le Limousin et la plus grande partie de la Guienne, avec une supériorité féodale sur l'Angoumois, la Marche et quelques autres parties du centre; — enfin le comté de *Toulouse*, qui possédait le Languedoc et les petits pays de Quercy et de Rouergue.

Outre ces six grands vassaux, il y avait encore, parmi les vassaux immédiats, le duc de *Gascogne*, province qui fut, en 1038, réunie à l'Aquitaine; le comte d'*Anjou*, le vicomte de *Bourges*, les sires de *Bourbon*, de *Coucy*, les comtes de *Ponthieu*, de *Vermandois*, et quelques autres.

L'étendue du domaine royal éprouva beaucoup de variations sous les successeurs de Hugues Capet : diminué par les immenses acquisitions de l'Angleterre dans l'O. de la France, sous Louis VII, agrandi sous Philippe Auguste, restreint encore une fois, et tout à fait déplacé, pendant les invasions des Anglais et les guerres intestines du temps de Charles VI, ce domaine se trouvait à peu près réduit, en 1422, au *Languedoc*, au *Dauphiné*, à l'*Auvergne*, au *Bourbonnais*, au *Berri*, au *Maine*, à l'*Anjou*, à la *Touraine*, à l'*Orléanais*. — Les Anglais possédaient alors la *Normandie*, l'*Ile-de-France*, la *Champagne*, la *Picardie* et la plus grande partie de l'*Aquitaine*; ils disposaient en outre, par leur alliance avec le duc de Bourgogne, de tous les états de ce prince, c'est-à-dire du duché de *Bourgogne*, de la *Franche-Comté*, de la *Flandre*, de l'*Artois*. — Le duché de *Bretagne* était indécis entre les deux partis.

A partir de Charles VII, le domaine de la couronne ne fit que s'accroître de jour en jour. Ce roi y ajouta tout ce que les Anglais avaient en France au commencement de son règne, excepté Calais et quelques forts. — Louis XI y réunit le comté de *Roussillon* (rendu sous Charles VIII aux Espagnols), le duché de *Bourgogne*, une partie de la *Picardie* engagée au duc de Bourgogne par Charles VII, les comtés de *Provence* et de *Forcalquier*, le comté d'*Armagnac*.

Le comté d'*Angoulême*, qui appartenait à François Ier, fut incorporé à la couronne lorsque ce prince devint roi de France. En 1523, le duché de *Bourbon*, les comtés de *Montpensier* et de *Châtellerault*, le *Forez*, le *Beaujolais*, etc., furent confisqués sur le connétable de Bourbon. En 1532, par le mariage de la princesse Claude, héritière de *Bretagne*, avec François Iᵉʳ, cette province fut définitivement réunie au domaine royal.

Sous Henri II, le royaume acquiert les *Trois-Évêchés* (Metz, Toul et Verdun), et *Calais* est enlevée aux Anglais.

Par l'avénement de Henri IV, la *Basse-Navarre* et le *Béarn* se trouvent réunis à la couronne; sous le même roi, la *Bresse*, le *Bugey*, le pays de *Gex* et de *Valromey* sont cédés par la Savoie.

Sous Louis XIV, la France acquiert l'*Alsace*, le *Roussillon*, l'*Artois*, une grande partie de la *Flandre* et la *Franche-Comté* ; — sous Louis XV, le duché de *Lorraine* et la *Corse*.

En 1791, le *Comtat Venaissin* et le *Comtat d'Avignon*, qui dépendaient des papes, l'un depuis 1273, l'autre depuis 1348, furent réunis à la France par un décret de l'Assemblée législative.

En 1790, l'Assemblée nationale divisa la France en 83 départements. On nomma d'abord département de *Rhône-et-Loire* ce qui a formé depuis les départements du *Rhône* et de la *Loire*. Ce ne fut qu'en 1808 qu'on créa le département de *Tarn-et-Garonne*, de diverses parties des départements voisins. Le département de *Vaucluse* ne fut formé qu'en 1791, de l'ancien État d'Avignon.

Les conquêtes de la République et de l'Empire augmentèrent beaucoup le nombre des départements. En 1812, il y en avait 130, sans compter les 24 départements du royaume d'*Italie*, gouvernés par un vice-roi sous la dépendance de l'empereur des Français. De ces 130 départements, 26 avaient été formés des Pays-Bas et de territoires allemands; 18, de territoires italiens et suisses. On peut les classer de la manière suivante :

9 départements BELGES : la *Lys*, l'*Escaut*, les *Deux-Nèthes*, la *Dyle*, la *Meuse-Inférieure*, l'*Ourthe*, les *Forêts*, *Sambre-et-Meuse*, *Jemmapes*;

8 départements HOLLANDAIS : les *Bouches-de-l'Escaut*, les *Bouches-de-la-Meuse*, les *Bouches-du-Rhin*, le *Zuider-zee*, l'*Yssel-Supérieur*, les *Bouches-de-l'Yssel*, la *Frise*, l'*Ems-Occidental*;

9 départements ALLEMANDS : l'*Ems-Oriental*, les *Bouches-du-Weser*, les *Bouches-de-l'Elbe*, l'*Ems-Supérieur*, la *Lippe*, la *Roër*, *Rhin-et-Moselle*, la *Sarre* et le *Mont-Tonnerre;*

3 départements SAVOISIENS ET SUISSES : le *Mont-Blanc*, le *Léman*, le *Simplon;*

5 départements PIÉMONTAIS : le *Pô*, la *Doire*, la *Sésia*, *Marengo*, la *Stura;*

1 département NIÇARD : les *Alpes-Maritimes;*

3 départements GÉNOIS : *Montenotte*, *Gênes*, les *Apennins;*

1 département PARMESAN : le *Taro;*

3 départements TOSCANS : la *Méditerranée*, l'*Ombrone*, l'*Arno;*

2 départements ROMAINS : le *Trasimène*, *Rome*.

Les événements de 1814 et de 1815 ayant resserré la France dans ses anciennes limites, elle ne compta plus que 86 départements, jusqu'en 1860, où trois nouveaux départements furent formés de territoires cédés par les États Sardes.

XII. ESPAGNE.

DESCRIPTION PHYSIQUE. — DESCRIPTION POLITIQUE. — GÉOGRAPHIE HISTORIQUE.

Description physique.

1. Limites, Situation, Étendue, Population.

L'Espagne, qui s'appelle en espagnol *España*, forme, avec le Portugal, une grande presqu'île, située à l'extrémité S. O. de l'Europe, et nommée *péninsule Hispanique*. Cette presqu'île est bornée au N. E. par la France, et entourée des autres côtés par la Méditerranée et l'océan Atlantique.

Le détroit de Gibraltar, qui unit ces deux mers, sépare la pointe méridionale de l'Espagne de l'extrémité N. O. de l'Afrique. Il s'appelait anciennement *détroit d'Hercule*. Aujourd'hui le promontoire qui s'y avance au N. porte le nom de *Gibraltar*, et la pointe qui le termine s'appelle *pointe d'Europe*.

La partie de l'Atlantique située au N. de cette péninsule est nommée par les Espagnols mer de *Biscaye* ou mer *Cantabrique;* c'est ce que nous appelons golfe de *Gascogne* ou mer de *France*.

Le cap *Finisterre* forme l'extrémité N. O. de la péninsule Hispanique; le cap *Saint-Vincent* la termine au S. O., et le cap *Creus*, au N. E. On remarque, en outre, le cap *da Roca*, à l'O.; le cap *Ortegal*, au N. N. O.; le cap *Peñas*, au N.; les caps de *Gata* et de *Palos*, au S. E., et le cap *Saint-Martin*, à l'E.

La péninsule est renfermée entre le 36e et le 44e degré de latitude N., et entre le 1er degré de longitude E. et le 12e de longitude. O. Elle a 820 kilomètres du N. au S., 700 de l'E. à l'O., et 1200 du N. E. au S. O. La superficie, de 556 000 kilomètres carrés, surpasse un peu celle de la France; mais la population est beaucoup moins considérable, puisqu'on n'y compte que 20 000 000 d'habitants, dont environ 16 000 000 pour l'Espagne seule, sur une superficie de 465 000 kilomètres carrés.

2. Montagnes.

Cette contrée est fort montagneuse, et les chaînes qui la couvrent sont généralement très-hautes et très-escarpées. D'abord on voit au N. E. les *Pyrénées*, en espagnol *Pirineos*, qui s'élèvent sur la frontière de France, et qui présentent en Espagne leurs points les plus élevés, c'est-à-dire le mont *Maladetta* ou *Maudit* (dont le sommet culminant s'appelle pic de *Nethou* ou *Anethou*), le pic *Poscts* ou de *Lardana* et le mont *Perdu*, hauts de 3500 mètres.

Les Pyrénées sont, en grande partie, placées sur la limite du versant de l'Atlantique et du versant de la Méditerranée. Cette limite est ensuite formée par les monts *Cantabres orientaux*, puis par les monts *Ibériques*, qui se prolongent du N. au S. jusqu'au détroit de Gibraltar. Ces derniers monts portent au N. les noms particuliers de *Sierra*[1] *de Oca* et de *mont Cayo*; — au milieu, ceux de *Sierra de Albarracin* et de *Sierra de Cuenca*; — au S., ils présentent la *Sierra Nevada*; c'est là leur partie la plus haute, et le pic de *Mulahacen*, qu'on y remarque, a environ 4000 mètres d'élévation.

Quatre longues branches se rattachent vers l'O. à la grande arête du partage des eaux : l'une est formée des monts *Cantabres occidentaux*, qui portent, dans une assez grande étendue, le nom de montagnes des *Asturies*, et vont se ter-

---

1. *Sierra*, en espagnol, signifie chaîne de montagnes ; *serra*, en portugais, a le même sens.

miner au cap Finisterre. — La seconde s'appelle d'abord *Sierra de Guadarrama*, puis *Sierra de Gredos*, plus loin *Serra da Estrella*, et aboutit au cap da Roca. — La troisième comprend les montagnes de *Tolède*, la *Sierra de Guadalupe*, et se prolonge jusqu'au cap Saint-Vincent. La quatrième est la *Sierra Morena*.

3. Cours d'eau, Lacs et Canaux.

La péninsule Hispanique est divisée en deux grands versants : celui de l'E., exposé vers la Méditerranée, et celui de l'O., incliné vers l'Atlantique. Sur le premier, on voit trois principaux tributaires directs de la Méditerranée : l'*Èbre*, grand fleuve, qui se grossit, à gauche, de l'*Aragon*, du *Gallego* et de la *Sègre*; — le *Jucar*, beaucoup moins long, et à peu de distance duquel, au N., on trouve le lac d'*Albufera*, situé très-près de la mer; — la *Segura*, au S. de laquelle est un autre lac nommé *Lagune de Murcie*.

Sur le versant occidental, on remarque d'abord la *Bidassoa*, petite rivière intéressante parce qu'elle trace une partie de la limite de la France et de l'Espagne, et qu'elle renferme l'île des *Faisans* ou de la *Conférence*, où fut conclu le fameux traité de 1659 entre les deux royaumes. — On distingue ensuite le fleuve que les Espagnols appellent *Miño* et les Portugais *Minho*; puis le *Duero* (en espagnol), nommé *Douro* en portugais, fort grand fleuve, qui se grossit, à droite, de la *Pisuerga* et de l'*Esla*. — Le *Tage*, en espagnol *Tajo*, en portugais *Tejo*, coule plus au midi, dans le vaste bassin renfermé entre les chaînes qui se terminent au cap da Roca et au cap Saint-Vincent; c'est le plus grand fleuve de la péninsule; sa longueur est de 750 kilomètres. Il forme, un peu avant son embouchure, une sorte de baie qu'on nomme *mer de la Paille*. Cette partie inférieure de son cours est ornée de beaux rivages; mais en général il arrose une contrée pauvre, inculte et aride, et c'est à tort qu'on en a fait souvent de brillantes descriptions. Ce fleuve reçoit le *Henarez*, qui se grossit lui-même du *Manzanares*. — La *Guadiana* parcourt le bassin compris entre les montagnes de Tolède et la Sierra Morena; au commencement de son cours, elle disparaît, entre des joncs et des roseaux, l'espace de 20 kilomètres, et reparaît ensuite sous la forme de grands marais, nommés les *Yeux de la Guadiana*. — Le

Guadalquivir arrose une délicieuse contrée entre la Sierra Morena et la Sierra Nevada, et a pour affluent principal le *Genil* ou *Xenil*.

Il y a peu de canaux en Espagne : les plus importants sont le canal *Impérial* ou d'*Aragon*, qui longe une partie du cours de l'Èbre, et le canal de *Castille*, entre l'Èbre et le Douro.

4. Aspect du sol, Climat, Productions.

Le versant de la Méditerranée est la partie la plus chaude et la plus belle de l'Espagne : la végétation y est magnifique ; on y voit, surtout vers le S., des bois entiers d'orangers et de citronniers ; la canne à sucre, le cotonnier, le caroubier, le lentisque, le grenadier, le palmier, y réussissent ; le caféier même et l'indigotier y ont été acclimatés ; les oliviers et la vigne y donnent d'excellents produits ; les mûriers propres au ver à soie y abondent, et l'on y recueille une précieuse espèce de roseau appelée sparte ou jonc d'Espagne, avec laquelle on fait des nattes. Mais cette région de la péninsule est exposée aux funestes effets du vent brûlant nommé *solano*.

Le versant de l'Atlantique jouit d'une température agréable. Sans avoir la brillante végétation des côtes orientales, il est riche en vignes, en oliviers, en céréales, en garance, en chênes aux glands doux, en chênes-liéges, et en chênes verts, sur lesquels vit le kermès, petit insecte dont on tire une belle couleur écarlate. La partie de ce versant qui est inclinée vers la mer de Biscaye est la moins belle et la moins chaude.

Le milieu de l'Espagne est un pays fort élevé, généralement nu, triste et monotone et beaucoup plus froid que la position de la péninsule ne pourrait d'abord le faire croire. La richesse principale de cette région consiste en mérinos, moutons qui donnent une laine très-fine, et dont on voit d'immenses troupeaux voyager, suivant les saisons, des vallées sur les montagnes et des montagnes dans les vallées.

Les chevaux qu'on élève dans le S. de l'Espagne sont renommés par leur vigueur et leur beauté. Cependant on se sert plus généralement de mulets que de chevaux.

L'Espagne est une des contrées les plus riches en minéraux utiles : on y trouve de l'or, mais pas en assez grande quantité pour mériter qu'on l'exploite ; il y a un peu d'ar-

ESPAGNE. 335

gent, et beaucoup de cuivre, de plomb, de fer, de mercure, de houille, de sel, de marbre.

Description politique.

1. Divisions et Villes principales.

La division administrative de l'Espagne est en quarante-sept provinces (sans y comprendre les îles Baléares et les Canaries), réparties en treize capitaineries générales, qui remplacent à peu près les anciennes grandes provinces ou royaumes dont l'Espagne était composée avant 1820.

Huit de ces capitaineries générales sont maritimes et cinq intérieures.

Parmi les divisions maritimes, il y en a quatre le long de la mer de Biscaye, dans le N. et le N. O. du royaume : ce sont la *Galice*, les *Asturies*, la *Vieille-Castille*, et les *Provinces Basques*; — quatre sont baignées par la Méditerranée et se trouvent à l'E. et au S. E. : ce sont la *Catalogne*, le royaume de *Valence*, le royaume de *Murcie*; — la dernière, au S., est baignée à la fois par la Méditerranée, le détroit de Gibraltar et l'Atlantique : c'est l'*Andalousie*.

Deux des divisions intérieures, placées au N., touchent à la France : ce sont l'*Aragon* et la *Navarre*; — deux autres, à l'O., s'étendent vers la frontière du Portugal : ce sont le royaume de *Léon* et l'*Estrémadure*; — enfin, une seule, située au centre, ne s'avance vers aucune des limites de la monarchie : c'est la *Nouvelle-Castille*.

Cette distribution des contrées espagnoles peut faire classer le royaume en six régions : la *région de la mer de Biscaye*; — la *région de la Méditerranée*; — la *région méridionale* (c'est-à-dire de la *Méditerranée*, du *détroit de Gibraltar* et de l'*Atlantique*); — la *région intérieure du nord*; — la *région intérieure de l'ouest*; — et la *région du centre*.

RÉGION DE LA MER DE BISCAYE. — La *Galice* est un pays généralement montagneux, où viennent se terminer les monts Cantabres; elle est baignée au N. par la mer de Biscaye, à l'O. par l'Atlantique, et renferme deux des principaux caps de la péninsule, le cap Ortegal et le cap Finisterre. Le Minho l'arrose au S. Elle est habitée par un peuple laborieux, plein de courage et de probité, mais pauvre, et qui émigre, comme nos Auvergnats, pour aller exercer des métiers pénibles dans les villes.

On en a formé quatre provinces : *La Corogne*, au N. O.; *Lugo*, au N. E.; *Pontevedra*, au S. O., et *Orense*, au S. E.

Une des villes les plus importantes de la Galice est *La Corogne*, en espagnol *Coruña*, avec un port vaste et commode, et 27 000 habitants. — *Le Ferrol*, au N. E. de La Corogne et dans la même province, a un important port militaire et 18 000 habitants. — *Santiago* ou *Saint-Jacques de Compostelle*, ville de 27 000 âmes, et ancienne capitale de la Galice, se trouve aussi dans la province de La Corogne : elle est célèbre par sa vaste cathédrale gothique, composée de deux églises, l'une souterraine, consacrée à saint Jacques le Mineur, et l'autre supérieure, où l'on révère le corps de saint Jacques le Majeur : c'est le but de nombreux pèlerinages. — *Lugo*, très-ancienne, a des sources thermales renommées. — *Orense* est dans une situation agréable, sur le Minho.

En sortant de la Galice au N. E., on rencontre les *Asturies*, qui s'allongent de l'O. à l'E., et sont resserrées entre les monts Cantabres et la mer. Elles sont habitées par un peuple patient et brave, qui se vante d'être resté pur de tout mélange avec les étrangers. Elles forment aujourd'hui la province d'*Oviedo*, ainsi nommée de son chef-lieu, qui renferme une superbe cathédrale. — *Gijon*, avec un port assez fréquenté, est près du cap Peñas.

La *Vieille-Castille*, qui fut le berceau de la monarchie espagnole, est une longue contrée qui s'étend du N. au S. et n'offre sur la mer qu'une petite partie de son étendue. Les monts Cantabres la traversent au N.; les monts Ibériques la couvrent au centre et à l'E.; la Sierra de Guadarrama la limite vers le S. L'Èbre et le Duero l'arrosent. Son nom lui vient du grand nombre de châteaux forts (*castillos*) qui la défendaient autrefois des attaques des Maures.

La Vieille-Castille comprend huit provinces : *Santander*, au N.; *Burgos*, *Logroño* et *Soria*, au milieu; *Ségovie* et *Avila*, au S.; *Valladolid* et *Palencia*, à l'O.

Les villes principales sont : *Santander*, ville maritime, de 20 000 habitants; — *Burgos*, ville de 25 000 habitants, capitale de la Vieille-Castille, et patrie du Cid, dont on y voit le tombeau; aujourd'hui bien déchue de son ancienne splendeur, mais remarquable encore par sa belle cathédrale et quelques autres monuments historiques; — *Logroño*, sur l'Èbre; — *Soria*, jolie ville, sur le Duero, près des ruines de l'ancienne *Numance;* — *Ségovie*, remarquable par ses manufactures de draps et par un admirable aqueduc romain, et à 8 kilomètres de laquelle est le beau château royal de *Saint-Ildefonse* ou de *La Granja*, accompagné de jardins délicieux;— *Valladolid*, autrefois très-considérable et encore peuplée de 40 000 habitants; — *Palencia*, avec une magnifique cathédrale et des maisons gothiques.

Les *Provinces Basques* ou les *Provinces Vascongades* se composent de la *Biscaye*, du *Guipuzcoa* et de l'*Alava;* elles sont habitées par une population fière, industrieuse, pleine de l'amour de l'indépendance, et très-attachée à ses anciens usages et à ses vieux priviléges. C'est un pays fort montagneux, aride, mais riche en mines de fer. Les Pyrénées finissent dans ces provinces, et les monts Catabres y commencent. L'Èbre les limite au S.; et la Bidassoa, au N. E., les sépare de la France.

Bilbao, chef-lieu de la Biscaye, est une ville de 20 000 âmes, située près de la mer et animée par un commerce actif. — *Saint-Sébastien*, chef-lieu du Guipuzcoa, est une place forte et un port assez important. — On remarque, à l'E. de cette ville, celle du *Passage* ou *Los Pasages*, avec un des plus beaux ports de l'Espagne, et la forteresse de *Fontarabie* ou *Fuenterrabia*, sur la Bidassoa. — La capitale de l'Alava est *Vitoria*.

Région de la Méditerranée. — La *Catalogne* s'étend depuis les Pyrénées jusqu'un peu au S. de l'embouchure de l'Èbre. Au centre, s'élève le mont Serrat, curieux par les dents aiguës qu'offrent ses pics élancés, et par ses grottes et ses stalactites. Ce pays renferme une population vigoureuse, fière et intelligente, qui parle le catalan, langage fort différent de l'espagnol; l'agriculture et l'industrie y sont généralement plus avancées que dans le reste du royaume. Il s'y trouve quatre provinces : celles de *Girone* et de *Barcelone*, à l'E., de *Lerida*, à l'O., et de *Tarragone*, au S.

La plus grande ville de la contrée est *Barcelone*, belle

place maritime, très-fortifiée et peuplée de 180 000 âmes, en y comprenant *Barcelonette*, ville toute moderne, qui en est comme un faubourg. *Mataro* est un port fort commerçant de la même province. *Vich* est une autre ville intéressante, au N. de Barcelone. — Outre *Girone* (en espagnol *Gerona*), la province de ce nom a pour villes remarquables l'industrieuse *Olot*, au N. O., et l'importante forteresse de *Figuières* ou *Figueras*, au N. E. — *Tarragone*, port de mer, au S. O. de Barcelone, ne compte aujourd'hui que 18 000 habitants; mais elle fut anciennement, sous le nom de *Tarraco*, la plus grande ville de l'Espagne. *Tortose*, sur l'Èbre, dans la même province, est aussi très-ancienne. *Reus*, près de Tarragone, est une cité fort moderne, animée par de nombreuses manufactures, et peuplée déjà de 30 000 âmes. — Enfin la province de Lerida a pour villes principales : *Lerida*, peuplée de 20 000 âmes, dans une situation délicieuse ; *Cardona*, intéressante par ses grandes mines de sel gemme ; et *Urgel* ou *La Seu d'Urgel*, place forte.

C'est entre cette dernière province et le département français de l'Ariége, au milieu des Pyrénées, qu'est la petite république d'*Andorre*, placée sous la protection de la France et de l'évêque d'Urgel, et peuplée de 10 000 habitants. La capital est *Andorre*.

Le *royaume de Valence* est fort long du N. au S., mais étroit de l'O. à l'E. Il offre de belles et fertiles campagnes, un ciel presque toujours pur; mais le solano le désole quelquefois. Les habitants sont vifs, gais, légers, et ils aiment beaucoup la parure et les plaisirs.

Trois provinces ont été formées de ce royaume : celles de *Castellon de la Plana*, au N., de *Valence*, au milieu, et d'*Alicante*, au S.

La plus grande ville est *Valence*, en espagnol *Valencia*, placée vers l'embouchure du Guadalaviar, un peu au N. du lac d'Albufera : elle est surnommée *la Belle*, et se distingue par ses édifices somptueux et ses nombreuses fabriques de soieries; on y compte 107 000 âmes. *Murviedro* est près des ruines de *Sagonte*. — *Castellon* a 20 000 hab. — *Alicante*, renommée par ses vins, est une place maritime de 21 000 habitants. La province à laquelle elle donne son nom renferme aussi : *Elche*, ville industrieuse, où l'on fabrique beaucoup de sparterie; *Alcoy*, ville de 22000 âmes; et *Orihuela*, sur la Segura, dans une plaine fertile, qu'on a surnommée le *Jardin de l'Espagne*.

Le *royaume de Murcie*, placé au S. O. du royaume de Valence, jouit d'un air très-pur et d'un beau climat, sujet seulement à trop de sécheresse; l'indolence des habitants nuit à la culture de cette riche contrée, qui se compose des provinces de *Murcie*, au S., et d'*Albacète*, au N. On y trouve *Murcie*, peuplée de 27000 habitants, et agréablement placée sur la Segura; — *Carthagène*, port célèbre et fort belle ville, avec 26 000 âmes; — *Lorca*, peuplée de 20 000 habitants.

Région méridionale. — L'*Andalousie* est une des contrées les plus belles de la péninsule. La Sierra Morena en couvre la partie septentrionale, et la Sierra Nevada, l'intérieur. Le Guadalquivir l'arrose. Les Andalous ont conservé une partie du caractère des Arabes; leur jactance et leur prononciation vicieuse justifient le surnom de *Gascons* de l'Espagne qui leur est donné. Huit provinces ont été formées de l'Andalousie : ce sont celles de *Jaen, Cordoue, Séville, Grenade, Almeria, Malaga, Cadix, Huelva*.

La ville la plus importante est *Séville* (l'ancienne *Hispalis*), une des plus grandes cités espagnoles, dans une position admirable, au milieu d'une plaine couverte de plantations d'oliviers et arrosée par le Guadalquivir. Le dicton populaire : *qui n'a point vu Séville n'a point vu de merveille*, ferait croire que cette ville est plus belle qu'elle ne l'est réellement; on y remarque, parmi les édifices principaux, la cathédrale, la Giralda, tour mauresque, et l'Alcazar, ancien palais des rois maures. On y compte 112 000 habitants.

La seconde ville est *Grenade* (en espagnol *Granada*), dans une situation ravissante, au milieu d'une plaine fertile. Sous les Maures, cette illustre cité renfermait 400 000 habitants; elle n'en a plus que 63 000. Parmi les monuments dont on admire les restes, on distingue surtout le palais de l'Alhambra. — Près et au S. O. de Grenade, est *Santa-Fé*, qui fut bâtie par Isabelle et Ferdinand pendant le siége de Grenade, en 1492, et où ces deux souverains approuvèrent la première expédition de Christophe Colomb.

On remarque ensuite : *Cordoue*, en espagnol, *Cordova*

(ancienne *Corduba*), située sur le Guadalquivir, et qui, peuplée, au temps de ses khalifes, de 300 000 habitants, n'en renferme plus qu'environ 36 000 ; — *Jaen*, ville de 20 000 âmes ; — *Almeria*, ville de 23 000 habitants, port de mer très-fréquenté, au fond du golfe du même nom, dans une situation riante ; — *Motril*, avec de célèbres mines de plomb ; — *Malaga*, renommée par ses vins, son beau port, son heureux climat, et peuplée de 93 000 âmes ; — *Velez-Malaga*, dont les vignobles sont également estimés ; — *Cadix* ou *Cadiz* (anciennement *Gadir* ou *Gades*), place très-forte et l'une des villes les plus commerçantes de l'Europe, située à l'extrémité N. O. de l'île de Léon, au S. O. d'une grande baie de l'Atlantique, et peuplée de 63 000 âmes ; — *San-Fernando*, près et au S. E. de Cadix, dans l'île de Léon, avec un observatoire fameux et 18 000 habitants ; — *Port-Sainte-Marie*, jolie ville, aussi de 18 000 âmes, en face de Cadix ; — *Xerez de la Frontera* (39 000 habitants), et *Rota*, célèbres par leurs vins ; — *San-Lucar* de *Barrameda*, également renommée par ses vins, à l'embouchure du Guadalquivir ; — *Palos*, port aujourd'hui fort déchu, mais à jamais célèbre par le départ de Colomb, le 3 août 1492 ; — *Algésiras*, port commerçant et forteresse importante, sur le détroit de Gibraltar ; — *Tarifa*, à l'extrémité la plus méridionale de l'Espagne ; — *Antequera*, *Ecija*, *Ronda*, villes de 20 à 25 000 âmes, dans le riche intérieur de la province de Cadix.

Vers l'extrémité S. de l'Andalousie, est *Gibraltar*, ville très-forte, peuplée de 25 000 âmes, et située sur le détroit du même nom, au pied d'un rocher escarpé, sur le côté occidental du promontoire de Gibraltar. C'est une place imprenable, qui appartient aux Anglais depuis 1704.

Région intérieure du nord. — L'*Aragon* touche au N. à la France, dont les Pyrénées le séparent, et s'étend au S. jusqu'au royaume de Valence. Les habitants sont actifs, industrieux, persévérants, fiers et courageux. Ce pays renferme de riches pâturages et de belles vallées. L'Èbre le divise en deux parties presque égales : l'une au N., l'autre au S. L'Aragon forme les trois provinces de *Huesca*, de *Saragosse* et de *Teruel*. — La plus grande ville est *Saragosse*, en espagnol *Zaragoza*. Elle est située sur l'Èbre, et célèbre par le siége qu'elle soutint contre les Français en 1809. On y compte 60000 habitants. *Calatayud* est une ville de 9000 âmes, au N. O. de Saragosse, dans la même province. Outre *Huesca*, la province de ce nom renferme *Jaca*, place forte, située au pied des Pyrénées, à 25 kilomètres des frontières de France.

La *Navarre* s'étend depuis les Pyrénées jusqu'à l'Èbre. Les forêts et les mines sont la richesse de cette contrée, qui renferme une population laborieuse, opiniâtre, jalouse de ses priviléges, et fort attachée aux anciennes coutumes. Elle forme une seule province, dont le chef-lieu, *Pampelune* (en espagnol *Pamplona*), est une place forte, peuplée de 25 000 âmes, sur l'Arga. Au N. E. de cette ville, se trouve la vallée de *Roncevaux*, célèbre par la mort de Roland, neveu de Charlemagne. Dans le S. de la Navarre, on remarque *Tudela* et *Estella*.

RÉGION INTÉRIEURE DE L'OUEST. — Le *royaume de Léon*, borné au N. par la chaîne des Asturies, s'étend au S. jusqu'à la Sierra de Gredos, qui le sépare de l'Estrémadure. Le Duero le traverse de l'E. à l'O. Il compose les trois provinces de *Léon*, de *Zamora* et de *Salamanque*. — Léon est une ville fort ancienne, mais peu considérable; elle est remarquable par sa cathédrale, que l'on considère comme la plus belle église de l'Espagne. — *Zamora*, sur le Duero, est peuplée de 13 000 âmes. — *Salamanque*, qui en a 15 000, est célèbre par son université, et possède beaucoup d'édifices anciens, qui la firent surnommer la Petite Rome.

L'*Estrémadure* (souvent nommée, moins exactement, *Estramadure*), la plus riche contrée de l'Espagne du temps de la puissance de Rome, en est aujourd'hui la plus pauvre et la moins peuplée. Les habitants sont taciturnes et sérieux. Trois hautes chaînes de montagnes, qui courent généralement de l'E. à l'O., y déterminent deux grandes vallées, dont le Tage et la Guadiana occupent le fond.

L'Estrémadure forme les provinces de *Badajoz* et de *Caceres*. — *Badajoz*, peuplée de 22 000 âmes, est la ville la plus importante de la contrée. Son pont, sur la Guadiana, est un des plus beaux de l'Europe. *Merida*, autrefois l'une des plus florissantes colonies romaines en Espagne, sous le nom d'*Emerita-Augusta*, est à l'E. de Badajoz, dans la même province. — *Caceres* est une ville de 14 000 âmes. *Alcantara*, sur le Tage, est remarquable par son magnifique pont de construction romaine. L'ancien monastère de *Yuste*, dans la province de Caceres, fut la célèbre retraite de Charles-Quint après son abdication.

Région du centre. — La *Nouvelle-Castille* offre quelques vastes plaines et des plateaux fort élevés. Le Tage la parcourt, et y reçoit de nombreuses rivières. Le sol est fertile ; mais l'agriculteur indolent n'en tire pas tout le parti possible, et les regards sont trop souvent affligés de l'aspect nu et triste de la contrée.

Cette grande division comprend les provinces de *Cuenca*, de *Guadalaxara*, de *Madrid*, de *Tolède* et de *Ciudad-Real*. — Elle renferme la capitale du royaume, la belle ville de *Madrid*, dont le nom, d'origine arabe, signifie *maison du bon air*. Cette ville est située au centre de l'Espagne, sur le Manzanares, fort petite rivière, que l'on traverse sur de superbes ponts. Sa population est de 280 000 âmes. C'est, de toutes les capitales de l'Europe, la plus élevée au-dessus du niveau de la mer (680 mètres). On y remarque de superbes promenades, quelques beaux édifices, et quarante-deux places, entre autres la Grande-Place, célèbre par les courses de taureaux et les fêtes publiques. La plus belle promenade est celle du *Prado*.

Le *Pardo*, au N. de Madrid, est un joli château. L'*Escurial* ou plutôt *Escorial*, au N. O., dans la même province, renferme un magnifique édifice, qui fut destiné à être à la fois un monastère et une résidence royale ; Philippe II le fit bâtir en mémoire de la victoire de Saint-Quentin, qui avait été remportée le jour de saint Laurent : il voulut que ce bâtiment eût la forme d'un gril, instrument de mort du martyr de ce nom ; cette idée bizarre a fait élever aux angles du monument quatre hautes tours qui représentent les pieds du gril ; l'appartement destiné au roi en est le manche, et les onze cours carrées qui divisent l'intérieur sont les espaces compris entre les barreaux. — *Alcala de Henarez*, à l'E. de Madrid, est la patrie de l'immortel Cervantes et a encore une célèbre université. — La belle résidence royale d'*Aranjuez*, avec des jardins délicieux, est au S. de la capitale.

Guadalaxara est une vieille ville arabe. — *Tolède* ou *To-*

ledo, située sur le Tage, et peuplée de 16 000 âmes, au S. O. de Madrid, est fameuse par son ancienne importance. — *Ciudad-Real*, sur la Guadiana, est le chef-lieu d'une province qui a porté longtemps le nom de *Manche*. *Almaden*, dans cette province, est célèbre par ses mines de mercure.

On nomme ILES ADJACENTES des îles qui ne sont pas considérées comme colonies, mais comme formant deux provinces du royaume d'Espagne; ce sont les *Baléares* et les *Canaries*.

Les *îles Baléares*, situées à l'E. du royaume de Valence, sont au nombre de cinq; il y en a trois grandes: *Majorque*, placée au milieu du groupe; *Minorque*, à l'E.; *Ivice*, à l'O.; — et deux petites: *Formentera*, près et au S. d'Ivice; *Cabrera*, près et au S. de Majorque. — Les Baléares composent une province, dont le chef-lieu est *Palma*.

Majorque, en espagnol *Mallorca*, est riche en oranges, citrons, vins, etc., et a pour chef-lieu *Palma*, ville de 43 000 habitants, sur la côte du S. O., au fond du golfe du même nom.

Minorque, en espagnol *Menorca*, a pour chef-lieu *Mahon* ou *Port-Mahon*, ville de 14 000 habitants, avec un des plus beaux ports de la Méditerranée.

Ivice ou *Iviza* est la plus rapprochée du continent. Elle contient de riches salines et une ville du même nom.

Formentera et *Cabrera* sont fort petites, et ont pour toutes richesse des troupeaux de chèvres et de moutons.

Les îles *Canaries*, près de la côte d'Afrique, forment une province, qui a pour chef-lieu *Santa-Cruz*, dans l'île de *Ténérife*.

2. Chemins de fer.

Parmi les chemins de fer d'Espagne, on remarque celui de *Madrid* à *Aranjuez*, et d'*Aranjuez* à *Almanza*, près de laquelle naissent deux embranchements, l'un sur *Alicante*, l'autre sur *Valence*; (une branche se sépare de cette ligne pour se rendre à *Ciudad-Real*); — ceux de *Barcelone* à *Mataro* et à plusieurs petites villes voisines; — celui de *Tarragone* à *Reus*; — celui de *Langreo* à *Gijon*; — celui de *Cadix* à *Port-Sainte-Marie*, *Xerez*, *Séville* et *Cordoue*. — Il y a un chemin en construction de *Madrid* à *Saragosse* et de *Sara-*

gosse à *Barcelone*; un autre, de *Madrid* à *Bayonne*, par *Burgos* et *Vitoria*.

3. Gouvernement, Religion, Mœurs, Langues.

L'Espagne est une monarchie constitutionnelle. Il y a deux assemblées législatives : l'une, le sénat; l'autre, la chambre des députés ; on les désigne sous le nom général de *Cortès* (c'est-à-dire cours). Le catholicisme est la religion de ce pays.

Les Espagnols sont généralement de taille moyenne et bien faits ; ils ont peu d'embonpoint; leur teint est basané dans les parties méridionales, et pâle ailleurs. Les mœurs diffèrent beaucoup, suivant les provinces : cependant on peut dire qu'en général l'Espagnol est loyal, fidèle à sa parole, ami généreux, capable de grandes conceptions, mais qu'il offre souvent un mélange d'indolence et d'orgueil.

L'Espagne est un des pays les plus pauvres de l'Europe, malgré la richesse de son sol. C'est un de ceux où l'instruction du peuple a fait le moins de progrès. Il y a cependant douze universités : mais plusieurs de ces établissements sont bien déchus de leur ancienne splendeur. Ce fut dans le siezième siècle surtout que cette contrée brilla par la culture des lettres. Depuis quelques années, il s'y manifeste un nouvel essor très-remarquable vers l'instruction et l'industrie.

La langue espagnole, noble, sonore et poétique, est un des idiomes nés du latin; mais elle renferme aussi un grand nombre de mots dérivés de l'arabe, du tudesque et du celtique. C'est en Castille qu'on la parle avec le plus de pureté : voilà pourquoi les Espagnols l'appellent la *langue castillane*. Le catalan, qu'on parle dans le N. E., est une langue à part, dans laquelle ont été rédigés plusieurs ouvrages remarquables et de célèbres cartes marines du moyen âge. Le basque est la langue d'une partie des provinces de ce nom.

Géographie historique; colonies.

Les anciens donnaient à cette péninsule différent noms : ils l'appelaient tantôt *Hispanie*, tantôt *Ibérie*, tantôt *Hespérie* ou *Grande-Hespérie*, c'est-à-dire le *pays du Couchant*. Les Phéniciens vinrent s'y établir à une époque fort reculée. Les

Grecs y fondèrent aussi quelques colonies. Ensuite les Carthaginois soumirent peu à peu cette belle contrée; mais, dès le troisième siècle avant J.-C., les Romains commencèrent à leur en disputer la possession, et, après une lutte acharnée de deux cents ans, ils s'en virent complétement maîtres : ils la divisèrent d'abord en *Hispanie citérieure*, au N., et *Hispanie ultérieure*, au S. Plus tard, Auguste donna à la première le nom de *Tarraconaise*, et partagea la seconde en deux parties : la *Bétique*, à l'E., et la *Lusitanie*, à l'O.

Les fleuves de la péninsule portaient les noms suivants : *Minius* (Minho), *Durius* (Douro), *Tagus* (Tage), *Anas* (Guadiana), *Betis* (Guadalquivir), *Iberus* (Èbre), *Sucro* (Jucar).

Les anciens peuples les plus importants de la Tarraconaise étaient les *Celtibériens*, les *Contestans*, les *Édétans*, les *Ilergètes*, les *Vascons*, dont le nom s'est changé en celui de *Gascons*; les *Cantabres*, les *Astures*, les *Callaïques* ou *Calléciens*, les *Carpétans*, les *Orétans*.

Dans la Bétique, habitaient les *Turdétans*, les *Bastules*, les *Turdules*, les *Bastitans*.

On trouvait, dans la Lusitanie, les *Vettons*, les *Lusitaniens*, les *Celtiques*.

Parmi les villes de la Tarraconaise, on remarquait : *Barcino* (Barcelone), *Tarraco* (Tarragone), *Sagonte*, si célèbre par sa fidélité aux Romains; *Cæsar-Augusta* (Saragosse), *Lucentum* (Alicante), *Carthage la Neuve* (Carthagène), *Numance*, qui résista si longtemps aux Romains; *Cauca*, patrie de Théodose ; *Portus Calle* (Porto); *Toletum* (Tolède).

Dans la Bétique, on rencontrait : *Corduba* (Cordoue), patrie de Sénèque et de Lucain ; *Hispalis* (Séville); *Italica*, qui vit naître Trajan ; *Tartessus*, célèbre par ses mines d'or et d'argent; *Gadir* ou *Gades* (Cadix), qui fut, après Rome, la cité la plus peuplée de la république romaine; *Malaca* (Malaga); *Calpe* (Gibraltar).

La Lusitanie renfermait *Salmantica* (Salamanque), *Emerita-Augusta* (Merida), *Conimbriga* (Coimbre), *Olisipo* (Lisbonne), *Ebora* (Evora).

A la chute de l'empire Romain, l'Hispanie fut envahie par les *Vandales*, les *Suèves*, les *Goths*; ceux-ci furent les plus puissants, mais ils virent à leur tour leur royaume renversé par les *Maures* et les *Arabes* réunis, au huitième siècle. Quelques anciens Espagnols, réfugiés dans les montagnes du N., entreprirent de repousser ces étrangers, et bientôt s'élevèrent les royaumes chrétiens de *Galice*, de *Léon*, d'*Oviedo*, de *Castille* et d'*Aragon*. Les musulmans, de leur côté, après avoir formé longtemps la puissante et riche monarchie des khalifes de Cordoue, se divisèrent en plusieurs petits états, tels que les royaumes de *Cordoue*, de *Séville*, de *Jaen*, de *Grenade* et de *Valence*.

Après sept cents ans d'une lutte continuelle, la puissance musulmane fut enfin anéantie sous le règne de Ferdinand et d'Isabelle, qui, unissant les couronnes d'Aragon et de Castille, se trouvèrent maîtres de toute la péninsule, à l'exception du Portugal. Ce fut dans le même temps que Christophe Colomb découvrit l'Amérique, et procura ainsi à l'Espagne d'immenses et riches territoires.

La puissance espagnole augmenta encore sous Charles-Quint, qui se vit possesseur à la fois de l'Espagne, de l'Autriche et des Pays-Bas. Philippe II, son fils, joignit le Portugal à ses états, mais il perdit une partie des Pays-Bas par suite d'une insurrection, et l'Autriche était redevenue, à la mort de Charles-Quint, un état particulier. En 1640, le Portugal se rendit indépendant; dans le même siècle, Louis XIV enleva à l'Espagne ce qui lui restait des Pays-Bas; enfin, dans le siècle actuel, cette nation a perdu presque toutes ses colonies américaines, qui se sont érigées en républiques.

Les principales colonies qu'a conservées l'Espagne sont *Cuba* et *Puerto-Rico*, dans les Antilles, et les îles *Philippines* et *Mariannes*, dans l'Océanie. Sur la côte N. du Maroc, les Espagnols ont les *présides* (forteresses) de *Ceuta*, *Melilla* et quelques autres. Ils ont *Fernan-do-Po* et *Annobon*, dans le golfe de Guinée.

XIII. PORTUGAL.

DESCRIPTION PHYSIQUE. — DESCRIPTION POLITIQUE. — GÉOGRAPHIE HISTORIQUE.

Description physique.

1. Limites et Côtes.

Le Portugal est un petit, mais célèbre royaume, qui occupe, dans la partie occidentale de la péninsule Hispanique, l'espace compris entre l'embouchure du Minho et celle de la Guadiana. Il forme à peu près un parallélogramme, qui a 550 kilomètres du N. au S. et 175 de l'E. à l'O.; sa superficie est de 91 000 kilomètres carrés. On y compte environ 4 millions d'habitants.

Il est borné par l'Espagne au N. et à l'E. Ailleurs il est baigné par l'océan Atlantique. Celui-ci présente, sur les côtes occidentales du Portugal, un enfoncement assez grand, qui est renfermé entre les caps *da Roca* et de *Sines*, et qu'on peut appeler golfe d'*Estrémadure*, à cause de la province qu'il baigne. Ce golfe est divisé par le cap *Espichel* en deux parties, dont la plus méridionale et la plus profonde se nomme baie de *Setuval*.

C'est à la pointe S. O. du Portugal que se trouve le cap *Saint-Vincent*, extrémité S. O. de toute l'Europe. Le point le plus méridional du royaume est le cap *Sainte-Marie*. Sur la côte occidentale, un peu au N. du cap *da Roca*, est la petite presqu'île de *Peniche*, en face de laquelle se trouvent les îles *Berlingnes* ou *Berlengas*.

2. Aspect du sol, Productions, Montagnes, Cours d'eau.

Le Portugal est un pays montueux, entrecoupé de riantes vallées. Le climat est fort chaud sur la côte, mais doux et délicieux dans l'intérieur, et généralement très-sain. On y trouve une grande variété de richesses végétales : l'oranger, le citronnier, l'olivier, le dattier, le myrte, le laurier, y croissent, à côté du chêne-liége et du chêne vert à kermès. La vigne y donne d'excellents produits, et l'on récolte en abondance des melons, des pastèques, des amandes, des figues. Mais l'agriculture est dans un état peu avancé, et, malgré la fertilité du sol, beaucoup de parties restent incultes.

La substance minérale la plus productive pour ce pays est le sel, dont on fait une immense quantité dans les salines répandues le long de la mer.

Des ramifications des monts *Cantabres* s'élèvent vers les limites septentrionales du Portugal. Dans l'intérieur du pays, on remarque deux chaînes principales : l'une s'étend entre le Douro et le Tage, et va se terminer au cap da Roca ; elle porte successivement les noms de *Serra da Estrella* et de mont *Junto* ; c'est dans la Serra da Estrella que sont les plus hauts sommets du Portugal : ils atteignent environ 2000 mètres.

L'autre chaîne court entre le Tage et la Guadiana, et aboutit au cap Saint-Vincent. Elle s'appelle au N. *Serra de Portalegre*, et au S. *Serra de Monchique*.

Le Portugal est tout entier situé sur le versant de l'Atlantique. Il est arrosé par un grand nombre de cours d'eau, dont les plus importants sont le *Minho*, le *Douro*, le *Mondego*, le *Tage*, qui forme, avant d'entrer dans l'océan, une espèce de baie ou de lac appelée *mer de la Paille* ; le *Sadão*, qui tombe au fond de la baie de Sétuval ; la *Guadiana*, qui forme la cataracte du *Saut du Loup*.

Description politique.

1. Divisions et Villes principales.

Le Portugal se divise en 17 districts administratifs ; mais on fait toujours usage, dans le langage ordinaire, des six anciennes provinces suivantes :

Deux au N. du Douro.

1° La province d'ENTRE DOURO ET MINHO ; villes pricipales : *Braga* (16 000 hab.), *O Porto* ou *Porto*, anciennement *Portus Calle* (d'où est dérivé le nom de *Portugal*), ville commerçante, de 72 000 habitants, renommée surtout par ses vins, à l'embouchure du Douro.

2° La province de *Traz-os-Montes* (c'est-à-dire au delà des montagnes) ; ville principale, *Bragance*.

Entre le Douro et le Tage, s'étend l'ancienne province de

BEIRA, en partie couverte par la Serra da Estrella. On y voit *Viseu*, où se tient une foire célèbre ; — *Castello-Branco;* — *Coïmbre* (15 000 hab.), agréablement placée sur le Mondego, et fameuse par son université ; — *Lamego*, où s'assemblèrent, en 1145, les cortès qui établirent les bases de la constitution portugaise ; — *Ovar*, près de l'océan.

Une ancienne province s'étend sur les deux rives du Tage, vers l'embouchure de ce fleuve : c'est l'*Estrémadure*, qui a pour chef-lieu *Lisbonne*, capitale du royaume. Cette grande cité, nommée en portugais *Lisboa*, s'élève en amphithéâtre sur la rive droite du Tage, vers l'endroit où ce fleuve sort de la mer de la Paille. Elle se déploie sur une longueur d'environ 7 kilomètres, et sur une largeur de 3 à 4 kilomètres. Elle renferme 270 000 habitants. L'aspect en est magnifique : rien n'égale la belle perspective qu'offrent les nombreux vaisseaux arrêtés dans la vaste nappe d'eau du Tage, et l'ensemble des édifices, des hautes tours et des môles de la ville, dominée par des montagnes chargées de riches plantations. On remarque un contraste frappant entre la partie ancienne de Lisbonne, qui a échappé à l'affreux tremblement de terre de 1755, et la partie bâtie depuis cette époque : dans la première, les rues sont étroites et tortueuses ; dans la seconde, elles sont larges, bien alignées, et bordées de maisons d'un extérieur agréable. La plus belle et la plus grande place est celle du Commerce, au bord du Tage. Le plus beau monument est l'aqueduc d'Agoas-Livres, qui porte à la ville la plus grande partie des eaux qu'elle consomme.

Les environs de cette capitale sont enchanteurs : on y voit une infinité de maisons de campagne, généralement accompagnées de jardins charmants.

On distingue encore dans l'Estrémadure : *Mafra*, avec un magnifique édifice qui est composé d'un couvent, d'un palais et d'une église ; — *Santarem*, sur le Tage ; ancienne résidence des souverains ; — *Abrantès*, sur le même fleuve, dans une situation délicieuse ; — *Setuval* ou *Setubal*, port de mer commerçant, peuplé de 15 000 âmes.

Dans le S. du royaume, sont deux anciennes provinces, l'*Alentejo* et l'*Algarve*. — L'Alentejo s'appelle plus régulièrement *Alem-Tejo*, c'est-à-dire *au delà du Tage* ; c'est une contrée fort montagneuse et la moins riche du Portugal. *Evora*, qui en est le chef-lieu, a 12 000 habitants. On y trouve aussi *Elvas*, une des places les plus fortes de l'Europe. — L'Algarve, auquel les souverains du Portugal ont accordé le titre de *royaume*, était appelé le *Coin* par les anciens, à cause de sa position à l'angle S. O. de la péninsule. Le chef-lieu est *Faro*, port de mer. On y remarque encore *Tavira* et *Lagos*, autres villes maritimes.

On considère comme partie intégrante de la métropole ce qu'on appelle les *Iles Adjacentes*, c'est-à-dire les îles Açores et Madère, qui se rattachent à l'Afrique.

2. Chemins de fer.

Parmi les chemins de fer commencés en Portugal, on distingue ceux de *Lisbonne* à *Cintra* et à *Santarem*.

3. Colonies.

Le Portugal a eu d'immenses possessions, telles que le Brésil et une grande partie de l'Inde. Aujourd'hui, ses domaines hors d'Europe sont bien réduits. Les Açores et les îles Madère ne sont pas considérées comme colonies, mais sont une partie intégrante de la métropole. Les colonies proprement dites se composent de la capitainerie générale de *Mozambique*, de l'*Angola*, du *Benguela*, de la *Sénégambie portugaise*, des îles du *Cap-Vert*, de l'île du *Prince* et de celle de *Saint-Thomas*, en Afrique ; — de *Goa* et de quelques autres établissements, dans l'Hindoustan ; — de *Macao*, en Chine ; — des établissements de *Timor*, dans la Malaisie.

4. Gouvernement, Religion, Mœurs, Langue.

Le gouvernement du Portugal est une monarchie constitutionnelle. Les assemblées qui tempèrent le pouvoir du souverain portent, comme en Espagne, le nom de *Cortès*.

Le catholicisme est la religion de ce pays ; mais les autres cultes sont tolérés. Un patriarche qui réside à Lisbonne est le chef de l'Église portugaise.

Les Portugais sont d'une taille peu élevée, mais bien faits et robustes. Ils ont ordinairement de l'embonpoint. La population la plus belle et la plus vigoureuse est celle des provinces du N.

Cette nation est remarquable par sa douceur, sa politesse, sa prévenance envers les étrangers. Elle est courageuse et très-sobre; mais elle aime avec passion toute espèce de dissipation bruyante, comme la musique, la danse, les combats de taureaux. Les mœurs diffèrent, d'ailleurs, suivant les provinces : les habitants de l'Estrémadure et de l'Alentejo se montrent apathiques et indolents ; ceux des provinces du N. sont, au contraire, très-laborieux; les Algarviens se distinguent par leur vivacité, et ont la réputation d'être les meilleurs matelots du royaume.

La langue portugaise a une grande analogie avec l'espagnol : elle est douce, harmonieuse, énergique. Des écrivains de mérite l'ont illustrée, surtout au seizième siècle, qui vit fleurir le poëte Camoëns.

Géographie historique.

Le Portugal correspond à la plus grande partie de l'ancienne *Lusitanie;* il fut, comme le reste de la péninsule, envahi par les Maures au huitième siècle. Dans les guerres que les Espagnols entreprirent contre eux, Henri de Bourgogne rendit de grands services à Alphonse VI, roi de Castille, et celui-ci lui donna, comme récompense, le comté de Portugal (ainsi nommé de Portus Calle, aujourd'hui Porto).
Alphonse Henriquez fut proclamé roi en 1139, et fut le fondateur de la monarchie Portugaise. Au quinzième et au seizième siècle, cette nation courageuse s'attira l'admiration de l'Europe par ses expéditions lointaines, ses découvertes maritimes et ses importantes conquêtes en Afrique, dans l'Amérique, dans le midi de l'Asie, et jusque dans l'Océanie. En 1580, Philippe II, roi d'Espagne, s'empara du Portugal, qui reprit son indépendance en 1640.

XIV. ITALIE.

DESCRIPTION PHYSIQUE. — DESCRIPTION POLITIQUE. — GÉOGRAPHIE HISTORIQUE.

Description physique.

1. Limites, Étendue, Côtes.

L'Italie se compose d'une grande presqu'île et de plusieurs îles, dont les plus considérables sont la Sicile et la Sardaigne.

La presqu'île s'allonge du N. O. au S. E., entre la Méditerranée propre et la mer Tyrrhénienne, à l'O., la mer Ionienne, au S. E., le canal d'Otrante et la mer Adriatique, à l'E. Elle tient vers le N. O. à la France, et vers le N. à la Suisse et à l'Allemagne ; elle est en grande partie séparée de ces trois contrées par les Alpes.

Sa longueur est 1300 kilomètres, et sa largeur moyenne, de 200 kilomètres. La superficie de toute l'Italie, en y comprenant les îles, est de 286,000 kilomètres carrés, c'est-à-dire d'un peu plus de la moitié de l'étendue de la France. La population s'élève à 25 millions d'habitants, ou aux deux tiers environ de celle de la France. Ainsi, l'Italie est proportionnellement plus peuplée que notre pays.

La péninsule de l'Italie a grossièrement la forme d'une botte : au bout du pied, qui forme la presqu'île de *Calabre*, se présentent les caps *dell' Armi* et *Spartivento*; à l'extrémité du talon, qui est la presqu'île d'*Otrante*, se trouve le cap de *Leuca*. A l'O. de ce talon, s'ouvre le grand golfe de *Tarente*. Sur la côte orientale de la presqu'île, on remarque le vaste promontoire du mont *Gargano*, qui est comme l'*éperon* de la botte, et qui ferme au N. le golfe de *Manfredonia*.

L'Adriatique produit vers son extrémité N. O. le *golfe de Venise*, dont on étend quelquefois le nom à toute cette mer. Près de ce golfe, sont les marécages maritimes qu'on appelle *lagunes de Venise* et *lagunes de Comacchio*.

Du côté opposé de la péninsule, la Méditerranée propre forme le *golfe de Gênes*, large, mais peu profond, et remarquable par l'aspect magnifique de ses rivages. On donne à sa partie orientale le nom de *Rivière du Levant*, et à sa partie occidentale celui de *Rivière du Ponent* (du couchant).

A l'entrée de la mer Tyrrhénienne, la côte devient moins belle, et présente le territoire malsain de la *Maremme*. Un peu plus au midi, elle montre la région plus funeste encore des *Marais Pontins*, au S. desquels s'avance le cap *Circello*, promontoire fameux dans la mythologie, qui en avait fait le séjour de la magicienne Circé.

L'aspect du pays redevient superbe autour des golfes de *Gaëte*, de *Naples* et de *Salerne*; entre ces deux derniers, s'avance la pointe *della Campanella*. Plus loin, on distingue les golfes de *Policastro* et de *Santa-Eufemia*.

Un détroit fort resserré, nommé *Phare de Messine*, sépare

la presqu'île d'Italie de la Sicile, et fait communiquer la mer Tyrrhénienne à la mer Ionienne. On trouve à son entrée septentrionale le rocher de *Scylla* (en italien *Scilla*), écueil si redouté dans l'antiquité; dans l'intérieur même du canal, est le gouffre de *Kharybde*, fameux aussi par les dangers qu'il offrait à la navigation. Aujourd'hui les marins craignent moins le passage de Scylla et de Kharybde, soit que la disposition naturelle de ces parages ait changé, soit que le perfectionnement de la navigation ait diminué le péril.

2. Aspect général, Productions.

L'Italie est célèbre par la beauté de son climat, la fertilité de son sol, la variété de ses sites enchanteurs et les vénérables restes d'antiquité qu'elle présente à chaque pas. Au N., sont les hautes montagnes des Alpes, dont les glaciers et les neiges contrastent avec les vastes plaines du Pô, et d'où descendent d'innombrables rivières, dont plusieurs forment des lacs pittoresques. Au S., le sol est beaucoup moins bien arrosé, et il est exposé à de violents tremblements de terre; mais le ciel y est pur et admirable.

Le climat de l'Italie est généralement agréable et riant; cependant nous avons vu qu'il y a plusieurs cantons fort malsains; et il souffle quelquefois un vent méridional, suffocant et insupportable, qu'on nomme *scirocco*.

Parmi les productions végétales de cette contrée féconde, il faut nommer le riz, récolté dans les plaines humides du Pô; le maïs, le vin, des fruits exquis, surtout des oranges, des cédrats, des poncires, des limons, des citrons, des dattes, des figues, des pistaches, des caroubes, des olives; le coton et la canne à sucre, dans les cantons les plus méridionaux; les pins pignons, la réglisse, le safran, la garance, la manne, qui découle d'une espèce de frêne.

Les pâturages sont fort beaux et très-étendus; ils nourrissent des bœufs d'une grosseur remarquable, des buffles et des moutons estimés. On trouve en Sardaigne le mouflon, sorte de mouton sauvage. On se sert beaucoup des ânes et des mulets pour le transport des marchandises et des voyageurs. Les hautes montagnes renferment des ours, des lynx, des bouquetins, des blaireaux, des porcs-épics, des marmottes, des aigles, des vautours. Parmi les petits animaux venimeux, on doit citer le scorpion et la tarentule; parmi les insectes utiles, le ver à soie et l'abeille, qui donnent d'abondants produits. La pinne-marine, assez commune sur les côtes méridionales, est un mollusque accompagné d'un byssus, c'est-à-dire de fils qui servent à le fixer aux rochers, et qui, fins comme de la soie, sont employés à la fabrication d'étoffes d'une beauté admirable. Enfin les sèches des mers italiennes fournissent une excellente sépia; cette couleur est une liqueur que l'animal répand autour de lui pour troubler la transparence de l'eau et se soustraire ainsi plus facilement à la poursuite de ses ennemis; on voit aussi voguer souvent sur ces mers la coquille gracieuse de l'argonaute papyracé.

L'Italie a de grandes richesses minérales : tels sont ses beaux marbres, son albâtre calcaire, ses porphyres, son alun, son soufre.

3. Montagnes.

Les *Alpes* et les *Apennins* sont les principales montagnes de l'Italie; ils ne forment ensemble qu'une seule grande chaîne, qui s'étend depuis la frontière septentrionale de cette contrée jusqu'au Phare de Messine, et qui sépare la presqu'île en deux versants généraux : le versant de l'E., incliné vers la mer Adriatique et la mer Ionienne, et le versant de l'O., penché vers la Méditerranée propre et la mer Tyrrhénienne.

On considère le col d'*Altare* ou de *Cadibone*, au N. O. du golfe de Gênes, comme le point qui sépare les Alpes des Apennins. On appelle *Alpes méridionales* tout cet arc immense de montagnes qui se courbe à l'O., depuis le mont Saint-Gothard jusqu'au col d'Altare. Mais on a donné plusieurs dénominations particulières aux différentes parties de cette imposante chaîne : on l'appelle *Alpes Lépontiennes occidentales* depuis le Saint-Gothard jusqu'au mont Rosa; — *Alpes Pennines*, depuis le mont Rosa jusqu'au mont Blanc; — *Alpes Grecques* ou *Graïes*, du mont Blanc au mont Cenis; — *Alpes Cottiennes*, du mont Cenis au mont Viso; — *Alpes Maritimes*, entre le mont Viso et les Apennins.

Le point culminant des Alpes est le mont *Blanc*, situé sur la limite de la France et de l'Italie, et haut de 4810 mètres.

Viennent ensuite le mont *Rosa*; — le mont *Cervin*, dans les Alpes Pennines; — le mont *Iseran*, dans les Alpes Grecques; — le mont *Genèvre*, dans les Alpes Cottiennes, — le

Grand Saint-Bernard, dans les Alpes Pennines; — le mont *Cenis*, remarquable par une belle route construite en 1805, sous le gouvernement français; — le mont *Viso;* — le *Petit Saint-Bernard*, dans les Alpes Grecques.

Les Apennins, plus étendus que les Alpes méridionales, sont moins élevés et moins majestueux. Ils projettent quelques ramifications remarquables : à l'O., par exemple, le *Sub-Apennin toscan;* à l'E., le *Sub-Apennin garganien*, qui se termine au mont Gargano, et le *Sub-Apennin tarentin*, qui aboutit au cap de Leuca.

Les sommets les plus célèbres des Apennins sont le *Gran-Sasso d'Italia* ou mont *Corno*, le *Velino* et le mont de la *Sibylle*, situés vers le centre de la chaîne. Le premier a 2890 mètres de hauteur, et c'est le point culminant des Apennins.

Le sol italien présente deux des plus fameux volcans du monde : l'un est le mont *Vésuve* (en italien *Vesuvio*), sur la côte occidentale de la presqu'île, haut seulement de 1140 mètres, mais terrible par ses éruptions fréquentes, dont les plus célèbres sont celle de l'an 79 après J. C., la première connue, et celles de 1731, 1794, 1819, 1855, 1861 ; c'est le seul volcan proprement dit actuellement enflammé sur la partie continentale de l'Europe. Des croûtes de laves fumantes environnent le sommet de la montagne; en enfonçant des bâtons dans les substances molles et chaudes que l'on trouve en cet endroit, on les retire allumés. Le bord du cratère a environ 2 kilomètres de tour, et la profondeur de cet abîme est d'à peu près 115 mètres ; le fond en est uni et parsemé d'ouvertures par lesquelles sortent les vapeurs et les matières calcinées. — L'autre volcan est l'*Etna* ou *Gibello*, sur la côte orientale de la Sicile : il s'élève à 3237 mètres, et son cratère, toujours fumant, est entouré de neiges éternelles. Cette bouche a environ 4 kilomètres de circonférence. On distingue, en outre, un assez grand nombre de petits cratères sur les flancs de la montagne. Parmi les grandes éruptions de l'Etna, on remarque celles de 1669, 1755 et 1809.

4. Cours d'eau et Lacs.

C'est sur le versant oriental que coule le plus grand fleuve de l'Italie, c'est-à-dire le *Pô*, qui descend du mont Viso, et, après un cours de 600 kilomètres, se jette dans la mer Adriatique par plusieurs branches ; il charrie beaucoup de sable et de terre, et forme de grands atterrissements vers son embouchure. Il reçoit par la rive gauche la *Doire Ripaire*, la *Doire Baltée*, la *Sesia*, l'*Agogna*, le *Tésin* ou *Tessin*, en italien *Ticino*, sorti du lac *Majeur* ou *Maggiore*; l'*Adda*, qui forme le lac de *Côme*, très-belle masse d'eau, entourée des sites les plus pittoresques ; l'*Oglio*, rivière tortueuse, qui traverse le lac d'*Iseo* et reçoit la *Chiese*, sortie du petit lac d'*Idro*; enfin, le *Mincio*, qui sort du grand et beau lac de *Garde*. Par sa rive droite, le Pô se grossit du *Tanaro*, de la *Trebbia* ou *Trébie*, sur les bords de laquelle Annibal remporta la seconde de ses victoires en Italie ; il reçoit aussi le *Taro* et le *Panaro*. — On remarque encore sur le versant oriental : le *Tagliamento*, la *Piave*, qui sont des torrents fort larges à certaines époques, et de faibles cours d'eau le reste de l'année ; la *Brenta* et l'*Adige*, qui, ainsi que les deux précédents, ont leurs embouchures au N. de celles du Pô ; — le *Reno*, dont le cours inférieur traverse les lagunes de Comacchio, et aboutit au *Po di Primaro*, la branche la plus méridionale du Pô ; — l'*Uso* ou *Rubicone*, fort petit, mais fameux autrefois sous le nom de *Rubicon* ; — le *Metauro*, célèbre par la victoire que les Romains remportèrent près de ses bords sur Astrubal ; — la *Pescara* ou *Aterno* ; — l'*Ofanto*, près de la rive droite duquel est le fameux champ de bataille de Cannes ; — le *Bradano*, le *Basente* et le *Crati*, tributaire du golfe de Tarente.

Le *Tibre*, en italien *Tevere*, est un fleuve peu considérable, cependant le second de l'Italie pour la grandeur, et le premier du versant occidental. Il vient des Apennins, coule pendant longtemps dans une direction presque parallèle au faîte de ces montagnes, passe à Rome, et, après un cours d'environ 350 kilomètres, se jette dans la mer Tyrrhénienne par deux branches, qui forment l'île *Sacrée*. Il a des eaux toujours chargées d'un limon jaunâtre, et n'offre, en général, qu'un aspect peu agréable. Ses affluents sont, à gauche, la *Nera*, grossie du *Velino*, connu par de belles cascades ; et le *Teverone* (anciennement *Anio*), qui forme la grande cascade et les cascatelles de Tivoli ; — à droite, la *Chiana*, qui, par un phénomène remarquable, verse aussi ses eaux dans l'*Arno*.

Ce dernier fleuve est, après le Tibre, le cours d'eau le plus considérable du versant occidental; il arrose une contrée fertile et délicieuse.

On trouve sur le même versant : la *Roja*, vers la frontière de la France; — le *Serchio:* — l'*Ombrone*, dont l'embouchure est voisine de la lagune de *Castiglione;* — le *Garigliano*, sur un pont duquel Bayard soutint le choc des Espagnols; — enfin le *Volturno* ou *Vulturne*.

Les cours d'eau principaux des grandes îles italiennes sont : la *Flumendosa*, dans l'E. de la Sardaigne; l'*Oristano*, dans l'O. de la même île; la *Giarretta*, dans l'E. de la Sicile, et le *Salso*, dans le S.

Nous avons déjà nommé, en décrivant le bassin du Pô, plusieurs des beaux lacs qui s'étendent au pied méridional des Alpes.

Il y a quelques autres lacs assez considérables dans les parties moyennes de l'Italie. A l'O. des Apennins, on voit se succéder du N. au S. les lacs de *Pérouse* (anciennement *Trasimène*), de *Bolsena* et de *Bracciano;* le premier est célèbre par la victoire d'Annibal sur les Romains, l'an 217 avant J. C. — Au milieu d'un plateau situé sur la partie la plus élevée des Apennins, se trouve le lac *Fucino* ou de *Celano*. Il passe pour occuper le cratère d'un ancien volcan, et il est sujet à des crues qui menacent sans cesse les populations voisines. — Au S. E. de Rome, est le joli lac d'*Albano;* près du golfe de Naples, on remarque les lacs *Fusaro* (Achéron), *Averne*, d'*Agnano*, *Lucrin* et *Licola*, fort petits, mais très-intéressants dans l'histoire et la mythologie; tous ces lacs sont à la place d'anciens cratères.

On peut considérer comme une sorte de lacs les *lagunes de Venise* et de *Comacchio*, formées par le mélange des eaux de plusieurs rivières et de la mer, qui se sont épanchées sur une plage très-basse. Ces amas d'eau sont çà et là assez profonds pour recevoir des navires, et le tracé des endroits navigables y est indiqué par des pieux placés de distance en distance.

C'est dans la Lombardie et la Vénétie qu'on trouve le plus grand nombre de canaux : un des principaux est le *Naviglio Grande*, qui va de Milan au Tésin.

Description politique.

1. Anciennes divisions.

L'Italie était naguère partagée en neuf états :
1° Le royaume de *Sardaigne* ou les *États Sardes*.
2° La principauté de *Monaco*.
3° Le royaume *Lombard-Vénitien*, dépendant de l'empire d'Autriche.
4° Le duché de *Parme*.
5° Le duché de *Modène*.
6° Le grand-duché de *Toscane*.
7° Les *États de l'Église*.
8° La république de *Saint-Marin*.
9° Le royaume des *Deux-Siciles*, composé du royaume de Naples et de la Sicile.

Mais, à la suite de la guerre de 1859, un grand mouvement s'est opéré pour fondre tous les états italiens en un seul, avec le roi de Sardaigne pour chef. La plus grande partie de la péninsule est déjà réunie sous le gouvernement de ce prince, et sa monarchie a pris le nom de *royaume d'Italie*.

2. Divisions actuelles.

Royaume d'Italie.

L'ancien royaume de Sardaigne, qui a été le noyau du royaume actuel d'Italie, ne comprenait encore, en 1859, que le *Piémont*, la *Savoie*, le *Comté de Nice*, le *territoire de Gènes* et l'*île de Sardaigne*. Par suite de la guerre de 1859, la Lombardie, enlevée à l'Autriche, lui a été jointe ; mais il a cédé à la France la Savoie et la plus grande partie du Comté de Nice. Des annexions considérables sont venues l'augmenter dans l'Italie centrale et méridionale ; de sorte que le royaume actuel comprend : 1° dans l'Italie septentrionale, l'espace qui s'étend depuis les Alpes Pennines, Grecques, Cottiennes et Maritimes, du côté de la France, jusqu'au lac de Garde et au Mincio, du côté de l'Autriche : on y voit le *Piémont*, le territoire de *Gènes*, la *Lombardie*. — 2° A l'O., l'île de *Sardaigne*. — 3° Dans l'Italie centrale, les anciens duchés de *Parme* et de *Modène* ; l'ancien grand-duché de *Toscane* ; — la *Romagne*, l'*Ombrie*, les *Marches* (d'Ancône et de Fermo), qui dépendaient du pape. (Dans cette région centrale, les seules parties qui ne soient pas annexées au royaume d'Italie sont un petit territoire laissé aux États de l'Église et la république de Saint-Marin.) — 4° Dans l'Italie méridionale, le royaume de *Naples* et l'île de *Sicile*.

Le royaume d'Italie comprend ainsi une étendue de plus de 200000 kilomètres carrés et une population de 21 millions d'habitants.

Le PIÉMONT (en italien *Piemonte*) tire son nom de sa position au pied des monts : en effet, les Alpes et les Apennins l'enveloppent au N., à l'O. et au S.; dans l'intérieur, s'étendent de vastes et fertiles plaines, traversées de l'O. à l'E. par le Pô, et parsemées d'une quantité innombrable de villes et de villages.

La plus grande ville du Piémont est TURIN ou TORINO, la capitale du royaume, et l'une des plus belles villes de l'Europe; elle est agréablement située au confluent du Pô et de la Doire Ripaire, et compte 200000 habitants.

On remarque encore dans ce pays :

A l'O., *Suse*, l'antique *Segusio*, ancienne résidence de Cottius, qui régna sur les contrées environnantes, nommées depuis Alpes Cottiennes; — *Pignerol*, en italien *Pinerolo*, autrefois place très-forte, longtemps au pouvoir de la France, au seizième et au dix-septième siècle; dans son voisinage, sont des vallées habitées par la secte des Vaudois.

Au N., *Ivrée* et *Aoste*, sur la Doire Baltée.

A l'E., *Novare*, avec 15000 âmes, fameuse par une victoire des Autrichiens sur les Sardes en 1849; — *Pal'anza*, sur le lac Majeur, près des charmantes îles *Borromées;* — *Verceil* ou *Vercelli*, *Casal* ou *Casale*, citées souvent dans l'histoire des guerres d'Italie; — *Palestro*, qui fut le théâtre d'un brillant fait d'armes des Franco-Sardes, en 1859; — *Alexandrie de la Paille*, en italien *Alessandria*, ville très-forte, sur le Tanaro, peuplée de 45000 âmes, et près de laquelle est le village de *Marengo*, où les Français remportèrent une grande victoire sur les Autrichiens, en 1800; — *Voghera*, *Tortona*, *Asti*, *Novi*, le village de *Montebello*, connu par deux victoires des Français, en 1800 et en 1859.

Au S., *Carmagnole*, célèbre place forte; — *Coni* ou *Cuneo*, autre place forte, de 20000 âmes; — *Savigliano;* — *Saluces*

(*Saluzzo*), qui a appartenu à la France depuis le règne de François Ier jusqu'à 1601; — *Mondovi*, où les Français furent vainqueurs en 1796; — *Alba*, *Cherasco*, sur le Tanaro.

Dans la région maritime située au S. du Piémont et comprenant le territoire de *Gênes*, avec la partie du Comté de Nice qui est restée au royaume d'Italie, on distingue d'abord la grande ville de *Gênes*, en italien *Genova*, surnommée la *Superbe*, à cause de son aspect imposant et de la magnificence de ses palais. Elle est très-fortifiée, possède un beau port et fait un grand commerce. Cependant elle était autrefois beaucoup plus florissante, et longtemps elle a été l'une des plus puissantes républiques de l'Italie. On y compte 120 000 habitants. Elle se glorifie d'avoir donné naissance à Christophe Colomb[1]. — Ensuite on remarque *La Spezia*, à l'E. de Gênes, avec un bon port, destiné à devenir un grand port militaire; — *Savone*, *Oneille* et *Vintimille*, à l'O., places fortes et ports de mer; — *Chiavari*, ville industrielle et commerçante; — *Acqui*, *Albenga*, très-anciennes villes; — *Montenotte* et *Millesimo*, célèbres par des victoires des Français, en 1796.

La LOMBARDIE, partie occidentale de l'ancien royaume Lombard-Vénitien, est une des parties les plus belles de l'Italie : les Alpes s'y élèvent vers le N.; des lacs délicieux s'y étendent à leur pied; d'innombrables rivières en descendent et fertilisent partout le pays; le Pô baigne les plaines de la partie méridionale, où les rizières abondent, et où l'air est souvent insalubre. C'est la contrée la plus populeuse de l'Italie.

La plus importante ville est *Milan* (en italien *Milano*), ancienne capitale du royaume Lombard-Vénitien, grande et belle ville, située sur l'Olona, dans une magnifique plaine, avec une admirable cathédrale. Elle compte 170 000 habitants.

Au N. de Milan, on voit *Côme* ou *Como*, à l'extrémité S. O. du lac du même nom; — *Monza*, avec un beau palais, dont le musée renferme la célèbre couronne de fer; — *La Bicoque*, qui rappelle une défaite des Français en 1522.

---

1. Ce grand homme n'est pas né dans la ville même, mais dans le voisinage, à *Cogoleto*.

ITALIE. 361

Au N. E. de Milan, on remarque *Bergame* ou *Bergamo*, peuplée de 36 000 habitants; — *Sondrio*, chef-lieu de la province montagneuse de *Valteline;* — *Bormio*, près du fameux col du *Stelvio*, qui conduit de la Valteline dans le Tyrol.

A l'O., *Magenta*, *Turbigo*, célèbres par des victoires des Français en 1859.

Au S. et au S. E., on distingue: *Pavie*, sur le Tésin, ville fort ancienne, de 26 000 âmes, fameuse par son université et par la bataille qu'y perdit François Ier en 1525; — *Marignan* ou *Melegnano*, connue par une victoire du même roi, en 1515, et par une autre victoire des Français, en 1859; — *Crémone*, sur le Pô, ville de 27 000 âmes, remarquable par ses fabriques de soieries et de violons; — *Agnadel*, qui rappelle deux victoires des Français, en 1509 et 1705; — *Pizzighettone*, place très-forte, sur l'Adda.

Enfin dans la partie la plus orientale de la Lombardie, on trouve *Brescia* ou *Bresce*, ville très-forte et très-belle, renommée par ses nombreuses fabriques d'armes à feu, et peuplée de 35 000 habitants; — *Castiglione*, où les Français furent vainqueurs en 1796; — *Solferino*, où ils remportèrent une brillante victoire sur les Autrichiens, en 1859.

L'île de SARDAIGNE (en italien *Sardegna*), située au S. de la Corse, dont elle est séparée par les Bouches de Bonifacio, renferme de hautes montagnes, mais aussi des vallées très-fertiles; la culture y est assez négligée.

Elle est partagée en deux provinces: *Cagliari* et *Sassari*. La capitale de l'île est *Cagliari*, ville de 30 000 âmes, sur le golfe du même nom, dans le S. de l'île. — *Sassari*, dans le N., renferme 20 000 habitants.

Près de l'extrémité septentrionale de l'île de Sardaigne, à l'entrée orientale des Bouches du Bonifacio, est l'île de *Caprera*, fameuse par le séjour du général Garibaldi.

L'ÉMILIE comprend: 1° le territoire de *Parme*, renfermé entre les Apennins et le Pô, et qui a un sol généralement fertile, avec de bons pâturages. Les principales villes sont *Parme*, belle cité, sur une rivière du même nom, avec 30 000 habitants; *Plaisance* ou *Piacenza*, très-fortifiée, sur le Pô.

2° Le territoire de *Modène*, traversé par les Apennins, et qui s'étend depuis le Pô jusqu'à la Méditerranée. Il a pour villes principales : *Modène*, remarquable par ses beaux édifices, et peuplée d'environ 20 000 âmes ; *Reggio*, patrie de l'Arioste ; — *Correggio*, patrie du célèbre peintre Allegri, dit le Corrége (ou Correggio) ; — *Guastalla*, place très-forte, sur le Pô ; — *Massa*, près la mer ; — *Carrare* ou *Carrara*, connue par ses beaux marbres statuaires.

3° La *Romagne*, renfermée entre les Apennins et l'Adriatique, et entre le Pô et le Rubicon ; région fertile et riche, où l'on rencontre, en allant du N. au S. : *Ferrare*, ville de 30 000 âmes, sur une branche du Pô ; — *Bologne* (l'ancienne *Bononia*), peuplée de 80 000 habitants, célèbre par son université, qui a été l'une des plus brillantes de l'Europe ; — *Faenza*, où l'on a commencé, dit-on, à fabriquer cette poterie qui paraît en avoir pris le nom de faïence ; — *Imola*, sur l'antique voie Émilienne ; — *Ravenne*, ville de 18 000 âmes, située près de la mer, et anciennement plus importante qu'aujourd'hui ; — *Forli*, l'ancienne *Forum Jul* — *Cesena*, patrie des papes Pie VI et Pie VII ; — *Rimini*, ville maritime.

La TOSCANE, couverte au N. et à l'E. par les monts Apennins, renferme, au milieu, des vallées magnifiques, entre autres celles qu'arrosent l'Arno ; à l'O., le long de la mer, il y a des plaines basses, humides et généralement malsaines : on connaît ce territoire insalubre de la Toscane sous le nom de *Maremme*. En général, le pays offre une industrie active et une agriculture avancée. La population est de 1 million 800 000 habitants.

La capitale est *Florence* (en italien *Firenze*), dans le N. du grand-duché. Cette ville, située dans la vallée de l'Arno, est entourée de riches campagnes. La cathédrale, le palais Pitti, le Vieux palais, jadis habité par les Médicis, et la galerie de Médicis, regardée comme la plus belle collection d'antiquités, de sculptures et de tableaux, sont les principaux monuments de cette cité, qui fut le berceau des arts à l'époque de leur renaissance. Florence est célèbre par les grands hommes qu'elle a produits (Dante, Boccace, Cimabué, Giotto, Léon X, Michel-Ange, Machiavel, Améric Vespuce). On y compte 115 000 habitants.

Les autres villes du N. de la Toscane sont : *Pistoie* ou *Pistoja*, petite ville bien bâtie, au pied des Apennins ; — *Prato*, ville industrielle ; — *Arezzo* (anc. *Arretium*), ville antique, lieu de naissance de Mécène, de Pétrarque, du martyr saint Laurent et de Guido ou Gui, inventeur des notes de musique ; — *Lucques* (*Lucca*), ancienne capitale d'un duché du même nom, dans une belle situation, sur le Serchio, avec 25 000 habitants ; — *Pise*, sur l'Arno, orné de beaux monuments, tels que la cathédrale, la Tour penchée, et le Campo-Santo, vaste cour rectangulaire, qui renferme plus de six cents tombeaux en marbre de Paros. Il y a une célèbre université. C'est la patrie de Galilée.

Dans l'O., est *Livourne* (*Livorno*), ville populeuse et commerçante, de 90 000 âmes, avec un port sur la Méditerranée, un des plus fréquentés de l'Italie.

Dans le S., on voit : *Sienne*, en italien *Siena*, célèbre par son université, et la ville d'Italie où l'on parle l'italien le plus pur ; — *Volterra* (ancienne *Volaterræ*), avec des antiquités remarquables ; — *Chiusi* (ancienne *Clusium*), près de la Chiana ; — *Piombino*, petit port de mer, sur le canal du même nom, dans un pays malsain.

Sur les côtes de la Toscane, on trouve l'île d'*Elbe*, dont le chef-lieu est *Porto-Ferrajo*, petite ville très-forte, sur la côte septentrionale ; Napoléon Ier y résida comme souverain de l'île, depuis le mois de mai 1814 jusqu'au 26 février 1815. Cette île renferme d'inépuisables mines de fer, d'excellents pâturages, et ses côtes offrent une abondante pêche de thons et de sardines. — Au S. et au S. E. de l'île d'Elbe, sont plusieurs petites îles qui composent, avec elle, l'*archipel Toscan*; ce sont : *Pianosa* (l'ancienne *Planasia*), *Formica*, *Montecristo*, *Giglio*, *Giannutri*.

Au N. O., l'île de *Capraja* (anciennement *Ægilion* ou *Capraria*) a un bon port et une petite ville forte.

L'OMBRIE est une région intérieure, traversée par les Apennins. On y trouve : *Pérouse*, en italien *Perugia*, ville de 25 000 âmes, à l'E. du lac du même nom ; — *Assise* ou *Assisi*, patrie de saint François d'Assise et de Métastase ; — *Foligno*, bouleversée par un affreux tremblement de terre en 1832 ; — *Spolète*, en italien *Spoleto*, ancienne capitale d'un important duché du même nom ; — *Rieti* (l'ancienne *Reate*).

Les MARCHES (c'est-à-dire les Marches d'Ancône et de Fermo, et l'ancien duché d'Urbin), sont au S. E. de la Romagne, entre les Apennins et l'Adriatique ; elles forment une région fertile, dont la population est tout agricole, et où brille surtout la culture des oliviers, des mûriers et de la vigne. On y distingue : *Urbin* ou *Urbino*, patrie du grand peintre Raphaël ; — *Ancône*, ville forte et port de mer célèbre, avec 45 000 âmes ; — *Pesaro* et *Sinigaglia*, autres villes maritimes, dont la dernière est fameuse par ses foires ; — *Macerata; Fermo, Camerino, Tolentino*, village célèbre par un traité entre Bonaparte et le pape, en 1797 ; — *Lorette* (*Loreto*), remarquable par son sanctuaire de Notre-Dame.

Le territoire NAPOLITAIN était la partie la plus considérable du royaume des Deux-Siciles, qui vient d'être renversé et qui comprenait 108 000 kilomètres carrés, avec 9 millions d'habitants ; les Deux-Siciles se composaient : 1° de la partie continentale ou du *royaume de Naples*, qu'on désignait aussi sous le nom de *domaines en deçà du Phare;* 2° de l'*île de Sicile*, ou des *domaines au delà du Phare*.

Le territoire Napolitain occupe la partie méridionale de l'Italie ; il est renommé par la beauté de son climat, la fertilité de son sol et ses sites ravissants ; mais les feux souterrains le menacent sans cesse : des éruptions volcaniques et d'affreux tremblements de terre l'ont souvent désolé.

Il comprend 7 millions d'habitants et quinze provinces.

Les trois plus septentrionales sont les *Abruzzes*, provinces montagneuses, distinguées par les surnoms d'*Abruzze ultérieure Ire*, *Abruzze ultérieure IIe* et *Abruzze citérieure*. Les chefs-lieux sont *Teramo, Aquila*, au N. du lac Fucino, et *Chieti* (ancienne *Teate*), où a pris naissance l'ordre religieux des Téatins.

Au S. E. des Abruzzes, on trouve, le long de la mer Adriatique : la province de *Molise* ou *Sannio*, qui doit ce dernier nom à l'ancien *Samnium*, dont elle occupe une partie ; chef-lieu *Campobasso;* autre ville : *Isernia*, où une bataille se livra, en 1860, entre les Piémontais et les troupes du roi de Naples ; — la province de *Capitanate*, qui comprend le promontoire de Gargano et les petites îles Tremiti ; chef-lieu *Foggia*, avec 24 000 habitants ; — la *Terre de Bari*, dont le chef-lieu est *Bari* (27 000 hab.), sur l'Adriatique ; on y remarque aussi *Trani, Barletta*, autres villes maritimes, et le champ de bataille de *Cannes*.

Entre le canal d'Otrante et le golfe de Tarente, s'avance une presqu'île qui forme la province de la *Terre d'Otrante*. Le chef-lieu est *Lecce*, peuplée de 19 000 habitants. Les autres villes principales sont : *Tarente* ou *Taranto*, illustre dans l'histoire ancienne, mais bien déchue aujourd'hui ; — *Brindes* ou *Brindisi*, ville maritime, qui est l'ancienne *Brundusium*, où mourut Virgile ; — *Otrante* ou *Otranto*, la ville d'Italie la plus rapprochée de la Turquie.

La Terre d'Otrante, la Terre de Bari et la Capitanate ont été longtemps comprises sous le nom général de *Pouille* ou *Puglia* (ancienne *Apulie*).

Si l'on examine ensuite les provinces situées vers la mer Tyrrhénienne, la première qui se présente au N. est la *Terre de Labour*, en italien *Terra di Lavoro*, pays extrêmement fertile et qui correspond à une partie de l'ancienne et délicieuse Campanie : le chef-lieu est *Caserte*, ville de 26 000 habitants, remarquable par son magnifique château royal. — On y distingue aussi : *Capoue* ou *Capoa*, sur l'emplacement de *Casilinum* et près des ruines de l'ancienne ville de Capoue ; assiégée et prise par les Piémontais et les Garibaldiens, en 1860 ; — *Gaëte*, place forte, à la pointe d'une presqu'île qui ferme à l'O. le golfe de ce nom : ce fut, en 1860, le dernier asile du roi de Naples, qui y soutint un siége contre les Piémontais ; — *Aquino* (anciennement *Aquinum*), lieu de naissance de Juvénal et de saint Thomas d'Aquin ; — *Arpino*, l'ancienne *Arpinum*, patrie de Marius et de Cicéron ; — *Aversa*, qui fut la première principauté des aventuriers normands en Italie ; — *Nola*, où mourut l'empereur Auguste ; — *Pontecorvo*, sur le Garigliano ; naguère encore dépendance du pape ; — *San-Germano*, près des ruines de Casinum et près de la célèbre abbaye du *Mont-Cassin* ; — *Fondi*, où l'on récoltait le vin de Cécube ; — *Calvi* (l'ancienne *Cales*), dont les coteaux produisaient le falerne. — En face de la Terre de Labour, sont les îles de *Ponce* (Ponza), presque entièrement composées de la pierre du même nom.

Au S. de la Terre de Labour, est la province de *Naples*, la plus petite, mais la plus importante du territoire Napolitain, car elle renferme la capitale de ce pays, Naples, en italien Napoli (anciennement *Neapolis* ou *Parthénope*). Cette ville, qui, pour la population (450 000 habitants), est la première de l'Italie, occupe le septième rang parmi les métropoles européennes; elle est surtout admirable par sa situation : elle se déploie au fond du golfe du même nom, sur le penchant d'une suite de collines d'où la vue embrasse un immense et magnifique horizon. Trois forts la défendent : le château Neuf et le château d'OEuf, au bord de la mer, et le château Saint-Elme, dans l'intérieur, sur une hauteur. La principale rue de Naples est celle de Tolède, qui parcourt la ville du N. au S. La place la plus élégante est celle du Palais. L'édifice le plus remarquable est la cathédrale de Saint-Janvier.

Vers l'extrémité occidentale de la ville, est la montagne ds *Pausilippe* (*Posilippo*), traversée par une grotte fort longue qui sert de passage à une route; le tombeau de Virgile est au-dessus de l'entrée de cette grotte.

Dans l'O. de la province de Naples, on remarque : *Pouzzoles* (*Pozzuoli*), dont le voisinage offre les ruines de *Baïes* (*Baja*) et de *Cumes*; la Solfatare, petit volcan, d'où sort continuellement de la fumée, accompagnée de soufre; le Monte-Nuovo, montagne qui s'éleva tout à coup en 1538; la curieuse grotte du Chien, le lac Lucrin, le lac Averne, les Champs-Élysées, l'Achéron (aujourd'hui lac Fusaro), le port de Misène (aujourd'hui Mare Morto).

Dans la partie orientale de la province, on voit le bourg de *Portici*, au pied du Vésuve, avec un beau palais royal, des jardins délicieux, et les ruines d'*Herculanum*, engloutie sous les laves du volcan en l'an 79 après Jésus-Christ; — l'ancienne *Pompeï* ou *Pompeia*, qui fut aussi ensevelie par la même éruption, et qui, découverte seulement en 1755, a fourni des restes précieux d'antiquité; — *Castel-a-Mare*, qui occupe l'emplacement de *Stabiæ*, détruite par le même phénomène; — enfin *Sorrento*, patrie du Tasse.

A l'entrée du golfe de Naples, se trouvent plusieurs îles, dont les plus remarquables sont *Capri* (l'ancienne *Caprée*, devenue trop fameuse par le séjour de Tibère); *Ischia* (l'ancienne *Pithecusa*), qui a un sol volcanique, des sources thermales, des sites délicieux et des vins renommés; *Procida*, très-peuplée et située entre Ischia et la presqu'île de Baïes; *Vendotena*, au N. d'Ischia : c'est l'ancienne *Pandataria*, qui a été un lieu d'exil sous les empereurs romains.

Au S. E. de la Terre de Labour et de la province de Naples, on rencontre : 1° la *Principauté ultérieure*, chef-lieu *Avellino* (20 000 hab.); autre ville, *Bénévent*, qui appartenait naguère au pape; — 2° la *Principauté citérieure*, province maritime, chef-lieu *Salerne* (19 000 hab.), située sur le golfe du même nom, et célèbre autrefois par son école de médecine; on distingue encore, dans cette dernière province : *Amalfi*, sur le même golfe, longtemps florissante au moyen âge, et où Flavio Gioja perfectionna l'usage de la boussole; — *Nocera* (l'ancienne *Nuceria*).

La *Basilicate* est une assez grande province, située au S. E. des Principautés, et baignée d'un côté par le golfe de Tarente, de l'autre par la mer Tyrrhénienne. Le chef-lieu est *Potenza*. On y remarque aussi *Matera* et *Venosa*, l'ancienne *Venusia*, patrie d'Horace.

La *Calabre* est une presqu'île montagneuse, qui s'avance entre la mer Ionienne et la mer Tyrrhénienne, jusqu'au Phare de Messine. Elle compose trois provinces, qui sont, du N. au S. : la *Calabre citérieure*, chef-lieu *Cosenza*; — la *Calabre ultérieure IIe*, où l'on remarque *Catanzaro*, chef-lieu, et *Cotrone* (l'ancienne *Crotone*); — la *Calabre ultérieure Ire*, chef-lieu *Reggio*, sur le Phare de Messine.

La SICILE est de forme triangulaire, et reçut dans l'antiquité le nom de Trinacrie, à cause des trois caps remarquables qui la terminent : au N. E., le cap Faro (Pelorum); au S. E., le cap Passaro (Pachynum), et, à l'O., le cap Boeo (Lilybœum). A l'E., s'élève le mont Etna. Depuis le Phare de Messine jusqu'à l'extrémité occidentale de l'île, s'étend une longue chaîne de montagnes, qu'on peut considérer comme une continuation des Apennins. La fécondité des plaines de la Sicile la fit surnommer autrefois le grenier de Rome. Son beau ciel, ses vallées délicieuses, ses minéraux précieux, l'ont dans tous les temps rendue célèbre. Cependant on ne profite point complétement aujourd'hui de ses richesses naturelles, et presque partout elle offre l'aspect de la plus triste pauvreté. La population y est de 2 millions d'habitants.

L'île comprend sept provinces : celles de *Palerme*, *Messine*, *Catane*, *Noto*, *Caltanissetta*, *Girgenti*, *Trapani*. Les villes principales sont : *Palerme*, capitale de la Sicile, belle et grande ville de 200 000 habitants, placée au fond du golfe du même nom, dans une situation magnifique, sur la côte septentrionale de l'île; — *Messine* (l'ancienne *Messana*), peuplée de 100 000 habitants, sur le détroit auquel le phare de cette ville donne son nom; — *Milazzo* (l'ancienne *Mylæ*), située sur la côte nord, et dont la baie fut le théâtre de grands combats à différentes époques ; — *Catane*, très-belle ville maritime, de 60 000 habitants, située au pied et au sud du mont Etna, dont les éruptions l'ont détruite plusieurs fois ; — *Agosta* ou *Augusta*, avec un vaste port, sur la côte orientale ; — *Syracuse* ou *Siracusa*, maintenant ville fort médiocre, renfermée dans la petite île d'Ortygie, tandis que l'ancienne Syracuse était une ville immense, qui s'étendait non-seulement sur cette île, mais sur celle de Sicile ; — *Modica*, ville de 25 000 habitants ; — *Caltanissetta;* — *Girgenti* (20 000 hab.), aujourd'hui ville misérable, mais qui correspond à l'ancienne *Agrigente*, une des plus grandes et des plus florissantes cités de l'île ; — *Sciacca*, en face de laquelle s'est élevée subitement, en 1831, la petite île Julia ou Nérita, qui s'est abaissée depuis ; — *Marsala* (25 000 habitants), vers l'extrémité occidentale de la Sicile, avec des vignobles renommés et un bon port ; — *Trapani* (25 000 hab.), dans la même direction.

Plusieurs petites îles avoisinent la Sicile : au N., et dans la dépendance de la province de Messine, se trouvent les îles *Lipari* ou d'*Éole*, volcaniques et exposées à de terribles ouragans : les principales sont *Lipari*, *Salina*, *Vulcano*, et *Stromboli*, célèbre par son volcan ; — à l'O., près de Trapani, on trouve les îles *Égades;* — au S. O., entre la Sicile et l'Afrique, sont *Pantellaria*, île volcanique, et *Lampedouse*, qui est peut-être l'ancienne *Ogygie*, l'île de Calypso.

Au S., sont *Malte*, *Gozzo* et *Comino*, dont l'ensemble s'appelle les *îles de Malte* et qui sont soumises à l'Angleterre : elles seront décrites plus loin.

États de l'Église.

Les États de l'Église, appelés aussi *État Romain*, *État du Pape* ou *État Pontifical*, sont la possession temporelle du pape ; ils s'étendaient naguère de la mer Adriatique à la mer Tyrrhénienne, et depuis les lagunes de Comacchio et les bouches du Pô, au N., jusqu'aux marais Pontins, au S. Mais les événements récents qui ont changé la face de l'Italie n'ont laissé à ces États qu'un territoire assez limité, situé entre les Apennins et la mer Tyrrhénienne, et comprenant la Campagne de Rome et le Patrimoine de saint Pierre, c'est-à-dire ce que, dans l'administration papale, on appelle *légation* et *Comarca de Rome*, *délégation de Viterbe*, *délégation de Civita-Vecchia*, *légation de la Campagne* et *délégation de Frosinone*. On n'y compte guère que 700 000 habitants. Ce pays, surtout vers le S., offre, sur plusieurs points, des campagnes tristes et dépeuplées, où règne un air malsain. En général, l'industrie est peu active dans cette partie de l'Italie; mais il y a de belles récoltes de céréales.

Rome, capitale des États de l'Église et métropole du culte catholique, est sur les deux rives du Tibre. Elle a un circuit de plus de 22 kilomètres, mais les deux tiers de cet espace, à l'E. et au S., sont occupés par des vignobles, des champs de blé, des maisons de campagne et des jardins. On n'y compte que 185 000 habitants. Le Tibre parcourt cette ville du N. au S.; la partie située à l'E. du fleuve est de beaucoup la plus considérable; on y remarque les sept fameuses collines sur lesquelles était bâtie l'ancienne Rome, c'est-à-dire les monts Capitolin, Quirinal, Viminal, Esquilin, Palatin, Aventin et Célius. Le mont Pincio, au N. E., fait aujourd'hui partie de la ville. La portion placée sur la rive occidentale ou droite du Tibre est appuyée sur deux collines : le Janicule et le Vatican. — Cette ancienne reine du monde a aujourd'hui un aspect grave, triste et presque funèbre; elle ne retentit pas du mouvement et du bruit d'une grande capitale. Vers l'extrémité N. de la partie orientale de la ville, est la belle place du Peuple; c'est de là que partent les trois rues principales de Rome : la rue du Cours ou strada del Corso, qui va du N. au S., et qui est la promenade favorite des Romains; la strada di Ripetta, qui se dirige au S. O., et la strada del Babuino, qui va au S. E. Dans la partie occidentale de la ville, on admire la place Saint-Pierre, la plus belle de Rome. — De nombreux monuments s'offrent de toutes parts : parmi les anciens, on distingue surtout le Colisée ou Colosseo, immense amphithéâtre; le Panthéon ou l'église de la Rotonde, les Thermes de Dioclétien, la colonne Antonine et la colonne Trajane. Parmi les monuments modernes, le premier de tous est l'église de Saint-Pierre; ensuite se présentent l'église de Sainte-Marie Majeure et celle de Saint-Jean de Latran. Le pape a trois palais : celui du Vatican, qui tient à l'église de Saint-Pierre, et qui possède la cour du Belvédère, où se trouvent les superbes statues d'Apollon, de Laocoon et d'Antinoüs; le palais de Latran, et le palais Quirinal, résidence d'été des souverains pontifes. On remarque, dans la partie occidentale, un célèbre fort, le château Saint-Ange (ancien Môle d'Adrien). L'Académie de France, pour les jeunes artistes lauréats, occupe la villa Medici, sur le flanc du mont Pincio. Parmi les voies anciennes qui partaient de Rome, celle qui offre les antiquités les plus intéressantes est la voie Appienne, dirigée au sud vers les marais Pontins.

On remarque ensuite : *Ostie*, vers l'embouchure du Tibre, près de l'emplacement de l'ancienne ville de ce nom, célèbre par son port et sur le site de laquelle on a trouvé des antiquités curieuses; — *Civita-Vecchia*, principal port des États de l'Église sur la mer Tyrrhénienne; — *Viterbe* ou *Viterbo*, au S. E. du lac de Bolsena; — *Orvieto*, dans un territoire volcanique, fertile en vin renommé; — *Tivoli*, l'ancienne *Tibur*, dans une charmante situation, sur le Teverone; — *Velletri*, l'ancienne *Velitræ;* — *Frascati*, l'ancienne *Tusculum*, au milieu d'une délicieuse oasis de petites montagnes, qui contraste avec les tristes plaines de la Campagne de Rome; — *Albano*, sur le charmant lac du même nom, et à peu de distance de l'emplacement d'*Albe-la-Longue;* — *Terracine* (l'*Anxur* des Volsques), à l'extrémité méridionale des marais Pontins.

Vénétie.

La Vénétie, la seule partie de l'Italie qu'ait conservée l'Autriche, s'étend du lac de Garde et du Mincio à l'Adriatique, et depuis les Alpes Carniques et Cadoriques ou Vénitiennes jusqu'au Pô. L'aspect et les productions sont à peu près les mêmes que dans la Lombardie. Le charme d'une température très-douce y est trop souvent détruit par les miasmes des marais; les lagunes de Venise occupent, à l'E., une assez grande étendue. L'Adige franchit le pays du N. au S.

A ce gouvernement se trouve jointe une très-petite partie de la *Lombardie*, comprenant un étroit territoire à la droite du cours inférieur du Mincio, et quelques îles de cette rivière.

La capitale de la Vénétie est *Venise*, une des plus célèbres villes du monde, bâtie au milieu des lagunes, vers l'embouchure de la Brenta, sur quatre-vingts petites îles, qui communiquent entre elles par plus de trois cents ponts. Les canaux y tiennent lieu de rues, et les gondoles, de voitures. Le principal canal est le *canal Grande*, qui traverse toute la ville, et sur lequel on remarque le beau pont de Rialto. La place la plus remarquable est celle de Saint-Marc, centre de la gaieté et des amusements de Venise, et sur laquelle s'élèvent la belle église du même nom et l'ancien palais des doges. La position de Venise au milieu des eaux offre un aspect étrange et pittoresque. Un pont, long de près de 4 kilomètres, la joint au continent. Cette ville a été longtemps une des républiques maritimes les plus puissantes du monde. Aujourd'hui, quoique bien déchue, elle renferme encore 125 000 habitants, et c'est toujours une des plus belles cités de l'Europe. Les Italiens l'appellent *Venezia*, et les Allemands *Venedig*.

On remarque, au S. de Venise, la ville maritime de *Chioggia*, aussi dans les lagunes, avec 25 000 habitants; — à l'O., *Padoue* ou *Padova* (l'ancienne *Patavium*), ville de 50 000 âmes, fameuse par son université; — *Este*, qui a donné son nom à une célèbre famille, puissante au moyen âge; — *Vicence* ou *Vicenza*, qui a 36 000 hab.; — *Vérone*, place très-forte, avec 55 000 hab., sur l'Adige; — *Rivoli*, village devenu fameux par une grande victoire de Bonaparte en 1797; — *Arcole*, autre village, où les Français vainquirent les Autrichiens en 1796; — *Mantoue (Mantova)*, ville de 30 000 âmes, et place forte presque imprenable, dans un lac formé par le Mincio; aux environs, est le village de *Pietole*, l'ancien *Andes*, où naquit Virgile; — *Peschiera*, place forte d'une grande importance, sur une petite île formée par le Mincio, à sa sortie du lac de Garde; (Peschiera et Mantoue sont dans la partie de la Lombardie laissée à l'Autriche); — *Villafranca*, où la paix fut conclue, en 1859, entre l'empereur des Français et l'empereur d'Autriche; — *Legnago*, place très-forte, située sur l'Adige, et célèbre dans la campagne de 1796; cette ville forme, avec les places de Vérone, de Peschiera et de Mantoue, un *quadrilatère* fameux dans la stratégie.

Dans le S. du gouvernement de Venise, entre l'Adige et le Pô, on trouve *Rovigo*, chef-lieu d'une province nommée *Polésine;* — et *Adria*, ville fort ancienne, qui a donné son nom à la mer Adriatique.

Dans le N., on remarque *Bassano, Trévise, Feltre, Bellune*, enfin *Udine*, ville de 20 000 âmes, chef-lieu du Frioul italien, et près de laquelle sont le village de *Campo-Formio* ou plutôt *Campo-Formido*, où fut signé, en 1797, un important traité de paix entre la France et l'Autriche, et le château de *Passariano*, qui fut habité par Bonaparte pendant les préliminaires du traité.

Saint-Marin.

La petite république de Saint-Marin, peuplée de 8000 habitants, et enclavée entre les Marches et la Romagne, entre Urbin et Cesena, est un des plus anciens états de l'Europe. Elle doit son origine à saint Marin, qui vint se fixer dans ce lieu au cinquième siècle. Plusieurs personnes s'étant rassemblées autour de son ermitage, Marin leur transmit ses principes de liberté et d'égalité évangéliques. Peu à peu cette société s'agrandit et elle devint un état. La capitale, SAINT-MARIN ou SAN-MARINO, se trouve sur une montagne escarpée.

Monaco.

La petite principauté de *Monaco* est maintenant enclavée en France, dans le département des Alpes-Maritimes.

Iles anglaises de l'Italie.

Les îles de Malte, au S. de la Sicile, dont elles sont séparées par le canal de Malte, dépendent de l'Angleterre. *Malte* proprement dite (l'ancienne *Melita*) renferme plus de 100 000 habitants, malgré son peu d'étendue; ce n'était qu'un rocher aride, qu'on a rendu fertile à force de soins; elle est devenue célèbre par le séjour des chevaliers de Saint-Jean de Jérusalem, qui ont pris le nom de chevaliers de Malte. La capitale est *La Valette*, ville de 60 000 hab., une des places les plus fortes de l'Europe. — Les autres îles du groupe sont *Comino*, au N. O. de Malte, et *Gozzo*, la plus occidentale.

3. Chemins de fer.

Les principaux chemins de fer qu'on remarque en Italie sont ceux qui conduisent : de *Milan* à *Côme;* — de *Milan* à *Venise*, par *Vérone*, *Vicence* et *Padoue*, avec embranchements sur *Mantoue* et sur *Botzen* (Tyrol); — de *Venise* à *Trévise* et *Udine*, dans la direction de *Trieste* et de *Vienne;* — de *Turin* à *Alexandrie* et à *Gênes;* — de *Turin* à *Coni;* — de *Turin* à *Novare* et *Milan*, — de *Turin* aux *Alpes*, vers le *mont Tabor*, où les Alpes seront coupées par un tunnel dans la direction de *Chambéry*, de *Lyon* et de *Paris* ; — d'*Alexandrie* à *Plaisance, Parme, Modène, Bologne, Ravenne, Ancône* ; — de *Florence* à *Pise*, par *Lucques*, d'une part, et par *Empoli*, de l'autre ; — d'*Empoli* à *Sienne* ; — de *Pise* à *Livourne* ; — de *Rome* à *Frascati* et *Albano* ; — de *Rome* à *Civita-Vecchia* ; — de *Naples* à *Salerne* ; — de *Naples* à *Caserte* et *Capoue*.

4. Gouvernement, Religion, Mœurs, Langue.

Le gouvernement du royaume d'Italie est une monarchie constitutionnelle. Il y a deux assemblées : le sénat et la chambre des députés. Le pape, souverain des États de l'Église, est élu par les cardinaux. La religion catholique domine en Italie ; mais les autres cultes y sont tolérés.

L'Italien est bien proportionné ; il a la physionomie expressive, mais il manque de fraîcheur. C'est un peuple sobre, gai, spirituel et fin, mais trop souvent dissimulé et vindicatif. Il a de la persévérance dans ses entreprises, beaucoup d'aptitude pour les sciences et pour les arts.

La langue italienne est harmonieuse, douce et poétique. Elle se parle dans toute sa pureté en Toscane, mais Rome a la meilleure prononciation.

C'est au quinzième et au seizième siècle que l'Italie a surtout brillé par la culture des sciences, des lettres et des beaux-arts. Aujourd'hui l'instruction y est moins répandue qu'en France. Cependant elle reprend un essor remarquable ; il y a d'importantes universités : celles de Turin, Gênes, Cagliari, Sassari, Pavie, Padoue, Bologne, Sienne, Palerme, etc. Les bibliothèques et les musées de Rome, de Florence, de Naples, de Milan, de Venise, sont célèbres.

Géographie historique.

1. Temps anciens.

La péninsule d'Italie était anciennement divisée en trois parties : la Gaule Cisalpine, au N. ; — l'Italie propre, au milieu ; — et la Grande-Grèce, au S.

La GAULE CISALPINE, habitée par des nations d'origine gauloise, se divisait en quatre parties : 1° la GAULE TRANSPADANE, située au N. du Pô, et où se trouvaient les *Insu-*

briens, les *Orobiens*, les *Cénomans*; villes principales : *Mediolanum* (Milan), *Côme*, *Ticinum* (Pavie), *Crémone*, *Mantoue*, *Taurasia* (Turin), *Segusio* (Suse); — 2° la GAULE CISPADANE, c'est-à-dire en deçà du Pô, dont les principaux peuples étaient les *Anamans*, les *Boïens*, les *Lingons*; villes remarquables : *Placentia* (Plaisance), *Parme*, *Mutina* (Modène), *Bononia* (Bologne), *Ravenne*; — 3° la LIGURIE, placée autour du golfe Ligustique (golfe de Gènes); villes remarquables : *Genua* (Gènes), *Albium Ingaunum* (Albenga); — 4° la VÉNÉTIE, qui entourait l'extrémité septentrionale de la mer Adriatique, et qui comprenait à l'E. la *Carnie* et la presqu'île d'*Histrie*; elle tirait son nom de sa nation principale, les *Vénètes* ou *Hénètes*; villes remarquables : *Patavium* (Padoue), *Vérone*, *Adria* ou *Hadria* (qui a donné son nom à la mer Adriatique), *Aquilée*, *Tergeste* (Trieste), *Pola*.

L'ITALIE CENTRALE OU PROPRE renfermait : 1° l'OMBRIE ou UMBRIE, dont l'embouchure du Rubicon marquait l'extrémité septentrionale, et qui était bornée à l'E. par l'Adriatique, à l'O. par l'Apennin et le Tibre. Elle fut pendant longtemps habitée par les *Gaulois Sénonais*; villes principales : *Ariminium* (Rimini), *Camerinum* (Camerino), *Spolète*. — 2° Le PICÉNUM, situé au S. E. de l'Ombrie, entre l'Apennin et l'Adriatique; peuples principaux : les *Picènes* ou *Picentes*, les *Prætutiens*; villes remarquables : *Ancône*, *Asculum* (Ascoli), *Adria* (Atri). — 3° L'ÉTRURIE, appelée aussi *Tuscie* ou *Tyrrhénie*, et renfermée entre la Macra, l'Apennin, le Tibre et les mers Intérieure et Tyrrhénienne; les habitants s'appelèrent d'abord *Rasènes*; le nom de *Tyrrhènes*, qui leur fut imposé par les Grecs, venait de celui d'une colonie lydienne établie sur cette côte; les Romains leur donnèrent celui de *Tusciens* ou *Thusciens*, plus particulièrement appliqué à la caste des prêtres de la nation; et c'est ce dernier qui a formé les dénominations d'*Étrusques* et de *Toscans*. Villes principales : *Fæsulæ* (Fiesoli), *Florentia* (Florence), *Arretium* (Arezzo), *Pérouse*, *Clusium* (Chiusi), *Vulsinii* (Bolsena), *Faléries*, capitale des Falisques, *Tarquinies*, *Cære* ou *Agylla*, *Véies*. — 4° La SABINIE, ainsi nommée de son peuple principal, les *Sabins*, et comprise entre l'Apennin, le Tibre et l'Anio; villes principales : *Amiterne*, *Reate* (Rieti), *Cures*, *Fidène*; on trouvait, dans le S. de la Sabinie, la petite rivière *Allia* et le mont *Sacré*. — 5° Le LATIUM, situé vers le milieu de l'Italie, et borné au N. par l'Anio, au N. O. par le Tibre, à l'O. et au S. O. par la mer Tyrrhénienne, au S. par le Liris (Garigliano). Plusieurs peuples l'habitaient : on distinguait surtout, au N., les *Latins proprement dits*, les *Èques*, les *Herniques*, les *Rutules;* au S., les *Volsques*, les *Aurunces*. Ce fut dans ce pays, sur le mont *Palatin*, près de la rive gauche du Tibre, que Romulus fonda *Rome*, d'abord simple assemblage de cabanes grossières, auquel il donna une forme carrée. Tatius, roi des Sabins, étant venu s'établir dans les mêmes lieux avec une partie de son peuple, occupa le mont *Tarpéien*, appelé depuis *Capitolin*, situé un peu au N. O. du premier mont, et qui fut alors renfermé dans la nouvelle ville. Numa y ajouta une partie du mont *Quirinal*, placé au N.; Tullus Hostilius, le mont *Célius*, au S.; et Ancus Martius, le mont *Aventin*, aussi vers le S. Servius Tullius construisit un mur en pierre de taille autour de Rome, et y comprit le mont *Esquilin*, à l'E., le mont *Viminal*, au N., et le reste du *Quirinal;* à l'O., le mur s'avançait un peu à la droite du Tibre, jusqu'au pied du mont *Janicule*. Cette enceinte de la métropole romaine resta la même jusqu'à Sylla, qui l'agrandit un peu. Plusieurs empereurs firent ensuite des augmentations partielles; enfin Aurélien bâtit, en 271 après J. C., le mur qui a porté son nom, et qui pouvait être d'une étendue d'environ 18 000 mètres. Rome était traversée par trente et une rues principales, qui partaient toutes du *Milliaire doré*, placé au centre de la ville, près de la colonne Trajane. Sept ponts dont le plus méridional était le pont Sublicius, réunissaient les deux rives du Tibre. Plus de quarante portiques garnis des marchandises les plus riches, un grand nombre de cirques, d'amphithéâtres (dont le plus célèbre fut l'amphithéâtre Flavien, aujourd'hui Colisée), des arcs de triomphe, d'immenses thermes, des statues innombrables, des aqueducs, des tombeaux superbes, le vaste champ de Mars, situé dans le N. O., près de la rive gauche du Tibre, enfin plus de cinq cents temples, parmi lesquels on distinguait le Panthéon (dans le N. O.), tels étaient les principaux ornements de la capitale de l'empire Romain. Le célèbre *Forum* était vers le centre de la ville, à l'E. du Capitole. — Les autres principales villes de cette contrée étaient : au N., *Tibur* (Tivoli), sur l'Anio; *Præneste* (Palestrine), capitale des Èques; *Gabies; Tusculum* (Frascati), située près du petit lac Régille, et capitale des Latins proprement dits; *Albe-la-Longue; Ostie*, port de Rome, à l'embouchure méridionale du Tibre; *Laurentum; Lavinium;* — à l'O., *Ardée*, capitale des Rutules; — au S., *Suessa Pometia*, capitale des Volsques; *Velitræ* (Velletri), *Antium, Priverne* (Piperno), *Arpinum* (Arpino), *Aquinum* (Aquino), *Anxur* ou *Terracine, Casinum, Minturnes, Cajeta* (Gaëte), *Sinuessa*. — 6° Le Samnium, qui, situé à l'E. du Latium et au S. E. du Picénum, touchait au N. à la mer Adriatique, et descendait au S. jusqu'au golfe de Pæstum, formé par la mer Tyrrhénienne; principaux peuples samnites : les *Vestins*, les *Marrucins*, les *Marses*, les *Samnites* proprement dits, les *Caudins*, les *Hirpins*, les *Picentins;* villes : *Téate* (Chieti), *Marrubium, Corfinium, Anxanum, Bénévent, Caudium, Salerne*. — 7° La Campanie, resserrée entre le Latium, le Samnium et la mer Tyrrhénienne, et qu'ont peuplée les *Ausones* et les *Osques* ou *Vesques;* villes remarquables : *Venafrum* (Venafro), *Teanum* (Teano), *Suessa Aurunca* (Sezza), *Vulturnum, Capoue, Casilinum, Nola, Liternum, Cumes, Puteoli* (Pouzzoles), *Baïes* (Baja), *Naples* ou *Neapolis*, nommée d'abord *Parthénope; Herculanum, Pompeii* ou *Pompeia*, et *Stabiæ*, toutes trois détruites par l'éruption du Vésuve de l'an 79.

La Grande-Grèce ou Italie méridionale se divisait en quatre parties : 1° l'Apulie (nommée depuis *Pouille* ou *Puglia*), qui s'étendait entre l'Apennin et la mer Adriatique, et qui comprenait le promontoire du Garganus; elle eut pour habitants les *Dauniens*, d'origine grecque, et les *Peucétiens*, regardés comme une branche des Liburniens, venus de l'Illyrie. Villes principales : *Arpi* ou *Argyripe, Luceria* (Lucera), *Cannes, Canusium* (Canosa), *Venusia* (Venosa), *Barium* (Bari). — 2° La Messapie ou Iapygie, presqu'île resserrée entre le golfe de Tarente et la mer Adriatique; peuples principaux : *Messapiens* proprement dits, *Calabrois, Salentins*. Villes : *Tarente, Brundusium* (Brindes ou Brindisi). — 3° La Lucanie, entre le golfe de Tarente, à l'E., et la mer Tyrrhénienne, à l'O.; primitivement habitée par les *Œnotriens*, qui furent chassés par les *Lucaniens*, d'origine samnite. Villes : *Pæstum* ou *Posidonia* (Pesto), *Helea* ou *Elea, Métaponte, Héraclée, Sybaris* (ensuite nommée *Thurium*). — 4° Le Brutium, qui formait la partie la plus méridionale de l'Italie, c'est-à-dire la presqu'île située au S. O.

du golfe de Tarente, et resserrée entre la mer Ionienne, la mer de Sicile et la mer Tyrrhénienne. Villes : *Mamertum* (Oppido); *Scylla* (Scilla), près d'un écueil du même nom; *Rhegium* (Reggio); *Locres; Crotone* (Cotrone).

La SICILE, que sa forme triangulaire et ses trois caps remarquables (Pélore, Lilybée, Pachynum), aux extrémités N. E., occidentale et S. E., ont fait aussi nommer *Trinacrie*, portait également le nom de *Sicanie*. Les *Lestrygons* et les *Cyclopes* en avaient été, dit-on, les habitants primitifs. Les Phéniciens, les Grecs, les Carthaginois et les Romains y dominèrent tour à tour. Villes principales : sur le versant du N., *Myles* (Milazzo), *Tyndaris, Himera, Panorme* (Palerme), *Ségeste* ou *Égeste, Drepanum* (Trapani); — sur le versant oriental, *Zancle*, plus tard *Messana* (Messine); *Taurominium* (Taormina), *Catane*, la *Grande* et la *Petite Hybla*, *Leontini* ou *Leontium* (Lentini); *Syracuse*; — sur le versant méridional, *Gela, Enna, Agrigente* (Girgenti), *Sélinonte*. — Il faut encore remarquer *Lilybée* (Marsala), sur le promontoire du même nom, à l'extrémité occidentale de l'île.

La SARDAIGNE, ou pluôt SARDINIE, fut d'abord appelée *Ichnusa* ou *Sandaliotis* par les Grecs. Elle fut peuplée successivement par des colonies lydiennes, hispaniques, grecques, troyennes, phéniciennes, carthaginoises et romaines. Villes principales : *Olbia, Turris Libissonis*, au N.; *Caralis* (Cagliari), au S.

La CORSE ou CORSIQUE, située au N. de la Sardaigne, et séparée de celle-ci par le détroit de Taphros (Bouches de Bonifacio), était comptée parmi les îles italiennes. Les Grecs l'appelaient *Cyrnos*. Villes principales : *Nicée* ou *Mariana*, et *Aleria*, à l'E.

2. Moyen âge et Temps modernes.

Au milieu des nombreuses nations belliqueuses répandues dans l'ancienne Italie, on vit s'élever, par-dessus toutes les autres, celle des *Romains*, qui parvint à soumettre la plus grande partie du monde connu. L'immense empire Romain fut partagé, au quatrième siècle, en deux empires : celui d'ORIENT et celui d'OCCIDENT. Le premier comprenait deux préfectures : 1° celle d'*Orient*, divisée en diocèses d'Orient (Palestine, Syrie, etc.), d'Égypte, d'Asie (O. de l'Asie Mineure), de Pont et de Thrace ; 2° celle d'*Illyrie*, contenant les diocèses de Macédoine et de Dacie.—L'empire d'Occident renfermait aussi deux préfectures : 1° celle d'*Italie*, partagée en diocèses d'Italie, d'Illyrie et d'Afrique ; 2° celle des *Gaules*, composée des diocèses des Espagnes, de la Gaule et de la Bretagne. — L'Italie était le cœur de l'empire d'Occident ; mal défendue par ses faibles empereurs, cette contrée fut envahie au cinquième siècle par les peuples barbares venus du N. et de l'E. : les Goths, les Huns, les Hérules ; les généraux de Justinien la reprennent cependant, et l'*Exarchat de Ravenne*, soumis à l'empire d'Orient, est formé ; mais bientôt les Lombards établirent dans l'Italie septentrionale une monarchie qui a été longtemps puissante. Cette monarchie fut attaquée et anéantie par Pépin et Charlemagne, qui posèrent les premiers fondements de la puissance temporelle des papes. La Sicile, de son côté, était envahie par les Sarrasins ; ceux-ci furent chassés par les Normands, dont un prince, Roger, fonda enfin le royaume de Naples et de Sicile ou des Deux-Siciles. Le nord de l'Italie resta longtemps soumis aux empereurs d'Allemagne ; mais, au milieu des grands démêlés qui divisèrent ces empereurs et les papes, on vit s'y élever plusieurs républiques, principautés ou duchés célèbres, comme Venise, Gênes, Pise, Florence, Milan, Lucques, Sienne, Bologne, Parme, Plaisance, Modène, Ferrare, Reggio ; alors aussi se forma le comté de Savoie, dont les souverains furent la souche des rois de Sardaigne.

Le royaume des Deux-Siciles se trouva tour à tour occupé par les empereurs d'Allemagne, les comtes d'Anjou, les rois d'Aragon, les rois de France, et, après une longue suite de malheurs, de combats et de crimes, il passa enfin, en 1503, aux rois d'Espagne, qui l'ont conservé pendant deux siècles. Plusieurs des républiques du nord perdirent peu à peu leur indépendance : les unes retombèrent sous le pouvoir des empereurs, les autres devinrent la possession de divers princes italiens, dont les plus célèbres furent les Médicis, souverains de la Toscane. Le territoire de Naples et la Sicile furent de nouveau érigés, dans le dix-huitième siècle, en un royaume particulier. A la fin du même siècle, les victoires de Bonaparte réunirent à la France la Savoie et le Piémont ; la république de Gênes fut détruite, remplacée par la république Ligurienne, et ne tarda pas à devenir aussi un territoire français. La république Cisalpine, érigée vers le même temps par l'influence du même conquérant, se composait, en grande partie, des possessions autrichiennes de la Lombardie. Elle fut remplacée, en 1802, par la république Italienne. En 1805, fut créé, sous la souveraineté de l'empereur des Français, le royaume d'Italie, formé de cette république, de l'ancien État Vénitien et d'une assez grande partie des États de l'Église. Le reste des États de l'Église, la Toscane, les duchés de Parme et de Plaisance, furent réunis à l'empire Français, et le royaume de Naples (sans la Sicile) fut donné à un prince de la famille de Napoléon. Les événements de 1814 et de 1815 ont encore changé la face de ce pays, si souvent bouleversé par la politique, et alors furent établies les divisions de territoire qui existèrent jusqu'en 1859 (et dont il a été parlé page 358), excepté de légères modifications, comme l'annexion du duché de Lucques au grand-duché de Toscane, et celle de Guastalla au duché de Modène. En 1859, 1860 et 1861, d'importants changements ont eu lieu : la Lombardie a été enlevée à l'Autriche, et remise aux États Sardes ; toute l'Italie centrale (excepté un petit territoire gardé par les États de l'Église) et le royaume des Deux-Siciles sont devenus des dépendances du roi de Sardaigne, qui a pris le nom de roi d'Italie ; la Savoie et une grande partie du Comté de Nice, qui appartenaient à ce roi, ont été annexées à la France.

XV. TURQUIE D'EUROPE.

DESCRIPTION PHYSIQUE. — DESCRIPTION POLITIQUE. — GÉOGRAPHIE HISTORIQUE.

Description physique.

1. Limites, Étendue, Côtes.

La Turquie d'Europe, qui n'est qu'une partie de l'*empire Ottoman* (ou mieux *Othoman*), forme, avec la Grèce, la grande péninsule Turco-Hellénique, qui s'avance, à l'E. de l'Italie, entre les mers Adriatique et Ionienne, à l'O., et la mer Noire, la mer de Marmara et l'Archipel, à l'E.

La Turquie est au S. de l'Autriche, dont elle est séparée

par la Save, le Danube et les monts Carpathes, et au S. O. de la Russie, vers laquelle elle a pour frontières le Pruth et une ligne tirée un peu au N. des bouches du Danube. Au S., elle est bornée par la Grèce, vers laquelle elle est limitée par une ligne tirée du golfe de Volo au golfe d'Arta.

La plus grande longueur de cette contrée est de 1250 kilomètres, du N. E. au S. O.; sa largeur, du N. O. au S. E., est de 1000 kilomètres. Sa superficie est de 528 000 kilomètres carrés, équivalant à peu près à celle de la France; mais la population n'est que de 15 millions d'habitants. Tout l'empire Othoman, qui s'étend aussi dans l'O. de l'Asie et le N. E. de l'Afrique, renferme environ 36 millions d'hab.

Les côtes de la Turquie d'Europe sont fort irrégulières, surtout vers l'Archipel : le principal golfe que forme cette mer, nommée anciennement mer Égée, est celui de *Salonique*, à l'E. duquel s'avance la grande presqu'île de *Khalcidique*; cette dernière est terminée par trois petites péninsules : celles de *Cassandre*, de *Longos* et du mont *Athos*.

A l'E. de la Khalcidique, s'enfonce le golfe d'*Orphano* ou de *Contessa*. Plus loin, on rencontre celui d'*Énos*, et enfin le golfe de *Saros*, à l'E. duquel s'allonge l'étroite presqu'île de *Gallipoli*, l'ancienne *Khersonèse de Thrace*. Le long de cette péninsule, règne le détroit des *Dardanelles* (l'ancien *Hellespont*), resserré entre l'Europe et l'Asie, et communiquant de l'Archipel à la mer de Marmara, l'ancienne *Propontide*.

Le canal de *Constantinople* ou le *Bosphore de Thrace*, plus étroit et moins long que le détroit précédent, unit la mer de Marmara et la mer Noire, et sépare aussi l'Europe de l'Asie. Il ressemble à un fleuve majestueux, et ses rives sont embellies des paysages les plus agréables.

Le golfe de *Bourgas* est le plus remarquable de ceux que la mer Noire (l'ancien *Pont Euxin*) forme dans la Turquie européenne. Le cap *Émineh* est le principal des caps de cette contrée sur la même mer.

La mer Adriatique produit les golfes d'*Avlone* et du *Drin*.

2. Montagnes.

Dans la partie occidentale de la Turquie d'Europe, s'avancent les *Alpes orientales*, qui séparent le bassin de l'Adriatique de celui de la mer Noire. La partie de cette chaîne qui est renfermée en Turquie porte le nom d'*Alpes Dina-*

riques. Elle s'arrête au *Tchar-dagh* : là commencent deux branches, dont l'une se dirige à l'E et l'autre au S.

La branche de l'E. sépare longtemps les tributaires de la mer Noire de ceux de l'Archipel et de la mer de Marmara, et porte le nom général de *Balkan* (anciennement *Hæmus*). Au versant méridional du Balkan, se rattachent le mont *Strandja*, qui se prolonge du N. O. au S. E. jusqu'au canal de Constantinople, et le *Despoto-dagh*, l'ancien mont *Rhodope*, qui va se terminer vers le golfe d'Énos. — Une autre ramification méridionale du Balkan se termine au mont *Athos*, *Haghion-Oros* ou *Monte-Santo*, célèbre par ses nombreux couvents grecs. — Au versant septentrional du Balkan, se rattache la chaîne des montagnes de *Servie*, qui s'avance jusqu'au Danube, en face des monts *Carpathes*. Ceux-ci marquent, sur un assez grand espace, la limite entre l'Autriche et la Turquie, et forment, avec les montagnes de Servie, le fameux défilé des *Portes de Fer*.

La branche du S. s'élève entre le bassin de l'Archipel, d'un côté, et ceux de la mer Adriatique et de la mer Ionienne, de l'autre. On lui donne le nom général de chaîne *Hellénique* ; mais dans sa partie la plus élevée, elle s'appelle *Metzovo* ou *Pinde*. Parmi les ramifications de la chaîne Hellénique, on distingue : à l'O., les monts de la *Chimère* ou *Acrocérauniens*, qui se terminent au cap Linguetta, sur le golfe d'Avlone ; — à l'E., le mont *Lacha* ou *Olympe*, considéré par les anciens poëtes comme le séjour des dieux ; le mont *Kissovo* ou *Ossa*, et le mont *Zagora* ou *Pélion*, souvent nommé aussi dans les champs poétiques des Grecs.

Les plus hautes montagnes de la Turquie centrale sont dans le Balkan et dans ses rameaux immédiats ; l'un des points culminants est le mont *Rilo*, qui atteint à peu près 3000 mètres au-dessus de la mer. Dans la Turquie occidentale, le mont *Kom*, qui appartient aux Alpes Dinariques, n'est pas moins élevé. L'Olympe, la plus haute des montagnes de la Turquie méridionale, a aussi environ 3000 mètres.

3. Cours d'eau, Lacs.

Dans le bassin de la mer Noire, qui occupe le N. de la Turquie, on voit couler le *Danube* ; ce grand fleuve arrose de vastes plaines, et se jette dans la mer par trois embouchures principales, dont la plus importante pour la navigation est celle de *Soulina;* ses affluents les plus remarquables sur le territoire turc ou sur la frontière sont : à droite, la *Save,* grossie elle-même de la *Bosna* et de la *Drina;* la *Morava;* l'*Isker;* — à gauche, l'*Aluta,* le *Séreth,* le *Pruth.*

Dans l'Archipel, se rendent la *Maritza,* nommée anciennement *Hèbre;* le *Carasou* ou *Strouma* (l'ancien *Strymon*), le *Vardar* (l'ancien *Axios* ou *Axius*), la *Salembria* (l'ancien *Pénée*), qui arrose la délicieuse vallée de Tempé.

Les principaux tributaires de la mer Adriatique sont la *Narenta,* le *Drin,* la *Voïoussa.*

Vers la mer Ionienne, coule l'*Aspropotamo* (anciennement *Akhèloos* ou *Acheloüs*), dont le cours inférieur se trouve dans la Grèce.

Le *Cocyte* et l'*Achéron* sont deux petites rivières fameuses dans la mythologie, qui se rendent dans la mer Ionienne, au N. du golfe d'Arta, après avoir confondu leurs eaux dans un marais fangeux.

Le plus grand lac de la Turquie est le *Razeïn* ou *Razelm,* situé près et au S. des bouches du Danube, dont il reçoit quelques faibles branches.

Près du golfe d'Orphano, on trouve le lac *Takinos,* traversé par le Strouma, et le lac *Betchik,* dans la presqu'île de Khalcidique.

A l'O. de la chaîne Hellénique, on remarque le lac de *Scutari* ou de *Zanta,* qui s'écoule dans l'Adriatique par la rivière Boyana, et le lac d'*Okhrida,* auquel le Drin sert d'écoulement.

4. Aspect général du sol, Climat, Productions.

Le territoire généralement très-montagneux de la Turquie d'Europe y rend la température moins chaude que la latitude ne semble d'abord l'annoncer.

Entre les montagnes, s'ouvrent des vallées délicieuses et des plaines très-fertiles, où règne un doux climat, et où croissent en abondance les orangers, les grenadiers, les figuiers, les oliviers, la vigne, le maïs, le riz, le blé, le sorgho, le lin, le ricin, le cotonnier, le melon, les pastèques, le tabac, les mûriers propres aux vers à soie. On élève beaucoup de rosiers pour la fabrication de l'eau et de l'huile de rose. Le vallonée et la noix de galle sont deux productions importantes. Les bois de construction sont admirables. De tous les arbres fruitiers, le plus répandu est le prunier,

TURQUIE D'EUROPE. 383

Malheureusement l'agriculture est fort arriérée. L'aspect du pays au N. du Balkan est moins beau qu'au S.; le climat y est froid en hiver, et l'air malsain en plusieurs endroits du cours du Danube, aux bords duquel s'étendent des marécages.

Description politique.

1. Provinces et Villes.

Les contrées renfermées dans la Turquie d'Europe ne sont pas toutes complétement soumises à l'empire Othoman : il y a au N. trois grandes principautés slaves et roumaines qui ne sont que tributaires de cet empire ; en sorte que la Turquie d'Europe se partage en deux principales divisions : la *Turquie proprement dite*, et les *Principautés slaves* et *roumaines*, ou *Principautés danubiennes*.

Turquie proprement dite.

Les provinces renfermées dans la Turquie proprement dite sont la *Bulgarie*, la *Romélie*, la *Bosnie*, l'*Albanie* et la *Thessalie*. Mais les Turcs ne connaissent plus cette division, conservée par un ancien usage parmi les géographes : la partie européenne de leur empire est réellement partagée en *éyalets*, dont chacun est administré par un vali ou gouverneur général, et qui sont subdivisés en *livas* ou *sandjaks* (c'est-à-dire drapeaux), partagés eux-mêmes en *kazas* ou districts. Cependant, nous croyons devoir conserver ici les anciennes divisions, qui ont une grande célébrité historique[1].

La BULGARIE est une vaste province renfermée, entre le Danube, au N., le Balkan, au S., et la mer Noire, à l'E. L'extrémité N. E. de ce pays, renfermée entre la mer Noire et un grand coude que forme le Danube, forme la presqu'île de *Dobroudja*. La capitale est *Sophia*, au S. O., sur l'Isker, au pied des montagnes, avec 50 000 habitants. — A l'E., sur la mer Noire, on trouve l'importante place de *Varna*, qui

[1]. Il y a dans la Turquie d'Europe 14 éyalets ou gouvernements généraux ; Édirné (Andrinople), Silistrè (Silistri), Boghdan (Moldavie), Iflak (Valachie), Vidin, Nich, Uskup, Sirb (Servie), Belgrad (Belgrade), Bosna (Bosnie), Roumili, Iania, Sélanik (Salonique), Krid (Crète ou Candie). Constantinople forme, avec ses faubourgs, une division séparée.

répond à l'ancienne *Odessos*, et *Kustendjé*, sur l'emplacement de l'ancienne *Tomi*, fameuse par l'exil d'Ovide, et nommée ensuite *Constantia*. — Le long du Danube, on rencontre, en commençant par l'O. : *Vidin*, ville de 25 000 âmes; *Nikopol* ou *Nicopoli*, *Sistova*, *Roustchouk*, peuplée de 30 000 âmes; *Silistri*, de 20 000; *Rassova*, *Hirchova*, *Isaktcha*, toutes fortifiées, et plus ou moins célèbres dans l'histoire des guerres des Turcs et des Russes.

A peu près à égale distance du Danube et du Balkan, on trouve la célèbre place forte de *Choumla*, peuplée de 30 000 habitants. — *Tirnova*, à l'O. de Choumla, a été la résidence des derniers rois bulgares.

La plus importante et la plus belle province turque est la ROMÉLIE ou ROMANIE, ou, plus exactement, *Roum-ili*, c'est-à-dire *pays des Romains*[1]. Elle comprend la *Thrace* et la *Macédoine* des anciens. Elle est bordée par le Balkan, au N., la chaîne Hellénique, à l'O., et la mer, à l'E., au S. E. et au S. Elle renferme *Constantinople*, nommée en turc *Stamboul* ou *Istamboul* (et dans l'antiquité *Byzance*), capitale de l'empire Othoman, et admirablement située à l'entrée méridionale du Bosphore de Thrace. La ville proprement dite est sur un promontoire triangulaire composé de sept collines, et entouré par la mer de Marmara, au S., le Bosphore, à l'E., et un bras du Bosphore, au N. E. Ce bras, connu sous le nom de *Corne d'Or*, forme un des ports les plus beaux et les plus sûrs du monde. Il sépare Constantinople des grands faubourgs de Péra et de Galata, où habitent généralement les Européens de l'Occident, c'est-à-dire les *Francs*. Vue du côté de la mer, sur sept collines, qui s'élèvent en amphithéâtre, et que couronnent élégamment des dômes et des minarets de mosquées, entremêlés d'arbres et de quelques monuments anciens, cette immense cité présente une des plus belles perspectives qu'on puisse imaginer; mais l'intérieur ne répond pas à cette magnificence extérieure : presque toutes les rues sont étroites, irrégulières, encombrées d'immondices et de chiens errants. Cependant

---

[1]. Les Turcs désignaient sous le nom de *pays des Romains* tout l'empire Grec ou le Bas-Empire, qui n'était, en effet, que l'ancien empire Romain d'Orient; mais ce nom est resté seulement à la province dont il est ici question et qui fut la dernière et la plus précieuse possession de l'empire Grec.

on remarque quelques beaux édifices : le principal est le Sérail ou l'ancien palais du Grand-Seigneur, à l'extrémité orientale de la ville ; il est entouré de hautes murailles percées de huit portes, dont une est célèbre sous le nom de *Sublime Porte*[1]. On doit aussi distinguer la superbe mosquée d'Ahmed III, sur la place de l'Atmeïdan (l'ancien Hippodrome), et la mosquée de Sainte-Sophie, ancienne église chrétienne, construite sous Justinien. Constantinople renferme environ 700 000 habitants, en y comprenant tous les lieux qui bordent les deux rives du Bosphore, comme *Scutari* (en Asie), *Fondoukli*, *Béchiktach*, *Térapia* (sur la côte de l'Europe), etc. Il y a 400 000 musulmans ; il s'y trouve aussi un grand nombre de Grecs, qui habitent surtout le quartier du *Fanar*, et beaucoup d'Arméniens et de Juifs, occupés du commerce.

Les autres villes maritimes les plus intéressantes de la Romélie sont : *Rodosto*, port florissant de 40 000 âmes, sur la mer de Marmara ; *Gallipoli*, ville de 20 000 âmes, sur la presqu'île du même nom, et vers l'entrée septentrionale du détroit des Dardanelles ; *Salonique* (anciennement *Thessalonique*), ville très-commerçante, située au fond du golfe du même nom, et peuplée de 70 000 habitants.

Dans l'intérieur, on trouve, sur les bords de la Maritza, *Philippopoli* ou *Filibé*, *Andrinople* ou *Edirné*, qui a plus de 100 000 habitants, et qui occupe une des situations les plus riantes de la Turquie ; *Démotica*, fameuse par le séjour de Charles XII, roi de Suède ; *Uskub*, sur le Vardar ; *Bitolia* ou *Monastir*, sur le flanc de la chaîne Hellénique. — Près du golfe d'Orphano, est *Sérès*, ville de 30 000 âmes, dans un pays riche en tabac et en coton.

On trouve dans l'Archipel, près des côtes de la Romélie, quatre îles importantes : *Tasso* (anciennement *Thasos*), *Samotraki* (*Samothrace*), *Imbro* (*Imbros*), et *Lemno* ou *Stalimène* (*Lemnos*).

A l'angle N. O. de la Turquie d'Europe, est la province montagneuse de Bosnie, composée de la *Bosnie propre*, de la *Rascie*, de la *Croatie turque* et de l'*Herzégovine*. On remarque dans la première, *Bosna-Séraï* ou *Séraïévo*, avec

---

[1]. Voilà pourquoi, pour désigner le gouvernement turc, on dit souvent *la Sublime Porte* ou simplement *la Porte*.

70 000 habitants ; *Travnik* et *Zvornik*, places fortes ; — dans la Rascie, *Novi-Bazar* ; — dans la Croatie turque, *Bania-louka* ; — dans l'Herzégovine, *Mostar*.

L'ALBANIE est une longue province, qui s'étend du N. au S., depuis les Alpes Dinariques jusqu'au golfe d'Arta, et qui est renfermée entre la chaîne Hellénique, à l'E., et les mers Adriatique et Ionienne, à l'O. Des montagnes la couvrent presque partout ; les habitants, nommés *Arnautes, Albanais* ou *Skipétars*, sont belliqueux, ardents, très-enclins au brigandage et à la révolte. La ville principale de l'Albanie est *Ianina* ou *Iania*, ville de 40 000 âmes, sur un lac du même nom, dans un canton délicieux. Les autres villes remarquables sont *Scutari*, peuplée de 20 000 habitants, à l'extrémité méridionale du lac du même nom ; *Duratzo*, port de mer, célèbre autrefois sous le nom de *Dyrrachium* ; *Parga*, autre place maritime.

Dans le N. O. de l'Albanie, se trouve le petit pays montagneux de MONTENEGRO (en turc *Kara-dagh*, en slavon *Tzernagora*), qui a secoué depuis longtemps le joug des Turcs, et ne reconnaît que l'autorité de son prince. *Cettigne* est la capitale de cette région remarquable, dont les habitants, d'origine serbe et au nombre d'environ 140 000, sont célèbres par leur énergie et leur courage.

La plus petite et la plus méridionale des provinces continentales turques est la THESSALIE, qui faisait anciennement partie de la Grèce. Elle est renfermée entre le Pinde, à l'O., et l'Archipel, à l'E. Elle s'arrête vers le N. au mont Olympe, et elle commence vers le S. à l'entrée du golfe de Volo. C'est un pays fertile et délicieux, et l'on y voit la belle vallée de Tempé. Les villes principales sont *Larisse* ou *Iénichcher* et *Tricala* ou *Tirhala*.

Au S. de l'Archipel et au S. E. de la Morée, la Turquie possède l'île de CANDIE ou CRITI, en turc *Krid* (l'ancienne *Crète*), qui s'allonge de l'E. à l'O. ; c'est un pays fertile et beau, mais généralement pauvre aujourd'hui. Au centre, s'élève le mont Psilority ou Ida. La capitale est *Candie*, ville de 15 000 âmes, sur la côte septentrionale. On remarque, dans la partie N. O. de l'île, le port assez commerçant de *Canéa* ou *La Canée* (anciennement *Cydonie*).

Principautés tributaires slaves et roumaines.

La plus septentrionale des principautés tributaires est la MOLDAVIE, qui s'avance entre l'empire d'Autriche et la Russie, et qui a une population de 1 500 000 habitants. La capitale est *Iassy*, ville de 80 000 âmes. On remarque, au S. E. : la commerçante ville de *Galatz*, qui a un port très-fréquenté, sur le Danube ; *Ismaïl* ou *Toutchkov* (27 000 hab.), et *Kilia*, toutes deux sur le Danube, et qui ont été récemment cédées par la Russie en 1856. — *Fokchani*, moitié dans la Moldavie, moitié dans la Valachie, est le siége d'une commission centrale qui étend ses pouvoirs à la fois sur les deux principautés.

La seconde principauté est la VALACHIE, couverte au N. par les Carpathes, et bordée par le Danube à l'O., au S. et à l'E. Elle est, comme la Moldavie, habitée par une population roumaine. Elle a 2 500 000 hab. La capitale est *Boukharest*, grande ville, irrégulièrement, mais pittoresquement construite, et parsemée de jardins, avec une population de 130 000 habitants. — Au S., sur le Danube, on distingue la place forte de *Giurgévo*. — A l'O., est *Craïova*, capitale de la partie nommée *Petite Valachie*. — A l'E., est *Brahilov* ou *Ibraïla*, avec un port très-commerçant sur le Danube.

La SERVIE, ou mieux SERBIE, dont la population est slave et s'élève à 1 million d'habitants, forme la troisième principauté tributaire. Elle s'étend depuis le Danube et la Save jusqu'au Tchar-dagh. *Belgrade* (anciennement *Singidunum*), la capitale, peuplée de 30 000 âmes, est située à la jonction de la Save et du Danube. — *Sémendria* est au confluent de la Morava et du Danube. — *Kragouïévatz*, dans l'intérieur, est la résidence ordinaire du prince.

Il y a, au S. E. de la principauté, un territoire qu'on appelle *Serbie turque* ou *Vieille Serbie*, et qui dépend directement de la Turquie. On y voit la forteresse de *Nich* ou *Nissa*, patrie de Constantin le Grand.

2. Religion, Gouvernement, Habitants, Langues.

Les Turcs, qu'on appelle aussi *Osmanlis* ou *Ottomans*, sont mahométans de la secte d'Omar ; la règle de leur foi est le Koran. Le gouvernement est monarchique, mais n'est plus despotique comme autrefois. L'empereur a le titre de *sultan*, de *Grand Seigneur* ou de *Grand Turc*; il est en même temps souverain pontife. Le grand-vizir est le lieutenant du sultan en tout ce qui concerne le pouvoir temporel, et le grand-mufti ou cheikh-ul-islam (c'est-à-dire le grand-prêtre), en tout ce qui a rapport au spirituel. Les *oulémas* sont les docteurs chargés de l'interprétation du Koran et de l'enseignement dans les écoles supérieures ou *médressé*. Ils ont à la fois les fonctions sacerdotales et judiciaires. Comme administrateurs de la justice, ils se nomment *kadis*; comme interprètes de la loi, ce sont des *muftis*; comme ministres du culte, se sont des *imams*. On donne le nom de *divan* au conseil d'État, composé du grand-mufti ou mufti par excellence, du grand-vizir et d'autres ministres ou personnages importants. — Les divisions administratives ne sont plus dirigées par des pachas : le titre de *pacha* n'est plus qu'honorifique; les éyalets sont administrés par des *valis* ou gouverneurs généraux; les livas, par des *kaïmakams* (lieutenants); les kazas, par des *mudirs*.

Les trois principautés slaves et roumaines payent un tribut à la Porte; les princes de Serbie sont héréditaires et reçoivent l'investiture du sultan; la Valachie et la Moldavie sont réunies sous un seul prince ou *hospodar* qu'elles ont élu elles-mêmes et qu'a reconnu la Porte.

Les peuples, les cultes et les langues sont très-variés dans la Turquie d'Europe. Il n'y a que 2 millions de *Turcs*. Les autres nations principales sont : 1° les *Slaves*, au nombre de 6 millions (divisés en *Serbes* ou *Serviens*, *Bulgares*, *Bosniaques*, *Croates*, *Monténégrins*, *Dalmates*); — 2° les *Gréco-Latins*, comprenant les *Grecs* ou *Hellènes* (au nombre de 2 millions); les *Valaques* et les *Moldaves*, qu'on désigne ensemble sous le nom de *Roumains*, et qui forment 4 millions d'âmes; les *Albanais*, *Arnautes* ou *Skipétars*; — 3° les *Arméniens*, les *Juifs* et les *Bohémiens*, *Tchinganès* ou *Tsiganes*. On ne compte dans cette contrée que 4 millions de musulmans; il y a près de 11 millions de chrétiens grecs, qui ont un patriarche à Constantinople; il s'y trouve environ 300 000 catholiques, 400 000 arméniens, 200 000 Juifs, et 175 000 idolâtres (Bohémiens).

La population de l'empire Ottoman tout entier peut s'élever à 36 millions d'âmes, dont 25 millions dans les provinces immédiatement soumises.

Il y a naturellement autant de langues que de nations diverses : le turc, le grec, le roumain, le serbe, sont parmi les plus répandues.

Les Serbes, les Moldaves et les Valaques sont, de tous les peuples de la Turquie, les plus avancés dans la civilisation.

L'aspect des Turcs est avantageux ; des yeux noirs, un nez aquilin, des formes bien proportionnées, une démarche grave, un habillement qui tient le milieu entre le vêtement étroit des Européens et les amples draperies asiatiques, produisent un bel ensemble.

La polygamie est permise chez ce peuple ; mais les exemples en sont rares.

Les Turcs sont dédaigneux et vains ; indolents dans la paix, mais actifs et furieux à la guerre ; bons parents, excellents amis, mais cruels dans leur vengeance ; hospitaliers et magnifiques, souvent par ostentation ; honnêtes et polis envers les étrangers. Ils se sont longtemps montrés oppresseurs envers les *rayas* (troupeaux), c'est-à-dire envers les chrétiens qui sont fixés dans leur empire. — Peu de peuples ont poussé aussi loin le fanatisme religieux.

Le commerce est presque entièrement entre les mains des Grecs, des Arméniens, des Albanais et des Juifs.

L'ignorance est assez générale chez les nations de la Turquie ; cependant les derniers sultans ont fait de grands efforts pour introduire dans leurs états la civilisation et l'instruction de l'Occident, et des progrès sensibles se réalisent en ce moment. On appelle *tanzimat* cette réforme que le gouvernement introduit depuis quelques années dans les habitudes des Orientaux.

3. Chemins de fer.

Un chemin de fer coupe la Dobroudja, de Tchernaxoda, sur le Danube, à Kustendjé, sur la mer Noire.

4. Possessions hors d'Europe.

Les possessions que la Turquie a hors de l'Europe se divisent en possessions immédiates de l'empire et en territoires qui n'en reconnaissent que la suzeraineté.

Les premières composent la TURQUIE D'ASIE, qui comprend :
1° L'*Asie Mineure;*
2° L'*Arménie turque;*
3° Le *Kurdistan* (ancienne Assyrie);
4° L'*Al-Djézireh* (l'ancienne Mésopotamie);
5° L'*Irâc-Arabi* (l'ancienne Babylonie);
6° La *Syrie* (y compris l'ancienne *Palestine*).

Les parties qui ne reconnaissent que la suzeraineté de l'empire Ottoman sont : plusieurs petits états de l'O. et du N. de l'*Arabie;* la vice-royauté d'*Égypte*, avec les territoires qui en dépendent en *Nubie*, dans l'*Abyssinie* et dans le *Kordofan;* la régence de *Tripoli* (en Afrique) et celle de *Tunis.*

Géographie historique.

1. Temps anciens.

La région occupée aujourd'hui par la Turquie d'Europe correspond aux anciens pays de *Mœsie*, d'*Illyrie*, de *Macédoine*, de *Thrace*, d'*Épire*, et à cette partie du N. de l'ancienne Grèce qui portait et qui a conservé le nom de *Thessalie*.

La MOESIE s'étendait depuis le Drinus (Drina), à l'O., jusqu'au Pont Euxin, à l'E.; le Danube et la Save la limitaient au N., et le mont Hæmus, au S. La Bulgarie en a remplacé la partie orientale, et la Servie, la partie occidentale. Elle se divise en *Mœsie supérieure*, à l'O., et *Mœsie inférieure*, à l'E.

La Mœsie supérieure eut pour principaux habitants les *Mœsiens*, les *Scordisques* et les *Triballes*, qui étaient d'origine thrace. On y trouvait, le long du Danube : *Singidunum* (Belgrade), — *Viminacium;* — *Taliata*, près d'une belle cataracte, où le Danube commençait à prendre le nom d'Ister, et un peu au-dessous de laquelle était le merveilleux pont de Trajan; — *Ratiaria;* — *Naissus* (Nissa), fameuse par la naissance de Constantin le Grand et par la victoire de Claude II sur les Goths.

Dans la Mœsie inférieure, on voyait les *Gètes* et les *Crobyses*. Les villes les plus remarquables étaient *Œscus*, *Nicopolis* (Nikopos), sur le Danube, bâtie par Trajan, en mémoire des victoires qu'il remporta sur les Daces ; — *Sardica*, au pied du mont Hæmus, près de l'emplacement de la moderne Sophia; — *Tauresium* ou *Justiniana prima* (probablement Ghiustendil), patrie de l'empereur Justinien; — *Odessos* (Varna), intéressante par son port; — *Tomi* (plus tard *Constantia*, aujourd'hui Kustendjé), fameuse par l'exil d'Ovide.

L'ILLYRIE ou ILLYRIQUE s'étendait du N. O. au S. E., le long de la côte orientale de la mer Adriatique, depuis le golfe Flanatique (Quarnero) jusqu'un peu au S. de l'embouchure du Drilo (Drin); une petite partie de l'Istrie actuelle, la Croatie militaire, la Dalmatie, la Bosnie et le N. O de l'Albanie sont les pays qui correspondent à cette ancienne région;—le Titius (Kerka) divisait l'Illyrie en deux parties distinctes: la *Liburnie*, au N., et la *Dalmatie*, au S.

La Liburnie eut pour principaux habitants les *Liburniens*, qui passèrent en Italie et allèrent, dit-on, s'établir en Apulie; les *Iapodes* ou *Iapydes*, peuple valeureux, mais féroce, d'origine gauloise; et les *Posènes*, fixés dans la partie orientale du pays. — Les villes les plus remarquables étaient: *Metulum*, célèbre par le siége que les Iapodes y soutinrent contre Auguste; et *Iadera*, qui fut la capitale des Liburniens, et qui, sous le nom de Zara, est la capitale de la Dalmatie actuelle. — La Dalmatie eut pour habitants les féroces *Dalmates*, les *Taulantiens* et les *Labéates*. Les villes principales étaient: dans le N. O., *Salone*, célèbre par le séjour de l'empereur Dioclétien, qui termina ses jours dans un château voisin nommé Aspalatos;—au centre, *Delminium* ou *Dalminium* (Douvno), *Narona*, *Arduba*;—dans le S. E., *Épidaure* (Vieux-Raguse), sur l'Adriatique; *Scodra* (Scutari), *Lissos* (Alessio), vers l'embouchure du Drilo.

La MACÉDOINE s'étendait de l'E. à l'O., depuis le mont Rhodope et le fleuve Nestos (Mesto) jusqu'à la mer Adriatique[1], et du N. au S., depuis le mont Scardus (Tchar-dagh) jusqu'à la mer Égée. Elle correspond à la partie occidentale de la Romélie. Dans la région comprise entre le Nestos et le Strymon, on remarquait: *Philippes*, dans les plaines de laquelle Auguste et Antoine défirent les troupes de Brutus et

---

[1]. Elle s'arrêta longtemps aux monts Bermios et Boras, qui font partie de la chaîne Hellénique.

de Cassius ; — *Amphipolis*, près de mines d'or qui lui firent aussi donner le nom de *Chrysopolis*.

Dans la région renfermée entre le Strymon et l'Axios, se trouvaient *Stagyre*, illustrée par la naissance d'Aristote ; — *Olynthe*, qui fut détruite par Philippe ; — *Potidée*, connue par un long siége qu'en firent les Athéniens, et nommée plus tard *Cassandria* ; — *Thessalonique* (Salonique), à l'extrémité du golfe Thermaïque, qui avait conservé l'ancien nom de cette ville, appelée d'abord *Therma*. — La région comprise entre l'Axios et les monts Boras et Bermios avait pour villes principales : *Édesse* (Vodina), longtemps la capitale de la Macédoine ; — *Pella*, qui fut le siége du royaume depuis le règne de Philippe, et qui vit naître Alexandre le Grand ; — *Méthone*, *Dion*, *Pydna*, près de laquelle les Romains vainquirent Persée, en mettant ainsi fin au royaume de Macédoine. — La région située entre les monts Boras et Bermios et la mer Adriatique renfermait *Épidamne*, plus tard *Dyrrakhion* ou *Dyrrachium* (Duratzo), ville maritime, fameuse par l'exil de Cicéron ; — *Apollonie*, célèbre par la sagesse de ses lois et par la culture des lettres.

La THRACE (aujourd'hui partie orientale de la Romélie), située à l'E. de la Macédoine, était baignée à l'E. par le Pont Euxin et le Bosphore de Thrace, au S. par la Propontide, l'Hellespont et la mer Égée. Au N., elle était bornée par le mont Hæmus ; cependant on comprit sous Alexandre, dans le gouvernement de la Thrace, des peuples situés au N. de cette chaîne, entre autres les *Triballes*. — Dans le S. E., on remarquait la célèbre Khersonèse de Thrace, où un ruisseau tributaire de l'Hellespont, l'*Ægos-Potamos*, est devenu fameux par une victoire des Spartiates sur les Athéniens.— Villes principales : *Byzance* (qui prit dans la suite le nom de *Constantinople*), à l'entrée méridionale du Bosphore de Thrace ; *Périnthe* ou *Héraclée*, sur la Propontide ; *Callipolis* (Gallipoli) et *Sestos*, dans la Khersonèse ; *Abdère*, sur la mer Égée ; *Philippopolis* (Philippopoli) et *Orestias* ou *Hadrianopolis* (Andrinople), sur l'Hèbre, dans l'intérieur.

L'ÉPIRE était bornée à l'O. par la mer Ionienne et le canal qui joint cette mer à l'Adriatique ; vers le S., par le golfe d'*Ambracie* (d'Arta). — Son nom, qui signifie *Continent*, lui venait sans doute de sa situation près de l'*île* de Corcyre.

La partie méridionale de l'Albanie répond à ce pays. — L'Épire comprenait, au N. O., la *Khaonie* ; au S. O., la *Thesprotie* ; au S., la *Molosside* ou le pays des *Molosses*. Sur le détroit qui sépare Corcyre du continent, s'élevait *Buthroton* (Butrinto).

Dans le S., on remarquait *Ambracie* (Arta), un peu au N. du golfe du même nom ; — *Nicopolis* (Prevesa), fondée par Auguste à l'entrée du golfe d'Ambracie, en face d'Actium. — Dans l'intérieur du pays, *Passaro*, et, vers l'endroit où s'est élevée Ianina, *Dodone*, célèbre par son temple de Jupiter et sa forêt sacrée, dont les chênes rendaient des oracles.

2. Moyen âge et Temps modernes.

Alexandre fut le premier qui réunit tous ces divers pays sous une seule domination : l'illustre Macédonien comprit, en outre, dans son empire, l'O. de l'Asie (jusqu'à l'Indus) et l'Égypte. Ce vaste empire se démembra bientôt. Les Romains finirent par s'emparer de la plus grande portion, et les provinces que nous venons de décrire furent renfermées dans l'empire d'Orient, qui devint plus tard l'empire Grec ou le Bas-Empire.

L'empire d'Orient fut violemment ébranlé par les Goths, les Huns, les Avares, les Bulgares ; il se trouva un moment soumis, dans le treizième siècle, aux Croisés, qui fondèrent l'empire Latin d'Orient. Il reprit son indépendance ; mais, vivement attaqué par les Turcs, il fut enfin anéanti, au quinzième siècle, par cette nation à demi barbare, sortie du centre de l'Asie. Quelques seigneurs français, vénitiens et génois étaient cependant restés, depuis les Croisades, maîtres de quelques territoires, surtout dans la Grèce, que les Turcs finirent par soumettre aussi tout entière. L'empire Othoman, longtemps redoutable, a décliné sensiblement depuis le commencement du dix-septième siècle : les Russes lui ont enlevé la Crimée, la Bessarabie et quelques autres parties ; la Grèce a recouvré sa liberté, et, de toutes parts, les gouverneurs de province se sont rendus presque indépendants.

XVI. GRÈCE ET ILES IONIENNES.

DESCRIPTION PHYSIQUE DE LA GRÈCE. — DESCRIPTION POLITIQUE DE LA GRÈCE. — GÉOGRAPHIE HISTORIQUE DE LA GRÈCE. — ILES IONIENNES.

Description physique de la Grèce.

1. Limites, Étendue, Côtes.

La Grèce ou Hellas, longtemps soumise à l'empire Turc, forme aujourd'hui un royaume indépendant, renfermé entre l'Archipel, à l'E., la mer Ionienne, à l'O. et au S., et la Turquie, au N. Elle a environ 270 kilomètres du N. au S., à peu près autant de l'E. à l'O., 47 600 kilomètres carrés, et ne contient qu'un peu plus d'un million d'habitants; c'est à peu près la population de deux ou trois départements français ordinaires.

La Grèce se compose de deux parties : la *Grèce septentrionale* ou l'*Hellade*, et la *Morée*; elles sont unies l'une à l'autre par l'isthme de *Corinthe*, resserré entre le golfe de *Lépante* (anciennement de *Corinthe*), à l'O., et celui d'*Athènes* ou d'*Égine* (ancien golfe *Saronique*), à l'E.

Peu de contrées ont des côtes aussi découpées; de toutes parts se présentent, en Grèce, des presqu'îles et des golfes. Au N. E. du golfe d'Athènes, s'avance la presqu'île d'*Attique*, terminée par le cap *Colonne*, l'ancien promontoire de *Sunion* ou *Sunium*. Près de la limite septentrionale du pays, l'Archipel forme le golfe de *Zeïtoun* (ancien golfe *Maliaque*). C'est au S. E. de ce golfe que s'allonge, fort près du continent, la grande île de *Négrepont* ou *Égripos*, l'ancienne *Eubée*; le long détroit qui la sépare de la terre ferme porte différents noms : au N. O., il s'appelle canal d'*Atalanti*; au milieu, dans sa partie la plus étroite, il se nomme *Euripe* ou *Evripos*, et c'est de ce nom qu'est dérivé celui d'Égripos, donné à l'île; dans le S. E., on l'appelle canal de *Négrepont*.

La *Morée*, l'ancien *Péloponnèse*, est une presqu'île, unie, comme nous avons vu, à la Grèce méridionale par l'isthme de Corinthe. Les anciens en ont comparé la forme à celle d'une feuille de platane; on peut aussi la comparer à une main ouverte. Elle est découpée par le golfe de *Nauplie* (ou d'*Argolide*), à l'E.; par ceux de *Marathonisi* (ou de *Laconie*) et de *Coron* (ou de *Messénie*), au S., et par celui d'*Arcadia* (ou de *Cyparisse*), à l'O. On remarque, en outre, au N. O., le golfe de *Patras*, devant l'entrée du golfe de Corinthe, auquel il communique par un détroit nommé quelquefois *Petites Dardanelles*.

A l'E., la Morée projette la presqu'île d'*Argolide*, qui se termine par le cap *Skylli*. Au S., elle présente trois autres presqu'îles : celle de *Monembasie*, avec le cap *Malio* ou *Saint-Ange*; celle du *Magne* ou *Maïna*, avec le cap *Matapan* (l'ancien promontoire *Ténare*), qui est la pointe la plus australe du continent européen, et où se trouve une grotte considérée par les anciens comme une des entrées des enfers; enfin la presqu'île de *Messénie*, avec le cap *Gallo*. — A l'extrémité occidentale de la Morée, s'offre le cap *Tornèse*.

2. Montagnes.

La chaîne *Hellénique* parcourt toute la Grèce du N. au S., en séparant les eaux tributaires de l'Archipel de celles qui se jettent dans la mer Ionienne : elle passe par l'isthme de Corinthe, et se termine par deux rameaux aux caps Malio et Matapan. Les principales parties de cette chaîne sont, dans la Grèce septentrionale, le *Pinde*, jadis consacré aux Muses; le *Guiona*, haut de 2435 mètres, point culminant de la Grèce; le *Vardoussia*, le *Liakoura* ou *Parnasse*, le *Zagora* ou *Hélicon*, l'*Élatéa* ou *Cithéron*, souvent nommés chez les anciens poëtes. — En Morée, on distingue le mont *Malévo*, dans le rameau qui va au cap Malio, et les montagnes du *Magne* ou de *Pentédactylon* (l'ancien mont *Taygète*), dans celui qui va au cap de Matapan.

Les branches orientales les plus remarquables de cette chaîne se trouvent dans la Grèce septentrionale : l'une est l'*Œta* ou *Koumaïta*, qui forme, avec le golfe de Zeïtoun, le fameux défilé des *Thermopyles*; un autre compose les montagnes de l'*Attique*, auxquelles appartient le mont *Hymette* ou *Trélovouno*, célèbre par son excellent miel.

Les principales branches occidentales de la chaîne Hellénique sont dans dans la Morée : la première qui se présente est le *Ziria* ou *Cyllène*; — la seconde est dirigée vers la presqu'île de Messénie, et surmontée du mont *Lycée* ou *Diaphorti*.

3. Cours d'eau, Lacs.

Les principaux cours d'eau du versant oriental, c'est-à-dire de l'Archipel, sont tous dans la Grèce septentrionale. On voit d'abord l'*Hellada*, anciennement *Sperkhios*, qui se jette dans le golfe de Zeïtoun près et au N. O. des Thermopyles. — Le *Mavronéro* ou *Mavro-potamo* (ancien *Céphisse*) se rend dans le lac de *Topolias* ou de *Livadie*, nommé anciennement *Copaïs*, lac funeste par ses débordements et ses miasmes, et qui s'écoule, dit-on, par un gouffre souterrain, dans le canal d'Atalanti; ce lac reçoit au S. E. les eaux du lac *Likaris* (anciennement *Hylica*). Il s'y écoule encore le *Permesse*, ruisseau fameux dans l'antiquité parce qu'il était consacré aux Muses.

Sur le versant occidental ou de la mer Ionienne, il faut remarquer, aussi dans la Grèce septentrionale, l'*Aspropotamo* (*Akhéloos* ou *Achéloüs*), assez grand fleuve, qui débouche à l'entrée du golfe de Patras, après avoir reçu les eaux du lac de *Vrakhori*; et le *Fidaris* ou *Événos*, qui a son embouchure vers le milieu du même golfe.

Dans le N. de la Morée, on trouve la *Calavrita*, ancien *Crathis*, qui se jette dans le golfe de Lépante, après avoir reçu le *Styx*, petite rivière fameuse chez les anciens, qui en avaient fait un fleuve des enfers. La *Rouphia*, anciennement *Alphée*, le plus grand cours d'eau de la Morée, se rend dans le golfe d'Arcadia. L'*Iri* ou *Vasili-potamo* (ancien *Eurotas*), qui tombe dans le golfe de Marathonisi, était célèbre autrefois parce qu'il baignait les murs de Sparte.

4. Aspect général du sol, Climat, Productions.

La Grèce offre des aspects variés, des points de vue admirables. Le climat est doux et généralement salubre; cependant quelques parties des côtes et les rives du lac Topolias sont marécageuses et malsaines. L'agriculture est fort négligée, et cette contrée, quoique fertile, produit peu de grains; elle offre, presque partout, une population très-pauvre. L'olivier abonde, et il y a des vins et des raisins renommés, des cédrats, des limons, des oranges, du coton, des grenadiers, des mûriers. De belles forêts ombragent les montagnes, et les campagnes incultes sont ornées de buissons de lauriers, de myrtes, de réglisses; les vers à soie et les abeilles donnent d'excellents produits.

On retire beaucoup de sel des lagunes des côtes; les éponges qu'on pêche dans l'Archipel sont un objet important de commerce.

Description politique de la Grèce.

1. Divisions, Villes principales et Iles.

La Grèce est divisée en dix nomes ou départements, qui sont : dans la Grèce septentrionale, ceux d'*Attique-et-Béotie*, de *Phthiotide-et-Phocide*, d'*Acarnanie-et-Étolie*; — dans la Morée, ceux d'*Argolide-et-Corinthie*, d'*Akhaïe-et-Elide*, d'*Arcadie*, de *Messénie*, de *Laconie*; — dans l'Archipel, ceux d'*Eubée* et des *Cyclades*. — Ces nomes se divisent en éparchies.

GRÈCE SEPTENTRIONALE. — *Athènes*, capitale de la Grèce et chef-lieu du département d'Attique-et-Béotie, est située sur les bords de l'Ilisse et du Céphise, deux petites rivières qui vont tomber, non loin de là, dans le golfe d'Athènes. Parmi les vestiges de l'antique splendeur de cette illustre cité, on distingue l'Acropolis ou la citadelle, et le Parthénon ou le temple de Minerve. Athènes, après être restée longtemps, sous les Turcs, dans l'état le plus misérable, s'est beaucoup augmentée et embellie dans ces dernières années; on y compte 30 000 habitants. La petite ville du *Pirée* lui sert de port.

On rencontre encore, dans la Grèce septentrionale : *Thiva* (l'ancienne *Thèbes*), près et au S. du lac Likaris; — *Livadie*, à l'O. du lac Topolias ou de Livadie; — *Marathon*, *Mégare*, *Lepsina* (l'ancienne Éleusis), trois endroits jadis si célèbres, et qui ne sont aujourd'hui que de petits villages; — *Lamia* ou *Zeïtoun*, chef-lieu du département de Phthiotide-et-Phocide, vers le golfe de Zeïtoun ; — *Salona* ou *Amphisse*, vers le golfe de Salona, un des enfoncements du golfe de Lépante, et près du village de *Castri*, bâti sur l'emplacement de l'ancienne *Delphes*; — *Lépante* ou *Énébakht* (l'ancienne *Naupacte*), vers l'entrée du golfe auquel elle donne son nom ; — *Missolonghi*, ou mieux *Mésolonghi*, chef-lieu du département de l'Acarnanie-et-Étolie; fameuse par le siége qu'elle soutint contre les Turcs, en 1826, et par la mort de lord Byron pendant ce siége.

Près de la côte de l'Attique, on trouve, dans le golfe d'Athènes, l'île de *Colouri*, fameuse autrefois sous le nom de *Salamine*, et, un peu plus au S., l'île d'*Égine* ou *Enghia*.

Morée. — *Patras*, place forte, sur le golfe du même nom, est le chef-lieu du département d'Akhaïe-et-Élide. — *Nauplie de Romanie*, chef-lieu du département d'Argolide-et-Corinthie, est une place très-forte, sur une langue de terre qui s'avance dans le golfe de Nauplie; cette ville a été quelque temps le siége du gouvernement grec. — On remarque encore en Morée : *Argo* ou *Argos*, vers l'extrémité du golfe de Nauplie; — *Corinthe*, intéressante par son commerce de raisins secs, d'huile et de kermès, près et au S. O. de l'isthme auquel elle donne son nom et vers le fond du golfe de Lépante; — *Karvathy*, village fameux par les ruines de *Mycènes*; — *Tripolitza* ou *Tripolis*, chef-lieu du département d'Arcadie, au centre de la presqu'île, vers l'emplacement de l'ancienne *Mantinée*; — *Arcadia* ou *Kyparissia*, sur le golfe du même nom; — *Navarin*, avec un vaste port, dans lequel les flottes française, anglaise et russe remportèrent une grande victoire sur la flotte turco-égyptienne en 1827; — *Modon*, *Coron*, ports de mer; — *Calamata* ou *Calamai*, autre port, chef-lieu du département de Messénie; — *Sparta*, petite ville nouvelle, chef-lieu du département de Laconie, et bâtie sur les ruines de l'ancienne *Sparte*; — *Mistra*, très-près de ces ruines; — *Monembasie* ou *Nauplie de Malvoisie*, située sur une petite île de l'Archipel, unie au continent par un pont.

Près de la côte orientale de la Morée, vers l'Argolide, sont les îles florissantes de *Poros*, *Hydra* et *Spetzia*.

Eubée et les Cyclades. — La plus grande île de la Grèce est *Eubée*, *Égripos* ou *Négrepont*, avec la ville de *Négrepont*, *Égripos* ou *Khalcis*, chef-lieu du département d'Eubée, sur le détroit d'*Euripe* ou *Evripos*, qui donne son nom à l'île et qui est fort resserré en cet endroit. Au N. E., sont les îles de *Scopélo* et de *Skyro* (*Scyros*).

La Grèce possède aussi les *Cyclades*, c'est-à-dire les îles *rangées en cercle*. Ces nombreuses îles peuvent être distribuées en quatre parties : le groupe du N., le groupe du centre, la chaîne de l'O. et les îles du S. Dans le premier, on distingue : *Andro* ou *Andros*, avec un sol fertile; — *Tine* ou *Tino* (anciennement *Ténos*), la plus verdoyante des Cyclades et riche en bons vins; — *Myconi* (*Myconos*); — la *Petite Sdili*, îlot montagneux et stérile, qui est l'ancienne *Délos*, célèbre dans l'opinion des anciens par la naissance d'Apollon et de Diane, et considérée par eux comme le lieu le plus sacré des Cyclades; — *Syra* ou *Syros*, île froide et humide, mais où se trouve l'importante ville d'*Hermopolis* ou *Syra*, chef-lieu du département des Cyclades.

Le groupe du centre comprend *Naxie* ou *Naxos*, la plus grande des Cyclades; — *Paro* ou *Paros*, riche en beaux marbres; — *Anti-Paro* (*Oléaros*), avec des cavernes et des stalactites curieuses; — *Amorgo* ou *Amorgos*, très-fertile; — *Nio*, l'ancienne *Ios*, célèbre par le tombeau d'Homère.

La chaîne de l'O. s'étend du N. au S.: on y distingue : *Zéa* (*Céos*), avec de bons pâturages et d'excellents fruits; — *Thermia* (*Cythnos*); — *Serpho* (*Sériphos*), dont le sol est rocailleux; — *Siphanto* (*Siphnos*), intéressante par sa fécondité et son air pur; — *Kimolo* ou *Argentière* (*Cimolos*), avec des montagnes volcaniques, des mines d'argent et une sorte d'argile nommée *terre cimolée*, employée en médecine; — *Milo* ou *Mélos*, célèbre par les belles antiquités qu'on y a trouvées, et qui a un sol volcanique et spongieux, riche en productions végétales, en sources chaudes et en alun estimé.

Enfin, parmi les îles méridionales des Cyclades, on remarque *Santorin* (*Théra*), riche en bon vin, mais souvent bouleversée par des tremblements de terre, et parsemée de pierre ponce, de cendres et d'autres substances volcaniques : on a vu s'élever près de Santorin, dans les temps modernes, diverses petites îles.

2. Gouvernement, Religion, Mœurs, Langue.

La Grèce, depuis qu'elle a secoué le joug des Turcs, a été quelque temps une république; aujourd'hui le gouvernement est monarchique constitutionnel : le roi actuel est un prince de la maison de Bavière.

La religion grecque, appelée par les Grecs religion orthodoxe, est celle de l'état et de presque toute la nation. Cependant il y a des catholiques dans plusieurs îles.

Les Grecs sont vifs, légers, spirituels, courageux, mais inconstants, avides et superstitieux. Ce sont d'excellents marins. Dans les montagnes, un grand nombre d'entre eux se livrent impunément au brigandage.

La langue grecque moderne se rapproche beaucoup du grec

ancien : elle est belle, et s'embellit encore de jour en jour, en prenant des règles plus fixes ; il y a une tendance marquée, parmi les classes élevées de la société, à lui rendre les règles et les formes de l'ancienne langue. L'instruction commence à reprendre de l'essor dans cette contrée, qui a été le berceau des arts, des lettres et des sciences en Europe, et elle a fait depuis quelque temps de notables progrès. Athènes a une importante université.

Géographie historique de la Grèce.

La Grèce eut d'abord pour habitants des hordes sauvages, dont une des plus considérables était celle des *Pélasges*, d'après laquelle elle fut appelée *Pélasgie*. Plus tard, les *Hellènes* la peuplèrent presque entièrement, et lui firent prendre le nom d'*Hellas* (*Hellade*) ; quant à celui de Grèce, en latin *Græcia*, il est dû peut-être à Graïcos ou Græcus, chef de Pélasges qui passèrent en Italie.

La Grèce ancienne était un peu plus considérable que la Grèce actuelle ; elle renfermait au N. la *Thessalie*, aujourd'hui comprise dans la Turquie ; la Grèce septentrionale contenait, en outre, l'*Acarnanie* et l'*Étolie*, à l'O., la *Phocide* et la *Béotie*, au milieu, et l'*Attique*, au S. E.

La Thessalie se partageait en plusieurs petits pays, tels que la *Perrhébie*, au N., la *Magnésie*, à l'E., la *Pélasgiotide*, au milieu, la *Phthiotide*, au S. Les villes principales étaient : *Larisse, sur* le Pénée ; — *Pharsale*, vers le centre du pays ; célèbre par la victoire de César sur Pompée ; — *Phères*, connue par le séjour d'Admète et du tyran Alexandre ; — *Thèbes de Thessalie* ; — *Lamia* (Zeïtoun), au N. O. des Thermopyles, près du lieu où se livra une grande bataille entre Antipater et les Grecs.

L'Acarnanie renfermait *Stratos* et, *Actium* ou *Action*, à l'entrée du golfe d'Ambracie ; fondée par Auguste près de l'endroit où il remporta sur Antoine la victoire qui le rendit maître de l'empire Romain.

L'Étolie avait pour capitale *Thermos*, au N. ; — dans le S., on trouvait *Calydon*, près d'une forêt du même nom.

La Phocide se divisait en trois parties : la *Phocide proprement dite*, les *Locrides* et la *Doride*.

La Phocide proprement dite, la plus grande de ces divisions, renfermait : *Delphes*, célèbre par un temple d'Apollon, sur le flanc méridional du Parnasse ; — *Cyrrha* ou *Crissa*, et *Anticyre*, sur le golfe de Corinthe. — Les Locrides se divisaient en pays des *Locriens Ozoles*, au S. O., sur la côte du golfe de Corinthe, avec le port de *Naupacte* (Lépante) ; pays des *Locriens Épicnémidiens*, ainsi surnommés du mont Cnémis, et pays des *Locriens Opontiens*, avec la ville d'*Oponte*. — La Doride était une petite région couverte par le mont OEta ; elle eut d'abord pour habitants les *Curètes* et les *Lélèges*.

La BÉOTIE avait pour villes principales : *Thèbes* (Thiva), qu'Épaminondas, Pélopidas et Pindare ont illustrée ; — *Orkhomène*, dans les plaines de laquelle Sylla vainquit les troupes de Mithridate ; — *Khéronée*, où Philippe défit les Athéniens et les Thébains ; — *Lebadea* (Livadie) ; — *Coronée*, près de laquelle les Athéniens et les Spartiates se livrèrent une bataille ; — *Aulis* (*Aulide*), sur l'Euripe ; port connu par le départ des Grecs pour le siége de Troie ; — *Leuctres*, fameuse par la victoire d'Épaminondas sur les Lacédémoniens ; — *Platée*, célèbre par celle des Grecs sur les Perses ; — et *Tanagra*, par celle des Athéniens sur les Spartiates.

L'ATTIQUE était composée de deux parties : l'*Attique propre* et la *Mégaride*, petit pays situé vers l'isthme de Corinthe. Dans la première, on distinguait *Athènes*, reine de la Grèce par ses grands hommes, par la culture des sciences, des lettres et des arts. Elle était divisée en deux parties distinctes : la ville proprement dite, ou l'*Asty*, et le *Pirée*. Ce dernier, qui possédait le port principal d'Athènes, était joint à l'Asty par deux longs murs ; deux petits ports l'avoisinaient : *Munykhie* et *Phalère*. — *Marathon*, au N. E. d'Athènes et près de la mer Égée, dans une plaine bordée au S. par le mont Pentélique, est célèbre par la victoire de Miltiade sur les Perses. — *Éleusis*, vers le golfe Saronique, près et au N. de l'île de Salamine, était importante par les fêtes qu'on y célébrait en l'honneur de Cérès et de Proserpine.

La Mégaride ne possédait qu'une ville remarquable, *Mégare*, longtemps rivale d'Athènes, et capitale d'un état indépendant.

Le Péloponnèse, qu'on appela d'abord Apie, se composait de six pays : l'*Akhaïe*, au N., l'*Argolide*, à l'E., la *Laconie*, au S. E., la *Messénie*, au S. O., l'*Élide*, à l'O., et l'*Arcadie*, au centre.

L'AKHAÏE se divisait en trois parties : l'*Akhaïe propre*, à l'O., la *Sicyonie*, au milieu, et la *Corinthie*, à l'E. Les villes principales de l'Akhaïe propre étaient : *Aigion* ou *Ægium* (Vostitza), qui fut le siége du gouvernement de la ligue Akhéenne, sur le golfe de Corinthe ; *Patrées* (Patras), près et au S. O. de l'entrée de ce golfe. — La Sicyonie tirait son nom de sa capitale, *Sicyone*, ville très-ancienne, ou fleurirent la sculpture et la peinture, et où naquit l'illustre Aratus. — La Corinthie renfermait *Corinthe*, à côté de l'isthme du même nom, avec une forteresse redoutable et deux ports, l'un sur le golfe Saronique, l'autre sur celui de Corinthe.

Dans l'ARGOLIDE, on trouvait : *Argos* ; — *Nauplie* ; — *Mycènes*, capitale du royaume d'Agamemnon ; — *Némée*, près d'une grande forêt du même nom ; — *Épidaure*, sur le golfe Saronique, avec un fameux temple d'Esculape ; — *Trézène* ou *Trœzen*, connue par le séjour de Pitthée et par la mort d'Hippolyte ; — *Hermione*, célèbre par sa pourpre.

La LACONIE forma une des plus puissantes républiques de la Grèce, et fut longtemps dirigée par les sévères lois de Lycurgue. Ses habitants étaient célèbres par leurs mœurs austères, leur ardent amour de la patrie, leur courage guerrier, leur langage concis (laconique). La capitale de cette contrée était *Sparte* ou *Lacédémone*, sur l'Eurotas, moins grande qu'Athènes, sa rivale. — *Sellasie*, au N. de Sparte, fut le théâtre d'une bataille entre Cléomène, roi de Sparte, et Antigone, roi de Macédoine. — *Amyclées*, au S. de Sparte, avait un célèbre temple d'Apollon. — *Hélos*, sur le golfe de Laconie, près et à l'E. de l'embouchure de l'Eurotas, fut détruite par les Spartiates, qui firent de ses habitants des esclaves (ilotes). — *Épidaure-Liméra* (Nauplie de Malvoisie), sur la mer Égée, était, comme Épidaure d'Argolide, remarquable par le culte d'Esculape.

La MESSÉNIE comprenait : *Messène*, la capitale ; — *Stényclaros*, qui fut le séjour de Cresphonte ; — *Cyparisse*, sur le golfe de son nom ; — *Pylos*, qui fut la résidence du sage Nestor ; — *Méthone* (Modon) ; — *Corone* (Coron).

L'ÉLIDE se divisait en trois parties : l'*Élide propre*, au N., la *Pisatide*, au milieu, et la *Triphylie*, au S. — L'Élide propre renfermait *Élis*, patrie du philosophe Pyrrhon. — Dans la Pisatide, on trouvait *Olympie*, sur la rive droite de l'Alphée, fameuse par les jeux Olympiques, qui s'y célébraient tous les quatre ans, et par un temple et une statue de Jupiter ; — *Pise*, sur la rive gauche de l'Alphée, en face d'Olympie. — Dans la Triphylie, on voyait *Scillonte*, où habita Xénophon.

L'ARCADIE occupait la partie centrale du Péloponnèse; presque partout couverte de montagnes, elle avait des habitants de mœurs très-simples et adonnés à la vie pastorale. *Mantinée*, vers l'emplacement où se trouve aujourd'hui Tripolitza, est célèbre par la victoire d'Épaminondas sur les Spartiates. — *Mégalopolis*, au S., a donné naissance à Philopémen et à Polybe. — *Tégéa*, au S. E., avait un fameux temple de Minerve, asile inviolable pour tous les criminels de la Grèce, et où mourut Pausanias. — *Caryées*, au S. de Tégéa, se ligua avec les Perses contre les Grecs, et vit ses citoyens passés au fil de l'épée; ses femmes, réduites en esclavage, furent représentées dans les monuments par les figures nommées *caryatides*.

La plupart des anciennes divisions de la Grèce formèrent longtemps autant de royaumes ou de républiques, et plusieurs renfermaient même un assez grand nombre d'états. Les Romains les réduisirent toutes, dans le deuxième siècle avant J. C., en une province de leur empire, qu'ils nommèrent province d'*Akhaïe*. Au quatrième siècle après J. C., la Grèce fut comprise dans l'empire d'Orient, appelé plus tard empire Grec ou Bas-Empire. Après les Croisades, elle eut pour maîtres des seigneurs français, vénitiens et génois. Les Turcs l'envahirent ensuite; dans la Morée, cependant, quelques places fortes restèrent soumises aux Vénitiens, qui reprirent toute la presqu'île vers la fin du dix-septième siècle, mais qui furent obligés de la céder à l'empire Othoman en 1715. Une insurrection générale, qui éclata en 1821, rendit enfin la Grèce indépendante : les Français ont beaucoup contribué à cet affranchissement.

Iles Ioniennes.

Les îles *Ioniennes* ou les *Sept-Iles* sont répandues le long des côtes occidentales et méridionales de la Grèce, et vers l'Albanie. Elles forment une petite république, protégée et presque possédée par l'Angleterre, et peuplée d'environ 230000 habitants, d'origine grecque. Ces îles produisent des olives, des vins et du coton.

La plus septentrionale et la plus importante est *Corfou* (l'ancienne *Corcyre*), avec une ville du même nom, siége du gouvernement de ces îles et peuplée de 16.000 habitants. — On trouve, au S. E. de Corfou, l'île de *Paxo*, une des moins considérables de la république.

Tout près de l'Acarnanie, est l'île *Sainte-Maure* (l'ancienne *Leucadie*). — A l'O. du golfe de Patras, on rencontre *Théaki*, petite île stérile, mais célèbre autrefois sous le nom d'*Ithaque*; et *Céphalonie* (ancienne *Céphallénie*), la plus grande des îles Ioniennes, et généralement belle et fertile.

Vers l'extrémité occidentale de la Morée, se trouve l'île de *Zante* (ancienne *Zacynthe*), avec une assez grande ville du même nom.—Vers l'extrémité S. E. de la presqu'île, est l'île de *Cérigo* (l'ancienne *Cythère*), avec un sol pierreux et stérile.

CONTRÉES DE L'ASIE.

I. RUSSIE D'ASIE.

RUSSIE ASIATIQUE ORIENTALE OU SIBÉRIE. — RUSSIE ASIATIQUE OCCIDENTALE OU TRANSCAUCASIE.

Russie asiatique orientale ou Sibérie.

1. Description physique.

La Sibérie occupe toute la partie septentrionale de l'Asie : elle est limitée au N. par l'océan Glacial arctique; à l'E., par le détroit de Beering, qui la sépare de l'Amérique, et par la mer de Beering, le Grand océan et les parties de cet océan qui portent les noms de mer d'Okhotsk et de Manche de Tarakaï; au S., par l'empire Chinois et le Turkestan; enfin, à l'O., par la longue chaîne des monts Ourals et le fleuve Oural, qui la séparent de l'Europe. Depuis que les Kirghiz sont compris dans les possessions russes, la Sibérie s'étend vers le S. O. jusqu'à la mer Caspienne et à la mer d'Aral; et, par suite de l'annexion récente d'une grande partie du territoire chinois, elle dépasse au S. E. l'embouchure de l'Amour, et comprend, sur la Manche de Tarakaï, toute la côte de la Mandchourie. Cette vaste contrée a environ 8500 kilomètres de longueur, de l'E. à l'O., 3000 kilomètres dans sa plus grande largeur, du N. au S., et environ 13 000 000 de kilomètres carrés. Elle est beaucoup plus étendue que l'Europe entière; et cependant elle ne renferme que 4 ou 5 millions d'habitants.

Les côtes baignées par l'océan Glacial sont embarrassées continuellement par les glaces, et encore peu connues. Elles présentent plusieurs enfoncements remarquables, tels que le golfe de l'*Obi*, qui détermine, avec la mer de Kara, la presqu'île d'*Oléneï*; le golfe de l'*Iéniseï*, et celui de *Taïmour*, à l'O. duquel est le cap du même nom; tandis qu'à l'E. s'avance le cap le plus boréal de l'Ancien monde, le cap *Sévéro-Vostotchnii* (c'est-à-dire *Nord-Est*), qu'on désigne souvent sous le nom de cap *Septentrional*. Plus à l'E., on trouve l'archipel sauvage et désert de *Liakhov* ou de la *Nouvelle-Sibérie*, intéressant par ses curieux fossiles, entre autres ceux d'éléphants.

La Sibérie projette dans le Grand océan la péninsule du *Kamtchatka*, terminée au S. par le cap *Lopatka*. Près de ce cap, commencent les *Kouriles*, longue chaîne d'îles, qui forme en quelque sorte le prolongement du Kamtchatka, et qui cerne, avec cette presqu'île, la mer d'*Okhotsk*, profondément enfoncée dans les terres de la Sibérie. La plus grande et la plus méridionale des Kouriles russes est *Ouroup*, ou l'île de la *Compagnie*, qui a été cédée récemment à la Russie par le Japon. Près et à l'E. du Kamtchatka, on voit l'île de *Cuivre*, et l'île de *Beering*, où mourut le navigateur du même nom; elles sont toutes deux dans la mer de *Beering*. Cette dernière forme le golfe d'*Anadyr*, sur la côte de la Sibérie, et communique avec l'océan Glacial par le détroit de son nom, dans lequel s'avance le cap *Oriental*.

Les montagnes les plus remarquables de la Sibérie se trouvent presque toutes vers ses limites. Ainsi, la chaîne des monts *Ourals* s'élève entre la Sibérie et l'Europe; les monts *Altaï*, les monts *Célestes*, les monts *Ala-tau*, les monts *Tang-nou*, les monts *Sayansk*, les monts *Kenteï* et les monts *Khin-gan*, s'étendent vers la limite méridionale. Mais on voit s'avancer dans l'intérieur la chaîne des monts *Iablonoï* ou *Stanovoï*, qui traverse du S. O. au N. E. toute la Sibérie orientale, et se termine au détroit de Beering.

Toutes ces montagnes enveloppent au S., à l'E. et à l'O. le versant septentrional de l'Asie, c'est-à-dire le versant de l'océan Glacial.

La péninsule du Kamtchatka est traversée dans toute sa longueur par une chaîne de montagnes dont les pics sont généralement volcaniques. Le plus célèbre de tous, le volcan de *Klioutchevskoï*, lance continuellement des flammes ou des vapeurs blanches et épaisses; il a environ 5000 mètres d'élévation.

Presque tous les cours d'eau de cette vaste contrée appartiennent au versant de l'océan Glacial arctique. On en remarque surtout trois principaux : l'*Obi*, l'*Iéniseï* et la *Léna*. L'Obi ou plutôt l'Ob, le plus occidental, est un fleuve très-considérable, presque doublé par sa réunion avec l'*Irtych*, son principal affluent, qui reçoit lui-même l'*Ichim* et le *Tobol*; il traverse de grands marécages, forme plusieurs cataractes, et se jette dans le golfe de l'Obi, après un cours de plus de 3000 kilomètres. — L'Iéniseï, encore plus large et plus majestueux, descend des monts Tang-nou, arrose le centre de la Sibérie, et a 3500 kilomètres de cours. Il reçoit, entre autres rivières, l'*Angara* ou la *Toungouska supérieure*, qui sort du lac Baïkal. — La Léna, dont le nom signifie la *Paresseuse*, a aussi 3500 kilomètres de cours. Elle prend sa source près et au N. E. du lac Baïkal et parcourt la Sibérie orientale. — Les autres fleuves remarquables qui se rendent dans l'océan Glacial sont la *Piasina*, l'*Olének*, l'*Iana*, la *Kolyma occidentale* ou *Indighirka*, et la *Kolyma orientale*.

Le long lac *Baïkal*, qui appartient au bassin de l'Iéniseï, a presque l'apparence d'une mer; sa circonférence est de plus de 2000 kilomètres. L'eau en est douce.

L'*Anadyr* se rend dans le golfe du même nom.

Le fleuve *Oural*, qui sépare l'Europe de l'Asie, et l'*Emba*, qui parcourt le pays des Kirghiz, se jettent dans la mer Caspienne; le *Sihoun* se perd dans la mer d'Aral, vers les limites méridionales des possessions russes; le lac *Balkhach*, dans lequel se jette l'*Ili*, et le lac *Issyk-koul*, qui est de toutes parts entouré de montagnes, sont aujourd'hui compris dans le S. de la Sibérie.

Le fleuve *Amour* ou *Argoun* vient de l'empire Chinois, et, après avoir longtemps séparé les possessions russes des possessions chinoises, termine son cours dans un territoire tout à fait russe; il reçoit à gauche la *Chilka*, et à droite l'*Ousouri*, dans lequel s'écoule le lac *Hinka*.

La nature, en Sibérie, est généralement âpre et sauvage. De nombreuses et larges rivières y traversent tantôt de sombres forêts vierges, tantôt d'affreux marécages; dans quelques endroits, elles forment, en s'épanchant sur les steppes, une multitude de petits lacs; elles débordent souvent dans les immenses plaines voisines de l'océan Glacial, solitudes désertes presque toujours voilées par des brouillards glacés, et où règne un éternel hiver. Les plaines des parties occidentales et méridionales sont toutes parsemées de lacs d'eau douce et d'eau salée.

Le froid est plus vif en Sibérie qu'en Europe, à latitude

égale. L'hiver dure de neuf à dix mois. Pendant l'été, qui est très-court, mais fort chaud, on voit naître, presque subitement, un assez grand nombre de belles plantes particulières à ces contrées sauvages. Les grains manquent en général; cependant il y a, dans les parties méridionales, plusieurs cantons assez fertiles et où le blé réussit très-bien. Plusieurs des régions que la Russie a acquises de la Chine sont fort belles.

C'est surtout par ses mines et ses fourrures que la Sibérie est précieuse pour la Russie. Il y a, dans cette contrée, de l'or, de l'argent, du fer, du cuivre, de la houille, différentes pierres précieuses, comme des améthystes, des saphirs, des onyx, des aigues-marines. Parmi les animaux à fourrures, on cite les martes zibelines, les hermines, les renards, les petits-gris. L'élan, l'ours brun et l'ours blanc ou polaire sont communs; le chien et le renne servent de bêtes de trait. On rencontre, le long des principaux fleuves, et jusque sur les bords de l'océan Glacial, des ossements de grands animaux fossiles, particulièrement d'éléphants mammouths; et souvent leur chair et leur peau ont été trouvées en partie conservées.

2. Description politique.

La Sibérie comprend, à l'O., le gouvernement de *Tobolsk*, celui de *Tomsk*, la province de *Sémipalatinsk*, le pays des *Kirghiz*; — au milieu, le gouvernement d'*Iéniseïsk*; — au S., celui d'*Irkoutsk*; — à l'E., la province d'*Iakoutsk*, celle de *Trans-Baïkal*, celle de *Kamtchatka*, la province de l'*Amour*, la province *Maritime*.

On doit encore rattacher à la Sibérie la partie des gouvernements de *Perm* et d'*Orenbourg* qui se trouve à l'E. des monts Ourals; on remarque, dans le premier, *Ékatérinbourg*, au milieu d'exploitations de mines d'or, de cuivre et de fer; — *Bérézov*, connue par ses mines d'or; — *Irbit*, célèbre par ses foires.

Le gouvernement de *Tobolsk* a pour chef-lieu la ville du même nom, située sur l'Irtych, près de son confluent avec le Tobol, au milieu d'une grande plaine souvent inondée. Sa population s'élève à environ 30 000 habitants. — *Bérézov*, qu'il ne faut pas confondre avec la Bérézov du gouvernement de Perm, est une des villes des bords de l'Obi les plus reculées vers le N.

Omsk, dans le S. de la Sibérie occidentale, est dans le voisinage des tribus nomades des Kirghiz.

Le gouvernement de *Tomsk* a pour chef-lieu une assez belle ville du même nom. — On y trouve encore *Kolyvan* et *Barnaoul*, célèbres par leurs mines d'argent et d'or.

Au centre de la Sibérie, s'étend le gouvernement d'*Iéniseïsk*, qui a pour chef-lieu *Krasnoïarsk*, mais dont la ville la plus importante est *Iéniseïsk*, sur l'Iéniseï.

Le gouvernement d'*Irkoutsk*, situé dans la partie la plus méridionale de la Sibérie, a pour chef-lieu *Irkoutsk*, peuplée de 30 000 habitants.

Dans le *Trans-Baïkal*, est *Nertchinsk*, redoutable lieu d'exil, où l'on envoie surtout les condamnés d'une condition élevée, qui y travaillent à l'exploitation des mines d'argent et de plomb. — *Kiakhta*, au S. E. d'Irkoutsk, est un entrepôt du commerce entre les empires Russe et Chinois, à côté de la ville chinoise de *Maïmatchin*.

La plus grande des divisions de la Sibérie, et celle où l'on éprouve les froids les plus rigoureux, est la province d'*Iakoutsk*. Le chef-lieu est la petite ville du même nom, située sur la Léna. — Près de l'embouchure de l'Olének, se trouve le petit endroit d'*Oustié-Olenskoï*, que l'on regarde comme le village le plus septentrional de l'Ancien continent. — *Okhotsk*, sur la mer du même nom, possède une rade vaste et sûre.

La jolie petite ville de *Pétropavlovsk* ou *Saint-Pierre et Saint-Paul* est le chef-lieu de la province de Kamtchatka. Elle possède un port très-important, sur la côte orientale de la Péninsule. — *Bolchéretsk*, dans le S., avec un petit port, est remarquable par sa poste aux chiens.

Le pays des *Tchouktchi* occupe l'extrémité N. E. de l'Asie.

Les Russes ont joint récemment à leur empire l'île de Sakhalien et le N. E. de la Mandchourie, ainsi que des parties de la Mongolie et de la Dzoungarie, détachées de l'empire Chinois. La Mandchourie est la partie la plus importante de ces acquisitions; déjà il s'y élève de nombreuses petites villes et forteresses russes : la principale est *Nikolaevsk*, vers l'embouchure de l'Amour, dans la province Maritime.

Les 4 ou 5 millions d'habitants de la Sibérie appartiennent à beaucoup de nations différentes, dont un grand nombre sont d'origines tatare, turque et mongole. On remarque les *Kalmouks*, peuple doux et inoffensif, provenu d'un mélange des races mongole et turque ; les *Bachkirs*, nomades, d'une constitution robuste et vigouseuse; les *Bouriates;* les *Toungouses*, assez nombreux vers le lac Baïkal, et appelés *Lamoutes* sur les bords de la mer d'Okhotsk; les *Manègres* sur les bords de l'Amour; les *Mandchoux*, les *Mongols*, dans les territoires chinois nouvellement annexés; les *Aïno*, dans l'île de Sakhalien. Sur les rives de la Léna, se trouvent les *Iakoutes*, connus par leur malpropreté. — Les *Kirghiz* sont des nomades qu'on rencontre dans la partie méridionale de la Sibérie occidentale. Ces peuples, dont le vrai nom est *Kasaks* ou *Kaïssaks*, se divisent en trois *djouz* ou hordes : la *grande*, à l'E.; la *moyenne*, au milieu, et la *petite* à l'O. Ils sont belliqueux, féroces, enthousiastes de l'indépendance. Leurs femmes sont fortes, lestes, et prennent part aux expéditions guerrières. De nombreux troupeaux de moutons, de chevaux, de chameaux et de chèvres composent la principale richesse de ces populations. Leur boisson favorite est le *koumis*, lait de jument fermenté.

On remarque, dans les hautes vallées des monts Ourals, les *Vogouls*, montagnards agiles et très-adroits, d'origine finnoise. Sur les bords de l'Obi, habitent les *Ostiaks*, peuple pêcheur. Les *Samoïèdes* sont répandus dans les régions les plus septentrionales. Les *Kamtchadales* vivent misérablement dans leur contrée isolée. Enfin, à l'extrémité orientale de la Sibérie, se trouvent les *Tchouktchi*, qu'on dit pleins d'adresse et de courage. Ils se nourrissent des produits de la chasse et de la pêche, et possèdent d'innombrables troupeaux de rennes.

Dans les villes, les forteresses et les parties civilisées, il y a des *Russes* et des *Cosaques*.

Parmi les indigènes, les uns professent le bouddhisme, les autres, le fétichisme et le chamanisme; quelques-uns, dans l'O., sont musulmans. La religion grecque est celle des habitants civilisés.

3. Géographie historique.

La Sibérie, qui a été primitivement peuplée par les Scythes et les Mongols, était inconnue aux anciens Grecs et aux anciens Romains. Elle le fut de même aux Russes jusqu'au quinzième siècle. La première expédition qu'ils y firent eut lieu en 1499, et ils la soumirent vers la fin du siècle suivant : il y avait alors, dans le N. O. de l'Asie, la principauté de *Touran*, dont la capitale, *Isker* ou *Sibir*, sur l'Irtych, a donné son nom à toute la région qu'on vient de décrire. — Les Russes ont augmenté rapidement leurs possessions sibériennes ; dans ces dernières années, particulièrement, ils y ont joint la plus grande partie du bassin de l'Amour, toute la côte de la Mandchourie, et d'importantes régions de la Mongolie et du Turkestan. Leurs voyageurs et leurs savants ont, de toutes parts, exploré et étudié ces contrées.

Russie asiatique occidentale ou Transcaucasie.

1. Description physique.

La Transcaucasie, c'est-à-dire le pays *au delà du Caucase*, s'étend sur le versant méridional du Caucase, entre la mer Caspienne et la mer Noire. Elle touche vers le S. à la Turquie d'Asie et à la Perse, et ses frontières de ce côté sont en partie marquées par le cours moyen de l'Aras et par le mont *Ararat* ou *Agri-dagh*, célèbre dans l'histoire de Noé. Ce pays a 1150 kilomètres de longueur, de l'E. à l'O., 300 kilomètres de largeur, du N. au S., et 200 000 kilomètres carrés. Il renferme environ 2 millions d'habitants ; le climat est généralement doux, et le sol fertile dans une grande partie du pays. Dans les délicieuses vallées de la Transcaucasie croissent en abondance la vigne, l'abricotier, l'olivier, le pêcher, l'amandier, le figuier, le jujubier, le seringat, le lilas, le jasmin, et mille autres plantes utiles ou agréables.

Le *Caucase*, qu'on appelle aussi *Iel-Bouz*, c'est-à-dire *crinière de glace*, règne tout le long de la frontière septentrionale de cette région, depuis le voisinage du détroit d'Iénikalé jusqu'à la presqu'île d'Apchéron, qui s'avance dans la mer Caspienne. Il surpasse les Alpes en hauteur, et offre l'aspect le plus majestueux. Peu de passages permettent de franchir cette masse énorme de montagnes ; le plus fameux est celui de Dariel, placé vers le milieu de la chaîne, et nommé anciennement *Pyles Caucasiennes*.

Une branche qui se détache du Caucase à peu près vers ce défilé se dirige vers le S., et va rejoindre l'Anti-Taurus :

elle sépare les eaux tributaires de la mer Caspienne de celles qui se rendent dans la mer Noire.

Le fleuve principal de la Transcaucasie est le *Kour* (l'ancien *Cyrus*), qui reçoit l'*Aras* (*Araxes*), et va se jeter dans la mer Caspienne. — Le *Rioni* (l'ancien *Phase*), tributaire de la mer Noire, arrose la partie occidentale.

On remarque, dans le S. de la Transcaucasie, entre le Kour et l'Aras, le lac *Sébanga* ou *Sivan*.

2. Description politique.

La Transcaucasie comprend quatre gouvernements : *Tiflis*, *Koutaïs*, *Chamakhi* et *Erivan*, qui tirent, chacun, leur nom de leur chef-lieu.

Tiflis, la ville la plus importante de la Transcaucasie, était autrefois capitale du royaume de Géorgie ou Grouzie. Cette commerçante cité, de 30 000 habitants, est située sur le Kour. — Les autres villes principales sont : *Élisavetpol* ou *Gandja*, au S. E. de Tiflis, avec 16 000 habitants ; — *Akhaltsikhé*, au S. O., conquise depuis peu d'années sur les Turcs ; — *Koutaïs*, sur le Rioni, dans l'Imérethie ; — *Érivan*, dans l'Arménie russe, entre le lac Sébanga et l'Aras ; — *Nakhtchivan*, autrefois *Naxuana*, l'une des plus anciennes villes du monde ; — *Chamakhi* ou *Chémakha*, autrefois capitale du Chirvan ; — *Bakou*, place forte et port de mer, sur la côte méridionale de la presqu'île d'Apchéron. Cette dernière ville est célèbre par ses abondantes sources de naphte, substance bitumineuse, qui, sur plusieurs points, s'enflamme naturellement ; aussi les Guèbres, ou adorateurs du feu, viennent-ils en grand nombre visiter ces sources. La mer Caspienne s'appelait, au moyen âge, *mer de Bakou*.

La *Mingrélie* et l'*Abasie* sont deux petites régions dépendantes du gouvernement de Koutaïs et situées entre le Caucase et la mer Noire. On n'y trouve aucune ville importante.

Un grand mélange de nations forme la population de la Transcaucasie. Le peuple principal est celui des *Géorgiens*, remarquables par les belles proportions de leurs traits, par l'élégance de leur taille, et considérés, avec quelques autres habitants du Caucase, comme le type de la race blanche. Il y a aussi beaucoup d'*Arméniens*, occupés principalement du commerce. Les *Lesghi*, souvent livrés au brigandage, sont assez nombreux. Il y a des *Tatares*, des *Turcs*, des *Abases*, des *Persans*, etc. Les religions les plus répandues dans ces contrées sont la religion grecque, la religion arménienne (qui est une autre branche du christianisme), et la religion musulmane.

3. Géographie historique.

La Transcaucasie correspond à trois contrées célèbres dans l'antiquité : la *Colchilde*, à l'O. ; l'*Ibérie*, au milieu, et l'*Albanie*, à l'E.

La Colchide, sur la côte orientale du Pont Euxin, avait pour ville principale *Æa* ou *Aia*, vers l'embouchure du Phase ; connue par le séjour d'Æétès, père de Médée, et par l'expédition des Argonautes.

L'Ibérie renfermait *Armoctica* ou *Harmozica*, sur le Cyrus.

L'Albanie, baignée par la mer Caspienne, présentait, entre cette mer et le Caucase, le défilé connu sous le nom de *Pyles Albaniennes*. Elle eut pour habitants les *Sacéniens*, les *Phasiens*, les *Lèges*, qu'on croit être les ancêtres des Lesghi actuels.

Le royaume de Géorgie, qui se forma de la plus grande partie de ces trois pays, fut longtemps assez puissant. Il soutint de fréquentes guerres contre la Perse, et fut enfin réduit en province de cet empire. Vers la fin du dix-huitième siècle, le prince Héraclius en fit un nouveau royaume indépendant ; mais la Russie ne tarda pas à dépouiller de leurs états les fils de ce souverain.

II. TURQUIE D'ASIE.

DESCRIPTION PHYSIQUE. — DESCRIPTION POLITIQUE. — GÉOGRAPHIE HISTORIQUE.

Description physique.

1. Limites, Étendue, Côtes.

La Turquie d'Asie est la contrée la plus occidentale de l'Asie. A l'O., elle s'avance vers la mer Noire, la mer de Marmara, l'Archipel et la Méditerranée proprement dite, et s'étend vers le S. E. jusqu'au golfe Persique ; elle touche vers le S. à l'Arabie, vers l'E. à la Perse, et vers le N. E. à la Transcaucasie. Elle a 2200 kilomètres de longueur, du N. O. au S. E., de la mer de Marmara au golfe Persique, et environ 1300 kilomètres dans sa plus grande largeur, depuis les sources du Kour jusqu'au voisinage de l'isthme de Suez. Sa superficie est de 1 250 000 kilomètres carrés, plus du double de celle de la France, et cependant l'on n'y compte qu'à peu près 15 millions d'habitants.

Toute la partie occidentale de la Turquie d'Asie forme une grande presqu'île, célèbre dans l'antiquité sous le nom d'*Asie Mineure*.

La partie moyenne de la côte septentrionale de cette presqu'île s'avance considérablement dans la mer Noire, en face de la Crimée : le point le plus septentrional de cet avancement est le cap *Indjé*.

La mer de Marmara forme dans le N. O. de l'Asie Mineure deux golfes, ceux d'*Ismid* et de *Moudania*. Un peu à l'O. de ce dernier, se présente la presqu'île de *Cyzique* ; en face de celle-ci, se trouve l'île de *Marmara*, qui doit son nom à ses carrières de beaux *marbres*, et qui a donné le sien à la mer dans laquelle elle est située.

La côte de l'Archipel est fort irrégulière dans l'Asie Mineure : en sortant du détroit des Dardanelles, on rencontre bientôt le cap *Baba*, qui est le point le plus occidental du continent asiatique, et le golfe d'*Adramiti*, devant lequel est la grande île de *Métélin* ou *Lesbos*. Plus loin, se trouve le golfe de *Smyrne*, au S. duquel s'avance la presqu'île de *Clazomènes*[1], placée en face de la belle île de *Khio*. Le golfe de *Scala-Nova* s'ouvre au S. de cette presqu'île et au N. de l'île de *Samo*. Le golfe de *Co*, beaucoup plus méridional, s'enfonce à l'E. de l'île du même nom, entre la presqu'île d'*Halicarnasse* et celle de *Doride*[2] ; au S. de ce golfe, se trouve l'importante île de *Rhodes*.

La côte méridionale de l'Asie Mineure présente deux avancements considérables : l'un entre le golfe de *Macri* et celui de *Satalieh*, l'autre entre le golfe de Satalieh et celui d'*Alexandrette*. Ce dernier avancement se termine par le cap *Anémour*, et s'approche assez près de l'île de *Chypre*, la plus grande des îles turques.

---

1. Le nom ancien de la presqu'île a été conservé ici.
2. Ce sont les noms anciens de ces deux presqu'îles.

2. Aspect général du sol, Climat, Productions.

La Turquie d'Asie serait un des plus beaux et des plus riches pays de l'univers, si elle était sous une condition politique plus heureuse. Les hautes montagnes et les plateaux considérables qu'elle renferme y rafraîchissent la température. Le climat est fort doux, le sol très-fécond, et les sites sont délicieux dans la plupart des vallées et des plaines de l'Asie Mineure ; mais on trouve, au S. E., dans le voisinage de l'Arabie, des plaines sablonneuses et brûlantes.

De magnifiques forêts de chênes, de cèdres et d'autres grands arbres ombragent les montagnes. Dans les parties basses, croissent les céréales, l'olivier, le mûrier, le grenadier, l'oranger, le myrte, le figuier, le dattier, le bananier, la vigne ; le lentisque, d'où l'on retire le mastic ; le pistachier, qui porte les amandes nommées pistaches ; le térébinthe, qui produit la meilleure térébenthine ; le sésame, qui fournit une excellente huile ; l'asclépiade à ouate, dont l'aigrette cotonneuse est un important objet d'industrie. On trouve abondamment dans l'Asie Mineure cette espèce de chêne qui fournit la noix de galle, excroissance charnue due à la piqûre d'un insecte et employée fort utilement dans les arts. On y cultive beaucoup de pavots pour en extraire l'opium. Enfin, c'est de ce pays que nous sont venus les meilleurs cerisiers.

Il y a dans la Turquie d'Asie de beaux chevaux de race arabe ; mais on se sert plus souvent d'ânes, de mulets et de chameaux. Le lion se trouve dans quelques parties. L'hyène est assez commune, et les chacals troublent le silence des nuits par leurs horribles cris. L'Asie Mineure est la patrie des chats et des chèvres à long poil qui portent le surnom d'*Angora*. Un des animaux les plus nuisibles de ces régions, ce sont les sauterelles : il en arrive souvent des nuées qui fondent sur les plaines fertiles avec un bruit semblable à celui de la pluie et qui dévorent en un instant toutes les plantes.

La Turquie d'Asie intéresse surtout par ses grands souvenirs historiques : elle renferme les contrées qui furent le berceau du genre humain, le siége des premiers empires ; et ce fut là que naquit le christianisme. Aujourd'hui ces régions fameuses offrent généralement l'image de la désolation et de la misère; l'agriculture est négligée; des ruines jonchent le sol presque partout, et des hommes à demi barbares remplacent des peuples qui étaient parvenus à une haute civilisation.

3. Montagnes.

La grande chaîne de hauteurs qui sépare, en Asie, le versant de l'océan Indien de celui des mers intérieures (mer Caspienne, mer Noire, etc.), parcourt la Turquie asiatique du N. E. au S. O. En entrant dans cette contrée, elle entoure le plateau du lac de Van, puis elle présente, sur la frontière de la Transcaucasie et de la Perse, le célèbre mont *Ararat*, haut de 5250 mètres. Elle court assez longtemps à l'O., ensuite au S. O., formée par une partie de l'*Anti-Taurus* et du *Taurus*, puis par l'*Alma-dagh* (anciennement *Amanus*), enfin par l'*Anti-Liban*. L'Anti-Liban se partage en deux grandes branches, l'une occidentale et l'autre orientale, qui vont se rejoindre en Arabie, après avoir entièrement circonscrit un vaste et long bassin, au fond duquel se trouve la mer Morte.

Le *Liban* forme un massif isolé, à l'O. de l'Anti-Liban.

Le Taurus et l'Anti-Taurus composent deux grandes chaînes allongées de l'E. à l'O., surtout à travers l'Asie Mineure; l'Anti-Taurus est le plus élevé : il offre un sommet célèbre, le mont *Argée* ou *Ardjich-dagh*, haut d'environ 4000 mètres et placé presque au centre de l'Asie Mineure.

Parmi les branches importantes qui se détachent du Taurus, on remarque celle qui se dirige au N., sous le nom de *Mourad-dagh;* elle projette vers l'O. un rameau qui se termine vers le golfe de Smyrne, et dont font partie les monts *Tmole* et *Sipyle*, souvent nommés dans l'histoire ancienne; vers son extrémité septentrionale, elle se prolonge en deux rameaux, dont le plus occidental, placé entre le bassin de la mer de Marmara et celui de l'Archipel, offre le mont *Ida* et aboutit au détroit des Dardanelles; le plus oriental, s'avançant entre le bassin de la mer de Marmara et celui de la mer Noire, finit au canal de Constantinople; on y distingue le mont *Olympe* ou *Kéchich-dagh*, d'un aspect très-majestueux. Il ne faut pas confondre ce mont Ida et ce mont Olympe avec les montagnes qui portent le même nom dans l'île de Candie et en Thessalie. Le mont Ida de l'Asie Mineure est fameux dans les poëmes d'Homère et dans l'histoire fabuleuse de Pâris. Il y a dans l'Asie Mineure un autre mont *Olympe*, placé assez loin à l'E. de celui dont on vient de parler. L'île de Chypre a aussi son mont *Olympe*, et c'est le plus élevé de tous.

Quant au Liban, il forme, près de la côte orientale de la Méditerranée, une chaîne imposante, dirigée du N. au S.; quelques-uns de ce ses sommets atteignent 3000 mètres. C'est une des parties de la Turquie où la nature déploie le plus de grandeur et de variété. — La partie méridionale de l'Anti-Liban atteint la même élévation.

Un des principaux sommets de la branche occidentale de l'Anti-Liban est le mont *Thabor*, célèbre par la transfiguration du Sauveur et par une victoire des Français en 1799; un autre est le mont *Gelboë*, connu par la mort de Saül. — Un rameau peu étendu, mais intéressant dans l'histoire de la religion, se détache de cette branche à l'O., et forme le mont *Carmel*, qui s'élève au bord de la Méditerranée; ce mont, célèbre anciennement parce qu'il servit de retraite au prophète Élie, devint fameux aussi dans le moyen âge par un établisssement qui a donné son nom à un ordre religieux.

A la branche orientale de l'Anti-Liban appartiennent les monts *Gilcad* ou *Galaad*, renommés pour le baume de leurs arbres, et le mont *Nébo*, illustré par les derniers moments de Moïse.

On voit dans la Turquie d'Asie beaucoup de traces d'anciennes éruptions volcaniques, et c'est un pays où les tremblements de terre exercent le plus souvent leurs ravages.

4. Cours d'eau, Lacs.

Parmi les cours d'eau de la Turquie d'Asie, les uns, en petit nombre, appartiennent au bassin de la mer Caspienne; beaucoup, au contraire, coulent vers la Méditerranée et ses divisions; mais les plus grands sont tributaires du golfe Persique. Plusieurs enfin se trouvent dans des bassins intérieurs qui ne communiquent avec aucune mer.

Le *Kour* et l'*Aras*, son affluent, sont les seuls tributaires remarquables de la mer Caspienne.

Dans la mer Noire, se rendent l'*Iéchil-Ermak* (l'ancien *Iris*); — le *Kizil-Ermak* (*Halys*), fleuve assez considérable, qui fait un grand circuit dans le centre de l'Asie Mineure, et qui se grossit du *Carasou* (l'ancien *Mélas*) ; — le *Sakaria* (*Sangarius*).

Le petit bassin de la mer de Marmara comprend le lac d'*Isnik* ; — le *Moukhalitch* (anciennement *Lycus* ou *Rhyndacus*), par lequel s'écoulent les eaux du lac d'*Aboullonia* (anciennement *Apollonia*) ; — et le *Salatdéré*, qui est l'ancien *Granique*, si célèbre par une victoire d'Alexandre sur les Perses.

Dans le canal des Dardanelles, vers l'extrémité S. O., débouche la petite rivière que les anciens nommaient *Scamandre* ou *Xanthe*, et qui se grossit du *Simoïs*. Ces deux ruisseaux sont intéressants parce qu'ils arrosaient les campagnes de Troie, et qu'ils ont été illustrés par Homère.

L'Archipel reçoit le *Grimakli* (anciennement *Caïcus*) ; — le *Sarabat* (*Hermus*), grossi du *Pactole*, qui, entraînant dans ses eaux une grande quantité de paillettes de mica, a passé chez les anciens pour rouler de l'or ; — le *Petit-Meïnder* (*Caystre*) ; — le *Grand-Meïnder*, qui est l'ancien *Méandre*, fameux par ses nombreux détours.

Dans la Méditerranée propre, vont se jeter : le *Carasou*, qui est l'ancien *Cydnus*, célèbre par le bain d'Alexandre, les fêtes qu'Antoine y donna à Cléopâtre, et la mort de Frédéric Barberousse ; — le *Seïhoun* (*Sarus*) et le *Djihoun* (*Pyramus*), qui coupe la chaîne du Taurus ; — l'*Aasi* (*Oronte*), fleuve plus considérable, qui descend de l'Anti-Liban, et reçoit un peu avant son embouchure les eaux du lac d'*Antioche* ; — le *Litani* (*Leontes*), qui contourne à l'E. et au S. le mont Liban.

Vers le golfe Persique, coulent l'*Euphrate* et le *Tigre*, qui se réunissent sous les murs de Corna, et forment un large fleuve, nommé *Chot-el-Arab*. L'Euphrate, nommé aujourd'hui *Frat* par les Orientaux, prend sa source à l'O. du mont Ararat, et a un cours de plus de 1750 kilomètres. Le Tigre, que les Turcs appellent *Didjélé*, a 1300 kilomètres de cours. L'un et l'autre sont fort rapides, et leurs bords ont été le théâtre des premiers événements transmis par l'histoire. C'est dans cette partie de l'Asie qu'on place généralement le paradis terrestre ; ce fut là que s'éleva la tour de Babel, et que Nemrod et Assur jetèrent les fondements de leurs antiques empires ; enfin, entre l'Euphrate et le Tigre était resserrée la fertile Mésopotamie, séjour des plus anciens patriarches.

Le *Karoun* ou *Khoasp* se rend dans le golfe Persique, très-près et à l'E. de l'embouchure du Chot-el-Arab, auquel il communique par un bras.

Plusieurs canaux naturels ou artificiels font communiquer l'Euphrate au Tigre, dans la partie inférieure de leur cours ; le plus remarquable est le *Haï* ou *Hié*, qui se détache du Tigre pour aller se jeter dans l'Euphrate.

Un des bassins intérieurs les plus importants est celui du lac de *Van*, entouré de tous côtés de fort hautes montagnes. Ce lac, le plus grand de la Turquie d'Asie, a 130 kilomètres de longueur. L'eau en est amère et salée. C'est l'*Arsissa* des anciens.

Il y a, dans l'intérieur de l'Asie Mineure, au milieu d'un plateau que le Taurus borde au S., plusieurs lacs salés : le lac de *Beg-cheher*, le lac *Touzla* et celui de *Soghla*.

Le lac d'*Atibé* est à l'E. de l'Anti-Liban, sur la limite du désert, mais à côté du délicieux territoire de Damas.

Enfin, dans la partie la plus méridionale de la Turquie d'Asie, se trouve le bassin de la mer *Morte :* cette mer n'est en réalité qu'un lac, long de 100 kilomètres; son niveau est à 430 mètres au-dessous de celui de la Méditerranée et de la mer Rouge; on l'appelle encore lac *Asphaltite*, et on l'a quelquefois nommée aussi mer de *Sodome* et lac *Salé*. Les Arabes lui donnent le nom de *Bahr-el-Louth* (mer de Loth.) Des montagnes d'un aspect un peu triste et des plages assez stériles l'environnent, quoique le paysage y soit moins lugubre qu'on ne l'a dépeint quelquefois. L'eau est claire, mais très-salée, très-amère et plus pesante que l'eau marine ordinaire. On y voit souvent surnager des masses d'asphalte. Elle occupe la plaine où se trouvaient les villes de *Sodome*, *Gomorrhe*, *Adama* et *Séboïm*, détruites du temps de Loth. *Ségor* ou *Zoar*, une des cinq villes de la *Pentapole*, ne périt pas dans cet événement. La mer Morte reçoit par son extrémité septentrionale le *Jourdain*, nommé aujourd'hui par les Orientaux *Charia* ou *Arden;* ce fleuve rapide, mais peu large et très-sinueux, se forme au pied de l'Anti-Liban, et produit dans la partie supérieure de son cours le lac de *Tabarieh*, appelé autrefois lac de *Génézareth*, ou mer de *Galilée*, de *Tibériade* ou de *Cinnéroth;* ce lac, fameux dans l'histoire sainte, est entouré de collines de l'aspect le plus pittoresque.

Description politique.

1. Divisions et Villes principales.

La Turquie d'Asie comprend six grandes divisions historiques : à l'O., l'*Asie Mineure ;* — au N. E., l'*Arménie;* — à l'E., le *Kurdistan;* — au milieu et au S. E., la *Mésopotamie* et l'*Irâc-Arabi;* — au S., la *Syrie.*

L'administration turque l'a partagée en dix-sept *éyalets* ou gouvernements, qui se divisent en *livas* ou *sandjaks.* Ces derniers correspondent à peu près à nos départements. Nous ne suivrons cependant pas, dans l'indication des villes, cette division administrative, trop compliquée : nous nous servirons, de préférence, des grands territoires qui ont formé longtemps la division du pays avant l'établissement des éyalets actuels.

Asie Mineure.

L'Asie Mineure comprend l'*Anatolie,* qui compose la partie occidentale et la plus belle de la presqu'île; une foule de villes intéressantes s'y présentent :

Au N., sur la mer Noire, on remarque *Sinope.*

Au N. O., sur le bord ou près de la mer de Marmara, on trouve : *Scutari,* ville de 50 000 habitants, placée en face de Constantinople ; — *Ismid* ou *Isnik-mid,* qui est l'ancienne *Nicomédie; — Isnik* (l'ancienne *Nicée*); — *Brousse,* vers le mont Olympe, florissante autrefois sous le nom de *Prusa,* siége de l'empire Othoman aux quatorzième et quinzième siècles, et peuplée encore aujourd'hui de 60 000 âmes; — *Moudania,* sur le golfe du même nom.

A l'O., sur la côte de l'Archipel, ou dans le voisinage, on rencontre : *Smyrne* ou *Ismir,* ville maritime la plus commerçante de la Turquie d'Asie, et peuplée d'environ 120 000 habitants, parmi lesquels il se trouve beaucoup d'Européens, occupés du commerce ; — *Scala-Nova,* au fond du golfe du même nom ; — *Guzelhissar* ou *Aïdin,* près du Méandre, avec 30 000 âmes.

Au S., sur la Méditerranée, on distingue *Satalieh,* au bord du golfe du même nom.

A l'E., dans l'intérieur des terres, se trouvent *Angora* (l'ancienne *Ancyre*), ville de 50 000 âmes, située sur le Sakaria, et fameuse par ses camelots de poil de chèvre et par la victoire de Tamerlan sur Bajazet en 1401; — *Kutahieh*, capitale de l'Anatolie, et peuplée aussi de 50 000 habitants; — *Afioum-Carahissar* (anciennement *Apamée-Cibotos*), ville de 60 000 âmes, renommée par son opium.

On trouve dans l'Archipel de nombreuses îles le long des côtes de l'Anatolie : elles peuvent se partager en îles *septentrionales* et îles *méridionales* ou *Sporades*. Parmi les premières, on remarque *Ténédo* ou *Bodkja-Adassi* (*Ténédos*), non loin de l'entrée méridionale du détroit des Dardanelles; — *Métélin* (*Lesbos*), grande et belle île, dont la capitale est une ville du même nom, située sur la côte orientale, et connue anciennement sous le nom de *Mitylène;* — *Khio*, *Scio* ou *Saki-Adassi* (*Khios*), célèbre par ses vins, son beau climat, ses aspects riants, ses lentisques et son jaspe; — *Samo* ou *Sousam-Adassi* (*Samos*), située en face de l'ancien mont Mycale, et remarquable aussi par son sol fertile et son agréable aspect. — Les *Sporades*, dont le nom signifie *dispersées*, ont été ainsi appelées par opposition aux *Cyclades*, à l'E. desquelles elles se trouvent; on y distingue principalement *Nicaria*, l'ancienne *Icaria*, ainsi nommée d'Icare, qui tomba dans les eaux voisines; — *Patmo* ou *Patmosa* (*Patmos*), devenue célèbre par le séjour de saint Jean l'évangéliste; — *Co* ou *Stan-co* (*Cos*), autrefois renommée par ses fruits, par la beauté de la teinture de ses laines, et par la naissance d'Hippocrate et d'Apelle; — *Rhodes*, grande, fertile et sous un climat délicieux, avec une belle ville du même nom, retraite fameuse, au moyen âge, des chevaliers de Saint-Jean de Jérusalem, qui s'illustrèrent par leur résistance aux empereurs othomans; — *Scarpanto* (*Carpathos*), qui faisait autrefois donner à la mer environnante le nom de *mer Carpathienne*.

Stampalie (anciennement *Astypalea*), comprise dans le sud-est des Cyclades, dépend aussi de la Turquie.

On remarque dans le N. de l'Asie Mineure l'ancien pays de *Roum*, nom d'un royaume fondé par les Turcs Seldjoukides. Il s'y trouve *Sivas*, sur le Kizil-Ermak; *Tokat* (l'ancienne *Comana*), de 100 000 habitants; *Amasie; Iuzghat*.

La *Caramanie* occupe à peu près le centre de l'Asie Mineure. Le Taurus la couvre au S., l'Anti-Taurus à l'E., et la plus grande partie du pays se compose d'un plateau fort élevé. Le chef-lieu est *Conieh* (l'ancienne *Iconium*), ville de 20 000 âmes, qui a été le berceau de l'empire Othoman. — *Ak-cheher* est sur un lac du même nom. — *Kaïsarieh* est une assez grande ville, qu'un tremblement de terre a presque entièrement détruite en 1835; c'est l'ancienne *Césarée de l'Argée*.

Le territoire de *Trébizonde*, dans le N. E. de l'Asie Mineure, a une ville du même nom, située sur la mer Noire, et siége d'un commerce considérable. — *Kérésoun*, à l'O. de cette ville, correspond à l'ancienne *Cérasus*.

Dans l'E. de l'Asie Mineure, on voit *Marach*, et *Malatia* (l'ancienne *Mélitène*), située près de l'Euphrate.

Au S. E., on remarque *Adana*, dans un pays riche et fertile, sur le Seïhoun; — *Tarse* ou *Tarsous*, autre ville importante, sur le Carasou (Cydnus), près de son embouchure dans la Méditerranée; ce fut autrefois une des plus florissantes cités de l'Asie.

L'*Itchil* est le pays le plus méridional de l'Asie Mineure. On y remarque la ville maritime de *Sélefkeh* (l'ancienne *Séleucie-Trachée*).

En face de l'Itchil, est l'île de *Chypre*, anciennement *Cypre*, renommée par la fertilité de son sol, ses aspects riants, la nombreuse population qui la couvrait autrefois, mais aujourd'hui peu habitée et presque inculte. Le chef-lieu est *Nicosie* ou *Licosie*, dans le N. — On distingue, à l'O., *Baffa*, l'ancienne *Paphos;* — au S. E., *Larnaca*, port assez fréquenté; — à l'E., *Famagouste*, autre port.

Arménie et Kurdistan.

L'Arménie turque et le Kurdistan sont à l'E. de l'Asie Mineure; ce sont des pays très-élevés, et plus froids en général que le reste de la Turquie asiatique. Cependant, en s'avançant au S., dans l'ancienne *Assyrie*, on rencontre des plaines chaudes et fertiles. — On y trouve : *Erzeroum*, grande et commerçante ville, peuplée de 80 000 âmes et où se fabriquent les meilleures armes blanches de la Turquie ; — *Kars*, place forte, qui a soutenu, en 1855, un siége célèbre contre les Russes ; — *Van*, sur le bord oriental du lac du même nom, et vers l'emplacement de l'ancienne *Sémiramocerta*; — *Diarbekir* ou *Amid*, ville de 40 000 âmes, sur le Tigre, avec de célèbres manufactures de maroquin et de soieries.

Mossoul ou *Moussoul*, grande ville, est située sur le Tigre, vers l'emplacement de l'antique *Ninive*, dont les premiers vestiges ont été découverts en 1843 par M. Botta, consul de France, au village de *Khorsabad*, et dont les ruines remarquables ont été depuis explorées sur plusieurs autres points, surtout au village de *Kouyoundjik* — A S. E. de la même ville, est *Erbil*, l'ancienne *Arbèies*, fameuse par une victoire d'Alexandre sur Darius.

Mésopotamie et Irâc-Arabi.

La Mésopotamie porte un nom grec qui signifie au *milieu des fleuves* ; elle est renfermée, en effet, entre l'Euphrate et le Tigre, et les Orientaux l'appellent *Al-Djézireh*, c'est-à-dire *l'île*. Elle ne s'étend pas cependant jusqu'au confluent des deux fleuves. L'Irâc-Arabi occupe la partie inférieure de l'espace renfermé entre l'Euphrate et le Tigre, et s'avance ensuite le long du Chot-el-Arab jusqu'au golfe Persique.

Ces deux pays sont généralement très-fertiles ; cependant il se trouve, surtout vers l'Euphrate, des plaines arides et exposées à des chaleurs extrêmes.

On remarque, dans la Mésopotamie : *Réha* ou *Orfa*, l'ancienne *Édesse*, fondée, dit-on, par Nemrod ; — *Harran*, qui a conservé son nom antique du temps d'Abraham ; — *Nisibin* (l'ancienne *Nisibis*).

Dans l'Irâc-Arabi, est *Bagdad*, sur le Tigre, autrefois le siége brillant de l'empire des khalifes ; cette illustre cité est bien déchue de son ancienne splendeur ; cependant elle compte encore 100 000 habitants, et a de fort beaux *bazars* ou marchés. — On trouve dans le voisinage, sur le même fleuve, les ruines de *Séleucie* et de *Ctésiphon*. — *Helleh* ou *Hillah*, au S. de Bagdad, sur l'Euphrate, est près des ruines de l'ancienne *Babylone*. — Assez loin vers le N. O., on rencontre, sur le même fleuve, *Annah*, dans une délicieuse oasis. — Enfin on remarque au S. E., sur le Chot-el-Arab, *Bas-*

sora ou *Basra*, ville de 60 000 âmes et siége d'un grand commerce.

Syrie.

La Syrie est appelée *Cham* ou *Souristan* par les Orientaux. L'aspect de ce pays offre des contrastes remarquables : à l'E., on voit des plaines arides et désertes ; à l'O., les montagnes pittoresques du Liban et de l'Anti-Liban, entrecoupées de belles vallées ; au milieu et au sud, des territoires fertiles, comme ceux de Damas, du Haourân et de la Palestine, à côté des déserts les plus stériles. C'est dans le midi de la Syrie que se trouve la *Palestine* ou *Judée*; et dans l'O. est la *Phénicie*.

On rencontre sur la côte syrienne, en se dirigeant du N. au S. : *Alexandrette* ou *Scandéroun*, sur le golfe du même nom, près de l'emplacement de l'ancienne *Issus*; — *Ladikich* ou *Latakieh* (l'ancienne *Laodicée*); — *Tripoli*, belle ville, surnommée *Tripoli d'Orient* pour la distinguer d'une autre du même nom, située en Afrique; — *Beyrouth* (ancienne *Bérythe*), un des ports de Syrie les plus fréquentés des Européens ; — *Saïda*, l'antique *Sidon*, qui fut une des plus florissantes villes de l'ancienne Phénicie; — *Sour*, aujourd'hui fort petite ville, mais autrefois célèbre sous le nom de *Tyr*; — *Acre, Saint-Jean d'Acre* ou *Akka* (anciennement *Ptolémaïs*), fameuse par les longs et terribles siéges qu'elle a soutenus ; — *Jaffa* (l'ancienne *Joppé*) ; — *Razza* (l'ancienne *Gaza*).

Dans l'intérieur de la Syrie, on voit, d'abord au N. : *Alep* ou *Halep* (80 000 hab.), qui a été longtemps la ville la plus riche et la plus importante de la Turquie d'Asie, mais que les tremblements de terre ont bien diminuée; — *Nizib*, célèbre par une victoire d'Ibrahim-Pacha sur les Turcs en 1839.
— On trouve, le long de l'Oronte, les quatre villes suivantes: *Antakieh*, qui, sous le nom d'*Antioche*, fut autrefois l'une des plus belles cités de l'Asie; — *Famieh*, l'ancienne *Apamée*, près de laquelle se livra une bataille entre Aurélien et Zénobie; — *Hama*, ville de 50 000 âmes, appelée autrefois *Épiphania* ou *Hamath*; — *Hems*, qui est l'ancienne *Émèse*, dans une plaine très-riche en blé.

Dans la partie moyenne, on rencontre *Damas*, considérée comme la capitale de la Syrie, grande et industrieuse cité, peuplée de 200 000 habitants, et située dans une vallée délicieuse, que les Orientaux appellent un des quatre paradis terrestres de l'Asie. Elle est arrosée par la Barada, qui s'y divise en de nombreux canaux, et qui va se jeter dans le lac d'Atîbé.

Sur le flanc oriental du Liban, est *Zahleh*, naguère très-florissante et qui a été ruinée par les Druzes en 1860 ; — sur le flanc occidental de la même chaîne, on trouve *Deïr-el-Kamar*, dont la population chrétienne a été massacrée par les Druzes dans la même année ; — *Kanobin*, qui est la résidence du patriarche des Maronites, et près de laquelle on trouve un célèbre bois de cèdres, dont quelques pieds datent du temps de Salomon.

On admire, au S. O. de Damas, les ruines de *Djérach* (ancienne *Gérasa*) ; au N., celle de *Baalbek* (*Héliopolis* ou *Baal-Hamon*), dans la belle vallée de Bkaa ; au N. E., celle de *Tadmor* ou *Palmyre*.

Dans le S. de la Syrie, la ville la plus importante est *Jérusalem*, que les Orientaux appellent *el Kods* (la sainte), *el Chérif* (la noble), ou *Soliman* ; le petit torrent de Cédron, qui coule au pied de ses murs, va se jeter un peu à l'E. dans la mer Morte. La situation en est triste ; elle est entourée de tous côtés de montagnes nues et rocailleuses, et elle n'offre qu'un aspect misérable. Mais il n'est pas de ville plus intéressante par ses souvenirs. Une foule de pèlerins chrétiens vont y visiter l'église du Saint-Sépulcre, fondée sur la colline du Calvaire, à la place où fut élevée la croix de Jésus-Christ et où son corps fut déposé dans une grotte. Les musulmans y ont aussi un de leurs édifices les plus sacrés, la célèbre mosquée d'Omar, érigée sur l'emplacement du temple de Salomon. Jérusalem compte environ 30 000 habitants, la plupart Arabes et Juifs. On remarque, au S. de cette ville, *Bethléem*, où la crèche qui vit naître le Sauveur est recouverte d'une église magnifique, fondée par sainte Hélène, mère de Constantin ; — et *Khalil*, l'ancienne *Hébron*, célèbre dans l'histoire des patriarches et dans celle de David. — Au N., on voit *Naplous*, qui a porté anciennement le nom de *Sichem*, et ensuite celui de *Néapolis* ; — *Nasra*, l'ancienne *Nazareth*, illustrée par le séjour de Jésus-Christ et de la Vierge Marie.

2. Habitants, Religions.

Les *Turcs* ne forment qu'une faible portion de la population de la Turquie d'Asie; — on trouve dans ce pays un grand nombre de *Grecs*, d'*Arabes*, d'*Arméniens*, de *Kurdes*, de *Juifs*; — les *Yézidis*, presque sans cesse livrés à la guerre et au brigandage, sont répandus en tribus indépendantes dans la Mésopotamie, l'Irâc-Arabi et le N. de la Syrie; — les *Turcomans*, peuple nomade également assez redouté, se trouvent surtout dans les parties centrales du pays; — les *Druzes* habitent dans le Liban, et se font remarquer par leur caractère fier, énergique et brutal; — les *Maronites*, autre peuple du Liban, sont généralement livrés à l'agriculture. — Les *Métoualis* et les *Ansariés* habitent la même région.

L'islamisme est la religion dominante dans cette contrée. Les Turcs et la plupart des peuplades dont on a parlé sont *sunnites*, c'est-à-dire mahométans de la secte d'*Omar*. Les Maronites professent aussi le christianisme, et ils reconnaissent l'autorité du pape, sans adopter cependant toutes les formes du catholicisme. Les Druzes ont une religion à part, qui est une espèce de déisme : ils reconnaissent pour prophète Hakem, qui était khalife d'Égypte au onzième siècle.

Géographie historique.

1. Géographie ancienne.

L'ASIE MINEURE renfermait dans l'antiquité douze divisions principales : trois au N., le long du Pont Euxin : le *Pont*, la *Paphlagonie* et la *Bithynie*; — trois à l'O., le long de la mer Égée : la *Mysie*, la *Lydie* et la *Carie*; — trois au S., sur la côte de la mer Intérieure : la *Lycie*, la *Pamphylie* (avec la *Pisidie* et l'*Isaurie*) et la *Cilicie*; — trois dans l'intérieure : la *Phrygie*, la *Galatie* et la *Cappadoce*.

Le Pont tirait son nom du Pont Euxin, sur la côte duquel les principales villes étaient, de l'E. à l'O. : *Trapézus* (Trébizonde), célèbre surtout au moyen âge lorsqu'elle devint la capitale d'un empire grec du même nom; *Cérasus* ou *Pharnacia* (Kérésoun), qui a donné son nom au cerisier, apporté en Europe par Lucullus; *Cotyora*, où s'embarquèrent les Dix

Mille; *Polémonion*, qui faisait donner le surnom de Polémoniaque à la partie orientale du Pont; *Amisus* (Samsoun), sur un golfe du même nom. — Dans l'intérieur, on trouvait : *Amasie*, qui a vu naître le géographe Strabon, et qui conserve encore son ancien nom; *Comana* (Tokat), célèbre par un temple de Bellone; *Zela*, par la victoire de Mithridate sur les Romains et par celle de Jules César sur Pharnace, fils de Mithridate.

La Paphlagonie avait pour villes remarquables : *Sésamus* ou *Amastris* (Amastrah), sur le Pont Euxin; *Sinope* (qui a conservé son nom), patrie de Mithridate et de Diogène.

La Bithynie avait pour principaux peuples les *Mariandyns*, les *Thyniens* et les *Bithyniens*. — Les villes remarquables de la côte étaient : *Héraclée-Pontique* (Érékli), sur le Pont Euxin; *Khalcédoine*, à l'entrée méridionale du Bosphore de Thrace, en face de Byzance; *Chrysopolis*, plus importante aujourd'hui sous le nom de Scutari; *Nicomédie* (Ismid), sur la Propontide. — Dans l'intérieur, on trouvait, vers le N., *Prusa sur l'Hypios*; vers l'O., *Nicée* ou *Ancore*, patrie d'Hipparque, et siége du premier concile général; *Prusa de l'Olympe*, qui fut la capitale de la Bithynie pendant quelque temps.

La Mysie se divisait en *Grande Mysie*, au S., *Petite Mysie* ou *Mysie Hellespontique*, au N., et *Troade*, à l'O. On donnait le nom d'*Éolide* ou *Éolie* à la partie méridionale de la côte occidentale, quelquefois même à toute la côte occidentale : des *Éoliens*, sortis de la Grèce, étaient venus s'y établir.

Lampsaque, sur l'Hellespont, près de son entrée vers la Propontide, était une des principales villes de la Mysie; *Abydos*, sur le même détroit, était en face de Sestos en Thrace.

Troie, sur le Simoïs, à quelque distance et au S. de l'entrée méridionale de l'Hellespont, fut le siége d'une petite monarchie fort célèbre, et soutint, contre les Grecs, qui la détruisirent, un siége illustré par les chants d'Homère; Troie avait deux citadelles, *Ilion* et *Pergame*, par les noms desquelles on a quelquefois désigné la cité entière. Un peu au N. des ruines de cette ville, on bâtit dans la suite la *Nouvelle-Ilion*; puis, au S. O., sur la mer Égée, *Alexandria-Troas* (Eski-Stamboul). — Au N., on remarquait *Cyzique*, à l'extrémité méridionale de l'île de Cyzique, patrie du navigateur Eudoxe; — à l'O., *Antandros*, port célèbre; — dans le S., *Pergame* (Bergamo), longtemps la capitale d'un royaume du même nom, et patrie du médecin Galien.

La Lydie était, à l'O., peuplée d'*Ioniens* venus de la Grèce, et cette partie du pays avait pris le nom d'*Ionie*. La partie méridionale de l'*Éolie* était renfermée dans le N. O. de la Lydie. — On distinguait, sur la côte, *Cume* ou *Cyme*, sur le golfe du même nom, intéressante par sa sibylle, par la naissance d'Hésiode et peut-être par celle d'Homère; — *Phocée*, dont une colonie fonda Massilia, dans la Gaule; — *Smyrne*, encore importante aujourd'hui, au fond du golfe du même nom, près du ruisseau de Mélès, sur les bords duquel on a prétendu qu'Homère avait reçu le jour; — *Clazomènes*; — *Téos*, patrie d'Anacréon; — *Colophon*, une des sept villes qui prétendaient à l'honneur d'avoir vu naître Homère, et célèbre par un temple d'Apollon, ainsi que par la résine qu'on recueillait en quantité dans le voisinage, et à laquelle elle a donné son nom (la colophane); — *Éphèse*, vers l'embouchure du Caystre, avec un magnifique temple de Diane; elle fut, dans l'empire Romain, capitale de la province d'Asie : le peintre Parrhasios et le philosophe Héraclite y naquirent; — *Priène*, patrie de Bias, et située un peu au N. O. de l'embouchure du Méandre. — Dans l'intérieur, on trouvait : *Sardes*, vers le centre du pays, sur le Pactole; ancienne capitale du royaume de Lydie, qui comprenait, du temps de Crésus, la plus grande partie de l'Asie Mineure; — *Magnésie du Sipyle* (Manika), à l'O., au pied du mont Sipyle; connue par la victoire des Romains sur Antiochus le Grand, et par l'aimant ou *magnès* de son voisinage; — *Philadelphie*, à l'E.; — *Magnésie du Méandre* (Guzelhissar), donnée par Artaxercès à Thémistocle; — *Tralles*, près du Méandre, au S.

La Carie était, en partie, peuplée par les *Doriens*, venus de la Grèce. Les villes principales de la côte étaient : *Milet*, célèbre par son commerce, ses colonies lointaines, la naissance de Thalès et celle d'Anaximandre, qui dressa, dit-on, les premières cartes géographiques; — *Halicarnasse*, avec le tombeau de Mausole, ou le *Mausolée*, une des sept merveilles du monde; patrie du célèbre historien Hérodote; — *Cnide* ou *Gnide*, à l'extrémité de la presqu'île de la Doride, avec un temple et une superbe statue de Vénus; patrie de Ctésias et de l'astronome Eudoxe.

La Lycie renfermait, sur la côte : *Patara*, avec un célèbre temple d'Apollon; — *Phasélis*, occupée longtemps par de corsaires, qui inventèrent le *phasélis*, sorte de navire qu'o nomme aujourd'hui brigantin. — Dans l'intérieur, se trou vait *Xanthos*, qui était la capitale de la Lycie, et qui soutint un siége mémorable contre Brutus, meurtrier de César.

La Pamphylie a longtemps renfermé la Pisidie et l'Isaurie, qui ont formé ensuite des provinces séparées. On y remarquait l'*Eurymédon*, célèbre par deux victoires remportées le même jour sur les Perses par Cimon.

Les villes les plus importantes étaient *Attalia* (Satalieh), *Perga*, *Side*, qui furent tour à tour capitales de la Pamphylie.

La Cilicie était limitée au N. par le mont Taurus, et à l'E. par le mont Amanus. On remarquait, à travers le premier, le défilé des *Pyles Ciliciennes*; entre le second et la mer, les *Pyles Syriennes*. Le pays se divisait en *Cilicie Trachée* ou *Montagneuse*, à l'O., et *Cilicie Pédienne* ou des *Plaines*, à l'E. La Cilicie Trachée, qui prit ensuite le nom d'*Isaurie*, parce qu'elle fut le repaire des pirates isauriens, comprenait, sur la côte, *Sélinonte*, où mourut Trajan : d'où lui vint le nom de *Trajanopolis*; — *Séleucie-Trachée* (Sélefkeh), capitale de la Cilicie Trachée. — La Cilicie Pédienne renfermait, le long de la mer : *Solos*, *Soloé* ou *Pompeiopolis*; — *Issos* ou *Issus*, célèbre par une victoire d'Alexandre sur Darius, près du défilé des Pyles Syriennes. — On voyait, dans l'intérieur : *Tarse*, grande et florissante ville, capitale de la Cilicie, sur le Cydnus ; — *Anazarba*; — *Germanica* (Marach), qui a donné le jour à deux fameux hérétiques, Eudoxe et Nestorius.

La Phrygie, qui formait la partie centrale de l'Asie Mineure, a quelquefois été appelée *Grande Phrygie*; et sous le nom de *Petite Phrygie*, on a désigné le N. de la Mysie, la Bithynie et une grande partie de la Galatie. Des tremblements de terre, des phénomènes volcaniques, y ont bouleversé une assez grande région, qui avait pris le nom de *Brûlée*. — Parmi les villes, on distinguait : *Laodicée-Diospolis*, près du Méandre ; — *Apamée-Cibotos* (Afioum-Carahissar), longtemps capitale de la Phrygie, sur le Méandre; — *Célènes*, qui fut aussi la capitale de cette province, et qui vit naître le musicien Marsyas, inventeur de la flûte; — *Cybira*, qui fut longtemps une république indépendante, connue par la sagesse de ses lois; — *Synnada*, dans un territoire riche en beau marbre; — *Ipsus* ou *Ipsos*, célèbre par une grande bataille entre les successeurs d'Alexandre.

La Lycaonie, partie S. E. de la Phrygie, renfermait *Laodicée la Brûlée* et *Iconion* ou *Iconium* (Conieh).

La Galatie ou Gallo-Grèce tirait son nom des Gaulois qui vinrent s'y établir dans le troisième siècle avant J. C., et s'y mêlèrent aux Grecs. On y voyait : *Ancyre* (Angora) ; — *Pessinonte*, intéressante par le culte de Cybèle ; — *Gordion* ou *Gordium* (appelée plus tard *Juliopolis*), où Alexandre trancha le nœud Gordien ; — *Amorion*, où naquit, dit-on, le fabuliste Ésope.

La Cappadoce se divisait en plusieurs régions, telles que la *Petite-Arménie*, à l'E., la *Cataonie*, au S., la *Leuco-Syrie*, au centre. Parmi les villes, on remarquait *Mélitène* (Malathia), qui devint la métropole de la Petite Arménie, et qui fut le théâtre du martyre de Polyeucte ; — *Cabira* ou *Sébaste* (Sivas), où Lucullus défit Mithridate ; — *Mazaca* ou *Césarée de l'Argée* (Kaïsarieh), capitale de la Cappadoce, et patrie de saint Basile le Grand ; — *Nazianze*, aux environs de laquelle naquit saint Grégoire de Nazianze ; — *Tyana* ou *Dana*, patrie du philosophe Apollonius, à qui ses disciples ont attribué des prophéties et des miracles ; — *Comana*, avec un temple de Bellone.

L'ARMÉNIE a été l'une des plus anciennes monarchies, et ses souverains ont longtemps possédé plusieurs pays voisins. Outre les Arméniens proprement dits, on trouvait dans l'Arménie, vers le S. E., les *Carduques* ou *Gordyènes*, qui habitaient au milieu de montagnes escarpées, et qui opposèrent aux Dix Mille des obstacles nombreux. Villes principales : *Artaxata*, longtemps capitale de l'Arménie ; *Armauria* ou *Armavir*, qui a été pendant dix-huit siècles la résidence des souverains arméniens ; *Naxuana* (Nakhtchivan), qui fut, dit-on, la première ville bâtie après le déluge ; *Sémiramocerta* (Van), sur le lac Arsissa ; *Tigranocerta* (Sert), fondée par Tigrane le Grand, et détruite par Lucullus ; *Carcathiocerta* ou *Amida* (Diarbekir), sur le Tigre.

L'ASSYRIE, aujourd'hui à peu près la province turque de Kurdistan, fut longtemps gouvernée par de puissants monarques, qui avaient étendu leur domination sur plusieurs des contrées voisines. Villes principales : *Ninive*, *Ninno* ou *Ninos* (en latin *Ninus*), vaste capitale de l'Assyrie, sur le Tigre ; *Arbèles* (Erbil), qui a donné son nom à la fameuse bataille livrée près de là, à *Gaugamela*, entre Alexandre et Darius.

La MÉSOPOTAMIE, que les Orientaux nommaient *Aram Naharaïm* (la Syrie des fleuves), renfermait : *Nicéphorion;* — *Carkhémis* ou *Kirkhésion* (Kerkisieh), au confluent du Khaboras et de l'Euphrate, célèbre par une victoire de Nékhao, roi d'Égypte; — *Cunaxa*, vers la frontière de la Babylonie; fameuse par la bataille livrée entre Artaxerxès-Mnémon et son frère Cyrus, et après laquelle eut lieu la retraite des Dix Mille; — *Nisibe* ou *Nisibis*, ou *Antioche de Mygdonie* (Nisibin), prise par Trajan sur les Parthes. — *Édesse* ou *Calirrhoé* (Orfa), fondée, dit-on, par Nemrod; — *Carræ* ou *Harran*, qui fut le séjour d'Abraham, et où se réfugia Crassus, vaincu par les Parthes.

La BABYLONIE, à laquelle répond à peu près l'Irâc-Arabi, a été aussi appelée *Sinnar* ou *Sennaar*; elle renfermait au S. la *Khaldée*, dont plusieurs familles, fixées à la cour de Babylone, présidèrent les assemblées de religion et s'acquirent un grand crédit par leur savoir en astronomie; les progrès remarquables des Khaldéens dans cette science furent favorisés par un ciel pur, un horizon étendu. Sur les deux bords de l'Euphrate, était *Babylone*, *Babylon* ou *Babel*, capitale de la contrée : elle fut bâtie par Nemrod à l'endroit où l'on avait élevé la tour de Babel. Parmi ses merveilles, il faut nommer le palais des rois et les jardins suspendus, qui se trouvaient à l'O. de l'Euphrate, et le temple de Bélus, à l'E. du fleuve. — Sur le Tigre, on remarquait *Sittace*, près de la limite de la Mésopotamie, au-dessous de l'emplacement de la moderne Bagdad; — *Séleucie*, élevée par Séleucus Nicator sur la rive droite du Tigre, pour ruiner Babylone; — *Ctésiphon*, sur la gauche du même fleuve, presque en face de Séleucie : elle fut bâtie par les Parthes, qui en firent la capitale de leur empire.

La SYRIE, appelée *Aram* ou *Hémath* dans l'Écriture sainte, a formé la plus grande partie de la Syrie actuelle. Les rois de Syrie ont possédé, après Alexandre, un empire qui s'étendait bien au delà des limites du pays de ce nom.

Elle se divisait en un grand nombre de pays : les plus remarquables étaient la *Comagène*, la *Piérie*, au N.; — la *Cœlé-Syrie* ou *Syrie Creuse*, renfermée surtout entre le Liban et l'Anti-Liban, à l'O.; — la *Khalcidique*, l'*Apamène*, au milieu; — la *Palmyrène*, à l'E.; — l'*Abylène*, l'*Iturée*, une partie de l'*Auranitide*, de la *Batanée* et de la *Moabitide*, au S. — On remarquait les villes suivantes sur l'Euphrate : *Samosate* (Sémisat), patrie de Lucien; *Zeugma* et *Thapsaque*. — Le long de l'Oronte, étaient *Émésa* (Hems); — *Épiphania* ou *Hémath* (Hama), *Apaméa* (Famieh), qui eut ses rois particuliers, et près de laquelle se livra la fameuse bataille entre Aurélien et Zénobie; — *Antioche* ou *Antiokhia* (Antakieh), capitale de la Syrie sous les Séleucides, bâtie par Séleucus Nicator sur les ruines d'Antigonie. Les disciples de Jésus-Christ y prirent le nom de *chrétiens*; saint Jean Chrysostome y naquit. — *Daphné*, célèbre par la fraîcheur et la beauté de son bois de lauriers, était considérée comme un faubourg d'Antioche. — Les villes de la côte étaient, du N. au S., *Séleucie-Piérie*, au pied du mont Piérios; — *Laodicée-sur-Mer* (Ladikieh). — Dans la Cœlé-Syrie, vers le point de jonction du Liban et de l'Anti-Liban, s'élevait *Héliopolis* ou *Baal-Hamon* (Baalbek), connue par un magnifique temple du Soleil. — *Damas*, capitale de la Cœlé-Syrie, n'était pas dans la vallée qui méritait proprement ce nom, mais à quelque distance à l'E. de l'Anti-Liban, dans un canton délicieux. C'était une des cités les plus anciennes de l'Asie, et elle fut le siége de l'un des premiers royaumes. — *Bostra* ou *Bazra*, au S. de Damas, fut la métropole de la province d'*Arabie consulaire*, sous Septime Sévère, et vit naître l'empereur Philippe. — *Philadelphie* ou *Rabbath-Ammon*, au S. de Bostra, fut la capitale des Ammonites; — *Rabbath-Moab*, *Ar* ou *Aréopolis* fut celle des Moabites. — *Palmyre* ou *Tadmor*, à l'E., se trouvait dans une petite oasis, fertile surtout en palmiers; fondée, dit-on, par Salomon, elle devint très-commerçante, et s'embellit de nombreux monuments; elle eut ses souverains particuliers, dont les derniers furent Odénat et son épouse Zénobie.

La PHÉNICIE ou PHOENICIE, qui a aussi porté les noms de *Rabbothin*, *Colpites* et *Clina*, était une contrée étroite qui s'étendait du N. au S. le long de la mer Intérieure, au pied du mont Liban. Les Phéniciens, dont le nom oriental véritable paraît avoir été *Béni-Anak* ou *Énakim*, étaient un peuple essentiellement navigateur et commerçant : ils avaient des colonies jusque dans les parties les plus occidentales de l'Ancien monde; ils furent, dit-on, les inventeurs de l'écriture alphabétique.

On trouvait sur la côte de la Phénicie, en allant du N. au S. : *Arados* ou *Arvad*, sur une petite île ; — *Tripolis* (Tripoli), ainsi nommée de ce qu'elle se composait de trois villes ; — *Byblos*, près de la petite rivière Adonis ; — *Bérythe* (Beyrouth) ; — *Sidon* (Saïda), qui fut longtemps la première ville de Phénicie ; — *Sarepta*, avec des vins estimés et des mines de fer ; — *Tyr* (Sour), colonie de Sidon, qu'elle surpassa bientôt en puissance et en richesse : elle devint la capitale de la Phénicie, fut détruite par Nabukhodonosor le Grand, rebâtie par ses habitants sur une petite île voisine, et soutint contre Alexandre un siège mémorable ; — *Aca*, *Aco* ou *Ptolémaïs* (Acre), vers l'embouchure du Bélos ou Bélus, avec le sable duquel on fit, dit-on, le premier verre.

La PALESTINE a reçu beaucoup de noms : elle a été appelée pays de *Canaan*, à cause de Canaan, fils de Kham ; *Terre Promise*, parce que Dieu l'avait promise à Abraham ; *Terre d'Israël*, parce qu'elle fut habitée par les Israélites ou descendants d'Israël (Jacob) ; *Judée*, à cause de la tribu de Juda, la plus considérable de celles qui formaient le peuple hébreu ; *Palestine*, des Philistins ou Palestins, qui en occupaient une petite partie au S. O. ; enfin, *Terre Sainte*, parce qu'elle a été le théâtre de la plupart des événements que la Bible rapporte. Souvent encore, elle est nommée simplement la *Contrée*, dans la Bible.

Elle est comprise dans le S. de la Syrie actuelle.

Du temps de Moïse et de Josué, le pays de Canaan était habité par divers peuples qui descendaient de Canaan : tels étaient les *Amorrhéens*, les *Jébuséens*, les *Héthéens*, les *Gabaonites*, les *Phéréséens*, les *Gergéséens*, les *Cananéens* proprement dits et les *Hévéens*. Les *Israélites* les exterminèrent ; mais, pendant longtemps, ils ne purent soumettre les *Philistins*, qui habitaient au S. O., sur la côte de la mer Intérieure. — Le pays que les Israélites avaient conquis fut partagé entre les douze tribus. Les *Lévites*, ou la tribu de *Lévi*, étaient consacrés au sacerdoce, et ne reçurent pas, comme les autres, de territoire particulier : on pourvut à leur existence en leur attribuant le dixième des produits du sol ; et, pour résidence, on leur assigna quarante-huit villes, éparses à travers toutes les tribus. Les postérités d'*Éphraïm* et de *Manassé* (les deux fils de Joseph) eurent leurs territoires particuliers, comme deux tribus distinctes.

Les tribus de *Ruben* et de *Gad*, ainsi qu'une moitié de la tribu de *Manassé*, habitèrent à l'E. du Jourdain ; — toutes les autres s'établirent à l'O. : c'étaient, du N. au S., *Aser*, *Nephthali*, *Zabulon*, *Issakhar*, une demi-tribu de *Manassé*, *Éphraïm*, *Dan*, *Siméon*, *Benjamin* et *Juda*.

Pendant les règnes de David et de Salomon, lorsque la nation israélite était à son plus haut point de splendeur, les limites du royaume furent bien reculées, et s'étendirent depuis la frontière d'Égypte et l'extrémité boréale de la mer Rouge, au S. O., jusqu'à l'Euphrate, au N. E.

Après la mort de Salomon, dix tribus se révoltèrent contre son fils Roboam, et il se forma deux royaumes : celui d'*Israël*, qui se composait de dix tribus révoltées, et celui de *Juda*, qui comprenait les tribus de Juda et de Benjamin.

A l'époque des événements que décrit l'Évangile, la Palestine était soumise aux Romains, et divisée en quatre parties : la *Judée*, la *Samarie*, la *Galilée* (qui se divisait en deux parties : la *Galilée Supérieure* ou des *Gentils*, au N., et la *Galilée Inférieure*, au S.), enfin la *Pérée*, ou le pays au delà du Jourdain. On prit plus tard, dans le N. de cette dernière, une division appelée *Batanée*, qui tirait son nom de l'ancien pays de *Basan*.

Villes principales de la **Judée** (tribus de Benjamin, Juda, Dan, Siméon, et pays des Philistins) : *Jérusalem*, *Hiérosolyma* ou *Solyma*, dans le S. de la tribu de Benjamin, vers la frontière de celle de Juda, était la capitale de la Judée ; elle fut aussi celle du royaume de Juda, et celle de la monarchie des Hébreux à l'époque de sa plus grande splendeur. Cette ville était souvent appelée *Cité Sainte* ou *Cité de Dieu*. Jérusalem était bâtie sur les montagnes de *Sion*, au S., de *Moria*, à l'E., d'*Acra* et de *Bézétha*, au N. ; des vallées l'environnaient presque de tous côtés, et la séparaient d'autres montagnes remarquables, telles que le *Calvaire* ou le *Golgotha*, à l'O., et le mont des *Oliviers*, à l'E. Deux petites rivières, branches supérieures du torrent de Cédron, coulaient, l'une à l'E., l'autre au S. de la ville. Lorsque, après avoir été détruite par Titus, elle fut relevée par Adrien, elle fut quelque temps nommée *Ælia Capitolina*. — *Béthanie*, près et au N. E. de Jérusalem, est fameuse par la résidence de Marie et de Marthe, par la résurrection du Lazare et par l'Ascension du Sauveur. — *Gabaon*, au N. de la ville précédente, fut la capitale des Gabaonites. — *Jérikho*, à l'E., était célèbre par ses palmiers, et par le siége qu'elle soutint contre Josué. — C'est à *Gilgal* ou *Galgala* que les Israélites passèrent le Jourdain. — *Béthléhem*, au S. de Jérusalem, est remarquable par la naissance de Jésus-Christ et par celle de David. — *Hébron* ou *Kériath-Arba* est célèbre dans l'histoire des patriarches et dans celle de David. Au N. E. d'Hébron, on remarquait la plaine de *Mambré* ou *Mamré*, où Abraham a séjourné, et où ce patriarche, Isaac et Jacob furent ensevelis dans la grotte de Makhpéla ; à l'E., près de la mer Morte, on trouvait la grotte d'*Engaddi*, située vers le désert du même nom, et fameuse par l'asile qu'elle offrit à David.

Azoth ou *Asdod*, près de la mer Intérieure, est connue par le temple de Dagon, où les Philistins placèrent l'arche sainte, et par le long siége qu'en fit Psammétique, roi d'Égypte. — *Ascalon* vit naître Hérode, et a donné son nom au légume *ascalonios* (échalotte). — *Gaza* (Razzé), au S., était la première ville des Philistins. — *Gérar* fut quelque temps la métropole de ce peuple. — *Césarée de Palestine* (Kaïsarieh), auparavant *Tour de Straton*, sur la mer Intérieure, fut la résidence des gouverneurs romains de la Palestine.

Villes de la **Samarie** (demi-tribu occidentale de Manassé et tribu d'Éphraïm) : *Samarie* ou *Chomron*, plus tard *Sébaste*, fut la capitale du royaume d'Israël, et, par la suite, de la Samarie. — *Thersa*, à l'E. de Samarie, fut quelque temps la résidence des rois d'Israël. — *Sichem*, *Mabartha* ou *Néapolis* (Naplous) est connue dans l'histoire de Jacob, et intéressante par le tombeau de Joseph et par les dernières exhortations de Josué aux Israélites. — *Silo* est remarquable parce que l'arche d'alliance y fut conservée longtemps. — *Joppé* ou *Japho* (Jaffa) était un port de mer ; c'est près de là que, suivant la mythologie grecque, avait été enchaînée à un rocher la belle Andromède.

Villes de la **Galilée** (tribus de Nephthali, Zabulon, Issakhar, Aser) : *Dan* fut remarquable par le culte des veaux d'or, qu'y établit Jéroboam. — *Capharnaüm*, célèbre par le séjour de Jésus-Christ et celui de saint Matthieu, était près de la rive N. O. de la mer de Galilée. — *Tibériade* ou *Tibérias*, sur le bord occidental du lac de ce nom, fut la capitale de la Galilée, et eut une fameuse académie juive après la destruction de Jérusalem. — *Béthulie*, au N. E., a été illustrée par le courage de Judith. — *Nazareth*, près et à l'O. du mont Thabor, fut la résidence de Jésus-Christ. —

Cana est célèbre par un miracle de Jésus-Christ. — *Sepphoris* ou *Dio-Césarée* est le lieu où la tradition place la demeure des parents de la Vierge. — *Jezrael* ou *Esdrélon*, près du mont Gelboë, avait un palais d'Akhab.

Villes de la **Pérée** (demi-tribu orientale de Manassé et tribus de Gad et de Ruben). — *Julias* ou *Bethsaïda*, près du bord septentrional de la mer de Galilée, fut la résidence des disciples Philippe, Pierre, André, Jacques et Jean. — *Césarée-Philippe* ou *Césarée-Panéas* se trouvait au N. — *Adraa* ou *Édreï*, à l'E., est connue par la défaite d'Og, roi de Basan. — Il faut aussi remarquer : *Ramath-Galaad* ou *Aramatha*, souvent nommée dans les guerres des Israélites ; — *Succoth* et *Mahanaïm*, connues dans l'histoire de Jacob ; — *Béthabara*, où a baptisé saint Jean ; — *Gérasa*, qui a laissé des ruines magnifiques ; — *Hesbon*, qui fut une des principales villes des Amorrhéens.

2. Changements politiques successifs.

Ces divers pays anciens de la Turquie d'Asie, après avoir presque tous formé autant de monarchies particulières, passèrent sous la domination des rois de Perse, puis sous celle d'Alexandre ; se divisèrent de nouveau sous les successeurs de ce dernier, et se confondirent encore une fois en subissant le joug des Romains, auxquels les Parthes et les Perses disputèrent cependant les régions orientales. Ensuite ils dépendirent des Arabes, dont les souverains, nommés *khalifes*, résidaient à Bagdag. Enfin, ils tombèrent sous la domination des Turcs, qui, sortis de l'Asie centrale, s'étaient partagés en plusieurs branches : ceux qu'on appelle Turcs othomans jetèrent définitivement dans l'Asie Mineure, au treizième siècle, les fondements de leur puissant empire, dont le premier siége fut Conieh (Iconium); bientôt cet empire s'étendit depuis l'Euphrate jusqu'à Constantinople, et depuis la mer Noire jusqu'à la Syrie, contrée qui appartenait alors à l'Égypte, et dont ils s'emparèrent en 1516. Ils agrandirent encore peu à peu leur territoire asiatique aux dépens de celui des Persans.

III. PERSE.

DESCRIPTION PHYSIQUE. — DESCRIPTION POLITIQUE. — GÉOGRAPHIE HISTORIQUE.

Description physique.

La Perse, nommée *Iran* par les Orientaux, s'étend à l'E. de la Turquie d'Asie, entre la mer Caspienne, au N., et le golfe Persique, au S. Elle touche vers l'E. au Béloutchistan, à l'Afghanistan, au royaume de Hérat; vers le N. E., au Turkestan; vers le N. O., à la Transcaucasie. Elle a 2000 kilomètres de longueur, du N. O. au S. E., sur une largeur moyenne de 1100 kilomètres. La superficie est de 1 million de kil. carrés; la population, de 10 millions d'habitants.

La Perse s'avance, vers le S., un peu au delà de l'entrée du golfe Persique, jusqu'au cap *Jask*, sur la mer d'Oman.

L'entrée du golfe Persique s'appelle détroit d'*Ormus*; il s'y trouve les îles d'*Ormus* et de *Keïchme*. L'intérieur du golfe, parsemé d'un assez grand nombre d'autres îles, est célèbre par la pêche des perles.

La partie la plus belle de la Perse est le midi; mais on y éprouve souvent une température brûlante, et l'on y redoute un vent dangereux nommé *samiel*. A l'O. et au N. O., le climat est doux et salubre. Au N., le long de la mer Caspienne, s'étend une région fertile. A l'E., se trouve le *Grand Désert Salé*.

Cette contrée possède de précieuses richesses naturelles; elle est la patrie primitive de la figue, de la grenade, de la mûre, de l'amande, de la pêche, de l'abricot, de la prune; la vigne y donne des raisins et un vin délicieux; le blé, le riz, le coton, la canne à sucre, enrichissent plusieurs cantons. Les jardins, délices des Persans, sont ornés de mille fleurs charmantes.

Le cheval de Perse est fort estimé; le chameau, si utile pour les voyages, est encore précieux pour la finesse de son poil, employé à faire des étoffes; les chèvres des parties orientales sont presque aussi célèbres que celles du Tibet par la beauté de leur duvet. Les lions et les tigres infestent les déserts.

Les substances minérales les plus remarquables sont : le sel, qui se présente partout ; le naphte, dont on se sert comme d'huile à brûler ; le cuivre, les rubis, les turquoises, le lapis-lazuli, qui donne la belle couleur bleue d'outre-mer.

La Perse se divise naturellement en trois régions : la plus grande occupe le milieu et l'E. du royaume, et forme la partie occidentale d'un vaste plateau connu sous le nom de *plateau de la Perse*; ce plateau est bordé au N. par les montagnes du *Khoraçan* et les monts *Elbours* ou *Elbrouz*, à l'O. par les monts *Elvend*.

Le point le plus élevé de ces montagnes est le pic de *Démavend*, situé dans les monts Elbours et haut de 6000 mètres.

La seconde région naturelle est le versant de la mer Caspienne, au N.

La troisième, au S., est formée du versant incliné vers le golfe Persique, le détroit d'Ormus et la mer d'Oman.

Les rivières du plateau se perdent ou dans les sables ou dans des lacs sans écoulement visible ; les plus considérables sont le *Zayendeh-roud*, qui va s'engloutir dans le Grand Désert Salé ; le *Bend-Émyr* (nommé anciennement *Araxes* ou *Rogomana*), qui se jette dans le lac *Bakhtehgan* ou *Kieffé*. — Dans la partie N. O. du plateau, est le grand lac d'*Ourmyah* ou *Ormyah*, qui a 130 kilomètres de longueur ; ses eaux sont, avec celles de la mer Morte et du lac de Van, les plus salées que l'on connaisse dans l'O. de l'Asie, et elles ne nourrissent aucun poisson.

Vers la Caspienne se dirigent le *Kizil-Ouzen*, l'*Aras*, rivière fort rapide, qui forme une partie de la limite de la Perse et de la Transcaucasie, et qui, de même que le Bend-Émyr, se nommait autrefois *Araxes;* le *Tedzen*, qui se rend dans la mer Caspienne sur le territoire du Turkestan.

Au versant méridional appartiennent la *Kerkhah*, affluent du Chot-el-Arab, et le *Karoun*, qui tombe dans le golfe Persique, en mêlant une partie de ses eaux avec celles de ce fleuve.

Description politique.

La Perse est divisée en onze provinces. Deux se trouvent au N., le long de la mer Caspienne : ce sont celles de *Mazendéran* et de *Ghilan*. La première a pour chef-lieu *Balfrouch*, peuplée de 100 000 âmes, et intéressante par son commerce, son industrie et ses nombreux colléges; on y remarque aussi *Sari*, peuplée de 30 000 habitants, et *Asterabad*, ville de 40 000 âmes, dans une contrée fertile et agréable, près d'un golfe du même nom. — Le chef-lieu du Ghilan est *Recht*, ville de 80 000 habitants, dans un canton malsain.

Au S. du Mazendéran, on rencontre la province de *Tabéristan*, traversée par les monts Elbours, et dont le chef-lieu est *Démavend*, vers le pic du même nom. On y distingue encore *Damghan*, aujourd'hui misérable ville, mais jadis florissante sous le nom d'*Hécatompyle*.

Au centre de la Perse, s'étend la grande province d'*Irâc-Adjémi*[1], qui renferme, à l'O., des cantons fertiles, mais s'avance, à l'E., dans le désert. Le chef-lieu, *Téhéran*, est en même temps capitale de la Perse; cette ville, placée vers les monts Elbours, contient 130 000 habitants en hiver, et seulement 40 000 en été. On y remarque le palais du roi, édifice très-vaste et de la plus grande richesse. C'est dans le midi de l'Irâc-Adjémi que se trouve *Ispahan* ou *Isfahan*, ancienne capitale de la Perse : elle a perdu beaucoup de son antique splendeur; on y comptait près d'un million d'habitants; aujourd'hui il n'y en a, suivant quelques voyageurs, que 60 000. Parmi les monuments qui embellissent cette cité, on distingue plusieurs palais, les ponts du Zayendeh-roud, le bazar d'Abbas, la mosquée royale. La plaine qui entoure Ispahan est d'une fertilité admirable, et produit surtout des melons et des pastèques renommés.—Entre Ispahan et Téhéran, on rencontre *Kachan*, fort belle ville, et *Coum*, lieu de pèlerinage très-fréquenté des Persans. — Au S. E. de Téhéran, on visite avec intérêt les vastes ruines de *Reï*, considérée généralement comme l'ancienne *Rhagès*, et lieu de naissance du khalife Haroun-al-Rachyd. — Au N. de la capitale, est *Cazbin*, ville de 60 000 âmes, ancienne résidence royale, et célèbre par sa manufacture de sabres et ses ouvrages en cuivre. — Dans l'O. de l'Irâc, on remarque *Hamadan*, une des plus agréables villes de Perse; elle est bâtie vers les ruines de l'ancienne *Ecbatane*.

Trois provinces s'étendent dans l'O. de la Perse, sur la frontière de la Turquie d'Asie : ce sont celles d'*Aderbaïdjan*, de *Kurdistan* et de *Khouzistan*. La première est un pays

---

[1]. *Adjémi* signifie *Persan*.

montueux, âpre et froid, exposé à de violents tremblements de terre et où l'on voit des traces fréquentes de bouleversements volcaniques. Le chef-lieu est *Tauris*, ville très-commerçante, très-belle et peuplée de 100 000 habitants, au N. E. du lac d'Ourmyah. On voit, au N. O. du même lac, la ville assez importante de *Khoï*. — Le Kurdistan persan, qu'il ne faut pas confondre avec le Kurdistan turc, que nous avons déjà vu, est une région montagneuse et en grande partie habitée par des Kurdes nomades. Il a pour chef-lieu *Kirmanchah*, ville de 40 000 âmes, mal construite, mais riche et commerçante. — Le Khouzistan est baigné au S. par le golfe Persique, et renferme au N. le pays de *Louristan*. Le chef-lieu, *Chuchter*, se trouve près des ruines de l'antique et célèbre ville de *Suse*. On y remarque aussi *Dizfoul*.

Dans le S. de la Perse, entre l'Irâc et le golfe Persique, se trouve la grande province de *Farsistan* ou *Fars*, qui est la *Perse* proprement dite de l'antiquité. Elle comprend au S. E. le *Laristan*. Le chef-lieu est *Chiraz*, dans une vallée délicieuse, qui jouit d'un printemps perpétuel, et qui produit les meilleurs vins de l'Asie, des abricots exquis et d'autres fruits renommés : c'est un des *quatre paradis terrestres* des Orientaux ; mais des tremblements de terre y ont souvent exercé leurs ravages. Chiraz a été surnommée par les Persans le *séjour de la science ;* les grands poëtes Hafiz et Saady y ont habité. — La vallée de *Chaab-Dévan*, dans le N. O. de la province, est un autre des quatre paradis. — On voit, au N. E. de Chiraz, les ruines immenses de *Persépolis*, ancienne capitale de la Perse. — Dans le N. E. du Farsistan, se trouve *Yezd*, assez grande ville, en partie peuplée de Guèbres, ou adorateurs du feu. — Le port principal de la province est *Bender-Boucher* ou *Aboucheher*, exposé à des chaleurs étouffantes. En face de ce port, on trouve, dans le golfe Persique, l'île de *Karak*, qui a appartenu tour à tour aux Hollandais, aux Français et aux Anglais. — *Lar*, dans le Laristan, a perdu de son ancienne importance.

Dans le S. E. du royaume, s'étend la province de *Kerman*, baignée au S. par le détroit d'Ormus et la mer d'Oman. Elle est renommée par ses belles étoffes de poil de chameau et de chèvre, par ses drogues médicinales, ses mines et son vin. Les villes principales sont *Kerman* ou *Sirdjan*, chef-lieu, et *Bender-Abbassy* ou *Gomroun*, port de mer, autrefois entrepôt d'un commerce immense, et qui appartient, non au royaume de Perse, mais au sultan de Mascate, prince arabe.

En face de cette dernière ville, on remarque l'île d'*Ormus* ou *Hormouz*, dans le détroit auquel elle donne son nom : ce n'est qu'un rocher stérile, mais il s'y trouvait une ville florissante, qui fut, au moyen âge et jusqu'au commencement du dix-septième siècle, un des points les plus commerçants de l'Asie. — Près et à l'O. de cette île, est celle de *Keïchme*, beaucoup plus grande et très-fertile. L'une et l'autre appartiennent aussi au sultan de Mascate.

On trouve, dans l'E. de la Perse, deux provinces: celle de *Kouhestan*, et celle de *Khoraçan*, célèbre par ses rubis balais, ses turquoises, ses chevaux, ses beaux tapis; son chef-lieu est *Méchehed*, autrefois bien plus importante qu'aujourd'hui et où de nombreux pèlerins viennent visiter une mosquée fameuse. Près de cette ville, sont les ruines de celle de *Thous*, jadis considérable, et patrie de l'illustre poëte Ferdoucy. — C'est près de *Nichapour* que sont les mines de turquoises.

Le gouvernement de la Perse est une monarchie absolue : cependant plusieurs tribus vivent dans une indépendance à peu près complète. Le souverain porte le titre de *chah*.

Les Persans, qui s'appellent eux-mêmes *Tadjiks*, sont mahométans de la secte d'Ali; considérés sous le rapport religieux, ils se donnent le nom d'*adéliés* (partisans de la justice); leurs adversaires les nomment *chiites* (sectaires). Ce peuple est poli, et a plusieurs autres brillantes qualités extérieures.

Géographie historique.

Les anciennes contrées occupées maintenant par le royaume que nous venons de décrire, étaient la *Médie*, au N. O.; l'*Hyrcanie*, au N.; la *Susiane*, à l'O.; la *Perse* ou *Persis*, au S.; la *Carmanie*, au S. E., et la *Parthie*, au N. E.

La MÉDIE avait pour capitale *Ecbatane* (Hamadan). — Dans l'*Atropatène*, une de ses provinces, se trouvait l'importante forteresse de *Proaspa*. — On remarquait, au N. E., près des monts Caspiens, *Rhagès*, ville très-ancienne, et connue dans la Bible par l'histoire de Tobie. Elle fut nommée par les Macédoniens *Europos*, sous les rois Parthes *Arsacia*, et dans le moyen âge *Reï*. — *Tapé*, près de la mer Caspienne, était la capitale des Tapures. — Près de là, étaient les *Mardes septentrionaux*.

L'HYRCANIE s'étendait sur la côte S. E. de la mer Caspienne, appelée aussi mer d'Hyrcanie. *Zeudracarta, Carta, Hyrcanie* ou *Asaac*, sa principale ville, se trouvait au S., dans l'*Astabène*, province la plus importante du pays. Elle fut la première capitale de l'empire des Parthes.

La SUSIANE, qui est le Khouzistan actuel, avait pour peuples, outre les Susiens proprement dits, les *Cosséens*, les *Uxiens*, les *Mardes méridionaux*. *Suse*, dans le N. de la Susiane, était la capitale de ce pays. Les rois de Perse y ont souvent résidé. — *Séleucie* ou *Soloce*, au N. O., connue par un temple de Jupiter Bélus, était dans le canton d'*Élimaïs*. — *Aracca* ou *Érekh*, sur le Tigre, paraît avoir donné son nom à l'Irâc.

La PERSE ou PERSIS, appelée, dans les Écritures, *Paras* ou *Élam*, est aujourd'hui le Fars ou Farsistan et le S. de l'Irâc-Adjémi. L'ancien empire des Perses, ruiné par Alexandre, avait acquis, par les conquêtes de Cyrus et de plusieurs de ses successeurs, une immense étendue : outre la Perse, il comprenait la Médie, la Susiane, la Babylonie, l'Assyrie, l'Arménie, l'Asie Mineure et plusieurs autres pays de l'Asie occidentale.

La Perse se divisait en deux parties principales : la *Perse propre*, au S., et la *Parétacène*, au N. On remarquait, dans la première, *Persépolis*, capitale de la Perse, près de l'Araxes, avec un magnifique palais, que brûla Alexandre; — *Pasagarda*, vers le Cyrus, avec le tombeau du roi de ce nom. — Dans la Parétacène, on voyait *Aspadana* (Ispahan), à l'O., et *Ecbatane des Mages*, au N. E., construite par Darius pour les mages.

La CARMANIE, le Kerman actuel, possédait l'île d'*Oaracta* (Keïchme), et l'île d'*Organa* ou *Ogyris* (Ormus), plus petite, mais devenue célèbre au moyen âge par l'asile qu'elle offrit au peuple des Harmoziens fuyant les Mongols. — *Carmana* (Kerman) était capitale de la contrée. — *Harmozia* paraît avoir été sur l'emplacement qu'occupe aujourd'hui Gomroun.

La PARTHIE ou PARTHYÈNE était à l'est de l'Hyrcanie, dans laquelle elle a d'abord été comprise. Les Parthes, d'origine scythe, sortirent de leur obscurité dans le troisième siècle avant J.-C.; Arsace, leur chef, jeta les fondements d'un empire puissant, qui s'étendit jusqu'à l'Euphrate, à l'O., et jusqu'à la mer Érythrée, au S.; cet empire fit un instant trembler les Romains, et finit dans le troisième siècle de l'ère chrétienne.

La Parthie renfermait au N. E. la *Margiane*, au N. la *Comisène*, au S. la *Tabiène*. *Hécatompyle*, dans la Comisène, était la capitale de la Parthie et la résidence des Arsacides. — *Alexandrie de Margiane*, plus tard *Antioche sur le Margus*, fut fondée par Alexandre et embellie par Antiochus Soter.

Le royaume de Perse resta dans l'obscurité jusqu'à Cyrus, qui créa un puissant empire dans le sixième siècle avant J.-C. Cet empire fut détruit deux siècles plus tard par Alexandre, et partagé bientôt entre les successeurs de ce monarque. Les contrées qui forment aujourd'hui la Perse, ne tardèrent pas à subir le joug de la nation belliqueuse des *Parthes*. La puissance de ces derniers dura jusqu'au troisième siècle après J.-C., époque où Ardchour ou Artaxerxès releva l'ancien royaume des Perses. Ce pays fut conquis par les Arabes au septième siècle, passa, au treizième, sous la domination des Mongols, et redevient enfin une monarchie particulière au commencement du seizième.

IV. AFGHANISTAN, ROYAUME DE HÉRAT ET TURKESTAN.

Afghanistan.

L'Afghanistan, qu'on appelle aussi *royaume de Caboul*, ne touche à la mer d'aucun côté. Il est borné au N. par le Turkestan et le royaume de Hérat, à l'E. et au S. E. par l'Hindoustan, au S. par le Béloutchistan, et à l'O. par la

Perse. Il a environ 900 kilomètres de l'E. à l'O., 500 kilomètres du N. au S., et 5 000 000 d'habitants.

C'est une des contrées les plus élevées de l'Asie. La plus grande partie du pays appartient au plateau de la Perse; ailleurs se trouvent de longues et hautes chaînes de montagnes. La plus remarquable de ces chaînes est le *Caucase indien* (*Hindou-khouch* ou *Hindou-koh*), qui s'étend de l'E. à l'O., sur la frontière septentrionale, et qui élève à environ 6500 mètres ses sommets couverts d'une neige perpétuelle. Une chaîne qui s'en sépare au S., parcourt l'E. de l'Afghanistan jusqu'au Béloutchistan, en bordant à l'E. le plateau dont nous avons parlé : elle porte les noms de monts *Soliman* et de monts *Khaïsa*.

Dans quelques parties de l'Afghanistan, surtout vers le S. O., il y a de vastes plaines sablonneuses et désertes : on remarque particulièrement le désert de *Seïstan*. Mais ailleurs se présentent des cantons fertiles, des vallées délicieuses, qui produisent en abondance le blé, le riz, le tabac, les melons, le lin, la garance, le coton, la canne à sucre, le gingembre, et les mêmes arbres fruitiers que nous avons vus en Perse. On peut encore citer, parmi les productions de l'Afghanistan, une espèce de férule qui fournit, par sa racine, la gomme-résine médicinale appelée *assa fetida*. La manne s'y recueille aussi en abondance.

Les eaux de l'Afghanistan appartiennent à deux grandes divisions naturelles : le bassin de l'Indus et le plateau de la Perse. Dans le premier, on remarque le *Caboul*, affluent de droite de l'*Indus*, qui coule près de la frontière orientale du pays. Dans le second, coule l'*Helmend* (l'ancien *Étymander*), qui traverse l'Afghanistan du N. E. au S. O. et se perd dans le lac *Hamoûn*. Ce lac, de 150 kilomètres de longueur, est environné de roseaux, et a une eau crue et peu potable : c'est le marais *Aria* des anciens. Le lac *Zéreh* est un marais voisin et au sud du lac Hamoûn.

L'Afghanistan se divise en deux contrées principales : l'*Afghanistan propre* ou *Caboulistan*, et le *Seïstan* ou *Sedjestan*.

L'Afghanistan propre, beaucoup plus étendu que l'autre division, renferme *Caboul*, capitale de l'état, dans le N. E. du pays, sur la rivière à laquelle elle donne son nom, dans une situation riante et au milieu de jardins riches en bons fruits; elle a environ 60 000 habitants. Les Anglais l'ont prise en 1839 et 1842. — Au S. O. de Caboul, est *Ghiznih*, dans une situation élevée et froide : cette ville a été brillante sous les sultans *Ghiznévides*, qui y résidaient; mais les beaux édifices construits par Mahmoud, le plus célèbre prince de cette dynastie, ont disparu.

Bamian, à l'O. de Caboul, près de la haute montagne de *Koh-i-Baba* (c.-à-d. le Père des montagnes), est remarquable par le voisinage d'une ancienne ville que Djenghiz-khan saccagea en 1221, et où l'on voit douze mille maisons taillées dans le roc, ainsi que deux célèbres idoles colossales.

Au centre de l'Afghanistan propre, se trouve *Candahar*, ancienne capitale de l'Afghanistan; c'est encore la plus grande et la plus belle ville de ce royaume, et l'on y compte 100 000 habitants. — Dans l'O., on distingue *Ferrah;* — à l'E., *Djélal-abad*, non loin du défilé de Khaïber, devenu fameux par les cruels désastres d'une expédition anglaise en 1841.

Le Seïstan, au S. O. de l'Afghanistan propre, offre un mélange de déserts de sable, de terrains fangeux autour du lac Hamoûn, et de cantons fertiles sur les bords de l'Helmend. Il a pour ville principale une autre *Djélal-abad*, qui est peut-être l'ancienne *Prophthasia*.

L'Afghanistan est gouverné par un monarque qui a le titre de *chah* ou *padichah*, et dont l'autorité est limitée par la puissance aristocratique des grands. — L'islamisme est la religion dominante, et la plupart des Afghans sont sunnites; mais le brahmisme est assez répandu.

Les Afghans, qui s'appellent eux-mêmes *Pouchtaneh* et que les Hindous nomment *Patans*, sont divisés en plusieurs tribus, dont une des plus considérables est celle des *Douránis*. — C'est un peuple sobre, brave et belliqueux, mais sanguinaire et indiscipliné. Son costume se compose d'un haut bonnet de forme conique, d'un large pantalon en étoffe de coton de couleur foncée, d'une sorte de blouse à manches larges, tombant sur les genoux et portant en arabe le nom de *camiss*, dont nous avons fait le nom de *chemise*[1]. Beaucoup d'Afghans vivent nomades.

Du reste, il n'y a pas, dans l'Afghanistan, que des Afghans : il s'y trouve aussi des *Béloutchis*, vers le S. ; des

---

[1]. C'est à l'époque des Croisades que les Européens ont emprunté ce vêtement aux Orientaux.

Persans ou *Tadjiks*, particulièrement à l'O.; des *Hindous*, dans plusieurs parties, surtout à l'E.; au N. E., sont les *Siah-Poche*, retirés dans l'Hindou-khouch et désignés par les musulmans sous le nom de *Kafres* ou *Kafirs* (c'est-à-dire infidèles).

Trois pays anciens sont renfermés dans l'Afghanistan : au N., le *Paropamise*; au S., l'*Arakhosie*; au S. O., la *Drangiane*. Après les conquêtes d'Alexandre, ils firent partie du royaume de *Bactriane*; ils furent ensuite tantôt soumis aux Parthes, aux Persans, aux Mongols, tantôt gouvernés par des souverains indigènes, sous lesquels ils ont fait de grands ravages dans les pays voisins, particulièrement en Perse et dans l'Hindoustan.

Royaume de Hérat.

Ce petit royaume a été fondé, dans la première moitié de ce siècle, par un souverain détrôné de l'Afghanistan. Il se nommait auparavant *Khoraçan oriental*, et était compris dans le N. O. de l'Afghanistan. Il a environ 660 kilomètres de longueur, de l'E. à l'O., et 300 kilomètres de largeur, du N. au S. C'est à peu près l'ancienne *Arie*.

La chaîne des montagnes du Khoraçan, qui fait suite au Caucase indien, parcourt ce pays de l'E à l'O., en séparant le plateau de la Perse, au S., des bassins de la mer Caspienne et de la mer d'Aral, au N. Elle projette de nombreux rameaux, et cette contrée est généralement montagneuse; cependant, on voit s'étendre à l'O. les belles plaines qui entourent la ville de Hérat : on y récolte en abondance des céréales, des fruits exquis, du coton, du tabac, de la soie, etc.

Hérat est la capitale du royaume. Cette ville, qui était déjà célèbre du temps d'Alexandre[1], est bâtie au milieu d'une superbe plaine. Elle est le centre d'un grand commerce, et possède de célèbres fabriques de sabres, de tapis et d'eau de rose. Elle a une citadelle, de vastes faubourgs et 50 000 habitants.

Les Persans et les Afghans se sont souvent disputé la

---

1. Elle porta dans l'antiquité le nom d'*Alexandria*, et s'appela aussi *Aria* ou *Ariapolis*.

AFGHANISTAN, ROYAUME DE HÉRAT ET TURKESTAN. 447

possession de la ville et du royaume de Hérat. Les premiers ont pris cette capitale en 1856; mais un traité avec les Anglais, qui tiennent l'Afghanistan sous leur influence, les ont obligés à la rendre.

C'est dans l'E. du Hérat qu'habitent les *Hazarehs*, sectateurs fanatiques du culte d'Ali; ils ont en horreur les *Eïmaks*, leurs voisins, qui sont sunnites rigoureux.

Turkestan indépendant.

Le *Turkestan indépendant*, qu'on doit nommer plutôt *Turkestan occidental*, pour le distinguer du Turkestan chinois, est appelé aussi *Touran* ou *Tatarie occidentale*, et borné au N. par la partie de la Sibérie où habitent les Kirghiz; à l'E., par l'empire Chinois; au S. par l'Afghanistan, le royaume de Hérat et la Perse, et à l'O. par la mer Caspienne et la Russie d'Europe.

Les côtes baignées par la mer Caspienne sont formées par des hauteurs escarpées. Les principaux golfes qui les découpent sont le golfe *Mort*, le golfe de *Karaboghaz* et le golfe *Balkan*, vers lequel on remarque l'île de *Naphte*.

La mer d'*Aral* est comprise dans la partie occidentale du Turkestan : elle n'est qu'un grand lac, qui probablement communiquait autrefois avec la mer Caspienne; mais l'eau en est moins salée que celle de cette mer. Elle renferme beaucoup d'îles, surtout dans la partie méridionale.

Dans le S. O. du Turkestan, sont les steppes du *Kharism*. Autour de la mer d'Aral, s'étendent de vastes déserts sablonneux. Mais d'autres parties du pays ont de belles vallées ou des plaines fertiles en blé, fruits, vin, coton, et en excellents pâturages, où paissent de nombreux troupeaux de moutons, de chevaux, de chameaux et de chèvres. On y trouve beaucoup de jardins, qui produisent d'excellents fruits, tels que pommes, poires, cerises, abricots, pêches, prunes, figues, grenades, amandes, pistaches. Dans les steppes, l'herbe surpasse, en quelques endroits, la hauteur d'un homme. Les montagnes du S. E. renferment de l'or, de l'argent, du lapis-lazuli et des rubis balais.

L'*Hindou-khouch* s'élève sur la frontière méridionale du Turkestan. Les monts *Bolor*, qui bornent le plateau central de l'Asie, se montrent sur la frontière orientale. La partie méridionale des monts *Ourals* court sur la limite N. O.

Le Turkestan est tout entier sur le versant occidental de l'Asie ; mais ses eaux appartiennent à deux principales subdivisions naturelles : le bassin de la mer d'Aral et celui de la mer Caspienne ; parmi les tributaires de la mer d'Aral, on remarque le *Djihoun* ou *Amou-déria (Oxus)*, et le *Sihoun* ou *Sir-déria (Iaxartes)* ; — la mer Caspienne ne reçoit, dans le Turkestan, aucun cours d'eau considérable. — Le *Zer-Afchan* ou *Sogd (Polytimetus)* se perd dans un lac, à quelque distance de la rive droite du Djihoun. — Le *Tchoui*, qui coule sur la frontière du Turkestan et de la Sibérie, se perd aussi dans un lac.

La plus belle portion du Turkestan se trouve au S. E. ; on y voit l'état ou khanat de *Boukharie*, gouverné par un khan qui réside à *Boukhara* ou *Bokhara*, ville très-commerçante, célèbre par ses nombreux colléges et peuplée de 150 000 habitants. — A l'E. de Boukhara, dans la riche vallée du Sogd, se trouve *Samarkand*, qui devint, sous Tamerlan, une des plus brillantes cités de l'Asie et la capitale de l'un des plus vastes empires du monde. Elle n'a aujourd'hui que 10 000 habitants, et elle est remplie de ruines. — Au S., est *Balkh*, qui passe chez les Orientaux pour la plus ancienne ville ; c'est l'antique *Bactres*, capitale de la Bactriane.

Au N. E. de la Boukharie, se trouve le khanat de *Khôkhan*, avec une capitale du même nom, sur le Sihoun.

Au S. E., est le *Badakhchan*, riche en mines de rubis et de lapis-lazuli ; il fait partie du khanat de *Koundouz*. Ces pays formaient, avec la Boukharie, le célèbre *Mavarennahar*, siége principal de l'empire de Tamerlan.

Dans le S. O. du Turkestan, est un pays fertile qui porte le nom de *Khiva*, de celui de sa ville principale, située sur un canal dérivé du Djihoun. C'est la résidence d'un khan, qui reconnaît le protectorat de la Russie.

Les *Ouzbeks*, connus par leur caractère fier et belliqueux, sont la plus importante nation de ces pays ; ils en sont les dominateurs. Ils vivent en soldats, composent l'armée et remplissent tous les emplois publics.

A côté de la mer Caspienne, habitent des tribus nomades de *Turcomans*, pasteurs grossiers qui s'adonnent volontiers au brigandage. Il y a aussi des Turcomans sédentaires, vivant dans de petites bourgades nommées *aouls*.

Les populations du Turkestan forment environ 8 000 000 d'âmes; mélange de Mongols et de Turcs, elles sont comprises généralement parmi les nations *tatares* (appelées à tort *tartares*); cependant plusieurs sont purement *turques*.

Une partie du Turkestan, au N., remplace une certaine étendue de l'ancienne *Scythie en deçà de l'Imaüs*, habitée par les *Massagètes*, les *Issédons*, les *Argippéens;* le Kharism tire son nom des *Khorasmiens*, qui habitaient autrefois cette contrée; la Boukharie, qui portait anciennement le nom de *Transoxiane* et celui de *Sogdiane*, devint, après la conquête d'Alexandre, une province de l'empire grec de la *Bactriane*. Ce pays et les territoires voisins devinrent, au moyen âge, le *Mavarennahar*, siége principal de l'empire de Tamerlan. C'est du Turkestan que sont sortis les *Huns*, les *Alains*, les *Turcs* et autres peuples belliqueux qui sont allés se fixer dans quelques-unes des plus belles parties de l'Asie occidentale et de l'Europe méridionale.

V. EMPIRE CHINOIS.

DESCRIPTION PHYSIQUE. — DESCRIPTION POLITIQUE. — GÉOGRAPHIE HISTORIQUE.

Description physique.

1. Limites, Étendue, Population.

Le grand empire Chinois occupe le centre et l'E. du continent asiatique, et s'étend depuis le 17e jusqu'au 55e degré de latitude N., et depuis le 67e jusqu'au 143e degré de longitude orientale. Il est baigné à l'E. et au S. E. par des mers que forme le Grand océan, c'est-à-dire par la mer d'Okhotsk, la mer du Japon, la mer Jaune, la mer de Corée et celle de Chine. Au N., il est borné par la Sibérie; il touche vers l'O. au Turkestan indépendant, et vers le S. O. à l'Hindoustan et à l'Indo-Chine. Presque partout de hautes chaînes le séparent de ces diverses contrées.

Ainsi, la mer et d'énormes montagnes tracent autour de

l'empire Chinois des limites naturelles remarquables, et l'isolent, en quelque sorte, du reste du monde.

Les Chinois appellent leur pays *Tchong-koue*, c'est-à-dire l'*empire du Milieu*, ou *Tchong-hou* (la *fleur du milieu*), ou *Thien-hia* (l'*empire Céleste*). C'est le plus vaste empire du globe après l'empire Russe, et c'est, avec la Sibérie, la plus grande des treize divisions principales de l'Asie. On compte 5300 kilomètres depuis la mer du Japon jusqu'à la frontière du Turkestan, et 3000 kilomètres depuis la frontière de la Sibérie jusqu'à la mer de Chine. La superficie de cette immense contrée est de 13 à 14 millions de kil. carrés, et l'on y compte environ 450 millions d'âmes. Aucune puissance sur le globe ne possède un aussi grand nombre d'habitants.

La mer du *Japon*, qui baigne au N. E. l'empire Chinois, est séparée de la mer d'Okhotsk par la longue île de *Sakhalien* ou *Tarakaï*; elle forme au N. un golfe très-allongé, renfermé entre cette île et le continent et nommé *Manche de Tarakaï*[1].

La mer du Japon est fermée au S. O. par la presqu'île de *Corée*, qui la sépare de la mer *Jaune*, nommée en chinois *Hoang-haï*; cette dernière s'avance profondément dans les terres de la Chine et y produit un grand golfe divisé en deux parties : le golfe de *Liao-toung*, au N. E., et celui de *Tchi-li*, au S. O. A l'entrée de ce golfe, se présentent le promontoire de *Chan-toung*, au S., et la longue et étroite presqu'île de l'*Épée du Régent*, au N.

La mer de *Corée* ou mer *Orientale*, en chinois *Toung-haï*, prend aussi quelquefois le nom de mer *Bleue*. Elle est jointe vers le N. E. à la mer du Japon par le détroit de *Corée*; au N., elle se confond avec la mer Jaune, vers une ligne tirée à peu près de l'embouchure du Hoang-ho à la pointe méridionale de la Corée.

L'archipel de *Lieou-khieou* ou *Lou-tchou* s'étend du N. E. au S. O., entre la mer Orientale et le Grand océan proprement dit.

La belle île *Formose*, en chinois *Thaï-ouan*, se trouve entre la mer de Corée et celle de Chine; le détroit de *Fo-kien* la sépare du continent. — Au N. de cette île, est celle de *Tchou-san*.

La mer de Chine s'étend depuis l'île Formose jusqu'à la presqu'île orientale de l'Inde. Les Chinois l'appellent *Nan-*

---

1. Quelquefois on appelle ce golfe *Manche de Tartarie*.

haï, c'est-à-dire *mer Méridionale*. Elle forme la baie de *Canton*, parsemée d'îles, parmi lesquelles on remarque celles de *Macao* et de *Hong-kong*, appartenant, la première, aux Portugais, la seconde, aux Anglais ; la même mer renferme, dans sa partie occidentale, l'importante île de *Haï-nan*, au N. O. de laquelle s'enfonce le golfe de *Tonkin*, sur la limite de l'Indo-Chine.

2. Montagnes.

L'empire Chinois renferme à l'O. le grand plateau central de l'Asie, dont on a longtemps exagéré la hauteur. De hautes montagnes enveloppent ce plateau. On distingue d'abord au N. les monts *Kenteï*, les monts *Sayansk*, les monts *Tangnou* et les monts *Altaï* ; à l'O., s'élèvent les monts *Célestes* ou *Thien-chan*, et les monts que l'on connaît sous la dénomination de *Bolor*, c'est-à-dire *montagnes du Cristal de roche*, et sous celle de *Bélout-dagh*, c'est-à-dire *montagnes des Nuages*; au S. O., on remarque les monts *Thsoung-ling* (*montagnes Bleues*) et *Kara-Koroum* ; au S., les monts *Kaïlas* et les monts *Kan-ti-sse* ou *Kouen-lun*, que les Chinois regardent comme les plus hautes montagnes du monde, et dont ils ont fait, dans leur géographie mythologique, l'Olympe de leurs divinités ; à l'E., sont les monts *Khin-gan*.

Les chaînes suivantes se détachent de la grande arête dont ce plateau est environné : au N. E., on voit commencer sur les frontières de la Sibérie les monts *Iablonoï* ou *Stanovoï*, qui se joignent aux monts Kenteï ; à l'E., le *Pe-ling* (*monts du nord*) et le *Nan-ling* (*monts du sud*) traversent la Chine de l'O. à l'E.; au S., les monts de *Kham*, continués par ceux de l'*Indo-Chine*, se séparent des monts Kan-ti-sse, et courent entre le versant de l'océan Indien et celui du Grand océan ; enfin, au S. O., s'élève l'énorme chaîne de l'*Himalaya*, qui atteint plus de 8800 mètres au-dessus de la mer. Il y a dans le Thien-chan deux volcans remarquables : le *Pe-chan* et le *Ho-tcheou*. Les tremblements de terre sont assez fréquents dans cet empire.

3. Cours d'eau, Lacs, Canaux.

Les eaux de l'empire Chinois sont réparties entre quatre grandes divisions naturelles : le plateau central ; le versant du N. ou de l'océan Glacial; le versant de l'E. ou du Grand océan ; le versant du S. ou de l'océan Indien.

On voit sur le plateau et dans le voisinage un fort grand nombre de lacs sans écoulement, où plusieurs rivières vont se perdre. Tel est, vers le centre du plateau, le lac *Lob* ou le *Lob-noor*, qui reçoit à l'O. le *Tarim*, fleuve assez considérable, formé par la réunion du *Kachghar* et du *Yarkand*. Au S. E., est le lac *Bleu* ou *Khoukhou-noor*.

Sur le versant de l'océan Glacial, on distingue : le lac *Dzaïssang*, formé par l'*Irtych*, affluent de l'Obi ; l'*Iénisci*, grand fleuve qui entre bientôt en Sibérie, et la *Sélenga*, qui va, dans même contrée, se jeter dans le Baïkal. Le lac *Kossogol* s'écoule dans la Sélenga.

Sur le versant du Grand océan, coulent trois grands fleuves : le plus septentrional est l'*Amour*, appelé par les Mandchoux *Sakhalien-oula* (c'est-à-dire *fleuve Noir*), et par les Chinois *Hé-loung-kiang* (*fleuve du Serpent noir*); dans la partie supérieure de son cours, il porte le nom de *Kerlon* ou *Argoun*, forme le lac *Dalaï* ou *Koulon*, trace quelque temps la limite entre la Sibérie et l'empire Chinois ; il appartient, dans son cours inférieur, à la Russie. Il se jette dans une baie qui est fermée à l'E. par l'île de Sakhalien, et qui communique au N. avec la mer d'Okhotsk, au S. avec la Manche de Tarakaï ; son cours est d'environ 3500 kilomètres. — Le *Hoang-ho* (c'est-à-dire *fleuve Jaune*) est à peu près aussi long, et tire son nom des terres jaunâtres que ses eaux entraînent en quantité : il se rend dans la mer Jaune, au S. du promontoire de Chan-toung. — Le *Yang-tse-kiang* (c'est-à-dire *fils de l'Océan*) est aussi appelé simplement le *Kiang* (c'est-à-dire *Fleuve*); c'est, en effet, pour les Chinois le fleuve par excellence : il surpasse tous les autres cours d'eau de l'empire par son étendue et par le volume de ses eaux. Les Européens lui donnent quelquefois le nom de fleuve *Bleu*. Il se forme par la réunion du *Kin-cha-kiang* et du *Ya-loung-kiang*, coule à travers les plus fertiles contrées de la Chine, et se jette dans la mer de Corée, à 240 kilomètres au S. de l'embouchure du Hoang-ho. Depuis la source du Kin-cha-kiang jusqu'à l'océan, sa longueur est d'au moins 4500 kilomètres. Il reçoit à droite les eaux du lac *Toung-thing* et du *P'o-yang*. Ce fleuve a 2 kilomètres de large dans une grande partie de son cours, et 30 kilomètres à son embouchure; les vaisseaux le remontent jusqu'à 1000 kilomètres de la mer.

Les autres cours d'eau remarquables du même versant sont : le *Liao* ou *Sira-mouren*, qui tombe dans le golfe de Liao-toung ; — le *Pe-ho* (fleuve du Nord) ou, peut-être mieux, *Peï-ho* (fleuve Blanc), qui passe près de Pe-king et se jette dans le golfe de Tchi-li ; — le *Houng-choui-kiang* ou *Si-kiang*, qui se rend dans la baie de Canton par une large embouchure, nommée *Tchu-kiang* par les Chinois et *Tigre* par les Européens ; le *Lan-thsang-kiang* ou *Kiou-loung-kiang*, qui entre dans l'Indo-Chine, où il est connu sous le nom de *Mè-kong*.

Sur le versant de l'océan Indien, on distingue d'abord le *Nou-kiang* ou *Salouen*, qui entre bientôt dans l'Indo-Chine ; — le *Yarou-dzangbo-tchou*, qui coule longtemps du N. O. au S. E., en longeant la base N. E. des monts Himalaya, et qui tourne ensuite brusquement au S. pour entrer dans l'Indo-Chine, où il paraît se joindre au *Brahmapoutre*. On trouve, vers le Yarou-dzangbo-tchou, au S., le grand lac circulaire de *Palte* ou *Yarbrok-you-mthso*, et, au N., le lac *Tengri* ou *Céleste*. — Le même versant présente encore le *Sind* ou *Indus*, qu'on appelle *Sinh-kha* dans la partie supérieure de son cours.

Le plus grand canal de la Chine et même du monde entier est le canal *Impérial* ou *Yun-ho*, qui s'étend depuis le Pe-ho jusqu'au S. du Kiang, et réunit ce dernier fleuve au Hoang-ho. Il a 1200 kilomètres de longueur. Par le moyen de quelques autres lignes de navigation, il établit une communication entre Pe-king et Canton.

4. Aspect du sol, Climat, Productions.

Dans la partie orientale de l'empire Chinois, on admire presque partout de vastes et belles plaines, parsemées d'agréables monticules, entrecoupées d'innombrables rivières et de canaux, cultivées avec le plus grand soin, et couvertes d'une incroyable population. Le N. E. est une contrée peu peuplée, malgré la fécondité du sol. L'O. et le N. O. sont un mélange de hautes montagnes, de quelques vallées fertiles, et de vastes plaines imprégnées de sel, dont les plus grandes forment l'affreux désert de *Gobi* ou *Cha-mo*.

L'empire Chinois réunit dans sa vaste étendue presque toutes les températures du globe. Dans les parties les plus septentrionales, il y a des hivers semblables à ceux de la

Sibérie; dans le S., on éprouve des chaleurs très-fortes. Les énormes montagnes qui s'élèvent dans les parties occidentales y rendent le climat âpre et glacial.

Les productions minérales présentent, dans l'empire Chinois, de grandes richesses : il y a de l'or, de l'argent, du fer, du cuivre, du mercure, des rubis, de la pierre ollaire, qui sert à faire des meubles et particulièrement des écritoires. Les cantons de l'O. fournissent un beau jaspe que les Chinois appellent *iu*; enfin le kaolin est assez commun et donne lieu à la fabrication d'une superbe porcelaine.

Dans les parties chaudes de l'empire, la végétation est d'une richesse admirable : on voit partout le froment, le riz, la canne à sucre, l'igname-patate, le thé, dont les feuilles roulées et desséchées sont l'objet d'un si grand commerce; le cotonnier, dont les graines sont enveloppées du précieux duvet appelé coton; l'indigotier, dont les feuilles fournissent la matière colorante bleue connue sous le nom d'indigo; le mûrier, dont on distingue deux sortes : le mûrier blanc, propre à la nourriture des vers à soie, et le mûrier à papier, qui donne un fil employé à la fabrication du papier et des étoffes. Le bambou croît en épais taillis dans les lieux humides : on en fait des meubles, des ustensiles de ménage et même des maisons; les jeunes pousses offrent une substance spongieuse, succulente et sucrée, qui se mange comme des asperges; on fait aussi du papier avec l'écorce de ce précieux végétal. Le cirier ou arbre à cire contient, dans ses baies, un principe oléagineux propre à fabriquer les bougies. L'arbre à suif, ou croton sébifère, a, dans ses fruits, une matière grasse qu'on fait entrer dans la composition des chandelles. Nommons encore l'oranger, le camphrier, dont on extrait cette résine blanche et fort odorante, appelée camphre; le cannellier, dont l'écorce est la cannelle; le jujubier, qui porte les jujubes, fruits rougeâtres, alimentaires et pectoraux; le sumac au vernis, ou rhus vernix, dont on tire une matière propre à vernir; le kamellia, l'hortensia, la reine marguerite, qui se couvrent de si jolies fleurs, et que nous avons naturalisés chez nous.

Le ginseng ou ju-chen est une célèbre plante médicinale, qui croît surtout dans la Corée, et qui passe chez les Chinois pour une panacée universelle. La rhubarbe, qui offre, dans ses racines, un purgatif renommé, est particulière aux plaines sèches du plateau central.

Le cheval de la Chine est plus petit que celui d'Europe. Le chameau à deux bosses, le buffle, le bœuf, l'éléphant, sont les autres grands quadrupèdes utiles de cet empire. Le yak, ou le buffle à queue de cheval, qu'on appelle aussi vache grognante de Tatarie, est une espèce de bœuf des montagnes de l'O.; il est célèbre par son poil soyeux, par sa queue lustrée et flottante, dont les Chinois ornent leurs bonnets, et dont les Persans et les Turcs font des marques de dignité. C'est aussi dans ces régions occidentales que l'on rencontre la chèvre du Tibet, au poil très-fin, propre à la fabrication des châles; et le chevrotain porte-musc, qui se plaît sur les plus hautes montagnes. Il existe à la Chine une variété de chiens que l'on mange. Le chat y est, comme chez nous, en domesticité. Il y a des rhinocéros, des tigres, des léopards, des panthères, des singes, dans les parties méridionales, et des zibelines, des hermines et d'autres animaux à fourrures, dans le N.

Parmi les oiseaux de la Chine, on distingue le faisan doré, le faisan argenté, les perroquets et une foule d'autres oiseaux remarquables par leur brillant plumage.

Un des poissons les plus intéressants est la dorade de la Chine, qui acquiert avec l'âge une jolie couleur dorée.

Les tortues carets ou tuilées, qui fournissent la matière si recherchée sous le nom d'écaille, sont communes sur les côtes chinoises. On croit que l'encre de Chine provient de la liqueur d'une sépia. L'insecte le plus important est le ver à soie, que les Chinois élèvent avec beaucoup de soin et de succès, et ils sont les premiers qui ont su tirer parti du fil précieux du bombyce du mûrier. On distingue aussi le bombyce du chêne, le bombyce du ricin, parmi d'autres bombyces utiles pour la confection des tissus.

Description politique.

1. Division générale de l'empire Chinois.

La partie orientale de cette vaste monarchie renferme la *Chine propre*, la *Mandchourie* et la *Corée*.

Les parties septentrionales et occidentales contiennent la *Mongolie*, le *Turkestan chinois*, le *Tibet* et le *Boutan*.

Un royaume insulaire, celui de *Lou-tchou*, se rattache à la fois à la Chine et au Japon.

On désigne quelquefois sous le nom de *Tatarie chinoise* la réunion de la Mandchourie, de la Mongolie et du Turkestan chinois.

2. Subdivisions et villes principales.

CHINE PROPREMENT DITE.

La Chine proprement dite est la division de l'empire la plus belle, la plus peuplée, et elle renferme seule 400 millions d'habitants, quoiqu'elle ne forme, pour l'étendue, qu'environ le quart de toute la monarchie.

On voit régner, le long de la frontière septentrionale de la Chine proprement dite, du côté de la Mandchourie et de la Mongolie, le célèbre et inutile rempart qu'on appelle la *Grande-Muraille*; cet immense boulevard, qui fut élevé pour garantir la Chine des invasions des peuples voisins, et qui n'a pas empêché ceux-ci d'y pénétrer plusieurs fois, a une longueur de 2600 kilomètres, et souvent 8 ou 9 mètres d'élévation. De longues barrières de pieux, qui se rattachent à la Grande-Muraille, s'étendent sur la limite de la Mandchourie et de la Mongolie.

La Chine propre se partage en dix-huit provinces ou *seng*, qui se divisent en *fou* ou départements; ceux-ci comprennent plusieurs *tcheou* ou arrondissements, subdivisés en *hien* ou districts.

Les villes chinoises n'ont pas de nom en quelque sorte : on les désigne par la dénomination des divisions dont elles sont les chefs-lieux.

Parmi les dix-huit provinces, six sont maritimes : celles de *Tchi-li*, *Chan-toung*, *Kiang-sou*, *Tche-kiang*, *Fo-kien* et *Kouang-toung*; — six s'étendent sur les frontières de terre : ce sont celles de *Kouang-si*, *Yun-nan*, *Sse-tchhouan*, *Kan-sou*, *Chen-si* et *Chan-si*; — six sont intérieures : *Ho-nan*, *'An-hoeï*[1], *Kiang-si*, *Hou-pe*, *Hou-nan* et *Kouëi-tcheou*.

La plus importante des villes principales des provinces maritimes de la Chine proprement dite est celle du département de *Chun-thian*, plus connue des Européens sous son

---

[1]. Cette apostrophe devant l'A désigne une sorte d'anhélation, qu'on rend quelquefois, mais moins exactement peut-être, par *Ng* : ainsi quelques auteurs écrivent *Ngan-hoeï*. Cette province et celle de Kiang-sou sont comprises dans la grande division nommée Kiang-nan.

ancien nom de *Pe-king* (cour du nord), qu'on écrit vulgairement *Pékin :* c'est la capitale de la Chine et de la province de Tchi-li ; les Chinois l'appellent aussi *King-sse* (la capitale). Elle se trouve près du Pe-ho et se compose de deux villes : l'une nommée *King-tchhing* (ville impériale ou ville de la cour), au N., et l'autre, *Vaï-tchhing* (ville extérieure), au S. Elle a 27 kilomètres de circuit, sans ses faubourgs, et, avec ceux-ci, elle renferme environ 2 millions d'habitants. En approchant, on est frappé de l'aspect bizarre et gigantesque des murailles de cette ville, avec leurs pavillons et leurs tours ; mais, dès qu'on a pénétré dans l'intérieur, la grandeur s'évanouit, les rues sont encombrées de petits magasins qui s'avancent en dehors des maisons, et elles sont déparées par une foule de constructions chétives. Le palais impérial, résidence du *céleste empereur*, se trouve dans la partie centrale de la ville impériale. Les troupes anglo-françaises sont entrées dans cette capitale en 1860, après plusieurs défaites des armées chinoises. — *Tien-tsin*, sur le Pe-ho, est comme le port de Pe-king. Les Français et les Anglais s'en sont rendus maîtres en 1858 et 1860. — *Tcheng-te* ou *Jé-ho* (en mandchou *Jé-hol*), au delà de la Grande Muraille, est souvent la résidence des empereurs.

La ville du département de *Tsi-nan*, au S. de Pe-king, est la capitale de la province de Chan-toung ; elle est renommée par ses soies, d'une blancheur éclatante ; la même province a donné naissance à Confucius. — Sur la côte septentrionale du grand promontoire qui forme la partie orientale de ce pays, se trouve le port de *Tche-fou*, occupé par les Français en 1860.

La province de Kiang-sou, qui se trouve au S. du Chantoung, est celle dont les habitants passent pour les Chinois les plus civilisés et les plus habiles à fabriquer la soie, le coton, le papier, les ouvrages en vernis, etc. Elle a pour chef-lieu la ville du département de *Kiang-ning*, appelée ordinairement *Nan-king* (cour du sud), nom qu'on écrit vulgairement *Nankin ;* cette grande cité surpasse Pe-king en étendue, mais renferme moins d'habitants ; autrefois capitale de l'empire, elle est bien déchue de son ancienne splendeur, surtout depuis la dernière insurrection, qui a détruit presque tous les beaux monuments de la ville, entre autres la fameuse *Tour de porcelaine*. Nan-king est sur le Kiang, au milieu d'une contrée extrêmement fertile, où l'on récolte beaucoup de thé et le coton jaune avec lequel on fabrique l'étoffe qui porte le nom de cette ville. — Au S. E. de Nanking, et dans la même province, se trouve la ville du département de *Sou-tcheou*, qui était considérée par les Chinois comme un des séjours les plus délicieux de leur empire, et qui était peuplée de plusieurs millions d'habitants, quand la dernière insurrection est venue la détruire. — On y voit aussi, un peu au S. de l'embouchure du Kiang, *Chang-haï*, port très-commerçant, et l'un de ceux où les Européens se sont établis en plus grand nombre.

La ville du département de *Hang-tcheou*, chef-lieu de la province de Tché-kiang, compte environ 1 million d'habitants. — *Ning-p'o* est une ville importante de la même province, et l'un des ports où il y a le plus d'Européens.

La province de Fo-kien, ou plutôt *Hok-kien*, au S. O. du Tche-kiang, abonde en riz, en thé, en délicieuses oranges et autres fruits excellents. La ville du département de *Fou-tcheou* en est le chef-lieu. — On trouve sur la côte de cette province le port d'*Émouy* ou *Hia-men*, situé sur une île du même nom. Cette ville et la précédente sont depuis assez longtemps ouvertes aux Européens. — Du Fo-kien dépend l'île appelée par les Européens *Formose*, c'est-à-dire *Belle*, et par les Chinois *Thaï-ouan*. Une chaîne de montagnes qui la traverse du N. au S. dans toute sa longueur, la divise en deux parties : l'une orientale et peu connue, habitée par des peuples sauvages et indépendants; l'autre occidentale, occupée par les Chinois et renommée pour la beauté de son climat et la fertilité de son sol. Le chef-lieu est la florissante ville de *Thaï-ouan*.

La grande province de Kouang-toung, la plus méridionale de la Chine, a pour chef-lieu la ville du département de *Kouang-tcheou*, que les Européens appellent *Canton*; cette ville se trouve près de la baie du même nom, vers l'embouchure du Tchu-kiang; son port a été longtemps le seul de l'empire où les Européens fussent admis pour faire le commerce. Il y a environ 1 million 200 000 habitants, dont un grand nombre vivent de plus de 40 000 bateaux répandus sur le fleuve. Les Français et les Anglais s'en sont rendu maîtres en 1857.

Près et à l'O. de Canton, est *Fou-chan*, qui, n'étant pas entouré de murs comme toutes les villes de la Chine, n'a que le titre de village, quoiqu'il soit peuplé de 200 000 habitants

Dans le S. de la baie de Canton, se trouve l'île de *Macao*, avec une ville du même nom, qui appartient aux Portugais. — A l'E. de cette île, est celle de *Hong-kong*, qui appartient aux Anglais depuis 1842, et où s'élève la ville récente de *Victoria*. — C'est de la province de Kouang-toung que dépend la grande île de *Haï-nan*, riche en mines d'or et en bois précieux.

Parmi les villes principales des provinces placées sur les frontières de terre, on remarque celle du département de *Tching-tou*, capitale de la grande province de Sse-tchhouan, — et la ville du département de *Si'an*, capitale de la province de Chen-si, l'une des plus belles et des plus grandes cités de l'empire.

Dans les provinces intérieures, on distingue : la ville du département de *Hoeï-tcheou*, située dans la province de 'An-hoeï, sur le Kiang, et renommée pour son encre de Chine, son vernis et ses belles gravures sur cuivre ; — *King-te-tchhing*, dans la province de Kiang-si, lieu fort industrieux, renommé surtout pour sa belle porcelaine, et peuplé, dit-on, d'un million d'habitants, quoiqu'il n'ait pas même le titre de ville, parce qu'il n'est pas entouré de murs ; — la ville du département de *Wou-tchhang*, capitale de la province de Hou-pe, sur le Kiang, avec 600 000 habitants ; — la ville de *Han-kô*, sur le même fleuve, dans la même province.

La province de Hou-nan est une contrée délicieuse, que les Chinois ont surnommée le *jardin de l'empire*, et où ils prétendent que Fou-hi, le fondateur de leur monarchie, avait établi sa cour. — La province de Koueï-tcheou est montagneuse, mal cultivée et habitée par une population grossière et ignorante, tout à fait différente du reste des habitants de la Chine. Il y a, entre cette province et celle de Kouang-si, des territoires occupés par les *Miao-tse*, peuple guerrier et pillard, que les Chinois n'ont jamais pu soumettre.

MANDCHOURIE.

La Mandchourie est beaucoup moins chaude et moins populeuse que la Chine propre ; cependant elle est revêtue d'une superbe végétation.

Les villes principales de la Mandchourie sont : *Foung-thien, Chin-yang* ou *Moukden*, ancienne résidence des souverains des Mandchoux, avant la conquête de la Chine par ce peuple; — *Kirin*, grande et populeuse, quoiqu'elle n'offre qu'un amas irrégulier de chaumières.

Une grande partie du N. de la Mandchourie, particulièrement la partie maritime, a été réunie récemment à l'empire Russe.

CORÉE, MONGOLIE, TURKESTAN CHINOIS, TIBET, BOUTAN.

La Corée est une grande péninsule, presque aussi étendue que l'Italie, et qui se trouve entre la mer du Japon, la mer Jaune et celle de Corée. Couverte de hautes montagnes, cette contrée a un climat froid; cependant le sol y est fertile et bien cultivé. Les côtes du S. O. et du S. sont environnées d'un grand nombre de petites îles, la plupart inhabitables, qui sont connues sous le nom d'*archipel de Corée*. — *Han-yang* ou *Han-tchhing* est la capitale du royaume.

La Mongolie, vaste contrée qui occupe la plus grande partie du plateau central, comprend, à l'E., la *Mongolie propre* au *Charra-Mongolie;* au milieu, le pays des *Khalkha*, dont une grande partie vient d'être acquise par la Russie, et, à l'O., la *Dzoungarie* ou *Thien-chan-pe-lou*, c'est-à-dire *pays au nord des monts Célestes*. Le pays du *Khou-khou-noor*, situé autour du lac du même nom, fait aussi partie de la Mongolie, du reste de laquelle il est séparé par la longue province de Kan-sou. — *Ourga* ou *Kouren*, capitale des Khalkha, est la résidence d'un grand-prêtre très-vénéré des bouddhistes et qui porte le titre de *khoutoukhtou* : c'est le pontife-dieu des Mongols. — *Maïmatchin*, sur la frontière de la Sibérie, est l'entrepôt d'un grand commerce entre les Chinois et les Russes. — *Ili* est la ville principale de la Dzoungarie.

Le Turkestan chinois ou *Thien-chan-nan-lou* (c'est-à-dire le *pays au S. des monts Célestes*) est le plus occidental des pays de l'empire. La partie orientale comprend une portion du grand désert de Gobi ou Cha-mo, avec l'oasis de *Hami*, qui renferme la ville de *Hami* ou *Khamil*, forteresse où il se fait un grand commerce à l'époque du passage des caravanes. On distingue, dans la partie occidentale, *Yarkand*, une des plus grandes villes du Turkestan chinois, dont elle était autrefois la capitale, et *Kachghar*, ville florissante par son industrie et son commerce.

Le Tibet ou Tubet, hérissé de hautes montagnes, est la

contrée du globe qui présente les habitations les plus élevées au-dessus du niveau de la mer. Il renferme de belles vallées; mais les villes y sont rares, et composées, pour la plupart, de divers bourgs groupés autour des temples et des couvents. La principale est *Lhassa*, la capitale. Cette ville, peuplée d'environ 50 000 habitants, est le rendez-vous d'un grand nombre de pèlerins. Près de là, sur la montagne de *Potala*, se trouve le palais du *dalaï-lama*, le souverain pontife du bouddhisme. — Les autres principales villes sont: *Digartchi*, résidence d'un autre pontife très-vénéré aussi, et qui a le titre de bandjin-remboudchi; — *Jiga-gounggar*, la plus grande ville du Tibet, sur le Yarou-dzangbo-tchou; — *Déba*, capitale du pays appelé *Urna-Désa* ou *Un-Dès*, célèbre par ses chèvres, qui fournissent le meilleur duvet; — *Lé*, sur le Sanpo, capitale du *Petit-Tibet*, qu'on appelle aussi pays de Ladak, et qui dépend du radjah de Cachemire.

Le Boutan, pays peu connu, et situé entre des montagnes qui appartiennent à la chaîne de l'Himalaya, est placé dans l'Hindoustan par plusieurs géographes. *Tassisudon* en est la ville principale.

Les îles *Lieou-khieou* ou *Lou-tchou*, habitées par une population douce et hospitalière, sont tributaires à la fois de la Chine et du Japon. La plus importante de ces îles est la *Grande Lieou-khieou*, où se trouve le port florissant de *Napakiang*.

3. Gouvernement, Religion, Habitants.

L'autorité de l'empereur de la Chine n'est pas aussi despotique qu'on l'a cru longtemps : l'opinion y met un frein puissant, et l'usage oblige le souverain de choisir ses agents dans le corps des lettrés, parmi lesquels tous les citoyens peuvent être admis. C'est une dynastie manchoue qui, depuis plus de deux siècles, règne en Chine; mais, depuis quelques années, une formidable insurrection s'est formée dans le but de renverser cette dynastie. La Corée, soumise à un roi, la Mongolie et le Turkestan chinois, partagés entre un grand nombre de khans, et le Tibet, qui obéit au dalaï-lama, sont tributaires de l'empereur.

La plupart des habitants de l'empire professent le bouddhisme, connu des Chinois sous le nom de religion de Fo; cette religion reconnaît un être tout-puissant, qui subsiste éternellement dans la personne du *dalaï-lama* ou *grand-*

lama, et elle suppose une nombreuse suite d'esprits et de dieux subordonnés en rang et en pouvoirs. Les prêtres en sont surtout nombreux au Tibet, où ils portent le nom de *lamas*, et où ils ont une infinité de couvents ou *lamaseries*, souvent très-considérables. On nomme *bonzes* les prêtres chinois. La doctrine dont Confucius est regardé comme le fondateur et le patriarche, et qui est suivie par l'empereur et les lettrés ou mandarins, a pour but l'adoration d'un seul dieu, mais n'admet ni autels ni prêtres. Les dogmes des Tao-sse ou docteurs de la raison comptent, dans la Chine propre et la Corée, un assez grand nombre de croyants : ils supposent l'existence d'une foule de génies, et les bonzes ou prêtres de cette religion pratiquent la nécromancie, l'astrologie, etc. Le chamanisme est une forme particulière du bouddhisme, fort répandu chez quelques populations du nord, principalement chez les Mandchoux ; il tire son nom des *chamans* ou prêtres de ce culte, et consiste surtout en sacrifices faits au ciel et aux anciens personnages humains devenus dieux ; mais il dégénère, chez plusieurs peuplades, en un culte rendu aux mauvais esprits.

Les missionnaires catholiques ont obtenu de grands succès dans quelques parties de la Chine propre et dans la Corée.

La tolérance est très-grande en Chine ; tous les cultes peuvent y prospérer en paix.

Les Chinois appartiennent à la race jaune. La beauté chez eux consiste dans un grand front, un nez court, des yeux petits, obliques et bridés, de grandes oreilles, des cheveux noirs, un visage large et carré. Ce peuple est grave, très-poli, paisible et laborieux. Il cultive les arts avec talent, et se fait remarquer depuis longtemps par une civilisation assez avancée, mais qui reste stationnaire. On lui reproche la dissimulation, la lâcheté, l'habitude du mensonge et le penchant à la tromperie, l'indolence dans les classes supérieures, la malpropreté dans les classes inférieures. L'infanticide est commun chez les Chinois. Parmi les usages les plus bizarres, il faut citer celui qui consiste à priver à peu près les femmes riches de la faculté de marcher : les pieds d'une fille, dès le moment de sa naissance, sont tellement comprimés par un cuir ou par des bandelettes, qu'ils n'atteignent que six ou sept centimètres de long ; à peine les malheureuses dames peuvent-elles traverser en chancelant les appartements qui leur servent de prison. — L'instruction est très-répandue : la connaissance du langage et l'art de l'écriture sont les parties les plus pénibles des études, à cause de la multitude des caractères. Les examens qu'il faut subir pour devenir *mandarin*, ou plutôt *kouang-fou*, sont très-nombreux. L'instruction seule peut conduire aux fonctions éminentes et aux dignités.

Les *Coréens* sont, après les Chinois, la nation la plus civilisée de l'empire. Ils ressemblent beaucoup à ces derniers sous le rapport des mœurs et de la manière de vivre; leur gouvernement repousse les Européens, et ne permet aucune relation avec eux. — Les *Mandchoux*, divisés en *Mandchoux* proprement dits, *Daouriens* et *Toungouses*, sont robustes, fiers et belliqueux. Dans le dix-septième siècle, ils firent la conquête de la Chine, et placèrent sur le trône de cette contrée un de leurs chefs, qui fut le premier empereur de la dynastie régnante, celle des Thsing. — Les *Mongols*, qui ont donné leur nom à la Mongolie, sont regardés comme le type de la race jaune. Ils ont le visage plat, le nez camus et écrasé vers le front, les yeux obliques et enfoncés, mais vifs, le menton petit et court, et peu de barbe; leurs oreilles sont larges et pendantes. Ce peuple, qui, dans le moyen âge, s'est présenté en conquérant dans une grande portion de l'Asie et dans les parties orientales de l'Europe, mène aujourd'hui une vie nomade et paisible, et se distingue par sa bienveillance, sa franchise et son hospitalité. Les femmes ont beaucoup d'industrie et de gaieté. On distingue parmi les Mongols plusieurs nations, comme les *Éleuthes* ou *Kalmouks*, les *Khalkha*, les *Ordos*, etc. On donne souvent le nom de *Tatares* à tous les habitants de la Mongolie, de la Mandchourie et du Turkestan : il paraît que ce nom, si vaguement employé, doit particulièrement désigner les peuples qui sont un mélange de Mongols et de Turcs, mélange qui s'opéra lorsque la race victorieuse des Mongols s'établit dans des contrées occupées par des tribus d'origine turque. — Les *Tibétains* sont un peuple doux, affable et voluptueux. Leurs femmes se chargent de tous les travaux qui, chez nous, sont le partage des hommes.

Géographie historique.

Les Romains et les Grecs ont connu vaguement la Chine sous le nom de *Sérique*, dérivé du nom *ser*, par lequel les Tatares désignaient la soie. Pendant de longs siècles, l'Europe n'eut sur la Chine que des idées extravagantes, des notions fausses ou incomplètes. Des relations arabes du neuvième siècle donnent déjà à cette contrée le nom de *Thsin*, dont nous avons fait celui de *Chine*; les Khitans, qui envahirent au moyen âge le nord de l'empire, ont fait donner à celui-ci tout entier le nom de *Cathaï* ou *Khitaï* (nom que les Russes lui donnent encore); le célèbre voyageur vénitien Marco-Polo fit une description de cette contrée au treizième siècle; les découvertes des navigateurs portugais, successeurs de Vasco de Gama, qui explorèrent la Chine par mer dès 1517, les travaux des missionnaires qui y ont pénétré dans le seizième, le dix-septième, le dix-huitième et le dix-neuvième siècle, les récits de plusieurs autres voyageurs admis dans l'intérieur du pays, de récentes expéditions anglaises et françaises entreprises avec succès contre la Chine, enfin la traduction d'un grand nombre d'ouvrages importants écrits par les Chinois eux-mêmes, ont donné aux Européens des connaissances assez précises sur le *Céleste Empire*.

On s'accorde à dire que les Chinois existent en corps de nation depuis plus de quatre mille cinq cents ans. Vingt-deux familles, qui ont donné deux cent trente-six empereurs, ont successivement occupé le trône. Après s'être considérablement étendu, l'empire Chinois tomba au pouvoir des Mongols, commandés par le fameux Djenghiz-khan, et reconnut pendant trois cents ans la domination des descendants de ce conquérant, qui en furent enfin expulsés. Les Mandchoux le soumirent en 1644, et s'y sont maintenus. Mais une grande insurrection, comme nous l'avons dit, tend depuis quelque temps à les renverser. Une phase toute nouvelle vient de se manifester dans l'existence de ce vieil empire : par suite des guerres qu'il a soutenues contre les Français et les Anglais, il a vu sa capitale tomber au pouvoir des Européens en 1860; il leur a ouvert tous ses ports; il laisse occuper à leurs garnisons plusieurs points, et il subit enfin de toutes parts l'influence de l'Occident, auquel il était resté complétement fermé si longtemps.

VI. JAPON.

DESCRIPTION PHYSIQUE. — DESCRIPTION POLITIQUE. — GÉOGRAPHIE HISTORIQUE.

Description physique.

A l'E. de l'empire Chinois, et à l'extrémité orientale de l'Ancien monde, se trouve le pays célèbre que les Chinois appellent *Je-pen*, *Zipan* ou *Zipan-koue* (empire du Soleil levant), et auquel les naturels donnent le nom de la plus considérable des îles qui le composent, *Nippon* ou *Niffon*, du mot *nitsou* (Soleil) et *fon* (lever). Ils l'appellent encore *Daï-Nippon* (le *Grand Nippon*), ou *Pi-no-moto* (base du Soleil), ou *Yamato* (terre des montagnes). Les Européens le nomment *Japon*. Cet empire est situé entre la mer d'Okhotsk, au N., le Grand océan, à l'E. et au S., et la mer de Corée, le détroit de Corée et la mer du Japon, à l'O. Sa superficie est à peu près la même que celle de la France, et les calculs les plus probables portent à 36 millions le nombre de ses habitants.

Les îles Japonaises sont réunies en une longue chaîne dirigée du S. O. au N. E., en formant une grande courbure dont la convexité est tournée vers le S. E. On en distingue quatre principales, qui sont, en commençant par le nord : *Yéso* ou *Matsmaï*, séparée de l'île de *Sakhalien* par le détroit de *La Pérouse; Nippon*, la plus grande de toutes, au S. de la précédente, dont le détroit de *Sangar* ou plutôt *Tsoukar* la sépare; *Si-kok*, au S. de Nippon, dont elle est séparée par le détroit de *Mitsou-simanada; Kiou-siou* ou *Ximo*, la plus méridionale et la plus occidentale des quatre, située au S. O. de Si-kok, et séparée de l'extrémité méridionale de Nippon par le canal de son nom. Autour de ces grandes îles, on en trouve un assez grand nombre de moins considérables, dont les principales sont : *Kounachir* et *Itouroup* ou l'île des *États*, qui font partie des *Grandes Kouriles* ou *Kouriles méridionales*, au N. E. de Yéso; — *Sado*, autrefois célèbre par ses mines d'or, sur la côte N. O. de Nippon; — *Avasi* ou *Avadsi*, près de la côte méridionale de la même île; — *Amakousa*, près et à l'O. de Kiou-siou; — *Tsousima* (aujourd'hui aux Russes), dans le détroit de Corée; — *Firato* ou *Firando*, située au N. O. de Kiou-siou, et qui fut donnée aux Hollandais lors de leur premier établissement au Japon ; — *Tanégasima*, au S. de Kiou-siou, dont elle est séparée par le détroit de *Diemen* ; ce fut dans cette île qu'abordèrent, en 1543, les premiers Européens qui aient vu le Japon [1]. — Au S. E. de Nippon, on remarque un petit archipel dont l'île la plus considérable, *Fatsi-syô*, escarpée de toutes parts et accessible seulement au moyen d'échelles de cordes attachées au haut des rochers, est un lieu d'exil pour les courtisans disgraciés et exilés. — Le groupe de *Goto* ou des *Cinq îles* termine le Japon au S. O.

Toutes ces îles offrent des côtes découpées par d'innombrables bras de mer : on distingue, sur les côtes S. E. et méridionale de Nippon, les golfes ou baies de *Yédo*, de *Totomina*, d'*Ovari* et d'*Osaka* ; sur la côte N. O. de Kiou-siou, le golfe de *Simabara* et la grande baie d'*Omoura*.

Les îles du Japon sont toutes couvertes de montagnes, la plupart volcaniques. Un grand nombre de sommités sont revêtues de neiges perpétuelles : la plus élevée de toutes est le *Fousi-yama*, volcan redoutable, près de la côte méridionale de Nippon. La même île renferme, dans le N. E., les mont *Orasi*, où se trouve la montagne d'*Asamaga-daki*, volcan assez actif. Les terribles éruptions de l'*Illigi-yama* désolent la partie méridionale de Kiou-siou.

Le Japon est bien arrosé ; mais les rivières de ce pays n'ont pas un long cours. Les principales coulent dans l'île de Nippon ; ce sont : la *Yodogava*, qui se rend dans la baie d'Osaka ; le *Toniak*, qui débouche dans la baie de Yédo, et la *Tenriougava*, qui se jette dans la baie d'Ovari par trois embouchures. Le plus grand lac est celui d'*Oïtz*, appelé aussi *Bivano-oumi*, c'est-à-dire le lac de la *Guitare*. Il se trouve dans le S. O. de l'île de Nippon.

Le sol du Japon, généralement montueux, est naturellement peu fertile ; mais les habitants, auxquels la loi fait un devoir rigoureux de l'agriculture, l'ont rendu très-productif, et les montagnes impraticables demeurent seules incultes ; on voit partout de gras pâturages, de riches forêts d'arbres précieux et les cultures les mieux entendues.

La température est très-rigoureuse dans les îles les plus septentrionales. Ailleurs, la chaleur de l'été serait assez forte, si elle n'était souvent modérée par les brises de mer. Dans

---

[1]. C'étaient le Portugais Mendez Pinto et ses compagnons.

la saison des pluies, le tonnerre gronde journellement; les tempêtes et les tremblements de terre sont très-fréquents. Le climat est sain au Japon : il y règne peu de maladies, et l'on y vit très-vieux.

L'or et l'argent offrent de riches mines. Le cuivre, mêlé de beaucoup d'or, est une des principales sources des richesses du pays. Le fer est assez rare. Le riz forme la principale nourriture des habitants; les céréales sont rarement cultivées, mais les différentes sortes de légumes prospèrent partout. On récolte en abondance des poires d'une grosseur considérable, des pamplemousses, des figues, d'excellentes cerises, des nèfles et de grosses oranges. Le laurier indien et le camphrier sont communs dans l'intérieur, ainsi que les arbres à vernis, dont l'espèce la plus précieuse fournit une gomme-résine que l'on regarde comme le principe de l'inimitable vernis noir de l'Inde. Les Japonais élèvent peu d'animaux domestiques, leur nourriture habituelle consistant en poissons et en végétaux. Le chien et le chat, l'animal favori des dames japonaises, sont les quadrupèdes les plus communs. Les vers à soie sont partout l'objet de grands soins.

Description politique.

Le *Japon proprement dit* comprend Nippon, Kiou-siou, Si-kok et les petites îles voisines. On y rencontre un grand nombre de villes, généralement entourées de murs en terre, et défendues par des citadelles et des tours, quand des gouverneurs et des princes y résident.

Il y a deux capitales au Japon, parce qu'il y a deux chefs de l'état. L'une est *Yédo*, située sur la côte S. E. de l'île de Nippon, au bord de la baie du même nom. C'est une des plus grandes et des plus magnifiques cités du monde. Quoique le plan n'en soit pas aussi régulier que celui de la plupart des villes du Japon, les rues sont en général bien alignées, fort belles et très-propres. Elle renferme de grands édifices publics et une quantité considérable de couvents et de temples. On y admire le fameux pont *Nippon-bas*, ou pont du Japon, d'où l'on compte les distances sur tous les grands chemins de l'île ; il est construit en bois de cèdre, et bordé de balustrades ornées de boules en cuivre doré. Le *syogoun*, *taïcoun* ou *koubo*, c'est-à-dire le vice-roi ou le général des armées, qui est le chef temporel, réside dans un palais qui occupe un espace immense : c'est le principal édifice de la ville, qu'il domine. Il est surmonté d'une tour carrée à plusieurs étages, dont les toits sont ornés de dragons dorés. C'est à Yédo que résident, la moitié de l'année, tous les princes feudataires de l'empire; leurs familles y demeurent toujours comme otages de leur fidélité. On évalue le plus ordinairement à 1 500 000 le nombre des habitants de cette ville.

L'autre capitale de l'empire, la capitale proprement dite, est *Myako*, qui porte encore le nom de *Kyo*, et qui se trouve aussi dans l'île de Nippon. Cette ville est située dans le S. O. de l'île, à quelque distance de la mer. Elle est le centre des sciences, de la littérature et des beaux-arts, et renferme un grand nombre de temples et d'édifices remarquables par leur étendue et leur beauté. Le plus vaste palais est celui du *mikado*, c'est-à-dire de l'empereur, qui est en même temps le souverain pontife; ce palais s'appelle *daïri*, et l'on en donne souvent, très-inexactement, le nom à l'empereur lui-même. Le temple le plus célèbre est le *Fokosi*, qui renferme la statue colossale de Bouddha. Près de là, se trouve suspendue la plus grande cloche que l'on connaisse : elle a environ 3 mètres de hauteur, et pèse, dit-on, plus d'un million de kilogrammes. L'extrême salubrité de Myako et les agréments dont on y jouit ont fait donner à cette ville le nom de *Paradis du Japon*. On la croit peuplée d'environ 1 million d'âmes.

Les autres principales villes de Nippon sont : *Osaka*, place maritime et très-florissante, sur la baie du même nom, au S. O. de Myako, dont elle est regardée comme le port : elle a 200 000 habitants; — *Nara*, ville très-vénérée des Japonais et remarquable par le nombre de ses temples, au N. E. de Myako; — *Sakaï* et *Hyogo*, ports de mer, sur le golfe d'Osaka; — *Kanagava*, *Simoda*, sur la côte S. E. de Nippon, au sud de Yédo.

Dans l'île de Kiou-siou nous distinguerons le fameux port de *Nagasaki*, le seul de l'empire où, pendant longtemps, il ait été permis aux vaisseaux étrangers d'aborder. Ce privilége était exclusivement réservé aux Chinois et aux Hollandais. On a assigné pour séjour à ces derniers la petite île de *Désima*, très-près de la ville; les Chinois sont confinés dans un jardin, au fond du port. Nagasaki est environnée de montagnes couronnées de temples nombreux, et qui en rendent les approches très-pittoresques. Elle possède 70 000 habitants. — L'île de Kiou-siou a encore pour ville considérable *Saga*, célèbre par ses fabriques de porcelaine presque transparente.

L'île de *Sikok*, que les voyageurs européens n'ont pas encore parcourue, nous est presque entièrement inconnue.

L'île de *Yéso* est habitée, en grande partie, par un peuple demi-sauvage du même nom, qu'on appelle aussi *Aïno*. *Matsmayé*, au bord du détroit de Tsoukar, sur la côte méridionale de l'île, avec 50 000 habitants, en est le chef-lieu. — *Hakodade* ou *Kakodade* est un port important, à l'E. de Matsmayé.

Le Japon réclame la possession du groupe de *Bounin-sima* ou *Mounin-sima*, situé assez loin au S. E. de l'empire, dans le Grand océan, et appartenant à l'archipel Magellan.

Les îles *Lieou-khieou* ou *Lou-tchou* (en Japonais *Riou-kiou*) sont tributaires à la fois de la Chine et du Japon.

La grande île de *Sakhalien*, *Krafto*, *Tchoka* ou *Tarakaï*, au N. de Yéso, appartenait au Japon dans sa partie méridionale ; elle est maintenant tout entière aux Russes.

Le gouvernement du Japon était autrefois théocratique : le *mikado*, c'est-à-dire l'empereur ou souverain pontife, était l'unique souverain ; mais, dépossédé par le *koubo* ou *syogoun* (général en chef des armées), il n'a plus aujourd'hui qu'une ombre d'autorité, quoiqu'un grand prestige l'environne. Depuis cette révolution, qui fut complétée au commencement du dix-septième siècle, le syogoun possède seul la puissance civile, mais son pouvoir est réellement tombé, à son tour, presque entièrement entre les mains du *gotaïro*, qui est un premier ministre, une sorte de maire du palais ; on peut considérer le gouvernement du Japon comme une monarchie héréditaire absolue, soutenue par une foule de princes héréditaires.

Les Japonais se partagent entre deux religions dominantes : le sinto et le boudsdô ou bouddhisme. Le sinto est une secte qui existe depuis un temps immémorial ; il s'appelle aussi religion des aïeux ou des *kamis* (seigneurs) ; il admet un être suprême et plusieurs dieux supérieurs, qu'on n'adore pas, puis plusieurs dieux inférieurs, qui sont d'anciens héros, des bienfaiteurs de l'humanité : ce sont ceux-ci qui sont l'objet de l'adoration. Les mikados, descendus des anciens héros, sont considérés comme des images vivantes des dieux et comme des dieux eux-mêmes. La seconde religion, à présent la plus répandue, est originaire de l'Inde. Le siouto (c'est-à-dire la *voie des philosophes*), ou la doctrine de Confucius, importée de la Chine, a des adhérents peu nombreux; mais ce sont presque tous des personnages de distinction. Parmi les basses classes, on trouve des adorateurs des astres, et le Soleil est leur principale divinité. La tolérance est très-grande au Japon : les mêmes temples servent aux sectateurs des diverses religions, qui tous ne reconnaissent qu'un seul chef, le mikado.

Entièrement séparés du reste du monde, les Japonais, qui prétendent descendre directement des dieux, dédaignèrent longtemps toute connaissance étrangère à leur patrie, et ils montraient le mépris le plus profond pour les nations qui leur étaient inconnues. Mais depuis quelques années ils se sont mis enfin en rapport avec les grandes nations de l'Occident. L'agriculture est l'art auquel ils se livrent avec le plus d'activité. Leurs armes blanches et leur porcelaine surpassent tout ce qu'on fait ailleurs de plus parfait dans ce genre. Ils fabriquent même des télescopes, des thermomètres, des montres et des pendules. Intelligent, actif et sérieux, ce peuple montre beaucoup d'aptitude pour les sciences : il s'occupe de mathématiques, de physique, d'histoire et de botanique. Toutes les classes reçoivent une éducation commune dans les écoles publiques, et il n'y a peut-être pas de pays où le talent de l'écriture soit plus universellement répandu. Beaucoup de mandarins savent plusieurs langues européennes, particulièrement le hollandais, et ne sont nullement étrangers à l'histoire et aux sciences de l'Europe. Le vol, la ruse et la fraude sont presque inconnus au Japon, et les habitants poussent les vertus sociales à un point extrême. Il n'est aucun péril auquel un Japonais ne s'expose pour secourir son ami. Parmi les traits qui distinguent le caractère de cette nation, on doit mettre en première ligne le respect que les enfants portent à leurs parents; on vante également les vertus et les qualités domestiques des femmes. Quoique d'une humeur gaie et sociale, le Japonais, toujours armé d'un poignard, ne pardonne jamais une offense, et ne laisse échapper aucune occasion de signaler sa bravoure. Le suicide, inspiré par un amour-propre et un orgueil extrêmes, est très-commun.

Dans l'île de Yéso et le voisinage, habitent les *Yéso* ou *Aïno*, peuple doux, paisible, hospitalier et généreux. Ils sont robustes, agiles, excellents chasseurs et navigateurs intrépides; mais ils connaissent à peine l'agriculture, et ne se servent ni d'écriture ni de monnaie. Leurs vêtements consistent généralement en peaux de phoque et d'ours. Leur culte se borne à faire des libations et à allumer des feux en l'honneur de quelque dieu grossier. Ils ont une grande vénération pour l'ours, et cependant ils se nourrissent de sa chair avec délices.

Géographie historique.

Le Japon paraît avoir été peuplé par des colonies de Chinois et de Coréens. Suivant les habitants, l'établissement de la succession héréditaire des empereurs remonterait à six cent soixante ans avant l'ère vulgaire. Marco-Polo le premier a révélé à l'Europe, au treizième siècle, l'existence de ce pays, auquel il donna le nom de *Cipangu*, *Zipangu* ou *Simpangu*, c'est-à-dire *Zipan-koue* (*empire de Zipan*). Les Portugais y abordèrent en 1543, et y envoyèrent bientôt des missionnaires, dont l'arrivée fut presque immédiatement suivie de la proscription de la religion chrétienne dans tout l'empire. Ils n'en continuaient pas moins à répandre leur doctrine, lorsque deux grandes persécutions vinrent anéantir l'Église naissante; les Portugais furent expulsés, et dès 1639 l'empire fut fermé à tout étranger; on n'en excepta que les Hollandais, qui avaient commencé à commercer au Japon en 1609, et les Chinois.

En 1854, les Américains ont été admis dans deux ports : *Simoda*, dans Nippon, et *Kakodade*, dans Yéso. Les Anglais, les Russes, les Français et les Prussiens viennent aussi d'obtenir le droit de commercer au Japon. Il y a aujourd'hui cinq ports ouverts aux étrangers, y compris les Chinois : ce sont ceux de *Nagasaki*, dans Kiou-siou; de *Simoda* et de *Kanagava*, sur la côte sud-est de Nippon; de *Fyogo* ou *Hyogo*, sur la côte méridionale de la même île; de *Kakodade*, sur la côte méridionale de Yéso. *Ouroup*, une des grandes Kouriles, a été cédée à la Russie, ainsi que l'île de Krafto et celle de Tsousima.

VII. INDO-CHINE.

DESCRIPTION PHYSIQUE. — DESCRIPTION POLITIQUE.

Description physique.

Cette grande contrée, située à l'extrémité S. E. de l'Asie, et dont l'intérieur est encore assez peu connu, a été appelée Indo-Chine parce qu'elle tient à la fois à l'Inde et à la Chine, et que son climat, ses productions, ses habitants, rappellent en même temps ceux de ces deux contrées. On la nomme aussi *Inde au delà du Gange* et *presqu'île orientale de l'Inde.*

Elle s'étend entre le golfe du Bengale, à l'O., et la mer de Chine, à l'E. et au S. E. Elle est bornée au N. par l'empire Chinois, et vers le N. O. par l'Hindoustan. Elle se termine au S. par la longue péninsule de Malaka, que le détroit du même nom sépare de l'île de Sumatra. On compte 3000 kilomètres depuis l'extrémité de cette péninsule jusqu'à la partie la plus septentrionale de la frontière indo-chinoise.

L'Indo-Chine est à peu près quatre fois aussi grande que la France; sa population est diversement évaluée de 25 millions d'habitants à 40 millions.

Le golfe du Bengale, partie de l'océan Indien, forme sur la côte occidentale de l'Indo-Chine le golfe de *Martaban*, à l'O. duquel s'avance le cap *Négraïs*. Au S. de ce golfe, la côte est bordée d'îles nombreuses, qui composent l'archipel *Merghi;* celui-ci se trouve à l'O. de l'isthme de *Krá*, qui unit la presqu'île de Malaka au continent.

Entre le cap Négraïs et la pointe septentrionale de Sumatra, s'étend une chaîne d'îles, dont le groupe le plus septentrional porte le nom d'îles *Andaman;* la principale, la *Grande-Andaman*, est une île montagneuse, riche en bois précieux et en bons ports. — Les îles *Nicobar*, à environ 350 kilomètres S. des précédentes, ont des habitants de couleur cuivrée, doux et hospitaliers, tandis que les *Andamans* sont sauvages et féroces, ont une antipathie singulière pour les étrangers, et paraissent appartenir à la race des nègres océaniens. Ces deux peuples vivent surtout des produits de la pêche, habitent de misérables huttes, et sont presque sans industrie.

Le cap *Bourou*, qui fait l'extrémité méridionale de la presqu'île de Malaka, et qui est le point le plus austral de tout le continent asiatique, se trouve sous le premier degré de latitude N. Le cap *Romania* est un peu au N. E. du cap Bourou.

La mer de Chine, partie du Grand océan, forme, au N. E. de la presqu'île de Malaka, le golfe de *Siam ;* ce golfe, fort profond, renferme à l'E. l'archipel de *Camboge*, dont l'île la plus importante est celle de *Phukok* ou *Kohdud ;* et il est fermé de ce côté par un grand avancement de terre, à l'extrémité duquel se présente le cap qui porte aussi le nom de *Camboge*. — Le groupe d'îles de *Poulo-Condor* et le cap *Saint-Jacques* se voient à l'est du cap Camboge. — Le cap *Varela* est le point le plus oriental de l'Indo-Chine.

Enfin, vers l'extrémité N. E. de cette péninsule, on voit le golfe de *Tonkin*, compris entre l'île de Haï-nan et le continent, et parsemé de petites îles, parmi lesquelles on remarque celles des *Pirates*, rendez-vous fameux de brigands maritimes. Au S. E. de l'entrée de ce golfe, est l'archipel des *Paracels*, rempli d'écueils.

L'Indo-Chine est traversée du N. au S. par la grande chaîne de montagnes qui sépare le versant de l'océan Indien de celui du Grand océan. Cette chaîne n'a pas de nom général dans le langage des habitants : on peut l'appeler *montagnes de l'Indo-Chine ;* on lui donne le nom particulier de *montagnes de Siam* vers le milieu de la presqu'île, et celui de *montagnes de Malaka*, vers le S. Une autre chaîne fort considérable parcourt du N. au S. la partie orientale de l'Indo-Chine. On la désigne sous le nom de montagnes des *Moï*, à cause du peuple sauvage des Moï, qui l'habite. On remarque une autre chaîne courant du N. au S., entre les bassins du Mè-nam et du Mè-kong, et qu'on appelle montagnes de *Lao*.

Sur la côte orientale du golfe de Siam, s'élève un groupe assez important qu'on appelle les montagnes du *Camboge*.

Enfin, dans le N. O. de l'Indo-Chine, on voit plusieurs rameaux des monts *Himalaya*.

Sur le versant du golfe du Bengale, coulent cinq fleuves principaux : le plus septentrional est le *Brahmapoutre*, qui parcourt le N. O. de l'Indo-Chine, pour entrer enfin dans l'Hindoustan : son nom signifie *fils de Brahma ;* c'est un fleuve large et majestueux. — L'*Aracan*, que l'on rencontre ensuite, est un fleuve moins important. — L'*Iraouaddy* ou

Ava, au contraire, est un des plus grands cours d'eau de l'Asie : il vient des frontières du Tibet, et se jette dans le golfe de Martaban par plusieurs embouchures, dont les principales passent à Rangoun et à Persaïm. Le delta de ce fleuve est plat, marécageux, couvert d'arbres, d'arbustes et de hautes herbes, formant des fourrés impénétrables. — Le *Salouen*, appelé aussi *Martaban* ou *Mouttama*, est le même que le *Nou-kiang* de la Chine. Il se jette dans le N. E. du golfe de Martaban. — Le *Sitang* coule entre l'Iraouaddy et le Salouen, auxquels il communique par plusieurs bras.

Sur le versant de la mer de Chine, on trouve quatre fleuves : le *Mè-nam*, qui tombe au fond du golfe de Siam, et qui, par ses inondations périodiques, fait naître dans la vallée qu'il arrose la plus riche végétation ; — le *Mè-kong* ou *Camboge*, qui vient de l'empire Chinois, où il est appelé tantôt *Lan-thsang-kiang*, tantôt *Kiou-loung-kiang*, et qui, après un cours de 3000 kilomètres, se jette dans la mer par de nombreuses bouches, sur l'avancement situé à l'E. du golfe de Siam ; — le *Dong-naï*, qui reçoit la rivière de *Saïgon*, et dont le cours, très-favorable à la navigation, a ses embouchures près et à l'E. de celles du Mè-kong ; — le *Sang-koï*, qui va se perdre dans le golfe de Tonkin.

Le lac principal de l'Indo-Chine est le *Talé-Sab*, qui s'écoule dans le Mè-kong par la rivière d'*Oudong*.

Les côtes de cette région, la plus méridionale de l'Asie, sont exposées à de fortes chaleurs. Mais, dans l'intérieur, les hautes montagnes tempèrent l'ardeur du climat. Des pluies périodiques tombent abondamment pendant les mois d'été.

Le sol est d'une fécondité remarquable. Il produit en abondance le riz, l'indigo, la canne à sucre, les ignames, d'utiles cucurbitacées, le cotonnier, le tabac, les bambous, les orangers, les ébéniers, les sycomores, le teck, très-estimé pour les constructions navales, l'agalloche, le bois d'aigle et celui de sandal, célèbres par l'odeur agréable qu'ils répandent ; le bois de fer, ainsi nommé de son extrême dureté ; le bananier, le majestueux figuier d'Inde, le gingembre, dont la racine, réduite en poudre, sert dans la médecine et s'emploie aussi comme aliment et comme assaisonnement ; le cardamome, dont la graine est un aromate très-recherché dans tout le midi de l'Asie ; le cannellier, le bétel, sorte de poivrier, dont les indigènes se plaisent à mâcher les feuilles ; le poivrier proprement dit, le poivrier long ; des arbres à vernis; le croton à laque, célèbre par la précieuse gomme laque qui exsude à la suite de la piqûre d'un insecte; le camphrier, le tamarinier, dont les fruits, nommés tamarins, offrent un bon aliment; le mangoustan, dont le fruit délicieux tient, pour le goût, de la fraise, de l'orange et de la cerise; le manguier, qui porte aussi un très-bon fruit, appelé mangue; le cambogie ou guttier, d'où découle la gomme-gutte, usitée en médecine et en peinture; enfin la riche famille des palmiers, dans laquelle on compte le cocotier, le rotang, l'arec, le sagoutier, dont la moelle fournit la nourrissante fécule de sagou.

Les animaux les plus remarquables sont: l'éléphant, dont on trouve dans cette contrée une variété blanche considérée comme sacrée par les habitants; le rhinocéros, le buffle, le bœuf, le tigre, le léopard, l'orang-outang et plusieurs autres espèces de singes, dont une variété blanche est à peu près aussi vénérée des Siamois que l'éléphant blanc; de nombreux perroquets; les hirondelles salanganes, qui construisent, dans les rochers des bords de la mer, leurs nids, faits d'une matière transparente assez semblable à la colle de poisson et fort recherchée des Chinois comme aliment; les drongos, oiseaux superbes, dont la queue est terminée par de longs brins, et qui ont un ramage harmonieux; le luen ou argus, admirable par les yeux peints sur ses ailes et sa queue; les monauls ou lophophores, ornés d'un plumage très-varié; on remarque aussi des boas nombreux, des crocodiles, dont on mange la chair; des tortues, qui ont une belle écaille; des vipères, dont une espèce verte est très-dangereuse; des sangsues de terre, très-incommodes pour les voyageurs; une foule d'insectes importuns.

L'Indo-Chine a beaucoup de productions minérales. On y trouve de l'or, ce qui peut-être avait fait donner par les anciens à deux parties de cette contrée les noms de *Khersonèse d'or* et de *Région d'or*; il y a de beaux rubis, de célèbres sources de pétrole, et la presqu'île de Malaka abonde en étain.

Description politique.

1. Divisions et Villes.

L'Indo-Chine comprend sept divisions principales: l'empire *Birman*, l'empire d'*An-nam*, la *Cochinchine française* ou *Basse-Cochinchine*, le royaume de *Camboge*, le royaume de *Siam*, le *Malaka* indépendant et l'*Indo-Chine britannique*.

EMPIRE BIRMAN.

L'empire Birman est une belle contrée, qui présente toutes les variétés de sol et d'aspects. L'Iraouaddy le parcourt.

Parmi les provinces de cet empire, on distingue celle de *Birma*, *Branma* ou *Mranma*, cœur de l'empire, et habitée par les Birmans proprement dits. Là se trouvent plusieurs villes importantes, entre autres, *Ava*, capitale, bâtie sur l'Iraouaddy et sur l'emplacement de l'ancienne Ratnapoura ; — *Oummérapour* ou *Amarapoura*, c'est-à-dire la *ville des Immortels*, qui a été assez longtemps la résidence impériale ; — *Saïgaïn*, située en face d'Ava et remarquable par le nombre prodigieux de ses temples ; — *Bampou*, ville très-commerçante, vers les frontières de la Chine.

L'empire Birman était bien plus étendu au commencement de ce siècle : il s'avançait jusqu'à la mer ; mais les Anglais lui ont enlevé ses provinces de l'O. et du S., particulièrement l'*Aracan* et le *Pégou*.

Le *Lao birman* est une contrée montagneuse et peu connue, partagée entre plusieurs petits princes tributaires ou sujets de l'empire Birman. Les Lao sont des peuples assez doux, quoique peu civilisés, répandus dans tout le N. de l'Indo-Chine. Il y a aussi dans l'empire Birman un assez grand nombre de *Siamois* ou *Thaï*.

EMPIRE D'AN-NAM.

L'empire d'An-nam se compose du *Tonkin*, de la *Cochinchine* et du *Lao an-namite*.

Le Tonkin, ou plutôt Tong-king, qui s'appelle aussi *An-nam septentrional* ou *Dang-ngaï* (royaume du dehors), est un beau pays situé autour du golfe du même nom. Sa capitale est *Bac-kin* ou *Kécho*, appelée autrefois *Tong-king*. Cette ville, située sur le Sang-koï, est très-grande, quoiqu'elle ne contienne que 150 000 habitants.

La Cochinchine, ou *An-nam méridional*, qu'on appelle aussi *Dang-trong* (royaume du dedans), s'étend au S. du Tonkin, entre de hautes montagnes et la mer de Chine. *Hué* ou *P'ou-tchhouang*, sa capitale, fortifiée à l'européenne par des ingénieurs français, est une des premières places fortes de l'Asie. Elle se trouve sur une rivière du même nom, qui se jette, à peu de distance, dans la mer de Chine, et elle possède 100 000 habitants, avec un beau palais, résidence du souverain de l'An-nam. — On voit, un peu au S., la belle baie de *Tourane*, près de laquelle se trouvent la ville du même nom et celle de *Faï-fo*, qui est le siége principal du commerce avec la Chine. — On remarque encore, dans la Cochinchine an-namite, les villes maritimes de *Kin-hon*, de *Phuyen*, de *Gna-trong* et de *Bing-thouan*; cette dernière est dans la province de *Tsiampa*, qui a été autrefois un royaume indépendant et assez important.

Le Lao an-namite, dans l'intérieur de l'empire, est un pays presque inconnu, séparé de tous les pays voisins par de hautes montagnes et d'épaisses forêts.

COCHINCHINE FRANÇAISE OU BASSE-COCHINCHINE.

La Basse-Cochinchine, qui vient d'être soumise presque entièrement à la France, comprend la partie la plus méridionale du Camboge, qu'avait conquise l'empire d'An-nam. C'est un pays admirablement fertile, composé généralement de vastes plaines, et parcouru par les branches nombreuses du Mè-kong et du Dong-naï, auquel se joint la rivière de Saïgon.

La principale ville est *Saïgon*, sur cette rivière; les navires remontent jusque-là, et c'est une des places les mieux situées et les plus commerçantes de l'Asie; les Français s'en sont emparés en 1859. Elle est divisée en deux parties : la ville fortifiée, et la ville Chinoise, siége principal du commerce. — *Myt-ho*, sur le Mè-kong, est la seconde ville de la Cochinchine française. — A l'O., est le port de *Kang-kao*, sur le golfe de Camboge : les Français ne s'y sont pas encore établis.

ROYAUME DE CAMBOGE.

Le royaume actuel de Camboge n'est qu'une partie de l'ancien état de ce nom, qui était très-vaste et très-puissant, mais dont le Siam a conquis la partie occidentale, et l'Annam, la partie méridionale, devenue récemment une possession française. Le Mè-kong arrose l'E. de ce royaume, et la rivière d'Oudong le parcourt au centre, en sortant du lac Talé-Sab.

Oudong, sur la rivière à laquelle elle donne son nom, est la capitale du pays. — *Panonping*, au confluent de cette rivière et du Mè-kong, est une ville importante. — *Campot* possède un port en face de l'île de Kohdud.

ROYAUME DE SIAM.

Le riche et fertile royaume de Siam, appelé aussi *Thaï* ou *Chan*, occupe généralement la région moyenne de l'Indo-Chine ; la plus grande partie est formée de la belle vallée du Mè-nam.

Il comprend aussi une portion du bassin du Mè-kong, depuis qu'il a conquis une partie du Camboge, et, d'un autre côté, il s'avance assez loin dans la presqu'île de Malaka.

Bangkok, capitale du royaume, est une belle ville et un port très-animé, vers l'embouchure du Mè-nam ; ses habitants sont au nombre de 400 000, dont 200 000 Chinois. — *Siam* ou *Youthia*, ancienne capitale de ce pays, au N. de Bangkok, est aujourd'hui presque déserte.

On remarque, à l'E., le *Camboge siamois*, conquis sur l'ancien royaume de Camboge ; on y voit, près et au N. du lac Talé-Sab, les belles ruines de *Nakon-Hluang*, l'ancienne capitale de ce royaume, et l'admirable temple de *Nakon-Ouât*, parfaitement conservé, malgré son antiquité très-reculée.

Dans le N., se trouve le *Lao siamois*, qui est composé de plusieurs petites principautés tributaires.

Le *Ligor*, le *Patani*, le *Kédah* et quelques autres petits états du N. de la presqu'île de Malaka sont également tributaires des Siamois, dont dépend aussi l'île de *Djonkseylon* ou *Sélanga*, sur la côte occidentale.

MALAKA INDÉPENDANT.

Le S. du pays de Malaka offre cinq petits états, dont ceux de *Salangore*, de *Pahang* et de *Djohor* sont les plus importants.

INDO-CHINE BRITANNIQUE.

L'Indo-Chine britannique occupe toute la lisière occidentale de l'Indo-Chine, et plusieurs petits mais importants territoires situés vers l'extrémité méridionale de cette contrée. Ces possessions anglaises peuvent se grouper en deux parties : les provinces du N. et celles du S. Les premières, qui sont l'*Assam*, l'*Aracan*, le *Pégou*, le *Ténassérim*, se lient aux provinces de l'Inde, et sont soumises à la présidence du Bengale ; les autres forment le gouvernement des *Détroits* (c'est-à-dire des détroits de *Malaka* et de *Singapour*).

L'*Assam* occupe une grande vallée traversée dans toute sa longueur par le Brahmapoutre. De nombreuses manufactures d'étoffes renommées de coton et de soie, la récolte du poivre, du piment et du thé, les dents d'éléphant, l'or que charrient les rivières, enrichissent ce pays.

L'*Aracan* s'étend sur le golfe du Bengale. Plusieurs îles, comme *Ramri* et *Tchédouba*, remarquables par leur fertilité, leur nombreuse population et leurs volcans vaseux, font partie de cette province. *Aracan*, ancienne capitale de la province, sur le fleuve du même nom, était autrefois importante et populeuse. — *Akyab*, capitale actuelle, est un port florissant.

La province de *Pégou* s'étend sur toutes les terres basses arrosées par le cours inférieur de l'Iraouaddy et du Salouen ; elle a pour chef-lieu la ville de *Pégou*, appelée aussi *Bago*, autrefois capitale florissante d'un royaume du même nom. On y admire le fameux temple de Choumadou, l'une des constructions les plus remarquables de l'Orient. — On cite encore, dans la même province : *Persaïm* ou *Bassien*, ville très-commerçante, sur le bras le plus occidental de l'Iraouaddy ; — *Rangoun*, célèbre port, à l'embouchure d'une des branches du même fleuve ; — *Martaban*, sur le Salouen, fleuve qu'on appelle aussi *Martaban* ou *Mouttama*.

Dans le Ténassérim, se trouvent : *Moulmeïn*, ville florissante, sur le Salouen ; — *Amherst*, un peu au S. de l'embouchure du même fleuve ; — *Merghi*, à l'embouchure du Ténassérim, près de l'archipel qui porte aussi le nom de *Merghi* ; — *Ténassérim*, aujourd'hui ruinée.

Ce qu'on appelle gouvernement des *Détroits* comprend : la ville de *Malaka*, avec le territoire environnant, dans le S. de la presqu'île de Malaka, sur le détroit du même nom ; — la province de *Wellesley*, sur la côte occidentale ; — vis-à-vis de cette province, l'île de *Poulo-Pinang* ou du *Prince de Galles*, très-importante colonie, avec la ville de *Georgetown* ; — vers l'extrémité méridionale de l'Indo-Chine, l'île de *Singapour*, qui renferme une ville du même nom, bien bâtie et très-florissante. C'est une situation admirable pour le commerce, et qui est comme le lien entre l'Asie et l'Océanie, entre l'Inde et la Chine. On y compte 100 000 habitants. — Les Anglais ont pris aussi possession des îles *Andaman*.

2. Gouvernement, Religions, Habitants.

Le gouvernement des différents états qui composent l'Indo-Chine est entièrement despotique; les souverains sont regardés comme des êtres très-supérieurs aux autres hommes. Deux rois, qui ont le titre de *premier* et de *second roi*, règnent conjointement à Siam.

Le bouddhisme, religion générale de cette contrée, reconnaît pour divinité principale Bouddha, qui est désigné dans une grande partie de la presqu'île sous le nom de *Gautama*; la langue sacrée est le *pali*, venu de l'Hindoustan et qui a du rapport avec le sanscrit; les prêtres s'appellent *talapoins* ou *p'ra*. Les missionnaires catholiques ont converti au christianisme un assez grand nombre d'habitants de la Cochinchine, du Tonkin et du royaume de Siam. Les Malais sont mahométans.

Les Birmans et les Cambogiens sont les plus grands, et les Cochinchinois les plus petits des Indo-Chinois. Les Birmans sont irritables et pleins de vanité. Les Siamois, doux, hospitaliers, humains, mais indolents et fiers, méprisent les autres nations; les Tonkinois sont braves et hospitaliers. Les Cochinchinois se distinguent par leur finesse d'esprit, mais ils ont des mœurs très-relâchées. Les Cambogiens sont très-doux et très-bons, mais apathiques. Les Malais, audacieux, intelligents, vindicatifs, occupent principalement les côtes de la presqu'île de Malaka, où ils se livrent au commerce, mais souvent aussi à la piraterie.

Les Indo-Chinois n'ont pas tous la même couleur, et ne sont pas de la même race : ceux de l'est sont olivâtres ou jaunâtres, tiennent évidemment des Chinois, et sont par conséquent de la race mongolique : ceux de l'ouest paraissent être de la famille hindoue; ceux du sud, de la race malaise; les Cambogiens sont parmi les populations qui ont le teint le plus foncé.

Il y a, dans l'intérieur de la presqu'île de Malaka et dans les montagnes des Moï, des populations aborigènes et sauvages, qui diffèrent de presque tous les peuples de l'Indo-Chine par leur couleur à peu près noire.

VIII. HINDOUSTAN.

DESCRIPTION PHYSIQUE. — DESCRIPTION POLITIQUE. — GÉOGRAPHIE HISTORIQUE.

Description physique.

1. Noms, Limites, Étendue, Côtes.

L'Hindoustan est appelé aussi *Inde en deçà du Gange* et *presqu'île occidentale de l'Inde*. Souvent on le nomme simplement l'*Inde*. Ces noms, *Inde* et *Hindoustan*, paraissent dus au *Sind, Hind* ou *Indus*, qui arrose le pays au N. O., et d'abord ils ne s'appliquèrent sans doute qu'au voisinage de ce fleuve. Dans le sanscrit, langue sacrée des Hindous, cette contrée est appelée *Djambou-douyp* et *Bharatkhanda*.

Le midi de l'Hindoustan est plus particulièrement désigné sous le nom de *Dékhan*; le nord forme l'*Hindoustan propre*.

L'Hindoustan s'avance en pointe dans l'océan Indien, entre le golfe du Bengale, à l'E., et la mer d'Oman, à l'O., et s'étend du 7e au 36e degré de latitude N.; le tropique du Cancer le coupe à peu près par le milieu. Il est borné au N. par l'empire Chinois, dont les monts Himalaya le séparent; au N. O., par le Béloutchistan et par l'Afghanistan; et il tient vers l'E. à l'Indo-Chine.

La longueur de ce pays est de 3400 kilomètres, du N. au S., et sa plus grande largeur, de 2200 kilomètres, de l'E. à l'O.; il a une superficie de 3 550 000 kilomètres carrés; il est à peu près six fois aussi étendu que la France; sa population s'élève à 180 millions d'habitants, et équivaut à cinq fois celle de la France.

Les côtes de l'Hindoustan sont peu découpées; on distingue cependant, à l'O., les golfes de *Kotch* et de *Cambay*, entre lesquels s'avance la presqu'île de *Goudjérate*, terminée au S. par le cap *Diu*.

Un peu plus au S., on remarque la baie de *Bombay*, où sont les îles de *Salsette* et de *Bombay*, et la baie de *Goa*, avec une île du même nom.

À l'extrémité du cône que figure la partie méridionale de

l'Hindoustan se présente le cap *Comorin*, entouré de rochers fort dangereux pour les navigateurs.

Au N. E. de ce cap, s'ouvre le golfe de *Manaar*, qui, avec le détroit de *Palk*, sépare l'île de *Ceylan* du continent, et qui est célèbre par la pêche des perles. Une suite de bancs de sable et de rochers, nommée *pont d'Adam* ou *pont de Rama*, règne entre le golfe de Manaar et le détroit de Palk; elle semble unir Ceylan à la terre ferme.

Au fond du golfe du Bengale est un terrain inondé par les innombrables bouches du Gange : ce sont les *Sonderbonds*, réunion d'une infinité d'îles basses, marécageuses et couvertes d'épaisses forêts, repaires de tigres et d'autres animaux féroces.

2. Montagnes, Fleuves, Lacs.

Les monts *Himalaya* ou *Himaleh* (c'est-à-dire séjour de la neige), la plus haute chaîne du globe, s'étendent du N. O. au S. E., entre l'Hindoustan et le Tibet. Parmi leurs sommets revêtus de neiges éternelles, on distingue le pic *Everest*, de 8840 mètres d'altitude; le *Kintchindjinga*, élevé de 8588 mètres; le *Dhavalaghiri*, de 8187 mètres; le *Djemnâtry*, le *Djavahir* et le *Tchamalary*, d'environ 8000 mètres. L'Himalaya est déifié par les mythologues hindous, et considéré comme le père du Gange et de sa sœur Ouma, épouse de Chiva.

La principale chaîne de l'Hindoustan pour le partage des eaux se détache de l'Himalaya vers le mont Djemnâtry, traverse toute la presqu'île du N. au S., et se termine au cap Comorin : cette chaîne sépare le versant du golfe du Bengale de celui de la mer d'Oman; elle porte, vers le milieu de la presqu'île, le nom de monts *Vindhya ;* sa partie la plus haute est dans le S., où, sous le nom de *Ghattes* [1] *occidentales*, elle longe la côte de la mer d'Oman.

Les *Ghattes orientales*, qui s'y rattachent, sont moins étendues et moins élevées, et sont occupées par plusieurs tributaires du golfe du Bengale.

Ces deux chaînes offrent d'épaisses forêts, des précipices profonds, des rochers escarpés, et leurs défilés sont généralement difficiles à franchir.

---

1. *Ghatte* signifie *défilé :* ce nom a été donné à ces montagnes à cause des défilés nombreux qui les entrecoupent.

Une infinité de fleuves et de rivières arrosent l'Hindoustan, et semblent y répandre partout la vie et l'abondance.

Sur le versant oriental, on remarque d'abord le *Gange*. Ce magnifique fleuve se forme par la réunion du *Baghirati* et de l'*Alakananda*, qui descendent du versant méridional des monts Himalaya; après avoir parcouru les riches plaines du nord et de l'est de l'Inde, il se jette dans le golfe du Bengale par une foule de bras, dont les plus importants sont le bras occidental, nommé *Hougly*, et le bras oriental, qui conserve le nom de *Gange;* son cours est d'environ 2500 kilomètres; comme le Nil, il a des débordements périodiques, qui fertilisent les contrées qu'il arrose : à la fin de juillet, son delta et les parties voisines sont inondés et forment des nappes de plus de 100 kilomètres de largeur; il roule dans ses eaux et amoncelle vers ses embouchures une énorme quantité de sable et de terre. Le Gange est sacré aux yeux des Hindous; d'innombrables pèlerins viennent y faire leurs ablutions et y puiser de l'eau, qu'ils emportent souvent à plusieurs certaines de lieues de distance; on vénère surtout les *prayagas* ou *confluents*. Dans les cours de justice, on rend témoignage sur les eaux du Gange, de même que les chrétiens jurent sur l'Évangile, et les mahométans sur le Koran.

Les principaux affluents du Gange sont : à droite, la *Djemnah*, grossie du *Tchemboul*, et la *Sone*; à gauche, le *Goumty*, la *Gograh*, le *Gondok*, la *Tystah*.

Le *Brahmapoutre*, qui vient de l'Indo-Chine, va, sous le nom de *Megna*, se jeter dans le golfe du Bengale, très-près et à l'E. de la principale embouchure du Gange, avec lequel il communique par différents bras.

Les autres tributaires du golfe du Bengale sont : le *Méhénédy*, dont les branches nombreuses forment un large delta; — le *Godavéry*, presque aussi sacré que le Gange pour les Hindous; — la *Kistnah* ou *Krichnah*, dans les sables de laquelle on trouve des diamants, des onyx et de l'or; — le *Cavéry*, autre fleuve sacré, remarquable par ses belles cataractes.

Le plus grand fleuve du versant occidental de l'Hindoustan est le *Sind*, appelé *Indus* par les anciens. Il prend sa source dans l'empire Chinois, franchit la gorge qui sépare l'Himalaya de l'Hindou-khouch, arrive ensuite dans de vastes plaines, qu'il fertilise par ses débordements périodiques, et se jette, par plusieurs embouchures, dans la mer d'Oman, au N. O. du golfe de Kotch. Il a un cours d'environ 3000 kilomètres, mais ne reçoit pas un grand nombre d'affluents : les principaux sont, à droite, le *Caboul* et le *Kahir* ; à gauche, le *Tchinnaou*. Celui-ci est formé par la réunion du *Tchénab* (anciennement *Acesines*) et du *Gharra*, qui doit lui-même son origine à la jonction de la *Beyah* (ancien *Hyphasis*) et du *Setledje* (*Hesydrus* ou *Hysudrus*). Le Tchénab reçoit à droite le *Djélem* (*Hydaspes*), et à gauche le *Ravy* (*Hydraotes*). La contrée arrosée par le *Djélem*, le *Tchénab*, le *Ravy*, la *Beyah* et le *Setledje*, qu'on rencontre successivement en se dirigeant du N. O. au S. E., a reçu le nom de *Pendjab* (c'est-à-dire *cinq rivières*).

Dans le golfe de Cambay se rendent la *Nerbédah* et le *Tapty*.

Plus au S., il n'y a aucun cours d'eau considérable, dans l'étroit territoire resserré entre les Ghattes occidentales et la mer.

L'Hindoustan a peu de lacs. On remarque seulement : le lac *Tchilka*, situé un peu au S. des bouches du Méhénédy, à côté du golfe du Bengale, avec lequel il communique par un étroit canal ; — et le grand lac marécageux de *Rin*, qui s'étend entre le fond du golfe de Kotch et la branche la plus orientale du Sind ; il est salé, et l'on croit que l'emplacement de cet immense marais a dû être occupé par l'océan ; dans la saison des pluies, il ressemble à une véritable mer, où quelques territoires s'élèvent çà et là comme des îles.

3. Aspect du sol, Climat, Productions.

L'aspect géographique de l'Hindoustan offre des traits grands et majestueux : au N., sont les plus hautes montagnes du globe ; à leurs pieds s'étendent de délicieuses vallées, et plus loin des plaines immenses, fécondées d'un côté par le Gange, de l'autre par l'Indus. Cependant on voit aussi, près de ce dernier, le vaste désert de *Maroust-Hali*, d'une affreuse stérilité. En pénétrant vers le midi, on rencontre, dans le centre du Dékhan, un grand et beau plateau, que soutiennent, à l'E. et à l'O., les deux chaînes des Ghattes. Presque partout, dans ce riche pays, on voit des villes florissantes et très-peuplées, des pagodes[1] d'une structure pittoresque ou étrange, et des forteresses imprenables qui sont comme suspendues au sommet d'énormes rocs isolés. La fécondité du sol, l'abondance variée des productions, font de l'Inde une des plus précieuses contrées du globe : aussi a-t-elle été dans tous les temps l'objet de l'ambition des conquérants et le théâtre du commerce d'une foule de peuples lointains.

L'Hindoustan est compris en grande partie dans la zone torride, et le climat y est fort chaud, surtout sur les côtes ; mais le plateau du Dékhan jouit d'une température assez douce ; on éprouve dans les vallées de l'Himalaya un climat tempéré, et l'air y est pur et sain ; en général, l'Inde est salubre : cependant c'est dans cette contrée qu'a pris naissance le choléra.

Il n'y a dans l'Hindoustan que deux saisons : celle de la sécheresse et celle des pluies ; elles sont produites par les vents nommés *moussons*. La mousson du N. E. se fait sentir depuis le mois d'octobre jusqu'à celui d'avril ; celle du S. O. ou des pluies occupe le reste de l'année. Le changement d'une mousson à l'autre est accompagné d'ouragans et de tonnerres affreux. Les Ghattes occidentales arrêtent ces vents, de sorte que, lorsque la mousson du S. O. règne sur la côte de Malabar, baignée par la mer d'Oman, la côte de Coromandel, située sur le golfe du Bengale, n'en éprouve aucune influence, et quand le Coromandel est exposé à la mousson du N. E., le Malabar jouit de l'atmosphère la plus calme.

L'Inde est renommée pour ses richesses minérales : il y a des mines d'or, et beaucoup de rivières sont aurifères. Le fer, l'aimant, l'acier naturel, l'argent, le plomb, le zinc, se rencontrent en plusieurs endroits. Les diamants du Dékhan sont fameux. Il faut ajouter les rubis, les saphirs, les améthystes, les onyx, le lapis-lazuli.

Le riz, la principale nourriture des Hindous, abonde presque partout. L'Inde possède aussi nos céréales, le froment, l'orge, le maïs ; elle produit le toll, arbuste qui porte une sorte de pois fort employés comme aliment ; on y récolte les melons, les ananas, l'igname.

Des plantes aux fruits exquis, aux fleurs éclatantes, aux couleurs précieuses, aux délicieux parfums, ou remarqua-

---

[1]. C'est-à-dire des temples.

bles par l'utilité de leurs tiges et de leurs racines, couvrent partout le sol; plusieurs magnifiques espèces de rosiers et de jasmins sont originaires de ce pays ; on y voit l'indigotier, le cotonnier, le bétel, le tabac, le chanvre, dont les feuilles s'emploient comme du tabac à priser, le safran, le bananier, le sésame, l'opium, le cardamome, le poivrier, la canne à sucre, les bambous, qui forment des forêts épaisses. On y voit la plupart des espèces de palmiers, entre autres le cocotier, utile à la fois par son fruit, son bois, les fibres de sa noix et ses feuilles propres à couvrir les maisons; le corypha, qui ombrage surtout les côtes du Malabar, et dont les Indiens emploient les feuilles immenses pour faire des tentes et des parapluies; le rotang ou rotin, dont on fait, dans l'Inde, des cordages, des nattes, et qui fournit ces cannes si légères, si flexibles et en même temps si solides, qu'on appelle joncs ou cannes de roseau; l'arec, dont le bourgeon terminal se mange sous le nom de chou palmiste. Il y a dans l'Inde deux sortes de figuiers que leur aspect imposant et extraordinaire a fait considérer comme sacrés : l'un est le figuier indien ou pipal, appelé aussi arbre des banians, dont chaque pied forme à lui seul une forêt impénétrable, car de ses branches descendent des rameaux innombrables qui vont toucher le sol, y prennent racine et forment autant de tiges nouvelles ; on admire la magnificence majestueuse de cet arbre et l'ombre mystérieuse de sa voûte feuillue, où des milliers d'animaux trouvent un asile, et sous laquelle des armées entières peuvent camper. Le plus célèbre figuier de ce genre est dans une île de la Nerbédah; il a plusieurs milliers de tiges. L'autre espèce est le figuier religieux ou l'arbre de Bouddha, commun surtout à Ceylan; il est également majestueux et magnifique, mais n'a pas de racines aériennes.

Ajoutons à tous ces végétaux intéressants le teck, si important pour les constructions navales; les orangers, les grenadiers, les mûriers, les arbres à pain, les manguiers, les mangoustans, le bois de fer, les ébéniers, le bois de sandal, le boswellia ou l'arbre au véritable encens, le croton à laque, d'où découle la gomme laque, employée dans la peinture; plusieurs belles espèces de lauriers, entre autres le camphrier et le cannellier.

Parmi les mammifères on distingue les singes, qui se montrent en troupes nombreuses, et dont les espèces les plus célèbres de ce pays sont le gibbon et l'orang-outang : ils dévastent les champs, les vergers, et s'introduisent jusque dans les villes. Il y a de nombreuses chauves-souris, entre autres la roussette et le vampire ; des porcs-épics, des pangolins ou fourmiliers écailleux ; des ours, des chacals, des hyènes, des lynx, des caracals, des guépards ou tigres chasseurs, que les Indiens dressent pour la chasse ; des léopards, des onces, le tigre royal ou du Gange, qui ose attaquer les bateaux sur ce fleuve. Les chameaux sont communs dans le nord. La chèvre et la brebis de Cachemire fournissent le poil précieux et la laine dont on fait les plus beaux châles. Le chevrotain porte-musc se plaît sur les plus hautes régions de l'Himalaya. L'axis est une charmante espèce de cerf. Parmi les antilopes, il faut nommer le nyl-gau ou taureau-cerf, qui s'apprivoise facilement. Le bœuf jouit dans l'Inde d'une vénération aussi religieuse que dans l'ancienne Égypte : les principales espèces sont le buffle, qui vit dans les parties marécageuses, le bœuf gour, qui erre dans les forêts du centre ; le yak, ou le buffle à queue de cheval, dans les monts Himalaya ; le zébu, remarquable par une ou deux bosses graisseuses. Enfin l'Hindoustan nourrit de nombreux éléphants, qui servent de bêtes de somme, qu'on mène au combat ou à la chasse, et dont les dents donnent l'ivoire ; les plus grands sont ceux de Ceylan. L'hémione, bel animal qui tient du cheval et de l'âne, est commun dans les parties occidentales.

C'est dans le N. de l'Inde qu'on trouve les plus beaux faisans. Le sud abonde en perroquets. Des troupes sauvages de paons habitent toutes les forêts.

Les principaux reptiles sont le boa, les hydres ou serpents d'eau, les bongares, serpents très-venimeux, le gavial, ou crocodile du Gange ; des tortues revêtues d'une belle écaille ; les dragons, espèce de lézards fort doux, munis d'une sorte d'ailes.

Parmi les poissons, on cite le singulier anabas ou sennal, qui peut vivre hors de l'eau pendant quelque temps et grimper sur les arbres au moyen de ses nombreuses épines.

Les arondes aux perles se pêchent dans le golfe de Manaar. Il y a d'innombrables moustiques et autres insectes nuisibles ; mais, d'un autre côté, l'Inde voit prospérer l'utile ver à soie et l'espèce de cochenille qui fait exsuder la laque du croton et du figuier indien.

Description politique.

1. Division politique générale.

L'Hindoustan a été longtemps un seul et puissant empire, dont le souverain était connu sous le nom de *Grand-Mogol*. Il est maintenant partagé entre plusieurs nations européennes et divers princes indigènes : les Anglais en possèdent une grande partie; une autre portion est protégée par eux ou leur paye un tribut; les Français et les Portugais ont quelques villes, avec de petits territoires environnants; le reste appartient à des princes hindous tout à fait indépendants.

Ainsi l'Hindoustan est partagée de la manière suivante :
Possessions immédiates des Anglais.
États hindous tributaires ou alliés-protégés des Anglais.
Possessions françaises et portugaises.
États hindous indépendants.

2. Subdivisions et Villes.

POSSESSIONS IMMÉDIATES DES ANGLAIS.

Les Anglais possèdent presque toutes les provinces maritimes, et ils ont étendu leur domination sur plusieurs des parties les plus riches de l'intérieur. Cependant une formidable insurrection, qui a éclaté en 1857, est venue mettre quelque temps en péril leur puissance dans l'Inde.

Dans l'HINDOUSTAN PROPRE, on remarque, parmi les possessions anglaises : dans le bassin du Gange, les provinces de *Gorval*, de *Dehly*, d'*Aoude*, d'*Agrah*, d'*Allah-abad*, de *Bahar*, de *Bengale;* — sur le versant occidental, le *Pendjab*, le *Sindhi*, dans le bassin de l'Indus, et, plus au sud, une partie de *Goudjérate;* — entre les deux versants, une partie du *Radjepoutana*.

Dehly, dans la province du même nom, sur la Djemnah, est l'ancienne capitale de l'empire du Grand-Mogol. Quoique bien déchue de sa splendeur, elle était encore une des cités les plus grandes et les plus belles de l'Inde, et renfermait près de 200 000 habitants avant l'insurrection de 1857, dont elle a été l'un des premiers théâtres, et par suite de laquelle elle a beaucoup souffert. — *Mirout* et *Bareily* sont d'autres villes importantes de la province de Dehly.

Agrah, sur la Djemnah, a été aussi, pendant assez longtemps, la résidence des Grands-Mogols ; elle a perdu beaucoup de son ancienne magnificence, quoiqu'elle compte encore 65 000 habitants. — *Mathra*, non loin de là, est une importante station militaire anglaise.

L'ancien royaume d'*Aoude*, dont le souverain avait le titre de *nabab*, a été réuni aux possessions anglaises, en 1856. La capitale est *Laknau*, peuplée de 300 000 habitants avant l'insurrection, dont les suites l'ont beaucoup réduite. — *Aoude*, l'ancienne capitale, ville sacrée aux yeux des Hindous, a plusieurs monuments remarquables.

Allah-abad, dont le nom signifie *ville de la Divinité*, s'élève au confluent de la Djemnah et du Gange, et passe pour une des villes les plus saintes de l'Hindoustan. Son temple fameux est visité par de nombreux pèlerins. — *Monghir*, près de là, est célèbre par ses fabriques d'armes et sa coutellerie. — *Bénarès*, dans la province d'Allah-abad, sur le Gange, est le centre des connaissances religieuses et de la littérature des Hindous. Elle a 200 000 habitants. — *Mirzapour*, aussi sur le Gange, en a 80 000. — *Cânpour*, sur le même fleuve et dans la même province, est célèbre comme station militaire anglaise et par un affreux massacre qu'y ont fait les insurgés en 1857.

La principale ville de la province de Bahar est *Patna*, sur le Gange, peuplée de 300 000 âmes, et située près de l'emplacement de l'ancienne *Palibothra*. — *Gaya* est une ville de dévotion très-célèbre chez les Hindous.

La riche province de Bengale renferme CALCUTTA, magnifique et grande ville de 400 000 habitants, capitale des possessions anglaises en Asie, située sur l'Hougly, branche du Gange, et défendue par le célèbre fort *William*. — On y voit aussi *Dacca*, avec 70 000 âmes ; — et *Mourched-abad*, à peu près aussi peuplée.

Dans le bassin de l'Indus, les territoires de *Lahore* et de *Moultan* étaient naguère une possession de la nation des *Seykhs*, qui a été puissante un moment, et ils font partie du pays de *Pendjab* (c'est-à-dire des *cinq rivières* tributaires de l'Indus). Les villes principales du Pendjab sont : *Lahore*, ville de 100 000 âmes, ornée d'un magnifique palais ; — *Amretseyr*, située à peu de distance de la précédente, et métropole religieuse des Seykhs ; — *Attok* (l'ancienne Taxila), sur l'Indus ; — *Moultan*, sur le Tchénab. — *Peychaver*, dans une belle vallée du même nom, est une ville importante, qui a été enlevée à l'Afghanistan.

Le *Sindhi*, le plus occidental des pays de l'Hindoustan, est traversé par le cours inférieur de l'Indus, et baigné par la mer d'Oman. C'est un mélange de cantons très-fertiles et de déserts. Le climat est trop chaud. Les villes principales sont *Hayder-abad* et *Tatta*, toutes deux sur l'Indus.

Les Anglais ont, dans la partie du Goudjérate comprise dans l'Hindoustan propre, *Barotch*, importante forteresse, sur la Nerbédah, à la place de l'ancienne *Barygaza;* et *Ahmed-abad*, qui a été l'une des plus grandes et des plus magnifiques cités de l'Orient.

Dans le Radjepoutana, ils possèdent la ville d'*Adjemyr*.

Dans le DÉKHAN on trouve, sur le versant du golfe du Bengale, les provinces anglaises d'*Oryçah*, de *Gandouana*, de *Bérar*, des *Serkars septentrionaux* (qui occupent la partie orientale de l'ancien pays de *Télingana*); enfin la province de *Karnatic ;* — le long de la mer d'Oman, on voit celles de *Malabar*, de *Kanara*, de *Beydjapour*, de *Konkan*, avec la partie méridionale de celle de *Goudjérate*. — Dans l'intérieur, les Anglais ont les pays de *Balaghat*, de *Caïmbétour*, et une partie de ceux de *Khandeych*, d'*Aureng-abad* et de *Maïssour*.

Les villes principales de l'Oryçah sont *Kétek*, peuplée de 100 000 âmes, sur le Méhénédy ; et *Poury* ou *Djagrenath*, sur le golfe du Bengale, fameuse par son temple, visité chaque année par plus d'un million de pèlerins. — *Nagpour*, dans le Gandouana, est une grande ville de 100 000 âmes, située au centre même de l'Hindoustan, et naguère capitale d'un état mahratte assez considérable.

Dans les Serkars septentrionaux, on trouve les villes maritimes suivantes : *Gangam*, célèbre par ses toiles, connues sous le nom de *guingans:*—*Madapollam*, intéressante aussi par les étoffes auxquelles elle a donné son nom ; — *Mazulipatam*, importante par son commerce et par ses nombreuses manufactures de tissus de coton.

Dans le Karnatic, qui renferme la plus grande partie de a côte de Coromandel, on remarque : *Madras*, siége d'un immense commerce, et peuplée de 700 000 habitants ; —

Madura, autrefois capitale d'un royaume du même nom ; — *Tuticorin*, où l'on pêche les plus belles perles de l'Orient.

Le Malabar a pour ville principale *Calicut* ou *Calicot*, qui a donné son nom à des toiles de coton, aujourd'hui fort communes en Europe. — Près de la limite méridionale de cette province, les Anglais ont *Cochin*, enclavée dans le petit royaume du même nom, et autrefois le principal établissement des Hollandais dans l'Inde.

On remarque, dans le Kanara, le port commerçant de *Mangalore*.

La province de Beydjapour tire son nom de la grande ville de *Beydjapour* ou *Visiapour*, jadis capitale du puissant empire mahométan du même nom.

Dans le Konkan, on remarque : *Pounah*, ancienne capitale de l'empire des Mahrattes, et résidence de leur principal chef, qui avait le titre de *peïchoua* ; — *Bombay*, ville de 560 000 âmes, centre du commerce anglais sur la côte occidentale de l'Inde, et située dans une île, du même nom.—Un peu au N. de cette île, est celle de *Salsette*, célèbre par ses antiquités mythologiques hindoues.

Surate, dans le S. du Goudjérate, est une ville renommée par son commerce, sur le Tapty.

Dans le Balaghat, on distingue *Adoni*, fameuse autrefois par ses magnifiques palais.

Les Anglais ne possèdent immédiatement, dans le Maïssour, que *Séringapatam*, dans une île du Cavéry.

L'île de Ceylan, placée près et au S. E. de l'Hindoustan, appartient aussi aux Anglais ; elle est appelée *Sérindib* par les Arabes, et *Chingula* par les indigènes, qu'on nomme pour cette raison *Chingulais*. Les anciens la nommaient *Taprobane*. Elle est célèbre par sa fécondité, sa cannelle, ses éléphants, ses perles, et renferme près de 2 millions d'habitants. On y remarque la montagne du *Pic d'Adam*, où de nombreux pèlerins viennent visiter l'empreinte d'un pied gigantesque que, suivant leur religion, ils croient être ou celui d'Adam, ou celui de saint Thomas, ou celui de Bouddha. — *Colombo*, chef-lieu de l'île, est sur la côte occidentale. — *Trinquemale*, sur la côte orientale, est remarquable par son excellent port. — *Candy*, au centre, était autrefois capitale d'un royaume assez puissant. — *Pointe-de-Galle* est un port très-fréquenté, sur la côte méridionale.

Les possessions anglaises de l'Inde, si étendues aujourd'hui, n'ont commencé cependant que dans le siècle dernier; elles ont été longtemps concédées à la *Compagnie des Indes orientales*, qui en a distribué l'administration en trois divisions principales : les présidences du *Bengale*, de *Madras* et de *Bombay*. La présidence du Bengale, la plus considérable, a été partagée en *provinces inférieures* (Bengale propre, Bahar, etc.), *provinces supérieures* ou *du N. O.* (Dehly, Agrah, etc.), *Pendjab*, et territoire de *Nagpour*.

L'île de Ceylan n'était pas comprise dans les domaines de la Compagnie, mais a toujours dépendu du gouvernement royal. Aujourd'hui toute l'Inde anglaise est administrée directement par ce gouvernement.

ÉTATS TRIBUTAIRES OU ALLIÉS-PROTÉGÉS DES ANGLAIS.

Les *Radjepouts*, dans l'Hindoustan propre, sont une tribu guerrière qui domine sur presque tout le territoire renfermé entre la Djemnah et le golfe de Kotch. Le territoire qu'ils occupent prend le nom de *Radjepoutana* ou *Radjastan*. Leurs possessions se divisent en plusieurs petits états, dont les chefs ou radjahs principaux sont ceux de *Djeypour* et d'*Odeypour*, dans l'Adjemyr.

Il existe, dans le sud de l'Hindoustan propre et dans le nord du Dékhan, une grande tribu hindoue, nommée *Mahrattes* : elle a été formidable pendant quelque temps et a contre-balancé un moment la puissance anglaise dans l'Inde. Trois principaux états mahrattes se trouvent dans l'Hindoustan propre : 1° celui de la dynastie de *Sindhyah*, qui étend principalement ses possessions sur une grande partie de la fertile province de *Malvah* : il a pour capitale *Goualior*, célèbre place forte, et pour autre ville importante *Oudjeïn*, fameuse par ses monuments religieux, ses écoles et son observatoire, par lequel les Hindous font passer leur premier méridien; — 2° l'état de la dynastie de *Guykavar*, qui possède une assez grande partie du pays de Goudjérate, et dont la capitale est *Barode;* — 3° l'état de la dynastie d'*Holkar*, capitale *Indour*, dans le pays de Malvah. — Le rao de *Kotch*, à l'O., est aussi un prince tributaire, de même que le nabab de *Cambay*, dont la capitale est un port célèbre de la côte occidentale, au fond d'un golfe du même nom.

Le *Nizam*[1] est un prince indigène qui règne sur une grande portion de l'intérieur du Dékhan, c'est-à-dire principalement sur les pays d'*Hayder-abad* et de *Beyder*. Il possède une des régions de l'Inde les plus riches en diamants.
— Sa résidence est *Hayder-abad*, ville de 200 000 habitants; on remarque, dans le voisinage, *Golconde*, autrefois capitale d'un royaume du même nom et célèbre entrepôt de diamants.
— *Aureng-abad*, belle ville autrefois, mais presque ruinée aujourd'hui, est près des magnifiques temples d'*Ellore*.— Le Nizam a, dans le Beydjapour, la ville de *Bisnagar*, anciennement capitale d'un puissant royaume, et dont on admire les imposantes ruines.

En s'avançant vers le midi, on rencontre l'état de *Maïssour*[2], qui était autrefois important. Le radjah séjourne dans la ville de *Maïssour*. — On remarque aussi dans ses possessions l'importante ville de *Bangalore*.—*Séringapatam*, ancienne capitale du pays, ne lui appartient plus : elle est aux Anglais.

Enfin, vers l'extrémité méridionale de l'Inde, se trouvent les petits états de *Travancore* et de *Cochin*, renfermés entre le cap Comorin et la province de Malabar. La ville de Cochin n'est plus dans le royaume de ce nom, mais elle appartient directement aux Anglais.

Les *Laquedives* ou *Lake-dive*, au S. O. de la côte Malabar, sont un petit archipel composé en grande partie d'écueils et d'îlots inhabitables; un prince, vassal des Anglais, les gouverne.

POSSESSIONS FRANÇAISES ET PORTUGAISES.

Les Français, qui ont été assez puissants dans l'Inde au dix-huitième siècle, n'y possèdent plus que cinq établissements. *Pondichéry*, capitale de l'Hindoustan français, située sur la côte de Karnatic, est divisée en deux parties : à l'E., la *ville blanche*, qui n'a que 700 habitants; et, à l'O., la *ville noire* ou plutôt *hindoue*, qui en compte 50 000; il n'y a pas de port proprement dit, mais une rade ouverte, où le débarquement est difficile. —*Karikal*, dans la même province,

---

[1]. Le *nizam* ou *surintendant* du Dékhan, sous l'empire du Grand-Mogol, se rendit indépendant dans le dix-huitième siècle. En devenant prince souverain, il n'a pas changé de titre.

[2]. On écrit en anglais *Mysore*, mais on prononce également *Maïssour*.

est à l'embouchure d'une branche du Cavéry. — *Mahé*, sur la côte de Malabar, est importante surtout par le commerce du poivre. — *Chandernagor*, dans le Bengale, sur l'Hougly, a 30 000 habitants. — *Yanaon* est dans les Serkars septentrionaux.

Ces villes sont généralement environnées de quelques villages ou *aldées* qui en dépendent. — La population totale des possessions françaises dans l'Inde est de 220 000 habitants.

Les possessions portugaises, un peu plus étendues que celles des Français, se trouvent sur la côte occidentale. Les Portugais arrivèrent les premiers dans l'Inde par la route du cap de Bonne-Espérance, et firent longtemps dans cette contrée un immense commerce; mais aujourd'hui leurs établissements ont beaucoup perdu de leur importance. Leur ville de *Goa*, dans l'île du même nom, sur la côte de Beydjapour, a été l'une des plus grandes et des plus riches cités de l'Asie; maintenant elle est presque déserte, mais on y admire encore de magnifiques églises. Il s'est élevé dans le voisinage une autre ville appelée la *Nouvelle-Goa*, *Panghi* ou *Pandgim*, capitale actuelle de l'Inde portugaise. — Les Portugais ont, sur la côte méridionale du Goudjérate, la ville de *Diu*, située dans une petite île du même nom et autrefois florissante. Ils possèdent aussi *Damán*, sur la côte de la même province. — Les possessions portugaises de l'Inde renferment 450 000 habitants.

ÉTATS HINDOUS INDÉPENDANTS.

Le plus septentrional des États hindous indépendants est celui de *Cachemire*, ou plutôt *Kachmyr*, qui est gouverné par un prince seykh, et dont la capitale est une ville du même nom, appelée aussi *Sirinagor*; elle est située sur le Djélem, dans une vallée célèbre par sa fertilité, sa douce température et les beaux châles qu'on y fabrique. Cet état étend sa domination jusque sur le Ladak, qui est dans l'O. du Tibet.

Le second état indépendant est celui du *Neypâl*[1], qui s'étend sur le versant méridional de l'Himalaya. La capitale est *Catmandou*, renommée par ses beaux temples.

---

1. Suivant l'orthographe anglaise, *Népaul*.

(On comprend quelquefois dans l'Hindoustan le *Boutan*, que nous avons placé dans l'empire Chinois.)

Les *Maldives* ou *Malé-dive*, au S. des Laquedives, forment une longue chaîne, où l'on compte environ douze mille îles, réunies en dix-sept *atollons* ou groupes : elles sont petites, peu élevées et entourées de récifs de corail. Il n'y en a guère que cinquante de cultivées, et celles-ci sont couvertes de plantations de riz et de superbes cocotiers. On pêche sur les rivages des Maldives une grande quantité de petites coquilles nommées *cauris*, qui servent de monnaie dans diverses contrées : un sac de douze mille coquilles vaut, dans l'Inde, de cinq à six francs. La principale de ces îles est *Malé*, résidence du souverain ou sultan de l'archipel.

3. Peuples, Religions, Langues, Mœurs.

Les *Hindous*, qui sont les véritables indigènes de l'Inde, forment la masse de la population. Ils ont eux-mêmes deux origines distinctes : les uns sont descendus du plateau de l'ancienne Arie, de l'ancien Paropamise et d'autres parties de la Perse orientale, à une époque très-reculée ; ils ont conquis l'Inde et y ont introduit la civilisation et la religion qui y règnent encore aujourd'hui : ce sont les *Hindous-Aryas* ou Hindous proprement dits. — Les autres sont les aborigènes primitifs du pays, au teint plus brun et aux traits qui rappellent assez la race mongolique ; ils ont été refoulés par les vainqueurs dans les forêts et les montagnes, et dans le S. de la presqu'île. Quelques-uns forment de misérables peuplades, connues sous les noms de *Colis*, de *Gands*, de *Santhals*, de *Bhils*, de *Thugs*, etc., dont les mœurs diffèrent entièrement de celles des autres habitants de l'Inde. D'autres constituent encore, dans le Dékhan, des peuples assez considérables, comme les *Tamouls* ou *Draviras*, les *Télingas*, les *Karnátas*, les *Oriahs*, les *Mahrattes*.

Beaucoup de nations étrangères sont venues s'établir dans cette riche contrée : il y a des *Mongols* ou *Mogols*, des *Afghans* ou *Patans*, des *Béloutchis*, des *Parsis* ou *Guèbres*, des *Arabes*, etc. On trouve dans le midi beaucoup de *Portugais noirs*, qui descendent d'un mélange de Portugais et d'Hindous. Enfin il y a dans les villes un assez grand nombre d'*Anglais*.

La plupart des Hindous professent le brahmisme, qui

admet trois dieux supérieurs : *Brahma*, ou le Créateur, *Vichnou*, ou le Conservateur, et *Chiva*, ou le Destructeur. Viennent ensuite une foule de divinités subalternes. Les Hindous sont, suivant ce culte, partagés en *castes* ou classes qui ne se mêlent jamais entre elles. La première est celle des *brahmines* ou *brahmanes*, c'est-à-dire des prêtres. Puis viennent les guerriers ou *kchatryas*; les cultivateurs et les commerçants, désignés sous les noms de *veycyas* et de *banians*; enfin les artisans ou *soudras*. Les *parias* sont des hommes jugés indignes de former une caste : rebut de la nation, ces malheureux languissent dans un affreux état d'abjection et de misère.

Le nombre des musulmans dans l'Inde est d'environ 16 millions. La religion de *Nanek*, que professent les Seykhs, participe du brahmisme et de l'islamisme.

Il y a près de 2 millions de chrétiens, dont un assez grand nombre, connus sous le nom de *chrétiens de saint Thomas*, sont des indigènes des côtes de Malabar et de Coromandel. Les juifs sont assez nombreux dans le Malabar, et les parsis ou adorateurs du feu, dans le Goudjérate et à Bombay. Enfin le bouddhisme est répandu surtout dans quelques parties du N. E. et à Ceylan.

Il existe dans l'Hindoustan une ancienne langue très-belle et très-savante, le *sanscrit*, qui est la langue sacrée, employée seulement dans les cérémonies du culte et dans les livres. La langue moderne la plus répandue est l'*hindoustani*, dont l'*hindi* est le dialecte le plus général; il faut aussi distinguer le *bengali*, le *mahratte*, le *télougou* (dans le Télingana), le *tamoul* (sur la côte orientale du Dékhan), le *malabar*, le *sindh*, le *pendjabi*, le *goudjérati*, le *konkani*, etc.

Les Hindous sont bien faits, mais peu robustes; leur teint est d'un brun jaunâtre, très-luisant, quelquefois noir. Cependant ils appartiennent à la grande race blanche ou caucasique. Ils ont la figure ovale, l'œil sombre et languissant, les sourcils agréablement arqués, les cheveux fins et d'un noir éclatant, les mains et les pieds délicats et petits. Ce peuple est frugal, hospitalier, prudent jusqu'à la ruse; plein d'intelligence, mais efféminé et ennemi des affaires qui demandent trop d'effort et de mouvement. On lui reproche l'avarice, le mensonge, la lâcheté, la servilité envers les supérieurs, l'arrogance envers les inférieurs.

Le vêtement consiste généralement en plusieurs morceaux

de drap, dont on s'enveloppe sans les coudre, et sans leur donner une forme particulière. Les maisons de la masse du peuple ne sont que des huttes, dont le toit en pente ressemble assez à un bateau renversé.

Les Hindous sont très-superstitieux : on en voit qui, pour apaiser la colère de leurs divinités, s'empalent, ou se précipitent dans les fleuves, ou s'enterrent tout vivants, ou se placent des charbons ardents sur la tête. Les veuves doivent se brûler sur le corps de leurs époux : ces sacrifices des veuves sont ce qu'on appelle les *suttys;* mais ce déplorable usage devient tous les jours plus rare, grâce à l'influence européenne. Le respect religieux pour les animaux entre dans les dogmes du brahmisme : la secte des banians, uniquement occupée du commerce, pousse surtout loin cette superstition.

Géographie historique.

Les anciens Grecs et les anciens Romains appelaient, comme nous, cette contrée *Inde en deçà du Gange.* Ses peuples ont été fameux dès la plus haute antiquité par leur science, leur sagesse, leurs principes religieux, que plusieurs philosophes des régions occidentales vinrent étudier.

Les anciennes descriptions de l'Inde en deçà du Gange désignent vaguement quelques régions, comme l'*Inde Citérieure*, à la droite de l'Indus; l'*Indo-Scythie*, le long de la rive orientale du même fleuve; la *Prasiaque*, vers la partie moyenne du cours du Gange; la *Patalène*, aux bouches de l'Indus; le *Dakhinabades*, qui a laissé son nom au Dékhan moderne; le pays de *Pandion*, vers l'extrémité méridional de l'Inde.

Les peuples les plus connus qui habitaient le long de l'Indus étaient les *Assacènes*, les *Malles*, les *Oxydraques*, les *Sogdes*, les *Musicanes*.

Vers les bouches du Gange, étaient les *Gangarides;* un peu au S. O. de ceux-ci, les *Cocconages*, les *Sabares*.

Dans la partie centrale de la contrée, se trouvaient les *Dryllophyllites*, les *Salacènes;* dans le S., les *Aruarnes*.

A la droite de l'Indus, à quelque distance du fleuve, étaient *Massaga*, capitale des Assacènes, et *Nagara* ou *Dionysiopolis*, connue par le culte de Bacchus.

Sur l'Indus, on voyait : *Taxila* (Attok), où Alexandre passa le fleuve; — *Patala*, à l'endroit où l'Indus se sépare en deux branches principales pour former son delta, et d'où partit Néarque, avec la flotte d'Alexandre; — deux villes d'*Alexandria*, entre Patala et Taxila.

On rencontrait, sur l'Hydaspes, *Nicée* ou *Nikaia*, qu'Alexandre fit bâtir en mémoire de sa victoire sur Porus; — *Bucéphala*, fondée par le même conquérant, et ainsi nommée en l'honneur de son cheval Bucéphale.

Sur l'Hydraotes, était *Lahore* (qui a conservé son nom), capitale du royaume de Porus.

Entre l'Hésydrus et le Gange, on voyait *Serinda* (Sirhind), d'où les vers à soie furent apportés par deux religieux à l'empereur Justinien.

Sur le Gange, étaient *Palibothra*, grande ville, capitale d'un empire fondé par Sandrokhotos, un peu après Alexandre; — *Gange*, capitale des Gangarides.

Barygaza (Barotch), à l'O., était fameuse par son commerce.

Les Grecs commencèrent à connaître un peu exactement le N. O. de l'Inde par l'expédition d'Alexandre. Les Séleucides, qui succédèrent, en Asie, à la puissance de ce conquérant, étendirent leur domination jusqu'au Gange. Les conquêtes des musulmans, et notamment celles du khalife Abd'oul-Mélek, ajoutèrent aux connaissances que l'Occident possédait déjà sur ce pays. Au onzième siècle, les Ghiznévides soumirent une grande partie de l'Inde; vint ensuite la dynastie des Ghourides, qui étendit son autorité sur la péninsule entière, et y fit régner le mahométisme. Après avoir appartenu longtemps aux Afghans, l'Inde passa, dans le seizième siècle, à Baber, petit-fils de Tamerlan et chef des Mongols, qui y jeta les fondements de l'empire Mongol ou Mogol. Dans le même siècle, Vasco de Gama vint aborder sur la côte occidentale de la presqu'île, et les Portugais ne tardèrent pas à posséder une grande partie des places maritimes; les Hollandais y acquirent ensuite la prépondérance. Cependant l'empire Mogol continuait de fleurir, et il atteignit son apogée sous Aureng-Zeyb, vers 1700. Mais sous les indolents successeurs de ce monarque, ce vaste état, affaibli par le luxe et la mollesse de la cour, agité par des troubles intérieurs, démembré par les révoltes des tribus de race hindoue (surtout les Mahrattes et les Seykhs), attaqué enfin par les ennemis du dehors, tomba rapidement en décadence. Nadir-chah, roi de Perse, l'envahit en 1738; Mahé de La Bourdonnais et Dupleix agrandirent un instant, d'une manière brillante, la puissance de la France dans l'Inde; mais bientôt les Anglais élevèrent leur influence au-dessus de toutes les autres, et, par adresse ou par force, une simple compagnie commerciale de cette nation établit sa domination sur presque toute l'Inde. Le gouvernement direct de la Grande-Bretagne vient d'être substitué à celui de la *Compagnie des Indes orientales*, par suite de la grave insurrection de 1857.

IX. BÉLOUTCHISTAN.

Cette région, encore assez mal connue, et qui correspond à l'ancienne *Gédrosie* (pays des *Ichthyophages*), est bornée au N. par l'Afghanistan, à l'E. par l'Hindoustan, et à l'O. par la Perse; la mer d'Oman ou d'Arabie la baigne au S. Elle a 1230 kilomètres de longueur, de l'E. à l'O.; sa moyenne largeur, du S. au N., est de 800 kilomètres.

Le Béloutchistan appartient, vers le N., au plateau de la Perse, qui s'étend à l'E. jusqu'aux monts *Brahouïks*. D'autres chaînes de montagnes, telles que les monts du *Mékran*, les monts *Vacheti*, courent de l'E. à l'O. Au N. et au N. O., s'étend le vaste désert du *Béloutchistan*, dont le sol, composé de sables mouvants, est parsemé de quelques oasis. Toute la partie méridionale, depuis la côte jusqu'aux monts du Mékran, n'offre que des sables stériles. Les vallées fertiles produisent l'indigo, le sucre, le coton, les amandes, et des melons d'eau d'une grosseur extraordinaire. Les montagnes renferment des marbres de diverses couleurs, et des métaux, tels que l'or, l'argent, le fer, l'antimoine.

Le Béloutchistan n'a pas de cours d'eau considérables : les uns coulent sur le plateau et vont se perdre dans les sables; les autres se jettent dans la mer d'Oman. Parmi ces derniers, on remarque le *Bhegvor*.

On divise le Béloutchistan en sept provinces : celles de *Kélat*, de *Saravan*, de *Kotch-Gandava*, de *Djhalavan*, de *Lotsa* ou *Lous*, de *Mékran* et de *Kôhistan*.

La province de *Kélat* renferme la capitale du Béloutchistan, *Kélat*, situé sur un plateau élevé, et résidence du khan auquel tous les autres chefs du pays se soumettent. Elle n'a que 12 000 habitants.

La province de Saravan a pour ville principale *Quetta*, placée dans la partie la plus septentrionale du Béloutchistan, à la sortie du célèbre défilé de *Bolan*.

Le Kotch-Gandava, dans la partie orientale du Béloutchistan, est un pays extrêmement fertile. *Gandava*, qui en est le chef-lieu, est une belle ville, aussi grande que Kélat.

La province de Lotsa est une contrée plate, qui renferme d'excellents pâturages et nourrit de nombreux bestiaux. La capitale, *Béla*, est une jolie ville de 10 000 âmes, située sur un rocher, au pied duquel coule le Pourally.

A l'O. de la province précédente, s'étend le Mékran. C'est un pays aride, composé de plaines sablonneuses et coupé de montagnes escarpées. Le chef-lieu est *Kedje*. Les habitants très-peu civilisés de la côte de cette province méritent toujours le nom d'ichthyophages (mangeurs de poissons); les troupeaux ont en grande partie la même nourriture, tant ces tristes plages sont dépourvues de pâturages.

Le Kôhistan ou Kouhestan, c'est-à-dire *pays montagneux*, s'étend dans la partie occidentale du Béloutchistan. Il est riche en productions minérales, et renferme une partie du *Grand Désert Salé*; *Pourha* est la principale ville.

Le Béloutchistan contient environ 500 000 habitants, connus sous le nom général de *Béloutchis*; ils sont encore peu civilisés et partagés en plusieurs classes, dont la principale comprend les *Brahouïs*, exclusivement nomades. Il y a un grand nombre de tribus, dont les différents chefs reconnaissent la suprématie du khan de Kélat; celui-ci lui-même est sous la suzeraineté anglaise. Les Béloutchis professent le sunnisme, une des branches du mahométisme.

X. ARABIE.

DESCRIPTION PHYSIQUE. — DESCRIPTION POLITIQUE. — GÉOGRAPHIE HISTORIQUE.

Description physique.

Cette grande presqu'île, située dans le S. O. de l'Asie, s'étend entre la Turquie, au N., la mer Rouge ou le golfe Arabique, à l'O., la mer d'Oman, au S. et au S. E., et le golfe Persique, à l'E. Elle touche vers le N. O. à l'Égypte par l'isthme de Suez.

L'Arabie a 2700 kilomètres de longueur, du N. O. au S. E. Elle a sa plus grande largeur vers le S., entre les détroits d'Ormus et de Bab-el-Mandeb. Quoiqu'elle soit plus de quatre fois aussi grande que la France, elle ne renferme cependant que 12 millions d'habitants.

Les anciens donnaient à l'océan Indien le nom de *mer Érythrée*, c'est-à-dire *mer Rouge*, peut-être à cause de l'important pays d'*Himiar (Rouge)*, qui se trouvait dans le S. de l'Arabie; mais peu à peu ce nom ne s'est plus appliqué qu'au golfe long et étroit qui s'étend entre l'Arabie et l'Afrique, et qui n'est qu'une faible portion de l'océan Indien. Divers auteurs ont pensé que ce golfe avait été appelé ainsi à cause de son sable rougeâtre, ou du corail qu'on y trouve en abondance, ou de la phosphorescence qui y est commune, ainsi que dans tout l'océan Indien. Dans la Bible, on l'appelle *mer de Suph*, c'est-à-dire *mer des Joncs*. La mer Rouge est parsemée d'îlots et de récifs. Elle se divise, vers son extrémité septentrionale, en deux golfes : à l'E., celui d'*Acabah*; à l'O., celui de *Suez*, où les Hébreux, sous la conduite de Moïse, effectuèrent leur passage miraculeux. Entre ces deux golfes, s'avance la presqu'île du *mont Sinaï*, terminée par le cap *Mohammed*.

Le détroit de *Bab-el-Mandeb*, qui réunit la mer Rouge à la mer d'Oman, est embarrassé d'îles et difficile à franchir; des côtes arides et désolées l'environnent : ces deux circonstances lui ont valu son nom, qui signifie *porte de celui qui s'expose à la mort*. On y voit s'avancer le cap de *Bab-el-Mandeb*, qui est l'extrémité la plus méridionale de l'Arabie.

La partie de la mer d'Oman qui se présente devant ce détroit est appelée quelquefois golfe d'*Aden*. On trouve encore sur la côte de cette mer la baie de *Kouria-Mouria*, qui renferme un groupe d'îles du même nom. Un peu plus loin, au N. E., on rencontre l'île de *Maceira*, et le cap *Ras-el-Had*, qui forme l'extrémité la plus orientale de la presqu'île.

Le cap *Mocendon* se présente sur le détroit d'*Ormus*, à l'entrée du golfe Persique. Ce golfe renferme, vers les côtes d'Arabie, plusieurs îles, dont les plus remarquables sont les *Bahreïn*, célèbres par la pêche des perles.

L'intérieur de l'Arabie présente un vaste plateau, composé de plaines arides et désertes, brûlées par un soleil ardent, mais parsemées çà et là de quelques cantons fertiles.

Le voisinage des côtes est, en général, plus agréable et plus fécond, surtout au S. O.

Les montagnes de l'Arabie sont nues et rocailleuses, et les chaînes qu'elles forment ne peuvent pas être, en général, considérées comme des lignes de partage des eaux, car presque aucune rivière ne descend de leurs flancs arides. La plus célèbre de toutes les montagnes arabiques est le *Sinaï*, qui s'élève dans le N. O., au milieu d'un affreux désert, et qui est si intéressant dans l'histoire des Israélites. Son point le plus élevé est le *Djebel-Mousa* (c'est-à-dire la *montagne de Moïse*). Non loin de là, au N. O., est le mont *Horeb*, également fameux dans l'Histoire sainte. Ces deux monts sont réunis sous le nom de mont *Serbal*. Le point le plus élevé du groupe est la montagne *Sainte-Catherine*.

Sur la limite occidentale du plateau intérieur de l'Arabie, s'étendent, du N. au S., les monts *Kharrah*. Les monts *Toueyk* bordent à l'E. ce plateau; le mont *Chammar* s'y élève au N., et les monts *El Ared* le parcourent du N. E. au S. O.

Peu de contrées sont aussi dépourvues d'eau que l'Arabie : on n'y trouve aucun lac, et il n'y a presque pas de rivières; celles qu'on y rencontre sont peu considérables, et la plupart sont à sec une partie de l'année. Nous ne nommerons que l'*Aftan*, qui tombe dans le golfe Persique, en face des îles Bahreïn.

L'Arabie est coupée à peu près vers le milieu par le tropique du Cancer, et elle se trouve par conséquent comprise en grande partie dans la zone torride. On y distingue deux saisons : celle de la sécheresse et celle des pluies. Immédiatement après cette dernière, les plaines désertes se couvrent d'une riante verdure et d'un tapis de fleurs; mais la scène change bientôt, et quelques jours suffisent pour amener une chaleur brûlante, pour dessécher les herbes et rendre au désert toute son affreuse nudité. Cependant il se passe souvent plusieurs années sans qu'il tombe une goutte de pluie sur le plateau de l'intérieur; de là vient la disette des dattes, qui suppléent au pain dans ce pays, et de là des famines redoutables, cause principale de l'irruption de ces essaims d'Arabes qui se sont jetés sur d'autres régions. Les vents sont très-violents et très-dangereux en Arabie : le plus terrible est le *simoum*, vent du S., qui souffle dans les parties septentrionales, et qui, entraînant des nuages d'un sable rouge et brûlant, les fait tourbillonner avec impétuosité.

L'Arabie n'est pas renommée par ses productions minérales. Mais, malgré la stérilité de son sol, elle possède beaucoup de végétaux précieux : le plus célèbre est le caféier ou cafier, originaire probablement de l'orient de l'Afrique, mais très-ancien aussi dans l'Arabie, que l'on considère généralement comme sa patrie primitive : c'est dans ce pays, dit-on, que ses propriétés stimulantes furent découvertes par le chef d'un monastère. Il y a, en Arabie, des oliviers, beaucoup de dattiers, des cocotiers, des cotonniers, des bananiers, des cannes à sucre, des melons et des courges, des pavots, dont on fait de l'opium, des acacias gommiers, qui produisent la gomme arabique, des balsamiers, qui fournissent des baumes renommés, entre autres, le baume de La Mecque, la plus odorante et la plus chère des gommes-résines ; enfin des boswellias, arbres d'où découle une autre gomme-résine précieuse, l'oliban ou le véritable encens.

Le cheval arabe est célèbre par sa beauté et par sa vitesse. Le chameau, admirable par sa sobriété, sa docilité et les services qu'il rend à l'homme, est fort commun dans cette contrée : le chameau d'Arabie n'a qu'une bosse ; mais, parmi les variétés de cette espèce, il faut distinguer celle qui est destinée à porter les fardeaux et celle qui est propre à la course : cette dernière a reçu le nom de *dromadaire*. On élève beaucoup d'ânes, de moutons et de chèvres. On voit errer, dans les plaines du désert, des lions, des panthères, des autruches, et la gazelle, célèbre par l'élégante légèreté de ses formes, la vivacité et la douceur de ses yeux noirs. Il y a des loups, des chacals, des hyènes, des chats sauvages, et beaucoup de singes, qui causent de grands dommages dans les plantations de café. Parmi les reptiles, qui sont fort nombreux, on cite les tortues, les vipères, les caméléons, petits animaux célèbres par leurs changements de couleurs ; dans quelques parties, on trouve de très-gros lézards, que les Arabes mangent. Les sauterelles, ou plutôt les criquets, ravagent quelquefois des régions entières ; mais les habitants s'en nourrissent souvent, et le fléau est ainsi diminué.

C'est un coquillage assez semblable aux huîtres, et nommé aronde ou avicule, qui fournit les perles, dont la pêche est si lucrative sur la côte orientale de l'Arabie.

Description politique.

Le géographe Ptolémée avait divisé l'Arabie en trois parties : l'*Arabie Pétrée*, au N. O.; l'*Arabie Déserte*, au N. E., et l'*Arabie Heureuse*, au S. O. Mais cette division a toujours été inconnue des habitants, qui divisent aujourd'hui leur pays en six contrées : le *Hedjaz*, à l'O.; l'*Yémen*, au S. O.; l'*Hadramaout*, au S.; l'*Oman*, au S. E.; le *Lahsa*, à l'E., et le *Nedjed*, au milieu.

Le *Hedjaz* s'étend le long de la mer Rouge depuis l'isthme de Suez jusque vers le 19ᵉ degré de latitude. Il comprend *La Mecque* ou *Mekka*, patrie de Mahomet, considérée par les musulmans comme la plus sainte de toutes les villes, et visitée par de nombreux pèlerins. Elle est dans un canton sec, rocailleux et triste. Son principal édifice est le fameux temple qui entoure la *Kaaba*, petite construction où se trouve la *pierre noire*, si vénérée des mahométans, et apportée disent-ils, par l'ange Gabriel pour la fondation de ce monument. La Kaaba n'est ouverte que trois fois par an : les pèlerins qui la visitent en font sept fois le tour en récitant des prières et en baisant chaque fois la pierre sacrée. Cette ville comptait autrefois 100 000 habitants, mais elle en a bien moins aujourd'hui, parce que l'affluence des pèlerins a beaucoup diminué. — *Djeddah*, à l'O. de La Mecque sur la mer Rouge, sert de port à cette ville. La partie du Hedjaz où se trouvent ces deux villes est appelée par les musulmans *Beled-el-Harem* (terre sainte). — *Médine*, ou plutôt *Médinet-el-Nabi* (ville du prophète), au nord de La Mecque, est célèbre par la mosquée qu'y fonda Mahomet, et qui contient le tombeau du prophète : cet édifice a 400 colonnes, la plupart ornées de pierres précieuses. C'est la ville où Mahomet se réfugia lorsqu'il fut obligé de s'enfuir de La Mecque, il en fit le siège de l'empire des Arabes, et elle est en grande vénération parmi les musulmans. — L'Arabie Pétrée est renfermée dans le Hedjaz : on y remarque la forteresse d'*Acabah*, située au fond du golfe du même nom, vers l'emplacement de l'ancienne *Ezionghéber* ou *Asiongaber*, célèbre sous Salomon par les flottes qui en partaient pour se rendre à Ophir. *Karak*, qu'on voit au N. d'Acabah, est près de l'emplacement de l'ancienne Petra : on y remarque de magnifiques ruines.

L'*Yémen*, au S. du Hedjaz, occupe le reste de la côte de

la mer Rouge, et touche aussi à la mer d'Oman : c'est la partie principale de l'*Arabie Heureuse* des anciens : malgré ce nom, une grande étendue du pays, le long de la mer, n'offre qu'une aride plaine de sable; mais la partie montagneuse ou intérieure a un aspect agréable, et c'est là que se récolte le café le plus renommé du monde. La capitale de l'Yémen est *Sana*, fort belle ville, résidence d'un prince qui a le titre d'*imam* (c'est-à-dire docteur), et dans le canton où se récolte le meilleur café. — *Moka*, port fameux, sur la mer Rouge, a été le principal entrepôt du commerce du café qu'on récolte dans l'Yémen. — *Hodeïdah* et *Beït-el-Fakih* font aujourd'hui plus activement ce commerce. — *Zébid*, un peu au nord de Moka, était autrefois une des plus florissantes villes arabes; elle possède encore une université musulmane. — L'*Assyr* est une partie considérable du N. de l'Yémen. — *Aden*, sur le golfe auquel elle donne son nom, est la ville la plus méridionale de l'Arabie. Elle appartient aux Anglais, qui en ont fait en peu d'années une place importante et un grand entrepôt de café. — Une des villes principales de l'intérieur est *Mareb* (près des ruines de *Saba*), où d'intéressantes inscriptions himiarites ont été découvertes.

Les Anglais ont pris possession de la petite île de *Périm* ou *Maïoun*, située au milieu du détroit de Bab-el-Mandeb, et qui est comme la clef de la mer Rouge. Ils ont également celle de *Camaran*, qui est aussi sur la côte de l'Yémen.

L'*Hadramaout*, qui s'étend le long de la mer d'Oman, se divise en deux territoires principaux : à l'O., l'*Hadramaout proprement dit*, et, à l'E., le pays de *Chedjer*, riche en encens. Il est subdivisé en un grand nombre de principautés indépendantes. L'Hadramaout est généralement aride. On y trouve, au N., le désert d'*Ahkaf*, où est compris l'affreux *Bahr-es-Saf*, dont les sables engloutissent quelquefois les voyageurs.

Plusieurs des îles *Kouria-Mouria*, sur la côte de l'Hadramaout, appartiennent aux Anglais.

L'*Oman* occupe, dans le S. E. de l'Arabie, un espace considérable et fertile, soumis à un prince puissant qui porte le titre de sultan de Mascate. La ville la plus importante est *Mascate*, siège d'un grand commerce, avec un beau port.

Le *Lahsa*, appelé aussi *El Haça* ou *Hadjar*, borde la côte occidentale du golfe Persique. Il a pour capitale *Fouf* ou *El Hofhouf*, et possède les ports assez florissants d'*El Katif* et d'*El Koueyt* ou *Grain*, dont les habitants subsistent surtout par la pêche des perles.

Le *Nedjed*, qui comprend le plateau intérieur, et qui s'étend au N. jusqu'à la Turquie d'Asie, correspond à la plus grande partie de l'*Arabie Déserte;* néanmoins il renferme plusieurs cantons fertiles, et il est renommé par ses beaux pâturages, qui nourrissent une excellente race de dromadaires et des chevaux superbes. On considère comme la capitale de ce pays la ville de *Derreyeh*, qui était le siége principal de la puissance des Ouahabys, secte de Mahométans qui s'est formée en corps de nation, et qui avait étendu ses conquêtes sur une grande partie de l'Arabie, lorsque les efforts du pacha d'Égypte (de 1812 à 1818) parvinrent à la contenir.

L'Arabie se compose de plusieurs états, dont les plus considérables sont ceux du chérif de La Mecque, de l'imam d'Yémen, du sultan de Mascate. Le premier reconnaît la suzeraineté de la Porte Othomane. Le sultan ou imam de Mascate est le prince le plus puissant d'Arabie : il étend sa domination sur plusieurs parties de la Perse, et sur une grande portion du Zanguebar, où l'île de Zanzibar est sa résidence ordinaire.

L'islamisme, qui a pris naissance en Arabie, y domine encore. La secte des *Ouahabys*, qui s'est élevée dans le siècle dernier et qui compte dans les parties centrales un grand nombre de prosélytes, professe une religion qui n'est que le mahométisme réformé.

Les Arabes se divisent en deux classes : les *Bédouins* ou *nomades*, et les *Arabes sédentaires*. Les premiers restent rarement plus de deux ou trois jours dans le même endroit; ils errent à travers les déserts avec leurs troupeaux, et ils se reposent sous des tentes faites généralement en poil de chèvre. Chaque père de famille plante sa lance à côté de son habitation, et laisse à l'extérieur son cheval, ses chameaux, ses moutons et ses chèvres. L'habillement des Bédouins consiste en une simple chemise de toile de coton, retenue par une ceinture en cuir, par-dessus laquelle les riches mettent une large robe de soie ou de cotonnade, ou un manteau de laine. Ils se coiffent d'une sorte de mouchoir qu'ils roulent en turban autour de leur tête, en laissant tomber un bout par derrière et deux autres sur les épaules, de manière à préserver leur visage de la pluie, du vent ou du soleil. Leurs cheveux, qu'ils ne rasent jamais, flottent par derrière. Les femmes ont une large robe de cotonnade de couleur foncée, et sur la tête un mouchoir rouge pour les jeunes, et noir pour les vieilles. Elles se couvrent le visage avec un voile, qui est noué de manière à cacher le menton et la bouche. Tout le monde va pieds nus, même sur le sable brûlant, et tous supportent admirablement la soif, la faim et la fatigue.

Les Bédouins se considèrent comme une nation libre, qui n'a d'autre maître que Dieu : leurs *cheykhs* ou chefs, qui les conduisent au combat et fixent l'endroit où l'on doit camper, sont loin d'avoir un pouvoir absolu sur la tribu, et ils sont souvent déposés.

Les Arabes sédentaires pauvres demeurent dans des huttes d'argile et de broussailles ; les riches, dans des maisons en pierre, surmontées de toits en terrasse.

Ce peuple a le corps souple et maigre, la peau desséchée par le soleil, le teint d'un brun très-foncé, les yeux et les cheveux très-noirs, la barbe forte. Il est fougueux et passionné, très-sobre, d'une politesse extrême, et fort hospitalier. On lui reproche son ardeur pour la vengeance, sa vanité, sa superstition, son penchant au vol et à l'art de tromper. Il a l'esprit pénétrant et aime beaucoup la poésie. La langue arabe est très-riche, et compte un grand nombre de productions littéraires.

Les Arabes se sont répandus bien au delà des frontières de l'Arabie : on retrouve cette nation dans la Turquie d'Asie, dans la Perse, dans tout le N. de l'Afrique ; elle a même pénétré jadis, sous le nom de *Sarrasins* (c'est-à-dire Orientaux), dans l'Europe méridionale, où elle a laissé des traces nombreuses de sa gracieuse architecture et de son langage. Alors très-civilisée, elle est maintenant ignorante et grossière.

Géographie historique.

L'Arabie a conservé le nom qu'elle avait dans l'antiquité. Autrefois, comme aujourd'hui, ses habitants n'étaient pas réunis en un seul corps de nation, mais divisés en plusieurs peuplades, parmi lesquelles on distinguait les *Madianites*, les *Ismaélites*, les *Amalécites*, les *Iduméens* ou *Edomites*, dans l'Arabie Pétrée ; — les *Nabathéens*, les *Sabéens*, qui adoraient les astres et chez lesquels régna, dit-on, la reine de Saba, dont il est question dans l'histoire de Salomon ; les *Homérites* (*Himiarites*), les *Adramites*, les *Omanites*, dans l'Arabie Heureuse ; — les *Saracènes* ou *Agarrasins*, dans l'Arabie Déserte.

Les villes principales étaient *Petra,* qui avait fait donner le surnom de Pétrée à la partie de l'Arabie où elle se trouvait ; *Iatrippa* (Médine), *Macoraba* (La Mecque), *Moskha* (Mascate).

C'est à partir du septième siècle que, sous l'étendard de Mahomet et des khalifes ses successeurs, les Arabes sont devenus puissants et célèbres ; on les vit étendre leur domination sur tout l'occident de l'Asie, le nord de l'Afrique et le midi de l'Europe. Ce vaste empire des Arabes se partagea en plusieurs états : le khalifat de Bagdad, le khalifat de Cordoue, le royaume d'Égypte, etc. L'Arabie fut ensuite, en grande partie, subjuguée par les Turcs ; mais la puissance de ceux-ci y est aujourd'hui très-restreinte.

CONTRÉES DE L'AFRIQUE.

I. ÉGYPTE.

DESCRIPTION PHYSIQUE. — DESCRIPTION POLITIQUE. — COMMUNICATIONS. — GÉOGRAPHIE HISTORIQUE.

Description physique.

L'Égypte, dont nous avons conservé le nom ancien, est appelée *Mesr*, *Masr*, *Misr*, *Khémia* et quelquefois *Kébit* par les Orientaux. Elle est située à l'extrémité N. E. de l'Afrique, et bornée au N. par la Méditerranée ; à l'E., par la mer Rouge et par l'Arabie, à laquelle l'unit l'isthme de Suez ; à l'O., par la Barbarie et le Sahara ; au S., par la Nubie. Elle s'avance dans cette dernière direction jusqu'au tropique du Cancer.

Elle a 930 kilomètres de longueur, du N. au S., 530 kilomètres de largeur, de l'E. à l'O., et sa superficie est de 557 000 kilomètres carrés ; c'est à peu près l'étendue de la France. Mais il n'y a que 21 000 kilomètres carrés, si l'on ne compte que les parties habitables, dans la vallée et le delta du Nil. Il s'y trouve à peine 2 millions d'habitants.

La côte septentrionale, basse, sablonneuse et bordée de lagunes, n'offre qu'un cap remarquable, celui de *Bourlos*, et qu'un enfoncement considérable, le golfe des *Arabes*.

La mer Rouge, dont l'extrémité N. O. prend le nom de golfe de *Suez* ou *Bahr-es-Soueys* (anciennement golfe d'*Héroopolis*), présente une côte escarpée, découpée par beaucoup de petites baies et hérissée de hauts promontoires ; on distingue surtout le promontoire d'*Ezzeït*, à l'entrée du golfe de Suez, et le cap *Nosi* ou *Ras-el-Enf*, au sud duquel s'ouvre le golfe *Immonde*, entre l'Égypte et la Nubie.

Suivant les mesures prises par les ingénieurs et l'expédition française de 1798, on a cru le niveau de la mer Rouge de plusieurs mètres au-dessus de celui de la Méditerranée ; mais des mesures récentes font voir qu'il y a bien peu de différence entre les deux niveaux ; celui de la mer Rouge est seulement de 68 centimètres au-dessus de l'autre mer, terme moyen.

Le *Nil*, le seul fleuve de l'Égypte, est le trait géographique le plus remarquable de cette contrée. Il y entre en formant l'île de *Philæ* ou *Birdeh*, célèbre par ses temples antiques, et il se précipite en cet endroit d'une hauteur de deux mètres : c'est là ce qu'on nomme la première cataracte, et c'est la plus fameuse chute de ce fleuve, quoique ce ne soit réellement qu'un *rapide*. Un peu plus bas, le Nil forme l'île d'*Éléphantine* ou *El Chag*. Il traverse toute l'Égypte du S. au N., et se jette dans la Méditerranée par neuf bouches, dont sept principales et deux particulièrement très-importantes, celles de *Damiette*, à l'E., et de *Rosette*, à l'O.

La vallée du Nil est encaissée entre deux chaînes de montagnes assez élevées : celle des monts *Arabiques*, à l'E., et celle des monts *Libyques*, à l'O. Les pluies qui tombent dans l'Abyssinie et la Nigritie font gonfler le fleuve vers le solstice de juin, et il inonde bientôt toute cette vallée et tout son delta ; la crue augmente jusqu'à l'équinoxe de septembre, puis les eaux décroissent peu à peu et laissent sur le sol un limon gras qui le féconde. Le *mékias* ou *nilomètre*, qui donne la mesure de leur élévation, est dans l'île de *Rhodah*, en face du Caire : 22 degrés ou coudées (environ 10 mètres) sont le type d'une bonne inondation : lorsque les eaux n'arrivent pas à ce terme, une partie du pays reste stérile, et, si elles le dépassent, elles dévastent les campagnes. Le sol s'exhausse insensiblement par les dépôts du Nil : le Delta tout entier a été formé ainsi, et il remplace sans doute un ancien golfe de la Méditerranée. Les canaux d'irrigation, dérivés de différents points du fleuve, rendent susceptibles de culture, dans la vallée et dans le Delta, des terrains que le débordement n'atteint pas. Le plus important est celui de *Joseph*, qui longe sur un grand espace la rive gauche et peut être considéré comme un second Nil.

Les anciens Égyptiens, pleins d'admiration pour les inondations bienfaisantes du Nil, les attribuaient à des causes surnaturelles et les célébraient par des fêtes solennelles.

Plusieurs lacs marécageux, espèces de lagunes, se trouvent dans le Delta, et ne sont séparés de la mer que par d'étroites langues de terre : les principaux sont celui de *Ma-*

riout (anciennement *Maréotis*), aujourd'hui presque desséché, et ceux d'*Edkou*, de *Bourlos* et de *Menzaleh*.

Un peu à l'O. du Nil, dans l'agréable vallée du Fayoum, on voit l'emplacement du fameux lac *Mœris*, creusé par le roi du même nom, pour recevoir les eaux surabondantes du fleuve et pour en fournir au pays voisin dans les années de trop faibles débordements. Dans la même vallée, plus à l'O., est un lac nommé *Birket-el-Kéroun*, qui a peut-être été produit par un épanchement du lac Mœris.

Les deux rangées de montagnes qui accompagnent la vallée du Nil sont absolument nues; celle de l'E. présente plus d'escarpements que l'autre : on y voit de toutes parts une multitude de grottes et de carrières. Dans leur partie méridionale, ces montagnes sont renommées par la beauté de leurs roches, et par la grandeur des blocs dont on a formé ces temples, ces colonnes, ces obélisques, ces statues colossales, qui font de l'Égypte un pays si intéressant à visiter.

L'Égypte est privée des pluies abondantes et périodiques qui fécondent ordinairement les pays chauds, car il n'y pleut que quelques jours dans l'année, et c'est le nord seulement où la pluie se montre; presque partout où les eaux du Nil ne peuvent arriver, il n'y a que des déserts arides, qui sont composés, à l'O., de vastes plaines de sable, et hérissés, à l'E., de montagnes rocailleuses. Quatre oasis interrompent un peu l'affreuse stérilité des déserts de la partie occidentale : ce sont, en allant du N. au S., la *Petite Oasis*, celle de *Farafré*, l'oasis *Dakhel* ou *Intérieure* et la *Grande Oasis*. Loin à l'O., vers la frontière de la Barbarie, se trouve l'oasis de *Syouah*, qui correspond à l'oasis d'*Ammon*, fameuse dans l'antiquité par un temple de Jupiter.

La vallée du Nil et le Delta offrent, suivant les époques de l'année, trois aspects différents : en été et en automne, ils sont couverts d'une immense nappe d'eau rouge ou jaunâtre, du sein de laquelle on voit sortir pittoresquement des palmiers, des villages et des digues étroites qui servent de communication. Après la retraite des eaux, on n'aperçoit plus qu'un sol noir et fangeux; mais bientôt, pendant l'hiver, qui est la plus belle saison dans ce pays, la terre se couvre de verdure et de fleurs, et d'un bout à l'autre la partie fertile de l'Égypte offre alors l'image d'une magnifique prairie. Le printemps dessèche le sol, et les récoltes enlevées ne laissent voir qu'une terre grise et poudreuse, profondément crevassée. Il règne dans cette saison un vent du S., très-violent et très-chaud, appelé *khamsyn*, c'est-à-dire *vent de cinquante jours*; il apporte avec lui de nombreuses maladies. Ensuite, pendant une partie de l'été, soufflent les vents du N. ou *étésiens*, qui sont tempérés et salubres.

La *peste* proprement dite a pris naissance en Égypte, et elle y fait encore souvent des ravages.

L'Égypte n'a presque pas de métaux exploités; mais dans le S. elle est renommée pour ses magnifiques carrières de granite, de syénite, de porphyre; elle a aussi beaucoup de bel albâtre calcaire et des émeraudes.

Les principaux objets de culture en Égypte sont le blé, le dourah, autre céréale, qui fournit la nourriture ordinaire des paysans; le maïs, le riz, l'orge, les lentilles, les pois, les lupins, les fèves, l'oignon, qui est assez doux dans ce pays pour être mangé cru; le sésame, le carthame ou safranum, dont la fleur est employée pour la teinture, et dont la graine donne de l'huile; le lin, le chanvre, le cotonnier, la canne à sucre, le tabac.

Le dattier est l'arbre le plus universellement répandu en Égypte : non-seulement ses fruits offrent une nourriture excellente, mais son tronc fournit des bois de construction, et ses feuilles servent à faire des paniers, des nattes, des cordes. Il y a aussi de la vigne, des grenadiers, des orangers, des citronniers.

Ajoutons le lotus ou lotos, belle plante aquatique, fort révérée dans l'antiquité; le papyrus, dont les anciens fabriquaient leur papier; le séné, plante médicinale; l'acacia-gommier; la sensitive, ou acacia pudique, végétal singulier, dont, au moindre attouchement, on voit les feuilles se rapprocher et les rameaux fléchir.

Les travaux de l'agriculture sont exécutés par des bœufs, des buffles et des ânes; ces derniers servent généralement de montures. Les chameaux sont aussi l'une des principales richesses de l'Égypte. L'ichneumon, ou rat de Pharaon, est un petit carnassier qui détruit les œufs de crocodile et les serpents, et qui est célèbre par le culte religieux qu'on lui a rendu dans l'ancienne Égypte.

Parmi les oiseaux, on distingue l'ibis, révéré des anciens Égyptiens, parce que, sans doute, l'apparition de cet oiseau voyageur annonçait le débordement du Nil. Les crocodiles et les hippopotames abondent surtout dans la Haute-Égypte.

Description politique.

L'Égypte est divisée en trois parties : au N., la *Basse-Égypte*, comprenant le *Delta;* — au milieu, la *Moyenne-Égypte;* — au S., la *Haute-Égypte*. (Les noms arabes de ces divisions sont *Bahari*, pour la première, *Ouestanieh*, pour la seconde, et *Saïd*, pour la troisième.) Elle est administrativement partagée en sept *moudirliks* ou intendances, qui se subdivisent en soixante-quatre *maïmourliks* ou départements.

Décrivons les lieux principaux de chacune de ces régions.

BASSE-ÉGYPTE. — La plus grande ville de la Basse-Égypte est *Le Caire*, en arabe *El Kahirah* ou *Masr*, capitale de l'Égypte. Elle est près de la rive droite du Nil, un peu au S. de la pointe du Delta, au pied du mont Mokattam, qui est un des principaux sommets de la chaîne Arabique. Les rues en sont étroites et sombres, et même il y en a beaucoup qui sont couvertes par le haut, de manière que le soleil n'y pénètre pas. Les maisons sont mal construites, en mauvaises briques ou en terre. On distingue quelques places publiques spacieuses et plusieurs belles mosquées. Il faut aussi remarquer le palais où réside le vice-roi. Le Caire a environ 300 000 habitants.

Près et au S. de cette capitale, est le *Vieux-Caire*, qui occupe l'emplacement de l'ancienne *Babylone*. Au N. O., se trouve *Boulak*, située sur le Nil, et servant de port au Caire.

En s'avançant un peu au N., toujours à la droite du Nil, on trouve l'emplacement d'*Héliopolis*, où Kléber remporta une victoire éclatante sur les Turcs, en 1800.

Dans l'intérieur du Delta, est *Mehallet-el-Kebir*, peuplée de 20 000 âmes.

Sur la rive droite de la principale branche orientale du Nil, on remarque *Mansourah* ou *La Massoure*, sous les murs de laquelle se livra, en 1250, la fameuse bataille où saint Louis fut fait prisonnier par les Sarrasins ; et *Damiette* (anciennement *Tamiathis*), non loin de l'embouchure de cette branche, avec un bon port et 30 000 habitants.

En s'avançant davantage à l'E., on rencontre *San*, l'ancienne *Tanis*, assez longtemps capitale du royaume du même nom, qui paraît avoir compris une grande partie du territoire de *Gessen*, où s'étaient fixés les Hébreux ; — *Suez* ou *Soueys* (l'ancienne *Arsinoé* ou *Cléopatris*), vers le fond du golfe du même nom, dans un canton aride.

A la gauche de la principale branche occidentale du Nil, on trouve *Rosette* ou *Rachid* (l'ancienne *Bolbitine*), située vers l'embouchure de cette branche, et peuplée de 20 000 habitants ; — la bourgade d'*Aboukir* (l'ancienne *Canope*), placée près de la bouche Canopique, et célèbre par le combat de 1798, dans lequel l'amiral Nelson détruisit une flotte française, et par la victoire que les Français y remportèrent sur les Turcs en 1799 ; — *Alexandrie*, en arabe *Iskendéryyeh*, une des villes les plus commerçantes de l'Afrique, sur une langue de terre resserrée entre la Méditerranée et le lac Mariout : c'est le principal port de l'Égypte. Il y a 400 000 habitants, parmi lesquels on compte beaucoup d'Européens. Cette ville, nommée d'abord *Rhacotis*, fut agrandie et presque fondée de nouveau par Alexandre, dont elle prit le nom ; les rois Ptolémées y firent leur résidence. De magnifiques monuments la décorèrent, et ce fut longtemps le siége principal de la culture des arts et des sciences en Orient. Près d'Alexandrie, s'avance dans la mer la presqu'île (autrefois l'île) de *Pharos*, sur laquelle les deux premiers Ptolémées firent élever une tour surmontée d'un fanal : on a depuis donné le nom de *phares* à tous les établissements de ce genre.

MOYENNE-ÉGYPTE. — La première ville qu'on rencontre dans la Moyenne-Égypte, vers le N., est *Gizeh*, située vers la rive gauche du Nil, presque en face du Caire, un peu au N. de l'emplacement de *Memphis* et vers les fameuses *Pyramides*, qui ont résisté aux ravages de tant de siècles. Ces monuments gigantesques, au nombre de vingt et un, sont dans une plaine sablonneuse, à quelque distance du fleuve ; on croit généralement qu'ils étaient destinés à la sépulture des rois. Les trois pyramides les plus septentrionales et les plus voisines de Gizeh sont les plus grandes : la principale, dont on attribue la fondation à Khéops, a encore une base de 227 mètres de côté et une hauteur de près de 162 mètres, quoique les musulmans en aient enlevé le revêtement. Ces lieux ont été, en 1798, le théâtre d'une brillante victoire de Bonaparte sur les Mamelouks.

Au pied des grandes pyramides, est le célèbre *Sphinx*, immense statue, représentant une tête humaine avec un corps d'animal, et longue de 30 mètres.

Dans le Fayoum, qu'on a surnommé le *Jardin de l'Égypte*, est la florissante ville de *Médinet-el-Fayoum*.

Dans la partie méridionale de la Moyenne-Égypte, on trouve, à la gauche du Nil, *Minieh*, jolie ville; — *Achmouneïn*, sur l'emplacement de la *Grande-Hermopolis*, qui a laissé de belles ruines; — *Manfalout*, en face de laquelle est la vaste grotte de *Samoun*, où sont déposées d'innombrables momies.

HAUTE-ÉGYPTE. — En remontant à gauche du fleuve, on rencontre *Siout* (l'ancienne *Lycopolis*), d'où partent les caravanes égyptiennes qui se rendent dans l'intérieur de l'Afrique; — *Girgch*; — *Denderah* (anciennement *Tentyra*), remarquable par ses magnifiques ruines, parmi lesquelles on admire surtout le grand temple, et dont faisait partie un célèbre zodiaque apporté en France en 1822.

On trouve ensuite les majestueuses ruines de *Thèbes aux cent portes*, appelée aussi la *Grande-Diospolis*; elles sont répandues sur les deux rives du Nil, et occupent un fort grand espace, au milieu duquel s'élèvent quelques villages, tels que ceux de *Karnak* et de *Luxor* ou plutôt *Louqsor*, placés sur la rive droite. Entre ces deux endroits, s'étend une double rangée de sphinx à tête de bélier et de grandeur colossale. A Luxor, on voit les reste d'un palais immense bâti par Aménophis Memnon et par Sésostris; c'est de là qu'on a apporté en France, en 1831, l'obélisque qui décore aujourd'hui la place de la Concorde, à Paris. On visite, à Karnak, le magnifique et gigantesque palais des Pharaons. Sur la rive gauche, vers le village de *Médinet-Abou*, sont les galeries souterraines qui servaient de tombeaux aux rois; les tombeaux des grands et les cimetières du peuple y occupent aussi une immense étendue; là se trouve également le vaste palais appelé *Memnonium*: il renferme les restes de plusieurs colosses, dont l'un, célèbre sous le nom de Memnon, passait pour faire entendre des sons harmonieux dès qu'il recevait les premiers rayons de l'aurore.

Plus au sud, est la ville importante d'*Esné* (l'ancienne *Latopolis*), sur la rive gauche du Nil.

Enfin, dans la partie la plus méridionale de la Haute-

Égypte, on distingue *Açouan* (l'ancienne *Syène*), sur la rive droite du Nil, en face de l'île d'Éléphantine.

Sur la mer Rouge, on voit le port assez fréquenté de *Cosséir*.

C'est dans la partie occidentale de la Haute-Égypte que se trouve la *Grande Oasis* ou l'*Oasis de Thèbes*, appelée en arabe *El Ouah* (l'Oasis par excellence). Sa verdure, ses sources et ses petits ruisseaux contrastent agréablement avec les déserts nus qui l'environnent. *Khargeh* en est le lieu principal.

L'Égypte est soumise à un vice-roi, vassal de la Porte Othomane, mais d'ailleurs à peu près indépendant.

Depuis un demi-siècle, par l'impulsion surtout du pacha Mohammed-Ali, l'Égypte a repris une apparence de splendeur; les sciences et les arts de l'Europe y ont été introduits.

Plusieurs peuples habitent cette contrée : les *Coptes* sont regardés comme les descendants des anciens Égyptiens; ils se divisent en *Égyptiens musulmans* et *Égyptiens chrétiens*; ce sont ces derniers qu'on désigne plus particulièrement sous le nom de *Coptes* : ils professent le chistianisme de la secte d'Eutychès ou des Jacobites; ils ont un patriarche à Alexandrie. — Avec les Coptes, les habitants les plus nombreux sont les *Fellah*, qui sont surtout attachés aux travaux des champs et paraissent descendre d'un mélange d'Arabes et d'anciens Égyptiens. Ils parlent la langue arabe. — Les *Bédouins* sont, en Égypte, les *Arabes* proprement dits; leurs tribus nomades errent dans les déserts. — Il y a un assez grand nombre de *Turcs;* c'est à eux que sont réservés les principaux emplois civils, les premiers grades de l'armée. — Dans la partie orientale, vivent les tribus nomades des *Ababdeh*. — Les autres habitants sont des *Grecs*, des *Arméniens*, des *Juifs*, des *Francs*, c'est-à-dire des *Européens*. —

Il y avait autrefois un corps très-puissant en Égypte : c'était celui des *Mamelouks*, qui ne furent d'abord que des esclaves géorgiens et circassiens, mais qui formèrent peu à peu toute la force militaire de l'Égypte et finirent par exercer sur les anciens habitants un pouvoir tyrannique. Les Français, dans l'expédition de 1798, mirent fin à ce pouvoir, et le corps fut tout à fait détruit par Mohammed-Ali en 1811.

Communications.

L'Égypte est dans une situation physique très-remarquable, qui la rend propre à être le lien du commerce entre l'Afrique et l'Asie, entre l'Europe et l'Inde : on a cherché plusieurs fois à unir la Méditerranée à la mer Rouge par des voies de communication : les anciens rois Nékhao et Ptolémée-Philadelphe avaient fait creuser, du Nil au golfe de Suez, un canal qui a été comblé par les sables ; aujourd'hui on s'occupe beaucoup de la construction d'un canal qui joindrait directement la Méditerranée à la mer Rouge, en coupant l'isthme entre l'emplacement de Péluse et Suez, et en passant par les lacs *Amers* et le lac *Timsah;* un embranchement le ferait correspondre avec le Nil.

Le canal *Mahmoudieh* a été creusé de la branche occidentale du Nil à Alexandrie ; enfin un chemin de fer unit cette ville au Caire, et Le Caire à Suez.

Géographie historique.

L'Égypte est nommée dans l'Écriture *Mazor* ou *Mizraïm,* quelquefois terre de *Kham.*

Les Égyptiens appelaient leur fleuve *Nil* ou *Siris;* les Grecs le nommaient *Neilos, Aigyptos, Triton* et *Mélas;* les Romains, *Nilus,* et les Hébreux, *Sihor* ou *Nahal-Mizraïm.* Ses sept bouches principales s'appelaient, dans l'antiquité, *Canopique* ou *Héracléotique, Bolbitique, Sébennytique, Bucolique* ou *Phatnitique, Mendésienne, Saïtique* ou *Tanitique,* et *Pélusiaque.* Ces bouches, indiquées ici dans l'ordre où elles se rencontrent de l'O. à l'E., n'ont pas toutes aujourd'hui le même aspect qu'autrefois : quelques-unes sont plus importantes qu'elles ne l'étaient, d'autres le sont moins.

On remarquait, dans la Basse-Égypte, le long de la côte de la Méditerranée : *Péluse,* place forte, à l'embouchure de la branche Pélusiaque, la plus orientale des branches du Nil; patrie du géographe Ptolémée ; — *Tamiathis* (Damiette), à l'embouchure de la branche Phatnitique ; — *Bolbitine* (Rosette), à l'embouchure de la branche Bolbitique ; — *Canope* (Aboukir), vers la bouche Canopique ; — *Alexandrie,* qui a conservé son nom.

En s'éloignant de la Méditerranée, on trouvait : *Héroopo-*

lis ou *Pithom*, sur le canal de Ptolémée, qui se rendait au golfe d'Héroopolis ; — *Tanis*, sur la branche Tanitique ; — — *Bubaste*, sur la branche Pélusiaque ; — *Héliopolis* ou *On*, et *Babylone* (dont les ruines sont à côté du Caire), dans la partie méridionale de la Basse-Égypte, à la droite du Nil.

La Moyenne-Égypte, qu'on a aussi nommée *Heptanomide*, parce qu'elle était partagée en sept *nomes* ou gouvernements, renfermait, sur la droite du Nil, *Antinoé* ou *Besa*, dont on admire aujourd'hui les ruines ; — et sur la rive gauche, ou près de cette rive, *Memphis*, l'une des villes les plus anciennes de l'Égypte ; — *Arsinoé* ou *Crocodilopolis*, au S. E. du lac Mœris ; — la *Grande Hermopolis*, qui a laissé de belles ruines.

On remarquait, dans la Moyenne-Égypte, près du lac Mœris, le magnifique Labyrinthe, composé, suivant Hérodote, de trois mille chambres.

La Haute-Égypte ou Thébaïde renfermait :

Thèbes aux Cent Portes, la *Grande-Diospolis* ou *No-Ammon*, sur les deux rives du Nil, fondée, dit-on, par Osiris, et qui fut le siège d'une des plus anciennes monarchies de l'Égypte.

Sur la droite du Nil, on rencontrait : *Khemnis*, *Khemmis* ou *Panopolis* (Akhmyn), d'où sortit, dit-on, Danaüs, qui conduisit une colonie en Grèce ; — *Abydos*, avec un magnifique temple d'Osiris ; — *Coptos* (Keft) ; — *Syène* (Açouan), près de la cataracte du Nil, et vers l'île d'Éléphantine, où étaient de beaux monuments : cette ville a fait donner le nom de syénite à une sorte de granite qui abonde aux environs. Juvénal y fut relégué. Quelques anciens ont dit qu'au temps du solstice d'été, le disque du soleil y était répété tout entier par les eaux d'un puits assez profond ; ce qui prouve que le tropique du Cancer y passait ; aujourd'hui ce tropique est plus méridional que Syène.

Sur la rive gauche du Nil, on trouvait *Lycopolis* (Syout) ; — *Tentyra* (Denderah) ; — la *Grande-Apollinopolis* (Edfoû).

La côte de la Haute-Égypte était, en grande partie, habitée par les Ichthyophages. On y remarquait deux ports : *Myos-Hormos*, dont quelques géographes croient retrouver l'emplacement dans Cosséir ; et *Bérénice*, sur le golfe Immonde.

L'Égypte a éprouvé de nombreux changements politiques : elle paraît avoir eu d'abord plusieurs rois en même temps ;

puis elle forma un seul royaume, qui fut détruit par les Perses; comprise dans l'empire d'Alexandre, elle redevint bientôt après une monarchie particulière, sous les Ptolémées; elle se divisait administrativement en cinquante-trois *nomes*. Elle obéit ensuite aux Romains, puis aux empereurs de Constantinople, et elle forma, dans l'empire d'Orient, un diocèse divisé en six provinces : la *Libye Supérieure* (chef-lieu, Cyrène); la *Libye Inférieure* (chef-lieu, Parætonium); l'*Égypte proprement dite* (chef-lieu, Alexandrie); l'*Augustanique* (chef-lieu, Péluse); l'*Arcadie* (chef-lieu, Memphis); la *Thébaïde* (chef-lieu, Thèbes). De l'empire d'Orient, elle passa pendant quelque temps aux Perses; mais bientôt les Arabes l'envahirent. Elle devint, au dixième siècle, un état indépendant sous la dynastie des Fatimites. Saladin fut, au douzième siècle, le chef d'une dynastie nouvelle, celle des Ayoubites, qui fut remplacée, au treizième, par les Mamelouks. La monarchie que ceux-ci avaient fondée fut abolie, dans le seizième siècle, par Sélim II, empereur turc, qui leur laissa néanmoins le pouvoir sous une forme aristocratique. Les Français, conduits par Bonaparte, firent en 1798 une brillante expédition, anéantirent l'armée des Mamelouks, et subjuguèrent l'Égypte, mais la quittèrent trois ans après. Cette contrée rentra dès lors sous la domination de la Porte, qui la fit administrer par un pacha. Le plus célèbre des pachas qui l'ont gouvernée est Mohammed-Ali (Méhémet-Ali), qui, mis à la tête de ce pays en 1806, a joué le rôle de souverain indépendant : il a joint à son gouvernement, par conquête, ou par concession de la Turquie, la plus grande partie de la Nubie et le Soudan oriental, une partie de l'Arabie, la Syrie, le territoire d'Adana, Chypre, Candie; mais il s'est vu, en 1840 et 1841, réduit à ses états d'Afrique.

II. NUBIE ET ABYSSINIE.

Nubie.

La Nubie, qui s'étend au S. de l'Égypte, l'espace de plus de 1300 kilomètres, est, comme celle-ci, baignée à l'E. par la mer Rouge, et traversée du S. au N. par le Nil. Elle est bornée à l'O. par le Sahara, au S. O. par la Nigritie, au S. E. par l'Abyssinie.

Le Nil est formé, dans la partie méridionale de la Nubie, par la réunion du *Nil Blanc* ou *Bahr-el-Abiad* et du *Nil Bleu* ou *Bahr-el-Azrak*. Le premier vient du S. O. Il paraît plus grand que l'autre, et on le considère comme le vrai *Nil*; le Bahr-el-Azrak est l'*Astapus* de l'antiquité.

Le Nil reçoit à droite, vers le milieu de la Nubie, le *Tacazzé* ou *Atbara*, appelé autrefois *Astaboras*. — A l'E. de cette rivière, coule le *Gach* ou *Mareb*, dont le cours est arrêté par un barrage élevé pour arroser les terres.

C'est entre le Tacazzé, le Nil Bleu et le Nil proprement dit qu'est formée la célèbre presqu'île désignée par les anciens sous le nom d'*île de Méroé*.

Le Nil ne coule pas en Nubie aussi directement au N. qu'en Égypte : il y fait une grande déviation vers le S. O.; au-dessous de cette déviation, le pays s'appelle *Nubie Inférieure*; le reste est la *Nubie Supérieure*. Une grande partie de cette dernière, vers l'O., est souvent désignée par le nom de *Soudan oriental*, en y comprenant le *Kordofan*.

Dans le milieu et le nord de la Nubie, la seule partie fertile est la vallée du Nil, qui tantôt se trouve resserrée entre des collines ou des montagnes, et tantôt se déploie en belles plaines. Mais, si l'on s'éloigne du fleuve, à l'E. et à l'O., tout est stérile et désert. Au N. E. de la déviation, s'étend le *Grand Désert de Nubie* ou désert de *Korosko*, parsemé de rochers et de collines nues. Plus à l'E., on voit s'étendre parallèlement à la côte de la mer Rouge une longue chaîne de montagnes; entre ces montagnes et la mer, la chaleur et la rareté d'eau rendent le pays presque inhabitable. A l'O. du Nil, on remarque le désert de *Bahiouda*.

Les parties méridionales de la Nubie, arrosées par de nombreux affluents du Bahr-el-Azrak, sont assez généralement fertiles; il y a d'épaisses forêts et de vastes prairies.

La Nubie est comprise dans la zone torride, et la chaleur y est excessive. Au-dessous du confluent du Tacazzé, il ne pleut presque jamais, et la vallée du Nil n'est fertilisée que par les débordements périodiques du fleuve; cependant les rives sont, en beaucoup d'endroits, trop hautes pour que les débordements les atteignent, surtout à gauche, et l'on s'y sert de roues à godets pour élever les eaux au niveau des terres qu'on veut arroser. La Nubie supérieure est inondée par des pluies périodiques, qui commencent vers le milieu de juin et ne finissent qu'en septembre. Le *khamsyn* exerce ses ravages au printemps.

Les principales productions végétales de ce pays sont le dourah, dont le grain est un bon aliment et sert à faire des boissons analogues à la bière et au cidre; le maïs, l'orge, les lentilles, les haricots, le millet, le riz, le tabac, le coton, d'excellentes dattes, le palma-christi, l'acacia-gommier et d'autres mimoses, le séné, les tamariniers, qui portent les fruits nommés tamarins; le symka, qui produit une gousse semblable à celle des pois.

Le cheval, le bœuf, le chameau et l'âne sont les plus importants animaux domestiques. Les forêts des parties méridionales nourrissent des éléphants, des rhinocéros, des girafes, des singes. Il y a presque partout des panthères, des hyènes et des gazelles. Les hippopotames et les crocodiles abondent dans le Nil. Les fourmis blanches ou termites sont un des insectes les plus destructeurs.

Le sel gemme abonde dans les déserts.

La Nubie est partagée en un grand nombre de petits peuples, qui reconnaissent presque tous l'autorité du vice-roi d'Égypte, depuis une célèbre expédition que les Égyptiens ont faite dans ce pays en 1820. On remarque, en remontant le Nil, dans la Nubie Inférieure: le pays des *Kénous* ou *Barabras*; — le *Sokkot*, contrée fertile et pittoresque; — le *Dongolah*, qui fut dans le moyen-âge un des plus puissants royaumes de la Nubie; — le pays de *Chagheïa* ou plutôt des *Chagheïa*, où règne plus d'industrie et d'instruction et une meilleure culture que dans le reste de la contrée; — le pays de *Monasir*.

Dans la Nubie Supérieure, on rencontre: le pays de *Robatât*; — le pays de *Barbar* ou *Berber*; — le *Chendi*; — le *Halfáy*; — le *Sennár*, qui a formé longtemps un royaume considérable; — le *Fazocle*; — enfin le pays montueux de *Bertha*.

On trouve à l'E., vers la mer Rouge, les *Bicharich*, qui vivent dans les cavernes des rochers, comme les anciens *Troglodytes*, dont ils paraissent descendre. Ils parlent la langue *bedjah*. On appelle *Etbaye* la région qui longe la mer Rouge, aussi bien en Nubie que dans une partie de l'Égypte.

Le *Taka* est un pays assez important qu'on trouve dans la Nubie Supérieure, entré le Nil et la mer Rouge. Près de là habite le peuple des *Hadendoa*.

Les lieux remarquables de la Nubie sont: *Ibrim* (l'ancienne *Premnis*), *Derri* et *Ebsamboul*, célèbres par les restes de leurs beaux temples, sur le Nil, dans le pays des Kénous; — *Vieux-Dongolah* et *Nouveau-Dongolah* ou *Marakah*, aussi sur le Nil, dans le pays de Dongolah; — *Khartoum*, ville nouvelle, et déjà peuplée de plus de 30 000 âmes, dans le Halfây, vers le confluent du Nil Blanc et du Nil Bleu; — *Sennâr*, capitale du pays du même nom, sur le Nil Bleu; — *Souaken* ou plutôt *Saouakin*, port de mer fréquenté par les caravanes qui se rendent de l'intérieur de l'Afrique à La Mecque; cette ville, aujourd'hui misérable, était dans le moyen âge une des plus riches de l'Orient. Elle appartient directement à la Porte.

On considère comme des *annexes de la Nubie* le *Kordofan*, pays du Soudan, et une partie considérable du bassin du Nil Blanc, qui sont des dépendances du vice-roi d'Égypte.

La plupart des habitants de la Nubie sont ou d'origine arabe ou d'une origine analogue à celle des anciens habitants de l'Égypte : ce sont les *Nubiens* proprement dits. Cependant il s'y trouve aussi, surtout dans la partie méridionale, d'autres peuples, les uns nègres, les autres noirs, il est vrai, mais n'ayant ni le nez épaté, ni les joues proéminentes des nègres : on désigne sous le nom de *Nouba* un des principaux de ces derniers peuples; parmi les populations nègres, on distingue les *Denka* et les *Chelouk*, sur le Nil Blanc.

Les Nubiens graissent leurs cheveux et souvent tout leur corps avec du beurre, de la graisse de chameau ou de l'huile de palma-christi. Ceux du S. vont presque nus. Les femmes se parent les oreilles d'épais anneaux d'argent; les riches ont quelquefois au nez des anneaux d'or, s'ornent les bras et les pieds de bracelets d'argent, et ont aux cheveux des grelots d'argent garnis de corail qui leur pendent sur les épaules et sur la poitrine. Elles se teignent en rouge la paume des mains et les ongles, et se noircissent les paupières et les lèvres.

La nourriture principale consiste en dourah, en laitage, en dattes, en feuilles de haricots, qu'on préfère au fruit.

Les habitants de la Nubie professent généralement l'islamisme; cependant il y a des païens dans le midi : tous les nègres le sont.

La Nubie correspond à la partie septentrionale de l'ancienne *Éthiopie au-dessus de l'Égypte*, dont les habitants étaient renommés pour leur justice et leur courage; bien différents en cela des habitants actuels, qui ne se font remarquer que par la lâcheté et l'amour du pillage. Les principaux peuples étaient les *Nobates*, les *Blemmyes*, les *Memnons*, les *Nubes*. La civilisation paraît avoir été jadis fort avancée dans cette contrée, aujourd'hui plongée dans un état presque barbare. Plusieurs ruines magnifiques attestent l'ancienne culture des arts dans l'Éthiopie. On admire surtout le temple d'*Ebsamboul* (ou *Abou-Simbel*), dans le pays des Kénous, sur la rive gauche du Nil, et de grandes ruines, avec des pyramides, vers le mont Barkal, dans le Chagheïa. On trouvait au N. la ville de *Premnis* ou *Primis;* au milieu, celle de *Napata*, capitale des états de la reine Candace, qui envoya des ambassadeurs à Auguste, et *Méroé*, longtemps capitale d'un puissant état du même nom.

Abyssinie.

L'Abyssinie, ou plus régulièrement *Habech*, répond à la partie S. E. de l'ancienne *Éthiopie au-dessus de l'Égypte*. Elle est située au S. E. de la Nubie, et baignée au N. E. par la mer Rouge. Sa côte fait face à celle du pays d'Yémen, en Arabie, et s'étend jusqu'au détroit de Bab-el-Mandeb. On y remarque la baie de *Massouah*, celle d'*Adulis* et celle d'*Houakel*. A l'E. de la première, est l'île de *Dahlac*, la plus grande des îles de la mer Rouge et devenue récemment une possession anglaise. A l'entrée de la seconde, est l'île *Dissy*, qui appartient à la France.

L'Abyssinie est un pays très-élevé et très-montagneux, qu'on a surnommé la *Suisse de l'Afrique*, à cause de la variété pittoresque de ses aspects : de toutes parts se présentent des pics escarpés, des forêts touffues, de jolis lacs, des rivières rapides, qui forment d'innombrables cascades. Cependant, à l'E., s'étend un assez grand désert de sel.

L'arête principale qui sépare, en Afrique, le versant de l'océan Indien de celui de la Méditerranée et de l'Atlantique, traverse l'E. et le S. de l'Abyssinie. Elle porte, à l'E., en longeant la côte de la mer Rouge, le nom de monts de *Dankali*, et présente le haut sommet de *Taranta*. On remarque aussi les monts de *Sémen*, qui sont à l'O. des montagnes qu'on vient de nommer, et dont le plus haut sommet, le *Detjem*, a une altitude de 4620 mètres.

Le principal cours d'eau de l'Abyssinie est le *Bahr-el-Azrak* ou le *Nil Bleu*, qu'on appelle aussi *Abbaï*, c'est-à-dire *Père des eaux*. Il prend sa source au S. du grand lac *Dembéa*, *Tana* ou *Tzana*, dont il traverse bientôt la partie méridionale avec tant de rapidité qu'il ne mêle pas ses eaux à celles du lac. Il décrit ensuite un vaste circuit vers le S., et sort de l'Abyssinie au N. O., en formant une cataracte de 90 mètres.

Le *Tacazzé* et le *Mareb* arrosent le N. du pays, pour entrer ensuite en Nubie.

Sur le versant de l'océan Indien, on voit couler l'*Aouach*. Cependant ce fleuve n'arrive pas jusqu'à la mer ; il se perd dans le lac Aoussa, au pays des Adels.

Le lac *Dembéa*, un des plus grands de l'Afrique, a 320 kilomètres de circuit.

L'élévation du sol rend la température de cette contrée beaucoup moins chaude que celle de l'Égypte et de la Nubie, quoiqu'on y soit bien plus près de l'équateur. De longues et abondantes pluies tombent en été.

Les principales productions sont le blé, le tef, espèce de millet, le riz, la canne à sucre, le caféier, qui paraît avoir eu l'Abyssinie pour patrie primitive ; le séné, le coton, le bois d'ébène, le papyrus, le balsamier kataf, qui donne la substance résineuse et odoriférante appelée myrrhe ; le cousso, bel arbre qui offre aux Abyssins un utile médicament ; le sébestier ou vanzey, qui fait l'ornement de toutes les villes.

Les chevaux de l'Abyssinie sont remarquables par leur élégance et leur vitesse. On y trouve le caracal, ou lynx botté, le lion, le léopard, l'éléphant, le rhinocéros, le buffle sauvage, qui attaque les voyageurs ; l'hippopotame, des troupes innombrables de singes, des gazelles, des hyènes, qui exercent partout de grands ravages, et qu'une superstition étrange fait respecter : les Abyssins les prennent pour des hommes métamorphosés et soumis à un pouvoir magique. On rencontre presque partout des autruches et des perroquets. Parmi les poissons, on cite la torpille, célèbre par les commotions électriques dont elle frappe ses ennemis. Les sauterelles dévastent des provinces entières, et leur passage cause presque toujours la famine. Une espèce de taon nommé zemb est si insupportable, qu'il force des tribus entières à émigrer.

La poudre d'or et le sel sont les principales richesses minérales. Dans plusieurs cantons de l'Abyssinie, on n'emploie pour monnaie que des morceaux de sel gemme.

Une grande partie de l'Abyssinie est soumise à un empereur, dont la domination embrasse particulièrement les pays d'*Amhara*, de *Tigré* et de *Choa*.

L'*Amhara*, qui enveloppe le lac Dembéa, a pour capitale *Gondar*, regardée comme la métropole de l'Abyssinie, parce qu'elle est la résidence ordinaire de l'empereur ou *grand-négous*; cette ville, située sur une montagne, au N. du lac, est fort grande, mais peu peuplée. Vue de loin, elle ressemble plutôt à une forêt qu'à une ville, à cause de la quantité d'arbres dont sont environnées ses nombreuses églises. —Une des plus belles provinces de l'Amhara est le *Godjam*, qui enveloppe les sources du Nil Bleu.

Le *Tigré*, qui s'étend sur les rives du Mareb et du Tacazzé, a pour capitale actuelle *Adoueh*; mais la plus célèbre et la plus belle ville de ce pays est *Axoum*, ancienne capitale, appelée autrefois *Auxume*, avec des ruines intéressantes; on trouve, au S. E. de ces deux villes, celles de *Chélicout* et d'*Antalo*.

Au S. de l'Amhara et du Tigré se trouve le *Choa*, très-fertile et très-bien cultivé. Les plus grandes villes sont *Angolala* et *Ankober* ou *Angobar*; on remarque aussi *Tégoulat*, qui fut autrefois le siége de tout l'empire Abyssin.

On trouve, entre les monts de Dankali et la côte, le pays de *Dankali*, habité par un peuple nommé *Danakil*; le pays des *Choho*, et celui de *Samhara*, qui est en partie possédé par des tribus indépendantes, en partie soumis à la Porte, qui y possède la place commerçante de *Massouah*, sur l'île et sur la baie du même nom. Les autres villes remarquables sont *Arkiko* (près de l'ancienne *Adulis*) et *Dobarva*.

Il faut encore remarquer, au S., le royaume de *Kafa* ou *Kaffa*, qui a, dit-on, donné son nom au café, dont il serait, suivant quelques voyageurs, la patrie primitive; le pays d'*Inaria* ou *Énaréa*, un des plateaux les plus élevés de l'Afrique; le pays de *Djindjiro*, encore très-peu connu.

Les Galla, maîtres aujourd'hui d'une très-grande partie de l'Abyssinie, sont venus de l'intérieur de l'Afrique; ils se distinguent des nègres par leurs cheveux longs, leur teint rougeâtre et par des traits qui les rapprochent de la race blanche. Moins redoutables qu'autrefois par leur férocité, ils se livrent plus généralement à l'agriculture.

Les Abyssins proprement dits, qui se nomment eux-mêmes *Itiopavan* (Éthiopiens) ou *Agazian*[1], ont le teint à peu près noir; ils se rattachent cependant à la race blanche par les traits de leur visage. Quoique entourés de toutes parts de peuples mahométans ou païens, ils professent le christianisme, mais un christianisme mêlé de pratiques juives et de superstitions grossières. Les *Agaous*, qui habitent vers les sources du Bahr-el-Azrak et du Tacazzé, sont aussi un peuple chrétien.

Les Abyssins sont ignorants, mais assez doux et fort hospitaliers. Les langues principales qu'ils parlent sont le *ghiz* ou *ghez* et l'*amhary*.

Dans l'O. de l'Abyssinie, sont les *Changalla*, peuple païen plongé dans l'état le plus sauvage. Ces hommes appartiennent à la race nègre, et leurs diverses tribus se nourrissent, les unes, d'éléphants, d'hippopotames, d'autruches, les autres, de lions et de sangliers; il y en a une qui mange presque uniquement des sauterelles. Les Abyssins chassent les Changalla comme des bêtes fauves, et les réduisent en esclavage.

Il y a, dans l'O. du Tigré et dans l'E. de l'Amhara, vers les monts de Sémen, la colonie très-ancienne des *Falachá*, que l'on considère généralement comme des Juifs, quoique, dans leurs pratiques religieuses et leur physionomie, ils diffèrent, sous beaucoup de rapports, de la nation juive. Cette population vit très-retirée, tout à fait séparée des chrétiens, et elle est regardée par eux comme des sorciers et des enchanteurs. Les Falachâ sont bien plus laborieux que les Abyssins, et travaillent surtout le fer. Ils refusent l'entrée de leurs demeures à quiconque n'est pas de leur religion; quand ils ont communiqué avec des chrétiens ou des musulmans, ils changent de vêtements et se lavent le corps.

---

1. Le nom d'Abyssins, ou plutôt *Habechyn*, est arabe, et signifie *peuple mélangé*: les Abyssins le repoussent.

III. BARBARIE.

DESCRIPTION PHYSIQUE. — DESCRIPTION POLITIQUE. — GÉOGRAPHIE HISTORIQUE.

Description physique.

1. Limites, Étendue, Côtes.

La Barbarie, qu'on appelle aussi *États Barbaresques*, serait nommée plus exactement *Berbérie*, à cause des *Berbers*, qui en sont un des principaux peuples. Les Arabes l'appellent *Maghreb* (pays du Couchant).

Cette vaste contrée comprend presque toutes les côtes septentrionales de l'Afrique. Elle s'étend le long de la Méditerranée, en face de l'Espagne, de la France, de l'Italie et de la Grèce. L'océan Atlantique la borne à l'O.; les sables du Sahara la cernent au midi, et elle s'avance vers l'E. jusqu'à l'Égypte. Sa longueur, de l'E. à l'O., est d'environ 4000 kilomètres.

Quoique ce pays soit quatre fois plus grand que la France, il ne renferme cependant qu'environ 14 millions d'habitants.

La côte de la Méditerranée présente en Barbarie un grand enfoncement, dont la partie orientale prend le nom de golfe de la *Sidre* (anciennement *Grande Syrte*), et la partie occidentale, celui de golfe de *Cabès* (*Petite Syrte*). Les bancs de sable et les écueils sont fort nombreux dans ces deux golfes, et la navigation y est très-difficile. On remarque, dans le golfe de Cabès, les îles *Kerkénah* et l'île *Gerbah* ou *Zerbi*, qui est l'ancienne *Méninx* ou île des *Lotophages*, c'est-à-dire des *mangeurs de lotos*. Le cap *Razat*, à l'E., et le cap *Bon* ou *Addar*, à l'O., marquent l'entrée de ce grand enfoncement de mer dont nous venons de parler.

A l'O. du cap Bon, s'ouvre le golfe de *Tunis*, qui portait autrefois le nom de golfe de *Carthage*.

On trouve, un peu au N. O. de ce golfe, le cap *Blanc de Bizerte*, qui est le point le plus septentrional de l'Afrique. Les golfes de *Bône*, de *Stora* et de *Bougie*, la rade d'*Alger*, le golfe d'*Arzeu* et le golfe d'*Oran* sont les enfoncements les plus remarquables que l'on rencontre entre ce cap et le détroit de Gibraltar. Le *Boudjaroun* (ou les *Sept Caps*) et les caps *Matifou*, *Caxine* et *Tres Forcas* sont les principaux avancements que la côte offre dans cette étendue.

Deux promontoires célèbres s'avancent, du côté de l'Afrique, dans le détroit de Gibraltar : l'un, à l'E., est le promontoire de *Ceuta*, qui répond à l'ancien mont *Abyla*, une des colonnes d'Hercule, et qui se termine par la pointe d'*Afrique*, en face de Gibraltar; l'autre, à l'O., est le cap *Spartel*.

Sur la côte de l'océan Atlantique, on distingue le cap *Blanc* de *Mazagan* et les caps *Cantin* et *Gher*.

2. Montagnes, Cours d'eau.

La chaîne qui court sur la limite méridionale du versant de la Méditerranée, commence au détroit de Gibraltar, et va d'abord au S. sous le mont de *montagnes de Fez*; elle tourne ensuite à l'E., et joint le mont *Atlas*. On appelle généralement *Atlas* toute la vaste masse de montagnes qui se prolonge depuis le cap Gher jusque dans le voisinage du golfe de Cabès et jusqu'au cap Bon; mais plusieurs noms particuliers s'appliquent aux diverses parties de cette chaîne, qui se partage en un grand nombre de rameaux, dirigés en différents sens, et entre lesquels s'étendent de hauts plateaux riches en pâturages : on réserve le nom de *Haut Atlas* à la partie occidentale, nommée par les indigènes *Idrár-n-Deren* (anciennement *Dyris*), qui est revêtue de neiges continuelles, et dont le point le plus élevé, le mont *Miltsin*, a 3476 mètres; — au milieu, se trouvent les monts *Amour* ou *Amer* et *Aourès*; — à l'E., le mont *Berberou*. — Le mont *Jurjura* est un rameau célèbre, qui s'avance vers la Méditerranée, dans l'Algérie, où l'on remarque aussi le mont *Ouarensenis* et le mont *Mouzaïa*, célèbre par ses mines de cuivre.

C'est de l'Atlas que l'océan Atlantique a pris son nom : car d'abord on ne désignait ainsi que la partie de l'océan qui est bordée par les ramifications de cette chaîne.

Les montagnes qui font la continuation orientale de l'Atlas se ramifient en plusieurs chaînes, qui prennent les noms de monts *Fissat* ou *Nefouça*, *Ghârian*, *Ouadan*, *Haroudjé Noir*, *Haroudjé Blanc*, *Gherdobah*, *Tibesty*, plateau de *Hamada*.

Parmi les cours d'eau qui descendent du versant septen-

BARBARIE.

trional de la chaîne principale, on remarque la *Malouïa* ou *Moulouïa;* la *Tafna* et l'*Isly*, son affluent, rivières peu considérables, mais fameuses dans nos expéditions en Algérie; la *Mactah*, le *Chélif*, l'*Harrach*, l'*Ouad-Sahel*, l'*Ouad-el-Kebir* (l'ancien *Ampsaga*), qui se grossit du *Rummel;* la *Seïbouse*, la *Medjerda*, qui est l'ancien *Bagradas*.

Sur le versant méridional de l'Atlas, on voit descendre beaucoup de rivières qui vont se perdre, la plupart, dans les sables ou dans les lacs salés du désert; cependant le plus grand de ces cours d'eau, le *Draha*, après avoir longtemps coulé au sud, tourne brusquement à l'O. et va se perdre dans l'Atlantique; les autres sont le *Ziz*, le *Ghir;* l'*Ouad-el-Djeddi*, l'*Ouad-el-Baâdj*, qui se dirigent vers le grand lac marécageux et salé qu'on nomme *Melghigh* ou *Melrir*. Ce lac ou *sebkha* (lac temporaire) se confond, à l'E., avec le lac *Fejej*, qui se nommait anciennement *Triton*, et dont une partie, presque desséchée, présente un sable très-fin, mouvant, où des hommes et des animaux se sont quelquefois aventurés et ont été engloutis. — Il y a, dans le voisinage de l'Atlas, un certain nombre d'autres *sebkha* ou lacs qui sont en partie desséchés pendant plusieurs mois de l'année; un des plus considérables est celui de *Saïda* ou de *Hodna*.

3. Aspect du sol, Climat, Productions.

La Barbarie offre des aspects très-divers : à l'E., on trouve le désert de *Barcah*, dont les affreuses solitudes sont cependant interrompues par quelques oasis, et dont la côte est fertile; au S., on voit s'avancer dans le Sahara la grande oasis du *Fezzan;* à l'O., l'Atlas établit deux divisions naturelles fort distinctes : le pays qui s'étend au N. de cette chaîne est une belle et fertile contrée, appelée *Tell;* la partie située au S. de l'Atlas est le *Sahara (désert) barbaresque*, mais c'est un pays beaucoup moins aride qu'on ne l'a cru longtemps : les oasis y abondent, et l'on y récolte de nombreux et excellents fruits. On donne à une assez grande étendue de cette région de la Barbarie le nom de *Beled-el-Djeryd* ou *pays des Dattes*. Il y règne, pendant la plus grande partie de l'année, une grande chaleur. La température est assez douce au N. de l'Atlas; quelquefois même on y éprouve des froids beaucoup plus vifs que la latitude ne pourrait le faire supposer. La saison des pluies commence en octobre et finit en avril.

La Barbarie, extrêmement fertile dans les endroits bien arrosés, était, sous l'empire Romain, le grenier de l'Italie; souvent encore, dans les temps modernes, elle a fourni des blés à l'Europe. On y voit croître en abondance le maïs, le riz, le tabac, le dattier, l'olivier, l'oranger, le figuier, l'amandier, le cotonnier, la vigne, la garance, le pêcher, l'abricotier, le pistachier, le mûrier, le grenadier, la canne à sucre; les artichauts, qui viennent sans culture; le jujubier, dont le lotus ou lotos des anciens est peut-être une espèce. Les palmiers nains ne sont que trop communs, et nuisent aux défrichements du sol. Les belles forêts qui couvrent les montagnes se composent d'oliviers sauvages, de pins, d'ifs, de térébinthes, de cyprès, de thuyas, de lauriers-roses, d'arbousiers, de chênes-liéges, de chênes au gland doux, etc.

Les habitants de ces contrées conservent leurs grains pendant plusieurs années dans des *silos*, grandes fosses creusées en terre dans des lieux secs.

Le cheval de Barbarie est rapide et beau. On se sert beaucoup d'ânes, de mulets et de chameaux. On estime surtout, parmi ces derniers, ceux qu'on appelle *mahâra* (au singulier, *mahâri*), animaux infatigables, et d'une extrême rapidité. Il y a une grande quantité de bœufs, de moutons et de chèvres. Les autruches et les gazelles parcourent les déserts; le lion, la panthère et l'hyène sont très-communs; les scorpions abondent partout. Les animaux plus nuisibles encore sont les sauterelles ou criquets; mais quelques populations s'en nourrissent. On pêche du corail le long de la côte.

Cette contrée possède des mines d'argent, de cuivre, de plomb, de fer, de zinc, d'antimoine, et des carrières de beau marbre. Le sel est extrêmement commun.

Description politique.

1. Divisions et Villes.

La Barbarie comprend quatre grandes divisions : à l'E., on voit la régence de *Tripoli*; au milieu, la régence de *Tunis* et l'*Algérie*; à l'O., l'empire de *Maroc*.

RÉGENCE DE TRIPOLI.

La régence de Tripoli, gouvernée par un pacha qui reconnaît la suzeraineté de la Turquie, s'étend depuis l'Égypte jusqu'au voisinage du golfe de Cabès. Le golfe de la Sidre y fait une profonde échancrure, vers le milieu de la côte. C'est la plus grande et en même temps la moins peuplée des divisions de la Barbarie : on y compte à peine 600 000 habitants, sur une étendue qui est presque deux fois celle de la France.

Cette régence est partagée en quatre parties :

Au N., est le *Tripoli proprement dit*. On y remarque la ville maritime de *Tripoli*, capitale de la régence, et résidence du pacha. Cette ville a environ 25 000 habitants.

A l'E., se trouve le pays de *Barcah* ou le gouvernement de *Benghazy*, qui correspond à peu près à la *Libye maritime* ou *extérieure* des anciens ; la partie principale de cette contrée était la *Cyrénaïque* ou *Libye Pentapole*, et c'est là qu'on trouve la ville de *Derne*, celle de *Curin* ou *Grennah* (où l'on admire les belles ruines de *Cyrène*), et celle de *Benghazy* ou *Berniq* (anciennement *Bénénice*), près de laquelle était, disait-on, le jardin des *Hespérides*. — Dans le S. du désert de Barcah, est l'oasis d'*Audjelah*.

Dans le S. de la régence, est le *Fezzan*, gouverné par un sultan tributaire du pacha de Tripoli. Il est presque de tous côtés environné d'affreux déserts, et a pour capitale *Mourzouk*, rendez-vous de nombreuses caravanes. Ce pays est l'ancienne *Phazania*, habitée par les Garamantes.

A l'O., enfin, on voit l'oasis de *Ghadamès* ou *R'damès*, avec une ville du même nom, remarquable par l'activité commerciale de ses habitants.

RÉGENCE DE TUNIS.

La régence de Tunis, ou la Tunisie, s'allonge du N. au S., depuis le cap Blanc de Bizerte jusque près de l'oasis de Ghadamès ; les golfes de Cabès et de Tunis s'enfoncent sur sa côte. La Medjerda coule dans le N. La partie méridionale est déserte, mais le reste est très-fertile et assez peuplé. On compte, dans la régence de Tunis, près de 2 millions d'habitants. C'est la plus grande partie de l'ancienne *Afrique propre*, le cœur des possessions carthaginoises.

La capitale est *Tunis*, ville très-ancienne, située sur un lac qui communique avec le golfe de Tunis par le canal de la Goulette : elle renferme plus de 100 000 habitants, et offre un aspect pittoresque; mais des rues étroites, sales et non pavées rendent l'intérieur désagréable. Le souverain qui y réside a titre de *bey;* sa nomination doit être sanctionnée par l'empereur de Turquie; cependant il est de fait indépendant.

Au N. du canal de la Goulette, se trouve un promontoire sur lequel sont les ruines de *Carthage*.

Bizerte, près et au S. E. du cap Blanc, sur le détroit qui unit le lac de Bizerte à la mer, est la ville la plus septentrionale de l'Afrique. Elle se nommait anciennement *Hippone-Zaryte*. On distingue, non loin de l'embouchure de la Medjerda, l'emplacement d'*Utique*.

Hammamet, *Sousa*, *Madhia* ou *Africa*, *Cabès*, sont des ports de mer de la côte orientale de la régence.

Kaïrouan, dans l'intérieur, est, après Tunis, la ville la plus considérable du pays : on y compte 60 000 habitants. Elle fut longtemps, au moyen âge, une importante métropole arabe. Elle est regardée par les musulmans comme une ville sainte.

ALGÉRIE.

L'Algérie répond à la *Numidie* et à la partie orientale de la *Mauritanie* des anciens. Elle occupe le long de la Méditerranée une longueur d'environ 900 kilomètres, et s'avance jusqu'à plus de 800 kilomètres dans l'intérieur de l'Afrique. Quoiqu'elle soit presque aussi grande que la France, elle ne renferme qu'environ 3 millions d'habitants, dont 200 000 Européens (sans l'armée). L'Atlas et ses rameaux, le Jurjura, le Mouzaïa, l'Ouarensenis, en couvrent une grande partie. La Merjerda, la Seïbouse, l'Ouad-el-Kebir et son affluent le Rummel, l'Ouad-Sâhel, l'Harrach, le Mazafran, le Chélif, la Mactah, la Tafna, en sont les principales rivières au N. L'Ouad-Djeddi et l'Ouad-Baâdj coulent dans le S., et se dirigent vers le lac temporaire appelé Sebkha Melghigh. La partie septentrionale est généralement fertile et cultivée : on la désigne en général sous le nom de *Tell*. Au S., est le *Sahara algérien*, où de nombreuses oasis rompent l'uniformité du désert. Au milieu, sont des plateaux, riches en pâturages, et dont les uns sont compris dans le Tell, les autres dans le Sahara.

Les Français ont conquis en 1830 la côte d'Alger, en renversant un état despotique, longtemps redoutable dans la Méditerranée par ses pirateries, et à la tête duquel se trouvait un souverain nommé *dey*. Les tribus indigènes répandues dans le pays au nombre de 1145 sont, les unes, administrées directement par les autorités françaises; d'autres, placées sous notre suzeraineté; plusieurs, enfin, encore insoumises.

Cette colonie française est divisée en trois provinces : celles d'*Alger*, au milieu; de *Constantine*, à l'E.; d'*Oran*, à l'O. Chaque province, considérée comme territoire civil, forme un *département;* considérée comme territoire militaire, elle constitue une *division*. Le département d'Alger a 4 arrondissements : *Alger*, préfecture; *Blidah*, *Médéah* et *Milianah*, sous-préfectures.

Le département de Constantine a aussi 4 arrondissements : *Constantine*, préfecture; *Bône*, *Philippeville*, *Guelma* et *Sétif*, sous-préfectures.

Le département d'Oran a 4 arrondissements : *Oran*, préfecture; *Mostaganem*, *Mascara* et *Tlemcen*, sous-préfectures.

Dans la première de ces provinces, est *Alger* ou plutôt *Al Djezaïr*, capitale de la colonie française, bâtie en amphithéâtre sur la côte occidentale d'une baie ou rade, dans laquelle se trouve, à côté de la ville, une île couverte de fortifications et réunie au continent par un môle. Elle est divisée en deux villes distinctes : au N., la vieille cité indigène, où l'on voit la *Kasbah*, antique demeure des deys; au S. la ville toute française, composée principalement du faubourg de *Bab-Azoun*. Alger a environ 60 000 habitants.

Au S. de cette ville, s'étend la grande et fertile plaine de la *Metidja*, au delà de laquelle on trouve, au pied de l'Atlas, dans une position délicieuse, la ville de *Blidah*, peuplée de 10 000 habitants. Un peu plus loin, sont *Médéah*, au milieu des montagnes, et les deux *Mouzaïa* (*Mouzaïa-Ville* et *Mouzaïa-les-Mines*), près de la montagne du même nom. — A l'O. d'Alger, on voit la rade de *Sidi-Féruch*, où les Français débarquèrent le 14 juin 1830, lorsqu'ils commencèrent la conquête de l'Algérie; *Cherchel* (l'ancienne *Julia Cæsarea*) et *Tenez*, villes maritimes; — dans la vallée du Chélif, *Milia-*

nah et *Orléansville*. — A l'E. d'Alger, est *Dellys*, sur la mer, et, dans l'intérieur, *Aumale*, qui fut érigée en 1845.

C'est dans le N. E. de la province d'Alger, près de Dellys, que se trouve la région montagneuse qu'on appelle la *Grande Kabylie*. Le Jurjura la couvre de ses escarpements pittoresques et élevés. Les Kabyles qui l'habitent ont longtemps résisté à la domination des Français. Ils ont enfin été soumis en 1857, et l'on a élevé au milieu de leur pays la ville de *Fort-Napoléon*. C'est de l'une des courageuses tribus de la Grande Kabylie, les *Zouaoua*, qu'est venu le nom de *zouaves*, donné à un brillant corps militaire français.

La province de Constantine a pour chef-lieu *Constantine*, grande ville, dans une position très-forte, sur le Rummel; elle fut prise par les Français en 1837. C'est l'antique *Cirta*, et les beaux restes des monuments romains qu'on y admire encore rappellent son ancienne splendeur. — Le long de la côte, on voit : *Bougie*, remarquable par son port; — *Djidjelli*, petite ville maritime; — *Stora*; — *Philippeville*, ville toute moderne et port très-fréquenté; — *Bône* (en Arabe *Bleid-el-Haneb*, c'est-à-dire la ville des jujubiers), avec un port vaste et commode, et dans un territoire très-fertile, près de l'emplacement d'*Hippone-Royal*, dont saint Augustin fut évêque. — On rencontre, sur la mer, *La Calle*, où se trouvait déjà, avant la conquête d'Alger, une factorerie française pour la pêche du corail. — Dans l'intérieur, on distingue : *Guelma*, au S. de Bône, sur l'emplacement de l'ancienne *Suthul*; — *Sétif* (l'ancienne *Sitifis*), au S. O. de Constantine, dans la grande plaine de la *Medjana;* — *Bou-Sada*, dans une position centrale, et entrepôt d'un grand commerce; — *Bathna*, poste militaire important, établi en 1844; — et, plus loin vers le S., *Biskara*, au pied méridional de l'Atlas, dans l'oasis des Ziban.

C'est dans le N. O. de la province de Constantine que se trouve la *Petite Kabylie*, depuis longtemps soumise.

La province d'Oran offre, sur la côte : *Mostaganem*, ville florissante; — *Mazagran*, illustrée par une belle défense des Français en 1840; — *Arzeu;* — *Oran*, importante place forte, avec 32 000 habitants et le bon port de *Mers-el-Kebir*; — *Djema-Ghazaouat*, près de laquelle les Français ont éprouvé un cruel désastre en 1845, à *Sidi-Brahim*. — Dans l'intérieur, se trouvent : *Tiaret*, importante place d'échange entre le Sahara et le Tell; — *Takdemt, Mascara*, qui ont été les capitales de l'émir Abd-el-Kader; — *Sidi-bel-Abbès*, jolie petite ville nouvelle; — *Saïda;* — *Tlemcen*, qui a été capitale d'un royaume du même nom;—*Lalla-Marnia*, où fut conclu, en 1845, un traité fameux entre la France et le Maroc.

Plusieurs importantes oasis se présentent dans le Sahara algérien : telles sont l'oasis de l'*Ouad-Rir*, avec la ville de *Tuggurt;* l'oasis des *Ksour*, avec la ville d'*El Aghouat* (ou *Laghouat*); l'oasis des *Beni-Mzab*, avec la ville de *Ghardeïa;* l'oasis des *Oulad-Sidi-Cheykh*.

EMPIRE DE MAROC.

L'empire de Maroc, baigné au N. par la Méditerranée et à l'O. par l'Atlantique, renferme la partie occidentale de l'ancienne Mauritanie. Les habitants l'appellent *Maghreb-el-Acsa* (les extrémités de l'occident). C'est le plus fertile et le plus peuplé des états Barbaresques. Il comprend 8 millions d'habitants, sur une étendue comparable à celle de l'Espagne. La partie méridionale, au S. de l'Atlas, est le *Sahara marocain*, qui renferme, comme le Sahara algérien, beaucoup de pâturages et d'oasis. La Malouïa, tributaire de la Méditerranée, la Morbéja et le Draha, tributaire de l'Atlantique, le Ghir et le Ziz, qui se perdent dans le désert, sont les principaux fleuves de l'empire.

Cet état est riche en troupeaux, en blé, en fruits, etc.; mais le commerce est embarrassé par un foule d'entraves, et ce beau pays languit dans la misère, malgré son admirable situation et ses nombreux produits.

D'après un ancien usage, l'empire de Maroc est divisé en deux *royaumes :* celui de *Fez*, au N., et celui de *Maroc*, au S. Cependant depuis longtemps tout le pays est soumis à un seul souverain, qui a le titre de *sultan* ou *empereur*.

Dans le royaume de Fez, on remarque : *Fez*, grande ville de 60 à 80 000 habitants, célèbre chez les Arabes du moyen âge par la culture des sciences, et remarquable encore par quelques établissements d'instruction, par ses nombreuses mosquées, qui la font considérer comme une ville sainte, et par ses fabriques renommées de soie, de lainage et de maroquin; — *Méquinez*, jolie ville, située dans une vallée magnifique, et résidence ordinaire de l'empereur ; — *Tétouan*, sur la Méditerranée ; — *Tanger*, vers l'entrée occidentale du détroit de Gibraltar, place fort commerçante et résidence de beaucoup de consuls européens ; bombardée en 1844 par les Français ; —*Larache* (*El Araïch*), *Salé*, *Rabat* ou *Nouveau-Salé*, ports assez florissants, sur l'Atlantique.

L'Espagne possède, sur la côte N., l'importante place de *Ceuta* (anciennement *Abyla*), située en face de Gibraltar, et les forteresses ou *présides* de *Peñon de Velez*, *Alhucemas* et *Melilla*.

On appelle *Rif* une contrée montagneuse qui s'étend le long de la Méditerranée, et dont la population est connue par ses mœurs grossières et son penchant à la piraterie.

Dans le royaume de Maroc, on remarque : *Maroc* ou *Marakch*, capitale de l'empire, peuplée seulement de 50000 habitants, et semée de ruines, mais située dans une plaine fertile, au milieu de bosquets d'orangers ; —*Mogador* ou *Soueïrah*, port de mer, bombardé par les Français en 1844 ; — *Agadir* ou *Sainte-Croix*, autre port de mer. — *Tafilet*, dont les habitants excellent dans la préparation des peaux, est fort loin dans l'intérieur, au S. de l'Atlas. — On trouve, au N. E. de l'oasis de Tafilet, celle de *Figuig*, fertile et industrieuse.

2. Habitants, Mœurs.

Les peuples de la Barbarie appartiennent à trois races principales : les *Berbers* ou *Amazighs*, les *Arabes*, les *Maures*.

Les *Berbers* ou *Amazighs*, qui paraissent être les descendants des Gétules et des Libyens, sont, comme les Arabes, divisés en tribus nomades, et habitent principalement les montagnes de l'Atlas. Ils se divisent en *Kabaïle* (au singulier *Kabyle*), *Touareg* et *Chilleuh*. Ceux-ci habitent les montagnes occidentales; les premiers sont plus particulièrement les Berbers de l'Algérie; les Touareg sont répandus dans le désert du S. Ces peuples ont le teint rouge ou noirâtre, la taille haute et svelte, le corps maigre.

Les *Arabes*, venus d'Asie depuis le mahométisme, sont la plupart *Bédouins*, c'est-à-dire nomades. Ils élèvent de nombreux troupeaux, dont les produits les nourrissent ; ils se livrent aussi au brigandage. Leurs tentes ou cabanes s'appellent chaïmas, et un groupe de ces habitations forme un *douar* ou hameau. Les Arabes cultivateurs habitent particulièrement le *Tell*, entre les montagnes et la mer.

Les *Maures* ou *Mores*, qui descendent d'un mélange d'anciens Mauritaniens et d'anciens Numides avec les Phéniciens, les Romains, les Arabes et divers aventuriers venus de la côte européenne, habitent les villes et les plaines cultivées. Leur peau est un peu basanée, mais cependant plus blanche que celle des Arabes.

Les *Juifs* sont assez nombreux, et s'occupent du commerce. Il y a aussi des *Turcs*, qui ont été depuis le seizième siècle les dominateurs de ces contrées. On nomme *Koulouglis*, ou plutôt *Koul-oglous*, ceux qui sont nés du mélange des populations turque et maure. Il y a un assez grand nombre de *nègres*, venus du centre de l'Afrique, et la plupart esclaves dans les parties non soumises à la domination française. Enfin beaucoup de Français et d'autres Européens vont tous les jours s'établir dans l'Algérie.

Les Berbers, les Arabes, les Maures, les Turcs et les Koulouglis professent la religion musulmane.

Géographie historique.

1. Géographie ancienne.

La Barbarie correspond aux quatre anciens pays suivants : la *Libye maritime*, l'*Afrique propre*, la *Numidie*, la *Mauritanie*.

La LIBYE MARITIME OU EXTÉRIEURE se divisait en deux parties : la *Cyrénaïque*, à l'O., et la *Marmarique*, à l'E.

La première se nommait encore *Libye Pentapole*, parce qu'elle avait cinq villes principales : *Cyrène* (Curin), colonie grecque, longtemps capitale d'un état puissant, qui résista aux Carthaginois ; — *Bérénice* (Benghazy) ; — *Ptolémaïs* ou *Barké* (Tolometa) ; — *Apollonia*, près et au N. E. de Cyrène, dont elle formait le port ; — *Darnis* (Derne), la plus orientale des cinq villes.

Dans le S. de la Cyrénaïque, habitaient les *Nasamons*.

La ville principale de la côte marmarique était *Paraitonion* ou *Parætonium*, qui fit partie de cette portion de la Marmarique comprise longtemps dans l'Egypte sous le nom de *Nome Libyque*.

L'AFRIQUE PROPRE OU CARTHAGINOISE, qui formait les possessions des Carthaginois ou *Pœni* en Afrique, s'étendait du S. E. au N. O., le long de la mer Intérieure, depuis le fond de la Grande Syrte jusqu'à l'embouchure de la Tusca; elle était en face de l'Italie. Le royaume de Tunis et le Tripoli propre répondent à cette contrée.

L'Afrique propre se divisait en trois parties : la *Zeugitane*, au N. O.; la *Byzacène*, au milieu, et la *Tripolitane* ou *Syrtique*, au S. E.

La ville principale était *Carthage* ou *Karkhédon*, et, plus exactement *Cartha-Hadath*, colonie de Tyr, sur une presqu'île avancée dans le golfe de Carthage, et dans un territoire très-fertile; elle devint florissante par son commerce, et couvrit de ses colons la plupart des grandes îles de la mer Intérieure et les côtes de l'Hispanie; longtemps rivale de Rome, elle fut enfin anéantie par elle après les trois sanglantes guerres Puniques. Cette ville était composée de deux parties distinctes : la *Magaria*, siége du commerce, et la *Byrsa* ou la Citadelle. — On voyait encore sur la côte : *Tunes* (Tunis); — *Utique*, un peu au N. de l'embouchure du Bagradas, et où le second Caton, surnommé d'*Utique*, se donna la mort; — *Hippone-Zaryte* ou *Hippo-Zarytus* (Bizerte), la ville la plus septentrionale de l'Afrique propre; — *Aspis* ou *Clypea*, située sur la côte orientale de la presqu'île terminée par le promontoire Hermæum, et connue par une victoire des Romains sur les Carthaginois; — *Thapsus*, célèbre par la victoire que remporta César sur l'armée de Scipion, de Caton et de Juba. — Dans l'intérieur, on remarquait *Zama*, à quelque distance au S. du Bagradas; célèbre par la bataille qui termina la deuxième guerre Punique, et par la résidence du roi Juba. — Les *trois villes* qui faisaient donner à l'une des divisions le nom de *Tripolitane* ou *Tripolis* étaient *Sabrata*, *OEa* (Tripoli) et la *Grande-Leptis* ou *Neapolis*.

On appelait d'abord NUMIDIE toute la longue région qui s'étendait le long de la mer Intérieure depuis la *Tusca* (Ouad-el-Berber) jusqu'à la *Malva* (Malouia); les Romains comprirent ensuite dans la Mauritanie la partie de la Numidie qui se trouvait à l'O. de l'embouchure de l'*Ampsaga* (Ouad-el-Kebir), et la donnèrent au fils de Juba. Le reste fut réduit en province romaine, et conserva le nom de Numidie. La Numidie n'occupa plus ainsi que moins de la moitié de son étendue primitive.

Les Numides de la province romaine de Numidie portaient le nom général de *Massyliens*. La ville principale de la côte était *Hippone-Royal* ou *Hippo-Regius* (Bône). Dans l'intérieur, se trouvait *Cirta*, appelée plus tard *Constantine*, en l'honneur de Constantin, et où résidèrent Syphax, Massinissa et Micipsa.

La MAURITANIE ou MAURÉTANIE, que représentent aujourd'hui la partie occidentale de l'Algérie et la plus grande partie de l'empire de Maroc, s'étendait de l'E. à l'O. depuis l'Ampsaga jusqu'à l'océan Atlantique.

La Mauritanie se divisait, sous les Romains, en *Mauritanie Césarienne* (formée de la partie occidentale de la Numidie), à l'E., et *Mauritanie Tingitane* ou *Transfrétane*, à l'O. Cette dernière, placée à gauche du fleuve Malva, était la Mauritanie proprement dite, la partie habitée par les peuples appelés *Maures* ou *Maurusiens;* l'autre avait pour habitants les *Numides Massésyliens*.

Les villes principales de la côte de la Mauritanie Césarienne étaient *Icosium*, vers l'emplacement de la ville actuelle d'Alger ;—*Iol*, appelée ensuite *Césarée (Julia Cæsarea)*, (aujourd'hui Cherchel), capitale de la Mauritanie Césarienne. — Dans l'intérieur de la province, on remarquait *Sitifis* (Sétif), située près de la frontière de la Numidie, et dont le territoire prit le nom de *Mauritanie Sitifienne*.

La Mauritanie Tingitane tirait son surnom de sa capitale *Tingis* (Tanger), appelée aussi *Césarée*, et située à l'extrémité N. O. du pays, sur le détroit de Gadès. — Au N. E. de cette ville se trouvait *Abyla* ou *Septa* (Ceuta). — On voyait, sur l'Atlantique, *Lixus* (Larache).

2. Changements politiques successifs.

Les Romains subjuguèrent toutes ces contrées. Chassés en 428 par les Vandales, qui firent revivre un instant Carthage, ils parvinrent à rétablir leur domination cent ans après, sous Justinien; mais, en 697, ils ne purent résister aux Arabes ou Sarrasins, dont les princes éclairés firent longtemps fleurir dans ces régions les sciences, les arts et le commerce, en même temps qu'ils portaient leurs armes et leur industrie en Espagne et dans d'autres pays du midi de l'Europe. Cet état de prospérité diminua peu à peu; de nombreuses dynasties se partagèrent le pays : il se forma les royaumes de *Fez*, de *Kaïrouan*, de *Maroc*, de *Tremcen* (Tlemcen), de *Tunis*, et l'on vit régner successivement, et souvent simultanément, les dynasties des *Édrissites*, des

Fatimites, des *Aglabites*, des *Hamadides*, des *Morabeth* (*Almoravides*), des *Badissides*, des *Almohades*, des *Mérinides*, des *Zianides*, des *Abouhafsiens*. Les Portugais attaquèrent souvent le Maroc dans les treizième, quatorzième et quinzième siècles, et y firent des conquêtes, dont une partie (Ceuta, etc.) est restée à l'Espagne; les Espagnols cherchèrent à s'emparer des autres contrées de la Barbarie, et se rendirent maîtres d'un assez grand nombre de places. Mais, au seizième siècle, les deux frères Barberousse, à Alger, et Sinan, à Tunis et à Tripoli, les expulsèrent et formèrent des états vassaux de l'empereur des Turcs. Tunis et Tripoli sont aujourd'hui encore sous la suzeraineté de la Porte; le dey d'Alger, sur lequel elle n'exerçait plus qu'une autorité purement nominale, a été renversé par les Français en 1830.

IV. SAHARA ET SÉNÉGAMBIE.

Sahara.

Le *Sahara* ou mieux *Ssahhará*, c'est-à-dire *Grand Désert*, appelé spécialement *Sahara-el-Falát* pour le distinguer du Sahara barbaresque, est nommé *El Arg* sur une grande étendue; c'est un immense pays, qui, situé au S. de la Barbarie, s'étend de l'E. à l'O. depuis l'Égypte et la Nubie jusqu'à l'océan Atlantique; la Nigritie et la Sénégambie le limitent au midi. Il a environ 4500 kilomètres de longueur, et 1400 kilomètres de largeur, du N. au S. Il forme le plus grand désert qu'il y ait sur le globe. La France y serait contenue plus de huit fois.

On applique généralement à la partie la plus orientale du Sahara le nom de désert de *Libye*.

La côte de l'Atlantique est, dans ce pays, inhospitalière et sauvage. On y remarque le cap *Bojador*, autrefois fort redouté des navigateurs, et qui fut, disent les Portugais, doublé pour la première fois en 1433 par le navigateur Gillianez, mais qui paraît l'avoir été bien antérieurement, dès le quatorzième siècle; on y voit aussi le cap *Blanc* d'*Arguin*, qui ferme à l'O. la baie du *Lévrier*. Un peu au S. de celle-ci, est la baie d'*Arguin*, bordée à l'O. par un vaste banc de sable et de rochers, sur lequel plusieurs navires ont fait naufrage. Cette baie renferme une petite île du même nom,

SAHARA ET SÉNÉGAMBIE.

qui est peut-être l'ancienne *Cerné*, avec laquelle les Carthaginois ont eu des relations : c'est encore un point de réunion commerciale de plusieurs tribus de la côte.

L'intérieur du Sahara offre presque partout des plaines couvertes de sables nus et mouvants. Çà et là se trouvent quelques collines rocailleuses, quelques monticules sablonneux, tantôt isolés, tantôt formant des rangées d'ondulations; ailleurs, quelques buissons d'acacias-gommiers, un peu d'herbe, des sources trop souvent saumâtres. Quelques rares oasis aussi montrent leur riante verdure de palmiers au milieu de ces affreuses solitudes, et sont comme des îles au sein d'un océan de sable.

Parmi les petites chaînes éparses çà et là dans le Sahara, nous citerons les montagnes *Blanches*, qui se terminent au cap Blanc; les montagnes *Noires*, au N. E. du cap Bojador; les collines sablonneuses d'*El Arg*, qui règnent de l'E. à l'O., dans le N.

On ne rencontre dans le Sahara que des rivières peu étendues : la plupart, après avoir arrosé les oasis, se perdent dans les sables. Quelques-unes se jettent dans l'Atlantique : tels sont le *Rio de Ouro* et la rivière de *Saint-Cyprien*, entre les caps Blanc et Bojador, et la rivière de *Saint-Jean*, au S. de la baie d'Arguin.

On croit généralement que le Sahara n'est que le bassin desséché d'une mer qu'une grande convulsion de la nature aurait fait disparaître. La quantité extraordinaire de sel dont ce désert est parsemé vient à l'appui de cette opinion.

Le Sahara est coupé à peu près vers le milieu par le tropique du Cancer. Les rayons du soleil y tombent verticalement une partie de l'année, et en font une véritable fournaise; réfléchis par des plaines sablonneuses et par les cailloux blancs, ils produisent un éclat éblouissant qui fatigue horriblement la vue. Des vents brûlants et d'une violence affreuse parcourent fréquemment ces solitudes, et y soulèvent des masses de sable qui tourbillonnent dans les airs ou roulent comme les flots d'une mer. Pendant la plus grande partie de l'année, l'air sec et échauffé conserve l'apparence d'une vapeur rougeâtre : on croirait apercevoir vers l'horizon les feux de plusieurs volcans. Le phénomène du mirage y est fréquent : souvent le voyageur a cru voir dans le lointain une ville, des arbres, un beau lac, et en approchant il ne trouve plus que des rochers nus et qu'une plaine sans eau.

Il tombe, du mois de juillet au mois d'octobre, une pluie assez abondante, mais non dans toute l'étendue du Sahara, dont plusieurs parties ne sont jamais rafraîchies par une seule goutte d'eau.

Les autruches errent à travers ces plaines désolées. La chasse de cet animal offre un spectacle curieux : une vingtaine de chasseurs, montés sur des chevaux extrêmement agiles, vont contre le vent, en poursuivant l'oiseau; celui-ci, fatigué de courir contre le vent, qui s'engouffre dans ses ailes, se tourne du côté des cavaliers et cherche à passer à travers leur ligne; alors ils l'entourent et le tuent facilement. L'animal le plus utile du Sahara est le chameau, qu'on a surnommé le *vaisseau du désert*.

Les marchands qui se rendent de la Barbarie dans la Nigritie traversent le Sahara, réunis en caravanes qui comptent souvent jusqu'à 2000 personnes et à peu près autant de chameaux. Le plus grand malheur que ces troupes de voyageurs aient à craindre, c'est que la chaleur desséchante de certains vents n'absorbe l'eau renfermée dans les outres et celle des sources répandues çà et là : il est arrivé quelquefois que, ne trouvant pas d'eau aux endroits ordinaires, elles ont péri tout entières. Les caravanes ne se dirigent pas en ligne directe à travers le désert, qui n'offre aucune trace de chemin frayé, mais elles se détournent tantôt à l'E., tantôt à l'O., selon la position des oasis.

Les oasis de *Touât*, de *Tidikelt* et de *Gourara* sont situées vers le N. O. du désert. On remarque dans la première la ville d'*Insalah*. — A l'E. de ces oasis, se trouve celle de *Goléa*, avec la ville du même nom, la première étape des caravanes venant de l'Algérie. Les *Chaamba* en sont les habitants. — Dans le S. du Sahara, se trouve l'oasis d'*Asben* ou d'*Ahir*, qui a pour capitale *Agadès*, et où l'on rencontre aussi la ville d'*Açouda*. — A l'E., on distingue l'oasis de *Bilma*. — A l'O. du Fezzan, on rencontre l'oasis et la ville de *Ghât*.

La population éparse sur cette vaste contrée est surtout d'origine berbère; mais il y a aussi un certain nombre d'Arabes. Les principales tribus sont celles des *Touareg* (au singulier *Targhi*) ou *Imouchar*, dans les régions centrales; — celles des *Tibou* ou *Téda*, à l'E.; — les *Trarza*, les *Brakna*, les *Douaïch*, les *Barâbych*, les *Oulad-Embark*, à l'O.

On remarque aussi à l'O. l'oasis de *Tychyt*, dont le sol est riche en sel gemme et dont les maisons sont bâties en blocs de ce minéral; le pays de *Tagant*, le pays d'*Adrar*, et celui de *Tiris*.

Les habitants du Sahara sont généralement grands, minces, et ont une constitution robuste. Les Touareg sont assez blancs; une pièce d'étoffe leur voile la figure. Ce peuple, dont le vrai nom est *Imouchar* et dont la langue s'appelle *tomachek*, est essentiellement pasteur et nomade, cupide et paresseux. Ils sont musulmans, mais les femmes jouissent chez eux d'une liberté que l'islamisme ne leur accorde pas toujours. — Les Tibou sont noirs, quoique appartenant à la race caucasique.

Les nomades du Sahara connaissent assez la position des constellations pour se diriger au moyen des étoiles : aussi préfèrent-ils marcher pendant les nuits plutôt que d'affronter pendant le jour l'ardeur d'un soleil dévorant.

Ces peuples sont la plupart guerriers, perfides, attaquent et pillent les caravanes, ou font subir d'horribles traitements aux malheureux blancs que les naufrages jettent sur la côte. Ils vivent sous des tentes : là, hommes, femmes, enfants, chevaux et autres animaux se trouvent à l'abri pêle-mêle. Ces tribus se nourrissent de millet, de maïs, de dattes, de gomme, et sont d'une sobriété extrême. Elles sont plus industrieuses qu'on ne serait d'abord porté à le croire : il s'y trouve des tisserands, qui fabriquent des étoffes de poil d'animaux, surtout de chèvre et de chameau ; on fait du maroquin ; on emploie à des usages utiles les peaux des lions, des léopards, des panthères, des hippopotames, des dents d'éléphant, des cornes de rhinocéros, on forge des étriers, des brides, des sabres, des poignards ; il y a des orfévres, qui fabriquent des bracelets, des chaînes, des anneaux d'or, des filigranes, dont ils enrichissent avec beaucoup d'adresse les ornements pour la parure des femmes et des princes.

Des voyageurs ont remarqué que le désert est divisé entre les tribus qui le parcourent, comme le serait un territoire cultivé ; les limites sont fixées avec précision et observées avec scrupule.

Le Sahara comprend en grande partie l'ancienne *Libye intérieure*, habitée par les *Gétules* et les *Garamantes*.

Sénégambie.

La Sénégambie, qui doit son nom aux deux fleuves principaux qui l'arrosent, le *Sénégal* et la *Gambie*, est la contrée la plus occidentale de l'Afrique : elle s'étend du N. au S., l'espace de 900 kilomètres, entre le Sahara et la Guinée, et a 300 kilomètres de l'E. à l'O., entre la Nigritie et l'Atlantique.

Le cap *Vert*, qui la termine à l'O., est le point le plus occidental de l'Ancien continent. On le nomme ainsi, soit des grands arbres qui en ombragent le sommet, soit des herbes qui, après un temps calme, couvrent la surface de la mer environnante. Très-près et au S. de ce cap, se trouve l'île de *Gorée*, qui dépend des Français : ce n'est presque qu'un rocher ; mais elle offre un excellent mouillage.

En s'avançant vers le S., on rencontre les îles *Bissagos*, qui sont basses et très-fertiles, et qui paraissent être les *Hespérides* de l'antiquité. Elles appartiennent généralement aux Portugais.

Les côtes de la Sénégambie sont composées d'immenses terrains d'alluvion, presque noyés sous les eaux des rivières et à peine élevés au-dessus du niveau de la mer. Dans l'intérieur des terres, l'aspect du pays est plus varié : c'est un beau mélange de plaines très-fertiles et de collines revêtues de la plus riante verdure ; il y a aussi d'épaisses forêts, formées de palmiers, de tamariniers, de papayers, de citronniers, d'orangers, de sycomores, etc. Mais le plus remarquable des arbres de cette contrée est certainement le baobab, le colosse du règne végétal : son tronc a souvent un diamètre de 8 à 9 mètres. Certains baobabs ne doivent pas avoir moins de 5000 ans d'existence. Les fruits de cet arbre sont gros comme des oranges et ont un goût aigrelet assez agréable. Le fromager ou bombax est un autre végétal énorme ; son fruit est accompagné d'un duvet assez semblable au coton. On remarque aussi le chi, ou arbre à beurre, dont on retire une matière semblable au beurre. Les acacias-gommiers sont communs surtout dans le N., où le commerce de la gomme est très-considérable. L'arachide, qui donne une huile abondante, est aussi l'objet d'un grand commerce.

Les crocodiles, les hippopotames, les singes, abondent dans

cette région, où pullulent d'innombrables et incommodes insectes, tels que les termites ou fourmis blanches.

La Sénégambie est comprise dans la zone torride : la chaleur y est étouffante, et l'air généralement insalubre. Le climat serait insupportable, s'il n'était tempéré par la fraîcheur des nuits et par les pluies abondantes et périodiques qui tombent dans la saison qui correspond à notre été. Des ouragans furieux se font alors souvent sentir.

C'est dans la partie méridionale que sont les principales montagnes. Elles donnent naissance aux fleuves les plus importants du pays : le *Sénégal*, la *Gambie* et le *Rio Grande*, qui vont à l'O. se jeter dans l'Atlantique. Le premier est le plus considérable : il descend du mont *Couro*, et porte d'abord le nom de *Ba-fing*, c'est-à-dire *eau noire;* son cours est de plus de 1500 kilomètres. Il reçoit par la rive gauche la *Falémé*.

Le *Mermérico* est un canal naturel qui sort de la Falémé et s'écoule vers la Gambie.

Outre les trois fleuves précédents, on voit couler vers l'Atlantique la *Casamance*, le *Rio de Cacheo* ou *Rio Grande* de *São-Domingos*, et le *Rio de Geba*.

Vers la partie inférieure du cours du Sénégal, sont deux lacs qui communiquent avec ce fleuve : l'un est le lac de *Cayar*, près de la rive droite ; et l'autre, le *N'Gher* ou *Panié-Foul*, près de la rive gauche.

Trois nations européennes, les *Français*, les *Anglais*, et les *Portugais*, ont des possessions dans la Sénégambie.

Les Français ont la plupart de leurs établissements sur les bords du Sénégal ou dans le voisinage. Le chef-lieu du gouvernement français du Sénégal est *Saint-Louis*, ville fortifiée, dans une situation peu salubre, sur une île du même nom, que forme le fleuve près de son embouchure. Il y a 15 000 habitants. On remarque, parmi les autres points français principaux du bassin du Sénégal, *Guet-N'dar*, *Lampsar*, *Merighanem*, *Richard-Tol*, *Dagana*, *Podor*, *Matam*, *Bakel*, *Médine*, *Sénoudébou*, *Kéniéba*, qui a des mines d'or.

Le royaume d'*Oualo*, à gauche du Sénégal, a été réuni aux possessions de la France.

On nomme *escales* les lieux de marché où l'on achète la gomme aux indigènes. Il s'en trouve plusieurs sur les rives du Sénégal. *Portendik* est un petit port dépendant des Français, vers la limite du Sahara. Enfin, les Français ont encore l'île de *Gorée*, près du cap Vert, et quelques établissements dans le S. de la Sénégambie, vers la *Casamance*.

Les Anglais ont quelques établissements sur la Gambie : *Bathurst*, chef-lieu de leurs possessions dans cette contrée, est sur une petite île, à l'embouchure de la Gambie. Ils possèdent aussi, sur le même fleuve, *Albréda*, autrefois à la France, et *Georgetown*.

Les Portugais se sont établis surtout sur la Casamance, le Rio de Cacheo et le Rio de Geba ; ils possèdent *Cacheo*, *Geba*, etc.

Il y a, du reste, dans la Sénégambie, un grand nombre de petits états. On remarque les royaumes de *Cayor*, de *Ghiolof*, de *Fouta* ; celui de *Bambouk*, célèbre par ses mines d'or ; ceux de *Fouta-Dialon*, de *Bondou*, de *Kaarta*, de *Gadiaga*.

Quelques-uns des habitants de la Sénégambie, vers le Sénégal, sont des hommes d'origine arabe ou berbère, qu'on désigne à tort sous le nom de Maures, et qu'on a aussi appelés *Zenaga* (d'où est venu le nom de Sénégal). Mais la masse de la population se compose des trois peuples suivants : les *Ouolof* ou *Yolof*, qui passent pour les plus noirs et les plus beaux de tous les nègres ; — les *Foulah*, *Foul*, *Poul* ou *Peul*, belle nation, d'un rouge noirâtre ou d'un brun jaunâtre, dont l'un des plus grands royaumes est le *Fouta-Dialon* ; — les *Mandingues* ou plutôt *Malinka*, *Bambara* ou *Ouankara*, nègres industrieux et commerçants, qui se rencontrent particulièrement dans l'E. et le S. — On remarque, dans le S. O. de la Sénégambie, les *Floups*, les *Balantes*, les *Biafades*, les *Bissagos*.

La plupart des habitants de cette contrée professent le mahométisme. Il y a aussi des fétichistes.

V. GUINÉE SUPÉRIEURE ET GUINÉE INFÉRIEURE.

Guinée supérieure.

Le nom de *Guinée*, donné à de vastes régions de l'O. de l'Afrique, dérive ou de *Djenny*, ville de Nigritie, ou de *Ghana*, grand royaume où était située Djenny, et qui, à l'époque où les Portugais abordèrent sur cette côte, jouissait d'une grande célébrité.

On applique le nom de Guinée supérieure à l'espace qui s'étend, sur une longueur d'environ 3500 kilomètres, depuis la Sénégambie jusqu'au cap *Lopez*. C'est sur cette côte qu'est formé le golfe de *Guinée*, compris entre le cap Lopez et le cap des *Palmes*; ce grand enfoncement en renferme deux autres, le golfe de *Biafra* et celui de *Bénin*, entre lesquels s'avance le cap *Formose*. A l'O. du dernier de ces golfes, se présente le cap des *Trois-Pointes*.

Les montagnes de *Kong* s'élèvent sur la limite septentrionale de la Guinée et la séparent de la Nigritie. Les montagnes de *Camarones*, fort hautes, se trouvent vers le S. E.; le plus haut sommet est le Mongo-ma-Lobah, d'une altitude de 4470 mètres.

Toutes les eaux de la Guinée supérieure se rendent dans l'Atlantique. Les principaux fleuves qu'on remarque, en allant de l'O. à l'E., sont : la *Rokelle*, nommée *Sierra-Leone* dans sa partie inférieure; — le *Mesurado*; — l'*Assinie*, dont l'embouchure se trouve un peu à l'O. du cap des Trois-Pointes; — la *Volta*, qui forme de nombreuses cascades et tombe dans la partie occidentale du golfe de Bénin; — le *Lagos*, qui se rend vers le milieu de ce golfe; — le *Diali-ba* ou *Kouara*, que l'on considère vulgairement comme l'ancien *Niger*, et qui se jette dans l'océan par plusieurs branches, nommées *Formose*, *Nouveau-Calabar*, *Vieux-Calabar*, *Cross*, etc. : ce grand fleuve a sa source dans le N. O. de la Guinée supérieure, au mont *Loma*, fait un immense détour vers le N., à travers la Nigritie, et revient dans la Guinée, grossi de la *Bénoué* ou *Tchadda*. Son delta est plus vaste que celui du Nil.

Le *Camarones* débouche sur la côte orientale du golfe de Biafra. Enfin, dans la partie la plus méridionale de la Guinée supérieure, on rencontre un large estuaire qu'on nomme *fleuve de Gabon*.

La Guinée supérieure est exposée aux chaleurs les plus ardentes de la zone torride. Des pluies périodiques, qui tombent du mois de mai au mois d'octobre, rafraîchissent, il est vrai, la température; mais elles nuisent à la salubrité de l'air et sont accompagnées de tonnerres et d'ouragans terribles. L'*harmattan* est un célèbre vent du N. E., qui règne pendant quelques mois dans cette contrée; d'une extrême sécheresse, il détruit la végétation, rend sèches et douloureuses toutes les parties du corps : cependant il n'est pas insalubre, et on lui attribue même la vertu de guérir quelques maladies.

La Guinée supérieure est basse et humide vers la côte, où l'on rencontre de vastes espaces sans une seule pierre. La végétation y acquiert une vigueur extraordinaire : il y a des forêts impénétrables, et des savanes couvertes d'une herbe gigantesque. On y voit les plus belles espèces de palmiers; des élaïs, dont on tire de l'huile et une espèce de beurre; des bambous, des ébéniers; des palétuviers et des mangliers, végétaux qui se plaisent dans les lieux marécageux, et dont les rameaux inférieurs, tombant et s'implantant dans le sol, forment d'épais fourrés. Il y a du riz, du maïs, du millet, des bananes, des ananas, des oranges, de l'indigo, des arachides, des papayes, fruit analogue au melon, que produit un arbre élégant; des mangliers, dont une espèce appelée opa donne l'excellent pain de *dika;* des cannes à sucre, du tabac, des épices; particulièrement le poivre de Guinée, appelé aussi malaguette ou maniguette, substance d'une saveur âcre et brûlante, comparable à celle du poivre.

Les forêts sont peuplées d'une foule d'animaux féroces, tels que lions, léopards, panthères, buffles, rhinocéros, hyènes. Les éléphants y sont fort nombreux, et fournissent au commerce une grande quantité d'ivoire. Parmi les nombreuses espèces de singes, on remarque les magots, les guenons, les cynocéphales, les gorilles, qui sont les plus grands et les plus forts de tous. La civette fournit un parfum que les Orientaux regardent comme délicieux. Il y a des hippopotames, des crocodiles, des serpents en grand nombre, des caméléons, une multitude d'insectes nuisibles, entre autres les termites, appelés aussi fourmis blanches, quoique ce ne soient pas de véritables fourmis. Ces étonnants insectes élèvent des fourmilières pyramidales, hautes de 5 à 6 mètres; ils percent et dévorent tous les bâtiments en bois, les meubles, les étoffes, et les ont bientôt entièrement détruits.

La principale richesse minérale est la poudre d'or : le nom de *guinée* a été donnée à une monnaie anglaise qui, dans le principe, fut frappée avec l'or venu de cette contrée.

Les côtes furent longtemps la seule partie connue des

Européens dans la Guinée supérieure : aussi ont-ils désigné sous le nom de *côtes* toutes les subdivisions qu'ils ont établies dans ce pays.

En commençant par l'O., on trouve d'abord la *côte de Sierra-Leone*[1] (c'est-à-dire de la *Montagne de la Lionne*), nom qui lui vient d'une de ces principales montagnes, située près au S. de l'embouchure de la Rokelle. Les Anglais y ont établi une importante colonie, destinée particulièrement à la civilisation des nègres qu'on a enlevés aux navires négriers, pour les attacher à la culture libre du sol et leur donner les premiers éléments de l'instruction. Le chef-lieu de la colonie est *Freetown*, à l'embouchure de la Rokelle, qui porte en cet endroit le nom de rivière de Sierra-Leone.

L'éducation des nègres a fait à Sierra-Leone des progrès rapides ; ils y sont généralement devenus laborieux. Malheureusement le climat de cette colonie est pernicieux pour les Européens.

Vient ensuite la *côte des Graines* ou *du Poivre*, appelée ainsi du poivre malaguette. La Société américaine de colonisation y a fondé, en 1821, la colonie de *Liberia*, pour les nègres libérés. Cette colonie est devenue une intéressante république, qui a pour chef-lieu *Monrovia*. On remarque sur cette côte le peuple des *Krou*, nègres doux et intelligents, les meilleurs travailleurs des côtes d'Afrique.

La *côte des Dents* ou *d'Ivoire*, qui tire son nom du principal objet de son commerce, et où les Français ont les établissements de *Grand-Bassam* et d'*Assinie*, se trouve à l'E. de la précédente. On désigne souvent l'ensemble de ces deux côtes sous le nom de *côte du Vent*.

La *côte d'Or*, ainsi nommée du commerce de poudre d'or qui s'y fait, compte plusieurs établissements européens. Les Anglais y ont *Cap-Corse* ou *Cape-Coast-Castle*, *Christiansborg*, etc.; les Hollandais, *Elmina* ou *Saint-George de la Mine* et d'autres points. C'est à la côte d'Or que se trouve le puissant empire d'*Achanti*, dont la capitale est *Coumassie*. Cette ville est fort grande, et a des rues larges, alignées et propres.

La *côte des Esclaves*, séparée de la précédente par la Volta,

---

1. C'est un nom espagnol corrompu : il faudrait dire *Sierra-Leona;* et comme ce sont les Portugais qui ont découvert ces parages, le nom portugais *Serra-Leoa* serait encore plus convenable.

doit son triste nom au commerce d'esclaves que, malgré les lois des nations civilisées, on y fait trop souvent encore, aussi bien que sur la plus grande partie des autres côtes des deux Guinées. Le pays principal de la côte des Esclaves est le royaume de *Dahomeh*, dont la capitale se nomme *Abomeh*. Cependant le roi réside ordinairement à *Calmina*. Le port le plus fréquenté est *Ouydah* (qu'on appelle par corruption *Juda*).

La *côte de Bénin*, qui s'étend à l'E. de celle des Esclaves, jusque dans le delta du Kouara, est occupée par un royaume du même nom, dont la capitale est la ville de *Bénin*. On y voit le territoire de *Lagos*, dont les Anglais viennent de prendre possession.

La *côte d'Ouari* et celle *de Calabar* comprennent la plus grande partie du delta du Kouara.

Enfin, on rencontre, au N. E. et à l'E. du golfe de Biafra, les côtes de *Koua*, de *Biafra* et de *Gabon*. On remarque, sur la côte de Koua, l'importante ville de *Camarones*.

Sur le *fleuve de Gabon*, est l'établissement français du même nom, fondé en 1843.

On trouve, au loin dans l'intérieur de la Guinée supérieure, au milieu des montagnes de Kong, le florissant royaume de *Yariba*, habité par un peuple belliqueux et puissant.

Les habitants de la Guinée supérieure sont des nègres, plongés généralement dans un état sauvage. Leurs mœurs varient suivant les tribus : les uns sont féroces et inhospitaliers ; les autres, doux et d'un facile accès. Leur religion est un mélange bizarre d'islamisme et d'idolâtrie, et présente souvent l'assemblage de tout ce que l'esprit peut enfanter de plus monstrueux. Les sacrifices humains ne sont pas rares. On remarque, à la cour du roi de Dahomeh, une garde considérable toute composée de femmes.

Guinée inférieure.

La Guinée inférieure ou méridionale est souvent désignée sous le nom de *Congo*, quoique ce nom n'appartienne proprement qu'à l'un des royaumes de cette contrée. Elle s'étend du N. au S., depuis le cap *Lopez* jusqu'au cap *Negro*, et a une longueur d'environ 1800 kilomètres. C'est à peu près vers l'équateur que se trouve la limite entre les deux Guinées.

Les deux fleuves principaux sont le *Coango, Congo* ou *Zaïre*, qui se grossit du *Casaï*, et la *Coanza;* ces fleuves, qui parcourent de l'E. à l'O. la Guinée inférieure, ne sont pas connus jusqu'à leurs sources. On remarque, en outre, le *Dande*, entre le Zaïre et la Coanza, et le *Cunéné*, dans le S.

Les côtes, assez généralement plates et marécageuses, sont exposées à une chaleur brûlante et malsaine. L'intérieur jouit d'une température plus douce et plus salubre : quelques voyageurs en ont dépeint certaines parties comme un paradis terrestre. La saison des pluies dure depuis le mois d'octobre jusqu'au mois de mars.

Les productions végétales sont à peu près les mêmes que dans la Guinée supérieure. Il y a beaucoup d'ignames ou yams, dont la racine est nourrissante; le luno est une céréale qui fournit un pain excellent, nourriture ordinaire de la plupart des indigènes. Le manioc et les patates, venus d'Amérique, prospèrent parfaitement. Les forêts sont remplies d'une grande variété d'animaux : on y trouve particulièrement des éléphants, de nombreuses antilopes, dont la plus belle est le bongo; des girafes, des rhinocéros, des zèbres, des lions, des léopards, des singes, entre autres le gorille et le chimpanzé, troglodyte ou jocko, qui sont parmi les plus rapprochés de l'homme.

Parmi les oiseaux, on cite les perroquets, dont une espèce est le jaco, qui apprend le plus aisément à parler; l'autruche, la grue couronnée, le marabou, qui fréquentent les lieux découverts. Une foule d'insectes infestent le pays : la piqûre du banzo, espèce analogue au taon, passe pour mortelle; l'insondi se glisse dans la trompe de l'éléphant, et le fait mourir dans des accès de fureur. Il y a beaucoup de reptiles : une sorte de lézard volant est un objet d'adoration pour le peuple. Toutes les rivières sont remplies de crocodiles. Le boa abonde aussi. Le copra est un autre serpent, qui lance de loin, dans les yeux de ceux qu'il aperçoit, un venin qui cause souvent l'aveuglement. Les sauterelles sont un mets recherché des naturels. De nombreux essaims d'abeilles déposent leur miel dans le creux des arbres.

On pêche sur la côte une grande quantité de petites coquilles appelées cauris.

La Guinée inférieure comprend six principaux pays baignés par l'océan :

Au N. du Zaïre, on remarque le royaume de *Loango*, capitale *Bouali;* — le royaume de *Cacongo*, capitale *Kingelé;* — le royaume d'*En-Goyo*, capitale *Cabinde*, à l'embouchure du Zaïre, et dans une situation si agréable, qu'on l'a surnommée le *Paradis de la Côte*.

Entre le Zaïre et le Dande, se trouve le *Congo*, une des plus belles parties de la Guinée. Les habitants sont hospitaliers, mais ils sont ignorants et livrés à l'adoration des fétiches. Cependant, ayant reçu plusieurs missions chrétiennes portugaises, ils ont mêlé quelques pratiques du christianisme à leurs croyances païennes, et ont adopté diverses particularités des mœurs des Portugais : ils donnent, par exemple, aux grands de l'état, les titres de ducs, de comtes et de marquis. Ce peuple paraît inférieur en intelligence à beaucoup d'autres nègres africains. L'ivrognerie, une musique bruyante, des danses grossières, le sommeil, font les plus grandes jouissances du Congue. Les travaux utiles et pénibles sont délégués aux femmes et à de nombreux esclaves. La capitale du Congo est *San-Salvador* ou *Banza-Congo*, située dans une position très-salubre, sur une montagne escarpée.

Au S. du pays de Congo, est l'*Angola*, qui appartient aux Portugais. C'est là que se trouve *Saint-Paul de Loanda*, port de mer, capitale de leurs possessions dans la Guinée inférieure.

Enfin, au S. de la Coanza, s'étend le *Benguéla*, dont une grande partie dépend des Portugais. La ville maritime de *Saint-Philippe de Benguéla*, dans une position très-malsaine, est un lieu d'exil pour les criminels du Portugal. Dans l'E. de la Guinée inférieure, sont les pays de *Cassangé* et de *Bihé*.

On rattache à la même contrée l'*Anziko*, situé loin dans l'intérieur et encore très-peu connu. Le souverain a le titre de *Mikoko*, nom qu'on donne quelquefois au royaume lui-même.

Les peuples de la Guinée inférieure appartiennent à la race nègre. Il y a seulement, vers la côte surtout, un certain nombre de Portugais.

VI. OVAMPIE, HOTTENTOTIE ET COLONIE DU CAP.

Ovampie.

Au S. de la Guinée inférieure, s'étend, sur un espace d'environ 1200 kilomètres, une contrée encore peu connue, nommée *Ovampie*; on l'a aussi appelée *Cimbebasie*, d'après un de ses peuples, les *Cimbeba*, moins importants que les Ovampo, dont elle doit plutôt prendre le nom. L'abord de la côte est dangereux; l'eau potable y est rare. On y voit l'embouchure d'un fleuve nommé *Nourse*, qui est la partie inférieure du Cunéné.

Les *Ovampo*, qu'on trouve dans l'intérieur, sont des populations intelligentes, agricoles et industrieuses. On remarque aussi les *Damara occidentaux*, dont le pays est riche en pâturages. On remarque sur la côte l'île d'*Ichabo*, qui appartient aux Anglais et qui est fameuse par le guano (espèce d'engrais) qu'on y recueille.

Hottentotie.

La Hottentotie, ou le pays des Hottentots indépendants, formait autrefois une des plus vastes divisions de l'Afrique méridionale ; mais, rétrécie par les envahissements successifs de la colonie du Cap, son étendue égale à peine aujourd'hui celle de la France. Le fleuve Orange la sépare du territoire du Cap. D'immenses plaines occupent la partie occidentale. Une partie du désert de *Kalahari* s'étend dans le N.; à E., s'élèvent des montagnes pittoresques, d'où se précipitent de nombreuses rivières.

L'*Orange* ou *Gariep*, le plus grand fleuve du pays, coule de l'E. à l'O., forme une cataracte de 136 mètres de hauteur et de 500 de largeur, vers le milieu de son cours, et se perd dans l'Atlantique. Il est formé par deux rivières, le *Ky-Gariep* ou *Vaal*, et le *Nou-Gariep*.

La Hottentotie a beaucoup de forêts et un grand nombre d'animaux : on y voit des troupes de buffles, terribles par leur férocité, des éléphants, des rhinocéros, des panthères, des chacals, des hyènes, des loups, des lions, des girafes, des antilopes d'espèces très-variées et qui forment quelquefois des troupes de 2000 individus; des zèbres, des onaggas, des couaggas, des autruches; le coucou indicateur, curieux par son instinct d'indiquer aux hommes les nids d'abeilles sauvages. L'oryctérope, ou cochon de terre, qui se nourrit de fourmis et de termites, est un animal particulier à ces contrées.

Les Hottentots, ou plutôt *Quaïqua*, habitants originaires de toute la région méridionale de l'Afrique, diffèrent assez des nègres proprement dits. Leur couleur est d'un brun foncé ou d'un jaune brun. Leur nez est en général très-aplati; leurs joues, très-proéminentes, forment presque un triangle avec leur menton étroit et pointu; leur bouche est grande, mais garnie de dents très-blanches; ils ont les mains et les pieds petits, et les membres bien proportionnés. Les femmes ne manquent pas de grâce dans leur jeunesse. Les hommes n'ont pour vêtements qu'un manteau fait de peaux de mouton, et un pagne roulé autour du corps; les femmes portent, en outre, une sorte de tablier qu'elles ornent de larges boutons de métal et de petits coquillages; elles se chargent le cou, les bras et les jambes de verroteries, et se couvrent la tête d'un bonnet de peau assez élégant.

Les Hottentots sont doux, humains et susceptibles d'un grand attachement pour leurs semblables; mais leur indolence est extrême, et ils poussent la malpropreté au dernier degré. Leur sang-froid et leur maintien réfléchi les distinguent surtout des autres nations noires ou basanées, qui, généralement, se livrent au plaisir avec la gaieté la plus vive. Ils sont adroits à la chasse et se servent avec habileté du fusil. Ils se réunissent en petites bourgades nommées *kraals*, qui sont gouvernées chacune par un chef nommé *gougou* et choisi parmi les vieillards. Ils élèvent de nombreux troupeaux de moutons et de bœufs, mais ne se doutent pas des premiers éléments de l'agriculture. Leur industrie se réduit à faire des arcs et des flèches, à façonner des pots de terre, à tisser des nattes et à coudre des peaux pour leurs vêtements d'hiver. Leurs huttes, faites de nattes de joncs, ressemblent à des corbeilles renversées; ils peuvent les démonter en moins d'une heure, et les charger sur le dos d'une paire de bœufs. Leur langage se fait remarquer par une multitude de sons rapides et glapissants, poussés du fond de la poitrine avec de fortes aspirations, et modifiés dans la bouche par un claquement singulier de la langue, très-désagréable à l'oreille d'un Européen.

Les Européens ont formé quelques missions chez ce peuple, et déjà un grand nombre de Hottentots sont convertis au christianisme.

Les principales tribus de Hottentots sont les *Grands* et les *Petits Namaqua*, à l'O.; les *Korana*, à l'E., et les *Boschmans*, *Bosjesmans* ou *Bushmen* (c'est-à-dire, en hollandais et en anglais, *hommes des bois*). Ce dernier nom, donné assez vaguement à plusieurs populations hottentotes, désigne surtout celle qui, placée vers le S., s'appelle *Saab*, *Saan* ou *Houzouana*. On nomme *Criqua* ou *Griqua* une population de métis, provenant du mélange des Hollandais avec les Namaqua et les Korana.

Colonie du Cap.

Cette importante colonie tire son nom du célèbre cap de Bonne-Espérance, qui la termine au S. O. Ce cap, qui se trouve à l'extrémité d'une petite presqu'île montagneuse, fut découvert, en 1486, par le Portugais Barthélemy Diaz, que le manque de vivres et les mauvais temps empêchèrent d'avancer plus loin; aussi fut-il d'abord appelé cap des *Tempêtes* ou des *Tourmentes*. Vasco de Gama, autre navigateur portugais, le doubla le premier, en 1497, et le nom de Bonne-Espérance devint celui d'un point qui offrit désormais une route nouvelle pour aller aux Indes. On vit alors, pour la première fois, des vaisseaux européens dans l'océan Indien. Située à l'extrémité méridionale de l'Afrique, la colonie du Cap occupe la partie la plus australe de l'Ancien continent. L'océan Indien la baigne au S. et au S. E., et l'Atlantique, à l'O.; elle s'avance au N. E. jusqu'à la Cafrerie maritime. Elle a au N. la Hottentotie, vers laquelle le fleuve Orange lui sert de limite. Les Anglais, qui en sont les maîtres depuis 1806, époque où ils l'enlevèrent aux Hollandais, ne négligent rien pour en assurer la prospérité.

Les côtes sont généralement élevées, et découpées par quelques enfoncements, qui offrent un abri bien précieux aux marins dans ces parages redoutés par leurs tempêtes. Sur l'Atlantique, on remarque la baie *Sainte-Hélène*, et, un peu plus au S., la baie de la *Table*. La côte méridionale présente la baie *False*, fermée à l'O. par le cap de *Bonne-Espérance*, point de partage entre les deux océans. On y remarque aussi le cap des *Aiguilles*, la pointe la plus méridionale de l'Afrique ; des récifs enveloppent presque partout cette côte.

La colonie du Cap est un pays généralement couvert de montagnes arides, qui s'abaissent vers la mer en formant une succession de terrasses. Des plateaux stériles, dépourvus de toute eau courante, et mêlés de glaise et de pierres, s'étendent dans le N. sous le nom de *Karrou*. Pendant un mois seulement, ils sont couverts d'une magnifique verdure, dont les antilopes, les autruches, les buffles s'empressent de jouir; puis, pendant tout le reste de l'année, le sol est brûlé et durci par le soleil, et ces lieux sont désormais inhabitables. Dans le N. E., il y a d'excellents pâturages. C'est surtout à l'E. que l'on trouve des forêts : elles fournissent le bois de fer, le palmier sagou, le gaïac à fleurs écarlates; on y voit une espèce de strélitzia, dont l'éclat n'a point de rival, et l'on y a reconnu jusqu'à soixante-dix sortes de bois de construction. Les vallées méridionales sont belles et cultivées avec soin; on y récolte des vins renommés, du froment, de l'orge, du chanvre, des fruits d'Europe et des fruits d'Asie. Le coton et le café y réussissent. On y trouve des limons, des oranges, des citrons, des grenades, des figues, des acacias-gommiers. Les plus belles plantes exotiques qui ornent nos serres et nos jardins viennent du Cap : on y admire les innombrables variétés des ixies, des iris, des glaïeuls, des hémanthes; les gnaphalies, les xéranthèmes, les géraniums odorants, une foule de jolies bruyères, et les protées, dont les belles feuilles soyeuses et d'un éclat presque métallique reflètent les rayons du soleil d'une manière éblouissante. Des plantes grasses, telles que la ficoïde ou mésembrianthème, la crassule, le cotylet, l'aloès, se trouvent au milieu des déserts, et forment souvent des forêts serrées, au-dessus desquelles planent de gigantesques bouquets d'euphorbes.

Les hippopotames sont assez nombreux dans la colonie du Cap, et on les chasse pour leur chair, qui a de la ressemblance avec celle du porc. Il y a aussi beaucoup d'éléphants. Les antilopes sont extrêmement communes ; on remarque surtout la gazelle, le klippspringer ou antilope sauteuse, le spring-bok, le guévey, ou roi des chevrotains, la plus petite des antilopes ; le coudous, dont les cornes, longues quelquefois de plus d'un mètre, décrivent une belle spirale régulière. Le buffle du Cap, terrible par sa férocité, vit en grandes troupes. Les autruches sont fort nombreuses, et il est défendu d'en détruire les œufs. On trouve aussi des zèbres et d'autres espèces sauvages du cheval, comme le dauw, le couagga et l'onagga. Les bœufs et les moutons se multiplient étonnamment. Les derniers sont remarquables par la dimension extraordinaire de leur queue, qui est plate et grasse. Parmi les oiseaux, nous distinguerons les flammants, qui étalent partout leur plumage écarlate; l'oiseau-cloche, dont la voix, aussi forte et aussi claire que le son d'une cloche, peut s'entendre à une grande distance, et les albatros, moutons du Cap ou vaisseaux de guerre, les plus grands et les plus massifs des oiseaux qui volent à la surface de l'océan. On trouve beaucoup de baleines dans le voisinage des côtes du Cap.

L'année est divisée en deux saisons: celle de la chaleur et celle des pluies. La première commence en septembre et finit en mars; alors règnent les vents du S. E., qui amènent de violentes tempêtes. Le vent du N. O. règne dans la saison des pluies, qui a lieu en mai, juin, juillet et août. Il est rare de trouver dans le pays des exemples de longévité.

La partie septentrionale de la colonie du Cap est couverte par les *montagnes de Neige (Sneeuwberg)* et les monts *Nieuwveld;* le *Spitzkop* ou le mont du *Compas*, qui sert de nœud à la jonction de ces deux groupes, a 2000 mètres de hauteur et passe pour un des plus hauts sommets de l'Afrique australe; on y remarque aussi les monts *Roggeveld*, qui sont à l'O. des monts Nieuwveld; la *montagne de la Table*, haute d'environ 1200 mètres, est un peu au N. du cap de Bonne-Espérance. Le fleuve *Orange* coule sur la limite septentrionale de la colonie, pour se jeter dans l'Atlantique; le *Riet* et le *Sack* appartiennent au bassin de ce fleuve; la rivière de l'*Éléphant* est tributaire du même océan. Le rapide *Gaurits*, le *Camtoos* ou la *Grande-Rivière* et la *Grande-Rivière du Poisson (Groote-Visch-Rivier* en hollandais) débouchent dans l'océan Indien.

Le *Cap* ou la *Ville du Cap*, en anglais *Capetown*, en hollandais *Kaapstad*, capitale de la colonie, est fort belle et très-fortifiée; elle s'étend au pied des montagnes de la Table et du Lion, sur les rivages de la baie de la Table, à une petite distance de la baie False. La population est d'environ 25 000 âmes.

Le village de *Constance*, à 22 kilomètres au S. E. du Cap, est entouré de vignobles renommés.

On remarque ensuite la jolie petite ville de *George-town*, celle de *Bathurst*, *Graham's-town*, et *Graaff-Reynett*, ville toute hollandaise et d'une charmante propreté.

La colonie du Cap renferme une population de 300 000 habitants, parmi lesquels on compte beaucoup de nègres proprement dits et un nombre assez considérable de Hottentots et de Cafres ; la population blanche se compose d'Anglais, de Hollandais, de descendants de Hollandais, qui prennent actuellement la dénomination d'Africains ; de descendants de Portugais, et de réfugiés protestants français.

VII. CAFRERIE ET COLONIE DE NATAL, CAPITAINERIE GÉNÉRALE DE MOZAMBIQUE, ZANGUEBAR, SOMAL.

Cafrerie et Colonie de Natal.

On désigne sous le nom de Cafrerie une vaste contrée encore mal connue, qui est baignée au S. E. par l'océan Indien, et qui touche vers l'E. à la capitainerie générale de Mozambique, vers le S. à la Hottentotie et à la colonie du Cap ; elle se prolonge fort loin, vers le N., dans l'intérieur des terres. Les dimensions n'en peuvent être exactement déterminées.

La côte, c'est-à-dire la *Cafrerie maritime* ou *proprement dite*, a été conquise en grande partie par les Anglais, qui y possèdent particulièrement la *Terre de Natal*, colonie toute nouvelle et déjà florissante, dont la population s'élève à 120 000 âmes ; la capitale en est *Pietermaritzburg* ; mais la ville la plus considérable est *D'Urban*, sur le port *Natal*.

Le nom de ce port vient de ce que Vasco de Gama le découvrit le jour de Noël.

Le *Zambèze*, qui prend, sur une grande étendue, le nom de *Liambáy*, et dont le voyageur Livingstone a beaucoup contribué à faire connaître le cours intérieur, coule à travers le N. de la Cafrerie ; il y forme la magnifique cataracte de *Mosioatounya* ou de *Victoria*. — Il s'y trouve aussi le grand lac *Nyami*, qui, recevant au N. O. la rivière *Tioughé*, s'écoule au S. E. par la *Zougha*, dont l'embouchure est dans un grand marais. — Enfin on voit en Cafrerie les branches supérieures de l'*Orange* : l'une des principales s'appelle *Vaal*.

Les bœufs sont beaux et nombreux dans cette contrée ; mais une mouche redoutable, nommée *tsétsé*, commune dans l'intérieur, les pique souvent et les fait périr.

Les *Tambouki* et les *Koussa* ou *Amakosa*, peuples bien faits, vigoureux, actifs, habitent dans le S. de la Cafrerie maritime. Dans le N., sont les *Zoulou*.

Dans l'intérieur, on rencontre les *Basouto* (dans le pays de *Lessouto*) et les nombreuses tribus de la nation des *Betjouana*. La plus riche, la plus puissante et la plus industrieuse est celle des *Bakouaïn*.

Les principaux lieux qu'on remarque chez ce peuple sont *Kolobeng*, *Molopo*, *Motito*, *Kourouman* ou *Nouveau-Litakou*; les missionnaires protestants de Londres et de Paris y ont établi d'importantes stations.

Au N. des Betjouana, se trouvent les *Makololo*, qui ont pour capitale *Linyanti*, et les *Barotsé*, nègres proprement dits, sujets des Makololo et fixés sur les bords du Liambây.

En suivant le cours du Zambèze, on trouve les *Banyaï*, dont le pays correspond en partie à l'ancien empire, quelque temps puissant, du *Monomotapa* (c'est-à-dire du *chef Motapa*.)

On rattache encore à la Cafrerie intérieure les *Damara* orientaux et plusieurs tribus de Bushmen.

Sous le nom général de *Cafres*, dérivé du mot arabe *kafir*, qui signifie *infidèles*, on désigne une race qui se distingue des nègres proprement dits par plusieurs caractères : elle a un teint moins foncé et moins luisant, des traits plus réguliers et plus beaux, un caractère plus élevé, plus fier, et même indomptable à la guerre. Outre ce qu'on est convenu d'appeler la Cafrerie, elle habite encore une partie des territoires de Mozambique, de Zanguebar et du Cap. Les Cafres s'occupent particulièrement du soin des troupeaux. Excellents chasseurs, ils vont par troupes nombreuses à la recherche des animaux sauvages dont leur pays abonde. Ils se couvrent de peaux de mouton ou de veau, qu'ils savent préparer avec beaucoup d'art.

Les idées des Cafres sur la Divinité sont vagues et imparfaites. Cependant ils sont moins superstitieux et moins crédules que beaucoup de nègres proprement dits. L'anthropophagie existe malheureusement chez quelques tribus.

Il y a, dans la Cafrerie, un assez grand nombre de *Boers*, anciens colons hollandais, devenus des guerriers nomades.

Ils ont fondé particulièrement deux républiques : celle du *Fleuve-Orange* et la république *Trans-Vaalienne*, dans le bassin supérieur de l'Orange.

Capitainerie générale de Mozambique.

Le Mozambique est une vaste possession portugaise qui s'étend au N. E. de la Cafrerie et des colonies du Cap et de Natal : elle est baignée à l'E. par l'océan Indien et par le détroit auquel elle donne son nom et qui la sépare de l'île de Madagascar.

La côte présente à son extrémité méridionale la baie de *Lorenzo-Marquez*, à laquelle un lac maritime, situé vers son bord septentrional, a fait donner le nom portugais de *Bahia da Lagoa*, c'est-à-dire baie de la Lagune. A son extrémité septentrionale, est le cap *Delgado*, qui est probablement l'ancien promontoire *Prasum*, au delà duquel tout était inconnu aux Grecs et aux Romains sur la côte orientale de l'Afrique.

Cette contrée est presque partout fertile. Les principales productions végétales sont le blé, le maïs, le riz, le manioc, le sucre, le café, les ignames, les patates, les pois, les haricots, l'indigo. Il y a des forêts de palmiers, d'orangers, de citronniers, de caféiers, de figuiers indiens, de baobabs. On y trouve des éléphants, dont l'ivoire est l'objet d'un important commerce. Les montagnes renferment de grandes richesses minérales, entre autres, de l'or et de la houille, et les fleuves qui en descendent roulent des sables aurifères.

La limite occidentale de la capitainerie est, en grande partie, formée par les monts *Lupata*. La portion la plus connue de cette chaîne est coupée par le *Zambèze*. Ce fleuve reçoit à gauche le *Chiré*, par lequel s'écoule le lac *Chiroua*, découvert récemment par le voyageur Livingstone.

La capitale de la capitainerie générale est *Mozambique*, sur une petite île et sur une baie qui portent le même nom. L'air y est très-insalubre ; les habitants vont s'établir, durant la saison dangereuse, au fond de la baie, à *Mesuril*.

Les autres villes principales sont : *Tété*, forteresse située loin dans l'intérieur, sur le Zambèze, près du pays de *Chicova*, célèbre par ses mines d'or ; — *Quilimane*, petite ville et port commerçant, à l'embouchure d'une rivière du même nom, près et au N. des bouches du Zambèze ; — *Sofala*, vers le S., dans l'ancien royaume du même nom, renommé par son or, et qui correspond, suivant quelques géographes, à l'Ophir dont on parle dans l'histoire de Salomon.

Les îles *Quérimbé* sont au N., près du cap Delgado.

Les indigènes du Mozambique appartiennent, les uns, à la famille cafre, les autres, à la race nègre proprement dite. La plupart des peuplades ont conservé leurs lois, leurs coutumes, leur gouvernement et leurs princes; d'autres sont soumises à l'administration portugaise. La principale nation est celle des *Makoua*.

Le Mozambique, découvert par les Portugais en 1498, est régi par un gouverneur qui a le titre de capitaine général, et qui conserve encore dans son palais quelques restes de la splendeur des anciens vice-rois de l'Afrique orientale.

Il y a parmi les blancs un grand nombre de criminels, déportés du Portugal et des colonies de ce royaume.

Zanguebar.

Le Zanguebar est une longue contrée maritime, située au N. E. du Mozambique, et qui s'étend sur l'océan Indien, depuis le cap *Delgado* jusqu'au *Djoub*, où commence le Somâl. Le *Dana*, l'*Ozi*, le *Pangani* ou *Loufou*, le *Loffih* ou *Loufidji*, le *Luvuma*, et d'autres fleuves dont le cours supérieur est inconnu, parcourent le pays et arrivent à la mer en coulant à travers d'épaisses forêts et sur des terrains bas, marécageux et malsains. Le climat est brûlant. Le mil, le riz et les bananes forment la principale nourriture des indigènes. Il y a de nombreux éléphants, qui donnent un ivoire renommé.

La côte de Zanguebar est presque entièrement soumise, soit immédiatement, soit comme vassale, au sultan de Mascate, qu'on appelle aussi sultan de Zanzibar.

On remarque d'abord, en allant du S. au N., l'île de *Quiloa*, avec la ville du même nom, qui a un port superbe, mais qui n'est plus qu'un assemblage de misérables huttes.

L'île de *Monfia*, peuplée de bœufs sauvages, se présente ensuite. — *Zanzibar* ou *Anggouya*, la plus grande des îles de ces parages, est bien boisée, bien arrosée, et a d'excellents pâturages. Cette île a un port excellent sur la côte occidentale, et sa capitale, ville de 25 000 âmes, qui porte le même nom, est la résidence ordinaire du sultan.

On voit ensuite l'île fertile et boisée de *Pemba*, et l'île de *Mombas* ou *Mombaza*, appelée aussi *Mvita*, avec le meilleur port de l'Afrique orientale, une magnifique végétation et une ville du même nom. On y remarque les ruines des fortins construits par les Portugais, qui furent longtemps maîtres de l'île.

Mélinde, sur la côte du continent, était très-florissante lorsque Vasco de Gama y aborda, dans le quinzième siècle. Ce n'est plus aujourd'hui qu'un amas de ruines.

On remarque aussi *Lamo* et *Patta*, ports assez florissants.

La population du Zanguebar est composée : 1° d'*Arabes* et de *Souahhéli* (formés d'un ancien mélange d'Arabes et d'indigènes); 2° de nègres indigènes, nommés en général *Zangues* ou *Zindjes*, mais formant plusieurs peuplades. Parmi celles-ci, on cite les *Ouanika*, les *Ouasambara*[1] (qui habitent le pays d'Ousambara), etc.

Somâl.

Le pays de Somâl, placé à l'E. de l'Abyssinie, occupe la partie la plus orientale de l'Afrique, depuis le détroit de Bab-el-Mandeb jusqu'au Zanguebar. Il se termine à l'E. par les caps *Guardafui* et d'*Orfui*. Cette contrée comprend ce qu'on a longtemps appelé, au N., *côte d'Adel*, et, au S., *côte d'Ajan*.

La côte est marécageuse, très-chaude et très-malsaine; l'intérieur est fort peu connu. On remarque à l'O. le grand lac d'*Aoussa*, où vient se jeter l'*Aouach*.

Il coule, dans l'O. et le S. de ce pays, deux fleuves nommés l'un et l'autre *Ouébi* : l'un est le *Ouébi-Dénok*, qui, après avoir coulé longtemps au S., tourne brusquement à l'O. et se perd dans plusieurs petits lacs, sans atteindre l'océan Indien; l'autre est le *Ouébi-Djoub* ou *Ouébi-Ganâné*, qui se jette dans l'océan tout près de l'équateur.

Le Somâl exporte de l'or, de la myrrhe, de l'encens, de l'ivoire, de la gomme arabique, et a pour peuple principal les *Somâli*, Arabes d'origine et mahométans. Ces hommes sont remarquables par la beauté de leurs traits et leur intel-

---

1. La préfixe *oua*, dans la langue de cette contrée, indique un *peuple* ; la préfixe *ou* désigne un *pays*.

ligence; les uns sont pasteurs, les autres commerçants et navigateurs ; ils ont la singulière coutume de teindre leurs cheveux en jaune. Le petit peuple des *Adel*, ou plutôt *Adali*, occupe une partie de l'O.

Les principales villes de la côte N. sont *Zeïlah* (l'ancienne *Avalites*), *Barbara* ou *Berbéra*, et *Toujoura*; celles de la côte orientale sont *Makadchou* et *Brava*.

Dans la partie occidentale, on trouve le petit royaume mahométan de *Hourour* ou *Harar*, avec une capitale du même nom.

Le N. O. du Somâl répond à une partie de l'ancienne *Éthiopie au-dessus de l'Égypte*; le reste était connu sous les noms d'*Azanie* et de *Barbarie*.

VIII. NIGRITIE SEPTENTRIONALE, SOUDAN OU TAKROUR ; NIGRITIE MÉRIDIONALE.

Nigritie septentrionale.

Le nom de Takrour est celui sous lequel les indigènes de l'intérieur de l'Afrique désignent l'immense pays encore peu connu qui s'étend de la Nubie à la Sénégambie, et des montagnes de *Kong* au Sahara. Ce nom de Takrour, celui de *Nigritie* et la dénomination arabe de *Beled-es-Soudan*, que nous abrégeons en disant simplement le *Soudan*, signifiant également *pays des noirs*, pourraient faire croire que cette région est exclusivement habitée par des nègres : or, nous avons vu que la race nègre est répandue dans beaucoup d'autres contrées, et d'ailleurs la population du Takrour comprend aussi plusieurs peuples étrangers à cette race. Ce ne sont donc pas des noms très-bien appliqués.

La partie occidentale du Takrour est arrosée par un grand fleuve que les indigènes appellent *Kouara, Diali-ba, Mayo-Balléo* ou *Isa-Balléo*, et que les Européens nomment *Niger*, parce qu'on l'a cru, peut-être à tort, identique avec le *Niger* ou *Nigir* des anciens géographes. Il a ses sources dans le N. O. de la Guinée supérieure, au mont *Loma*, se dirige d'abord au N. E., et traverse le beau lac *Dibbie;* ensuite il tourne à l'E., puis au S., et va se jeter dans le golfe de Guinée, en se partageant en plusieurs branches. Il reçoit par sa rive gauche une grande et belle rivière nommée *Bénoué* ou *Tchadda*.

Le vaste bassin du lac *Tchad* ou *Tsad* occupe le centre du pays ; il reçoit à l'O. la rivière *Ouâbi*, et au S. le *Chari*. — Le lac *Fittré*, au N. E. du Tsad, reçoit la rivière *Bat-ha*. — Le *Keïlak* et le *Bahr-el-Ghazel*, plus à l'E., coulent vers le fleuve *Blanc*, considéré comme la branche principale du Nil, et dont le cours supérieur a été exploré par les voyageurs d'Arnaud, Angelo Vinco, Knoblecher, Vaudey, Brun-Rollet, Petherick, Peney, Lejean et plusieurs autres. Quelques-uns de ces voyageurs ont remonté le Nil Blanc jusque vers le 3º degré latitude N.; il y est déjà considérable, et il est probable qu'il a sa source au delà de l'équateur.

Le Takrour est exposé à des chaleurs très-fortes durant huit ou neuf mois de l'année, et les parties peu arrosées sont alors de la plus grande stérilité ; mais, dès que la saison des pluies commence, à la mi-juin, elles se couvrent d'une brillante végétation. Les principales productions végétales sont le maïs, le riz, le millet, le dourah, les fèves, les bananes, les ignames, les patates douces, le chi, ou arbre à beurre ; le coton, l'acacia-gommier, le boabab, le gourou, ou noix du Soudan, que les Arabes nomment café du Soudan, etc.

Les chameaux, les chevaux, les ânes, sont assez nombreux ; il y a beaucoup de singes, de lions, de léopards, de panthères, de chacals, de loups, de rhinocéros. L'éléphant et la girafe sont assez communs, et l'on y remarque l'aboukorn, quadrupède portant au front une protubérance osseuse, mince et droite : c'est peut-être la licorne du moyen âge, si célèbre dans le blason. Ce pays fourmille d'insectes, tels que termites, araignées, scolopendres et sauterelles.

Le Takrour se divise en un grand nombre de royaumes, sur lesquels on n'a encore que des notions fort incertaines. On remarque d'abord, dans la partie supérieure du bassin du Diali-ba, avant le lac Dibbie, le *Ouassoulo*, pays très-fertile, riche en or, et dont les habitants sont, dit-on, doux, humains et très-hospitaliers ; — le pays des *Bambara* ou *Bambanao* (les mêmes que les Mandingues), où l'on rencontre *Ségo* ou *Ségou*, ville de 30 000 habitants, *Sansanding*, et *Djenny* ou *Djenné*, toutes trois au bord du fleuve. — On trouve plus loin le riche pays de *Massina* ou *Masena*, qu'on

NIGRITIE SEPTENTRIONALE ET NIGRITIE MÉRIDIONALE.

nomme encore nouveau royaume de *Melli*, pour rappeler l'ancien et puissant royaume de ce nom, appelé aussi *Ghana*.

Au-dessous du lac Dibbie, et toujours dans le bassin du Diali-ba, on rencontre *Ten-Boktou*, appelée moins exactement *Tombouctou* ou *Timbouctou*, située à peu de distance de la rive gauche du fleuve, sur lequel *Kabra* lui sert de port. L'autorité y est partagée entre un chef religieux d'origine maure, un chef politique fellata et l'influence des Touareg. Elle est fort commerçante, mais non aussi grande ni aussi peuplée qu'on l'avait longtemps supposé : Caillié l'a visitée en 1828, et, le premier, a donné des renseignements certains sur cette célèbre ville. Le docteur Barth, qui y a séjourné en 1853 et 1854, l'a trouvée peuplée de 20 000 habitants.

Le vaste pays de *Haoussa* s'étend au centre du Takrour. On y remarque, à l'O., le royaume et la ville de *Gando*, avec la ville de *Yaouri* ; — dans le milieu, le royaume de *Sakatou* ou *Sokoto*, avec la ville de ce nom, ancienne capitale des Fellata, et celle de *Vourno*, leur capitale actuelle ; — à l'E., *Kachena* ou *Katsena*, jadis riche et florissante, et aujourd'hui presque entièrement abandonnée ; *Kano*, peuplée de 40 000 habitants, et l'un des plus grands marchés de l'Afrique intérieure. — *Yakoba*, au S., dans le pays de *Bâtchi*, est une des villes principales du Soudan, et fait aussi partie des états des Fellata.

Au S. encore, et vers la frontière de la Guinée supérieure, est le royaume de *Borgou*, dans lequel se trouve *Boussa*, où Mungo-Park a péri, dit-on.

L'*Adamaoua* ou *Foumbina*, au S. E., dans le bassin de la Bénoué, est un royaume fellata, vassal du souverain de Sakatou. Il a pour capitale *Yola*.

Dans le bassin du lac Tchad, on trouve l'empire de *Bournou*, situé entre le Haoussa et ce lac ; le royaume de *Kanem*, qui occupe les terres comprises entre les bords septentrionaux du lac et le Sahara ; le *Logone* et le *Mandara*, au S. du lac ; le *Baghirmi*, au S. E.

Le plus important de ces pays est le Bournou, dans lequel deux célèbres expéditions de voyageurs européens ont été entreprises : l'une en 1823, par Oudney, Clapperton et Denham ; l'autre, de 1851 à 1855, par Richardson, Overweg, Barth et Vogel. *Kouka*, ou plutôt *Koukaoua* (c'est-à-dire la *ville des Baobabs*), capitale de cet empire, est située à quelque distance de la rive occidentale du lac Tchad.

Les *Biddouma* sont de hardis insulaires, qui ont pour habitation les îles du lac Tchad, et qui se livrent à la piraterie.

Le *Baghirmi* est un royaume assez puissant, qui a pour capitale *Mas-Egna*.

Assez loin au N. E. du lac de Tchad, se trouve le riche et fertile pays de *Ouadây*. *Ouara* en a été la capitale. *Am-Bache* l'est aujourd'hui.

Dans la partie la plus orientale du Takrour, sont le *Dárfour* et le *Kordofan*, qui appartiennent en grande partie au bassin du Nil.

Le *Dárfour*, ou plutôt *Dâr-Four*, couvert à l'O. par les monts Marrah, est une grande oasis au milieu d'un désert. Il a de riches territoires, qui nourrissent de nombreux troupeaux. *Tendelti* est la capitale du Dâr-Four. *Kobé* l'a été longtemps. Le sultan de ce pays entretient un commerce considérable avec l'Égypte, surtout en dents d'éléphant et en plumes d'autruche[1].

Le *Kordofan* n'est à proprement parler qu'un assemblage de petites oasis jetées au milieu des déserts. Ce pays est aujourd'hui sous la domination du pacha d'Égypte, et forme une annexe de la Nubie. *Obéid* en est la capitale.

A S. du Kordofan, s'étend une grande contrée arrosée par le Nil Blanc, dans les îles et sur les bords duquel vivent des nègres grands et courageux, considérés comme appartenant au Soudan, et en même temps comme une autre annexe de la Nubie. Ils ont de nombreuses pirogues, qu'ils manœuvrent avec beaucoup d'adresse. On y distingue les *Dinka*, les *Chelouk*, les *Nouerr*, les *Barry*, les *Berry*, etc.

Dans les parties les plus reculées et les moins connues du Soudan, vers le S., habitent les populations qu'on appelle *Nyam-nyam*, tribus sauvages et, dit-on, anthropophages. On a prétendu, mais à tort, que les Nyam-nyam avaient une espèce de queue : c'est un simple ornement en peau qui a donné lieu à cette supposition.

Les habitants de Takrour professent généralement le mahométisme, et la plupart paraissent être industrieux et un peu plus civilisés que ceux des côtes. Plusieurs cependant sont païens, et ce sont eux que les peuples mahométans réduisent en esclavage.

La plus remarquable de toutes les nations de l'Afrique

---

1. Autrefois en esclaves, avant l'abolition de l'esclavage en Égypte.

centrale est celle des *Fellani* ou *Fellata*, appelés aussi *Foulbé*; ils sont de la même famille que les *Foulah* ou *Poul* de la Sénégambie. Ils s'étendent dans les bassins du Diali-ba et du lac Tchad. Ils diffèrent essentiellement des nègres proprement dits sous les rapports physiques : ils ont le nez moins épaté que ceux-ci, les lèvres moins épaisses, le front moins arqué; la couleur de leur peau est d'un bronze clair, quelquefois jaunâtre et rougeâtre, et leurs cheveux sont longs et lisses. Mahométans, guerriers et pasteurs, ils ont, dans une courte période de temps, subjugué une grande portion de Takrour. Leurs écoles publiques sont célèbres en Afrique.

Les *Sonráy* sont des nègres très-répandus dans le territoire de Ten-Boktou. Ils sont doux, affables, intelligents et industrieux.

Les *Bournouais* ou *Kanouri* sont des nègres assez civilisés aussi, mais fort laids; les *Kanembou* (habitants du Kanem) sont très-courageux et bons guerriers; ils composent une grande partie de l'armée du Bournou. — Les *Haoussaoua*, les *Logoniens* et les *Bagrimma* (habitants du Baghirmi) sont parmi les peuples nègres les plus intelligents et les plus beaux. Les *Ouadâyens* sont peu industrieux, mais belliqueux et grands chasseurs d'esclaves.

Les *Fouriens* (habitants du Dâr-Four) sont peu courageux, malpropres, voleurs et dissimulés. Ils ont la peau fort épaisse, et ils la couvrent d'une pâte grasse. Ils sont noirs, mais n'appartiennent pas au type nègre proprement dit.

La plus grande partie de la population du Kordofan se compose de la nation *nouba*, noire, sans être de race nègre. Enfin il y a dans le Soudan un grand nombre de tribus arabes.

Le Takrour occupe une partie de l'*Éthiopie intérieure* des anciens, qui n'avaient sur ce vaste pays que des données très-incertaines. Les Portugais, dans le quinzième siècle, furent les premiers Européens qui fournirent des notions directes sur Ten-Boktou. Dans le siècle suivant, un géographe célèbre, Léon l'Africain, donna sur cette contrée de précieux renseignements. Mais c'est surtout depuis soixante ans que les voyageurs européens ont cherché à explorer le Soudan ; malheureusement la plupart ont péri victimes du climat ou de la férocité des populations africaines. Parmi ces hommes intrépides, il faut citer Browne, Frédéric Hornemann, Mungo-Park, Oudney, Clapperton, Denham, Laing, Caillié, les deux frères Lander, Richardson, Overweg, Barth, Vogel.

Nigritie méridionale.

L'immense contrée qu'on désigne sous le nom de Nigritie méridionale s'étend du Takrour, au N., à l'Ovampie et à la Cafrerie, au S., entre la Guinée inférieure, à l'O., et la capitainerie générale de Mozambique, le Zanguebar et le Somâl, à l'E.; elle est encore fort peu connue. Le docteur Livingstone a parcouru récemment les parties méridionales; les missionnaires Krapf, Rebmann, Erhardt, et les capitaines Speke et Burton, ont visité les parties septentrionales: c'est là que sont les monts *Kénia* et *Kilimandjaro*, les plus élevés peut-être de l'Afrique; d'autres monts, très-élevés aussi, portent chez les indigènes le nom de *montagnes de la Lune*, nom qui rappelle d'une manière remarquable celui que les anciens géographes appliquent à de grandes montagnes du centre de l'Afrique.

Les voyageurs qu'on vient de citer ont fait connaître encore des lacs considérables, dont le plus septentrional est le *Nyanza-Oukéréoué* ou lac *Victoria*, coupé par l'équateur, allongé, dit-on, du S. au N., et d'où l'on prétend que sort le Nil Blanc; le plus occidental est le *Tanganyika*, appelé aussi lac d'*Oujiji*, à cause d'un pays situé près de sa rive orientale; il s'étend du N. au S., et renferme plusieurs grandes îles, très-peuplées; au S. E., se trouvent le lac *Nyassi* ou *Nyassa*, qui s'allonge aussi du N. au S., et le lac *Roukoua*, qui paraît être beaucoup moins grand que les précédents.

Les *Ouavîsa*, les *Ouadjaga* (habitants du *Djaga*), les *Maravi*, les *Ouaniasa*, les *Ouakamba* (habitants de l'*Oukambâni*), les *Ouakouafi* ou *Logobi*, les *Ouaniamési* (habitants de l'*Ouniamési*), sont les principaux peuples qu'on a signalés dans le voisinage des grands lacs. Les villes principales y sont *Kazeh* et *Oujiji*. — Plus au S., est le pays de *Londa*, habité par les *Balonda*, et dont la capitale est *Matiamvo*; ce dernier nom est aussi celui d'un chef puissant qui y demeure, et qui compte, parmi ses tributaires, le royaume de *Cazembe*. L'empire du Matiamvo s'appelle encore *Moropoua*, *Miloua* et *Aloua*.

IX. ILES VOISINES DE L'AFRIQUE.

ÎLES DE L'ATLANTIQUE. — ÎLES DE L'OCÉAN INDIEN.

Iles de l'Atlantique.

1. Açores.

Ces îles sont placées à 900 kilomètres à l'O. du Portugal, auquel elles appartiennent. Elles en sont plus rapprochées que de l'Afrique, à laquelle on a cependant coutume de les rattacher. Elles tirent, dit-on, leur nom des milans qui y étaient très-nombreux et que l'on appelle en portugais *azores*. Le climat y est en général salubre et tempéré. Le sol donne deux récoltes par an, quoiqu'il soit mal cultivé. On y voit réunies, dans un espace étroit, les productions des températures les plus opposées du globe : l'ananas, le coco, le citron, l'orange et la banane y mûrissent, à côté de la fraise, du raisin, de la pomme et de la poire. Les coups de vent et les tremblements de terre y sont fréquents; quelquefois ceux-ci renversent les villes et les villages, divisent les montagnes, font jaillir du sein de l'océan des tourbillons de feu, de cendres, de laves et de pierres, qui semblent s'élever jusqu'aux nues et retombent bientôt avec fracas. Plusieurs fois, à la suite de ces convulsions de la nature, on a vu de petits îlots sortir de la mer.

Les Açores sont au nombre de dix, et renferment près de 250 000 habitants, qui sont généralement actifs, hospitaliers et humains. Les principales sont *Tercère* ou *Terceira*, avec la ville d'*Angra*, de 15 000 âmes, capitale de l'archipel; — *Saint-Michel* ou *São-Miguel*, île montagneuse et volcanique, la plus voisine du Portugal, et dont le chef-lieu, *Ponta-Delgada*, est la ville la plus commerçante des Açores; — *Santa-Maria*, la plus méridionale; — *Fayal*, renommée par la fertilité de son sol et le riche aspect de ses paysages; — *Pico*, très-rapprochée de Fayal, et habitée, comme celle-ci, par des hommes laborieux et probes, descendants d'une colonie allemande qui, faisant voile pour l'Amérique dans le commencement du dix-septième siècle, vint échouer sur les côtes de l'île.

2. Iles Madère.

Ce groupe, composé des deux îles *Madère* et *Porto-Santo* et de quelques îlots déserts, est une des plus anciennes possessions portugaises. Il est situé au S. E. des Açores, à 660 kilomètres environ des côtes occidentales de l'Afrique. La population, qui est de plus de 100 000 habitants, se compose d'un mélange de descendants de Portugais, de mulâtres et de nègres. Ce sont des hommes forts, vigoureux et hardis, mais d'une grossièreté excessive. Le bas peuple vit, en général, dans un état d'ignorance et de misère. Les riches se font remarquer par leur fierté et leur indolence.

Madère, la plus grande île du groupe, a des côtes très-élevées et d'un abord difficile. Le sol en est montueux, et il offre partout des marques de grandes révolutions naturelles. Il était tout couvert de bois quand les Portugais y abordèrent pour la première fois, en 1419, et c'est pour cela qu'ils appelèrent cette île *Madeira* (bois), dont nous avons fait *Madère*. Le pic de *Ruivo*, sommet culminant de l'île, domine une immense et profonde vallée. Madère doit à sa nature volcanique et à la douceur du climat son extrême fertilité. Elle est souvent enveloppée d'épais brouillards, et bien des navigateurs passent près de ses côtes sans l'apercevoir. La vigne forme actuellement la grande richesse de l'île, et ses vins sont renommés.

Funchal, sur la côte méridionale, au fond de la baie du même nom, est la capitale de Madère.

Porto-Santo, au N. E. de l'île précédente, a un port et un sol fertile.

3. Canaries.

Cet important archipel était connu des anciens sous le nom d'îles *Fortunées*. Les Espagnols, qui les découvrirent en 1395, y trouvèrent des hommes grands et vigoureux, à la chevelure blonde, et qui paraissaient être parvenus à un assez haut degré de civilisation; c'étaient les *Guanches*. Ces insulaires, préférant la mort à la soumission, furent presque tous exterminés, et les conquérants restèrent seuls habitants des Canaries. Ces îles sont célèbres par leur douce température, leurs riches productions et leurs riants paysages. On en compte vingt, dont sept principales; elles renferment plus de 200 000 habitants. Les Canariens sont honnêtes, sobres et religieux.

La plus grande et la plus peuplée des Canaries est *Ténérife*, qui présente l'aspect d'une vaste forêt de lauriers, d'arbousiers, de pins, d'orangers, de myrtes et de cyprès. Elle est montagneuse, et renferme de nombreux vallons, des précipices, des cavernes profondes et un nombre considérable de grottes, où les anciens Guanches déposaient mystérieusement leurs morts. Dans le S., s'élève le fameux pic de *Teyde* ou plus exactement d'*Echeyde*, c'est-à-dire de l'*Enfer*, haut de plus de 3700 mètres. Sur la côte N. E. de l'île, est *Sainte-Croix* ou *Santa-Cruz*, ville de 9000 âmes, siège du gouvernement des Canaries.

A l'E. de Ténérife, on voit : *Canarie* ou la *Grande Canarie*, qui a donné son nom à toutes les autres, et où se trouve la belle ville de *Las Palmas*, peuplée de 18 000 habitants ; — *Lancerote* et *Fortaventure*, îles montueuses, qui éprouvent, comme le continent voisin, des sécheresses destructives; *Betancuria*, chef-lieu de celle-ci, conserve le nom de Jean de Béthencourt, seigneur normand, à qui le roi d'Espagne Henri III conféra, en 1403, le titre de chef des Canaries.

A l'O. de Ténérife, il y a trois autres îles : *Palma*, qui renferme un immense cratère, ainsi que le gouffre de la *Caldera*, dont la profondeur est d'environ 1600 mètres, et autour duquel s'élève un cercle de montagnes qu'une éruption sous-marine fit surgir du sein de la mer en 1558 ; — *Gomère*, où Christophe Colomb fit radouber ses vaisseaux dans son premier voyage ; — et l'île de *Fer*, où presque toutes les nations de l'Europe firent longtemps passer le premier méridien (à 20° à l'O. de Paris). Elle manque d'eau de sources, et son nom paraît venir du mot guanche *hieres*, indiquant les *citernes* d'où se tire l'eau de l'île, et assez rapproché, pour la prononciation, du mot *hierro*, qui veut dire *fer* en espagnol. Il y avait autrefois, au centre de cette île, un immense laurier, appelé l'*arbol santo*, d'où découlait une assez abondante source, due aux vapeurs qu'absorbait le feuillage de l'arbre.

4. Iles du Cap Vert.

Cet archipel, qui appartient aux Portugais, comprend dix îles, outre les îlots et les rochers. Il renferme environ 60 000 habitants. Les aborigènes sont perfides, irascibles et vindicatifs. Les mers voisines sont très-redoutées des navigateurs, à cause des maladies qui ne manquent jamais d'y attaquer les équipages, et parce que de longs calmes, accompagnés de grains, y retiennent les vaisseaux.

Santiago est la plus grande île de l'archipel. On y éprouve de longues sécheresses, qui ont souvent amené la disette; elle est cependant fertile et bien cultivée, et, lorsque les pluies périodiques ne manquent pas, elle se couvre de la plus belle végétation. *Villa de Praya* ou *Puerto-Praya* est la capitale de l'île et de tout l'archipel : le climat en est très-malsain.

Les autres principales îles du Cap Vert sont : *Saint-Nicolas*, une des plus grandes; — *Mayo*, montagneuse, fertile, riche en sel, en bestiaux et en coton; — *Sainte-Lucie*, qui n'a que des eaux saumâtres; — l'île du *Sel*, qui n'offre partout que la substance à laquelle elle doit son nom; — *Saint-Vincent*, riche en bois et en tortues, et où se trouve une magnifique rade.

5. Iles de Fernan-do-Po, du Prince, Saint-Thomas et Annobon.

Ces îles sont situées dans l'intérieur ou devant l'entrée du golfe de Guinée. Le sol en est fertile, mais le climat brûlant. Les deux plus grandes sont : *Fernan-do-Po* et *Saint-Thomas*. La première, qui appartient à l'Espagne, a reçu cependant la colonie anglaise de *Clarence*. La seconde et l'île du *Prince* dépendent du Portugal. *Annobon* est une possession espagnole.

6. L'Ascension.

L'Ascension, située au S. O. du golfe de Guinée, a été découverte par les Espagnols et appartient maintenant aux Anglais. Bouleversée par un volcan, elle n'a longtemps offert qu'une plage inculte et déserte; mais depuis quelques années, les Anglais y ont formé un établissement et construit un fort. C'est là que l'escadre anglaise qui croise dans le golfe de Guinée vient ordinairement se ravitailler et faire de l'eau. Son port est commode et bien abrité. On y trouve d'énormes tortues, dont la chair est excellente.

ÎLES VOISINES DE L'AFRIQUE.   573

7. Sainte-Hélène.

Cette île, qui est comme perdue au milieu de l'océan Atlantique, a été découverte par les Portugais le jour de sainte Hélène, en 1502 ; elle appartient aujourd'hui aux Anglais. Des rochers forment tout autour un rempart inexpugnable. Sainte-Hélène est à jamais célèbre par la captivité et la mort de Napoléon Ier. *Longwood*, dans un vallon solitaire, près de la montagne nommée le *Pic de Diane*, était la demeure de ce grand homme. Son tombeau fut placé près de là, dans la vallée du Géranium, jusqu'en 1840, que ses cendres ont été transportées en France. *James-town*, sur la côte N. O., est la seule ville, le seul port et le chef-lieu de l'île; ce serait un joli village en Angleterre.

8. Iles de Tristan da Cunha.

Ces îles, au nombre de trois, sont situées au S. O. de Sainte-Hélène, par 57 degrés de latitude australe. Les Anglais ont fondé, dans l'île principale, une petite colonie, qui est aujourd'hui assez florissante.

Iles de l'océan Indien.

1. Madagascar.

En remontant le long des côtes orientales de l'Afrique, on rencontre d'abord une des plus grandes îles du monde : c'est Madagascar ou plutôt Malgache, ou *Nossi Ndambo*. Cette île est séparée de la côte du Mozambique par le canal de ce nom ; elle a 1700 kilomètres de longueur, et 400 kilomètres dans sa moyenne largeur. Connue des Perses et des Arabes dès la plus haute antiquité, elle ne le fut de l'Europe que par les notions qu'en donna, dans le récit de ses voyages, le célèbre Marco-Polo.

Les Portugais, qui y arrivèrent en 1506, lui donnèrent le nom de *Saint-Laurent*; les Français, sous Henri IV, l'appelèrent île *Dauphine*.

Une chaîne de montagnes pittoresques, couronnée de pics majestueux, la parcourt du N. au S., depuis le cap d'*Ambre* jusqu'au cap *Sainte-Marie*, et porte, dans le S., le nom de monts *Ambohitsména*. De nombreuses rivières s'échappent de cette chaîne, et vont verser leurs eaux dans l'océan Indien ou dans le canal de Mozambique. On remarque sur la côte orientale la baie d'*Antongil*. Le climat est assez agréable dans l'intérieur ; mais sur les côtes, marécageuses pour la plupart, il est malsain, surtout pendant l'hivernage, c'est-à-dire pendant l'été, qui correspond à notre hiver ; cependant on en a exagéré l'insalubrité.

Les montagnes renferment des minéraux précieux. Le littoral est très-riche en bois, surtout en palmiers, en bambous ; on y remarque aussi l'aloès, le sandal, l'oranger, le citronnier, l'ébénier. Les vallées sont d'une fertilité admirable : le riz, le maïs, les ignames, la canne à sucre, l'indigo, le coton, le gingembre, la cannelle, le poivre, le tabac, le curcuma, y croissent en abondance ; on y rencontre toutes sortes de fruits délicieux, et divers arbres aromatiques ou riches en substances gommeuses et résineuses, telles que la gomme copal, le caoutchouc, le tacamahaca ou baume vert, etc. Parmi les animaux sauvages indigènes, nous remarquons le zébu, espèce de bœuf ; l'autamba, espèce de léopard ; le farassa, qui ressemble au cheval ; des onagres, à énormes oreilles, et des sangliers.

La population de Madagascar s'élève à environ 2 millions d'âmes. Les habitants, nommés *Madécasses* ou *Malgaches*, se composent de colons arabes établis sur les côtes, de nègres indigènes, grands et vigoureux, et enfin d'une autre race, petite et basanée, qui a les traits des Malais. La plus grande partie du pays est sous la domination des *Hova*, peuple audacieux, rusé et méfiant, dont la capitale est *Tananarivou*, dans la province d'*Ankova*, vers le centre de l'île. Au commencement du siècle, ce peuple, gouverné par le roi Radama, homme d'un génie supérieur, fit de grands pas vers la civilisation ; mais il est retombé depuis dans un état demi-sauvage. — Les autres principaux peuples de Madagascar sont : les *Sakalava*, à l'O. ; les *Betsimisaraka*, les *Bétaniména*, à l'E. — Les points maritimes les plus importants sont *Tintingue*, *Foulpointe*, *Tamatave*, situées sur la côte orientale, et où les Français ont eu des établissements. — Les Français s'établirent à Madagascar dès 1641, dans le S. de ce pays, où le *Fort-Dauphin* fut longtemps le chef-

ÎLES VOISINES DE L'AFRIQUE.

lieu de leurs possessions. Ils reçurent solennellement alors la concession de toute l'île.

L'île *Sainte-Marie* ou *Nossi-Ibrahim*, près et à l'E. de Madagascar, est une petite possession française. Le sol en est presque inculte, et le climat très-malsain. On y remarque le *port Louis* ou *Sainte-Marie*. — Les petites îles de *Nossi-Bé* et de *Nossi-Komba*, sur la côte N. O. de Madagascar, dans la province de Boëni, appartiennent aussi à la France.

2. Iles Mascareignes.

Ces îles, situées à l'E. de Madagascar, tirent leur nom de celui du navigateur portugais Mascarenhas, qui, en 1545, découvrit la plus occidentale, la seule qui porta d'abord ce nom. Elles sont au nombre de trois : l'île de la *Réunion*, l'île *Maurice*, et l'île *Rodrigue* ou *Diego-Ruys*.

La Réunion, ci-devant *Bourbon*, la plus occidentale, a environ 220 kilomètres de circuit et renferme 160 000 habitants, dont 60 000 blancs. Elle est composée de deux masses volcaniques, le Gros-Morne, au N., éteint depuis longtemps, et le Piton de Fournaise, au S., encore en activité. Le Piton de Neige, haut de 3150 mètres, est la cime la plus élevée de l'île. Le climat de la Réunion est délicieux, et passe pour le plus sain de l'univers. Cependant des ouragans terribles causent souvent de grands ravages. Le sol est en général excellent. L'indigo, le coton, le café, les arbres à épices, sont les principales productions. Toutes les plantes potagères d'Europe croissent dans l'île, ainsi que les fruits de l'Inde et de l'Amérique, dont les meilleurs sont l'ananas, l'abricot, la datte, la mangue, la grenade, l'orange, le limon, le citron, le letchy, le supotnegro. Parmi les oiseaux, on remarque le martin et le gobe-mouches huppé, qui rendent de grands services à la colonie en détruisant les insectes ; le merle siffleur, le bengali, dont le ramage est très-doux ; le cardinal, d'une belle couleur, mais fort nuisible aux moissons. Les scolopendres, les moustiques, les fourmis jaunes, les scorpions, y sont très-multipliés.

L'île de la Réunion appartient à la France. *Saint-Denis*, le chef-lieu, est dans le N. Les maisons en sont environnées de jardins et construites en bois avec beaucoup d'élégance. Il y a 20 000 habitants. Malheureusement cette jolie ville manque de port.

Saint-Pierre et *Saint-Paul* sont deux petites villes florissantes de la *côte sous le Vent*, c'est-à-dire de la côte occidentale. On nomme *côte du Vent* la côte orientale.

Maurice (*Mauritius*), située au N. E. de la Réunion, a longtemps dépendu de la France, et s'appelait alors *île de France;* aujourd'hui elle appartient aux Anglais. Les côtes en sont escarpées, mais elles offrent des rades et des ports qui lui donnent une grande importance commerciale. Les montagnes, tantôt arrondies et nommées *mornes*, tantôt coniques et appelées *pitons*, affectent quelquefois les formes les plus singulières. Telle est celle du *Peter-Boot* (botte de Pierre), terminée par un obélisque, sur la pointe duquel se trouve placé un rocher cubique beaucoup plus gros : elle a environ 800 mètres de hauteur. Les ouragans qu'on éprouve souvent dans l'île déracinent quelquefois les arbres et renversent les maisons. Les cultures d'indigo, de café, de sucre, de muscades, sont les plus florissantes. Les pamplemousses, qui ressemblent aux orangers et aux citronniers, y sont communs. Le chef-lieu de l'île Maurice est *Port-Louis*, jolie ville, située sur la côte N. O., dans une plaine environnée de hautes montagnes. On y compte 50 000 habitants. Le *Grand-Port* ou *Mahébourg*, sur la côte S. E., est la seconde ville de la colonie. — L'île renferme 230 000 âmes. La population est en grande partie d'origine française, et porte le plus grand attachement à son ancienne mère patrie, dont elle conserve la langue, les mœurs et les usages. Les créoles de l'île Maurice, ainsi que ceux de la Réunion, sont actifs, honnêtes, très-sociaux, passionnés pour les arts et pour la parure ; un esprit élevé, une grande politesse, beaucoup d'intelligence et d'énergie les distinguent.

L'île *Rodrigue*, à l'E. de la précédente, a été cédée par la France à l'Angleterre, à laquelle elle fournit beaucoup de tortues. Il y a une quantité énorme de rats et de lézards.

(Du gouvernement colonial de Maurice dépendent les îles *Chagos*, plus rapprochées cependant de l'Asie que de l'Afrique, et situées au S. des Maldives. Elles sont riches en cocotiers. Il s'y trouve un assez grand nombre de Français).

3. Comores.

Les *îles Comores* sont situées sous un beau climat, dans la partie septentrionale du canal de Mozambique. Les quatre principales de ces îles sont: *Angazija* ou la *Grande-Comore*, la plus septentrionale, *Mouhilly*, *Anjouan* et *Mayotte*. Cette dernière appartient à la France, et devient un établissement important; il s'y trouve un bon port, bien fortifié. Les autres îles sont gouvernées par différents petits chefs.

4. Séchelles.

Les îles *Séchelles*, ainsi nommées en l'honneur d'un administrateur français sous Louis XV, ont été d'abord occupées par les Français, et le sont aujourd'hui par l'Angleterre. Elles sont au N. E. de Madagascar, et forment deux groupes : 1° les îles *Mahé* ou *Séchelles proprement dites*, composées de trente petites îles, dont celles de *Mahé* et de *Praslin* sont les plus considérables; — 2° les *Amirantes*, comprenant onze îlots mal cultivés et peu peuplés.

Les cocotiers de mer sont une espèce de palmier qu'on ne trouve guère qu'aux Séchelles.

5. Socotra ou Socotora.

L'île *Socotra* ou *Socotora*, aride, pierreuse, presque entièrement dépourvue d'eau et de végétation, est située à environ 200 kilomètres à l'E. du cap Guardafui. Elle produit le meilleur aloès, une grande quantité de dattes, et ses rivages sont remplis de corail. Elle appartient à un prince arabe.

6. Saint-Paul et Amsterdam.

Les îles inhabitées de *Saint-Paul* et d'*Amsterdam*, dans la partie méridionale de l'océan Indien, vers 38° de latitude, très-loin et au S. E. de l'Afrique, sont considérées comme une dépendance de cette partie du monde.

7. Terre de Kerguelen, etc.

On rattache aussi à l'Afrique la *Terre de Kerguelen*, appelée quelquefois île de la *Désolation*, à cause de l'aspect triste qu'elle présente ; elle se trouve loin de toute grande terre, dans la partie méridionale de l'océan Indien, au S. E. des îles Mascareignes, par 50° de latitude S. Elle est stérile et inhabitée. Quelques amphibies, entre autres les veaux marins, viennent y déposer leurs petits, et sont, avec les canards, les pétrels, les albatros et les mouettes, les seuls animaux qui la fréquentent.

On trouve encore, dans la partie méridionale de l'océan Indien africain, les îles *Macdonald*, *Crozet*, *Marion* et du *Prince-Édouard*.

8. Terre d'Enderby.

La *Terre d'Enderby* est une région antarctique et inhabitable, placée au S. E. de celle de Kerguelen, par 66° de latitude. Elle fut découverte en 1821 par le capitaine Biscoe. Des glaces ont empêché de l'explorer complétement.

CONTRÉES DE L'AMÉRIQUE.

I. GROENLAND, AMÉRIQUE SEPTENT. ANGLAISE ET RUSSIE AMÉRICAINE.

Groenland ou Amérique danoise.

Le nom de Groenland[1] (terre verte) a été donné à une terre âpre et désolée, située dans la région la plus septentrionale de l'Amérique. De hardis navigateurs islandais l'aperçurent dans le neuvième siècle, et y abordèrent pour la première fois dans le dixième; après une longue et pénible navigation à travers des mers froides et brumeuses, ils furent charmés à la vue de la verdure de ses rivages, et de là le nom qui fut donné au pays : mais cette verdure n'est qu'une mousse inutile.

Le Groenland, dont on ne connaît pas les limites vers le N. et le N. O., paraît se composer d'une grande île ou de plusieurs îles. Il est séparé des autres régions de l'Amérique par le détroit de *Kennedy*, le détroit de *Smith*, la mer de *Baffin* et le détroit de *Davis*. Au N., il se perd sous les glaces polaires, dans lesquelles on a pu suivre une partie de ses côtes occidentales jusqu'au delà de 82 degrés de latitude ; au S., il présente, sur l'océan Atlantique, une sorte de long cône terminé par le cap *Farewell*. Parmi les îles répandues près de la côte de ce pays, on remarque l'île *Disco*, vers le 68ᵉ degré de latitude ; l'île *Prudhoe*, par 78 degrés. La terre la plus boréale qu'on y ait trouvée est la *Terre Washington*, vue par Kane en 1854, vers 81 et 82 degrés ; ce hardi voyageur est arrivé jusque près de cette terre en traîneau, après avoir laissé son navire dans les glaces par 78° 45' ; mais, parvenu à 82° 30', il vit une grande mer, libre de glace, qui s'étend probablement jusqu'au pôle, et qu'on a proposé d'appeler mer *Polaire de Kane*.

---

[1]. Ce nom est danois et s'écrit plus correctement *Grönland*. Les Anglais disent *Greenland*.

Une chaîne de montagnes, de l'aspect le plus affreux, défend l'accès de l'intérieur du Groenland. Les côtes, battues sans cesse par des mers orageuses, presque partout hérissées de rochers et de glaces, et souvent voilées par des brumes épaisses, ne nous sont connues qu'en partie : celles de l'E. sont beaucoup moins fréquentées que celles de l'O., et elles paraissent être plus froides et plus misérables encore. Des mousses, des bruyères, des myrtils, dont les baies aigres servent de nourriture aux indigènes, des saules, des aunes, de chétifs bouleaux et quelques arbustes rabougris sont toute la végétation du pays. Dans les cantons méridionaux, les Européens cultivent des choux, des raves, du céleri, des carottes, des pommes de terre, de l'orge ; mais ce n'est qu'à force de soins pénibles et bien entendus qu'ils obtiennent quelques maigres récoltes. Les animaux les plus communs sont les rennes, les ours blancs, les renards rouges et noirs, les lièvres blancs, et de grands chiens, qu'on attelle aux traîneaux. La mer abonde en cétacés, en turbots, raies, harengs, morues, et surtout en phoques, qui composent la principale ressource des habitants.

L'hiver dure huit ou dix mois au Groenland. Dans la partie moyenne du pays, le soleil disparaît dès le 25 novembre, pour ne plus se montrer que vers le 15 janvier. Pendant ce temps, la mer se couvre de glace à une grande distance, des tempêtes affreuses viennent fondre sur le pays; l'intensité du froid fait éclater les rochers et les montagnes de glace avec un bruit horrible. La lumière des aurores boréales se réfléchit de temps en temps sur les campagnes glacées : c'est alors, avec la lueur de la lune, la seule clarté de ces tristes contrées. La courte chaleur de l'été débarrasse en grande partie le sol des neiges qui le recouvraient : elle détache des quartiers de glace souvent énormes, nommés *icebergs*, qui tombent dans la mer, et qui, semblables à des montagnes flottantes, poussés par les vents, entraînés par les courants, voyagent vers les latitudes équatoriales, où ils se fondent.

La côte S. O. du Groenland est la moins froide et la seule colonisée ; le S. E. de cette côte s'appelait autrefois *Groenland oriental* ou *Vieux-Groenland*; l'autre, au N. O., était le *Groenland occidental* ou *Nouveau-Groenland*. Aujourd'hui on divise la colonie en deux inspectorats : celui du *Sud* et celui du *Nord*. Les principaux établissements danois du premier sont

Julianeshaab et *Godthaab;* ceux du second sont *Godhavn* ou *Lievely* (dans l'île Disco) et *Uppernavik*, le poste le plus avancé vers le pôle.

Les Groenlandais se nomment eux-mêmes *Innout* (c'est-à-dire frères) ou *Huskis*, et quelquefois *Kalalit* ou *Karalit;* c'est une branche des Eskimaux. Ils sont répandus sur les côtes, où ils habitent dans des trous de rochers ou dans des cavités couvertes de neige et de glace. Ils se vêtent généralement de peaux de phoque.

Au large de la côte orientale du Groenland, on remarque l'île de *Jean Mayen*, découverte, en 1611, par le navigateur hollandais dont elle porte le nom. Les côtes en sont basses, mais souvent bordées d'énormes amas de glaces.

Le groupe du *Spitzberg*, ou plutôt *Spitzbergen*, tire son nom des rochers pointus dont ses îles sont hérissées[1]. Il est à 900 kilomètres au N. E. de l'île de Jean Mayen, à l'E. du Groenland et au N. de la péninsule Scandinave. Ses parages sont peuplés de baleines, de phoques, de morses, de narhvals, que des pêcheurs, surtout des Anglais, des Hollandais, des Russes, viennent y poursuivre. Le soleil y reste cinq mois sur l'horizon.

L'île *Cherry* ou l'île de l'*Ours*, inhabitée, se trouve au S. du Spitzberg.

On rattache quelquefois à l'Amérique danoise la grande île d'*Islande*, que nous avons décrite avec le Danemark.

Amérique septentrionale anglaise ou Nouvelle-Bretagne.

Cette immense contrée, qui comprend la plus grande partie des possessions anglaises de l'Amérique, s'étend au S. O. du Groenland et au N. des États-Unis, depuis l'océan Atlantique jusqu'au Grand océan; le nord en est fort peu connu; sa longueur, de l'E. à l'O., est d'environ 5800 kilomètres. Sa superficie, de 7 550 000 kilomètres carrés, surpasse plus de trente fois celle des îles Britanniques, dont elle est une dépendance.

Toute la partie septentrionale est occupée par des pays incultes, où règne un froid extrême, et dont les côtes sont hérissées de rochers à pic, d'écueils, de bancs de glace; des

---

[1]. En allemand et en hollandais, *spitzbergen* signifie montagnes pointues.

bras de l'océan Glacial les entrecoupent de toutes parts, et, ne sachant si ces pays sont des îles ou des presqu'îles, on les désigne sous le nom vague de *terres.*

Au N. E., la mer d'*Hudson* s'enfonce très-profondément dans l'Amérique anglaise, et communique avec l'Atlantique par plusieurs détroits, dont le plus important porte aussi le nom d'*Hudson.*

Entre la mer d'Hudson et le golfe Saint-Laurent, s'étend la grande péninsule du *Labrador*, qui tient au continent par un isthme resserré entre l'estuaire du fleuve *Saint-Laurent* et la baie de *James*, extrémité S. E. de la mer d'Hudson. La presqu'île de la *Nouvelle-Écosse* s'avance au S. du golfe Saint-Laurent.

Les contrées du S. E. sont les plus riches, les plus connues et les mieux peuplées : elles offrent de riantes savanes, des plaines fertiles, et de magnifiques forêts, s'y développent autour des grands lacs *Supérieur*, *Huron*, *Saint-Clair*, *Érié* et *Ontario*, qui s'écoulent dans l'Atlantique par le majestueux fleuve *Saint-Laurent.* A la droite de ce fleuve, on voit s'étendre la chaîne des monts *Alleghany.*

Les régions centrales, depuis les rives de la mer d'Hudson jusqu'aux monts *Rocheux*, sont entrecoupées d'innombrables rivières, de grands marécages, de déserts affreux, et parsemées d'une infinité de lacs unis entre eux par des canaux naturels. Là coule le *Mackenzie*, qui porte à l'océan Glacial les eaux du lac du *Grand-Ours* et celles du grand lac de l'*Esclave*, dans lequel vient se jeter la rivière de l'*Esclave;* cette rivière sort du lac *Athabasca* ou des *Montagnes*, et se grossit de l'*Undjigah* ou rivière de la *Paix.* On y voit aussi, toujours du côté de l'océan Glacial, le fleuve de la *Mine de Cuivre*[1], le fleuve *Back* (appelé par les Eskimaux *Thleoui-tcho-dézeth*), qui a été exploré par le courageux voyageur du même nom, et, sur le versant de la mer d'Hudson, le *Missinnipi* ou *Churchill*, avec le *Nelson* et le *Berens* ou *Severn*, qui sortent du lac *Ouinipeg.* Ce lac, un des plus grands de l'intérieur de l'Amérique anglaise, a environ 450 kilomètres de longueur; il reçoit au S. la rivière *Rouge*, au S. E. la rivière *Ouinipeg*, qui lui apporte les eaux des lacs de la *Pluie* et des *Bois*, et au N. O. le *Saskatchawan.*

La contrée située à l'O. des monts Rocheux est traversée

---

1. En anglais *Copper-Mine-river.*

par les montagnes des *Cascades*, arrosée par le *Fraser*, et baignée par le golfe de *Georgie;* sa partie méridionale est seule un peu connue, et paraît être un pays agréable et fertile, orné de magnifiques forêts.

Examinons maintenant avec plus de détail les différentes parties de cette vaste région dont nous venons de voir l'ensemble.

Dans le N., sont les *terres* (presqu'îles ou îles) reconnues par les hardis navigateurs qui, depuis le commencement du seizième siècle, ont cherché un passage de l'océan Atlantique au Grand océan par le nord de l'Amérique, et parmi lesquels on doit citer, dans le siècle actuel, Parry, John et James Ross, Franklin, qui a péri si malheureusement, avec ses compagnons, dans ces parages glacés; Rae, Belcher, Inglefied, Kennedy, Bellot, voyageur français, victime de son dévouement; Mac-Clure, qui a reconnu le premier le passage *nord-ouest*, c'est-à-dire la continuité de la mer entre l'Atlantique et l'océan Glacial arctique; les Américains De Haven et Kane; Mac-Clintock, qui a recueilli les débris de l'expédition de Franklin, vis-à-vis de l'embouchure du Back. Les plus considérables de ces terres sont les presqu'îles *Melville* et *Boothia*, la *Terre de Cumberland*, l'île *Southampton*, l'île *Cockburn*, l'île du *Somerset septentrional;* la *Terre du Prince de Galles*, la *Terre Victoria*, la *Terre Wollaston*, la *Terre du Prince Albert*, la *Terre de Banks*, qui se confond avec l'île de *Baring;* — l'archipel *Parry*, qui se compose de l'île *Cornwallis*, du *Devon septentrional*, de l'île *Melville*, de l'île du *Prince Patrick;* — le *Cornouailles septentrional*, les deux *Terres Grinnell*, l'île *Ellesmere*.

Parmi les détroits ou bras de mer nombreux qui s'avancent entre ces terres, on peut remarquer le détroit de *Lancastre*, le détroit de *Barrow*, le détroit de *Jones*, le canal de *Wellington*, le détroit du *Prince Régent*, le bassin de *Melville*, le détroit de *Banks*.

C'est à l'E. de la mer d'Hudson qu'est le *Labrador;* il fut ainsi nommé par un voyageur portugais, Cortereal, en 1501, à cause des avantages qu'il paraissait devoir offrir à l'agriculture[1]; mais on fut bientôt détrompé. L'hiver y est très-

---

[1]. *Terra de laborador*, terre de laboureur. *Labrador* est espagnol, et signifie aussi *laboureur*.

rigoureux, et ce pays présente presque toujours le plus triste aspect. Cependant, vers l'intérieur, où l'air est plus doux, on voit quelques forêts. Les *Petits Eskimaux* sont les habitants de ce pays. Les frères moraves ont formé, sur la côte orientale, plusieurs établissements, dont le principal est celui de *Nain*.

Le cap *Charles*, extrémité orientale du Labrador, est séparé, par le détroit de *Belle-île*, de l'extrémité septentrionale de l'île de *Terre-Neuve*. Celle-ci s'étend du N. O. au S. E., et ferme à l'E. le golfe Saint-Laurent. L'intérieur en est presque entièrement stérile. Les côtes offrent une foule de baies et de ports excellents, et l'on y voit d'importants établissements pour la préparation de la morue. Ce poisson se pêche surtout sur le grand banc de *Terre-Neuve*, qui s'étend à l'E. et au S. de l'île. Tous ces parages sont enveloppés de brouillards presque perpétuels, accompagnés souvent de grandes chutes de neige et de grésil. *Saint-Jean* est la capitale de l'île, vers l'extrémité S. E. de laquelle elle se trouve.

Terre-Neuve, qui dépend maintenant des Anglais, a longtemps appartenu à la France, qui possède encore les trois petites îles de *Saint-Pierre*, de *Miquelon* et de la *Petite-Miquelon*, situées près et au S. de cette grande île. Les Français ont conservé le droit de pêche sur une partie considérable des côtes de Terre-Neuve et du Labrador.

A près de 900 kilomètres S. O. du banc de Terre-Neuve, les Anglais possèdent le groupe des *Bermudes* ou *Somers*, composé, en grande partie, d'îlots arides et rocailleux. Les deux îles principales sont *Bermude* et *Saint-George*.

L'entrée principale du golfe Saint-Laurent est resserrée entre l'extrémité S. O. de Terre-Neuve et l'île *Royale* ou de *Cap-Breton*, importante par ses pêcheries et par ses inépuisables mines de houille. — Un peu à l'O. de cette île, on remarque celle du *Prince-Édouard* ou *Saint-Jean*, très-fertile.

Au S. de ces deux îles, se trouve la *Nouvelle-Écosse* (autrefois *Acadie*). Cette presqu'île offre, dans sa partie septentrionale, la montagne du *Nord*, célèbre par ses escarpements basaltiques, les plus gigantesques que l'on connaisse. La pêche fait la principale richesse du pays. On y trouve deux excellents ports : *Halifax*, la capitale, sur la côte S. E., et

Annapolis, anciennement *Port-Royal*, sur la côte occidentale, au bord de la baie de *Fundy*.

Le *Nouveau-Brunswick*, à l'O. de la Nouvelle-Écosse, est un pays florissant, traversé par le beau fleuve *Saint-Jean*. La capitale est *Fredericktown*, petite ville régulièrement bâtie. On remarque aussi *Saint-Jean*, à l'embouchure du fleuve du même nom.

Depuis le golfe Saint-Laurent jusqu'au delà du lac Supérieur, s'étend le *Canada*, traversé par le Saint-Laurent, et baigné par les grands lacs Ontario, Érié, Huron et Supérieur. Il est divisé en *Bas-Canada* ou *Canada oriental*, et *Haut-Canada* ou *Canada occidental*.

Le Canada offre des aspects variés et pittoresques. Il y fait bien plus froid qu'en France, quoique la latitude soit la même. *Ottawa*, la capitale, est une petite ville de 15 000 habitants, avantageusement placée, au centre de la colonie, sur l'Ottawa, affluent du Saint-Laurent.

Québec, ancienne capitale du Canada, est à 450 kilomètres de la mer, sur le Saint-Laurent. Ce fleuve y forme un superbe et vaste bassin, qui peut contenir 100 vaisseaux de ligne. La ville est bien fortifiée et compte 60 000 habitants. Dans les environs, qui sont pleins de beaux sites, on remarque la cascade de *Montmorency*, de 77 mètres de hauteur. — *Montréal*, sur une île du Saint-Laurent, est le plus grand entrepôt de commerce du Bas-Canada. Elle a 100 000 habitants. Sa vaste cathédrale catholique et son pont Victoria sont parmi les plus beaux édifices de l'Amérique. — Il faut aussi remarquer : *Trois-Rivières*, entre Québec et Montréal, sur le Saint-Laurent ; — *Toronto*, la ville principale du Haut-Canada, peuplée de 50 000 habitants et très-agréablement située sur le lac Ontario ; — *Kingston*, à l'endroit où le Saint-Laurent sort du lac Ontario ; — *Hamilton*, à l'extrémité occidentale du même lac ; — *London*, au milieu de la presqu'île qui s'avance entre le lac Érié et le lac Huron ; — *Niagara*, près de la célèbre cataracte de ce nom.

Le Canada a été découvert en 1497 par les Vénitiens Jean et Sébastien Cabot, et visité peu de temps après par le Français Jacques Cartier, qui en prit possession au nom de François Ier ; on l'appela *Nouvelle-France*. La France le conserva jusqu'en 1763, époque où il fut cédé à la Grande-Bretagne. La population de cette importante province est d'environ

3 millions d'âmes. La plupart des habitants du Bas-Canada sont encore Français et parlent français.

Le Canada, avant la conquête des Européens, était possédé par un grand nombre de tribus indiennes, parmi lesquelles se trouvaient celles des *Hurons*, des *Iroquois* ou des *Cinq-Nations* et des *Algonquins*. Elles étaient puissantes, mais il n'en reste aujourd'hui que quelques débris.

En sortant du Canada, au N. O., on rencontre la *Nouvelle-Galles*, qui borde les côtes S. O. et occidentales de la mer d'Hudson. Les *Grands Eskimaux*, qui, malgré leur surnom, sont d'une taille fort petite, mais surpassent seulement un peu la stature des indigènes du Labrador et du Groenland, habitent dans les parties boréales de l'Amérique anglaise.

Le nom d'Eskimaux vient des mots *Eski man tik* (mangeurs de poisson cru). Petits et trapus, mais du reste assez bien proportionnés, ces hommes ont le visage rond, court, et aplati vers le front. Les cheveux sont noirs, plats et rudes, et les pommettes de leurs joues sont élevées ; leur bouche est grande, et ils ont des lèvres épaisses et des oreilles larges et mobiles. Les voyageurs les représentent comme timides et craintifs, et leur accordent des mœurs assez douces. Ils sont réduits à l'état sauvage le plus grossier. Leur pays, couvert d'une épaisse couche de glace et de neige pendant la plus grande partie de l'année, n'offre que quelques végétaux chétifs et rabougris ; mais les baleines, les morses, les narhvals, les saumons, les rennes, les daims, les ours noirs et blancs, les bœufs musqués, y sont très-multipliés.

Les *Chippewyans*, qui habitent au S. des Grands Eskimaux, leur font continuellement la guerre. Ils sont rusés, féroces et voleurs. Ils passent pour d'excellents chasseurs, et s'occupent aussi de la pêche, qui est très-abondante dans leurs lacs et leurs rivières. Ils craignent beaucoup les *Knistinaux*, sauvages agiles, courageux et hospitaliers, maîtres du triste pays qui s'étend au S. O. de la mer d'Hudson.

Sur les bords de la rivière *Assiniboine*, au S. O. du lac Ouinipeg, habite la peuplade de Sioux qui porte le nom d'*Assiniboines*. Ces Indiens sont très-habiles à tirer de l'arc. Ils élèvent beaucoup de chevaux et de chiens, et poursuivent à la chasse les bisons, les daims, les antilopes et les ours.

— On remarque, vers la frontière des États-Unis, les *Chippeouays* ou *Ojib-be-was*.

La Compagnie de la *Baie d'Hudson* fait avec ces diverses nations un grand commerce de fourrures, et elle a de nombreuses factoreries au milieu de ces vastes contrées.

La partie de l'Amérique anglaise située à l'O. des monts Rocheux est encore peu connue. On la désigne sous le nom général de *Colombie anglaise;* on l'a appelée longtemps *Nouvelle-Calédonie*, et quelquefois *Nouvelle-Géorgie*. Les côtes en sont découpées par une multitude de bras de mer, et il s'y trouve un grand nombre d'îles. La principale de ces îles est celle de *Quadra-et-Vancouver* ou simplement *Vancouver*, qui s'étend du N. O. au S. E., à côté du golfe de Georgie, et qui a pour chef-lieu *Victoria;* une petite île, *Noutka*, est sur la côte occidentale. — L'île de la *Reine Charlotte* se trouve à quelque distance au N. O.

On a découvert de riches mines d'or dans la Colombie anglaise, vers le fleuve *Fraser* ou *Tacoutché-tessé*, dans les montagnes des Cascades. Le *Columbia* ou *Orégon* arrose la partie méridionale de ce pays.

Russie américaine.

On donne le nom de Russie américaine à une vaste contrée qui occupe l'extrémité N. O. de l'Amérique septentrionale, et dont les limites sont formées au N. par l'océan Glacial, au S. par le Grand océan, à l'O. par la mer de Beering, le détroit de Beering et l'océan Glacial, à l'E. par l'Amérique anglaise. Le cap *Occidental* ou du *Prince de Galles* en forme l'extrémité N. O., en terminant une presqu'île qui s'avance entre le golfe de *Norton*, au S., et celui de *Kotzebue*, au N. Les côtes de ce pays et les nombreuses îles qui les bordent sont la seule partie fréquentée par les Européens. La côte méridionale, connue avec plus d'exactitude que les autres, n'offre qu'une masse de glace pendant une grande partie de l'année. Elle projette vers l'O. la presqu'île d'*Alaska*, qui semble se continuer vers l'Asie par la longue chaîne des îles *Aléoutiennes* ou de *Catherine*, dont la plus importante est *Ounalachka*. — *Kodiak* ou *Kikhtak* est la principale île du groupe de *Koniaghi*, qui se trouve sur la côte méridionale de la presqu'île d'Alaska. — Ces îles sont toutes remplies de montagnes et de rochers, et ont un climat très-humide. Les phoques, les renards noirs et les loutres marines y abondent. — Les *Aléoutes* et les *Koniaghi*, autrefois plus nombreux, sont indolents et paisibles. Les Russes les ont soumis sans peine.

Vers l'extrémité S. E. de la contrée, on remarque le *Nouveau-Cornouailles* et le *Nouveau-Norfolk*, pays traversés par une grande chaîne de montagnes nues, couronnées d'énormes masses de glace et dont les principaux sommets sont le mont *Saint-Élie*, haut de 5113 mètres, et le mont *Fairweather* ou *Beau-temps*, un peu moins élevé. — Le fleuve principal de la Russie américaine est le *Kvikhpakh*, qui se jette dans la mer de Beering, au S. du golfe de Norton. Le *Kouskokvim* est un autre fleuve considérable, tributaire de la même mer. Dans l'océan Glacial se rend le fleuve *Colville*, qui est peut-être la continuation d'un grand cours d'eau nommé *Youcon*.

On rattache à ce pays la grande île de l'*Amirauté* et les archipels du *Prince de Galles*, du *Duc d'York* et du *Roi George III*. Dans la petite île *Sitka*, qui dépend de ce dernier, est la *Nouvelle-Arkhangel*, chef-lieu des possessions russes en Amérique.

Les populations indigènes de la Russie américaine appartiennent à trois familles principales : 1° les *Tlinkithi*, dont font partie les *Kolioughi* ou *Colouches*, belliqueux et farouches; 2° les *Koniaghi;* 3° les *Thnaïna*.

II. ÉTATS-UNIS.

DESCRIPTION PHYSIQUE. — DESCRIPTION POLITIQUE. — GÉOGRAPHIE HISTORIQUE.

Description physique.

1. Limites, Étendue, Côtes.

Les États-Unis, nommés en anglais *United-States*, sont la plus vaste confédération qu'il y ait sur le globe. Ils occupent le milieu de l'Amérique septentrionale, et s'étendent depuis l'Atlantique, à l'E., jusqu'au Grand océan, à l'O. L'Amérique anglaise les borne au N., et de ce côté leur limite est marquée par une partie du cours du Saint-Laurent, les lacs Ontario, Érié, Saint-Clair, Huron, Supérieur, et le 49° parallèle. Ils touchent au Mexique vers le S. O., et ont en grande partie pour frontière, de ce côté, le Rio Grande del Norte. Enfin le golfe du Mexique les baigne au S.

Ils ont 4500 kilomètres de longueur, de l'E. à l'O., 2200 kilomètres de largeur, du N. au S., et 8 000 000 de kilomètres carrés.

La population est d'environ 32 millions d'habitants. Les États-Unis ne comptaient, vers 1800, que 5 millions d'âmes.

Les côtes orientales des États-Unis sont fort découpées ; elles présentent une infinité de baies, de havres et de caps. On remarque, en allant du N. au S., le cap *Ann*, la baie de *Massachusetts*, la baie de *Barnstable*, presque entièrement enfermée par une longue et étroite presqu'île recourbée, à l'extrémité de laquelle est le cap *Cod ;* le golfe de *Long-Island*, resserré entre l'île de ce nom et le continent ; la baie *Delaware ;* la baie *Chesapeak*, qui est grande et profonde, mais dont l'entrée est assez étroite et formée par les caps *Charles* et *Henry ;* les baies *Albemarle* et *Pamlico*, fermées à l'E, par de longues îles sablonneuses, auxquelles appartiennent les lacs *Hatteras* et *Lookout*.

La presqu'île de *Floride* s'avance, à l'extrémité S. E. des États-Unis, entre l'Atlantique et le golfe du Mexique, et se termine au S. par le cap *Agi*, *Sable* ou *Tancha*. Une chaîne de récifs dangereux, connue sous le nom de *récifs de Floride*, s'étend vers cette pointe de la presqu'île. Le *Nouveau canal de Bahama* la sépare, au S. E., des îles Lucayes ou Bahama.

La baie *Apalache*, dans le golfe du Mexique, s'enfonce au N. O. de la presqu'île de *Floride ;* et la baie de la *Chandeleur* s'ouvre au N. de la langue de terre assez avancée où se trouvent les bouches du Mississipi.

La côte du Grand océan est assez régulière : on y remarque le cap *Blanc* et le cap *Flattery*, à l'entrée du détroit de *Juan de Fuca*, qui sépare du continent la côte méridionale de l'île Vancouver. A l'E. de ce détroit, on voit s'avancer dans les terres le *Puget Sound*, qui n'est en quelque sorte que la partie méridionale du golfe de *Géorgie*.

2. Aspect du sol, Climat, Productions.

La plus grande partie des États-Unis est comprise dans l'immense bassin du Mississipi, qui s'étend entre les monts Alleghany et les monts Rocheux ; ce bassin présente, à l'E. du fleuve, une riche contrée baignée au N. par de grands lacs, arrosée par de magnifiques cours d'eau et entrecoupée de vallées pittoresques, couvertes tantôt de superbes forêts, tantôt de prairies d'une fécondité remarquable. A l'O. du Mississipi, on voit se dérouler de vastes prairies parsemées de quelques longues chaînes de collines nues et rocailleuses, et traversées par de larges rivières aux rives marécageuses et boisées.

Entre les monts Alleghany et l'Atlantique, s'étend le territoire le mieux cultivé et le plus peuplé; tout le N. de cette dernière région était jadis couvert d'une immense et épaisse forêt, que le cultivateur a fait disparaître en grande partie; de riches vallées y sont arrosées par de nombreux tributaires de l'Atlantique; on y remarque, vers le S., de grandes plaines marécageuses et sablonneuses.

A l'autre extrémité de la république, entre les monts Rocheux et le Grand océan, on voit un assemblage de montagnes rocailleuses et de majestueuses forêts.

Les États-Unis sont si vastes qu'on y ressent presque toutes les variétés de climats : au S., on y trouve des chaleurs aussi fortes que celles de plusieurs pays de l'Afrique; au N., c'est la température de l'Europe septentrionale; sur les côtes de l'Atlantique, et dans une assez grande partie de l'intérieur, les étés sont fort chauds, et les hivers très-rigoureux. Les cantons les plus chauds sont malsains pendant une partie de l'année, surtout du mois de juillet au mois de novembre; la fièvre jaune y fait trop souvent des ravages.

Les États-Unis sont très-riches en or, dans la Californie; et l'on y trouve ailleurs d'abondantes houillères, de l'anthracite, du fer, du cuivre, du plomb et du sel en assez grande quantité. Les parties orientales possèdent de belles carrières de marbre. Les pierres à bâtir sont partout assez rares, et certaines régions, surtout au S., en sont même totalement dépourvues.

Presque toutes les céréales sont cultivées sur le territoire des États-Unis, et y donnent d'abondantes récoltes. La culture du maïs est la plus générale. Celle du tabac, du coton et de la canne à sucre fait la principale richesse des états méridionaux. Le pommier, le pêcher, le poirier, le prunier et le cerisier sont les arbres fruitiers les plus communs; les fruits du figuier, de l'oranger et du grenadier ne mûrissent que le long de la côte méridionale. Les arbres les plus communs sont le noyer blanc, le noyer noir ou *hickory*, précieux par l'huile de ses noix et la dureté de son bois; le pacanier, autre espèce de noyer; plusieurs espèces de chêne, entre autres le chêne quercitron, qui donne une couleur jaune; le platane, le frêne et le charme. L'érable à sucre, dont on tire une assez grande quantité de sucre fort bon, ne parvient à sa grandeur naturelle que dans le nord. Le magnolia, le tulipier, qui ont des feuilles et des fleurs d'une grandeur et d'une beauté admirables; le sassafras, dont l'écorce et la racine sont de puissants sudorifiques; le liquidambar copal, qui laisse exsuder un suc résineux très-odorant; le micocoulier, le palétuvier, le seul arbuste qui puisse fleurir dans les eaux salées; le myrica cirier, à fruits recouverts d'un enduit de cire avec lequel on fabrique des bougies, ne se trouvent que dans les parties chaudes et humides. Dans les terrains sablonneux, on rencontre les cèdres rouges, ou genévriers de Virginie, des cèdres blancs, des mélèzes, des pins et des sapins. Ces derniers atteignent, à l'O. des monts Rocheux, les plus grandes dimensions : on en a vu de près de 100 mètres de haut et de 16 mètres de circonférence. Parmi les végétaux intéressants de ces riches contrées, nous distinguerons encore le mûrier rouge, le mûrier épineux, le faux acacia, l'acacia à triple épine, le cyprès, le catalpa, dont les feuilles larges et légères et les belles fleurs blanches marquetées de points pourpres offrent l'aspect le plus agréable.

Parmi les animaux sauvages les plus remarquables des États-Unis, nous citerons les bisons, dont on rencontre quelquefois de longues bandes dans les prairies reculées de l'ouest; l'élan, le cerf, le daim, y deviennent de jour en jour moins communs. L'ours, le lynx, l'once, le loup noir, le loup rouge, sont les animaux sauvages les plus redoutables; on les recherche pour leur peaux, ainsi que les renards, les couguars, les blaireaux américains ou carcajous, les moufettes, qu'on appelle aussi *bêtes puantes*. Le castor, la loutre, le raton, l'ondatra ou rat musqué, et de nombreuses espèces de martres, fournissent de précieuses fourrures. Les dindes sauvages sont remarquables par les riches couleurs de leur plumage; les pigeons volent par bandes de plusieurs milliers. Nommons encore les colins, qui ressemblent aux cailles de l'Ancien monde; les perroquets, les hérons, les tantales, les flammants, les aigles, les vautours, les moqueurs, admirables par leur chant; les papes, les colibris, les oiseaux-mouches, etc. Il y a des caïmans ou alligators dans tous les fleuves du S. Le serpent à sonnettes, dont la morsure donne la mort en quelques minutes, infeste les terres basses. Les abeilles sont extrêmement multipliées dans les forêts. Les insectes les plus nuisibles sont les maringouins ou moustiques.

3. Montagnes, Cours d'eau, Lacs, Canaux.

La plus haute chaîne des États-Unis est celle des monts *Rocheux*, qui prend, en s'approchant du Mexique, le nom de *Sierra Madre* (chaîne mère); elle traverse du N. au S. la partie occidentale de cette confédération, et détermine deux versants : celui du Grand océan et celui de l'Atlantique. Le *Big-Horn*, le pic *Frémont*, le pic *Long*, le pic *Pike*, élevés d'environ 4000 mètres, en sont les sommets les plus remarquables.

A l'O. des monts Rocheux, règne aussi du N. au S. une chaîne qui a à peu près la même élévation et recèle de riches mines d'or ; elle porte au S. le nom de *Sierra Nevada* et au N. celui de montagnes des *Cascades*.

Plusieurs chaînons parallèles, dirigés du N. E. au S. O., dans la partie orientale du pays, forment les monts *Alleghany* ou *Apalaches;* ils séparent les affluents du Mississipi des tributaires directs de l'Atlantique. Le mont *Washington*, dans le groupe des montagnes *Blanches*, vers le N., est le point le plus élevé des monts Alleghany : il atteint une hauteur d'environ 2000 mètres. Le chaînon le plus oriental est distingué sous le nom de montagnes *Bleues*.

On remarque encore dans les États-Unis une chaîne assez longue, mais fort peu élevée, celle des monts *Ozark*, qui court du N. E. au S. O.

Les nombreux cours d'eau du versant de l'Atlantique se rendent soit dans cet océan immédiatement, soit dans le golfe du Mexique.

Parmi les tributaires immédiats de l'Atlantique, on distingue le *Connecticut*, qui forme un grand nombre de chutes; le majestueux et rapide *Hudson*, ou fleuve du *Nord;* la *Delaware;* la large *Susquehanna*, qui débouche dans la baie Chesapeak ; le *Potomac*, le *James-river*, qui tombent dans la même baie; le *Roanoke*, la *Santee*, la *Savannah*.

Le golfe du Mexique reçoit : le *Chatahoochee*, qui, dans son cours inférieur, prend le nom d'*Apalachicola;* la *Coosa*, qui se nomme ensuite *Alabama*, et qui, après s'être unie au *Tombekbi*, va se perdre dans la mer sous le nom de *Mobile;* enfin le *Mississipi*, *Namœsisipu* ou *Méchachébé* (c'est-à-dire *vieux père des eaux*), qui est comme la principale artère du système de navigation le plus étendu et le plus magnifique qu'il y ait au monde. Ce géant des fleuves de l'Amérique septentrionale prend sa source au petit lac *Itasca* ou de la *Biche*, à l'O. du lac Supérieur ; il descend de son plateau natal par les chutes pittoresques de Saint-Antoine, traverse du N. au S. les parties centrales des États-Unis, et se jette dans le golfe du Mexique par plusieurs embouchures, après un cours de plus de 4500 kilomètres. Dans la partie inférieure de son cours, le niveau de ses eaux est plus élevé que celui de la contrée voisine : des digues sont le seul obstacle opposé à ses débordements ; quelquefois il les rompt, et dévaste les campagnes environnantes. Il se sépare du fleuve plusieurs bras ou *bayous*, tels que celui de la *Fourche*, à l'O., et celui d'*Iberville*, à l'E. : ce dernier va se jeter dans le lac *Pontchartrain*, qui communique avec le lac *Borgne*, espèce de golfe. Les principaux affluents de la rive gauche du Mississipi sont : l'*Illinois*, qui traverse d'immenses prairies; l'*Ohio* ou la *Belle Rivière*, dont les principaux tributaires sont le *Wabash*, le *Kentucky*, le *Cumberland* et le *Tennessee*. Le fleuve reçoit à droite le *Missouri*, né dans les monts Rocheux, où il coule pendant quelque temps en formant des cataractes très-pittoresques, et qu'il quitte par un défilé de l'aspect le plus imposant, appelé *Porte des monts Rocheux;* de là, cette grande rivière se dirige d'abord à l'E., ensuite au S. E., en faisant de nombreuses sinuosités. Le Missouri entraîne dans son cours rapide une quantité énorme de sable, des pans entiers de forêts qu'il détache de ses rives, et il se joint au Mississipi, après un cours de 5000 kilomètres. A ce magnifique confluent, les deux cours d'eau, qui ont, chacun, en cet endroit, 2 kilomètres de large, luttent longtemps sans se mêler ; mais le Mississipi finit par dominer. Parmi les nombreuses rivières qui viennent du S. et de l'O. se réunir au Missouri, on distingue la *Roche-Jaune*, la *Plate* ou *Nébraska*, rivière large, mais peu profonde; le *Kansas* et l'*Osage*. Le Mississipi reçoit plus bas, sur la même rive, la *rivière Blanche*, l'*Arkansas*, la *rivière Rouge*. Le *Rio Grande del Norte*, tributaire du golfe du Mexique, sépare les États-Unis du Mexique.

L'*Orégon*, nommé aussi *Columbia*, est le fleuve le plus remarquable du versant du Grand océan. Il reçoit un grand nombre de rivières : à gauche, on remarque d'abord le *Lewis* et le *Clark*, qui portent les noms de deux célèbres voyageurs qui en ont exploré les rives ; et, plus loin, la *Multnomah*, qui vient de la frontière du Mexique ; — à droite, on voit l'*Otchénankane*, qui sort d'un grand lac du même nom. — Il faut ajouter sur le même versant le *Sacramento* et le *San-Joaquin*, qui se jettent dans le port de San-Francisco ; — puis le *Rio Colorado*, tributaire de la mer Vermeille, et qui se grossit du *Gila*.

Les États-Unis partagent, avec l'Amérique anglaise, les lacs *Supérieur*, *Huron*, *Saint-Clair*, *Érié* et *Ontario*, mais possèdent seuls le grand lac *Michigan*, qui forme à l'O. la *baie Verte*. On voit dans le N. E. le lac *Champlain*, qui s'allonge du S. au N. et s'écoule dans le Saint-Laurent. Les lacs des *Bois* et de la *Pluie*, qui versent leurs eaux dans le lac Ouinipeg, se trouvent à l'O. du lac Supérieur. — Sur la côte du golfe du Mexique, vers les bouches du Mississipi, sont les lacs *Ponchartrain*, *Borgne*, *Barataria* et quelques autres, dont l'eau est un peu salée. — A l'O. des monts Rocheux, on distingue, vers la limite de la Colombie anglaise, le long lac d'*Otchénankane*, qui verse ses eaux dans le Columbia. — Dans un plateau sans issue, on trouve le *Grand lac Salé*.

Il y a de grands marais dans quelques parties des États-Unis ; on remarque surtout, sur la côte orientale, vers la baie Albemarle, le *Dismal Swamp* et l'*Alligator Swamp*. Ces marais sont remplis de broussailles impénétrables, de roseaux, de cyprès, de cèdres et de pins.

Nous décrirons ici avec quelque détail cette suite remarquable de magnifiques lacs d'eau douce, qui séparent en grande partie les États-Unis du Canada. Le lac Supérieur, le plus occidental, est le plus grand lac du Nouveau monde ; il a environ 2200 kilomètres de circonférence. Ses eaux sont limpides, profondes et très-poissonneuses. On y éprouve des tempêtes aussi fréquentes et souvent plus violentes que sur l'océan lui-même. A l'angle S. E., il existe une suite de rapides, appelés *sauts de Sainte-Marie*, par lesquels le lac Supérieur verse ses eaux dans le lac Huron. Celui-ci a une forme très-irrégulière, et offre plusieurs grands golfes et une multitude de baies. Les nombreuses îles qu'il renferme en rendent la navigation dangereuse.

Le large détroit de *Michilimackinac*, ou, plus exactement, *Michimackiná*, c'est-à-dire de la *Grande Tortue*, fait communiquer le lac Huron au lac Michigan, dont les fertiles rivages ont environ 1100 kilomètres d'étendue. La rapide rivière *Saint-Clair* sert d'écoulement au lac Huron. Elle se jette dans le petit lac circulaire qui porte son nom et dont les eaux s'écoulent dans le lac Érié par la rivière *Détroit*. Le lac Érié s'étend du S. O. au N. E. l'espace de 360 kilomètres. Il est peu profond et se couvre de glace chaque hiver. Il y règne des tempêtes et des brumes dangereuses. De son extrémité N. E., sort la large rivière *Niagara*, qui, après s'être rétrécie vers le milieu de son cours, devient de plus en plus rapide, et forme bientôt la plus belle cataracte du monde. L'imagination la plus riche tenterait vainement de retracer le spectacle sublime que présente cette nappe de 900 mètres de largeur, entraînant une masse d'eau évaluée à près de 90 000 tonnes par seconde et tombant d'une hauteur de 45 à 50 mètres dans un gouffre dont on ne connaît pas la profondeur. Le mugissement de la cataracte est entendu d'une distance de 60 à 80 kilomètres, lorsque le vent est favorable; le nuage perpétuel de vapeur qui s'élève au-dessus des eaux bouillonnantes peut se voir de 100 kilomètres; la terre tremble aux environs. La cataracte est divisée en deux parties inégales par l'île de la *Chèvre :* la moins grande portion est du côté des États-Unis; elle a 312 mètres de largeur et plus de 50 mètres de haut; l'autre, qui décrit une courbe, a une largeur de 585 mètres, et sa hauteur est de 45 mètres. On a construit une espèce de tour en bois avec un escalier tournant pour descendre au bord du fleuve, au-dessous de la chute; on peut s'avancer quelque temps entre la muraille du roc et la nappe d'eau.

Au-dessous de la cataracte, les eaux du Niagara se précipitent dans le lac Ontario, long de 290 kilomètres et large de 100. Les plus gros bâtiments peuvent naviguer sur le lac, mais ils y sont exposés à de fréquents ouragans et y trouvent peu de bons ports. Le lac Ontario s'écoule au N. E. par le Saint-Laurent.

Les États-Unis possèdent de nombreux canaux; les plus importants sont le *Grand canal* ou *canal d'Érié*, qui joint l'Hudson au lac Érié, et le *canal de Pennsylvanie*, entre la Susquehanna et l'Ohio.

Description politique.

1. Divisions et Villes principales.

A l'époque de la déclaration de l'Indépendance, en 1776, le nombre des états qui composaient l'Union était de treize; aujourd'hui il est de trente-quatre. Ces divers états forment autant de républiques distinctes, qui ont leurs lois particulières, leurs coutumes et leur administration pour toutes les affaires purement locales.

Outre les états, il y a un *district* peu considérable qui renferme le siége du gouvernement général, et sept *territoires* qui occupent une grande partie de la contrée, vers l'O., mais dont les habitants, n'étant pas encore assez nombreux, ne jouissent pas des droits politiques.

États de l'Est.

Les états de l'E., formés de ce qu'on a appelé longtemps la *Nouvelle-Angleterre*, sont ceux de *Maine*, de *New-Hampshire*, de *Vermont*, de *Massachusetts*, de *Rhode-Island* et de *Connecticut*. Ils sont fort peuplés et fort industrieux.

L'état de *Maine*, le plus septentrional, est encore en grande partie couvert de forêts; il y a de nombreux et excellents ports. — *Augusta* est la capitale; mais *Portland*, port de mer florissant, de 20 000 hab., est la plus grande ville.

L'état montagneux de *New-Hampshire*, au S. O. du précédent, n'a que 25 kilomètres de côtes. — On y remarque : *Concord*, la capitale; *Dover*, la plus industrieuse et la plus ancienne ville de l'état; *Portsmouth*, avec un beau port et un arsenal maritime.

Le *Vermont*, le seul des états de la Nouvelle-Angleterre qui ne soit pas maritime, tire son nom de ses montagnes couvertes d'arbres toujours verts. — *Montpellier*, dans une charmante vallée, en est la capitale.

Le plus peuplé des états de l'E. est le *Massachusetts*, qui renferme plus d'un million d'habitants. La navigation et la pêche sont l'occupation générale des habitants. — *Boston*, capitale de cet état, est la première ville de la Nouvelle-

Angleterre et la seconde de l'Union pour le commerce maritime. Elle a un beau port, à l'embouchure du Charles-river, et renferme 150 000 habitants. Les nombreuses sociétés littéraires qu'elle possède lui ont valu le surnom d'*Athènes des États-Unis*. C'est le berceau de la liberté américaine et la patrie du philosophe Benjamin Franklin. — A un kilomètre de Boston, on remarque *Charlestown*, dans l'enceinte de laquelle s'élève le coteau de *Bunker's-Hill*, le premier champ de bataille de la guerre de l'Indépendance.

Les autres principales villes du Massachusetts sont : *Salem*, port de mer florissant ;—*Cambridge*, célèbre par son université, et dans laquelle a été établie la première imprimerie des États-Unis ; — *Plymouth*, où fut fondée, en 1620, la première colonie anglaise de la Nouvelle-Angleterre ; — *Lowell*, ville très-industrieuse, de 35 000 habitants.

Entre le Massachusetts et le Connecticut, se trouve l'état de *Rhode-Island*, le plus petit de tous les États-Unis. — *Providence*, jolie ville de 40 000 âmes, au fond de la superbe baie de Narragansett, et *Newport*, délicieusement située sur l'île qui donne son nom à l'état, en sont les deux capitales.

L'état de *Connecticut* est partout bien cultivé, et ses habitants se distinguent par leur intelligente industrie. On n'y trouve point de grandes villes, mais beaucoup de bourgs et de villages florissants. — Les jolies petites villes de *New-Haven* et de *Hartford* sont alternativement les capitales de l'état. — *New-London* est le meilleur port du pays.

États du Milieu.

Cette division comprend les deux grands états de *New-York* et de *Pennsylvanie*, les deux petits états de *New-Jersey* et de *Delaware*, et l'état assez considérable de *Maryland*. Le district de *Columbia* est aussi dans cette région.

L'état de *New-York* est avantageusement situé entre la Pennsylvanie et le Canada. Baigné au N. O. par les lacs Érié et Ontario, au N. E. par le lac Champlain, il s'étend au S. E. jusqu'à l'Atlantique ; il est traversé par le fleuve Hudson et par le *Grand canal* ou *canal d'Érié*, qui joint ce fleuve au lac Érié. Il renferme 4 000 000 d'habitants.

On y trouve tous les sites, toutes les variétés de paysages, et un grand nombre de curiosités naturelles. La capitale est *Albany*, de 60 000 âmes, sur l'Hudson ; mais la ville la plus importante est *New-York*, surnommée la *Ville impériale :* c'est la première cité américaine par la population, le commerce et la richesse ; elle se trouve sur l'île *Manhattan*, entourée par l'Hudson, à l'O., l'East-river (partie occidentale du golfe de Long-Island), au S. E., et la rivière Harlem, au N. Elle a au S. une magnifique baie. L'aspect qu'elle présente de la mer est superbe. Elle a d'agréables promenades, plusieurs élégants édifices, entre autres l'hôtel de ville, et elle est traversée dans sa longueur, du N. E. au S. O. par le *Broad-Way*, la plus belle rue du Nouveau monde. Pauvre village en 1640, New-York a aujourd'hui 1 000 000 d'habitants, en y comprenant *Brooklyn*, peuplée de 200 000 âmes et pittoresquement placée à l'extrémité de la belle île de Long-Island, vis-à-vis de New-York, dont elle est considérée comme une annexe : elle renferme l'arsenal maritime de cette ville.

Les autres lieux remarquables de l'état de New-York sont : *Buffalo*, port très-animé, sur une baie du lac Érié, avec 75 000 habitants ; — *Rochester*, avec 45 000 âmes, près du lac Ontario, vers les belles chutes du Genesee, qui se jette dans ce lac ; — *Utica*, au centre de l'état, dans une charmante et fertile contrée ; — *Troy*, de 35 000 âmes, sur l'Hudson, au pied d'une colline pittoresque appelée mont Ida ; — *Rome* et *Syracuse*, sur le Grand canal ; — *Plattsburg*, ville considérable, sur le lac Champlain ; — *Auburn*, qui a une célèbre maison pénitentiaire, — *West-Point*, qui possède une illustre école militaire ; — *Seneca*, sur le joli lac du même nom, dont les eaux augmentent ou diminuent tous les sept ans ; — *Manlius*, dans la région d'Onondaga, où vivait la fameuse confédération des Cinq-Nations ou Iroquois (les *Mohawks*, les *Senecas*, etc.), population remarquable par son intelligence supérieure ; — *Manchester*, près de la cataracte du Niagara.

Le *New-Jersey* occupe une espèce de presqu'île entre la baie de New-York et la baie Delaware. Il est riche en fer, entrecoupé des plus riantes collines et arrosé par de nombreuses rivières. — *Trenton*, son chef-lieu, est sur la Delaware. *Newark*, vis-à-vis de New-York, est la ville la plus considérable : elle a 40 000 habitants.

Au S. de l'état de New-York et à l'O. de celui de New-Jersey, s'étend la fertile *Pennsylvanie*, florissante à la fois par l'industrie manufacturière et par l'agriculture, et peuplée de 3 millions d'habitants. Elle n'a point de côtes maritimes, mais possède une grande étendue de pays sur le lac Érié, et communique facilement avec l'Atlantique par la Delaware, qui y est déjà fort large. Elle est arrosée par l'Alleghany et la Monongahela, qui y forment l'Ohio, et par la Susquehanna; de nombreux canaux la parcourent; divers chaînons des monts Alleghany, riches en productions minérales, l'entrecoupent et y forment de superbes vallées. Cet état doit son nom, qui signifie *forêt de Penn*, à Guillaume Penn, quaker fameux, qui y fonda les premières colonies dans le dix-septième siècle.

Harrisbourg, jolie petite ville, agréablement située sur la Susquehanna, est le chef-lieu de la Pennsylvanie. La plus grande ville est *Philadelphie*, vaste et belle cité, bâtie avec une régularité admirable, sur un isthme, entre la Delaware et le Schuylkill. La grandeur de ses édifices, la quantité de navires mouillés dans le fleuve, annoncent sa richesse et son importance. Les fondations bienfaisantes, les institutions scientifiques et d'instruction publique, y sont très-nombreuses. Ce fut dans cette ville que se fit la déclaration de l'indépendance des États-Unis, et le congrès de la république y tint ses séances jusqu'en 1800. En un demi-siècle, la population de Philadelphie a quintuplé; elle est maintenant de 470 000 âmes.

Pittsbourg, la plus industrieuse ville d'Amérique, avec plus de 100 000 habitants, à la naissance de l'Ohio, et *Lancaster*, qui a un célèbre établissement d'instruction publique, sont les autres principales villes de la Pennsylvanie.

Le petit état de *Delaware*, baigné à l'E. par la baie et le fleuve du même nom, est en général bas et humide. — Son chef-lieu, *Dover*, est une très-petite ville. — *Wilmington*, agréablement située près de la Delaware, est la plus grande ville de l'état : on y compte 15 000 habitants.

Le *Maryland* entoure la baie Chesapeak. C'est, en allant au S., le premier état où l'on trouve des esclaves. Il est riche en tabac, en froment et en fer. — La petite ville d'*Annapolis*, située sur la baie Chesapeak, est le chef-lieu. — La ville la plus considérable est *Baltimore*, port très-commerçant, avec 170 000 habitants. — *Frederick-City*, jolie ville, dont les habitants sont d'origine allemande, fleurit dans l'intérieur.

Sur la rive gauche du Potomac, entre la Virginie et le

Maryland, se trouve le district de *Columbia*, qui ne contient que 155 kilomètres carrés. Il offre une grande variété de sites et d'aspects remarquables. C'est au milieu de ce pays, sur les bords du Potomac et de l'Eastern-Branch, dans une des plus heureuses situations de l'Amérique, que l'illustre Washington choisit l'emplacement de la ville qui reçut son nom et devint la capitale de la république. Le plan de *Washington*, tracé par un Français, est immense; mais la plupart des rues ne sont encore que des chemins sans maisons, séparés par de grands espaces vides ou par des jardins. Dix-neuf belles avenues, qui ne sont fréquentées que par de rares promeneurs, entrecoupent transversalement le système des rues. De beaux monuments sont érigés par intervalles, et dominent des perspectives lointaines ou des vues agréables. Sur une colline, au centre de la ville, s'élève le Capitole, où siége le congrès; c'est un édifice grandiose, surmonté de trois dômes et magnifique dans son ensemble. On remarque encore l'hôtel du pouvoir exécutif (demeure du président), l'Observatoire, l'institution Smithsonienne (pour la diffusion des connaissances humaines), l'arsenal de la marine. Washington n'a que 50 000 habitants sédentaires, qui sont, pour ainsi dire, perdus dans leur immense ville. L'hiver, durant la session, il y vient, outre les sénateurs et les représentants, un grand nombre d'étrangers et de riches personnages. — *Georgetown*, sur le Potomac, à côté de Washington, est une autre ville importante du district de Columbia.

États du Sud.

(Formant la confédération du Sud, qui s'est récemment séparée des autres états).

Cette division comprend la *Virginie* (particulièrement la *Virginie orientale*), la *Caroline du nord*, la *Caroline du sud*, la *Georgie*, la *Floride*, l'*Alabama*, le *Mississipi*, la *Louisiane*, le *Texas*, le *Tennessee* et l'*Arkansas*.

Le bel état de *Virginie*, qui s'étend de la baie Chesapeak aux bords de l'Ohio, est traversé par les monts Alleghany, qui le partagent en deux portions; celle de l'E. est la plus fertile, surtout en excellent tabac, en riz et en froment. Cet état renferme 1 million et demi d'habitants.

Les villes principales de la Virginie sont : *Richmond*, le chef-lieu, sur le James-river, avec 30 000 habitants; siége actuel du gouvernement de la confédération du Sud; — *Williamsbourg*, ancienne capitale de la Virginie, et aujourd'hui déchue; — *Norfolk*, port fort animé; — *Pétersbourg*, ville commerçante, sur un affluent du James-river; — *Alexandria*, sur le Potomac; — *Wheeling*, sur l'Ohio, qu'on y passe sur un magnifique pont suspendu. — Au S. O. de la petite ville de *Lexington*, on remarque sur le Cedar-creek, affluent du James-river, le pont naturel de *Rock-Bridge*, qui est regardé comme une des curiosités les plus extraordinaires de l'Amérique. — A *Harpers-Ferry*, le Potomac passe à travers une crevasse du Blue-Ridge : c'est aussi une des merveilles de la nature américaine. — *Mount-Vernon* est un charmant endroit, fameux pour avoir été la résidence de Washington, né dans cet état.

L'agriculture est florissante dans la *Caroline du nord*; mais cet état, dont la côte est bordée de bancs de sable et de marais, n'a que le petit port de *Newbern*. — Le chef-lieu est *Raleigh*. — *Wilmington* est la ville la plus commerçante. — Dans la partie méridionale, près de la petite ville de *Charlotte*, on exploite en grand des mines d'or.

La *Caroline du sud* est un fertile état, à la fois agricole et commerçant. On y trouve un grand nombre de riches planteurs; c'est le seul état dans lequel les esclaves soient plus nombreux que les hommes libres. Le tabac, le blé, le coton et le riz font la richesse de ce pays. — Les villes importantes sont *Columbia*, chef-lieu, et *Charleston*, port de mer très-commerçant. On regarde cette dernière ville comme une des plus saines du sud. Elle compte 45 000 âmes. — *Beaufort*, dans le midi de l'état, a un bon port. — *Port-Royal*, sur une île, est aussi un port remarquable.

La *Georgie* est un des plus grands états. Ses forêts fournissent de beaux bois de construction, et le coton est un important produit de son agriculture. On exploite des mines d'or dans sa partie septentrionale.

Le chef-lieu de l'état de Georgie est la petite ville de *Milledgeville*. — *Augusta*, sur la Savannah, est une ville plus importante, qui fait en hiver un commerce immense de coton; les marais qui l'environnent la remplissent, pendant l'été, d'émanations pestilentielles, qui en chassent presque tous les habitants. — A l'embouchure de la Savannah, se trouve la ville de *Savannah*, peuplée de 25 000 âmes, et la première de l'état.

L'état de *Floride* est en grande partie formé de la presqu'île de ce nom, qui s'avance à l'entrée du golfe du Mexique. C'est un pays plat, en partie marécageux, entrecoupé de lacs, de savanes et de forêts de magnolias, de chênes rouges, de sassafras et de pins. Les terres propres à la culture se trouvent sur le bord des rivières, où le sol est de la plus grande fécondité. Le fleuve *Saint-Jean* ou *Saint-John*, qui coule du S. au N. dans la partie orientale de la Floride, présente le singulier phénomène d'être salé vers sa source et d'avoir de l'eau douce dans son cours inférieur. Les Indiens qui habitaient cette fertile péninsule étaient les *Séminoles*.

La capitale de la Floride est *Tallahassee*. — Les autres principales villes sont : *Saint-Augustin*, sur la côte orientale, le premier endroit fondé dans le pays ; — *Pensacola*, située sur la grande baie du même nom, et très-importante par son port, regardé comme le plus beau et le plus sûr de tout le golfe du Mexique ; — *Key-West*, la ville la plus méridionale des États-Unis, sur un îlot du même nom, avec un port vaste et sûr ; c'est une position militaire très-remarquable, et la clef des États-Unis sur le détroit de Floride.

L'état d'*Alabama* tire son nom d'une des principales rivières qui l'arrosent, et s'étend, à l'O. de la Géorgie, depuis les monts Alleghany jusqu'au golfe du Mexique. Il est très-riche en coton. — *Montgomery* en est le chef-lieu ; — *Mobile*, dans une situation belle, mais malsaine, au fond d'une baie du même nom, est la ville la plus importante, et compte 20 000 habitants.

Entre l'état précédent et le fleuve Mississipi, se trouve le long état de *Mississipi*. Il s'avance au S. jusqu'au golfe du Mexique, où il a des côtes basses et marécageuses. L'intérieur offre d'immenses forêts de pins et de cyprès, et de bons pâturages. — La capitale est la petite ville de *Jackson*. — *Natchez*, qui a conservé le nom d'une ancienne nation indigène, est une jolie ville, bâtie sur des hauteurs, près de la rive gauche du Mississipi.

Le nom de *Louisiane* fut donné longtemps à toute l'immense région située à l'O. du Mississipi et vendue par la France aux États-Unis en 1803 ; il ne désigne plus aujourd'hui que la partie méridionale de cette contrée. Mais, telle qu'elle est actuellement, la Louisiane est encore une des parties les plus importantes de l'Amérique.

Cet état comprend le delta du Mississipi, qui est fort bas et souvent inondé. A l'O., sur des terres élevées, on remarque les riches prairies des Attacapas et des Opelousas, où paissent d'innombrables troupeaux. Les deux rives du fleuve, et celles des *bayous*, qui sont les branches du Mississipi, sont presque entièrement bordées de riches plantations, qui fournissent particulièrement du sucre, du riz et du coton. C'est l'état où les habitants d'origine française sont le plus nombreux. Mais il y a aussi des Anglo-Américains, des Espagnols et des Allemands. Il s'y trouve également beaucoup de nègres.

La *Nouvelle-Orléans*, en anglais *New-Orleans*, a été longtemps la capitale de l'état de Louisiane. Elle est bâtie dans une plaine basse, entre des cyprières et le Mississipi, dont le niveau est au-dessus du sol de la ville ; mais elle est garantie des inondations par une forte levée. Ses rues sont bien alignées, et formées de maisons généralement construites en briques et garnies d'élégants balcons. Au milieu de la ville, s'étendent la place Jackson (autrefois place d'Armes) et la place La Fayette. On voit continuellement sur le fleuve d'innombrables navires de toutes les nations. La population de cette commerçante cité est de 150 000 âmes, et offre un assemblage étrange d'Anglo-Américains, d'Africains, de créoles[1], de Français, d'Espagnols et d'Allemands. — *La Fayette*, un peu au-dessus de la Nouvelle-Orléans, est une charmante ville, entourée de plantations d'orangers, de limoniers, de magnolias.

Bâton-Rouge, ville délicieusement située sur les premiers monticules que l'on rencontre en remontant le Mississipi, est le chef-lieu de la Louisiane depuis 1849. — *Donaldsonville* est sur la droite du fleuve, à l'endroit où s'en détache le Bayou la Fourche. — *Natchitoches*, connu par son tabac, est dans la partie occidentale, sur la rivière Rouge.

L'état de *Texas*, qui a fait longtemps partie du Mexique, s'en sépara en 1835, et s'érigea en république indépendante; mais il a été annexé aux États-Unis en 1845. La rivière Rouge borne ce pays au N., et la Sabine à l'E., du côté de la Louisiane. Au S., il est baigné par le golfe du Mexique. La côte est basse, marécageuse, souvent insalubre; mais, dans l'in-

---

[1]. On nomme *créoles*, à la Louisiane, les personnes d'origine française nées dans ce pays.

térieur, le terrain est agréablement varié, et le climat généralement beau. Le sol est-très-fertile.

Le Brazos et le Rio Colorado de Texas sont les principales rivières qui traversent cet état.

Les villes les plus importantes sont : *Austin*, capitale, sur le Brazos ; — *Houston*, qui a été la capitale pendant quelque temps ; — *Galveston*, le port principal du Texas.

L'état de *Tennessee* est à l'O. de la Caroline du nord et au N. de l'état de Mississipi. C'est un pays montagneux, borné à l'O. par le fleuve Mississipi et traversé par les rivières Tennessee et Cumberland. Il est intéressant par ses aspects pittoresques : ses rivières forment de nombreuses cascades, et arrosent des vallées profondes et très-fertiles. — *Nashville*, ville de 20 000 âmes, en est la capitale. — *Knoxville* est une ville industrieuse, dans le Tennessee oriental. — *Memphis*, sur le Mississipi, est importante par son commence.

A l'O. du Mississipi, s'étend l'état d'*Arkansas*, traversé par la rivière du même nom. La partie orientale est la plus cultivée. — *Little-Rock* est la capitale de ce pays. — *Hot-Springs* doit son nom et son importance aux sources chaudes qu'elle possède. — *Napoléon*, au confluent de l'Arkansas et du Mississipi, doit son origine à une colonie fondée par des émigrés français.

États de l'Ouest.

Les états de l'Ouest, qui comprennent la plus grande et la plus fertile partie de l'Union, sont ceux de *Kentucky*, d'*Ohio*, de *Michigan*, d'*Indiana*, d'*Illinois*, de *Wisconsin*, de *Missouri*, d'*Iowa*, de *Minnesota*, de *Kansas*, de *Californie* et d'*Orégon*. Les sept premiers sont à l'E., et les autres à l'O. du Mississipi. Ces deux derniers sont baignés par le Grand océan.

Vers le centre des États-Unis, se trouve le riant état de Kentucky, traversé par la rivière qui lui donne son nom. Vers le S., il s'y trouve d'excellents pâturages ; il y a, à l'E., d'épaisses forêts ; la partie septentrionale a mérité le nom de *paradis* des États-Unis. — *Louisville*, au-dessus des rapides de l'Ohio, est la principale ville de l'état. Elle fait un commerce considérable, et a 50 000 habitants. — *Frankfort*, la capitale, est une petite ville, régulièrement bâtie. — *Lexington*, délicieusement située, a une célèbre université. — *Covington*, sur l'Ohio, est florissante par son commerce. —

Citons, à cause de leurs noms, les petites villes de *Paris* et de *Versailles*.

Le plus important et le plus populeux des états de l'O. est celui d'*Ohio*, peuplé de 2 millions et demi d'habitants. Il s'étend du lac Érié à la rivière qui lui a donné son nom. Sa surface offre un mélange de vastes prairies et de belles forêts, où dominent les tulipiers, les platanes, les érables, les frênes, les sycomores. Le sol est de la plus grande fécondité, et peut presque partout être facilement mis en culture; aussi l'état d'Ohio est-il un de ceux où se rendent le plus d'émigrants.

Columbus, capitale de l'état, est une jolie ville de 25 000 habitants. — On voit sur l'Ohio l'industrieuse et commerçante *Cincinnati*, que l'on a surnommée la *reine de l'ouest*; elle se déploie majestueusement sur un riche plateau bordé de montagnes couvertes d'une magnifique végétation. Ses rues sont larges et bien percées. Ses habitants, au nombre d'environ 200 000, se distinguent par leur grande activité. On récolte aux environs de Cincinnati un excellent vin.

Nous citerons, parmi les autres villes : *Marietta*, où fut fondé, en 1788, par des Français, le premier établissement sur l'Ohio; — *Portsmouth*, au confluent du Scioto et de l'Ohio, et au commencement d'un canal qui va de ce dernier au lac Érié; — *Circleville* et *Chilicothe*, dans de belles plaines qu'arrose le Scioto, et où l'on remarque les restes d'antiques fortifications; — *Sandusky* et *Cleveland*, qui sont les ports les plus importants du lac Érié dans l'état d'Ohio.

L'état de *Michigan* occupe deux péninsules environnées des lacs Érié, Saint-Clair, Huron, Michigan et Supérieur. C'est un pays peu fertile, mais admirablement situé pour le commerce. — Le chef-lieu est *Lansing*; mais la ville principale est *Détroit*, régulièrement bâtie en bois, sur la rivière du même nom, et peuplée de 35 000 habitants. — *Michilimackinac*, place très-forte, est sur des rochers escarpés, dans le détroit du même nom.

L'état d'*Indiana*, à l'O. de celui d'Ohio, offre, au centre, de vastes prairies, entrecoupées d'épaisses forêts; au N., il est parsemé d'un grand nombre de lacs; au S., le long des rives de l'Ohio, s'élève la délicieuse chaîne de collines appelées les *Knobs*. Peu d'états sont mieux situés pour la culture des fruits d'Europe. On y trouve d'inépuisables mines de houille. — *Indianapolis*, capitale de l'état; *Vincennes*, avec sa physionomie toute française; *New-Albany*, le lieu le plus peuplé, et *Vevay*, fondée par des Suisses, sont les villes principales de l'Indiana, dont les premiers colons étaient des Français du Canada.

L'état d'*Illinois*, qui doit son nom à une ancienne nation indienne, est situé entre celui d'Indiana et le cours du Mississipi. Le sol y est d'une extrême fécondité, surtout entre le Mississipi et la rivière Illinois. On voit s'y étendre, au centre et au nord, d'immenses prairies. Il y a des mines de plomb très-riches. — *Springfield* est le chef-lieu. — *Kaskaskia*, sur la rivière de ce nom, a été fondée par des Français. — *Chicago*, sur le lac Michigan, à l'extrémité d'un canal qui unit ce lac à l'Illinois, est une ville de 100 000 âmes, fondée seulement depuis 1831.

L'état de *Wisconsin* est situé entre le Mississipi et les lacs Michigan et Supérieur. Vers le N., sa surface est élevée et montagneuse, mais elle est ailleurs basse et occupée par de vastes prairies, qu'arrose le Winconsin, affluent du Mississipi. Ce pays renferme de riches mines de plomb, de fer et de cuivre. — Les *Wisconsins*, les *Ouinebagos*, les *Chippeouays* ou *Ojib-be-was*, les *Ménomonis* ou *Mangeurs de folle avoine* et les *Foxes* sont les principales tribus indiennes qui l'habitent. — *Madison* en est la capitale ; et *Milwaukie*, port florissant sur le lac Michigan, en est la plus grande ville.

L'état de *Missouri*, le plus important de ceux qui sont à l'O. du Mississipi, et peuplé de 1 million et demi d'hab., est limité à l'E. par ce fleuve, et traversé par le Missouri. Au N., le pays est ondulé, fertile, et donne en abondance toutes nos céréales, nos légumes et nos fruits. Les vins mêmes y réussissent très-bien. La terre est aride au S., mais il y a de grandes richesses minérales, surtout du plomb. De vastes prairies occupent toute la partie occidentale. — Le chef-lieu de cet état est la petite ville de *Jefferson-City*, au bord du Missouri, près du confluent de l'Osage. — *Saint-Louis*, qui fut d'abord toute française, en est la principale ville. Elle est avantageusement située sur le Mississipi, près du confluent du Missouri, à quelque distance au-dessus de celui de l'Ohio, et presque en face de celui de l'Illinois. C'est le principal entrepôt du commerce des fourrures dans l'O. Elle est fort grande et fort belle, et renferme 180 000 hab. C'est une des villes des États-Unis qui se sont accrues avec le plus de rapidité. — *Lexington*, sur la même rivière, prise par les confédérés du sud sur les fédéraux du nord, en 1861 ; *Sainte-Geneviève*, sur le Mississipi, connue par ses mines de plomb ; *Saint-Charles*, *Booneville*, sur le Missouri ; *Indépendence*, vers la même rivière, sont les autres villes dignes d'être citées.

L'état d'*Iowa* est au N. de l'état de Missouri et à l'O. de celui de Wisconsin, entre le cours du Mississipi, à l'E., et celui du Missouri, à l'O. Il est riche en mines de plomb, en prairies et en cultures de céréales. — La capitale est *Iowa-City*, sur la rivière Iowa. — *Dubuque*, sur le Mississipi, au milieu de riches mines de plomb, est la ville la plus considérable.

L'état de *Minnesota*, au N. de celui d'Iowa, renferme les sources du Mississipi et doit son nom à un affluent de ce fleuve. — Il a pour capitale *Saint-Paul*, sur le Mississipi. — Il y a encore dans ce pays un assez grand nombre d'Indiens de la nation des Sioux ou Dacotah.

L'état de *Kansas*, à l'O. de celui de Missouri, est traversé par la rivière à laquelle il doit son nom et par l'Arkansas ; il est limité en partie, à l'E., par le cours du Missouri. L'E. est fertile ; l'O. est un affreux désert. — La capitale est *Lecompton*, sur le Kansas. — *Lawrence* est la plus importante ville.

L'état de *Californie*, formé de la Nouvelle-Californie, et si célèbre par ses mines d'or, se trouve sur le Grand océan, et a pour capitale *Sacramento-City*, sur le Sacramento ; mais le lieu le plus important est *San-Francisco*, port célèbre, qui, en peu d'années, depuis la découverte des mines d'or, a acquis une nombreuse population (100 000 habitants), formée d'émigrants de toutes les nations. — On remarque aussi les villes de *San-José*, de *Stockton*, de *Monterey* et de *Los Angeles*.

L'état d'*Orégon*, au N. de la Californie, baigné par le Grand océan et traversé par le fleuve auquel il doit son nom, est un beau pays, qui a pour chef-lieu *Salem* ; mais la ville principale est *Portland*.

1. Territoires.

Les régions désignées sous le nom de *territoires* sont : 1° vers le Grand océan, le territoire de *Washington*, au N. de l'Orégon, avec *Olympia* pour capitale, au fond du Puget

Sound, qui est un avancement du golfe de Georgie. — 2° Dans l'intérieur, le *Nouveau-Mexique*, capitale *Santa-Fe*, sur le Rio Grande ; — le territoire du *Colorado*, vers le fleuve de ce nom ; — celui de la *Nevada*, vers la chaîne de montagnes du même nom ; — l'*Utah*, qui a pour capitale *Fillmore-City*, et pour ville principale *Great-Salt-Lake-City* (la Cité du Grand Lac Salé), siége principal de la secte des *mormons*, qui s'appelle elle-même, aussi, les *saints du dernier jour* ; — le *Nébraska*, vaste pays renfermé entre les monts Rocheux et le Missouri, et où se trouvent les sources de cette grande rivière ; — le *Dacotah*, peuplé en grande partie par les Sioux ; — le territoire *Indien*, où l'on rencontre de nombreuses tribus indiennes, généralement venues des régions orientales, après avoir cédé au gouvernement les terres qu'elles possédaient.

Les peuplades indigènes les plus importantes des parties occidentales des États-Unis, soit dans ce dernier territoire, soit dans les pays voisins, sont : les *Chactas* ou *Choctas* (appelés aussi *Têtes-plates*), les *Chérokis*, les *Creeks* ou *Machécouqués*, qui habitaient autrefois dans la Georgie, l'Alabama et la Caroline du S. ; les *Séminoles*, sortis surtout de la Floride ; les *Sénécas* (branche des Iroquois), venus du N. ; les *Osages* ou *Ouachachés*, renommés pour leur courage ; les *Kansas*, les *Missouris*, les *Delawares* ou *Lenni-Lennapes*, les *Ioways*, les *Ottos*, les *Cheyennes*, les *Chippeways* ou *Ojib-be-was* ; les *Sioux*, qui sont la plus puissante de toutes ces nations, et qui se nomment eux-mêmes *Dacotah*. On remarque encore les *Pânis*, disséminés sur les rives de la Plate et du Kansas ; les *Mandanes*, les *Gros-ventres*, les *Pieds-noirs*, qui errent dans les hautes plaines traversées par le cours supérieur du Missouri ; les *Comanches*, qu'on rencontre surtout vers l'Arkansas et la rivière Rouge ; les *Kioways*, à peu près dans les mêmes régions ; les *Apaches*, principalement répandus dans le Nouveau-Mexique ; les *Serpents* ou *Chochonis* (appelés aussi *Têtes-plates*), dans le bassin de l'Orégon.

2. Gouvernement, Religions, Instruction, Habitants, Mœurs, Chemins de fer.

Les trente-quatre états sont autant de républiques distinctes et indépendantes ; les grands intérêts de cette confédération sont confiés à un gouvernement électif, composé d'un président qui possède la puissance exécutive, et de deux chambres législatives qui forment le Congrès et qui sont : 1° le Sénat, dont chaque état fournit deux membres; 2° la Chambre des représentants (1 pour 50000 habitants). Les sénateurs sont élus pour six ans, et les représentants pour deux ans. Le président est élu pour quatre ans par un nombre d'électeurs égal à celui des sénateurs et des représentants réunis.

Il n'y a point, aux États-Unis, de religion dominante : toutes les religions y sont admises et protégées; toutes les opinions y ont leurs sectateurs. Les deux sectes les plus répandues sont les épiscopaliens et les presbytériens; viennent ensuite les baptistes ou mennonites, les méthodistes, les congrégationalistes, les quakers, les luthériens, les calvinistes, les frères moraves ou herrnhutes, les unitaires, les shakers, les mormons, etc. Les catholiques dominent dans la Louisiane et le Maryland, et il s'en trouve beaucoup aussi dans l'Ohio, le Kentucky et le Missouri. Parmi les indigènes, les tribus à moitié civilisées connaissent et observent quelques dogmes et quelques coutumes de la religion chrétienne ; il y a chez elles des méthodistes, des presbytériens, des frères moraves et des mennonites, qui, toutefois, n'ont point oublié toutes les notions religieuses de leurs ancêtres. Ceux qui sont restés tout à fait sauvages adorent un être suprême, et croient à une existence future, durant laquelle ils espèrent chasser éternellement au milieu de prairies giboyeuses.

L'enseignement est libre aux États-Unis. Les plus petites villes, les bourgages même, ont une école. Aussi tout le monde dans ce pays sait au moins lire, écrire et compter. Les journaux sont plus multipliés que dans aucune autre contrée du globe. Les lettres et les beaux-arts jouissent d'une moindre considération qu'en Europe; mais les sciences, indispensables à la prospérité d'une nation industrielle et commerçante avant tout, sont cultivées avec le plus grand soin, surtout du côté pratique.

Les sauvages aiment beaucoup à discourir, et souvent leur éloquence est mâle et poétique, mais généralement ils n'écrivent point. Cependant les Creeks et les Chérokis possèdent des presses, et il y a des journaux dans leurs langues.

Les peuples nombreux dont le mélange forme la population des États-Unis peuvent se rapporter aux trois classes suivantes : 1° les *Européens et leurs descendants*, parmi lesquels on distingue les Anglais, formant à eux seuls presque les trois quarts de tout le peuple de l'Union ; les Irlandais, les Gallois et les Écossais, répartis principalement dans les états de Maryland, de Pennsylvanie, de New-York et de Kentucky ; les Allemands, surtout très-nombreux dans les états de Pennsylvanie, d'Ohio et de Missouri ; les Hollandais, les Suédois et les Suisses, en petit nombre ; les Français, les Italiens et les Espagnols, répandus au centre de la vallée du Mississipi et sur la côte méridionale. — 2° Les *nègres* et autres *gens de couleur*, au nombre d'environ 3 millions et demi d'individus, dont 400 000 seulement sont libres. (On donne le nom général de *gens de couleur* aux nègres, aux mulâtres et à tous ceux qui ont un mélange de sang africain). L'esclavage existe surtout dans les états sécessionnaires, et le maintien de cette triste condition sociale, repoussée par les états du Nord, a été l'une des grandes causes de la séparation dont vient d'être affligée la république des États-Unis. — 3° Les *indigènes*, *Indiens*, ou *Américains proprement dits*[1], dont le nombre, sans cesse décroissant, est aujourd'hui d'environ 400 000 individus.

Ces derniers se distinguent par leur taille haute et élancée, leurs membres musculeux et bien proportionnés. Ils ont les pommettes des joues saillantes, le nez aquilin, avec une large base ; le front déprimé, et le sommet de la tête très-élevé. Paisibles et humains dans la paix, ils sont terribles et cruels à la guerre ; ils méprisent le danger et se plaisent à le braver. Le sang-froid ne les abandonne jamais, car ils s'appliquent à ne s'étonner de rien et à toujours rester entièrement maîtres d'eux-mêmes. Les indigènes déjà un peu civilisés portent généralement le costume européen, ont des habitations commodes et s'occupent d'agriculture. Les autres vont presque nus et ne vivent que des produits de la chasse ; les guerres et les maladies font périr chaque année un nombre considérable de ces malheureux.

Les gens de couleur, qu'ils soient esclaves ou libres, sont regardés aux États-Unis comme inférieurs et méprisables.

---

[1]. Quoique ces indigènes soient les véritables Américains, on désigne plus souvent aujourd'hui, sous le nom d'*Américains*, les habitants qui, dans l'Union, sont d'origine anglaise.

Une fois libres, ils devraient être, ce semble, assimilés aux citoyens blancs, mais un déplorable préjugé les maintient dans un état de dégradation morale et les exclut de toute occupation honorable. Les esclaves, plus avilis et plus méprisés encore, ne semblent pas avoir, pour la plupart, la conscience de leur position.

La population blanche, qui jouit de tous les priviléges, s'accroît prodigieusement; ce qui frappe d'abord l'observateur, c'est l'aspect de son bien-être et de son aisance. La physionomie des habitants est aussi variée que leur origine est différente. Ceux de race anglaise, c'est-à-dire ceux qu'on est convenu d'appeler Américains, sont des hommes entreprenants, calculateurs, fiers de leur industrie, habiles, rangés, et admirateurs de leur pays; on leur reproche d'être froids, égoïstes et intéressés. Les descendants des Français se distinguent par leur aimable gaieté, leur franchise et leur insouciance; ils aiment le luxe et les plaisirs. Les Allemands sont des agriculteurs probes et infatigables.

Une active navigation anime les beaux et grands fleuves. Les chemins de fer se sont multipliés dans ce pays avec une rapidité prodigieuse : c'est surtout dans l'E. que les chemins de fer sont nombreux ; dans l'O., sont déjà commencées plusieurs lignes immenses destinées à unir le Mississipi au Grand océan. Il y a aussi un vaste et admirable réseau de lignes télégraphiques.

Géographie historique.

Les États-Unis paraissent comprendre, au N. E., une partie du pays que les Danois découvrirent au dixième siècle et nommèrent *Vinland*. Les premiers navigateurs qui virent ces parages après la découverte de l'Amérique équinoxiale par Colomb, furent Jean et Sébastien Cabot, en 1497. Ponce de Léon visita la Floride en 1512. En 1562, le Français Ribaut fondait des établissements dans la Caroline, qu'il nommait ainsi en l'honneur de Charles IX. Les Anglais s'établirent dans la Virginie en 1584; les Hollandais colonisèrent en 1614 un territoire qui répond à l'état de New-York, et qu'ils appelèrent *Nouveaux Pays-Bas;* une colonie suédoise se forma vers la Delaware. Peu à peu, cependant, toute la côte orientale passa aux mains des Anglais. En 1683, le Français La Salle, parti du Canada, descendit le Mississipi et prit possession de la Louisiane au nom de Louis XIV. En 1699, une colonie française y fut établie. En 1773, commença la révolte des colonies anglaises contre leur mère-patrie; par le traité de 1783, leur indépendance fut reconnue, et elles formèrent une république, composée d'abord de treize états; leur territoire s'agrandit depuis par l'achat de vastes terres que vendirent les tribus indiennes, par l'acquisition de la Louisiane, en 1803, par celle de la Floride, en 1819, par l'annexion du Texas, en 1845, et par celle de la Californie et du Nouveau-Mexique, en 1848. Malheureusement, une grave sécession est venue, en 1861, scinder la république en deux parties, et l'on ne peut prévoir encore quelle sera l'issue de cette séparation.

III. MEXIQUE,

AVEC LE YUCATAN ANGLAIS.

DESCRIPTION PHYSIQUE. — DESCRIPTION POLITIQUE.

Description physique.

Le Mexique est une ancienne colonie espagnole, qui a porté longtemps le nom de *Nouvelle-Espagne*. Il forme aujourd'hui une république, bornée au N. et au N. E. par les États-Unis, et resserrée entre le golfe du Mexique, à l'E., et le Grand océan, à l'O. Il s'étend du N. O. au S. E. l'espace d'environ 3000 kilomètres; assez large au N., il se rétrécit considérablement vers le S., où il n'a que 180 kilomètres de largeur, à l'isthme de Téhuantépec. Sa superficie est de 2 millions 95 000 kilomètres carrés.

La côte du golfe du Mexique est généralement basse et bordée de langues de terre sablonneuse, séparées du continent par des espèces de golfes ou *lagunes;* telles sont la *Laguna Madre*, la lagune de *Tamiagua* et celle *Terminos;* cette dernière n'est qu'un enfoncement de la baie de *Campêche*, à l'E. de laquelle s'avance la presqu'île de *Yucatan*, terminée au N. E. par le cap *Catoche*. Près de la côte orientale de cette presqu'île, on trouve l'île *Cozumel*, la première terre mexicaine où Cortez aborda en 1519, et les îles *Turnef*, à l'entrée du golfe de *Honduras*. Près de la côte occidentale, est l'île de *Carmen*, fertile en bois de teinture.

La côte du Grand océan, beaucoup plus étendue et plus élevée, présente la longue presqu'île de *Californie*, terminée par le cap *Saint-Lucas*, au S. duquel sont les îles de *Revillagigedo*; à l'E. de cette presqu'île est le golfe de *Californie*, appelé aussi mer *Vermeille* ou de *Cortez*, profondément enfoncé dans les terres et parsemé d'îles, dont la principale est celle de *Tiburon*; enfin, sur la limite du Mexique et du Guatémala, on voit le golfe de *Téhuantépec*, qui resserre, avec la baie de Campêche, l'*isthme de Téhuantépec*.

Le Mexique est traversé dans toute sa longueur par la grande chaîne de montagnes qui divise l'Amérique en deux versants généraux. Cette chaîne y porte les noms de *Sierra Madre* et de *Cordillère d'Anahuac*. Elle supporte un vaste plateau, qui s'élargit beaucoup vers le midi. Une des parties les plus remarquables de ce plateau est la vallée de Mexico, entourée comme d'un mur d'énormes montagnes, parmi lesquelles s'élève le *Popocatépetl*, haut de plus de 5400 mètres. Le sommet le plus remarquable du Mexique, après celui-là, est le pic d'*Orizaba*, qui a environ 5300 mètres. Ce sont deux volcans redoutables. Près du pic d'Orizaba, s'élève le *Coffre de Pérote*, montagne de plus de 4000 mètres. Le volcan de *Jorullo* se trouve dans la partie méridionale du pays : il sortit subitement de terre en 1759, au milieu d'une plaine agréable et fertile, où il a porté la désolation et la stérilité; l'éruption fut si violente que d'énormes quartiers de rochers furent lancés au milieu des flammes: des jets de boue s'élevèrent à une hauteur prodigieuse, et que les toits des maisons de Querétaro, ville située à environ 200 kilomètres de là, furent couverts de cendres.

Les tremblements de terre sont assez fréquents au Mexique : ceux de 1837 et de 1845 ont fait de grands ravages.

Le sol mexicain est généralement sec : c'est une des parties de l'Amérique où il y a le moins de rivières. Le plus grand fleuve du pays est le *Rio Grande del Norte*, qui descend des monts Rocheux, et va, après un cours de 2700 kilomètres, tomber dans le golfe du Mexique, sur la frontière des États-Unis. On remarque encore, sur le même versant, la *Tula*, qui est appelée *Tampico* dans sa partie inférieure, et qui a son embouchure près et au N. de la lagune de Tamiagua; — le *Guazacoalco* ou *Coatzacoalco*, beau fleuve, qu'on a le dessein d'unir, par un canal, au golfe de Téhuantépec.

Sur le versant occidental, on trouve le *Rio Colorado*, qui tombe au fond du golfe de Californie, après s'être grossi du *Gila*, et qui a reçu son nom de la couleur rougeâtre communiquée à ses eaux par le sol sur lequel il coule. Plus au S., on rencontre le *Rio Grande del Sur* ou de *Santiago*, qui sert d'écoulement au lac de *Chapala*.

Ce lac est le plus grand du Mexique. On remarque, dans la belle vallée de Mexico, plusieurs autres lacs, dont les principaux sont ceux de *San-Cristobal*, de *Tezcuco* et de *Chalco*. On voit, sur un plateau du N., le lac du *Caïman* ou de *Mapimi*.

Les aspects les plus variés se trouvent réunis dans le Mexique. A côté de montagnes escarpées et couvertes de neiges perpétuelles, s'ouvrent des vallées délicieuses, où s'étendent de magnifiques plaines, revêtues de la plus riche végétation; à chaque instant, on rencontre des villes et des villages bâtis dans les situations les plus pittoresques; de temps en temps on découvre de beaux monuments, restes de l'antique civilisation mexicaine.

Quoique cette contrée soit en partie dans la zone torride, la grande élévation du sol y procure vers le milieu une douce température. Mais vers les côtes le climat est très-chaud et fort malsain; la fièvre jaune, connue au Mexique sous le nom de *vomissement noir*, y exerce souvent ses ravages.

Parmi les plantes communes au Mexique, une des plus précieuses est le bananier ou musa, plante bien utile pour l'alimentation de l'homme; on a calculé que cent mètres carrés de terrain, plantés de quarante bananiers, rendent en un an deux mille kilogrammes de substances nutritives; tandis que le même espace ensemencé de blé ne donne pas plus de quinze kilogrammes de grain. On cultive beaucoup de yuca, appelé aussi manihot ou manioc; la racine de ce végétal donne une farine excellente, dont on fait le pain de cassave : mais il faut préalablement en extraire, par la pression et par l'action du feu, une substance laiteuse et vénéneuse. Le maïs ou tlaolli est la nourriture principale du peuple et de la plupart des animaux domestiques. La pomme de terre, nommée dans ce pays *papa*, y croît en abondance. L'oca ou oxalis tubéreuse, l'igname, la patate douce ou batate, fournissent aussi, par leurs racines, un précieux aliment. L'oignon de la cacomite donne une farine nourrissante. On voit partout la pomme d'amour ou *tomatl* (tomate). Le piment ou chilli porte un fruit aussi nécessaire aux indigènes que le sel l'est aux Européens; l'agave ou maguey est une plante admirable par ses usages nombreux : ses fibres servent à fabriquer des tissus, des cordages, du papier; ses épines peuvent tenir lieu d'aiguilles et de clous; ses feuilles, creusées en gouttières, sont employées pour couvrir les maisons, et du point où elles ont été arrachées découle longtemps une liqueur douce et sucrée, dont on fait une sorte de vin et d'eau-de-vie; enfin la racine, préparée avec du sucre, est convertie en confiture. Il y a des ananas, des sapotes, fruit agréable et frais, des goyaves, qui ont la forme d'une poire et un parfum délicieux; des oranges, des citrons, des palmiers; de grandes cultures de canne à sucre et de coton. Les anciens Mexicains préparaient avec le cacao une boisson qui portait le nom de *chocolatl*, dont nous avons formé celui de chocolat. Presque toute la vanille que consomme l'Europe vient des forêts du Mexique : ce végétal aromatique grimpe et s'entrelace autour du tronc des grands arbres. Les célèbres plantes médicinales appelées jalap et salsepareille sont l'objet d'un grand commerce. Il faut citer encore le bois de Campêche ou hématoxyle, propre à la teinture, et l'acajou, dont on distingue trois espèces très-différentes : l'acajou mahogon, avec lequel on fait des meubles; l'acajou à planches, employé plus particulièrement pour la construction des barques; enfin l'acajou à pommes, dont le fruit se compose d'une sorte de poire, terminée par une noix huileuse, où se trouve une amande excellente.

Le Mexique possède d'ailleurs à peu près toutes les plantes potagères, toutes les céréales et tous les arbres fruitiers de l'Europe. La vigne même donne, sur quelques points de cette contrée, un vin assez bon.

Les animaux d'Europe se sont prodigieusement multipliés dans ce pays : on voit des bandes de chevaux devenus sauvages errer dans les savanes de l'intérieur. C'est du Mexique que l'Europe a tiré le dindon et le canard musqué ou de Barbarie. Une foule d'oiseaux au plumage brillant peuplent les forêts. Il y a aussi beaucoup de vautours, et on les voit fréquemment se disputer leur proie jusque dans les rues des villes. La cochenille est un insecte précieux, qui fournit un des premiers ingrédients du carmin : elle vit sur le nopal, espèce de cactus. On trouve des perles dans le golfe de Californie; et les cachalots abondent vers l'entrée de ce golfe. Le murex à pourpre est un coquillage fort commun sur la côte du golfe de Téhuantépec.

Les montagnes du Mexique recèlent des mines inépuisables d'or, et surtout d'argent. Ce dernier métal donne, chaque année, un produit de plus de 500 000 kilogrammes.

Description politique.

Le Mexique comprend vingt-deux états, cinq territoires et un district fédéral.

En suivant d'abord la côte du golfe du Mexique, on rencontre le département de *Tamaulipas*, dont la capitale est *Nuevo-Santander* ou *Victoria*, et dont le port principal est *Tampico*; — puis le département de *La Veracruz*, dont la capitale, nommée aussi *La Veracruz*, est la principale ville maritime du Mexique, et l'une des plus commerçantes de l'Amérique; mais l'air y est fort malsain, et la fièvre jaune y fait souvent d'affreux ravages : beaucoup d'îlots et de récifs rendent l'approche du port difficile; sur l'un de ces îlots s'élève la redoutable forteresse de *San-Juan d'Ulloa*, prise par les Français en 1838. — On trouve encore, dans ce département : *Xalapa*, qui a donné son nom au jalap; — *Alvarado*, port renommé. — On voit ensuite, sur la même côte, le département de *Tabasco*, dont la capitale est *San-Juan-Bautista de Tabasco*; — puis le *Yucatan*, dont la capitale est *Merida*, ville de 25 000 âmes; on y trouve aussi *Campêche*, port de mer, par où s'exporte l'excellent bois de teinture que produit en abondance cette presqu'île. On a découvert, dans le même pays, des ruines très-remarquables, de nombreux et beaux monuments construits par un peuple dont on ignore l'histoire. Les ruines de *Chichen* et d'*Uxmal*, entre autres, offrent des murailles de palais et de temples, des pyramides, des colonnes du plus curieux intérêt.

Suivons maintenant les côtes du Grand océan, et nous trouverons d'abord le territoire de la *Basse* ou *Vieille-Californie*. Le gouvernement mexicain n'exerce qu'une faible action sur ce pays reculé, dont la capitale est *La Paz.* — Le long de la côte orientale du golfe de Californie, s'étendent l'état de *Sonora*, dont la capitale est *Urès*, et celui de *Cinaloa*, qui a pour capitale *Culiacan* et pour port principal *Mazatlan.* — Plus au S., on rencontre le département de *Xa-*

lisco, dont la capitale est la grande ville de *Guadalaxara*, peuplée de 80 000 habitants, et où l'on trouve le port de *San-Blas*; — le territoire de *Colima*; — l'état de *Méchoacan*, une des contrées les plus fertiles et les plus riantes du monde, et surnommé le *jardin du Mexique;* la capitale est *Valladolid de Méchoacan* ou *Morelia*, ville de 25 000 âmes, qui jouit d'un climat délicieux ; — l'état de *Guerrero*, dont la capitale est *Tixtla*, et le port principal, *Acapulco;* — l'état d'*Oaxaca*, pays superbe, fameux par sa cochenille, avec une grande ville du même nom, qui en est la capitale. On remarque, dans cet état, les magnifiques ruines de *Mitla.*— Enfin, sur la frontière du Guatémala, est l'état de *Chiapas*, dont la capitale actuelle est *Tuxtla;* son ancienne capitale était *San-Cristobal* (auparavant *Ciudad-Real* ou *Chiapa de los Españoles*), dont le vertueux Las Casas fut le premier évêque. On trouve, dans ce pays, près du village de *Santo-Domingo de Palenquè*, les ruines remarquables de l'antique *Culhuacan :* cette ville paraît avoir eu 25 ou 30 kilomètres de tour ; parmi ses restes curieux, on distingue des temples, des fortifications, des tombeaux, des pyramides, des ponts, des aqueducs, des bas-reliefs d'une belle exécution et ornés de caractères hiéroglyphiques : tout annonce que ce fut là la demeure d'un peuple très-avancé dans les arts. — On signale aussi les belles ruines de *Copanaquista.* — On nomme *Soconusco* la partie du Chiapas qui est baignée par le Grand océan.

Les divisions non maritimes sont les suivantes :

Au N., les états de *Chihuahua* et de *Durango*, avec des capitales de même nom ; — celui de *Cohahuila*, capitale *Saltillo;* — l'état du *Nouveau-Léon*, capitale *Monterey;* — l'état de *San-Luis-de-Potosi*, qui a pour capitale une ville du même nom, de 40 000 âmes, autrefois célèbre par ses mines d'argent; — l'état de *Zacatecas* et celui d'*Aguas-Calientes*, qui ont pour capitales les importantes villes de même nom ; — l'état de *Guanaxuato*, qui a les plus riches mines d'argent du monde : *Guanaxuato*, la capitale, est une ville de 50 000 habitants ; la mine la plus fameuse est celle de *La Valenciana*, qui a plus de 500 mètres de profondeur.

Au S., on voit l'état de *Querétaro*, dont la capitale, nommée aussi *Querétaro*, peuplée de 30 000 habitants, est une des plus belles villes du Mexique ; — l'état de *Mexico*, dont la capitale est *Toluca;* — l'état de *La Puebla*, qui a pour villes principales *La Puebla*, capitale, ville de 70 000 âmes, et

Cholula, jadis la plus sainte des villes de l'Anahuac, et remarquable encore par une grande pyramide indienne ; — le territoire de *Tlascala*, dont le chef-lieu, du même nom, avait, dit-on, 300 000 âmes quand les Espagnols arrivèrent au Mexique, mais n'est plus aujourd'hui qu'une fort petite ville ; — le *district Fédéral*, dont la capitale est *Mexico*, capitale du *Mexique*, ville de 200 000 habitants, nommée autrefois *Tenochtitlan*. Cette grande cité se trouve dans une belle vallée, au milieu de la Cordillère d'Anahuac, à 2270 mètres au-dessus du niveau de la mer ; elle présente un aspect noble et grandiose ; les maisons sont toutes à peu près de la même hauteur ; les toits, formés en terrasse et la plupart couverts d'arbustes et de fleurs, offrent, le soir, une promenade délicieuse. La cathédrale est un bel édifice, qui occupe l'emplacement du grand temple ou *téocalli* des anciens Mexicains ; il faut aussi remarquer le magnifique palais du gouvernement et la Monnaie ; ces trois monuments ornent la principale place de Mexico, la *plaza Mayor*, sur laquelle on trouve encore la grande pierre du calendrier des anciens Mexicains et l'autel des sacrifices. — On remarque, dans le même district, *Tezcuco*, qui fut la capitale des *Toltèques*, ancienne nation civilisée du Mexique, maîtresse du pays avant les Aztèques.

Il y a un territoire qui s'étend d'une mer à l'autre : c'est celui de *Téhuantépec*, dont le chef-lieu porte le même nom.

L'île de *Carmen* forme aussi un territoire séparé.

Le Mexique était depuis longtemps au pouvoir de nations puissantes et civilisées nommées *Aztèques* et *Acolhuans*, lorsque Fernand Cortez le découvrit en 1519 et en fit la conquête. On désignait alors sous le nom d'*Anahuac* le pays occupé par la nation aztèque, c'est-à-dire le pays auquel répondent à peu près le district Fédéral et les états de Mexico, Querétaro, La Puebla, Oaxaca, La Veracruz et Mechoacan. Le Mexique fut gouverné par des vice-rois espagnols jusqu'en 1810. Il se révolta alors contre sa mère patrie, finit par acquérir son indépendance, et s'est érigé en république ; mais des guerres intestines ont souvent désolé, depuis, cette belle contrée, et la forme du gouvernement y a fréquemment varié : elle a été tantôt *fédérale*, comme aux États-Unis, tantôt *centrale*, c'est-à-dire composée d'une administration unique s'étendant sur toutes les parties du pays.

La religion catholique est générale. L'esclavage est aboli.

Il y a, au Mexique, de 7 à 8 millions d'habitants, qui se divisent en *blancs, indigènes, nègres* et *sang-mêlé*.

Les premiers, qui se disent les *Mexicains* proprement dits, se partagent en deux classes principales : les *chaptons*, qui ont pour patrie l'Espagne, et les *créoles*, nés en Amérique.

Les Indiens, c'est-à-dire les indigènes américains, sont, les uns, convertis au christianisme et appelés *Indios fideles*, les autres, sauvages et désignés sous le nom d'*Indios bravos*. Ils ont la peau basanée et cuivrée, les cheveux plats et lisses, peu de barbe, le corps trapu, l'œil allongé, les pommettes saillantes, les lèvres larges, et, dans la bouche, une expression de douceur qui contraste avec un regard sombre et sévère. Ils sont graves, mélancoliques et silencieux ; cette gravité est surtout remarquable dans les enfants, qui, à l'âge de quatre ou cinq ans, montrent beaucoup plus d'intelligence que les enfants des blancs. Parmi les nations indigènes, la plus nombreuse est encore celle des *Aztèques*, qui descend des anciens dominateurs du Mexique et qui a adopté la civilisation européenne. Parmi les *bravos*, on distingue, au N., les *Apaches* et les *Comanches*. Des langues indigènes, la langue *aztèque* ou *nahuatl* est la plus répandue ; le *tzendal*, un des plus importants des anciens idiomes mexicains, est encore parlé dans le Chiapas ; la langue *maya* domine dans le Yucatan.

Il y a très-peu de nègres. Le sang-mêlé embrasse les *métis*, nés de blancs et d'indigènes ; les *mulâtres*, nés de blancs et de nègres ; les *chinos* ou *zambos*, issus de nègres et d'indigènes ; les *quarterons*, qui proviennent du mélange du sang blanc et du sang mulâtre.

Yucatan anglais.

L'Angleterre possède, sur la côte S. E. du Yucatan, une colonie connue sous le nom de *Yucatan anglais* ou *colonie de Balize*, et baignée par le golfe de Honduras. Elle est arrosée par une rivière du même nom, à l'embouchure de laquelle est *Balize*, chef-lieu de la colonie. C'est le siége d'un grand commerce de bois de teinture et d'acajou.

IV. AMÉRIQUE CENTRALE.

Description physique.

L'Amérique centrale forma, jusqu'en 1821, avec le territoire mexicain de Chiapas, une grande division administrative de l'Amérique espagnole, sous le titre de capitainerie générale de Guatémala. A cette époque, elle fut incorporée au Mexique, qui avait proclamé son indépendance ; mais elle s'en sépara deux années après et se constitua en confédération sous le nom de *république fédérale de l'Amérique centrale*. Depuis, les liens de la confédération se sont brisés. Ce pays a le Mexique au N. O., la mer des Antilles au N. E. et à l'E. ; il tient vers le S. E. à la Nouvelle-Grenade ; le Grand océan le baigne à l'O. et au S. O. Il a 580 kilomètres dans sa plus grande largeur, et 130 dans sa plus petite ; sa longueur est de 1600 kilomètres, du N. O. au S. E.

Les côtes sont profondément découpées. Le Grand océan y forme le golfe de *Téhuantépec*, qui s'étend aussi sur la côte mexicaine ; le golfe de *Fonseca*, qui renferme un grand nombre d'îles ; et les golfes de *Papagayo* et de *Nicoya*, entre lesquels s'avance la presqu'île de *Nicoya*.

La côte sur la mer des Antilles embrasse une grande partie du golfe ou de la baie de *Honduras*, dont l'extrémité S.O. est appelée golfe *Amatique* ; plus à l'E., elle offre la baie de *Truxillo*, la baie de *Cartago*, le cap *Gracias-a-Dios*, au S. duquel est la baie peu profonde, mais fort large, des *Mosquitos*. De nombreuses îles sont répandues sur cette côte ; *Rattan* et *Guanaja* ou *Banaca*, situées à l'entrée de la baie de Honduras, et connues sous le nom d'*îles de la Baie*, sont les plus considérables. On y trouve aussi une infinité d'îlots, de rochers, d'écueils et de bancs de sable, qui rendent la navigation très-dangereuse.

L'Amérique centrale est traversée par une chaîne de montagnes qui fait partie de la grande arête américaine, et qu'on appelle généralement la *Sierra Madre* (la chaîne mère). Elle renferme plus de trente-cinq volcans, dont plusieurs sont en activité. Quelques-uns de ses sommets atteignent plus de 4500 mètres au-dessus du niveau de la mer. De nombreux cours d'eau en descendent ; mais ils sont peu étendus, surtout ceux qui appartiennent au versant du Grand océan. Les plus importants des tributaires de la mer des Antilles sont la *Motagua*, l'*Ulua*, la *Segovia*, l'*Escondido* ou *Bluefields*, et surtout le *San-Juan*, qui sort de l'extrémité orientale du lac de *Nicaragua*, mais dont le cours est malheureusement gêné par des rapides. Ce lac de Nicaragua est un des plus grands de l'Amérique ; il est à 42 mètres au-dessus du niveau du Grand océan, dont il n'est séparé que par un isthme large d'environ 22 kilomètres dans la partie la plus étroite. Ses bords sont magnifiques, et les charmantes îles qu'il renferme lui donnent un aspect très-pittoresque. Il est navigable pour des brigantins et des goëlettes, mais sujet à de violentes tourmentes. A l'aide de ce lac, on a le dessein d'établir une jonction entre le Grand océan et l'Atlantique, par un canal qui partirait de l'embouchure du San-Juan, suivrait le cours de cette rivière jusqu'au lac, et déboucherait dans la baie de Salinas. — Le lac de *Managua* est au N. O. du précédent, dans lequel il verse ses eaux par la rivière Tipitaba. — Le lac d'*Yzabal* ou *Dulce*, qui reçoit un grand nombre de rivières, est au S. du golfe Amatique, dans lequel il s'écoule par le large *Rio Dulce*.

En jetant un coup d'œil général sur l'ensemble de l'Amérique centrale et des pays qui s'y rattachent immédiatement, c'est-à-dire le S. du Mexique et le N. O. de la Colombie, on remarque que cette partie de l'Amérique forme un grand isthme qui s'étend du N. O. au S. E. sur un espace de plus de 2000 kilomètres. Cet isthme, le plus remarquable du globe, éprouve des étranglements successifs, qui constituent autant d'isthmes particuliers et qui semblent inviter à établir des communications inter-océaniques.

Ainsi, entre le golfe de Téhuantépec, dans le Grand océan, et le golfe du Mexique, dans l'Atlantique, est resserré l'*isthme de Téhuantépec*, qu'on a le projet de faire franchir par un chemin de fer ou par un canal.

Entre le golfe de Honduras, dans la mer des Antilles, et la côte la plus voisine du Grand océan, est un espace très-resserré qu'on peut appeler *isthme de Honduras*; on y a projeté un chemin de fer qui aboutirait vers le S. au golfe de Fonseca.

Entre le lac de Nicaragua et le golfe de Papagayo, est l'*isthme de Nicaragua*, qui n'a que 22 kilomètres de largeur, et qu'un canal coupera sans doute un jour.

L'*isthme de Chiriqui* se trouve un peu plus au S., entre la lagune de Chiriqui, sur la mer des Antilles, et le golfe Dulce, sur le Grand océan ; on pourrait encore établir sur ce point une communication.

Jusqu'ici, cependant, il n'y a de jonction établie entre les deux océans qu'à *l'isthme de Panama*, où un chemin de fer s'étend de la ville de ce nom, sur le Grand océan, à Aspinwall, sur la mer des Antilles.

Le climat est très-varié dans l'Amérique centrale : la chaleur est étouffante dans les plaines et les vallées profondes, tandis que, sur les pentes des montagnes et sur les plateaux, on jouit de la plus douce température. Depuis le mois d'août jusqu'à celui d'octobre, règne la saison des pluies ; alors les moindres rivières se changent en torrents impétueux, et l'humidité, jointe à la chaleur, cause des maladies dangereuses. Le sol est extrêmement fertile, mais exposé à de violents tremblements de terre, qui ont quelquefois englouti des villes et des tribus entières. Toutes les productions des pays chauds et tempérés y réussissent. Les forêts sont peuplées de bois précieux pour la marine, l'ébénisterie et la teinture ; il y a beaucoup d'arbres résineux et d'arbustes d'où découlent des baumes renommés. L'indigo et le cacao de l'Amérique centrale sont très-estimés. On récolte aussi du tabac et du café excellents. On trouve des mines d'or, d'argent, de cuivre, de fer et de plomb.

Description politique.

L'Amérique centrale est composée de cinq républiques :

La république de *Guatémala*, la plus grande des cinq, est dans le N. O. Elle touche à la fois aux deux mers. On y récolte, le long de la côte du Grand océan, le meilleur cacao d'Amérique. Le pays est bien boisé, ainsi que l'indique son nom, dont l'orthographe exacte est *Quauhitémallan*, c'est-à-dire *lieu plein d'arbres*. Il y a environ 1 million d'habitants.

A 160 kilom. du Grand océan, au milieu d'une plaine fertilisée par de nombreux ruisseaux, est bâtie la *Nouvelle-Guatémala*, ou simplement *Guatémala*, capitale de la république. Les rues sont larges, droites et bien pavées. Les maisons n'ont qu'un étage, à cause de la fréquence des tremblements de terre ; elles sont élégantes et entourées de jardins spacieux. Guatémala a 60 000 habitants.

La *Vieille-Guatémala* ou *Antigua-Guatemala*, bâtie en 1452 sur l'emplacement d'une autre ville que les feux souterrains avaient renversée, fut détruite, en 1541, par les torrents de lave du *monte de Fuego* et par les torrents d'eau bouillante du *monte de Agua*, énormes montagnes voisines. Elle fut rebâtie un peu plus loin; mais un tremblement de terre causé par l'action intérieure des mêmes montagnes la renversa en 1775. Ce fut alors que les habitants allèrent fonder, à 35 kilomètres au S. E., la Nouvelle-Guatémala. Cependant la Vieille-Guatémala s'est peuplée de nouveau.

On remarque encore, dans cette république : *Quezaltenango*, à l'O. de Guatémala; — *Coban* ou *Verapaz*, ville presque entièrement peuplée d'Indiens; — *Yzabal*, lieu très-commerçant, sur le lac du même nom; — *Saint-Thomas*, bon port, situé sur le détroit qui joint le lac Dulce à la mer, et connu par une colonie belge qui s'y est établie; — *Chiquimula*; — *Amatitlan*. Il y a plusieurs lieux intéressants par leurs ruines, entre autres *Copan* et *Quiché* : près de ce dernier endroit sont les ruines d'Ulatlan, la magnifique capitale de l'ancien royaume de Quiché.

La république de *Honduras* s'étend à l'E. de celle de Guatémala, et sur la côte méridionale du golfe auquel elle donne son nom; elle s'avance au S., par un espace étroit, jusqu'au Grand océan, qui y forme le beau golfe de Fonseca, rempli d'îles, dont les principales sont celles du *Tigre* et de *Sacate Grande*. Cet état possède des mines d'or et d'argent, et le sol y est d'une extrême fertilité; mais l'insalubrité du climat y est très-funeste. — La capitale est *Comayagua* ou *Valladolid-la-Nueva*, sur l'Ulua. — *Truxillo*, ville fortifiée, a été plus importante qu'elle ne l'est aujourd'hui; elle est bâtie sur une baie où des îles flottantes, couvertes de gros arbres, changent de place au gré des vents.

La république de *San-Salvador*, le plus petit des cinq états de l'Amérique centrale, mais très-riche, très-peuplée et très-commerçante, est située sur la côte du Grand océan, au S. E. de l'état de Guatémala. Elle renferme des mines d'argent, de plomb, de fer, et l'indigo qu'on y cultive en abondance passe pour le plus beau du monde. La ville de *San-Salvador*, la capitale, est située dans une belle vallée; elle fut détruite par un tremblement de terre en 1854, mais elle se relève de ses ruines.

Au S. E. des états de Honduras et de San-Salvador, est celui de *Nicaragua*, baigné à la fois par la mer des Antilles et par le Grand océan. On y remarque les lacs de Managua et de Nicaragua. Ce dernier renferme un grand nombre d'îles pittoresques, dont la principale est *Omatépé*. Le sol produit les fruits les plus délicieux. Il y a des forêts très-étendues et de belles prairies, où l'on élève une immense quantité de bestiaux. On y trouve plusieurs volcans, dont les plus considérables sont ceux de *Masaya* et de *Coseguina*.

— La capitale est *Managua*, sur le beau lac du même nom. — Mais la plus grande est *Léon*, qui a été la capitale et qui compte environ 30 000 habitants. — *Granada*, sur le bord occidental du lac de Nicaragua, a été aussi érigée en capitale pendant les troubles qui ont récemment agité ce pays. — *Nicaragua* ou *Rivas* est près du bord S. O. du lac de Nicaragua. — *Masaya*, au pied du volcan du même nom, est une ville de 15 000 habitants, étrangement formée de petites maisons éparses au milieu de magnifiques forêts. — Il y a, dans cet état, deux ports nommés *San-Juan* : l'un, *San-Juan del Norte*, ou *Greytown*, sur la mer des Antilles, à l'embouchure de la rivière San-Juan ; — l'autre, *San-Juan del Sur*, sur le Grand océan, au bord du golfe de Papagayo.

Le plus oriental et en même temps le plus méridional des états de l'Amérique centrale est celui de *Costa-Rica*, qui touche aussi aux deux mers, et qui doit son nom à quelques mines d'or qu'on y trouva dans l'origine ; mais ses vraies richesses sont les beaux bois de construction (d'acajou surtout) qu'il renferme, ses pâturages, ses plantations de café, de coton, d'indigo, etc. Ses montagnes offrent des paysages variés. — La belle ville de *San-Jose de Costa-Rica*, peuplée de 20 000 âmes, est la capitale. — *Cartago*, bien déchue, et *Heredia*, sont les autres villes principales de l'état.

La religion catholique règne généralement dans les républiques de l'Amérique centrale.

Il y a, dans cette contrée, environ 2 millions d'habitants, dont les indigènes forment la moitié.

Dans la partie orientale vivent les indigènes connus sous le nom de *Mosquitos*, et le royaume qu'ils habitent a été appelé royaume de *Mosquitie*. Cette sorte de royaume s'est placée, en 1844, sous la suzeraineté britannique ; le siége du gouvernement est *Bluefields*.

V. NOUVELLE-GRENADE, ÉQUATEUR, VÉNÉZUÉLA.

Nouvelle-Grenade, ou États-Unis de Colombie.

Cette république, considérée généralement comme située tout entière dans l'Amérique méridionale, se trouve cependant en partie dans l'Amérique septentrionale, puisqu'elle comprend, au delà de l'isthme de Panama, un territoire d'environ 450 kilomètres de longueur. Elle tient à la république de Costa-Rica vers le N. O.; le Vénézuéla la borne à l'E.; le Brésil, au S. E., et la république de l'Équateur, au S.; elle est baignée au N. par la mer des Antilles, et à l'O. par le Grand océan. Autrefois soumise à l'Espagne, elle fit ensuite partie de la république de *Colombie*, constituée en 1821, et ainsi nommée en l'honneur de Christophe Colomb[1]; mais, depuis, la Nouvelle-Grenade est devenue un état particulier, qui a pris, en 1861, le nom officiel d'*États-Unis de Colombie*.

Le golfe de *Panama*, dans le Grand océan et le golfe d'*Uraba* ou de *Darien du nord*, formé par la mer des Antilles, pressent la partie la plus étroite de l'isthme de *Panama;* le premier renferme le petit archipel de *Las Perlas* et le golfe de *San-Miguel* ou de *Darien du sud*. A l'O. de cet archipel, on trouve l'île *Quiba* ou *Coiba*. Sur la même côte, en s'avançant au S., on rencontre la baie demi-circulaire du *Choco*, exposée à de fréquents orages. La côte septentrionale est généralement basse et parsemée d'îlots, parmi lesquels on distingue l'archipel de *Las Muletas*. A l'extrémité N. E. de la république, se trouve la presqu'île de *Goajira*, terminée par le cap *Gallinas*, la pointe la plus boréale de l'Amérique du sud. — Des États-Unis de Colombie dépendent des îles assez éloignées qui se trouvent vis-à-vis de la côte de la Mosquitie : ce sont les groupes de *Saint-Andres* et de *Providencia*, riches en guano.

Les Andes couvrent toute la partie occidentale de la Nouvelle-Grenade. Les flancs de ces montagnes sont revêtus de majestueuses forêts, et des pics couverts de neiges éternelles les dominent. Elles forment plusieurs plateaux étendus, sur lesquels on trouve des pâturages, des champs bien cultivés,

---

[1]. Ce grand homme avait simplement appelé *pays de Terre ferme* la côte continentale qu'il découvrit en 1498.

des villes florissantes et de grands villages bien peuplés. Un des principaux plateaux est celui de *Pasto*, le plus élevé d'Amérique. Les Andes sont divisées, dans la Nouvelle-Grenade, en plusieurs chaînes parallèles, dont la plus occidentale va former l'isthme de Panama et se réunit à la Cordillère de l'Amérique centrale : c'est cette chaîne qui détermine le partage des eaux entre le bassin de la mer des Antilles et celui du Grand océan. Un rameau très-remarquable, qui se sépare de la chaîne orientale, s'étend au N. E. et s'élève vers la mer des Antilles sous le nom de *Sierra Nevada*.

Le fleuve principal de l'intérieur de la Nouvelle-Grenade est la *Madeleine* ou *Rio Magdalena*, qui coule du S. au N., et va se jeter dans la mer des Antilles ; son affluent principal est à gauche la grande rivière *Cauca*. La Nouvelle-Grenade envoie encore à la mer des Antilles le *Chagrès*, et, un peu plus au S., l'*Atrato*, qui se jette dans le golfe d'Uraba. — Les cours d'eau les plus remarquables du côté du Grand océan sont le *San-Juan* et le *Patia*.

D'immenses plaines, nommées *llanos* en espagnol, occupent toute la partie orientale du pays. Elles sont traversées par de nombreuses rivières, dont les principales sont le *Putumayo*, le *Caqueta* ou *Yapura*, le *Rio Negro*, affluents de l'Amazone, et le *Guaviare*, la *Meta*, qui vont grossir l'*Orénoque*. Ce dernier trace quelque temps la limite orientale de la république.

Le climat est sain et tempéré dans les parties élevées, où l'on éprouve deux saisons sèches et deux saisons pluvieuses. Sur les bords de la mer et dans quelques vallées profondes de l'intérieur, l'air est brûlant et pestilentiel. Le froid est très-intense au sommet des montagnes. Certains cantons, arrosés par la Madeleine et le Cauca, jouissent d'un printemps perpétuel. Dans les *llanos*, les saisons se partagent rigoureusement en six mois de pluie et six mois de sécheresse consécutifs.

La Nouvelle-Grenade est principalement renommée pour ses richesses minérales : l'or et le platine y abondent sur plusieurs points ; on y exploite des mines d'émeraudes et d'autres pierres précieuses, d'argent, de fer, de cuivre et de houille, et il y a de célèbres mines de sel. Les principales productions végétales sont le cacao, le café, le froment, le tabac, le coton, le quinquina, le caoutchouc et les bois de teinture. Parmi les animaux des forêts, se trouvent l'ours, le chat sauvage, le tapir, le jaguar, le couguar et les singes. Il y a un grand nombre de vautours noirs, qui s'abattent en foule, jusque dans les villes, sur les immondices et les animaux morts. Les scorpions, les serpents et les insectes nuisibles sont très-nombreux.

Les États-Unis de Colombie sont au nombre de neuf : ceux d'*Antioquia*, de *Bolivar*, de *Boyaca*, de *Cauca*, de *Cundinamarca*, de *Magdalena*, de *Panama*, de *Santander* et de *Tolima*.
Il y a, de plus, un district *Fédéral*, où est la capitale de la république, *Bogota* ou *Santa-Fe de Bogota*. Cette ville est située vers le centre du pays, près d'un petit affluent de la Madeleine, sur un des plus beaux et des plus fertiles plateaux de l'Amérique méridionale, à 2643 mètres au-dessus du niveau de l'océan. Ses maisons sont peu élevées et très-solidement construites, afin de résister aux tremblements de terre. Dans la cathédrale, qui renferme d'immenses richesses, on remarque une statue de la Vierge, ornée de 1358 diamants. Bogota a 50 000 habitants. Près et au-dessous de cette ville, la rivière Bogota ou Funza forme la magnifique cataracte de Tequendama, haute de 145 mètres. On remarque aussi, dans le voisinage, les très-curieux ponts naturels d'Iconozo. — *Funza* est la capitale de l'état de Cundinamarca.
Purificacion, capitale de l'état de Tolima, qui embrasse toute la vallée supérieure du Rio Magdalena, est sur ce fleuve. — *Honda*, dans le même état, sur le Rio Magdalena, est l'entrepôt du commerce entre le N. et le S. de la république.
Panama, capitale de l'état du même nom, est au fond du vaste golfe appelé aussi Panama, et sur la côte méridionale de l'isthme de ce nom. *Chagrès*, *Aspinwall* ou *Colon* et *Portobelo*, ports de mer, sont du côté opposé de l'isthme.
Carthagène des Indes, capitale de l'état de Bolivar, est un port célèbre, mais déchu, sur la mer des Antilles, au S. O. de l'embouchure de la Madeleine. Cette ville offre un aspect triste. Les chaleurs y sont excessives en été, et il y règne, dans cette saison, des maladies dangereuses. — *Sabanilla* est un port assez animé, près de l'embouchure de la Madeleine. — En remontant ce fleuve, on trouve *Baranquilla*, et, à 165 kilomètres au-dessus, *Mompox*, ville commerçante.
Sainte-Marthe, capitale de l'état de Magdalena, avec un

port spacieux et sûr, est à l'E. de l'embouchure du même fleuve. — Plus à l'E. encore, est le port de *Rio-Hacha*.

Bucaramanga, capitale de l'état de Santander, est vers la frontière du Vénézuéla. — *Socorro* est une ville commerçante de cet état.

Antioquia ou *Santa-Fe de Antioquia*, dans l'état d'Antioquia, est sur le Cauca, dans une vallée couverte de champs de maïs, de cannes à sucre et de bananiers. — *Medellin* est une ville importante, capitale du même état.

Tunja, ville presque ruinée, capitale de l'état de Boyaca, est célèbre pour avoir été, avant l'arrivée des Espagnols, la résidence du roi des *Muyscas*, un des peuples de la confédération des *Chibchas*, nation puissante alors et aujourd'hui encore nombreuse, mais généralement mêlée aux blancs. — Près de là est le lieu de *Boyaca*, où Bolivar remporta en 1819 une grande victoire sur les Espagnols. — *Leyva*, au N. O. de Tunja, a de curieuses antiquités indiennes.

Popayan, ville belle, quoique bien déchue, est la capitale de l'état de Cauca; elle s'élève sur le Cauca, dans une riante situation, mais au pied du terrible volcan de Puracé. On admire aux environs la cataracte du Rio Vinagre. — Remarquons encore *Pasto*, au milieu du plateau de ce nom, pays froid et entouré de volcans; — *Cali*, ville florissante, près du Cauca; — *San-Buenaventura*, port commerçant de la côte du Choco.

Le gouvernement des États-Unis de Colombie, se compose d'un président élu pour quatre ans, d'un sénat et d'une chambre des représentants. Les habitants professent la religion catholique. La population est évaluée à 2 800 000 individus, répandus sur une superficie de 1 358 000 kilomètres carrés. Dans ce nombre ne sont pas compris les sauvages, qui forment encore des tribus très-importantes. La plus belle peuplade est celle des *Goajiros*.

La Nouvelle-Grenade est, comme l'Amérique centrale, admirablement placée pour la communication entre les deux océans. Déjà, comme on l'a dit, un chemin de fer unit *Aspinwall* à *Panama*; un canal a été projeté du *Port Escoces*, sur la mer des Antilles, au golfe de *San-Miguel*, sur le Grand océan; un autre, entre l'*Atrato* et la rivière *Darien*, qui se jette dans le golfe de San-Miguel (appelé aussi Darien du sud); un autre, entre le *Napipi*, affluent de l'Atrato, et la baie de *Cupica* (dans le Grand océan); un autre encore, entre le *Truando*, affluent de l'Atrato, et la baie *Kelley*, sur le Grand océan. Déjà, depuis longtemps, un petit canal, il est vrai sans importance, unit le cours supérieur de l'Atrato à la rivière *San-Juan*, qui se jette dans le Grand océan, près de la baie du Choco.

République de l'Équateur.

Cette contrée, autrefois soumise à l'Espagne, et comprise ensuite, quelque temps, dans le S. O. de la république de Colombie, répond à peu près à l'ancien royaume de Quito. Elle a au N. la Nouvelle-Grenade, au S. le Pérou, à l'E. le Brésil; le Grand océan la baigne à l'O.

Le golfe de *Guayaquil* est le seul enfoncement considérable qu'offre la côte de cette contrée. On y trouve l'île *Puna*. On y remarque les caps de *Guascama* et *Sainte-Hélène*.

La chaîne des Andes parcourt la république de l'Équateur du S. au N. Elle y présente d'énormes pics volcaniques, dont les principaux sont : le *Chimborazo*, qui s'élève à 6530 mètres; le *Cayambé*, dont le sommet majestueux est précisément sous l'équateur ; le *Cotopaxi*, qui est le plus redoutable des volcans américains, et dont on entend les mugissements à plus de 200 kilomètres ; le *Pichincha;* l'*Antisana*. Les Andes forment là, comme dans la Nouvelle-Grenade, plusieurs chaînes parallèles, dont deux principales. Entre les sommets de ces imposantes Cordillères, s'étendent des plateaux très-fertiles et bien peuplés. — Le *Guayas*, qui se jette dans le golfe du même nom, est le seul cours d'eau remarquable du versant du Grand océan. — A l'E. des montagnes, s'étendent de grands déserts, arrosés par de nombreux affluents de l'*Amazone*, dont le cours supérieur est désigné sous le nom de *Tunguragua :* tels sont le *Putumayo* ou *Içà*, dont les eaux charrient des sables aurifères; le rapide *Napo*, et le *Tigre*, tous à gauche.

Dans les parties basses, le climat est chaud et humide. Le froid est assez vif dans les montagnes.

La république de l'Équateur possède des mines d'or et de riches salines. Il y a, dans ce pays, du cacao, dont on fait deux récoltes par an, du tabac, de l'indigo, du quinquina renommé, du coton, des céréales et beaucoup d'espèces de fruits. — On y fabrique une quantité considérable de chapeaux dits panamas.

L'Équateur se divise en trois départements : ceux de *Quito*, de *Guayas* et de l'*Azuay*, subdivisés en neuf provinces. On y compte environ 1 100 000 habitants, sur une superficie de 770 000 kilomètres carrés.

Quito, capitale de la république, est située presque sous l'équateur, sur le versant du Pichincha, à 2908 mètres au-dessus de la mer. Les rues en sont tortueuses, et les maisons assez mal bâties. On y comptait 80 000 habitants avant l'affreux tremblement de terre qui l'a bouleversée en 1859. — *Manta*, à l'O. de Quito, est un port très-animé.

Guayaquil, chef-lieu du département de *Guayas*, avec 25 000 âmes, est un port important, sur le fleuve du même nom.

Dans l'intérieur, on remarque : *Cuenca*, chef-lieu du département de l'Azuay (ainsi nommé d'un vaste plateau désert qui se trouve dans le S. de la république), avec 25 000 habitants ; — *Loja*, célèbre par son quinquina et sa cochenille.

A l'E., s'étend un pays inculte et mal peuplé, dont les habitants appartiennent presque tous aux tribus des *Maynas* et des *Omaguas*, autrefois bien plus puissantes qu'aujourd'hui.

A 700 kilomètres à l'O. de la république de l'Équateur, est le groupe d'îles des *Galapagos* ou des *Tortues*. Il fut découvert par les Espagnols, qui l'appelèrent ainsi à cause des nombreuses tortues qu'on y trouve. Ces îles sont souvent visitées par les navires qui vont à la pêche de la baleine et du cachalot. Les deux plus considérables sont celle d'*Albemarle* et de *Narborough*. Celle de *Charles* ou *Floriana* a reçu une petite colonie d'Équatoriens.

Le gouvernement de l'Équateur est exercé par un président, élu tous les quatre ans, et un congrès composé de deux chambres : celle du sénat et celle des représentants.

Vénézuéla.

La république de Vénézuéla, formée de l'ancien gouvernement espagnol de Caracas, a composé, de 1821 à 1830, la partie orientale de la république de Colombie. Elle est bornée au N. par la mer des Antilles, à l'E. par l'Atlantique et la Guyane anglaise, au S. par le Brésil et à l'O. par la Nouvelle-Grenade. C'est un pays environ deux fois aussi grand que la France : il a 1 600 000 kilomètres carrés ; cependant on n'y compte guère que 1 200 000 habitants.

La mer des Antilles forme, sur les côtes du Vénézuéla, le long golfe de *Cariaco*, bordé au nord par une étroite presqu'île ; et le golfe de *Maracaybo* ou de *Vénézuéla*, fermé à l'E. par la péninsule de *Paraguana*, qui tient au continent par l'isthme de *Medanos*. Sur les côtes baignées par l'Atlantique, on remarque les cinquante bouches de l'*Orénoque*, et, un peu plus au N., le golfe de *Paria*, fermé à l'E. par l'île de la Trinité et au N. par une longue presqu'île montagneuse qui porte aussi le nom de Paria.

La plus orientale des chaînes que forment les Andes dans la république de la Nouvelle-Grenade, entre dans le Vénézuéla, s'y étend vers le N. E. sous les noms de *Sierra Nevada de Merida*, *Sierra de Truxillo*, etc., et va se terminer au promontoire de *Paria*, qui s'avance au N. du golfe de ce nom, en face de l'île de la Trinité : elle sépare les eaux tributaires de la mer des Antilles de celles qui se rendent à l'Atlantique. La *Sierra Pacaraima* et la *Sierra Parime* s'élèvent vers la limite du Vénézuéla et du Brésil : c'est dans l'intérieur de cette partie de l'Amérique que des relations fabuleuses ont placé le grand lac *Parime*, sur les bords duquel des palais construits, disait-on, de l'or que l'on retirait du lac avaient fait donner au pays environnant le nom d'*El Dorado*, c'est-à-dire le pays d'or[1].

L'*Orénoque*, en espagnol *Orinoco*, est le principal fleuve de ces contrées. Il s'échappe d'un petit lac nommé *Ipava*, fait, au milieu d'immenses *llanos* (plaines), un vaste détour vers le S. et l'O., se dirige ensuite à l'E., et, après un cours de 2200 kilomètres, entrecoupé de beaucoup de rapides et de cataractes, il se jette dans l'Atlantique par de nombreuses embouchures, qui forment un delta très-étendu. Les principaux affluents de l'Orénoque sont : par sa rive droite, le *Caroni*, et, par sa rive gauche, la *Meta* et l'*Apure*, grossi de la *Portuguesa*. Ce fleuve communique avec le Rio Negro, affluent de l'Amazone, par un canal naturel très-remarquable, nommé *Cassiquiare*.

Au S. du golfe de Maracaybo, s'étend un grand lac du

---

[1]. Aujourd'hui on sait qu'il n'existe pas de lac Parime ; mais il y a une rivière de ce nom, qui descend du versant méridional de la Sierra Pacaraima, et qui est tributaire du Rio Negro.

même nom, de 220 kilomètres de long et de 130 de large. Il communique avec le golfe; mais ses eaux sont habituellement douces. La navigation y est facile, même pour les gros bâtiments. Les bords en sont malsains et stériles. Les vapeurs bitumineuses qui planent sur sa surface s'enflamment spontanément, surtout dans les grandes chaleurs, et produisent des feux surnommés dans le pays *Lanternes de Maracaybo*. On voit, dans les îles de ce lac et sur la côte, des villages indiens bâtis sur pilotis : les Espagnols, les ayant remarqués à leur arrivée dans ces parages, donnèrent à tout le pays le nom de *Vénézuéla* ou de *petite Venise*[1]. — La *Zulia* est le plus considérable des cours d'eau qui débouchent dans ce lac. — Le lac de *Valencia* ou de *Tacarigua*, dont les bords sont ornés d'une végétation magnifique, est à l'E. du précédent ; il n'a aucune issue apparente, et reçoit cependant de nombreuses rivières.

La région du Vénézuéla située au N. de l'Orénoque renferme de riches vallées, qui sont les parties les plus peuplées de la contrée; il y a des montagnes peu élevées, de belles forêts et de fertiles pâturages. Le climat y est chaud; plusieurs points de la côte sont très-malsains, et ravagés chaque année par des maladies dangereuses, surtout par la fièvre jaune.

Au N. O. du même fleuve, s'étendent les *llanos*. Dans la saison de la sécheresse, qui y dure six mois, ces plaines sont privées de végétation et nues comme des déserts sablonneux. Durant les six autres mois, les rivières, gonflées par des pluies abondantes, débordent, se confondent et couvrent le pays de vastes nappes d'eau; le sol, fertilisé par cette inondation, se pare aussitôt d'un tapis de verdure, et en peu de temps les herbes deviennent tellement hautes qu'un homme à cheval s'y trouve parfaitement caché. Les pluies sont accompagnées d'orages terribles; elles commencent en novembre et finissent en avril.

Les forêts du Vénézuéla renferment d'excellents bois de construction, de marqueterie et de teinture; c'est un des pays qui fournissent le palissandre. Parmi les nombreux palmiers, on distingue le palmier-séjé, qui donne une huile excellente. On y recueille aussi le caoutchouc, qui découle de l'arbre appelé hévée; la vanille, la salsepareille, le quin-

---

[1]. Venise est bâtie sur pilotis.

quina. Les bananes, le froment, le cacao, le café, le coton, le sucre, l'indigo, le tabac, sont récoltés en abondance dans les vallées septentrionales. Les *llanos* nourrissent beaucoup de bestiaux. Les couguars et les jaguars sont communs. On voit, dans les forêts, d'innombrables singes et des espèces variées de perroquets, entre autres, les aras. Toutes les rivières sont remplies de caïmans ; on trouve dans les eaux marécageuses beaucoup de gymnotes électriques, poissons assez semblables aux anguilles et qui peuvent tuer, par leurs violentes décharges électriques, les animaux les plus robustes. Il y a aussi un grand nombre de petits poissons appelés caribes, dont la morsure est très-dangereuse. Le serpent cuaïma est un des plus redoutables reptiles de ce pays. Les fourmis et d'autres insectes nuisibles se trouvent en quantité. Il y a des mines d'or dans la Guyane vénézuélienne.

Caracas ou *Léon de Caracas* est la capitale de la république. Elle se présente brillamment, au milieu de sa délicieuse vallée, non loin de la mer des Antilles, sur laquelle elle a le port de *La Guayra*. Elle a donné le jour à Bolivar. On y compte environ 55 000 habitants. — Les autres villes principales sont : *Puerto-Cabello*, place forte, située dans une île qui communique au continent par un pont ; — *Valencia*, à l'O. de Caracas, dans une charmante position, non loin du lac auquel elle donne son nom ; — *Aragua*, ville florissante, de 18 000 âmes, dans une vallée extrêmement fertile ; — *Maracaybo*, ville de 20 000 âmes, sur le canal qui unit le golfe et le lac du même nom ; — *Varinas*, renommée par son tabac ; — *Barquisimeto*, par son indigo, son cacao et son café ; — *Cumana*, ville très-ancienne (bâtie en 1523), bien située, sur le golfe de Cariaco ; — *Barcelona*, près de la mer des Antilles ; — *Ciudad-Bolivar* (auparavant nommée *Angostura* ou *Saint-Thomas de Nueva-Guayana*), la ville la plus importante des bords de l'Orénoque, avec un port où peuvent aborder des navires d'un fort tonnage.

Parmi les nombreuses tribus indiennes répandues dans le Vénézuéla, surtout dans la région peu connue qu'on appelle la *Guyane vénézuélienne* (anciennement *Guyane espagnole*), on distingue : les *Guaraunos*, qui habitent dans la delta de l'Orénoque, et dont la langue est remarquablement douce et sonore ; les *Amaypures*, actifs et intelligents ; les *Mariquitares*, qui, de même que les précédents, sont *géopha-*

ges, c'est-à-dire mangeurs de terre : la terre qu'ils mangent est de l'argile, pétrie en boulettes et rougie au feu.

On trouve dans la partie orientale un certain nombre de *Caraïbes*.

La *Marguerite*, l'une des îles Antilles, dépend du Vénézuéla, ainsi que les petites îles *Coche*, *Cubagua* et *Tortuga*.

VI. GUYANES FRANÇAISE, HOLLANDAISE ET ANGLAISE.

DESCRIPTION PHYSIQUE GÉNÉRALE. — DESCRIPTION PARTICULIÈRE. INDIGÈNES.

Description physique générale.

On donne le nom général de *Guyane*[1] au vaste pays environné par l'Amazone, le Rio Negro, le Cassiquiare, l'Orénoque et l'Atlantique. Découvertes en 1498 par Colomb, les côtes de ce pays furent visitées ensuite par des navigateurs espagnols, qui tentèrent en vain d'explorer l'intérieur. Cependant quelques-uns affirmèrent qu'on y trouvait beaucoup d'or. De nombreux aventuriers se mirent à la recherche de cette terre de richesses merveilleuses, mais imaginaires. Dans le dix-septième siècle, les Français, les Anglais, les Hollandais, les Portugais, s'emparèrent de différentes parties de la Guyane ; ce ne fut qu'après de nombreux démêlés que les limites furent définitivement tracées, et il s'y est formé cinq Guyanes : la *Guyane portugaise* (actuellement réunie au Brésil) ; la *Guyane espagnole* (actuellement réunie au Vénézuéla), et les *Guyanes française, hollandaise* et *anglaise*. Ces trois dernières sont les seules qui aient aujourd'hui une existence séparée des états américains.

L'ensemble formé par ces trois Guyanes est borné à l'O. par le Vénézuéla, au S. par le Brésil, à l'E. et au N. par l'Atlantique. Les côtes en sont bordées presque partout de terrains bas et marécageux, couverts de forêts impénétrables. A peu de distance des côtes, s'élèvent de petites collines qui courent parallèlement au rivage. Dans l'intérieur, on remarque des groupes irréguliers de montagnes, coupés de

---

1. En espagnol *Guayana*, en portugais *Guianna* ; on écrit souvent, en français, *Guiane*.

plaines sablonneuses, de savanes et de forêts vierges, qui offrent toute la richesse, tout le luxe de végétation des régions équatoriales les plus fertiles. Les monts *Tumucumaque* forment une portion de la limite méridionale de la Guyane française. Une multitude de fleuves et de rivières descendent des hauteurs et sillonnent le pays dans tous les sens. Dans la saison des pluies, ces cours d'eau débordés couvrent les savanes, baignent le pied des forêts; avec le beau temps, ils rentrent graduellement dans leurs lits, et les terres qu'ils abandonnent se couvrent bientôt d'une vigoureuse végétation. La saison sèche et la saison pluvieuse règnent alternativement deux fois dans le cours de l'année.

Le climat des Guyanes n'est pas aussi malsain ni aussi chaud qu'on le croit généralement; l'action des vents alizés, les forêts et le grand nombre de cours d'eau diminuent beaucoup l'intensité de la chaleur; durant la nuit, la température est tellement rafraîchie par les brises de la mer, que, même dans l'intérieur, on est souvent obligé d'allumer du feu pour se réchauffer. Les fièvres qui attaquent les nouveaux arrivés ne sont pas dangereuses.

Les forêts vierges de la Guyane renferment de nombreuses espèces d'arbres précieux pour toutes sortes d'usages, et magnifiques par leur aspect. On y trouve le faramier et l'ourrate, qui répandent au loin une odeur balsamique et sont propres aux constructions; le cotonnier sauvage, qui atteint quatre mètres de circonférence, et dont les Indiens font des canots; le patavoua, tellement touffu qu'un seule couvre une cabane pour vingt-cinq personnes; le vouag, dont les feuilles sont d'une grandeur énorme; l'outapa, le balata, l'angelin, trop durs pour être travaillés; le férole, au bois satiné; le launa et la simira, qui donnent une belle teinture pourpre; le roucouyer, également propre à la teinture; le copaïer, qui produit le baume de copahu; le courbary, le mani, arbres à résine; l'hévée, qui fournit la gomme élastique. Les côtes sont garnies de mangliers, de palétuviers et d'autres arbres touffus. Il y a de riches plantations de sucre, de café, de cacao, de coton, d'indigo, de vanille, etc.

Les plus grands quadrupèdes des Guyanes sont le jaguar, le couguar noir, le chat-tigre, le tapir, qui tient du cochon et de l'âne, et dont la lèvre supérieure, allongée en forme de petite trompe, lui a valu le surnom d'éléphant américain; le tamanoir, espèce de fourmilier; le cariacou, qui se rapproche du chevreuil d'Europe. Parmi les autres animaux, on remarque plusieurs espèces de singes, entre autres, le singe rouge, dont la chair est assez estimée; des écureuils, des sarigues; le serpent boa, qui atteint jusqu'à 13 mètres de longueur; les crocodiles; la chauve-souris vampire, qui a jusqu'à deux pieds d'envergure et qui vient sucer le sang des hommes et des animaux endormis, sans les réveiller; l'iguane, espèce de lézard qui vit sur les arbres et dont la chair est un mets friand; les gymnotes, les tortues de terre, qu'on élève dans toutes les habitations; le jabiru, le plus grand des oiseaux de la Guyane; les perroquets, surtout les kessi-kessis; l'agami, surnommé oiseau trompette à cause d'un singulier son qu'il fait entendre fréquemment, et facile à réduire à l'état de domesticité, où il devient presque aussi fidèle et aussi utile que le chien; l'oiseau sonneur ou campanaro, qui, par une sorte de trompe, longue d'un mètre, qu'il élève au-dessus de sa tête, rend un son semblable à celui d'une cloche. La plupart des insectes sont fort incommodes et même fort dangereux. Un des plus curieux est la fulgore porte-lanterne, qui, pendant la nuit, produit une vive lumière.

Description particulière.

1. Guyane française.

La Guyane française est la plus orientale et la plus considérable des trois Guyanes que les Européens possèdent. Elle s'étend depuis le *Maroni*, qui la sépare de la Guyane hollandaise, jusqu'à l'*Oyapok*, d'après les conventions provisoires de la paix de 1814; mais la France réclame encore, d'après des prétentions qui paraissent bien fondées, un territoire placé au S. E. de l'Oyapok, jusqu'à l'*Araouari*, qui se jette dans l'Amazone très-près de l'embouchure de ce fleuve; un bras de l'Araouari paraît être la rivière de *Vincent-Pinzon* des anciennes relations, ainsi nommée de l'un des premiers explorateurs de l'Amérique. On remarque, entre l'Araouari et l'Oyapok, le lac *Mapa* et l'île *Maraca*. L'*Approuague* est une autre rivière importante de la Guyane française. On a découvert, sur ses bords, de riches mines d'or.

Cette Guyane est salubre et fertile; cependant l'importance des cultures y est moindre que dans les Guyanes hollandaise et anglaise, et la population y est plus faible. *Cayenne*, la capitale, est une petite ville de 5000 habitants, située sur une île formée par l'océan et par la rivière Cayenne et d'autres bras de rivières. — *Sinnamari*, sur la mer, à 80 kilomètres N. O. de Cayenne, est un bourg tristement célèbre pour avoir été le lieu de déportation des proscrits du 18 fructidor.

Les îles du *Salut*, au N. O. de Cayenne, et les îles de *Remire*, à l'E., servent de lieu de déportation.

La population coloniale de la Guyane française est de 20 000 individus, la plupart gens de couleur. Il y a, de plus, d'assez nombreux indigènes, et près des frontières se trouve une peuplade de nègres marrons appelés *Bonis*. En y comprenant le territoire contesté, la superficie de la Guyane française est de 300 000 kilomètres carrés.

2. Guyane hollandaise.

La Guyane hollandaise est baignée au N. par l'Atlantique; la Guyane française la borne au S. et à l'E., et la Guyane anglaise, à l'O. Le *Surinam* la traverse du S. au N., et se jette dans l'Atlantique; le *Maroni* en marque la limite orientale, et le *Courantin* ou *Corentyn*, la limite occidentale. C'est un riche pays, bien cultivé et coupé de belles routes. Le sol, généralement uni, est partagé en un grand nombre de carrés, bordés de digues pour prévenir les inondations. La belle et commerçante ville de *Paramaribo* est la capitale. Elle a un bon port à l'embouchure du *Surinam*, et compte environ 20 000 habitants. — Au S. de Paramaribo, sur le Surinam, est le joli village de *Savanna*, presque entièrement habité par des Juifs, qui se livrent à l'agriculture.

La population de la Guyane hollandaise est évaluée à plus de 65 000 individus, dont 10 000 Indiens et nègres marrons. Ces derniers, après avoir longtemps résisté aux attaques des nombreux détachements envoyés contre eux, ont fait reconnaître leur indépendance, et ils ont établi dans l'intérieur trois petites républiques, dont la principale est celle des *Occas*, appelés aussi *Boers* ou *Bosch*. Leur caractère est énergique, et leur intelligence assez développée. Ils cultivent des champs, et vivent dans l'abondance, au milieu des forêts qui les protègent et dont ils mettent à profit les riches productions. Les indigènes étaient autrefois très-remuants et jaloux de leur indépendance, mais les Hollandais ont fini par en exterminer un grand nombre.

3. Guyane anglaise.

Cette Guyane est située à l'occident de la Guyane hollandaise et de la Guyane française : c'est la plus peuplée des trois colonies. L'*Essequebo* (grossi du *Cuyuni*), le *Démérari* ou *Demerara* et la *Berbice* la traversent du S. au N. — *Georgetown* ou *Démérari* (autrefois *Stabroek*) en est la capitale. C'est une ville de 25 000 âmes et un port fort commerçant, à l'embouchure du Démérari. — La *Nouvelle-Amsterdam* est vers l'embouchure de la Berbice.

Cette colonie appartenait originairement aux Hollandais, qui la cédèrent aux Anglais en 1814. Sa population s'élève à 165 000 individus environ, dont les cinq sixièmes sont des nègres. Il y a, de plus, un assez grand nombre d'Indiens et de nègres marrons.

Indigènes des Guyanes.

Les naturels des Guyanes sont indolents et ont presque tous une grande aversion pour le travail. Ils n'emploient leur adresse et leur intelligence qu'à se procurer les choses indispensables à la vie. La finesse de leurs sens et la célérité de leur marche sont également surprenantes. Ils ne construisent que des demeures éphémères, qu'ils délaissent pour le moindre intérêt ou par fantaisie. Ils aiment beaucoup la danse et la musique. Leur taille est au-dessus de la moyenne, et ils sont fortement constitués. Les hommes se tatouent pour se donner un aspect formidable. L'usage immodéré des liqueurs fermentées, les guerres acharnées qu'ils se font entre eux, celles qu'ils soutiennent contre les Européens, diminuent de jour en jour leur nombre. Leurs tribus les plus connues sont : dans la Guyane française, les *Galibis*, dont la langue douce et régulière est très-répandue; les *Roucouyènes*, les *Poupourouis*; — entre le Démérari et le Surinam, les *Ouraous*, qui habitent sur la côte; — dans la Guyane anglaise, les *Accaouais* et les *Araouaks*, que l'on rencontre vers les parties supérieures de l'Essequebo, du Démérari et de la Berbice, et dont l'humeur belliqueuse est très-redoutée.

VII. BRÉSIL.

DESCRIPTION PHYSIQUE. — DESCRIPTION POLITIQUE.

Description physique.

Le Brésil (en portugais *Brazil*), ancienne possession portugaise, forme, depuis 1825, un empire indépendant, qui occupe le centre et la partie orientale de l'Amérique méridionale. Le Brésil confine vers le N. aux Guyanes française, hollandaise et anglaise, et au Vénézuéla; l'Atlantique le baigne au N. E., à l'E. et au S. E.; il est borné au N. O. par la Nouvelle-Grenade, à l'O. par la république de l'Équateur, le Pérou, la Bolivie, et au S. O. par le Paraguay, la république de la Plata et l'Uruguay. Quoique son étendue (7 700 000 kilomètres carrés) soit égale aux trois quarts de l'Europe, il ne renferme que 9 millions d'habitants; un quart à peine de cette population est du sang européen.

Les côtes sont régulières, et se développent sur une étendue de plus de 8 400 kilomètres. Elles ont deux expositions principales, l'une au N. E., l'autre au S. E. Elles sont découpées par de nombreuses baies, dont aucune toutefois n'est considérable. Les caps les plus remarquables sont les caps *Toiros*, *Saint-Roch* ou *São-Roque*, *Blanc*, *Saint-Augustin* ou *São-Agostinho*, *Saint-Thomas* ou *São-Thomé* et *Frio*. — Parmi les îles répandues près de ces côtes, on doit citer : l'île *Marajo* ou *Juanes*, à l'embouchure de l'Amazone; l'île de *Caviana*, près et au N. de la précédente, sous l'équateur; l'île de *Maranham*, dans une belle baie de la côte N. E.; l'île de *Fernando de Noronha*, située au N. E. du cap Saint-Roch, et où l'on envoie des criminels; les îles de *Santa-Barbara*, écueils dangereux, auxquels on a donné aussi le nom d'*Abrolhos*, qui signifie *ouvre les yeux*; enfin les îles *Saint-Sébastien*, *Saint-Vincent* et *Sainte-Catherine*.

On peut encore considérer comme faisant partie du Brésil les îles rocailleuses et inhabitées de *Martin Vas* et de *la Trinité*, situées à environ 1150 kilomètres E. du cap Saint-Thomas.

La principale chaîne de montagnes pour le partage des eaux vient de la Bolivie, et se nomme d'abord *Serra dos*

Parexis, puis elle porte à l'E. le nom général de *Serra dos Vertentes* (chaîne des Versants), mais reçoit diverses dénominations particulières, telles que celles de *Pyrénées*, *Tabatinga*, etc. Elle limite au S. le bassin de l'Amazone, que les monts *Tumucumaque*, *Pacaraima* et *Parime* bordent au N., et elle sépare le Brésil en deux versants généraux, méridional et septentrional, qui correspondent aux deux expositions (S. E. et N. E.) des côtes. On remarque, en outre, deux autres chaînes importantes : la *Serra do Mar*, très-longue mais peu élevée et souvent interrompue, qui court parallèlement à la côte, depuis l'embouchure du Rio de la Plata jusque vers le cap Saint-Roch, et, plus à l'O., la *Serra do Espinhaço*, qui est la plus haute chaîne du Brésil : son point culminant, l'*Itambé*, atteint 1920 mètres.

Les principaux fleuves qui sillonnent le versant S. E. sont : le *Parahyba du nord*, le *Saint-François* ou *São-Francisco*, qui forme dans la partie inférieure de son cours une des plus magnifiques cataractes du globe; le *Parahyba du sud*, le *Parana*, l'*Uruguay* et le *Paraguay*.

Sur le versant N. E., on remarque le *Parnahyba*, le *Tocantins*, qui se grossit de l'*Araguay*, et prend vers la fin de son cours le nom de *Para*; enfin l'*Amazone* ou fleuve des *Amazones*. Celui-ci est ainsi appelé parce qu'Orellana, aventurier espagnol qui l'explora en 1539, ayant vu des femmes accompagner leurs maris à la guerre, déclara qu'il avait visité sur ses bords une république de femmes guerrières, sur laquelle il raconta à peu près tout ce que l'antiquité nous rapporte des Amazones du Thermodon. Le même fleuve est encore appelé *Marañon* ou *Maranhão*, *Solimoens*, et quelquefois *Orellana*. Il reçoit un nombre infini de rivières, parmi lesquelles on doit remarquer, à gauche, le *Yupura* ou *Yapura* et le *Rio Negro*, qui reçoit le *Rio Branco*, appelé quelquefois *Parime*[1]; à droite, le *Jutay*, le *Purus*, le *Rio Madeira* ou la rivière du Bois, le *Tapajos* et le *Xingu*. Après un cours d'environ 5000 kilomètres, depuis la source du Tunguragua, qui est considéré comme sa branche principale, il se jette dans l'Atlantique par une embouchure de 300 kilomètres de large; la puissance de son immense masse d'eau est telle, qu'elle re-

---

1. Quelques géographes croient que le Parime n'est qu'un affluent du Rio Branco. Du reste, ce nom de *Parime* signifie *eau* ou *grande eau*, et l'application en est nécessairement fort vague.

pousse les eaux de la mer et coule sans mélange l'espace de 350 kilomètres. La profondeur de l'Amazone est de 100 brasses dans beaucoup d'endroits. Ce fleuve déborde tous les ans et couvre alors, quelquefois, une étendue de plus de 200 kilomètres de largeur. Il forme d'innombrables îles.

A l'extrémité méridionale du Brésil, se trouve le lac *dos Patos*, c'est-à-dire *des Oies*. Il n'est séparé de l'Atlantique, dans toute sa longueur, que par une langue de terre assez étroite. Il est navigable pour des navires de médiocre grandeur. Un canal naturel lui apporte les eaux du lac *Mirim*, qui s'étend sur la frontière de la république de l'Uruguay, et c'est par le *Rio Grande do Sul*[1] qu'il communique avec la mer. — Dans la partie occidentale du Brésil, vers la frontière de la Bolivie, s'étend la grande plaine de *Xarayes*, fort basse et traversée par le Paraguay. Dans la saison des pluies, elle est inondée à une grande hauteur par cette rivière, et se transforme alors en lac navigable; dans la saison sèche, il reste çà et là quelques flaques d'eau, mais la plus grande partie de la plaine est alors couverte d'herbes.

Les parties moyennes et méridionales du Brésil ont un sol ondulé, et l'on y trouve des vallées remarquables par la salubrité de leur climat, leur printemps perpétuel et leur fertilité; les nuits y sont fraîches et les rosées abondantes.

De vastes plaines marécageuses, chaudes et malsaines, s'étendent dans le N. Elles sont couvertes d'herbes touffues, de roseaux, de broussailles et d'immenses forêts impénétrables. L'Amazone et ses affluents les inondent chaque année. On n'y trouve pas une seule pierre. Les chaleurs y sont excessives.

Les productions du Brésil sont variées à l'infini. Il y a de l'or, de l'argent, du platine, du fer, du cuivre, dans les montagnes. On y trouve aussi des diamants, des topazes, des tourmalines. Le sol est partout d'une étonnante fécondité, et il produit en abondance du coton excellent, du tabac, du sucre, du café, du cacao, du maïs, du manioc, du riz, des patates douces, des melons, des citrouilles. Les citronniers, les limoniers, les orangers, les pamplemousses, les goyaviers, sont communs sur la côte. Les figuiers de Surinam, le mangaba, dont on tire une espèce de vin, l'ibipi-

---

[1]. C'est-à-dire *Grande rivière du Sud*.

tanga, dont le fruit ressemble à la cerise, sont des arbres fruitiers indigènes. Les forêts du Brésil sont les plus riches de la terre en bois de construction et de teinture, en arbres résineux, en plantes aromatiques et médicinales. Le tapinhoam, le pérola, le pin du Brésil, le cèdre, les palmiers, atteignent une hauteur considérable. L'arbre à teinture nommé brésil ou brésillet a la taille de nos chênes. Le cocotier brésilien est plus gros et plus élevé que celui des Indes. L'ipécacuanha brun ou gris, le plus estimé, est commun dans les bois de ce pays. L'hévée y donne une abondante quantité de caoutchouc ou seringa, surtout vers les bords de l'Amazone.

Les forêts servent de retraite aux jaguars, aux couguars, aux tapirs, aux pécaris, aux coatis, aux tatous. On y voit aussi plusieurs espèces de singes, entre autres l'alouate, dont les effroyables hurlements étonnent le voyageur, et l'ouistiti, orné de vives couleurs. Parmi les oiseaux, qui se distinguent presque tous par l'éclat de leur plumage, on remarque les colibris, de nombreuses espèces de perroquets, entre autres les magnifiques aras, et les toucans, qui fournissent aux sauvages la partie la plus riche de leurs ornements. Le coral est un serpent aussi venimeux que le serpent à sonnettes. Il y a des boas et d'autres énormes serpents. Il existe aussi au Brésil des caïmans, des scorpions très-venimeux; de grosses chauves-souris; de nombreux papillons parés des couleurs les plus variées; des myriades d'insectes phosphorescents; des fourmis qui voyagent par légions innombrables et causent de grands dégâts sur leur route; des araignées énormes, des moustiques et une foule d'autres insectes malfaisants.

Description politique.

Le Brésil est divisé en vingt provinces :
Nous les distinguerons en provinces maritimes du N. et du N. E., provinces maritimes de l'E., provinces maritimes du S. E., et provinces intérieures.

La plus septentrionale des provinces maritimes est celle de *Para*. Elle est traversée de l'O. à l'E. par l'Amazone. La partie située au N. de ce fleuve est la *Guyane brésilienne* ou *portugaise*, pays presque désert, composé d'immenses plaines entrecoupées de forêts épaisses et marécageuses. Le chef-lieu est *Para* ou *Belem*, ville de 30 000 habitants, située sur un terrain bas et humide, près de l'embouchure du Tocantins, qui prend le nom de Para dans la partie inférieure de son cours.

Le long de la côte N. E., on trouve les provinces de *Maranhão*, de *Piauhi*, de *Ceara*, de *Rio-Grande do Norte*.

La province de Maranhão ou Maranham, riche en piment, en gingembre et en toutes sortes de fruits, a pour chef-lieu *Saint-Louis* ou *San-Luiz de Maranhão*, ville de 35 000 habitants, fondée par les Français en 1612, dans l'île de Maranhão.

La montagneuse province de Piauhi produit le meilleur tabac du Brésil. *Parnahyba*, vers l'embouchure du Parnahyba, en est le chef-lieu.

Cidade da Fortaleza, ou *Ceara*, est le chef-lieu de la province de Ceara, pays riche en pâturages. — *Aracaty* en est la ville la plus commerçante.

A l'E. de la province précédente, se trouve celle de Rio-Grande do Norte[1], dont le chef-lieu, *Natal*, à l'embouchure du Rio Grande, s'appelle ainsi parce qu'elle fut fondée le jour de Noël, en 1599.

Les provinces maritimes de l'E. sont celles de *Parahyba*, de *Pernambouc*, d'*Alagoas* et de *Sergipe*.

La province de Parahyba fournit une grande quantité de bois de brésil. Le chef-lieu, qui porte le même nom, est une jolie ville de 16 000 âmes, sur l'Atlantique, à l'embouchure du Parahyba du nord.

La province de Pernambouc s'allonge du N. E. au S. O. Elle est fort riche en bois de teinture et de construction, en coton, en sucre, et il y a d'excellents ports. Le chef-lieu est *Recife* ou *Pernambouc*, ou mieux *Pernambuco* (vulgairement *Fernambouc*), ville de 60 000 âmes, siége d'un grand commerce. — *Olinda*, dont le nom signifie, en portugais, *ô belle!* est une jolie ville bâtie sur de riantes collines et entourée de jardins délicieux, très-près et au N. de Recife.

Maceio est le chef-lieu de la petite province d'Alagoas, et *Sergipe d'El Rei* ou *São-Christovão*, celui de la province de Sergipe.

---

1. C'est-à-dire *Grande rivière du Nord*.

Les provinces maritimes du S. E. sont celles de *Bahia*, d'*Espirito-Santo*, de *Rio-de-Janeiro*, de *Saint-Paul*, de *Parana*, de *Sainte-Catherine* et de *Rio-Grande do Sul*.

La province de Bahia occupe une grande étendue de côtes; elle a pour limites à l'O. et au N. le Saint-François; le sol en est regardé comme le meilleur du Brésil pour la canne à sucre, le tabac et le coton. On y a découvert de riches mines de diamants et d'or. Le chef-lieu est *São-Salvador* ou *Bahia*, ville très-commerçante, peuplée de 160 000 habitants, et située sur la baie (bahia) de Tous-les-Saints, qui forme un des plus beaux ports de l'Amérique. Cette ville est en général mal bâtie; mais elle a des églises et des édifices publics remarquables. Bahia a été la capitale du Brésil jusqu'en 1763. C'est devant cette place que s'arrêtèrent les succès des Hollandais, qui, dans la première moitié du dix-septième siècle, avaient subjugué tout le pays depuis Maranham jusqu'au Saint-François. — *Caxoeira*, qui renferme 30 000 habitants, est, après Bahia, la ville la plus importante de la province. — *Porto-Seguro* est intéressante par son port et ses pêcheries. Ce fut sur les bords de la baie de Porto-Seguro que, le 24 avril 1500, le Portugais Cabral prit possession, pour le roi Emmanuel, du pays qu'il venait de découvrir et auquel il donna le nom de terre de *Sainte-Croix*.

Le chef-lieu de la petite province d'Espirito-Santo est *Victoria*, ville assez bien bâtie.

Les provinces de *Rio-de-Janeiro*, *Sainte-Catherine*, *Saint-Paul*, *Parana* et *Rio-Grande do Sul* sont les provinces maritimes du sud.

La province de Rio-de-Janeiro renferme la capitale de l'empire, *Rio-de-Janeiro*, ville de 270 000 habitants, située sur la côte occidentale d'une magnifique baie. La vieille ville offre de misérables constructions et plusieurs rues étroites et tortueuses; mais la ville nouvelle, régulièrement percée, a des maisons commodes et élégantes, et l'on y voit de beaux édifices, des places agréables. Rio est alimentée d'eau douce par le plus magnifique aqueduc du Nouveau monde. Ses environs sont renommés pour les admirables tableaux qu'y offre la nature. La cour habite ordinairement le palais de *São-Christovão*, délicieusement situé sur une éminence.

Le chef-lieu de la province est *Nitheroy*, très-jolie ville, sur la côte orientale de la baie de Rio-de-Janeiro.

La province de Saint-Paul, qui s'étend entre la côte et le Parana, est une des plus agréables et des plus fertiles du Brésil. Son chef-lieu, *Saint-Paul*, est une ville charmante, où l'on jouit d'un climat agréable et salubre. Le lavage de l'or l'a fort enrichie. Il y a environ 30 000 âmes. — Le port commerçant de *Santos* appartient à cette province.

La province de Parana, qui s'étend aussi depuis l'Atlantique jusqu'au Parana, a pour chef-lieu *Curitiba*, au milieu de magnifiques plaines, qui nourrissent de nombreux troupeaux de bœufs et de chevaux.

La province de Sainte-Catherine doit son nom à l'île pittoresque et fertile qui en dépend, et sur laquelle se trouve le chef-lieu, *Cidade de Nossa-Senhora do Desterro* [1].

La province de Rio-Grande do Sul, la plus méridionale de toutes, est bien arrosée et très-productive. On y élève de superbes bestiaux, et il y a d'excellents chevaux. Le chef-lieu est *Porto-Alegre*, florissante ville de 15 000 habitants, bien bâtie, près du lac dos Patos. — *Rio-Grande* ou *São-Pedro*, l'ancien chef-lieu, à l'entrée du cours d'eau qui sert d'écoulement au lac dos Patos, est encore plus commerçante.

Il y a quatre provinces intérieures : ce sont celles d'*Amazonas*, de *Minas-Geraes*, de *Goyaz* et de *Mato-Grosso*.

La province d'*Amazonas* ou *Alto-Amázonas* (*Haut-Amazone*), formée récemment de la partie de l'ancien Para située à l'O. du Rio Madeira, est traversée de l'O. à l'E. par le grand fleuve auquel elle doit son nom : *Barra do Rio Negro* ou *Manaos*, au confluent du Rio Negro et de l'Amazone, en est le chef-lieu.

La province de Minas-Geraes [2] tire son nom de la variété de ses mines, qui sont beaucoup moins exploitées qu'autrefois. Elle est montagneuse, et arrosée du S. au N. par le Saint-François ; c'est le pays le plus peuplé du Brésil. *Cidade de Ouro-Preto*, autrefois *Villa-Rica*, le chef-lieu, est située dans un pays triste et inculte, où l'on s'occupe presque exclusivement de l'exploitation des mines. — On remarque encore *Villa do Principe*, et *Diamantina* ou *Tijuco*, dans le *Cerro do Frio*, qui est le *district des Diamants*. Outre les pierres

---

[1]. C'est-à-dire *Ville de Notre-Dame de l'Exil*.
[2]. C'est-à-dire *Mines générales*.

qui donnent leur nom à ce territoire, il y a aussi de riches **mines d'or.**

A l'O. de la province de Minas-Geraes, s'étend celle de Goyaz, que le Tocantins traverse du S. au N. Des mines d'or se trouvent dans les parties centrales : l'exploitation de ces mines et le lavage des diamants faisaient autrefois la richesse du pays; mais aujourd'hui on s'occupe plus de l'agriculture. *Goyaz*, auparavant *Villa-Boa*, est le chef-lieu.

La grande province de Mato-Grosso, qui comprend l'O. du Brésil, s'étend depuis l'Araguay jusqu'au Rio Madeira; le Paraguay l'arrose au S. O. Elle est encore mal connue, et habitée par diverses nations indigènes indépendantes. Plusieurs rivières y roulent des paillettes d'or, et il y a des terrains d'alluvion renfermant des diamants. — *Mato-Grosso* ou *Villa-Bella* n'est qu'une petite ville. — *Cuyaba*, le chef-lieu, est une ville de 15 000 âmes, qu'on peut considérer comme la plus centrale de l'Amérique du sud.

Le Brésil forme une monarchie constitutionnelle et héréditaire. La religion catholique est généralement professée dans cet état.

La population soumise au gouvernement du Brésil est de 9 millions d'habitants, dont plus de la moitié sont des nègres ou des mulâtres. L'esclavage y est encore en vigueur. Les indigènes sauvages sont au nombre d'environ 500 000; ils forment de nombreuses peuplades, qui ont été refoulées dans les parties les plus reculées et les plus inexplorées du pays. Plusieurs indigènes, surtout ceux du S., ont embrassé le christianisme, se sont rapprochés des Portugais, et ont formé, en se mêlant avec ces derniers, une active et courageuse race de métis, qui s'occupe du défrichement et de la culture du sol.

Les sauvages du Brésil ont le teint cuivré et jaunâtre, le visage court et rond, la chevelure noire et lisse, le corps trapu et bien conformé. Ils se nourrissent de miel, de fruits et du produit de leur chasse. D'un naturel vif et irritable, ils sont toujours prêts à s'offenser et à se venger. Leur férocité et leur courage sont indomptables, et ils ont défendu avec opiniâtreté, mais sans succès, leur indépendance et leur sol natal. La plupart appartiennent à la grande famille des *Guaranis*. Les peuplades les plus importantes sont : les *Tupis*, dont la loyauté et la générosité ont été célébrées par les voyageurs, et qui habitent sur les bords de l'Uruguay, dans le sud ; les *Guanas*, dans la partie méridionale du Mato-Grosso ; les *Guaycuros* ou Indiens cavaliers, sur le Paraguay ; les *Omaguas*, aujourd'hui peu nombreux et répandus le long de l'Amazone ; les *Botocudos*, Indiens anthropophages, établis dans les montagnes orientales de la province de Minas-Geraes ; les *Mundrucus*, nation belliqueuse, la plus puissante de la province de Para ; les *Topinambous, Tupinambas* ou *Tuppins-Inbas*, sauvages très-féroces qui s'étendent le long du Tocantins ; ce sont les plus forts et les plus adroits archers du monde.

Les esclaves fugitifs sont très-nombreux, et ils vivent au fond des forêts, dans la misère la plus profonde : les indigènes, qui ont contre eux une haine implacable, les massacrent impitoyablement, et, d'un autre côté, ils sont sans cesse poursuivis par des soldats.

Les descendants des Portugais sont irascibles, mais obligeants. On leur reproche de l'indolence et une grande ignorance. Leurs mœurs, quoique peu policées, sont douces et affectueuses.

Les mulâtres du Brésil se font remarquer par leur intelligence et leurs dispositions pour les beaux-arts. Les métis de blancs et d'indigènes sont désignés sous le nom de *Mamelucos*.

VIII. URUGUAY, CONFÉDÉRATION ARGENTINE ET PARAGUAY.

Uruguay.

La république de l'Uruguay, ou la république Orientale de l'Uruguay, est renfermée entre le Brésil, au N., la rivière Uruguay, à l'O., l'Atlantique, au S. E., et le Rio de la Plata, au S. Elle confine à l'O. à la Confédération Argentine. Elle est montueuse vers le milieu, et présente ailleurs des plaines très-étendues, surtout à l'O. Les nombreuses rivières qui l'arrosent se jettent dans l'Uruguay, dans le Rio de la Plata et dans le lac Mirim, situé au N. E., sur la frontière du Brésil. Le climat est partout tempéré, et partout aussi le pays est très-fertile. Il y a de magnifiques pâturages, où paissent d'innombrables troupeaux de bêtes à cornes, qui font la principale richesse des habitants; des chevaux devenus sauvages y vivent aussi par troupes de plusieurs milliers.

Montevideo ou *San-Felipe* est la capitale de la république Orientale de l'Uruguay. Les eaux du Rio de la Plata, sur le bord septentrional duquel elle est bâtie, l'entourent de tous côtés, excepté à l'E., où se trouve la montagne fortifiée dont elle tire son nom. Elle a un excellent port, et compte 25 000 habitants, dont beaucoup sont Français (surtout d'origine basque).

Ce pays faisait partie de l'état de Buenos-Ayres, sous le nom de *Banda Oriental*, lorsque les Brésiliens s'en emparèrent en 1821. Buenos-Ayres le réclama énergiquement, mais la chambre des représentants de Montevideo fit une déclaration d'indépendance.

La population est de 150 000 habitants.

Confédération Argentine,

OU CONFÉDÉRATION DE LA PLATA.

Ce pays, qui faisait partie de la vice-royauté espagnole de Buenos-Ayres, secoua le joug de la métropole en 1810, et s'érigea en république en 1815. Il tire son nom du *Rio la Plata*[1], qui le baigne au sud-est et y est formé par la jonction du *Parana* et de l'*Uruguay*. Ce sont quatorze provinces confédérées. Au N., la république a pour limites la Bolivie; à l'E., le Paraguay, le Brésil et la république de l'Uruguay; elle est bornée au S. E. par l'Atlantique, et confine au S. à la Patagonie; à l'O., la Cordillère des Andes la sépare du Chili. Elle a 2 200 000 kilomètres carrés et 900 000 hab.

Les montagnes des Andes se montrent dans la partie occidentale, et les dernières ramifications méridionales des montagnes du Brésil, dans la partie orientale. Au milieu, s'étendent de vastes plaines marécageuses, entrecoupées de bois et de déserts salins. La partie méridionale est presque entièrement occupée par le grand désert des *Pampas*, plai-

---

1. *La Plata*, en espagnol, signifie *l'argent*. C'est pourquoi on appelle ce pays *Confédération Argentine*. Le Rio de la Plata (le fleuve de l'argent) a reçu ce nom de ce que Sébastien Cabot, un des premiers navigateurs qui le visitèrent, fit un butin considérable en argent et en or chez les Indiens du voisinage, qu'il subjugua.

nes monotones couvertes d'herbes, où l'eau potable et le bois sont également rares; on y trouve beaucoup de petits lacs et de marais salés, et elles sont arrosées çà et là par quelques ruisseaux saumâtres.

Le climat est rigoureux dans les hautes vallées des Andes. Les plaines fertiles de l'intérieur jouissent de la plus douce température; cependant, en hiver, c'est-à-dire en juin, juillet et août, le vent du sud devient assez froid pour geler la surface de l'eau. Souvent aussi, dans cette saison, des pluies accompagnées d'éclairs et de tonnerres affreux tombent par torrents. La chaleur est quelquefois excessive dans les Pampas. En général, le climat est très-salubre.

Tous les grands cours d'eau qui parcourent la confédération Argentine se rendent dans l'Atlantique. Le principal est le *Parana*, qui a sa source dans le Brésil, coule d'abord à travers une contrée montagneuse, reçoit à droite le *Paraguay*, grossi du *Pilcomayo* et du *Vermejo*, et le *Salado*, ainsi nommé de la qualité saumâtre de ses eaux; il se joint enfin à l'*Uruguay*, plus large, mais beaucoup moins long que lui : c'est à ce confluent que se forme le *Rio de la Plata*, qui offre plutôt l'apparence d'un golfe que d'un fleuve, et qui a 300 kilomètres de largeur à son embouchure, entre les caps *Saint-Antoine* et *Sainte-Marie*.

Le *Rio Colorado* ou *Rio de Mendoza*, qui traverse les Pampas, et le *Rio Negro de Patagones* ou *Cusu-Leubu*, qui forme la limite entre la république et la Patagonie, sont les autres grands tributaires de l'Atlantique.

On remarque, dans l'E. de la contrée, la grande *Lagune d'Ybera*, qui paraît entretenue par l'infiltration des eaux du Parana : dans quelques parties, elle est remplie de plantes aquatiques, et ressemble à un marais; dans d'autres, elle forme un véritable lac.

Le sol est, en grande partie, inculte, mais presque partout fertile. Les belles plaines de la partie septentrionale produisent du maïs, du blé, de l'orge, des olives, du cacao, du sucre, du tabac, de l'indigo, du coton. Les bœufs et les chevaux se rencontrent partout dans les Pampas, même à l'état sauvage. On élève beaucoup de chèvres, de moutons et de porcs. Ceux-ci errent en troupes dans les forêts. Les chiens devenus sauvages s'y sont multipliés aussi d'une manière si prodigieuse qu'on a été quelquefois forcé de faire marcher des troupes pour les détruire. Le jaguar, le couguar, le gama et le penna peuplent la plupart des forêts. Les vigognes, les lamas et les alpagas sont nombreux dans les montagnes. Un animal très-commun dans les plaines est le bisacho, dont les terriers creusés dans tous les sens sont fort dangereux. Le nandou, autruche moins grosse que celle d'Afrique, est un des oiseaux les plus remarquables.

Les provinces de la confédération Argentine sont *Entre-Rios, Corrientes, Santa-Fe, Cordova, Rioja, Santiago, Tucuman, Catamarca, Salta, San-Luis, Mendoza, San-Juan, Grand-Chaco* et *Buenos-Ayres*. On peut y ajouter les *Pampas*, qui sont fréquentées presque entièrement par les Indiens.

La capitale est *Parana* ou *Bajada*, ville encore peu considérable (15 000 âmes), sur la rive gauche du Parana, dans la province d'Entre-Rios, c'est-à-dire entre le Parana et l'Uruguay. — *Corrientes*, peuplée de 20 000 âmes, est située un peu au-dessous du confluent du Paraguay et du Parana. La province de Corrientes, située entre le Parana et l'Uruguay, comprend une partie de l'ancien et célèbre territoire des *Missions* des jésuites. Les forêts ou *yerbales* de maté, ou thé du Paraguay, en font la richesse principale. — *Santa-Fe*, ville de 15 000 habitants, est sur la rive droite du Parana.

Dans l'O., on voit *Mendoza*, qui était une belle ville de 15 000 âmes, avant le tremblement de terre qui l'a entièrement détruite en 1861. — Au centre de la confédération, on remarque *Cordova* ; — au N., *Tucuman, Salta* et *Catamarca*.

La province de Buenos-Ayres, qui s'est tenue séparée du reste de la confédération pendant quelques années, est rentrée dans la république fédérative en 1859. Elle se trouve au S. de la république de l'Uruguay, et comprend sur la côte de l'Atlantique l'espace compris entre le Rio de la Plata et l'embouchure du Rio Negro de Patagones. — Le chef-lieu est *Buenos-Ayres*, grande ville, bien bâtie, peuplée de 100 000 âmes, qui occupe une position magnifique, sur la rive méridionale du Rio de la Plata.

Malgré la tolérance de tous les cultes, le catholicisme est presque la seule religion professée dans ce pays.

Les blancs forment à peu près le quart de la population : le reste se compose de mulâtres, de métis, de nègres et d'indigènes. Les *Gauchos* sont des bergers qui habitent dans la partie septentrionale des Pampas. Infatigables, presque toujours à cheval, occupés de la chasse et de la garde des bœufs et des chevaux, ils vivent continuellement en plein air, et ne construisent de petites huttes que pour abriter leurs femmes et leurs enfants. Ils ont peu de besoins, et préfèrent leur vie dure et active, mais indépendante, aux douceurs et aux jouissances de l'état social. Les voyageurs sont toujours reçus par eux avec bienveillance, politesse et désintéressement.

On rencontre aussi, dans les Pampas, des *salteadores* ou brigands, et des Indiens indomptés. Ceux-ci sont des hommes robustes, qui passent leur vie à cheval, et ne s'occupent que de guerre et de pillage.

Dans quelques parties de la confédération, on trouve les restes d'anciennes peuplades sauvages, formidables jadis. La grande tribu des *Guaranis*, celle des *Abipons*, si redoutée des Espagnols, et celle des *Guaycuros*, la plus féroce, se sont à peu près éteintes. C'est surtout après l'expulsion des jésuites que le nombre des sauvages a diminué promptement. Aujourd'hui presque tous ceux qui sont convertis s'occupent de la culture et de la garde des troupeaux.

Paraguay.

Le Paraguay est renfermé entre le Brésil et la confédération Argentine. Les limites n'en sont pas bien exactement déterminées : suivant les prétentions de la république du Paraguay, ces limites dépasseraient à l'O. la rivière de ce nom, et comprendraient le *Chaco* ou *Grand-Chaco*, pays à peu près désert, qui, d'après d'autres manières de voir, appartiendrait à la confédération Argentine, et, dans ce dernier cas, la rivière Paraguay serait la limite du pays; le gouvernement du Paraguay réclame, vers le S. E., un territoire jusqu'au cours de l'Uruguay et du Rio San-Antonio, tandis que le Brésil prétend que la république doit s'arrêter au Parana. La *Sierra de Amambay* est la principale chaîne de montagnes du pays. Le climat est sec et frais sur les hauteurs, mais chaud et très-humide dans les plaines, que les rivières gonflées par les pluies inondent chaque année. Le Paraguay est riche en coton, en tabac et en bois de construction. Le maïs, la canne à sucre et les asperges y viennent sans culture. On y trouve des patates, le yuca, dont on fait du pain; la salsepareille, le jalap, du copahu, du sang-de-dragon, du quinquina, et le précieux maté, ou thé du Paraguay, si recherché dans toute l'Amérique méridionale; c'est la feuille d'une espèce de houx (ilex), que l'on rencontre dans les bas-fonds.

L'Assomption, la capitale et presque la seule ville remarquable du Paraguay, s'élève sur la rive gauche de la rivière de ce nom; sa population est à peine de 12 000 âmes.

Villarica, dans l'intérieur, est la seconde ville de la république.

Le Paraguay fut découvert en 1526. Quelques années après, les jésuites s'établirent sur les bords du Paraguay, et parvinrent à rassembler autour d'eux un assez grand nombre de sauvages. Les habitants refusèrent, en 1810, de faire cause commune avec le gouvernement de Buenos-Ayres, rendu à la liberté; en 1813, ils établirent une république dirigée par deux consuls. Une année après, le docteur Francia se fit élire dictateur pour trois ans, au bout desquels il fut nommé dictateur à vie. Il a fait peser sur ce pays un joug de fer pendant un quart de siècle; il excluait du Paraguay tout étranger et tout commerce extérieur. Cet état a aujourd'hui un président constitutionnel.

La religion catholique est celle de presque tous les habitants, dont on porte le nombre à 300 000. Parmi les nations indigènes du Paraguay, nous citerons: les *Guaranis*, qui les premiers se rassemblèrent à la voix des missionnaires; les *Payaguas*, qui sont d'une taille très-élevée; les *Guaycuros*.

IX. PÉROU ET BOLIVIE.

Pérou.

Érigé en vice-royauté après la conquête de Pizarre, au commencement du seizième siècle, le Pérou demeura au pouvoir des Espagnols jusqu'en 1821. Depuis cette époque, il forme une république indépendante. Il est borné au N. par la république de l'Équateur, à l'E. par le Brésil, au S. E. par la Bolivie, au S. O. et à l'O. par le Grand océan. Il a 2300 kilomètres de longueur, du N. O. au S. E., 900 kilomètres dans sa plus grande largeur et 1 million 300 000 kilomètres carrés.

Les côtes péruviennes sont régulières, et l'on n'y trouve aucune baie considérable. On y remarque, vers le N., le cap *Blanc*, la pointe de *Parina*, qui est le point le plus occidental de l'Amérique méridionale, et la pointe d'*Aguja*.

Les Andes traversent tout le Pérou du N. au S. Elles s'y divisent en trois rangées, dont la plus élevée est celle de l'O. Cette dernière sépare les eaux qui appartiennent au versant de l'Atlantique de celles qui se rendent dans le Grand océan. Parmi les points les plus célèbres, il faut citer le volcan d'*Arequipa* ou *Guagua-Plitina*, dans le S. On remarque, vers le milieu du pays, le haut plateau de *Pasco*.

Les grands cours d'eau du Pérou coulent à l'E. des Andes: les principaux sont : l'*Ucayale*, formé de l'*Urabamba* et de l'*Apurimac*; — le *Tunguragua* ou *Marañon*, qui, sorti du lac *Lauricocha*, reçoit le *Huallaga* et qui est considéré comme la branche principale de l'Amazone.

Il ne descend du versant occidental des Andes que de petites rivières, qui vont bientôt se perdre dans le Grand océan.

Dans le S. E. du pays, sur la frontière de la Bolivie, se trouve le grand lac *Titicaca* ou *Chucuyto*. Sa longueur est de 275 kilomètres, et sa plus grande largeur, de 100 kilomètres; son niveau est élevé de près de 3900 mètres au-dessus de celui de la mer. Il est entouré de hautes montagnes. Les eaux en sont légèrement saumâtres, très-amères et généralement fangeuses. Les rives sont, en beaucoup d'endroits, tristes et couvertes de joncs. Le *Desaguadero* s'écoule de ce lac dans la *Laguna de Pansa* ou d'*Aullagas*, au S. — L'Inca Manco-Capac, qui civilisa le Pérou vers le douzième siècle, prétendit avoir reçu sa vocation divine dans une île du lac, nommée aussi *Titicaca*.

Le pays resserré entre les Andes et l'océan est en grande partie composé de plaines sèches et entrecoupées seulement de quelques *quebradas* ou crevasses fertiles, à travers lesquelles des torrents se précipitent vers la côte. On y jouit d'une douce température, l'air y est rafraîchi par la brise de la mer et par le vent qui souffle des Cordillères. Il n'y pleut jamais, mais le sol est humecté par des rosées abondantes.

Les vallées de la région des montagnes jouissent d'un climat extrêmement salubre. Elles sont fertiles et bien cultivées; mais les tremblements de terre y sont fréquents.

L'immense contrée qui s'étend à l'E. des Andes offre généralement de vastes plaines, souvent inondées par les débordements des rivières, qui y entretiennent des marais fort étendus. On y parcourt de très-grands espaces sans rencontrer une seule pierre. On distingue surtout les plaines nommées *Pampas del Sacramento*.

Les montagnes du Pérou renferment des mines précieuses, dont beaucoup ont toujours été mal exploitées et sont maintenant en grande partie abandonnées. Les plus nombreuses sont celles d'argent. Les mines d'or se trouvent dans les montagnes les plus arides. On trouve aussi des émeraudes, diverses autres pierres précieuses, et de l'obsidienne, verre volcanique à teinte noire, dont les Péruviens font des miroirs et des instruments tranchants : on appelle aussi cette pierre *miroir des Incas*.

On cultive le froment, l'orge, le maïs, le jatropha ou manioc, le bananier, la pomme de terre, la canne à sucre, le cacaoyer, l'indigotier. Les forêts renferment particulièrement des cèdres, des acacias, plusieurs sortes d'ébéniers et quelques espèces de palmiers, entre autres le palmier céroxyle, qui s'élève à près de 70 mètres, et de l'écorce duquel les indigènes retirent une cire propre à l'éclairage. L'arbre de la vache est remarquable par le suc laiteux qu'il donne, et qui, semblable au lait de vache, peut être employé aux mêmes usages.

Le Pérou est la patrie principale du lama, qui est le chameau d'Amérique ; il n'a point de bosse sur le dos, et il est beaucoup plus petit que le chameau de l'Ancien monde : la vigogne et l'alpaga, qui en sont des espèces, donnent une laine très-fine. Le chinchilla, qui fournit de très-belles fourrures, habite les montagnes.

Le Pérou comprend douze départements, qui sont, du N. au S., ceux d'*Amazonas*, de *Cajamarca*, de *Libertad*, d'*Ancas*, de *Junin*, de *Lima*, de *Guancabelica*, d'*Ayacucho*, de *Cuzco*, de *Puno*, d'*Arequipa* et de *Moquegua*. Il renferme, en outre, à l'E., un territoire considérable, encore peu connu, qui est habité, en grande partie, par des Indiens indépendants.

Lima, chef-lieu du département du même nom, est la capitale du Pérou. Cette grande ville, appelée d'abord la *Cité des Rois (Ciudad de los Reyes)*, est à 9 kilomètres du Grand océan, sur la rivière Rimac. Les rues sont larges, propres et droites. On y remarque de nombreuses églises, mal construites, mais très-richement ornées; la Grande-Place ; une belle promenade sur le bord de la rivière, et un vaste cirque pour les combats de taureaux. Lima a environ 80 000 habitants. On y aime beaucoup le luxe, les bals, les spectacles, les festins et la promenade. Des tremblements de terre l'ont souvent dévastée.

Callao, port de Lima, est bien situé, et défendu par des

forts importants. Par un temps calme, on peut voir, dans la mer, l'ancien Callao, englouti par les eaux de l'océan pendant l'affreux tremblement de terre de 1746. Un chemin de fer unit ce port à Lima.

Au N. de Lima, sont le département d'*Ancas*, dont le chef-lieu est *Huaraz*, et le département de *Junin*, qui a pour chef-lieu *Cerro de Pasco*, sur un plateau âpre et glacial, au milieu de riches mines d'argent. — A *Huanuco*, dans le Junin, on voit les ruines de quelques anciens édifices, entre autres le palais des Incas et le temple du Soleil. — *Tarma* est une ville importante du même département.

Le département de *Libertad*, dans le N. du Pérou, cultive avec succès la vigne et les oliviers. *Truxillo*, le chef-lieu, ville de 15 000 habitants, est près de la mer, dans une contrée agréable et fertile. Aux environs, on a trouvé, dit-on, d'immenses trésors, et l'on aperçoit encore les ruines d'anciens monuments péruviens.

Cajamarca ou *Caxamarca*, chef-lieu du département du même nom, est située dans une charmante vallée.

Piura est la plus ancienne des villes du Pérou bâties par les Espagnols; — *Payta*, port commerçant, est un peu au S. E. de la pointe de Parina.

Le département d'*Amazonas* a pour chef-lieu *Chachapoyas*, dans une contrée délicieuse. On y remarque *Moyobamba*, connue par la fabrication des chapeaux dits *panamas*.

Arequipa est le chef-lieu du département du même nom, qui s'étend entre le Grand océan et la Cordillère. Elle est dans le voisinage du volcan d'Arequipa, sur un sol sujet à de fréquents tremblements de terre. Sa population est d'environ 40 000 habitants.

Le département de *Moquegua*, le plus méridional du Pérou, a pour chef-lieu *Tacna*. On distingue, dans le même département, le port assez important d'*Arica*. — On trouve dans ce pays la maison la plus élevée au-dessus du niveau de la mer : c'est la maison de poste d'*Ancomarca* (4792 mètres).

Le département d'*Ayacucho*, au N. de celui d'Arequipa et à l'E. de celui de Lima, a pour chef-lieu la belle ville de *Guamanga* ou *Ayacucho*, où le général colombien Sucre remporta, en 1824, une victoire célèbre, qui mit un terme à la domination espagnole dans l'Amérique méridionale. Elle renferme 16 000 habitants.

Guancabelica, importante par sa riche mine de mercure, est le chef-lieu du département du même nom, situé au cœur même du Pérou.

Cuzco, l'ancienne capitale de l'empire des Incas, est aujourd'hui le chef-lieu du département de son nom ; parmi les monuments de son ancienne grandeur, on remarque encore la forteresse des Incas. Cuzco a 40 000 habitants.

Près du bord occidental du lac *Titicaca*, on remarque la ville de *Puno*, chef-lieu du département du même nom.

On remarque, sur la côte du Pérou, les petites îles *Lobos* et *Chincha*, couvertes d'une énorme quantité de *guano*, engrais renommé, formé principalement de la fiente des oiseaux.

Le Pérou renferme environ 2 millions 200 000 habitants, dont plus des deux tiers sont indigènes. Les blancs, généralement d'origine espagnole, ont beaucoup de pénétration d'esprit ; leur démarche est lente et fière ; ils sont affables et hospitaliers ; on leur reproche de la vanité, de l'indolence.

Les indigènes craignent et détestent les blancs ; ils haïssent également et méprisent les nègres et les mulâtres. On les dit très-bornés, mélancoliques, pusillanimes au moment du danger, féroces et cruels après la victoire. Ils sont méfiants, indolents et malpropres. Ils vivent misérablement, dans de mauvaises huttes, et sont très-adonnés aux liqueurs fortes. Leurs chefs ou caciques sont choisis parmi les plus braves guerriers ou les chasseurs les plus habiles. Grands observateurs des rites et des cérémonies de l'Église, ceux qui ont embrassé le christianisme mêlent néanmoins à leurs croyances catholiques les superstitions de leurs ancêtres. Ils traitent avec beaucoup de mépris les indigènes qui ont conservé leur indépendance et leur religion primitive.

Ces derniers ont en général la taille plus forte, le teint plus blanc et les traits plus expressifs que les autres Péruviens. La guerre, la chasse et la pêche sont leurs occupations favorites. Les tribus principales sont celles des *Chunchos*, des *Cuntagurus*, des *Piros*, des *Conibos*, des *Carapachos*, des *Guaguas* et des *Yurimaguas*.

La langue *quichua* était celle des Incas (caste dominante des Péruviens) et de la grande nation quichua ; elle est encore généralement parlée dans presque tout le Pérou, non-seulement par les Indiens, mais encore par les Espagnols : elle est douce, gracieuse et très-propre à la poésie.

Bolivie.

Cette contrée, après avoir longtemps dépendu du Pérou, fut comprise en 1778 dans le gouvernement de Buenos-Ayres. Elle secoua le joug de l'Espagne en 1810, et, soutenue par Bolivar et Sucre, déclara son indépendance en 1825 : elle prit le nom de Bolivie en l'honneur de son libérateur. Elle est située au S. E. du Pérou, et a pour bornes ailleurs le Brésil, au N. E. et à l'E.; le Paraguay, au S. E.; la confédération Argentine, au S.; le Chili et le Grand océan, au S. O. Elle a 1100 kilomètres du N. au S., 1300 kilomètres de l'E à l'O., et 1 million 200 000 kilomètres carrés.

La Cordillère des Andes court du N. au S. dans la partie occidentale de la Bolivie. Elle se divise en deux branches, qui embrassent le bassin du lac Titicaca. On y remarque deux sommets très-élevés, le *Nevado*[1] *de Sorata* et le *Nevado de Illimani*, qui atteignent plus de 6000 mètres d'altitude. Une branche s'en détache, se dirige vers l'E., et se montre ensuite dans le Brésil sous le nom de Parexis; elle sépare le bassin de l'Amazone de celui du Rio de la Plata. Les principales rivières de la Bolivie appartiennent à ces deux bassins, et coulent toutes par conséquent sur le versant de l'Atlantique. Les plus remarquables, parmi les tributaires de l'Amazone, sont le *Mamorè* ou *Rio Grande;* le *Guaporè* ou *Itenès*, qui coule sur la frontière du Brésil, et qui, se joignant à la rivière précédente, forme le *Rio Madeira;* le *Beni*, qui va se jeter dans ce dernier. Le *Pilcomayo*, au S., appartient au bassin du Rio de la Plata, ainsi que le *Paraguay*, qui limite quelque temps la république au S. E.

Le lac d'*Aullagas*, de *Pansa* ou de *Poopo*, où s'écoule le lac *Titicaca* par le *Desaguadero*, est dans l'O. de la Bolivie.

L'extrémité S. O. de la Bolivie, qui est inclinée vers le Grand océan, n'est arrosée que par quelques petites rivières, perdues, pour ainsi dire, au milieu des sables du désert d'*Atacama*. Ce désert s'étend aussi, avec quelques interruptions, dans la partie méridionale du Pérou et dans le N. du Chili. C'est une vaste plage sablonneuse, resserrée entre les Andes et le Grand océan, exposée à de grandes chaleurs, et

---

[1]. *Nevado* signifie *montagne couverte de neige*.

où il ne pleut jamais. Les lieux habités y sont à d'énormes distances les uns des autres, et le voyageur n'ose s'y aventurer sans guide. Beaucoup d'Espagnols y périrent par le manque d'eau, à l'époque de la découverte.

Dans la haute région de l'intérieur, il y a des vallées où l'on jouit d'une température douce et d'un ciel toujours sans nuages pendant neuf mois de l'année ; le climat est tempéré jusqu'à une élévation de 3000 mètres ; la région des neiges éternelles commence à 4500 ou 5000 mètres; on y redoute peu les éruptions des volcans; mais les tremblements de terre y font souvent de grands ravages.

La Bolivie est très-riche en mines d'or et d'argent. Les vallées fertiles et bien cultivées de la partie centrale du pays produisent le maïs, la canne à sucre, le bananier, le cotonnier, le cèdre, le platane, l'amandier, le palmier, etc. Il y a, dans l'E., de belles forêts, dont on tire des baumes, des écorces précieuses, entre autres le quinquina. Le jaguar, le pécari, espèce de sanglier, le petit ours à front blanc, et une espèce de lion nommée pouma, sont les animaux sauvages les plus communs. Des bandes nombreuses de singes vivent dans les forêts. Les vigognes, les guanacos, parcourent en troupeaux les plateaux élevés. Le majestueux condor occupe seul la région supérieure jusqu'aux neiges éternelles : on l'a vu planer à environ 6000 mètres de hauteur.

La Bolivie se divise en sept départements, qui sont ceux de *La Paz*, de *Beni* et d'*Oruro*, au N. O. et à l'O.; de *Cochabamba*, au milieu ; de *Potosi*, de *Chuquisaca*, au S., et de *Santa-Cruz*, à l'E. Elle comprend, en outre, les provinces séparées de *Tarija* et de *Cobija*.

La Plata, *Charcas* ou *Chuquisaca*, appelée aussi *Sucre*, en l'honneur du général de ce nom, est le chef-lieu du département de *Chuquisaca*, et la capitale de la république. Elle est bien bâtie, au milieu de campagnes riantes et bien cultivées, près de la montagne de Porco, célèbre par sa mine d'argent, d'où les Incas tiraient d'immenses richesses. On y compte 26 000 habitants.

Le département de *La Paz* est le plus élevé de la Bolivie, et il renferme les hautes montagnes de Sorata et d'Illimani, qui sont, avec les monts de la Colombie et du Chili, les points culminants des Andes. Le chef-lieu est la grande ville de *La Paz*, bien bâtie et peuplée de 42 000 âmes, à 3717 mètres au-dessus du niveau de la mer, au S. E.

du lac Titicaca. Il y a de riches mines d'or dans son territoire.

Le département d'*Oruro*, au S. de celui de La Paz, est riche en pâturages et arrosé par le Desaguadero. Le chef-lieu, jolie petite ville de 6000 âmes, se nomme aussi *Oruro*.

Le fertile département de *Cochabamba*, longtemps appelé le *grenier du Pérou*, est à l'E. du département d'Oruro, au centre de la Bolivie. Il a pour chef-lieu *Cochabamba* ou *Oropesa*, peuplée de 36 000 habitants.

Le département de *Potosi* est le plus méridional. Le chef-lieu, qui porte le même nom, est bâti sur le penchant d'une énorme montagne, dans un vallon étroit et profond, à plus de 4000 mètres au-dessus de la mer. On y a longtemps exploité, à une hauteur supérieure à celle du mont Blanc, les plus riches mines d'argent du monde. La ville compte 30 000 habitants.

Apolobamba est le chef-lieu du département de *Beni*, qui occupe la partie la plus septentrionale de la Bolivie.

Dans le département de *Santa-Cruz*, qui occupe toute la partie orientale de la république, on remarque, au S., les immenses forêts des Chiquitos, et, au N., les plaines brûlantes et humides des Moxos. Le chef-lieu est la petite ville de *Santa-Cruz de la Sierra*.

La province de *Tarija* a pour chef-lieu la petite ville du même nom.

Cobija ou *Puerto de La Mar*, chef-lieu de la province de Cobija, sur la côte du désert d'Atacama, est le seul port de la Bolivie.

La république Bolivienne compte 1 million 500 000 habitants. Le gouvernement est démocratique. La religion générale est le catholicisme.

Les *Moxos* et les *Chiquitos* sont les deux plus importantes nations sauvages de la Bolivie. Ce sont des hommes belliqueux et des chasseurs habiles. Les Espagnols n'ont jamais pu les subjuguer.

Sur les plateaux élevés des Andes, vivent les *Quichuas*, Indiens au corps court et large, à la figure sérieuse et triste. Les *Yuracarès*, disséminés dans des forêts humides et impénétrables aux rayons du soleil, se distinguent par la blancheur de leur teint et leurs formes élancées et mâles. Ils sont gais et hardis.

X. CHILI, PATAGONIE, TERRE DE FEU ET AUTRES ILES AUSTRALES DE L'AMÉRIQUE.

Chili.

Cette république, située à l'O. de celle de la Plata, se compose principalement d'une contrée longue et étroite, resserrée entre le Grand océan et les Andes, et qui s'étend, du N. au S., sur une longueur de 2200 kilomètres, depuis le 23ᵉ parallèle, où elle touche à la Bolivie, jusqu'au golfe de *Guaiteca*. Elle comprend, en outre, l'archipel de *Chiloé*; elle prétend même à la possession d'une partie de la Patagonie; il est certain du moins que la colonie de Magellan, sur le détroit de ce nom, lui appartient.

Le Chili, pittoresque, fertile et salubre, est presque entièrement isolé du reste de l'Amérique par la majestueuse chaîne des Andes. Ces montagnes renferment de nombreux volcans, dont les éruptions paraissent diminuer; mais les tremblements de terre sont terribles. Les principaux sommets de la Cordillère chilienne sont : le volcan de *Copiapo*, celui de *Coquimbo*, qui renferme une mine d'argent extrêmement riche; les volcans d'*Aconcagua* et de *Peteroa*; le *Descabezado*, montagne entourée de magnifiques aspects. Le volcan d'*Aconcagua* est le plus élevé de tous ces sommets : il a une altitude de 6800 mètres, et paraît être le point culminant des Andes. Dans ces hautes régions, le froid est très-vif; les neiges et les tempêtes les plus violentes y rendent les passages impraticables durant une grande partie de l'année, et y font périr beaucoup de voyageurs. Pendant l'été, qui commence en décembre, l'air des cantons maritimes est rafraîchi par les brises de mer et par le vent qui souffle des Andes; on jouit alors du climat le plus sain et le plus agréable.

Le Chili n'a que des cours d'eau peu étendus; deux seulement sont navigables : le *Biobio* et le *Maule*. Celui-ci a été pendant quelque temps, la limite méridionale du grand empire des Incas.

Les Andes recèlent des mines de fer, de plomb, de charbon de terre, d'étain, de cuivre, d'argent, d'or et de pierres précieuses; le cuivre est surtout très-commun et le plus avantageusement exploité. Il y a des montagnes presque entières d'aimant. La plupart des rivières roulent des paillettes d'or. Le sol produit, dans le N., les plantes et les fruits des contrées équinoxiales; les grains, les fruits, les légumes et les fleurs d'Europe réussissent dans le S. Plusieurs des arbres des forêts acquièrent une grandeur gigantesque : le pehuen ou pin du Chili (araucaria) atteint 80 mètres.

Parmi les quadrupèdes, nous distinguerons les vigognes, les guanacos, les lamas, les alpagas, les chinchillas, les viscaches, le guemul, qui tient du cheval et de l'âne et habite les hautes régions des Andes; le pagi, lion du Chili ; le coypu, espèce de loutre. Les animaux domestiques d'Europe se sont multipliés dans ce pays, et ils y ont acquis une taille et une force qu'ils n'ont pas dans notre continent. Les insectes nuisibles sont rares, et les reptiles sont peu venimeux.

Les îles de l'archipel de *Chiloé* ou d'*El Ancud*, très-nombreuses et dont il y a à peu près vingt-cinq habitées, sont en général montagneuses. De profonds canaux les séparent, et leurs côtes offrent beaucoup de petits ports. La principale est *Chiloé* ou *Isla Grande*, qui est fertile et l'une des îles les plus considérables de l'Amérique méridionale.

La république du Chili se divise en treize provinces et deux territoires de colonisation. Elle a pour capitale *Santiago*, sur le Mapochu. C'est une ville régulièrement bâtie, dans une vaste plaine, qui jouit d'un ciel délicieux. On y remarque surtout le palais présidentiel, l'hôtel des monnaies et la cathédrale. On y compte 100 000 habitants. Les tremblements de terre l'ont souvent dévastée.

Les autres villes principales sont : *Valparaiso*, principal port de commerce du Chili, avec 50 000 habitants; un chemin de fer l'unit à la capitale; — *La Serena*, ville importante par son port, qui porte le nom de *Coquimbo*, et chef-lieu de la province qu'on appelle aussi *Coquimbo* et qui est très-riche en mines, surtout de cuivre ; — *San-Francisco de la Selva*, chef-lieu de la province d'Atacama, célèbre aussi par ses mines; sur la rivière Copiapo : elle a pour port *La Caldera*, qui lui est unie par un chemin de fer. — A l'embouchure du Biobio, est *La Concepcion* ou *La Mocha*, qu'un affreux tremblement de terre avait complétement ruinée en 1835, mais qui, relevée depuis, compte aujourd'hui 20 000 habitants. — *Valdivia* possède un port nommé *Corral*, qui est un des plus beaux de l'Amérique.

Dans l'archipel d'El Ancud, on distingue *San-Carlos*, capitale de la grande île de Chiloé, avec un excellent port, sur la côte septentrionale.

Le Chili a triomphé des armes espagnoles en 1818; mais ce n'est qu'en 1823 qu'il s'est constitué en république.

On évalue la population du pays à 1 million 500 000 habitants, non compris les indigènes. Elle se compose d'Européens, de créoles, de métis et de nègres. Les nègres sont peu nombreux et bien traités.

Les habitants de l'archipel d'El Ancud, au nombre d'environ 60 000, sont répandus surtout dans l'île de Chiloé. Ils se distinguent en général par leur gaieté, leur adresse et leur grande politesse envers les étrangers.

Parmi les indigènes du Chili, on remarque, au S. du Biobio, dans les vallées des Andes, les *Moulouches* ou *Araucanos*. Ils sont au nombre d'environ 400 000, dont plusieurs se sont réunis aux Chiliens, mais dont la plupart ont une existence indépendante; on a vanté leur générosité, leur courage, leur fierté, leur noble résistance aux Espagnols, qui n'ont jamais pu les réduire; mais leurs vertus primitives ont fait place à l'esprit de pillage et de vengeance et au goût de l'ivrognerie. Ils sont, du reste, toujours très-belliqueux; les troupeaux font leur principale richesse. Ils ont des forgerons, des orfévres, des charpentiers, des potiers, des chirurgiens, des médecins, des poëtes. Ce peuple a fait donner le nom d'*Araucanie* à une grande partie du S. du Chili; on prolonge quelquefois l'Araucanie dans toute la Patagonie à l'O. des Andes, jusqu'au détroit de Magellan, où le Chili possède le *territoire colonial* de MAGELLAN, avec les établissements de *Port-Famine* et de *Punta-Arenas*.

A 600 kilomètres à l'O. du Chili, se trouvent les trois îles de *Juan-Fernandez*, longtemps désertes, et occupées aujourd'hui par une petite colonie. L'une, nommée *Mas a Tierra*[1], est devenue célèbre par l'histoire d'Alexandre Selkirk, marin écossais, qui y fut abandonné en 1709, et dont les aventures ont fourni le sujet du roman de Robinson Crusoé; la seconde est *Mas Afuera*[2], située à 155 kilomètres à l'O.; la troisième est *Santa-Clara*. — Les îles de *Saint-Félix*, au

---

1. *Mas a tierra* signifie *plus près de terre*.
2. *Plus au large*.

N. des îles de Juan-Fernandez, appartiennent aussi au Chili.

Patagonie ou Terre Magellanique.

Cette contrée occupe l'extrémité méridionale du continent américain. Elle s'étend considérablement du N. au S., au S. E. du Chili et au S. O. de la Plata, entre l'océan Atlantique, à l'E., et le Grand océan, à l'O.; le détroit de *Magellan*, ainsi appelé en l'honneur du célèbre navigateur qui le découvrit en 1520, la termine au S.

Resserrée entre des océans, couverte en grande partie par la haute chaine des Andes, la Patagonie est un pays froid, sauvage et stérile. Les côtes offrent le plus triste aspect et sont extrêmement découpées. Celles du Grand océan projettent la péninsule de *Tres-Montes* (des Trois-Montagnes), comprise entre les golfes de *Guaiteca* et de *Peñas*; elles sont bordées d'une grande quantité d'îles, dont les principales sont le groupe de *Los Chonos* et l'archipel de la *Mère de Dieu*. Les golfes de *Saint-Antoine* ou de *Saint-Mathias* et de *Saint-George* sont les principaux enfoncements de la côte que baigne l'Atlantique; on y remarque la presqu'île de *Saint-Joseph*. Le cap *Froward*, qui s'avance dans le détroit de Magellan, est l'extrémité méridionale du continent.

Dans le N. de la Patagonie, s'étendent d'immenses plaines encore peu connues, continuation des Pampas de la Plata, et dans lesquelles les chevaux, les vigognes, les nandous, errent en grand nombre. La partie orientale est nue, aride, sablonneuse, et dépourvue d'arbres; on y jouit d'un air sec et serein; des montagnes glacées et d'épaisses forêts couvrent la partie occidentale, où les pluies sont presque perpétuelles. Le *Rio Negro de Patagones* ou *Cusu-Leubu*, le *Rio de los Camarones*, le *Saint-George*, la rivière du *Port Désiré* et le *Gallegos*, tributaires de l'Atlantique, sont les cours d'eau les plus considérables. On remarque plusieurs lacs, entre autres le *Coluguape* et le *Capar*, vers le sud de la contrée.

Les *Patagons*[1] sont d'une taille très-élevée, quoiqu'on l'ait exagérée dans les premières descriptions qu'on en a données.

---

[1]. Ce nom veut dire *grands pieds* en espagnol; ils ont cependant les pieds plutôt petits que grands, relativement à leur haute stature; mais les larges bottes qu'ils portent à cheval peuvent avoir donné lieu à cette dénomination.

Ils ont les jambes et les cuisses assez courtes et la partie supérieure du corps d'une hauteur disproportionnée, de sorte qu'ils paraissent être d'une taille extraordinaire, si on les voit assis ou à cheval. Leur taille moyenne est de 1^m,73. Leur teint est d'une couleur de cuivre. Leurs cheveux sont très-rudes, et ils les laissent tomber sur leurs épaules. Le tatouage leur donne un aspect sauvage et effrayant. Ils se servent avec habileté de lances, d'arcs, de frondes, de javelines. Ils nourrissent un grand nombre de chiens pour la chasse aux vigognes. Ils ont aussi beaucoup de chevaux, et sont excellents cavaliers. Les *Pouelches*, les *Huilliches*, les *Poyuches* et les *Tcheouelches* sont parmi leurs principales tribus. — Les *Araucanos* ou *Moulouches* habitent aussi une partie de la Patagonie, au N. O.; une partie de ce peuple vient de s'ériger en royaume sous la direction d'un Français.

Les Chiliens ont formé des établissements à l'extrémité méridionale de ce pays, au *Port-Famine* et à *Punta-Arenas*.

Terre de Feu et autres terres australes de l'Amérique.

La *Terre de Feu*, ou plutôt *du Feu*, ainsi nommée par Magellan, qui y aperçut beaucoup de feu et de fumée s'élevant dans le lointain et provenant probablement des feux allumés par les indigènes, est un amas d'îles montagneuses, froides et stériles, auxquelles on a donné aussi le nom d'*archipel de Magellan* et celui de *Terre du Roi Charles*. Ces îles sont séparées de la Patagonie par le détroit de Magellan, long et sinueux, mais d'une navigation moins difficile qu'on ne l'a cru longtemps. Les côtes de l'O., bordées d'énormes falaises, battues presque continuellement par les vents orageux, ont un aspect sauvage et horrible. Celles de l'E. et du N. sont moins disgraciées de la nature; on y trouve du bois, des pâturages, des lièvres, des renards et même des chevaux. Les côtes méridionales sont arides, mais les loutres et les phoques y abondent. Les montagnes sont raboteuses, peu élevées, entièrement dépouillées de plantes, et couvertes de neige. Le temps est toujours nébuleux, froid et orageux dans ce pays.

La partie la plus méridionale de la Terre de Feu est la petite île de *Horn* ou *Hoorn*, terminée par le cap du même nom, que Guillaume Schouten, Hollandais, découvrit en 1616, et auquel il donna le nom de sa ville natale.

Les indigènes de la Terre de Feu, appelés *Pécherais* ou *Yacanacus*, sont doux et timides. Ils se nourrissent de poissons et de coquillages, habitent près des côtes, où ils construisent de misérables huttes, et ont pour vêtements des peaux de veaux marins. Ils sont généralement petits, mal conformés et profondément abrutis.

La *Terre des États* est séparée de l'extrémité orientale de la Terre de Feu par le détroit de *Le Maire*, ainsi nommé d'un voyageur célèbre, compagnon de Schouten. Elle est composée de rochers presque inaccessibles, qui s'élèvent à une hauteur prodigieuse, et dont le sommet est perpétuellement couvert de neige.

A l'E. du détroit de Magellan, sont les îles que les Français appellent *Malouines*, et que les Anglais ont nommées *Falkland*. Il y en a deux principales : *Falkland* proprement dite, à l'O., et *Soledad*, à l'E. Des Français de Saint-Malo s'y étaient établis au dix-huitième siècle; elles ont été longtemps au pouvoir des Espagnols. Aujourd'hui les Anglais y ont quelques établissements, dont le principal est *Stanley*, sur l'île Soledad. Ces îles sont dépourvues de bois, mais elles abondent en végétaux herbacés et nourrissent de nombreux troupeaux de bœufs et de chevaux. Il y a beaucoup de tourbe. Le seul quadrupède indigène qu'on y trouve tient du loup et du renard. Les manchots y sont très-communs.

A 1850 kilomètres à l'E. du cap Horn, on rencontre l'île *Saint-Pierre*, nommée aussi *Georgie australe*, *Nouvelle-Georgie* ou île du *Roi George*. C'est un amas de rochers.

Les côtes de la *Terre de Sandwich*, à 660 kilomètres au S. E. de l'île Saint-Pierre; les îles du *Nouveau-Shetland méridional*, au S. E. de la Terre de Feu; la *Terre de Louis-Philippe*, au S. des précédentes; la *Terre de Graham*, au S. O. de celle-ci; la *Terre de Joinville*, qu'on trouve à l'E. de celle de Louis-Philippe, et les *Orcades australes*, à l'est du Nouveau-Shetland méridional, sont inhabitées, ensevelies presque continuellement sous des amas de neige et de glace, et n'ont pu être qu'imparfaitement explorées.

Les terres les plus australes que l'on ait visitées dans ces parages sont les petites îles d'*Alexandre Ier* et de *Pierre Ier*, au S. O. de la Terre de Graham.

XI. ANTILLES.

NOM, SITUATION ET DIVISION GÉNÉRALE. — ILES LUCAYES. — GRANDES ANTILLES. — PETITES ANTILLES OU ILES DU VENT. — ILES SOUS LE VENT.

Nom, situation et division générale.

Avant la découverte du Nouveau monde, on donnait le nom d'*Antilia* à une île imaginaire qu'on disait être placée à l'O. des Açores; et lorsque Christophe Colomb eut découvert les îles qu'il vit dans son premier voyage, on supposa que c'était Antilia. Ce nom s'est étendu au vaste archipel qui se prolonge en ligne sinueuse devant le golfe du Mexique et la mer des Antilles, depuis les côtes de la Floride jusque vers le golfe de Maracaybo, dans le Vénézuéla. Le nom d'*Indes occidentales*, qu'il porte aussi, lui a été donné parce que Colomb le prit d'abord pour les îles de l'Inde.

On partage les Antilles en quatre grandes divisions : au N., les îles *Lucayes* ou *Bahama*; au milieu, les *Grandes Antilles*; à l'E., les *Petites Antilles* ou *îles du Vent*; au S., les *îles sous le Vent*.

Iles Lucayes ou Bahama.

Ces îles sont répandues au S. E. de la Floride, dont elles sont séparées par un détroit appelé *Nouveau canal de Bahama* ou *golfe de Floride*, où règne un courant rapide qui porte les eaux au N. E. Elles sont au nombre d'environ 500; mais une vingtaine seulement méritent d'être remarquées; les autres ne sont que des rochers stériles et peu étendus. Elles sont, en grande partie, groupées sur deux bancs de sable, nommés *Grand Banc* et *Petit Banc de Bahama*, et séparés l'un de l'autre par le canal de la *Providence*.

Le sol des Lucayes est généralement stérile; elles sont exposées à une chaleur étouffante et à des vents violents. On ne trouve quelques sources intarissables que dans un petit nombre de rochers, et elles sont insuffisantes pour les besoins des habitants, ce qui les force à recueillir les eaux pluviales. Le coton est la principale production de ces îles.

Les plus considérables des Lucayes sont, en commençant par le N.: sur le Petit Banc, la *Grande Bahama* et *Abaco*; — sur le Grand Banc, *Eleuthera*, appelée aussi *Hethera* ou *Alabaster*; la *Providence* ou *Nouvelle-Providence*, qui est la plus peuplée; *Saint-André* ou *Andros*, la plus considérable de toutes; *Cat-Island*, qui passe généralement pour être l'île *San-Salvador* ou *Guanahani*, première terre aperçue par Colomb dans le Nouveau monde, en 1492[1]; *Exuma*, l'île *Longue*, *Mogane*, les *Caïques*, les îles *Turques*, la *Grande-Inague*.

Les îles Lucayes appartiennent aux Anglais, qui mettent un très-haut prix à leur possession à cause de leur situation. Le gouverneur réside à *Nassau*, jolie petite ville d'environ 6000 âmes, située dans le N. de la Nouvelle-Providence. — Tout l'archipel a environ 32 000 habitants.

Grandes Antilles.

On désigne par le nom de Grandes Antilles les quatre grandes îles de *Cuba*, de la *Jamaïque*, d'*Haïti* et de *Porto-Rico*.

CUBA.

L'île de Cuba est la plus occidentale et la plus grande des Antilles. Sa forme est très-irrégulière, étroite, allongée, de l'O. à l'E., et ressemble presque à un arc. La partie occidentale forme, avec la presqu'île de Yucatan et celle de Floride, les deux entrées du golfe du Mexique, c'est-à-dire, d'un côté, le canal de Yucatan, et, de l'autre, le Nouveau canal de Bahama. Le Vieux canal de Bahama, au S. E. du Nouveau, la sépare du Grand Banc de Bahama, et le détroit du Vent, à l'E., est resserré entre sa pointe orientale et Haïti. Longue de 1150 kilomètres, Cuba n'a qu'une largeur de 45 à 200 kilomètres, et offre une étendue à peu près égale à celle de la Grande-Bretagne. Ses côtes sont, en général, entourées d'écueils, d'îlots et de longues chaînes de bancs de sable, qui en rendent les approches dangereuses : on remarque surtout, au N., le labyrinthe de récifs nommé *Jardin du Roi*; au S., celui qui porte le nom de

---

[1]. Quelques auteurs croient que la première terre vue par Colomb fut *Watling*, petite île placée au S. E. de Cat-Island, et à laquelle appartiendrait, dans ce cas, le nom de *San-Salvador*.

Jardin de la Reine, et un autre groupe d'écueils non moins nombreux au milieu duquel s'élève l'île de *Pinos*. Une chaîne de montagnes traverse l'île dans toute sa longueur, de l'E. à l'O., depuis la pointe de *Maysi* jusqu'au cap *Saint-Antoine*. De ses flancs descendent des rivières nombreuses, mais peu considérables, et dont le lit est à sec dans les grandes chaleurs. Le climat est, en général, fort chaud ; la saison pluvieuse est en juin, juillet et août; c'est aussi l'époque de la fièvre jaune, qui exerce souvent d'affreux ravages.

Le sol de Cuba est d'une fertilité remarquable, et donne communément deux récoltes par an. Les forêts, la plupart encore vierges, possèdent une grande quantité de bois précieux pour la construction et la teinture. On y remarque particulièrement le beau palmier royal. Malheureusement il s'y trouve aussi le mancenillier, qui contient un redoutable poison, mais qui cache son action vénéneuse sous un port gracieux et noble. Les ananas de Cuba sont très-renommés. Les principaux produits de la culture sont le sucre, le manioc, le maïs, l'anis, le coton, le cacao, le café et du tabac excellent. Les oiseaux y sont très-variés. Il y a, dans les montagnes de Cuba, de l'or, de l'argent, du fer, du cuivre, de l'aimant, etc. Les tortues des côtes fournissent une écaille très-estimée.

La capitale de Cuba est *La Havane*. Cette ville, située sur la côte septentrionale, dans la partie occidentale de l'île, a un vaste port, le meilleur de l'Amérique, et qui peut contenir mille vaisseaux. L'intérieur de la ville est triste; mais, dans le port et sur les quais, tout respire l'activité et le mouvement. On y compte environ 150 000 habitants.

Les autres principales villes de Cuba sont : *Matanzas*, aussi sur la côte N., avec un port très-commerçant et 25 000 habitants ; —*Puerto-Principe*, ville de 30 000 âmes, placée vers le centre de l'île, et dont le port, situé sur la côte N., se nomme *Nuevitas;* — *Cuba* ou *Santiago-de-Cuba*, capitale ecclésiastique de l'île, sur la côte méridionale de la partie orientale, au fond d'une belle baie, avec un excellent port et 25 000 habitants; — *Trinidad*, aussi sur la côte S., avec 15 000 âmes.

Cuba appartient aux Espagnols. Les naturels, qui ont entièrement disparu, victimes de la cruauté des blancs et des ravages que la petite vérole fit parmi eux, étaient d'un caractère doux et généreux. Les habitants actuels, au nombre d'environ 1 million, se composent de créoles, d'Européens, enfin de mulâtres et de nègres, dont 330 000 esclaves. Les blancs, en général honnêtes et sobres, sont les colons les plus industrieux et les plus actifs des îles espagnoles. De nombreux chemins de fer circulent déjà dans cette belle colonie.

JAMAÏQUE.

La Jamaïque, située dans la mer des Antilles, au S. de la partie orientale de Cuba, est la troisième île de l'archipel pour l'étendue, et la principale des possessions anglaises aux Antilles. Les montagnes *Bleues*, qui la traversent dans toute sa longueur, de l'E. à l'O., sont inaccessibles sur plusieurs points, et couvertes de magnifiques forêts, peuplées de pins, de bois d'acajou, de citronniers, de bois de fer et de bois de Campêche; elles présentent des rocs coupés à pic, de vastes cavernes et de profondes et belles vallées. Le climat est peu favorable aux Européens; durant le jour, la chaleur est excessive, tandis que les nuits sont froides et humides. L'air est frais et vif sur les montagnes, et c'est là que les malades vont rétablir leur santé. Le sol est admirablement bien cultivé. Il fournit beaucoup de sucre et de cacao, de l'indigo, du piment et du coton. Le gingembre, qui pousse naturellement et occupe la plupart des collines peu élevées; le cannellier et les fruits exquis, tels que l'ananas, l'orange, la banane, le melon, sont les autres richesses végétales de l'île. Le rhum, ou eau-de-vie de sucre, est un des principaux produits de l'industrie de cette colonie. — *Spanishtown* (autrefois *Santiago-de-la-Vega*) est la capitale de la Jamaïque, dans la partie médionale de laquelle elle se trouve, à quelque distance de la mer. Elle ne renferme que 6000 habitants, mais elle est intéressante par son ancienneté : elle fut fondée en 1520.

Kingston, port de mer, sur la côte méridionale, est la ville la plus commerçante de l'île. Elle est agréablement bâtie sur la pente douce d'une montagne, et ses rues sont larges et droites. On y compte 35 000 habitants. — Au S. O. de cette ville est *Port-Royal*, l'ancienne capitale de l'île, importante par son superbe port, qui peut contenir mille gros vaisseaux. Les tremblements de terre, les ouragans et les incendies l'ont plusieurs fois ruinée; cependant il y a encore 15 000 habitants.

La Jamaïque a appartenu jusqu'en 1655 aux Espagnols, qui en exterminèrent la nombreuse population aborigène : ce fut là qu'ils commencèrent à lancer des dogues à la chasse des naturels. Ils nommèrent cette île *Santiago*; les Anglais, qui s'en emparèrent, lui donnèrent le nom de Jamaïque, d'après celui de *Xaymaca* dont les indigènes se servaient pour la désigner. Le tremblement de terre de 1692 et la peste qui le suivit y firent périr près de 30 000 personnes. Les désastres de cette époque n'ont jamais pu être complétement réparés. On compte à la Jamaïque 400 000 habitants, dont les trois quarts sont des gens de couleur.

Au N. O. de la Jamaïque, sont les trois petites îles *Caïman*, autre possession anglaise. La seule qui soit habitée est le *Grand Caïman*. On y trouve des descendants de flibustiers, qui s'occupent principalement de piloter les bâtiments aux îles voisines, et de pêcher les tortues, abondantes dans ces parages.

HAÏTI OU SAINT-DOMINGUE.

Haïti île fut découverte vers la fin de 1492 par Christophe Colomb, qui lui donna le nom d'*Hispaniola;* les indigènes l'appelaient *Haïti*, c'est-à-dire *montagneuse*, et c'est le nom qu'elle porte encore aujourd'hui; celui de *Saint-Domingue* lui vint de l'habitude que prirent les Européens de la désigner par le nom de sa première capitale.

Cette belle île, qui a mérité le surnom de *reine des Antilles*, est située à l'E. de Cuba, dont elle est séparée par le détroit ou passe du Vent. Elle a environ 660 kilomètres de longueur, et près de 260 kilomètres de largeur. Sa forme est très-irrégulière : à l'E., s'avancent deux grandes presqu'îles, entre lesquelles s'ouvre le golfe de la *Gonave*, nommé ainsi à cause de l'île qu'elle renferme; le cap à *Foux* termine la presqu'île septentrionale, et le cap *Tiburon*, celle du S., qui est la plus longue; la pointe de la *Béate* s'avance au S., vis-à-vis de l'île du même nom; la partie orientale est très-étroite, et se termine par le cap *Engaño*.

Le territoire d'Haïti est très-montagneux; mais il s'abaisse dans le voisinage du littoral, et y forme de vastes plaines. Au centre, s'élève le groupe des hautes montagnes du *Cibao*. La plus grande rivière est l'*Artibonite*, qui débouche dans le golfe de la Gonave. On remarque encore le *Grand Yaque*, qui parcourt la partie septentrionale, et l'*Youna*, qui coule dans la partie orientale et se jette dans la baie de *Samana*, près de la presqu'île de ce nom. Dans le S. O., on rencontre quelques lacs, dont le plus considérable est l'*Enriquillo* ou l'*Étang Salé*.

Ce climat est très-sain sur les hauteurs; mais une chaleur accablante, jointe à l'humidité naturelle du pays, fait naître, dans les plaines, des maladies meurtrières, surtout pour les Européens. Il y a des métaux précieux, et particulièrement de l'or, dans les montagnes; mais la fécondité du sol est la vraie richesse de l'île. Le sucre, le coton et le café sont les produits cultivés avec le plus de soin. Le manioc, les patates et les ignames servent à la nourriture des habitants. Le laget ou bois-dentelle, dont l'écorce inférieure, formée de fils entrelacés, offre une ressemblance assez exacte avec la gaze ou la dentelle, sert à faire des garnitures, des manchettes, etc. Le nopal à cochenille réussit très-bien.

L'île est partagée en deux parties distinctes : à l'O., la *république* (ci-devant *empire*) d'*Haïti*; à l'E., le territoire *Dominicain*, qui, autrefois à l'Europe, était devenu une république, mais qui vient de se replacer sous la domination espagnole.

La capitale de la république d'Haïti est *Port-au-Prince*, qu'on a aussi appelé *Port-Républicain*. Cette ville est bâtie au fond du golfe de la Gonave, sur un terrain bas et marécageux. Les rues sont larges et droites, mais peu de maisons ont plus d'un étage. La population est d'environ 20 000 habitants.

Le *Cap-Haïtien*, ou simplement *Le Cap*, sur la côte septentrionale, a un excellent port. Cette ville portait le nom de *Cap-Français* lorsqu'elle appartenait à la colonie française qui occupait l'ouest de l'île. De 1811 à 1820, on l'appela *Le Cap-Henri*, en l'honneur du nègre Christophe, qui, sous le nom de Henri Ier, régna pendant ce temps sur la partie septentrionale de l'île. Un tremblement de terre la détruisit presque entièrement en 1842.

La ville des *Cayes* renfermait 15 000 habitants lorsqu'elle faisait partie de la colonie française; le terrible ouragan de 1831 la détruisit; elle s'est un peu relevée depuis.

Saint-Domingue, en espagnol *Santo-Domingo*, située sur la côte méridionale, capitale du territoire Dominicain, est la plus ancienne ville européenne de l'Amérique (car on ne peut guère donner le nom de ville au petit établissement d'*Isabelle* formé par Christophe Colomb sur la côte N., en 1493). Ce fut Barthélemi Colomb qui fonda Saint-Domingue, en 1496.

Avant l'arrivée de Christophe Colomb, Haïti était habitée par une population de race caraïbe, douce et de mœurs simples, qui vivait du produit de la chasse et des fruits dont la nature enrichissait sa patrie. Les différentes tribus, gouvernées par des chefs appelés caciques, étaient unies par une amitié parfaite. Elles formaient près d'un million d'individus. Les Espagnols imposèrent d'abord à ces indigènes un tribut en or et en coton, que ceux-ci refusèrent de payer. Dès lors, les massacres et le plus dur esclavage les décimèrent rapidement.

Vers le milieu du dix-septième siècle, des aventuriers français et anglais s'établirent dans l'île de la *Tortue*, à 8 kilomètres au N. de l'île de Saint-Domingue. De là, ils allaient chasser les taureaux et les vaches sauvages de cette dernière; ils en vendaient les peaux, et se nourrissaient de leur chair, après qu'ils l'avaient fait sécher dans des boucans, usage qui valut à ces hommes le nom de *boucaniers*. Mais, les Espagnols ayant ravagé leurs habitations et massacré leurs femmes et leurs enfants pendant leur absence, ils se firent presque tous pirates, prirent le nom de flibustiers, et se dévouèrent avec autant de bravoure que de cruauté à la poursuite des Espagnols. Ils s'attachaient surtout à surprendre les galions qui se rendaient en Espagne chargés des richesses du Nouveau monde, et ils venaient ensuite déposer le fruit de leur pillage sur la côte occidentale de Saint-Domingue. Un certain nombre d'entre eux y formèrent des établissements : le gouvernement français les reconnut pour ses sujets, et cette nouvelle colonie fleurit bientôt.

Cependant, la race noire s'était très-multipliée dans l'île, particulièrement dans la colonie française. La révolution de 1789 fit germer dans son sein des idées d'indépendance. Les esclaves coururent les premiers aux armes, et, après avoir longtemps hésité, les hommes de couleur libres firent cause commune avec eux. Les insurgés massacrèrent un grand nombre de blancs, se rendirent maîtres de la colonie, et, après des années d'anarchie, ils parvinrent à établir un gouvernement républicain régulier, à la tête duquel était un président à vie. Ce ne fut qu'en 1822 que la partie orientale de l'île, c'est-à-dire l'ancienne colonie espagnole, se réunit à cette république. La France a reconnu, en 1825, l'indépendance d'Haïti, moyennant une indemnité de 150 millions pour ses anciens colons.

La partie ci-devant espagnole s'est, en 1843, séparée de la partie occidentale, et a pris le nom de république *Dominicaine*. Elle s'est replacée volontairement sous le joug de l'Espagne, en 1861. La partie occidentale a continué d'être en république jusqu'en 1849, que le général Soulouque se fit proclamer empereur. Elle est redevenue une république en 1859.

La population est aujourd'hui d'environ 1 million d'individus, parmi lesquels seulement 40 000 blancs. Il y a 550 000 habitants dans l'état d'Haïti, et 450 000 dans le territoire Dominicain.

PORTO-RICO OU PUERTO-RICO.

Cette belle île est la plus orientale et la moins considérable des Grandes Antilles. Elle se trouve à l'E. de Saint-Domingue, dont elle est séparée par la passe de *Mona*. Elle est traversée de l'E. à l'O. par une chaîne de montagnes couvertes de forêts, ornées de cascades pittoresques, et qui renferment les plus délicieuses vallées. Il y a un grand nombre de rivières et de ruisseaux, dont plusieurs roulent des paillettes d'or. Ce métal, dont l'abondance engagea d'abord les Espagnols à s'établir dans l'île, est devenu rare. Le sol, d'une extrême fertilité, produit en quantité le sucre, le coton, le café, le riz, le maïs, le tabac, les bananes, les patates douces, le manioc. Le roucou, le quinquina, l'indigo, y croissent naturellement. Les mules de Puerto-Rico sont très-estimées.

San-Juan-de-Puerto-Rico, la capitale, est située sur la côte septentrionale, à l'extrémité occidentale d'un îlot lié à la grande île par un pont. On y compte 30 000 habitants.

Puerto-Rico appartient aux Espagnols, qui ont massacré 600 000 indigènes pour s'en emparer. Elle renferme aujourd'hui 450 000 habitants, dont 45 000 esclaves. Ces derniers ne sont pas traités comme dans les autres colonies; on les regarde comme de bons domestiques, et ils se font généralement remarquer par leur activité et leur dévouement.

Les hommes de couleur libres sont nombreux, et ils ne sont pas méprisés.

Petites Antilles.

1. Description générale.

Ces îles sont appelées *îles Caraïbes*, à cause de leurs anciens habitants, et *îles du Vent*, parce qu'elles sont constamment exposées aux vents alizés ou de l'E. Elles forment une chaîne demi-circulaire, qui borde à l'E. la mer des Antilles et s'étend depuis Puerto-Rico jusqu'aux bouches de l'Orénoque.

La plupart de ces îles sont volcaniques, montagneuses, coupées de ravins profonds et hérissées de rochers. La chaleur du climat y est tempérée par des brises de mer et par des pluies abondantes, qui tombent depuis juin jusqu'en décembre et sont accompagnées des plus terribles ouragans. Le sol y est d'une prodigieuse fécondité, et il produit abondamment le caféier, la canne à sucre, l'indigotier, le cotonnier, le palmier, le roucouyer, etc. Les plantes d'Europe y dégénèrent, tandis que tout ce qu'on envoie d'Afrique et de l'Inde y acquiert le développement le plus parfait.

Les premiers habitants des Petites Antilles ont tous été exterminés par les blancs ; ils s'appelaient *Caraïbes*, et se distinguaient par leurs traits farouches et leur férocité. Quoique de taille moyenne, ils étaient vigoureux et bien constitués. La guerre était leur état naturel, et leur ardeur dans le combat dégénérait souvent en fureur sanguinaire. Chaque famille habitait un hameau nommé *carbet*, où le plus ancien commandait. Ils s'occupaient de chasse et de pêche, et ils étaient assez habiles à façonner de la poterie, mais surtout à tisser des toiles de coton, dont ils faisaient des hamacs. Ce sont ces sauvages qu'on a spécialement accusés d'anthropophagie dans les premiers temps de la conquête, et on les extermina en grande partie sous ce prétexte.

Les Petites Antilles appartiennent aujourd'hui à cinq puissances européennes : la France, l'Angleterre, les Pays-Bas, le Danemark et la Suède. Examinons séparément les différents groupes que forment ces îles.

2. Iles Vierges.

Ce groupe, nommé ainsi par Colomb en l'honneur des onze mille vierges célébrées dans l'histoire de l'Église, ne reçut des colonies que dans le dix-septième siècle. Il est situé à l'E. de Puerto-Rico, et composé d'une quarantaine d'îles, dont les principales sont : *Tortola*, *Virgin-Gorda*, *Anegada*, aux Anglais; *Saint-Thomas*, *Saint-Jean*, *Sainte-Croix*, aux Danois; *Bique* ou *Vieques*, aux Espagnols.

Les îles Vierges anglaises sont peu importantes par leurs productions, mais on y fait un commerce assez considérable. — Sainte-Croix, la plus méridionale du groupe, est très-productive, mais l'air y est malsain, et l'eau rare et mauvaise." — Saint-Thomas renferme des montagnes élevées. Elle a un excellent port et fait beaucoup de commerce. — La petite île Saint-Jean a un beau climat et un sol bien arrosé.

3. Iles au S. E. des îles Vierges.

Nous remarquerons parmi ces îles : l'*Anguille*, *Saint-Martin*, *Saint-Barthélemy*, *Saba*, *Saint-Eustache*, *Saint-Christophe*, *Nevis*, la *Barboude*, *Antigoa*, *Montserrat*.

L'Anguille, qui tire son nom de sa forme tortueuse, appartient aux Anglais. Elle est partout plate. Ses habitants, peu nombreux, s'occupent surtout de la culture du tabac.

L'île montagneuse de Saint-Martin a des côtes entrecoupées de baies et d'étangs. On y cultive principalement la canne à sucre et du tabac, réputé le meilleur des Antilles. La France possède la partie septentrionale, dont les terres sont plus productives que celles de la partie méridionale, dépendante des Hollandais. Presque tous les habitants sont d'origine anglaise.

La petite île de Saint-Barthélemy, dont le sol est aride, est la seule possession de la Suède en Amérique. *Gustavia* en est le chef-lieu.

Les barques seules peuvent aborder à l'île de Saba, qui dépend des Hollandais. L'air y est pur.

Saint-Eustache, au S. E. de Saba, appartient aussi aux Pays-Bas. Les côtes de cette île sont tellement élevées et escarpées qu'elles forment un rempart naturel inaccessible.

Les ouragans et les tremblements de terre y causent fréquemment de terribles ravages.

Saint-Christophe était nommée, par les Caraïbes, *Lianmiga*, c'est-à-dire *île fertile*; Colomb fut si charmé à son aspect qu'il voulut lui donner son nom. Elle appartient aux Anglais, qui l'appellent vulgairement *Saint-Kitt's*. Le sol est favorable à la canne à sucre. Les montagnes présentent un mélange pittoresque de rochers, de précipices et de forêts. On y remarque la colline du Soufre, qui offre sur un de ses flancs une caverne d'où il sort de la fumée.

Nevis s'élève du milieu de la mer comme une montagne, au S. E. de Saint-Christophe. Colomb, qui la découvrit, lui donna le nom de *Nieves*[1], parce que son sommet, qui sans doute était entouré de brouillards, lui parut couvert de neige. Elle est bien arrosée, extrêmement fertile et bien cultivée. Elle appartient à l'Angleterre, ainsi que les trois suivantes.

La Barboude, au N. E. de Saint-Christophe et de Nevis, est une île très-basse; ses côtes sont excessivement dangereuses, mais elle abonde en bestiaux, chevaux, porcs et fruits.

Antigoa, au S. de la Barboude, a une forme circulaire. C'est la plus malsaine de toutes les Antilles; mais elle est bien cultivée. On y compte 40 000 habitants, dont 35 000 personnes de couleur. Elle possède le port très-sûr d'*English-Harbour*. Son chef-lieu est *Saint-Jean*, ville de 16 000 âmes.

Montserrat est montagneuse et peu cultivée; mais elle renferme de belles forêts.

4. Guadeloupe, Marie-Galante, la Désirade, les Saintes.

Le 4 novembre 1493, Colomb découvrit une île appelée par ses habitants *Karoukéra*, et qu'il nomma *Sainte-Marie de la Guadeloupe*[2], du nom d'un célèbre couvent de l'Estrémadure. Cette île, dont la superficie est à peu près une fois plus grande que celle du département de la Seine, se compose de deux parties presque égales, séparées l'une de l'autre par un bras de mer très-étroit nommé *Rivière Salée*. La partie orientale s'appelle *Grande-Terre*; la partie occidentale est la *Basse-Terre* ou la *Guadeloupe proprement dite*.

---

1. Ce nom signifie *neiges*. On a dit, par corruption, *Nevis*.
2. Ou, plus exactement, *Guadalupe*.

Cette dernière est hérissée de hautes montagnes, que domine le volcan de la *Soufrière*, dont le large cratère vomit continuellement une fumée épaisse et noire, accompagnée d'étincelles. Les nombreuses rivières qui l'arrosent font mouvoir beaucoup de moulins à sucre. La Grande-Terre a un territoire plat, sans bois et presque sans eau, mais fertile. Les pluies y sont moins fréquentes que dans l'autre partie de l'île, et elle est exposée à des chaleurs plus étouffantes et à de longues sécheresses. Les côtes, marécageuses, sont couvertes de mangliers, d'oliviers sauvages, de corossols des marais, de mancenilliers, etc. C'est la partie la mieux cultivée et la plus peuplée.

Dans les premiers temps, on ne cultivait à la Guadeloupe que le petun ou tabac. Les principaux objets de culture sont aujourd'hui le sucre, le café, le cacao et les épices. Parmi les arbres qui prospèrent dans les forêts, on remarque le gaïac, le sandal, le bois de Campêche, l'acajou, l'acacia, le bois de fer, le catalpa, le gommier, le savonnier. Il n'y a point de serpents ni d'insectes venimeux. Depuis le commencement du siècle, les ouragans, presque toujours accompagnés de raz de marée et de tremblements de terre, ont ravagé une dizaine de fois cette île.

La jolie ville de *La Basse-Terre*, bien située sur la côte occidentale de la partie à laquelle elle donne son nom, est la capitale de la Guadeloupe. Elle a des rues régulières et renferme 7000 habitants. Les environs, entourés de collines qui s'élèvent en amphithéâtre, parés de riches moissons de cannes à sucre, couronnés de bois et parsemés de jolies habitations, offrent un aspect charmant.

La Pointe à Pître, chef-lieu de la Grande-Terre, est une ville bien bâtie, dont le port est spacieux; mais on y manque d'eau douce, et les marais qui l'entourent nuisent à sa salubrité. Un affreux tremblement de terre l'a dévastée en 1843. On y compte 16 000 habitants.

L'île de Marie-Galante porte le nom d'un des vaisseaux de Colomb. Les côtes en sont bordées presque partout de très-hautes falaises taillées à pic, au pied desquelles sont des gouffres et des brisants qui ne permettent pas d'en approcher. L'eau douce y est très-rare; les habitants sont obligés de recueillir les eaux pluviales. On y cultive beaucoup de sucre et de café. Le bois de Campêche y est très-commun.

Un canal houleux sépare la Grande-Terre de la Désirade,

qui porte partout l'empreinte de feux souterrains. Le sol aride de cette île n'est propre qu'au coton, et celui qu'on y cultive passe pour le meilleur des Antilles.

Le petit groupe des Saintes, ou plutôt des Saints (Santos), a été ainsi nommé par Colomb parce qu'il le découvrit le jour de la Toussaint. Il est situé très-près et au S. de la Guadeloupe. Les îles qui le composent sont sèches, arides et couvertes de mornes. On y cultive le café et le coton. Elles offrent d'excellents mouillages.

On comprend sous le nom de *gouvernement de la Guadeloupe* la réunion de la Guadeloupe, de Marie-Galante, de la Désirade, des Saintes et de la partie française de Saint-Martin. La population totale de ce gouvernement est de 133 000 habitants, dont 100 000 personnes de couleur. Il y a 115 000 âmes dans la Guadeloupe proprement dite.

5. Dominique.

Cette belle île a été découverte un dimanche par Colomb, et ce fut à cette circonstance qu'elle dut son nom[1]. Elle est montagneuse, et quelques-unes de ses montagnes sont volcaniques ; l'une d'elles vomit du soufre en grande quantité. Le sol est fertile en coton, en toutes sortes de grains et de fruits, en cacao, en tabac, en café ; mais le sucre n'y réussit pas. Il y a des scorpions très-venimeux et des serpents énormes. Les Français possédèrent cette île jusqu'en 1763, époque à laquelle elle fut cédée aux Anglais par le traité de Paris. Les Français la ravagèrent plusieurs fois depuis, mais elle est restée à l'Angleterre. On y compte 6000 blancs et mulâtres, et environ 15 000 nègres. Il y a encore plusieurs Caraïbes.

6. Martinique.

Les Caraïbes appelaient cette île *Madiana* ; les Espagnols, qui la découvrirent en 1493, lui donnèrent le nom de *Martinico*, en l'honneur de saint Martin. Elle s'étend du N. O. au S. E., au midi de la Dominique. Des bords de la mer, qui sont découpés par de nombreuses baies, le pays s'élève progressivement jusqu'à la région centrale, couronnée de montagnes hérissées de rochers et couvertes de forêts que les

---

[1]. Le dimanche est le jour *dominical*.

lianes rendent presque impénétrables. On remarque dans cette partie de l'île un grand nombre de volcans mal éteints, entre autres le *Piton du Carbet*, montagne conique et pointue. De nombreux cours d'eau descendent de ces lieux élevés ; pendant l'hivernage, qui commence le 10 juillet et dure jusqu'à la fin de septembre, d'abondantes pluies les transforment en torrents dévastateurs. C'est à la suite de ces pluies que se développent de graves maladies, engendrées par l'humidité et la chaleur. Les plantations réussissent mieux dans la région basse. On y cultive la canne à sucre, du café, réputé le meilleur des Antilles, le cacao, le tabac, des bananes, des patates, des choux caraïbes, des pois d'Angola et beaucoup de manioc. Les champs de cannes sont exposés aux ravages de myriades de fourmis et de rats d'une grosseur prodigieuse. Les serpents sont très-multipliés dans les forêts ; leur plus terrible ennemi est la fourmi.

Le Fort-de-France ou *Le Fort-Royal*, sur une grande baie de la côte occidentale, est la capitale de la Martinique. Ses rues sont larges et droites. Ses maisons sont presque toutes en bois. Il y a une vaste place d'Armes, entourée d'une double haie de tamariniers, qui forment une promenade agréable. Le port est excellent et très-fréquenté, surtout pendant l'hivernage, époque où beaucoup de navires sont obligés de s'y rendre pour se mettre à l'abri des ouragans. Le Fort-de-France a 10 000 habitants.

Saint-Pierre, au N. O. du Fort-de-France, sur la même côte, est le centre du commerce de l'île. On y compte 20 000 habitants.

La population de la Martinique est de 137 000 individus, dont 100 000 personnes de couleur.

7. Petites Antilles méridionales.

Ces îles, qui appartiennent toutes aux Anglais, sont : *Sainte-Lucie*, *Saint-Vincent*, les *Grenadilles*, la *Grenade*, la *Barbade*, *Tabago*, la *Trinité*.

Sainte-Lucie a un sol excellent, mais le climat y est peu salubre. Les montagnes qui couvrent l'intérieur sont volcaniques : au milieu de leur groupe, s'élèvent la tête toujours fumante du volcan d'*Orcalibon* et deux sommets coniques appelés les *Pitons*. Les cultures consistent en sucre, café et coton. Il y a de superbes forêts. Les reptiles venimeux sont très-multipliés. La population s'élève à 35 000 habitants, dont les trois quarts sont des personnes de couleur.

La fertile Saint-Vincent est au S. de Sainte-Lucie. Elle a éprouvé de terribles éruptions volcaniques. Le sol est employé à la culture d'un excellent sucre, du café, du cacao, du coton, du tabac, de l'indigo. La population est d'environ 30 000 individus, la plupart de couleur. On remarque, sur la côte orientale, les *Caraïbes noirs*, descendants des Caraïbes et d'esclaves fugitifs. C'est dans cette île que, vers le milieu du siècle dernier, les Anglais réunirent presque toutes les dernières familles caraïbes, qui disparurent bientôt après.

La chaîne des petites îles appelées Grenadilles ou Grenadines s'étend au S. de Saint-Vincent jusque près de l'île de la Grenade. Cette dernière est couverte d'une chaîne de mornes. Le sol y est extrêmement favorable à la culture du sucre, du café, du tabac et de l'indigo. Les arbres fruitiers et le bois de construction y sont d'une plus grande beauté que dans les autres Antilles. Les côtes sont couvertes de tortues et de coquillages, et garnies de corail. Les serpents noirs et les scorpions y abondent. Vers la fin du siècle dernier, un ouragan terrible détruisit la fourmi dévorante, si multipliée alors, qu'elle avait failli causer la ruine de la colonie. La Grenade a 30 000 habitants, dont les trois quarts de couleur.

La Barbade est la plus orientale des Antilles et l'une des plus florissantes. Le climat y est chaud; les ouragans y sont terribles. Le sucre est la principale production, et il passe pour le plus beau des Antilles. On cultive aussi le coton, l'indigo et le gingembre. Le goudron de Barbade est une production particulière à cette île : c'est une matière liquide qui brûle comme de l'huile et dont on se sert pour les lampes. La colonie a environ 140 000 habitants, dont plus de 100 000 personnes de couleur. La capitale est *Bridgetown*, une des plus belles villes des Antilles. Elle est au fond de la baie de Carlisle, qui peut contenir 500 vaisseaux. Les maisons sont construites en briques et ornées de balcons. La population est d'environ 35 000 habitants. Elle a été incendiée cinq fois et a beaucoup souffert de l'ouragan de 1780.

Tabago ou Tobago n'est pas sujette aux ouragans. Elle a un sol riche et encore vierge. Les figues et les goyaves y sont excellentes ; tous les autres fruits des tropiques y réussissent.

L'arbre à gomme copal et cinq sortes de poivre y croissent. Il y a 15 000 habitants.

La plus considérable et la plus méridionale des Petites Antilles est la Trinité, qui a à peu près l'étendue d'un moyen département français, mais qui ne renferme environ que 70 000 habitants. Elle est située entre Tabago et le Vénézuéla, dont elle est séparée par le golfe de Paria et par les deux détroits de la *Bouche du Dragon* et de la *Bouche du Serpent*, situés, le premier au N., et le second au S. du golfe. Les côtes sont généralement hautes et taillées à pic, excepté celles qui bordent le golfe de Paria. L'air n'est pas sain ; l'intérieur de l'île est occupé par des montagnes, dont le groupe le plus élevé, nommé *Tomanaco*, est inaccessible, à cause des marais dangereux qui l'entourent. Une grande partie de l'île est encore en friche. Cependant le sol est fertile, les palmiers et les cocotiers y croissent naturellement. On y a transplanté tous les fruits d'Amérique et beaucoup de ceux de l'Inde. Il y a de belles forêts, où l'on trouve beaucoup de vanille. On y voit des singes, des cerfs d'une très-petite espèce, et le serpent dit tête de chien, qui a 8 mètres de longueur. Dans la partie occidentale de l'île, on distingue un lac couvert d'un asphalte que l'on enlève à coups de hache, et qui se remplace à mesure qu'on en prend. A 4 kilomètres de la côte orientale, la mer renferme un gouffre où se fait quelquefois une détonation comme celle du tonnerre, et d'où l'on a vu sortir des flammes et une fumée noire et épaisse et de larges morceaux d'asphalte. Le chef-lieu de l'île est la jolie ville de *Spanishtown* (autrefois *Puerto-Espana* ou *Port-d'Espagne*).

La Trinité, découverte par Colomb en 1488, a appartenu aux Espagnols ; les Anglais en sont aujourd'hui les maîtres. Les indigènes de cette île sont doux, timides, indolents, et très-attachés à leur pays ; ils professent tous la religion catholique.

Iles sous le Vent.

Les îles sous le Vent sont beaucoup moins nombreuses que les îles du Vent, au S. O. desquelles elles se trouvent, le long de la côte septentrionale de l'Amérique du sud. Elles ont reçu leur nom de ce qu'elles ne sont pas, comme les îles du Vent, exposées directement aux vents alizés.

Parmi ces îles, la *Marguerite*, *Coche* et *Cubagua*, où l'on faisait autrefois une abondante pêche de perles, et les îles *Tortuga*, *Blanquilla* et *Orchilla*, un peu plus à l'O., appartiennent au Vénézuéla.

La Marguerite, que Colomb découvrit en 1498, est composée de deux presqu'îles, unies par un isthme long et étroit. Un canal de 28 kilomètres de large la sépare du continent. Elle est aride et couverte de rochers, mais très-salubre. Il n'y a que quelques plantations de coton et de canne à sucre. On y trouve un grand nombre de perroquets et d'autres oiseaux curieux. Elle renferme 25 000 habitants, qui s'occupent presque tous de la pêche des tortues et du poisson.

Buen-Ayre ou *Bon-Air*, qui a des salines importantes, *Curaçao*, et *Aruba* ou *Oruba*, où l'on a découvert une riche mine d'or, appartiennent aux **Pays-Bas**.

Curaçao est la principale des Antilles hollandaises. Naturellement aride, et n'ayant d'autre eau que celle de la pluie, cette île semblait condamnée à une stérilité perpétuelle; mais les Hollandais sont parvenus, à force de travaux et de soins, à lui faire produire du tabac, beaucoup de sucre et des fruits délicieux. On y élève du gros bétail, des chevaux et de la volaille. Il y a des salines considérables. Cette île a environ 20 000 habitants. *Willemstad*, la capitale, est une des villes les plus commerçantes de l'Amérique. Son port est vaste, et il y a de magnifiques chantiers de construction. Les rues sont extrêmement propres, bien percées et bordées de belles maisons.

//MALAISIE. 683

CONTRÉES DE L'OCÉANIE.

I. MALAISIE.

ÎLES DE LA SONDE. — BORNÉO, ÎLES SOULOU, ETC. — CÉLÈBES. — MOLUQUES. — ÎLES PHILIPPINES.

Îles de la Sonde.

Ces îles forment une longue chaîne, qui se dirige de l'O. à l'E. et semble être la continuation de la presqu'île de Malaka. Les principales sont : *Sumatra, Banca, Billiton, Java, Madura, Bali, Lombok, Sumbava, Florès, Sumba, Timor* et *Timorlaout*.

1. Sumatra, Banca, Billiton, etc.

Sumatra, la plus grande des îles de la Sonde, s'étend du N. O. au S. E. l'espace de 1700 kilomètres. Elle est peuplée de 4 500 000 habitants. Les côtes en sont généralement basses et marécageuses, et la mer qui les borde est couverte d'îles et de bancs de sable. Elle est traversée dans toute sa longueur par une haute chaîne de montagnes, qui renferme plusieurs volcans en activité et dont les principaux sommets sont le *Gounoug-Benko* (de 4950 mètres d'altitude) et le *Gounong-Passma* ou mont *Ophir* (de 4252 mètres). Quoique située sous l'équateur, elle jouit d'un climat très-tempéré. Pendant six mois de l'année, elle est arrosée par des pluies abondantes. Le sol est en grande partie couvert de forêts impénétrables. On cultive principalement le riz, le cocotier, le bétel, le sagoutier, une grande variété de palmiers, et le poivre, qui donne deux récoltes par an. Il y a beaucoup d'ébéniers, de caféiers, de camphriers ; l'excellent mangoustan est le fruit le plus commun à Sumatra.

Les Hollandais possèdent une grande partie de l'île. Ils ont : le gouvernement de *Padang*, qui comprend l'ancien état de *Ménangkabau*, situé au centre de Sumatra, et c'est là qu'est le chef-lieu de leurs établissements sumatriens, la ville de *Padang*, sur la côte occidentale de l'île ; — le royaume de *Palembang*, dont la capitale est une assez grande ville du même nom, sur la côte orientale ; — le pays des *Lampongs* et celui des *Redjangs*, au sud ; — *Bencoulen*, vers la partie méridionale de la côte occidentale.

La portion indépendante est partagée entre divers états, parmi lesquels on distingue : le royaume d'*Achem*, qui comprend la partie septentrionale de l'île, et qui a pour capitale *Achem*, ville fort commerçante, à l'extrémité N. O. de Sumatra ; — le royaume de *Siak*, qui occupe la partie moyenne de la côte orientale et dont la capitale est *Siak*, sur le fleuve de ce nom ;—enfin la confédération des *Battahs*, entre le royaume d'Achem et le gouvernement de Padang, partie sur la côte occidentale et partie dans l'intérieur.

Les *Battahs* passent pour le peuple le plus féroce de l'île ; ils sont anthropophages, et, chez eux, la punition de certains crimes consiste à être dévoré ; ils étaient même autrefois dans l'usage de manger leurs parents devenus vieux ; néanmoins on vante leur bonne foi et leur hospitalité. Ils savent presque tous lire et écrire, et sont assez industrieux. Les *Redjangs* sont graves, industrieux, mais indolents, adonnés au jeu, soupçonneux et serviles. Les *Lampongs* ressemblent aux Chinois par la largeur de leur visage et la forme de leurs yeux. Ils sont enclins au vol et au mensonge.

Les peuples de Sumatra ont presque tous le costume malais, c'est-à-dire le pantalon rayé tombant à mi-jambes, la veste étroite, l'écharpe en sautoir, la ceinture pour retenir le kris (poignard) et le mouchoir roulé autour de la tête.

Parmi les îles qui entourent Sumatra, on remarque, près de la côte orientale, *Lingga*, l'archipel de *Rio* ou *Riouw*, qui comprend les îles *Bintang*, *Battam* et quelques autres, et où l'on distingue l'importante ville de *Rio*, sur la petite île du même nom ; — *Banca*, très-riche en étain et en beaux bois ; — *Billiton*, où l'on trouve beaucoup de riz, des bois odorants et des mines de fer. Toutes ces îles appartiennent aux Hollandais. — Près de la côte occidentale, est une rangée d'îles parallèles à Sumatra et dont la principale est l'île *Nias*.

2. Java.

La belle île de Java est située entre la mer du même nom et l'océan Indien, au S. E. de Sumatra, dont elle est séparée par le détroit de la Sonde, qui a donné son nom à tout l'archipel. Elle a 1000 kilomètres de longueur, et sa moyenne largeur est de 130 kilomètres. Les côtes septentrionales sont plates et marécageuses ; les côtes méridionales sont entourées de rochers. Une chaîne volcanique traverse l'île de l'E. à l'O. : quelques montagnes de cette chaîne jettent de l'eau et de la boue ; presque toutes lancent des cendres, des laves, et exhalent des vapeurs méphitiques. Le plus célèbre volcan de Java est le *Gounong-Gontour*. L'île jouit d'un climat tempéré et salubre, excepté dans quelques expositions de la côte septentrionale. Java n'a que deux saisons, celle de la sécheresse et celle des pluies. Le tek forme de grandes forêts, et l'on trouve presque partout le cocotier. Le sagoutier, espèce de palmier, fournit une moelle précieuse qui, pulvérisée et lavée, sert à la nourriture des habitants. Le bananier du paradis, le bananier nain, l'ananas, la goyave, le catappa ou badamier de Malabar, le jaquier des Indes, sont d'autres arbres intéressants de cette contrée. On recueille en abondance une espèce d'orge appelée *javoua*, dont l'île a peut-être reçu son nom. On cultive le riz, l'indigo, le ricin, le maïs, la canne à sucre, le sorgho jaune, le café. Il y a d'énormes buffles, dont on se sert en place de chevaux. Les sangliers sont très-multipliés.

Parmi les principaux objets du commerce de Java et des îles voisines, il faut signaler les nids d'hirondelle, les holothuries et les ailerons de requin, qui sont recherchés dans la Malaisie et en Chine comme comestibles.

La ville principale de Java est *Batavia*, capitale de l'Océanie hollandaise. Elle est située sur la côte septentrionale, dans une position basse et malsaine, quoique déjà bien assainie. L'ancienne ville est très-insalubre : aussi les Européens habitent-ils la nouvelle ville, dont les rues sont larges et les maisons spacieuses, bien distribuées, et séparées les unes des autres par de grandes cours et de beaux jardins. Batavia a un vaste port et 250 000 habitants. Le *Campong* est un quartier qui n'est habité que par des Chinois, au nombre de 32 000.

Buitenzorg, à peu de distance, est la belle résidence d'été du gouverneur.

Sur la côte septentrionale, nous remarquons encore : *Bantam*, grande ville, jadis florissante et aujourd'hui déserte ; *Chéribon*, ville assez commerçante ; *Samarang*, qui a une assez belle apparence, et *Sourabaya*, peuplée de 50 000 hab.

Dans le S. E., on distingue *Sourakarta* ou *Solo*, ville ou plutôt réunion de villages formant une population de 100 000 âmes, et *Djokjakarta*, ville à peu près aussi grande.

Java appartient tout entière aux Hollandais. Sa population s'élève à environ 10 millions d'habitants, et se compose d'indigènes et d'étrangers. Parmi ces derniers, les Hollandais, les Chinois, les Macassars, les Baliens, sont les principaux. Les Javanais ou *Bhoumi*, habitants primitifs du pays, sont, en général, petits et d'un teint jaunâtre; ils ont les cheveux longs et noirs, et le nez épaté; ils sont doux, crédules, indolents et amateurs du merveilleux. Ils se montrent respectueux envers leurs parents, et très-attachés à leurs enfants. Les différents dialectes se rapprochent de la langue malaise.

On trouve, dans toute l'île de Java, les ruines d'antiques constructions, qui indiquent que l'architecture et la sculpture y ont fleuri.

3. Autres îles de la Sonde.

Madura, située au N. E. de Java, est une île extrêmement fertile et bien peuplée, qui dépend des Hollandais.

Les îles suivantes, qui forment une longue chaîne à l'E. de Java, appartiennent en grande partie aux Pays-Bas. Ce sont : *Bali*, séparée de Java par le détroit de son nom, et dont les habitants sont plus blancs et mieux faits que les Javanais; *Lombok*, riche en bois de sapan; *Sumbava* ou *Byma*, qui renferme des mines d'or, de fer et de cuivre, et le dangereux volcan de Tomboro; *Florès* ou *Endé*, fertile en cocotiers et en cannelle, et où les Portugais avaient fondé une colonie, mais où ils n'ont plus qu'une église.

Sumba ou *Sandal-Bosch*, c'est-à-dire *l'île du bois de sandal*, est au S. de Florès, et dépend aussi en partie des Hollandais.

Solor leur appartient presque entièrement, quoique les Portugais regardent comme leurs vassaux les petits princes de cette île.

Timor s'étend du S. O. au N. E., et se trouve au S. E. de Florès. Elle est remplie de superbes forêts, peuplées de bambous, d'arbres à pain, d'orangers, de pamplemousses, de cocotiers et de mangoustans. Plusieurs rivières y charrient des parcelles d'or. Cette île est partagée en un grand nombre de petits états, presque tous vassaux des Portugais et des Hol-

MALAISIE.   687

landais. Les premiers se sont établis au N. E., où leur chef-lieu est *Dilli*, et les seconds au S. O., dans un canton délicieux, sur les bords de la rivière *Coupang*.

Enfin, au N. E. de Timor, se trouvent encore quelques îles qui font partie de l'archipel de la Sonde, et dont la principale est la belle île de *Timorlaout*, aux Hollandais.

Au S. O. de Java et de Sumatra, sont les petites îles des *Cocos* ou *Keeling*, qui appartiennent à l'Angleterre.

Bornéo, îles Soulou, etc.

Bornéo, que les indigènes appellent *Tana-Bessar-Kalémantan*, c'est-à-dire *grande terre de Kalémantan*, est séparée de Célèbes par le détroit de *Macassar*, qui unit la mer de la Sonde à celle de Célèbes. Elle a 1270 kilomètres de longueur, du N. au S., et sa largeur, sous l'équateur, qui la divise en deux parties presque égales, est d'environ 900 kilomètres. Elle a 690 000 kilomètres carrés, et surpasse la France en étendue. Une chaîne de montagnes la traverse du S. au N., et s'appelle montagnes du *Cristal*, à cause de la grande quantité de cristal de roche qu'elle renferme. Les tremblements de terre y sont fréquents; les éruptions des volcans y ont aussi fait souvent des ravages. On connaît peu le cours des rivières. Le lac *Kini-Balou*, dans la partie septentrionale, est un des plus considérables des lacs connus de Bornéo. On remarque aussi, dans le N. de l'île, le mont *Kini-Balou*, un des plus hauts de la Malaisie. Le climat est plus tempéré que ne pourrait le faire supposer la position équinoxiale de l'île. Les parties voisines de la côte, les seules bien connues des Européens, sont marécageuses et malsaines. Il y a des mines d'or, de fer, de cuivre, d'étain et de diamants. Les forêts contiennent des arbres d'une hauteur prodigieuse; les rotangs y abondent. Les choux-palmistes servent à la nourriture des habitants. On y trouve aussi les arbres qui donnent les gommes appelées sang-de-dragon et sandaraque. Bornéo possède l'une des plus grandes espèces de singe, le pongo, qui ressemble à l'orang-outang.

L'île est partagée entre les Hollandais et un grand nombre d'états. Les premiers ont particulièrement les parties occidentales et méridionales. Ils possèdent, à l'O., les territoires et les villes de *Sambas* et de *Pontianak*; le royaume de *Mampava*, dans lequel se trouvent les districts les plus riches en or; le royaume de *Matan*, dans la capitale duquel on voit, dit-on, le plus gros diamant qui existe; le *Landak*, renommé pour ses mines de diamants; — au S. E., le royaume de *Passir* et le *Bandermassin*.

Les Anglais exercent leur influence sur le royaume de *Sarawak*, un des pays de la côte occidentale.

Le plus important des états indépendants est, au N. O., le royaume de *Bornéo*, dont la capitale est nommée *Varouni*, *Brouni* ou *Bornéo*.

La population de Bornéo paraît être de 3 à 4 millions d'habitants. Elle se compose de plusieurs peuples, d'origine et de mœurs différentes. Des Malais, des Javanais, des Boughis, natifs de Célèbes, des Chinois et quelques descendants d'Arabes sont établis sur les côtes, où ils cultivent le sol, élèvent des bestiaux et s'occupent d'industrie. Il y a un assez grand nombre de *Tzengaris*, principalement à l'embouchure des rivières. Dans l'intérieur, on remarque des peuples sauvages, qui se nomment *Dayaks*, au S. et à l'O., *Eidahans*, au N., et *Tidouns*, à l'E.; ils ont l'aspect repoussant, le caractère sauvage, et mènent une existence misérable; ils paraissent appartenir à la race nègre.

Dans le voisinage de Bornéo, on remarque les îles suivantes : au S. O., *Carémata*, qui donne son nom au détroit resserré entre Bornéo et Billiton; — au S. E., *Poulo-Laout*, séparée de Bornéo par un étroit canal; — à l'O., les *Natuna*, qui ne sont, à l'exception de la *Grande-Natuna*, que des îlots, peu fréquentés des navigateurs européens; — au N. O., l'île de *Labouan*, qui appartient aux Anglais; — au N. E., les îles *Soulou*, habitées par de redoutables pirates, et remarquables par leurs perles et leur ambre gris. Une des principales est *Bassilan*, qui est très-fertile.

Archipel de Célèbes.

Célèbes, la plus considérable des îles de l'archipel de ce nom, est à l'E. de Bornéo, dont le détroit de Macassar la sépare. Elle est remarquable par sa figure irrégulière, et se compose de quatre longues presqu'îles, séparées par les trois profondes baies de *Gounong-Tello*, de *Tolo* et de *Boni*. L'intérieur est montagneux, et, au centre, à l'endroit où se réunissent les quatre presqu'îles, il y a plusieurs volcans en éruption. On jouit, à Célèbes, du plus doux climat et de la vue de tableaux enchanteurs. Le riz, le coton, le camphre, les bois de sandal et de calambac, sont les principales productions. Le redoutable antiare, d'où découle le poison boûn-oupas, croît dans cette île. La péninsule septentrionale a beaucoup de mines d'or.

Célèbes a quelques états indépendants. Mais la plus grande partie est ou soumise directement aux Hollandais, ou tributaire de cette nation. Les principaux territoires hollandais sont ceux de *Boni* et de *Macassar*, au S., et ceux de *Ménado* et de *Gorontalo* ou *Gounong-Tello*, au N. La ville de *Macassar* ou *Vlaardingen*, sur la côte occidentale, est une des principales de l'île.

On porte à 2 millions d'habitants la population de Célèbes. Les *Boughis* forment une grande partie de cette population. Les Malais de Célèbes sont sobres, agiles, vindicatifs et célèbres par leur bravoure. Ils professent le mahométisme.

On remarque, au S. E. de Célèbes, l'île *Bouton* et l'île *Mouna*, habitées par des Malais industrieux, tributaires des Hollandais ; — au N. E., l'île *Sanghir*, possession hollandaise, qui a été dévastée en 1856 par un affreux tremblement de terre.

Îles Moluques.

Ces îles, appelées aussi *îles aux Épices*, comprennent deux divisions : les *Petites Moluques* ou *Moluques proprement dites*, et les *Grandes Moluques*. Elles dépendent presque toutes des Hollandais, qui les gouvernent soit immédiatement, soit par des chefs indigènes. Leurs productions les plus précieuses sont les épices. Le giroflier et le muscadier y croissent en quantité. Dès que l'usage des produits de ces arbres se fut répandu en Europe, les Moluques devinrent le sujet de querelles sanglantes entre les Portugais et les Hollandais. Elles restèrent enfin à ces derniers, qui concentrèrent la culture des épices dans quelques petites îles faciles à défendre.

Les Petites Moluques ou Moluques proprement dites, visitées dès 1510 par les Portugais, sont celles qu'on a d'abord exclusivement nommées *îles Moluques*, c'est-à-dire, selon la signification arabe du mot, *îles Royales*, parce que les souverains des îles voisines y avaient établi leur résidence. Elles sont au nombre de cinq : *Ternate*, la plus importante, *Tidor*, *Makian*, *Motir* ou *Mortir*, et *Batchian*, la plus grande. Les habitants ont été convertis au mahométisme par les Arabes, qui avaient enlevé l'archipel aux Chinois.

Les Grandes Moluques sont beaucoup plus nombreuses; les principales sont : *Gilolo* ou *Halamahéra*, île considérable, d'une forme très-irrégulière, et dont le N. appartient au sultan de Ternate, et le S. à celui de Tidor; — *Céram*, couverte de montagnes élevées, riche en sagou et remarquable par ses aspects enchanteurs; — *Amboine*, petite île, où abondent les girofliers, et dont la capitale est une jolie ville du même nom, chef-lieu du gouvernement hollandais des Moluques; — l'île de *Bourou*; — les îles *Banda*, toutes volcaniques, les plus méridionales des Moluques, et soumises aux Hollandais, qui les ont consacrées à la culture du muscadier.

Îles Philippines.

Magellan découvrit les îles Philippines en 1521, le jour de la fête de saint Lazare, et il leur donna le nom d'archipel de *Lazare*, changé plus tard en celui de Philippines, en l'honneur de Philippe II, roi d'Espagne. Cet archipel forme la partie la plus septentrionale de la Malaisie. Les mers de Chine, de Mindoro et de Célèbes le baignent au S. O., et le Grand océan l'enveloppe ailleurs. Le climat y est tempéré. On y éprouve des pluies violentes, des ouragans et quelquefois des tremblements de terre. La principale culture est celle du riz. On y trouve le cotonnier, l'ananas, le gingembre, le cassier, plusieurs espèces de bananiers et le manguier. Les palétuviers, les bambous, les rotins ou rotangs, croissent en forêts touffues dans les marécages.

Luçon, la plus grande et la plus importante des Philippines, est soumise à l'Espagne. Elle se compose de deux presqu'îles montagneuses, et renferme beaucoup de volcans, dont les éruptions sont souvent accompagnées de terribles tremblements de terre. Dans le S. de la presqu'île septentrionale, on trouve le lac *Bay*, qui donne naissance à la rivière de *Manille*, et au milieu duquel s'élève un volcan actif. L'or abonde à Luçon. Le sol y est très-riche, mais inculte en grande partie.

Manille, sur la côte occidentale de Luçon, est la capitale de l'île et le chef-lieu des établissements espagnols dans les

Philippines. C'est la ville la plus importante de l'Océanie; on y compte 140 000 habitants. Elle est admirablement située, entre la mer et le beau lac Bay. *Cavite*, port de Manille, est à quelques kilomètres de cette ville.

Mindanao ou *Magindanao*, la seconde et la plus méridionale des Philippines, est remarquable par sa beauté et sa fertilité. *Mindanao* ou *Sélangan*, la capitale du principal royaume indigène, a un bon port. La partie septentrionale et le S. O. sont soumis aux Espagnols.

Parmi les autres Philippines, on distingue : la fertile *Samar*, *Leyte*, *Zébu*, qui renferme une ville du même nom, la seconde des Philippines ; *Mactan*, où Magellan fut tué dans une embuscade dressée par le roi du pays ; *Negros* ou *Buglas* ; *Panay*, riche en gibier ; *Mindoro*, remarquable par ses masses de soufre. Toutes ces îles, placées entre Luçon et Mindanao, sont soumises aux Espagnols, et sont connues sous le nom général d'îles *Bissayes*. Les Espagnols les appelèrent d'abord îles des *Peintres*, à cause de l'usage qu'avaient les naturels de se peindre le visage et le corps. — A l'O., est la longue île de *Paragoa* ou *Palaouan*, qui est en partie aux Espagnols, en partie indépendante.

On porte la population des Philippines à plus de 5 millions d'habitants. Les possesseurs primitifs du pays vivent dans les montagnes, au fond des plus épaisses forêts, et sont peu connus ; on les dit d'un caractère doux. Ils sont noirs et ont tous les autres traits des nègres. Il existe à Luçon un assez grand nombre de Malais, et des naturels appelés *Tagals*, au teint basané, à la physionomie noble et hardie.

II. MÉLANÉSIE.

AUSTRALIE. — TASMANIE. — NOUVELLE-GUINÉE. — NOUVELLE-BRETAGNE. — ARCHIPEL SALOMON. — ARCHIPEL DE LA PÉROUSE. — NOUVELLES-HÉBRIDES. — NOUVELLE-CALÉDONIE. — ILES VITI.

Australie.

L'*Australie*, c'est-à-dire *région méridionale*, s'appelle aussi *Nouvelle-Hollande* ; les Portugais l'ont probablement vue dès le seizième siècle ; mais les Hollandais, qui la visitèrent au commencement du dix-septième siècle, l'ont fait connaître les premiers à l'Europe. C'est un continent beaucoup moins étendu que chacun des deux autres, et situé entre l'océan Indien et le Grand océan ; il est traversé presque vers le milieu par le tropique du Capricorne.

Cette grande terre a 4500 kilomètres de longueur, de l'E. à l'O., sur une largeur moyenne de 2000 kilomètres. Sa superficie, de 7 750 000 kilomètres carrés, peut être évaluée aux trois quarts de celle de l'Europe ; sa forme est presque celle d'un ovale, allongé de l'E. à l'O.

La côte septentrionale de l'Australie est découpée par le golfe de *Carpentarie*, dont l'entrée est déterminée par les caps *York* et *Arnhem*. La baie de *Dampier* ou des *Chiens-Marins*, au milieu de laquelle s'avance la presqu'île *Péron*, s'ouvre, ainsi que la baie du *Géographe*, sur la côte occidentale. Sur la côte méridionale, on remarque la baie du *Roi George*, qui offrirait un mouillage sûr aux flottes de toute l'Europe ; on y voit aussi les golfes de *Spencer* et de *Saint-Vincent*, séparés l'un de l'autre par la presqu'île d'*York* et à l'entrée desquels est l'île des *Kangarous*. Le cap *Wilson* est le point le plus méridional du continent. D'innombrables îles et îlots bordent les côtes, surtout celles du N. et du N. O., où l'on distingue, entre autres, l'île *Melville*. Sur la côte orientale, une immense et redoutable chaîne d'écueils de corail se prolonge sous les noms de récifs de la *Barrière*, du *Labyrinthe* et de la *Grande-Barrière*.

Le centre du pays n'a été encore exploré que par un voyageur, M. Mac-Douall Stuart, qui a traversé le continent du S. au N. et du N. au S. en 1860 et 1861. Les côtes ont été longtemps divisées en douze parties ou terres : à l'E., la Nouvelle-Galles méridionale ; — au N., les Terres de Carpentarie, d'Arnhem et de Diemen ; — au N. O., la Terre de Witt ; — à l'O., les Terres d'Endracht, d'Edels et de Leeuwin ; — au S., celles de Nuyts et de Flinders ; enfin celles de Baudin et de Grant, dont l'ensemble a été quelque temps appelé *Terre de Napoléon*.

Aujourd'hui, les Anglais, possesseurs de l'Australie, la divisent en six parties : 1° la *Nouvelle-Galles méridionale*, à l'E. ; 2° la province de *Victoria*, située à l'extrémité S. E., et où se trouve comprise la belle région qu'on a appelée l'*Australie heureuse* ; 3° le *Queensland*, au N. de la Nouvelle-Galles méridionale ; 4° l'*Australie du sud* ; 5° l'*Australie du nord*; 6° l'*Australie de l'ouest*.

Une chaîne de montagnes, nommée montagnes *Bleues* et

MÉLANÉSIE.

Alpes australiennes, se dirige du N. au S., parallèlement à la côte orientale. Elle est fort riche en mines d'or.

Ces montagnes divisent la partie explorée en deux versants : l'un, oriental, vers le Grand océan, où l'on voit couler l'*Hawkesbury*, le *Paterson* et la *Brisbane*; l'autre, occidental, incliné vers l'intérieur du continent et vers l'océan Indien : on y rencontre le *Macquarie*, le *Darling*, le *Lachlan*, le *Morumbidgee*, tous tributaires du *Murray*, qui se rend dans la baie Encounter, sur la côte S., près du golfe de Saint-Vincent, après avoir formé le lac *Victoria* ou *Alexandrina*. On remarque, au N. du golfe de Spencer, le grand lac *Torrens*, qui paraît à sec sur de grands espaces pendant plusieurs mois de l'année, et le lac *Gairdner*, dont l'eau est salée. Sur la côte occidentale, débouche le *Swan-river* (rivière du Cygne). Sur la côte N. O., on rencontre l'embouchure du fleuve *Victoria*, dont on vient de reconnaître le cours.

Le climat de l'Australie est généralement salubre et tempéré; cependant les variations de l'atmosphère sont très-subites en novembre, décembre et janvier, c'est-à-dire pendant l'été.

La plupart des plantes de l'Australie ont pour caractère un feuillage sec, rude et aromatique. Le sol de cette contrée produit, naturellement, très-peu de substances alimentaires : quelques joncs de mauvaise espèce, des racines d'arums et de fougères, le chou-palmiste, le palmier qui donne le sagou, sont à peu près les seuls végétaux qui servent à la nourriture de l'homme. La partie septentrionale produit les plantes des climats chauds, notamment plusieurs espèces de muscadiers, et les Anglais y ont établi des cultures d'indigo, de café et de canne à sucre. Les fruits, la vigne et les céréales d'Europe réussissent bien dans le S.

Les animaux de l'Australie diffèrent tout à fait, par leurs formes et leurs habitudes, de ceux des autres contrées. Ils appartiennent presque tous au genre des didelphes. Le plus grand est le kangarou. On distingue aussi les potorous, les pétauristes, le wombat, qui a quelque chose de l'ours; les phalangers, dont un des plus remarquables est le phalanger volant, que la peau de ses flancs étendue soutient en l'air quelques instants. Les dasyures sont des carnassiers qui correspondent aux fouines de nos climats. Le thylacine a la taille et la forme d'un loup. Les péramèles ressemblent aux sarigues. Le bizarre ornithorhynque, qui a le museau aplati et semblable au bec des canards, habite les rivières et les marais. L'échidné, non moins extraordinaire, a la tête mince, allongée et terminée par une très-petite bouche semblable à un bec d'oiseau. Le plus grand des oiseaux de l'Australie est l'émou, sorte de casoar. Il y a des cygnes noirs, des kakatoès blancs et gris, d'autres perroquets au plumage nuancé de toutes couleurs. On distingue encore, parmi les oiseaux, le ménure, dont la queue se déploie gracieusement en forme de lyre ; le loriot prince-régent, dont le plumage offre un mélange de jaune d'or et de noir de velours ; les martins-chasseurs, le moucherolle crépitant, dont le cri imite à s'y méprendre le claquement d'un fouet. Le serpent fil, qui occasionne la mort en quelques minutes ; le serpent noir, non moins dangereux ; enfin des couleuvres et des pythons de grande taille, sont les principaux reptiles. Les animaux d'Europe se naturalisent bien : les moutons donnent une laine superbe et sont très-nombreux, ainsi que les bœufs.

La Nouvelle-Galles méridionale fut d'abord destinée à servir d'exil aux condamnés de la mère patrie. Ce fut en 1788 que le gouvernement anglais y envoya les premiers déportés. La population de la colonie est aujourd'hui de 300 000 âmes.

Sydney, la capitale, est une ville de 80 000 âmes, agréablement située sur le bord méridional du port *Jackson*, un des plus beaux du monde. La beauté du climat et la fécondité de ses environs l'ont fait surnommer le *Montpellier* de l'Océanie. — *Paramatta* est la seconde ville de la colonie. Elle est unie à Sydney par un chemin de fer.

A 18 kilomètres S. de Sydney, est la fameuse *Botany Bay* ou baie *Botanique*, que Cook découvrit en 1770, et au bord de laquelle fut d'abord fixé le siége de la colonie.

La partie méridionale de la Nouvelle-Galles est devenue la province de *Victoria*, pays très-salubre, qui s'est peuplé d'une manière extraordinaire depuis la découverte récente qu'on a faite de riches mines d'or dans les Alpes australiennes.

Cette province, qui compte 500 000 habitants, a pour cheflieu la florissante ville maritime de *Melbourne*, sur le port Phillip, toute récente, mais déjà grande, fort belle, et peuplée de plus de 100 000 habitants.

Geelong, autre ville maritime de la colonie, est unie à Melbourne par un chemin de fer.

Brisbane est le chef-lieu de la nouvelle colonie du Queensland, formée du nord de la Nouvelle-Galles méridionale.

Adélaïde, chef-lieu de l'Australie du S., vers le golfe de Saint-Vincent, est aussi une ville intéressante.

Perth est la ville principale de l'Australie de l'O., où l'on envoie aujourd'hui les condamnés.

Victoria est la principale ville de l'Australie du N.; *Port-Essington* est dans le voisinage. Un peu à l'O., est l'île *Melville*.

La population totale de la partie connue de l'Australie peut s'élever à 3 000 000 d'habitants : la partie coloniale seule est au moins d'un million. Il y a beaucoup de Chinois dans la Victoria.

Les peuplades indigènes de l'Australie sont disséminées par familles éparses. Ces nègres sont parmi les populations les plus sauvages et les plus misérables du globe.

Leur chevelure est longue et non laineuse ; ils la portent flottante et sans ordre, et la garnissent de bois, d'arêtes de poissons, de plumes d'oiseaux, de dents de kangarou ou de queues de chien.

Tasmanie ou Terre de Diemen.

La Tasmanie ou Terre de Diemen, qu'il ne faut pas confondre avec la Terre de Diemen située dans le N. de l'Australie, est une île triangulaire située au S. E. de l'Australie, dont elle est séparée par le détroit de *Bass*. Elle a été nommée *Tasmanie*, en l'honneur de Tasman, navigateur hollandais qui la découvrit en 1643 et l'appela lui-même Terre de Diemen, du nom du gouverneur de Batavia. On y compte 100 000 habitants, dont plusieurs sont des *convicts*.

Elle est découpée par un grand nombre de golfes, qui offrent des abris sûrs aux navigateurs. Il y a du fer en grande quantité, du cuivre, de l'alun, de l'ardoise, du marbre, du jaspe, de l'asbeste. Les forêts sont très-étendues, et renferment des arbres d'une hauteur et d'une grosseur prodigieuses. On cultive du froment, et presque tous les légumes et beaucoup d'arbres fruitiers d'Europe.

La Tasmanie est une florissante colonie anglaise. Le chef-lieu est *Hobart-town*, jolie ville de 20 000 âmes, sur le Derwent, au S.

Les indigènes nègres et très-sauvages qui habitaient cette île en ont entièrement disparu.

Nouvelle-Guinée ou Papouasie, Louisiade, îles Vaïgiou et Arrou.

La Nouvelle-Guinée, encore peu connue, est située au N. de l'Australie, dont elle est séparée par le détroit de Torres, que ses écueils sans nombre ont rendu l'effroi des navigateurs. On lui donna d'abord le nom d'île d'*Or*, qui fut bientôt changé en celui de *Nouvelle-Guinée*, à cause de la ressemblance de ses habitants avec les nègres de la Guinée, en Afrique. On l'appelle aussi *Papouasie*, à cause des *Papous*, qui forment une partie importante de sa population. Elle a environ 2500 kilomètres, du N. O. au S. E. La vaste baie de *Geelvink* pénètre sur la côte septentrionale. Cette terre est montagneuse ; ses rivages offrent les sites les plus pittoresques et les plus variés. Ses superbes forêts sont remplies d'une multitude d'oiseaux, parmi lesquels on distingue les magnifiques oiseaux de paradis.

Les nègres indigènes de la Nouvelle-Guinée sont les *Arafouras* ou *Alfourous*; ils ont la peau d'un noir brun sale, les cheveux épais, rudes et peu longs, les yeux grands, la bouche extrêmement fendue. Ils sont très-féroces, leur aspect est hideux et effrayant, et on les accuse d'anthropophagie. Ils ont été refoulés dans l'intérieur par les *Papous* ou *Papouas*, race étrangère venue peut-être de Bornéo. Ceux-ci ont le corps grêle, la taille svelte et dégagée, la peau d'un brun très-foncé, les traits du visage assez réguliers et une volumineuse chevelure frisée. Les Hollandais ont pris possession de toute la partie occidentale de la Papousie, et se sont établis au port *Dubus* et sur plusieurs autres points.

On donne le nom de *Louisiade* à une terre peu connue, située au S. E. de la Nouvelle-Guinée. On l'a considérée longtemps comme un archipel séparé; mais Dumont d'Urville a reconnu que la terre principale de la Louisiade est une presqu'île qui tient à la Nouvelle-Guinée ; plusieurs îles sont répandues autour.

Parmi les autres îles qui avoisinent la Nouvelle-Guinée, on remarque : au N. O., l'île *Vaïgiou*, couverte de très-grands arbres et extrêmement peuplée; au S. O., les îles

Arrou, très-fertiles en bananes, en sagou et en épices. Elles appartiennent aux Hollandais.

Archipel de la Nouvelle-Bretagne.

L'archipel de la Nouvelle-Bretagne se trouve à l'E. de la Papouasie ; il en est séparé par le détroit de *Dampier*, ainsi nommé en l'honneur du célèbre navigateur qui le découvrit en 1699. Il comprend la *Nouvelle-Bretagne proprement dite*, la *Nouvelle-Irlande*, le *Nouveau-Hanovre*, les îles de l'*Amirauté* et quelques autres moins considérables.

La Nouvelle-Bretagne proprement dite est la plus grande du groupe. Elle est entrecoupée de montagnes volcaniques et de vallées fertiles. Le cocotier et le muscadier y abondent. Les indigènes, qui ressemblent aux Papouas, sont très-nombreux, et remarquables par leur férocité.

La Nouvelle-Irlande, située au N. E. de l'île précédente, a des montagnes très-élevées et couvertes de grands arbres. Les habitants confectionnent avec adresse leurs armes, leurs bracelets de coquillages, leurs hameçons et leurs canots.

Archipel Salomon.

Les îles *Salomon* s'étendent du N. O. au S. E., à l'E. de la Nouvelle-Bretagne. Elles furent découvertes, en 1567, par l'Espagnol Alvaro Mendaña, qui leur donna ce nom à cause de l'idée qu'il s'était faite de leur richesse. Des récifs et des bancs de corail en rendent l'approche très-dangereuse. Les principales de ces îles sont : *San-Cristobal*, *Guadalcanar*, remarquable par son pic très-élevé; *Georgie; Isabelle*, la plus grande de toutes ; *Choiseul*, *Bougainville* et *Bouka*.

Archipel de La Pérouse.

Ce petit archipel est aussi connu sous les noms de *Santa-Cruz* et de la *Reine Charlotte*. Il est au S. E. de l'archipel Salomon, et se compose de l'île de *Santa-Cruz* ou *Egmont* et de quelques autres, parmi lesquelles on distingue *Vanikoro*. C'est sur les récifs de cette dernière qu'échouèrent, en 1788, les deux vaisseaux du grand navigateur La Pérouse. On ne découvrit le lieu de ce naufrage qu'en 1827, et Dumont d'Urville y érigea, en 1828, un monument en mémoire de son illustre compatriote. Au S. E. de ce groupe, est l'île *Tucopia.*

Archipel des Nouvelles-Hébrides ou du Saint-Esprit.

L'archipel du Saint-Esprit, découvert par Quiros, reçut de Bougainville le nom de *Grandes-Cyclades,* et de Cook celui de *Nouvelles-Hébrides.* Il se compose d'un grand nombre d'îles très-fertiles, embellies par la végétation la plus riche et la plus variée, mais habitées par des hommes cruels. Les principales sont : l'île du *Saint-Esprit*, la plus grande et la plus occidentale de l'archipel ; *Mallicollo ; Aurore,* ornée de forêts pittoresques ; *Sandwich ; Erromango,* abondante en bois de sandal ; *Tama,* qui renferme un volcan très-actif, et les îles de *Banks.*

Nouvelle-Calédonie.

L'archipel de la Nouvelle-Calédonie, qui est une dépendance de la France depuis 1853, se compose de la *Nouvelle-Calédonie proprement dite* ou île *Balade ;* de l'île des *Pins* ou *Kounié,* au S. E. de celle-là, et des îles *Loyalty,* c'est-à-dire *Halgan* ou *Ouvéa, Chabrol* ou *Lifou,* et *Britannia* ou *Maré,* qui forment, dans la partie la plus orientale de l'archipel, une chaîne parallèle à l'île Balade.

La Nouvelle-Calédonie proprement dite est une île longue et étroite, qui s'étend du N. O. au S. E. l'espace d'environ 300 kilomètres. Elle fut découverte et nommée par le capitaine Cook en 1775. Elle est presque entièrement entourée de récifs madréporiques qui se prolongent fort loin en mer, et qui sont cependant interrompus çà et là par des ouvertures propres à donner passage aux navires. Une haute chaîne de montagnes la parcourt.

Elle a de riches mines de houille, et produit en quantité le bananier, l'arbre à pain, le sandal, le cocotier, le figuier, l'oranger, le gingembre, la canne à sucre, le coton, le chou-palmiste, le taro, sorte de fruit qui, par la grosseur et par la forme, ressemble assez à la pomme de terre. On y remarque la grande araignée *nouki,* qui sert à la nourriture des indigènes. Ceux-ci, au nombre d'environ 50 000, sont des nègres en général très-laids. Cependant, on y distingue une variété jaunâtre, d'une organisation supérieure, et qui paraît résulter de l'union du type nègre avec le type polynésien. L'anthropophagie est encore en vigueur chez plusieurs peuplades néo-calédoniennes. Deux villes françaises s'élèvent déjà dans cette île : l'une est *Port de France*; l'autre, *Napoléon*; des routes, des ponts, des cultures européennes commencent à se montrer de toutes parts autour de ces centres de population.

L'île des Pins a une population supérieure, pour les mœurs et la conformation, aux habitants de Balade.

Ile Norfolk.

Assez loin au S. E. de la Nouvelle-Calédonie, on trouve l'île *Norfolk*, remarquable par la beauté de son climat et la fertilité de son sol. Elle appartient aux Anglais, qui y envoient des condamnés.

Iles Viti ou Fidji.

L'archipel Viti est le plus oriental de la Mélanésie. Il a deux îles considérables : Viti-Lévou ou Paou, et Vanoua-Lévou. Les îles Viti sont intéressantes par le bois de sandal qu'elles produisent en abondance. Les habitants, de race papoue, longtemps féroces et cannibales, commencent à se civiliser sous l'influence européenne. Les Anglais viennent d'en prendre possession.

III. MICRONÉSIE.

ARCHIPEL MAGELLAN. — ILES PALOS. — ILES MARIANNES. — ILES CAROLINES. — ILES MARSHALL ET GILBERT.

Archipel Magellan.

L'archipel Magellan, assez voisin du Japon, est en grande partie volcanique. Les nombreuses îles dont il se compose forment deux groupes principaux : 1° le groupe *Mounin-Sima* ou *Bounin-Sima*, qui renferme les deux plus grandes îles de tout l'archipel, et dont les habitants sont la plupart Japonais et dépendent de l'empire du Japon ; —2° le groupe des *Volcans*.

A une grande distance au N. E., s'élève, à la hauteur de 113 mètres, l'énorme rocher appelé la *Femme de Loth*.

Îles Palaos ou Palos.

Ces îles (qu'on orthographie, à la manière anglaise, *Pelew*) forment le groupe le plus occidental de toute la Micronésie. Elles sont entourées, à l'O., d'un long récif de corail. Le sol en est fertile et cultivé avec soin dans plusieurs endroits. L'ébénier, le cocotier, l'arbre à pain, les ignames et un grand nombre de bambous croissent dans les forêts qui couvrent partout le sol.

Les principales îles Palaos sont : *Baubel-thou-up*, la plus grande de toutes ; *Eriklithou*, résidence de l'un des principaux chefs ; *Ouroulong*, où aborda le capitaine Wilson, après le naufrage de l'*Antilope*, en 1783.

Les habitants des îles Palaos sont robustes, bien faits, de taille moyenne, et de couleur de cuivre bronzé.

Îles Mariannes.

Ces îles, dépendantes de l'Espagne, forment une chaîne alignée du N. au S., au N. E. des îles Palaos. Elles furent découvertes en 1521 par Magellan, qui faisait alors le premier voyage autour du monde. Ce navigateur leur appliqua la dénomination d'*îles des Larrons*, parce que les indigènes lui parurent très-enclins au vol ; on les a nommées, depuis, îles *Mariannes*, en l'honneur de Marie-Anne d'Autriche, femme de Philippe IV, roi d'Espagne.

Gouam, la plus importante des Mariannes, ne renferme que 4000 habitants. *Agagna*, petite ville, sur la côte occidentale, est la capitale de l'archipel.

La plupart des îles Mariannes ont un aspect triste et stérile. Les montagnes qui les couvrent en grande partie sont généralement nues, et elles renferment presque toutes des volcans actifs. Les parties fertiles produisent le cocotier, le jaquier, l'oranger, les pastèques ; le cycas, dont la moelle procure une excellente farine, y forme d'épaisses forêts. Les Espagnols ont introduit dans ces îles, et particulièrement dans Gouam, le coton, l'indigo, le cacao, le riz, le maïs, les cannes à sucre.

Les anciens Mariannais, presque tous exterminés par les

Espagnols, ressemblent beaucoup aux Tagals des îles Philippines.

Îles Carolines.

Ces îles furent d'abord appelées par les Espagnols *Nouvelles-Philippines*; le nom de Carolines leur fut donné en l'honneur de Charles II, roi d'Espagne. Au nombre de plus de 500, ces îles forment une chaîne très étendue, qui se prolonge de l'O. à l'E. Elles sont généralement entourées de récifs qui en rendent l'abord difficile. Elles ont un climat agréable. Les cocotiers et les arbres à pain y sont communs. On y voit plusieurs espèces de pandanus, et le barringtonia y étale ses fleurs magnifiques. Les tortues et les holothuries y abondent.

On remarque dans les Carolines, en se dirigeant de l'E. à l'O., la belle île *Oualan*, une des plus intéressantes de l'archipel par les ports sûrs et les rafraîchissements de toute espèce qu'elle offre aux navigateurs; — le groupe de *Duperrey*, composé de trois petites îles découvertes par le navigateur français dont il porte le nom ; — le groupe de *Siniavine*, vu pour la première fois par les Russes en 1828, et dont l'île principale est *Pounipet*, habitée par des insulaires très-féroces, défiants et redoutés à cause de leur caractère guerrier ; — le groupe d'*Hogoleu*, situé vers le centre de l'archipel et remarquable par sa fertilité, mais aussi par sa population abrutie ; — les îles *Gouliaï* et *Lamoursek*, dont les habitants sont les plus policés des Carolines ; — *Eap* ou *Yap*, la plus grande et la plus occidentale de ces îles.

Le souverain de Lamoursek est le plus puissant de l'archipel.

Les Carolins ont, en général, la physionomie douce et agréable : leur maintien annonce un caractère fier et entreprenant. Ils ont le nez bien dessiné, les lèvres minces, les dents blanches, les oreilles petites, mais percées d'une large ouverture où ils introduisent des morceaux, souvent fort gros, d'un bois léger. C'est surtout dans la construction de leurs pirogues qu'ils déploient leur habileté et leur adresse.

Les langues varient d'un groupe d'îles à l'autre : la plus douce et la plus riche est celle d'Oualan.

Iles Marshall et Gilbert.

Les îles Marshall et Gilbert, ainsi nommées en l'honneur des deux capitaines qui les découvrirent en 1788, sont à l'E. des îles Carolines.

L'archipel Marshall se compose de deux principales chaînes : la chaîne de *Ralick*, à l'O., et celle de *Radack*, à l'E. ; de cette dernière fait partie le groupe de *Mulgrave*.

L'archipel Gilbert est situé au S. des Radack.

Les habitants de ces îles sont généralement de taille moyenne et bien faits. L'arbre à pain, le cocotier, le bapier, dont le fruit ressemble à une pomme de pin, fournissent, avec le poisson, la nourriture des insulaires. Les canots de ces populations sont faits avec une extrême adresse.

IV. POLYNÉSIE.

ILES SANDWICH. — POLYNÉSIE AMÉRICAINE. — ILES SAMOA — ILES TONGA ET KERMADEC. — ILES MANGIA ET TOUBOUAÏ. — ILES DE LA SOCIÉTÉ. — ILES POMOTOU. — ILES MENDAÑA. — ILE DE PAQUES. — NOUVELLE-ZÉLANDE, ETC.

Iles Sandwich ou Haouaii.

Ces îles furent découvertes en 1542 par l'Espagnol Gaëtan ; Cook les vit en 1778, et leur donna le nom de *Sandwich*. Elles forment l'archipel polynésien le mieux connu, le plus isolé et le plus septentrional. Elles sont en général montueuses et volcaniques. Les côtes offrent de belles baies et des ports commodes et sûrs. Le climat y est doux. Les pluies y sont fréquentes. Le sol, très-fécond, se prête à une foule de cultures. Les plantes les plus communes sont : le taro, dont les racines forment la principale nourriture des indigènes ; la patate douce, de très-grosses cannes à sucre, des ignames, le tabac, le coton et le gingembre. On y récolte du café, de l'indigo, de l'arrow-root. Il y a des arbres à pain, des orangers, des citronniers, des tamariniers, des grenadiers, des bananiers, des cocotiers ; le ti, variété du dragonnier, fournit une boisson enivrante.

Les îles Sandwich sont au nombre de onze. *Haouaii*, la plus considérable, est célèbre par la mort de Cook, qui y fut tué par les naturels en 1779. Elle ne présente qu'une masse de laves et de matières volcaniques. On y remarque la montagne de *Mouna-Roa*, haute de 4840 mètres, et le volcan de *Kirauea*, dont le cratère, le plus vaste peut-être du globe, a 600 mètres de profondeur. Ces deux montagnes et d'autres volcans de l'île ont eu de terribles éruptions en 1855.—Les autres principales îles sont *Maoui*, montagneuse et volcanique au S. E., fertile et populeuse au N. O.;—*Morataï* longue, irrégulière, dénuée de bois et de sources; — *Ranaï*, en grande partie stérile; — *Taouaï*, île presque circulaire, montagneuse et d'un aspect charmant; — *Oahou*, la plus fertile, la plus riche, la plus jolie, et surnommée le *Jardin des Sandwich*. Cette dernière renferme la ville d'*Honorourou* ou *Honoloulou*, qui possède un beau port et une marine marchande florissante. C'est la résidence du roi.

Les habitants des îles Sandwich sont généralement grands, bien faits et agiles. Leur physionomie est gracieuse et animée. D'un caractère doux et affable, extrêmement industrieux, ils sont disposés à recevoir tous les arts de la civilisation, dans lesquels ils ont déjà fait de grands progrès.

Ces insulaires ont abandonné leurs anciennes coutumes barbares et ont été convertis au christianisme. Leur nombre paraît s'élever à environ 200000.

Polynésie américaine.

Les États-Unis possèdent plusieurs îles éparses à travers la Polynésie, dans une zone traversée par l'équateur, à l'E. des îles Marshall et au S. des îles Sandwich : ce sont particulièrement les îles *Phœnix*, le groupe de l'*Union*, l'île *Jarvis*, l'île *Maldon*, l'île *Penrhyn*. Les Américains en tirent surtout beaucoup de guano.

Iles Samoa, Wallis, Horne et Roggeween.

Les îles Samoa furent découvertes en 1768 par Bougainville, qui leur donna le nom d'îles des *Navigateurs*, à cause des nombreuses pirogues qu'avaient les naturels. Elles sont en général élevées et très-fertiles. Les cocotiers, les goyaviers, les bananiers, y sont très-communs; les cannes à sucre y croissent spontanément.

Les principales de ces îles sont : *Pola* ou *Sévaï*, la plus grande; *Oyolava* ou *Opoulou*, fertile et bien peuplée; *Maouna*, ou l'île du *Massacre; Toutouillah; Rose.*

Les insulaires des îles Samoa ont une stature et une force peu communes. Ils sont industrieux et très-adroits, fabriquent des étoffes, construisent de charmants petits canots, qu'ils peuvent charger sur leurs épaules, et avec lesquels ils entreprennent de longs voyages.

A l'O. des îles Samoa, sont les petits groupes de *Wallis* et de *Horne.* — Au N. E., est le petit archipel de *Roggeween*, découvert en 1722 par le navigateur hollandais du même nom.

Iles Tonga et Kermadec.

Au S. O. des îles Samoa, s'étendent les îles découvertes par Tasman en 1643, et que Cook appela îles des *Amis*, à cause de l'accueil qu'il reçut des naturels; ceux-ci les désignent sous le nom général de *Tonga.* Ces îles jouissent d'un doux climat; mais on y ressent des tremblements de terre. La plus grande et la plus peuplée, nommée *Tonga-Tabou*, c'est-à-dire *Tonga sacrée*, a la forme d'un croissant irrégulier. On remarque ensuite *Vavao* et le groupe de *Hapaï*.

Les naturels des îles Tonga parurent d'abord doux aux premiers navigateurs, qui ne tardèrent pas à les reconnaître réellement cruels, massacrant sans pitié leurs prisonniers et sacrifiant des victimes humaines. Leurs mœurs se sont fort adoucies sous l'influence de la religion chrétienne, à laquelle beaucoup d'entre eux se sont convertis. Ils sont fort industrieux, et supérieurs, par leurs facultés, à la plupart des insulaires voisins. Leur principale nourriture consiste en bananes, noix de coco, ignames, taro, fruit à pain, poisson et coquillages. C'est à Tonga-Tabou qu'est la ville principale, *Bea*, résidence du plus puissant chef de l'archipel.

On remarque, au S. des îles Tonga, le petit archipel *Kermadec*.

Iles Mangia et Toubouaï

Les îles Mangia ou Manaïa, ainsi appelées du nom de l'île principale de cet archipel, sont aussi désignées sous la dénomination d'archipel d'*Hervey* et sous celle d'archipel de *Cook*. Elles se trouvent à l'E. des Tonga. Leurs habitants sont généralement assez civilisés, et beaucoup d'entre eux ont embrassé le christianisme.

Les îles *Toubouaï* forment un groupe assez important, au S. E. des îles Mangia.

Iles de la Société ou Archipel Taïti.

Les îles de la Société furent ainsi nommées par Cook, en l'honneur de la Société Royale de Londres. Elles sont presque toutes entourées de rochers de corail. La plus grande est *O-Taïti* ou *Taïti*, qui a mérité le titre de *reine de l'océan Pacifique*. Elle se compose de deux presqu'îles, réunies par un isthme d'environ 2 kilomètres de large. La plus grande de ces presqu'îles, située au N. O., et de forme circulaire, se nomme *Taïti-Noui*; l'autre est appelée *Taïrabou*. L'île entière est couverte de montagnes, la plupart étrangement crevassées et remplies de précipices. Presque tous les végétaux propres à l'Océanie viennent en abondance et de la meilleure qualité à Taïti. On remarque les bambous, le mûrier à papier, dont l'écorce sert à faire des étoffes fines et moelleuses. Les seuls animaux domestiques de ces îles, avant l'arrivée des Européens, étaient le cochon, la volaille, les chiens, dont on mangeait la chair.

Taïti a pour capitale *Papeïti*; sa reine a reconnu en 1842 le protectorat de la France.

Parmi les autres îles de la Société, nous nommerons : *Eiméo*, petite île montagneuse, extrêmement fertile, qui offre de beaux paysages, et qui est soumise aussi au protectorat de la France, ainsi que *Tabouaï-Manou* et *Maïtéa*; — *Ouahine*, qui est riche, fertile, et dont les montagnes sont volcaniques; — *Bora-Bora*, très-belle île, dont les habitants étaient jadis redoutés dans toutes les îles voisines; — *Raïatéa*, avec de bons ports.

Les Taïtiens ont le teint olivâtre, la figure ovale, le front découvert et arrondi, l'œil bien fendu, brillant et très-noir; le nez droit et aquilin, souvent renflé aux narines; la bouche un peu grande, mais bien dessinée et garnie de dents d'une blancheur éclatante; les oreilles longues, les cheveux noirs, lisses ou frisés, mais jamais laineux. Ils sont graves, courageux, et d'un caractère franc et ouvert. Ils ont été presque tous convertis au christianisme.

La population des îles de la Société a considérablement

diminué depuis l'arrivée des Européens : elle est aujourd'hui seulement de 10 000 individus.

Iles Pomotou.

Le nom de Pomotou indique en taïtien une grande réunion d'îles situées à l'E. de celles de la Société, et que les Européens appellent les *îles Basses*. On en désigne aussi une grande partie sous le nom d'*archipel Dangereux*. Ces îles, sablonneuses et entourées de récifs de corail, ont quelquefois des formes bizarres, qui ont valu à trois d'entre elles les noms d'îles de la *Harpe*, de la *Chaîne*, de l'*Arc*. Les îles *Palliser* ou *Pernicieuses* sont habitées par des hommes de haute taille, à la physionomie farouche ; l'île des *Lanciers* fut découverte par Bougainville, qui la nomma ainsi parce qu'il y vit des habitants armés de lances. — Les habitants de ces îles ressemblent beaucoup aux Taïtiens ; toutefois ils n'ont pas leur civilisation, ni la douceur de leur caractère.

On rattache aux îles Pomotou, vers le S., le groupe de *Gambier* et l'île *Pitcairn*.

Le groupe de Gambier, appelé aussi *Mangaréva*, se compose d'un récif à peu près circulaire, du milieu duquel surgissent cinq ou six îles et plusieurs îlots. Les insulaires ont été civilisés par des missionnaires catholiques. Ils ont reconnu le protectorat de la France en 1844.

L'île Pitcairn fut colonisée dans le siècle dernier par des marins révoltés, qui, s'étant amendés, y vécurent dans une simplicité patriarcale sous les ordres de John Adams.

Iles Mendaña ou Marquises.

Les îles Mendaña ou Marquises, situées au N. E. des précédentes, se divisent en deux groupes : au S E., celui des îles *Marquises* proprement dites ou du *Marquis de Mendoze*, découvert en 1595 par l'Espagnol Mendaña, qui l'appela ainsi en l'honneur du gouverneur du Pérou ; et, au N. O., celui de *Washington*, découvert par l'Américain Ingraham en 1791. Ces îles sont hautes et boisées. Elles jouissent d'un climat sec et salubre, et offrent des aspects enchanteurs dans les vallées basses ; mais le sol est peu profond et peu cultivable. Les principales productions sont le goyavier, l'ananas, le citronnier, l'oranger, le ricin, l'ama, espèce de noyer; l'igname, le taro, le ti, le kapé (arum), le kava (poivrier), la patate douce, l'arrow-root, le cocotier, l'arbre à pain, le pandanus, le bananier, le mûrier blanc.

La plus peuplée de ces îles est *Nouka-hiva*, dans le groupe du N. O. La plus grande est *Hiva-oa* ou *Santa-Dominica*, dans le groupe du S. E., où l'on remarque aussi celle de *Tahouata*. La vallée de *Vaïtahou*, dans cette dernière, est un lieu de déportation.

La France a pris possession des Marquises en 1842.

Les habitants des îles Mendaña, au nombre de 25 000, sont remarquables par leurs belles formes, la régularité de leurs traits et la blancheur de leur teint. La variété de leurs coiffures, leurs tatouages si divers et d'une régularité si parfaite, leurs vêtements et leurs joyaux leur donnent un aspect curieux et étrange. Ils sont braves, intelligents, presque toujours en guerre, ont un grand penchant à la rapacité et se livrent à l'anthropophagie.

Île de Pâques.

Cette île, amas stérile de rochers volcaniques, fut découverte en 1722 par l'amiral hollandais Roggeween, qui la nomma île de *Pâques*, en l'honneur de la solennité du jour. Les naturels l'appellent *Ouaïhou*. C'est la terre habitée la plus orientale de l'Océanie. Les coteaux sont arides, mais les vallons sont bien cultivés, et ils produisent abondamment des patates, des ignames, des cannes à sucre, d'excellentes bananes. Les habitants ont les traits réguliers, le front haut, les dents superbes, l'œil noir, petit et un peu enfoncé, le corps bien fait. Ils sont intelligents, mais perfides et voleurs.

Nouvelle-Zélande et autres îles méridionales de la Polynésie.

La Nouvelle-Zélande, située dans le S. O. de la Polynésie, au S E. de l'Australie, fut découverte en 1642 par le Hollandais Abel Tasman. Elle se compose surtout de deux grandes îles, qui s'étendent du N. E. au S. O., sur un espace qui se trouve aux antipodes d'une partie de la France. Ces deux îles sont séparées l'une de l'autre par le large détroit de *Cook*, découvert en 1770 par le navigateur de ce nom;

la plus septentrionale et la moins considérable est nommée *Ica-na-Maoui* ou *New-Ulster*; l'autre, *Tavaï-Pounamou* ou *New-Munster*. Une chaîne de montagnes très-élevées et généralement volcaniques les traverse, et donne naissance à des rivières larges et rapides, qui forment de magnifiques cascades.

La Nouvelle-Zélande comprend encore, au S., l'île *Stewart*, séparée de Tavaï-Pounamou par le détroit de *Foveaux*.

La température de la Nouvelle-Zélande est à peu près semblable à celle de la France; mais les ouragans y sont fréquents et terribles. Le sol est excellent et peut supporter toute espèce de culture; les céréales, les racines et les légumes d'Europe y réussissent très-bien. Le pays est couvert d'arbres d'une beauté remarquable. Les naturels cultivent les patates, les ignames, la citrouille, et surtout une espèce de fougère dont les racines très-fibreuses donnent un suc nourrissant. Le myrte à thé, qui croît sur les collines voisines de la mer, peut remplacer le thé de Chine. Le *phormium tenax*, dont les larges feuilles fournissent une filasse aussi fine que la soie et propre à la fabrication des étoffes, se récolte surtout au bord de la mer, dans les crevasses des rochers.

Les Néo-Zélandais, qui s'appellent eux-mêmes *Maoris*, ont une taille élevée, des traits réguliers et agréables, quoique fortement prononcés. Leurs cheveux sont longs, plats, lisses, presque toujours noirs. Les guerriers les relèvent, les nouent sur le sommet de la tête, et les ornent souvent de quelques plumes d'oiseaux marins. Ils se tatouent avec un goût admirable.

Actifs et braves, ces sauvages ne respirent que la guerre; les missionnaires européens ont réussi à en convertir beaucoup à la religion chrétienne, et l'anthropophagie, qui était une de leurs habitudes, a disparu à peu près entièrement.

Les Anglais ont pris possession de ces îles. Leurs principales villes y sont *Auckland*, siége du gouvernement de la colonie, dans la partie la plus septentrionale de l'île du nord; *Wellington*, aussi dans Ica-na-Maoui, sur le détroit de Cook, et *Nelson*, dans l'île de Tavaï-Pounamou.

Le groupe de *Chatham* ou *Broughton*, les îles *Bounty*, et l'île des *Antipodes*, qui a été appelée ainsi parce qu'elle est la terre la plus voisine des antipodes de Greenwich, marquent une chaîne presque parallèle à la côte orientale de Tavaï-

Pounamou. — Les îles *Campbell* et les îles *Auckland* se trouvent au S. de cette dernière terre. — Au S. O. des îles Campbell et Auckland, on remarque les îles *Macquarie*. Toutes ces îles appartiennent à l'Angleterre.

V. TERRES ANTARCTIQUES DE L'OCÉANIE.

Au S. de la Polynésie et de la Mélanésie, vers le cercle polaire antarctique, entre le 110º et le 165º degré de longitude E., on voit les *Terres Sabrina, Clarie, Adélie, Balleny*, découvertes par Dumont d'Urville et d'autres hardis navigateurs de ce siècle; elles sont ensevelies sous des amas de neige et de glace. — Plus loin encore, est la *Terre Victoria*, découverte en 1841 par le capitaine James Ross, et qu'on a reconnue jusqu'au 78º degré de latitude. On y a vu les hauts volcans d'*Érebus* et de *Terror*. — La plupart de ces terres se touchent peut-être, et peut-être aussi rejoignent-elles la Terre Enderby, au S. E. de l'Afrique, ainsi que la Terre de Graham et autres qu'on voit au S. de l'Amérique : quelques géographes le supposent, et croient qu'il existe un *continent antarctique*, qui envelopperait le pôle austral.

FIN DU COURS DE GÉOGRAPHIE.

ERRATA.

Page 219, paragraphe des chemins de fer de la Suisse; il faut modifier de la manière suivante ce qui est dit des lignes qui partent d'Olten : — D'*Olten* (qui est le centre principal des chemins suisses) à *Bâle*, d'un côté; à *Berne*, d'un autre, avec embranchement sur *Neuchâtel*; à *Aarau* et *Zürich*, dans une troisième direction; à *Aarbourg* et *Lucerne*, dans une quatrième direction.

Pendant l'impression de l'ouvrage, a été publié le nouveau recensement de la France, qui porte à 37 382 000 habitants la population des 89 départements européens de l'empire.

TABLE DES MATIÈRES.

Avertissement de l'auteur.. Page v
But de la géographie, et plan de cet ouvrage........................ 1

PREMIÈRE PARTIE.

NOTIONS GÉNÉRALES.

I.	Cosmographie..	3
II.	Grandes divisions naturelles du globe......................	17
III.	Principales productions du globe..........................	30
IV.	Classification des hommes.................................	34
V.	Aperçu sommaire des connaissances géographiques des anciens...	40

DEUXIÈME PARTIE.

GÉOGRAPHIE GÉNÉRALE DES PARTIES DU MONDE.

I.	Europe..	43
II.	Asie..	55
III.	Afrique..	66
IV.	Amérique...	77
V.	Océanie..	87

TROISIÈME PARTIE.

GÉOGRAPHIE PARTICULIÈRE.

Contrées de l'Europe.

I.	Iles Britanniques.......................................	93
II.	Belgique...	118
III.	Pays-Bas..	124
IV.	Prusse..	132
V.	Danemark..	140
VI.	Monarchie Scandinave (Suède et Norvége)................	143
VII.	Russie d'Europe......................................	152
VIII.	Autriche...	171
IX.	Allemagne...	185
X.	Suisse...	206
XI.	France..	220
XII.	Espagne..	331
XIII.	Portugal...	347
XIV.	Italie...	354
XV.	Turquie d'Europe.....................................	379
XVI.	Grèce et îles Ioniennes..............................	394

Contrées de l'Asie.

I.	Russie d'Asie...	405
II.	Turquie d'Asie...	413
III.	Perse..	437
IV.	Afghanistan, royaume de Hérat et Turkestan.......	443
V.	Empire Chinois...	449
VI.	Japon..	465
VII.	Indo-Chine..	471
VIII.	Hindoustan...	481
IX.	Béloutchistan..	499
X.	Arabie...	500

Contrées de l'Afrique.

I.	Égypte..	509
II.	Nubie et Abyssinie.....................................	519
III.	Barbarie..	527
IV.	Sahara et Sénégambie.................................	540
V.	Guinée supérieure et Guinée inférieure.............	546
VI.	Ovampie, Hottentotie et Colonie du Cap...........	553
VII.	Cafrerie, Colonie de Natal, Mozambique, Zanguebar et Somâl....	558
VIII.	Nigritie septentrionale et Nigritie méridionale.....	563
IX.	Îles voisines de l'Afrique.............................	569

Contrées de l'Amérique.

I.	Groenland, Nouvelle-Bretagne et Russie américaine............	579
II.	États-Unis..	588
III.	Mexique..	612
IV.	Amérique centrale......................................	620
V.	Colombie (Nouvelle-Grenade, Équateur et Vénézuéla).........	625
VI.	Guyanes française, hollandaise et anglaise........	634
VII.	Brésil...	639
VIII.	Uruguay, confédération Argentine et Paraguay...	647
IX.	Pérou et Bolivie..	652
X.	Chili, Patagonie, Terre de Feu et autres îles australes de l'Amérique.	660
XI.	Antilles...	666

Contrées de l'Océanie.

I.	Malaisie..	685
II.	Mélanésie..	691
III.	Micronésie...	699
IV.	Polynésie...	702
V.	Terres antarctiques de l'Océanie....................	709

Paris. — Imprimerie de Ch. Lahure et Cie, rue de Fleurus, 9.

OUVRAGES DE M. CORTAMBERT

PUBLIÉS PAR LA MÊME LIBRAIRIE.

Leçons de géographie, faisant partie du *Cours complet d'Éducation*. Nouvelle édition. 1 volume grand in-8............................ 6 fr.

Cours de géographie, comprenant la description physique et politique, et la géographie historique des diverses contrées du globe. Ouvrage autorisé par le Conseil de l'instruction publique. 1 fort volume. Prix, cartonné............................ 3 fr. 75 c.

Cours de géographie, rédigé conformément aux derniers programmes officiels, à l'usage des classes de grammaire et d'humanités. 6 volumes in-12, cartonnés :

   Classe de Sixième : *Géographie physique du globe et Géographie générale de l'Asie moderne*. 1 volume............................ 75 c.
   Classe de Cinquième : *Géographie générale de l'Europe et de l'Afrique modernes*. 1 volume............................ 75 c.
   Classe de Quatrième : *Géographie générale de l'Amérique et de l'Océanie*. 1 volume............................ 75 c.
   Classe de Troisième : *Description particulière de l'Europe*. 1 volume. Prix............................ 1 fr. 50 c.
   Classe de Seconde : *Description particulière de l'Asie, de l'Afrique, de l'Amérique et de l'Océanie*. 1 volume............................ 2 fr.
   Classe de Rhétorique : *Géographie physique et politique de la France*. 1 volume. Prix............................ 1 fr. 50 c.

Résumé de géographie physique et politique, rédigé conformément au dernier programme du *baccalauréat ès lettres*. 1 vol. in-12. Prix, broché............................ 2 fr.
   Ce volume fait partie du *Manuel du baccalauréat ès lettres*.

Résumé de géographie physique et politique, rédigé conformément au dernier programme du *baccalauréat ès sciences*. 1 vol. in-12. Prix, broché............................ 2 fr.
   Cet ouvrage fait partie du *Manuel du baccalauréat ès sciences*.

Éléments de géographie ancienne. 1 vol. in-12, cart. 1 fr. 25 c.

Éléments de géographie physique. 1 volume in-12 de texte et 1 volume de planches. Prix, brochés............................ 5 fr.

Petit atlas géographique du premier âge, contenant 9 cartes coloriées, avec un texte explicatif. 1 vol. grand in-18. Prix, cartonné. 75 c.

Petit atlas de géographie ancienne, composé de douze cartes coloriées. 1 volume grand in-8. Prix, cartonné............................ 1 fr. 75 c.

Petit atlas de géographie du moyen âge, composé de 12 cartes coloriées. 1 volume grand in-8. Prix, cartonné............................ 1 fr. 75 c.

Petit atlas de géographie moderne, composé de douze cartes coloriées. Nouv. édit. gravée sur acier. 1 vol. gr. in-8, cart... 2 fr. 50 c.

Petit atlas de géographie ancienne et moderne, composé de 24 cartes coloriées. 1 volume grand in-8. Prix, cartonné.... 3 fr. 50 c.

Petit atlas de géographie ancienne, du moyen âge et moderne, composé de 36 cartes coloriées. 1 vol. gr in-8, cart.... 5 fr.

Nouvel atlas de géographie moderne, composé de 40 cartes coloriées. 1 volume grand in-4. Prix, cartonné............................ 7 fr. 50 c.

Nouvel atlas de géographie, contenant, en 70 cartes coloriées, la géographie ancienne, la géographie du moyen âge, la cosmographie et la géographie moderne. 1 volume in-4. Prix, cartonné........ 12 fr.

Physiographie, ou description générale de la nature. 1 volume in-12. Prix, broché............................ 3 fr. 50 c.

Paris. — Imprimerie de Ch. Lahure et Cie, rue de Fleurus, 9.